PRÉCIS

DE LA

GÉOGRAPHIE

UNIVERSELLE

OU

DESCRIPTION DE TOUTES LES PARTIES DU MONDE

PAR

MALTE-BRUN

PRÉCÉDÉE DE L'HISTOIRE COMPLÈTE DE LA GÉOGRAPHIE CHEZ TOUS LES PEUPLES ET D'UN RÉSUMÉ
DE LA GÉOGRAPHIE MATHÉMATIQUE ET PHYSIQUE

SECONDE ÉDITION

REVUE ET AUGMENTÉE DE TOUTES LES DÉCOUVERTES LES PLUS RÉCENTES

ORNÉE DE GRAVURES

Représentant des vues et des sites remarquables et accompagnée de cartes

TOME TROISIÈME

PARIS

RENAULT ET Cⁱᵉ ÉDITEURS, RUE D'ULM, 48

1862

PRÉCIS

DE LA

GÉOGRAPHIE UNIVERSELLE

PRÉCIS

DE LA

GÉOGRAPHIE

UNIVERSELLE

OU

DESCRIPTION DE TOUTES LES PARTIES DU MONDE

PAR

MALTE-BRUN

PRÉCÉDÉE D'UNE HISTOIRE COMPLÈTE DE LA GÉOGRAPHIE CHEZ TOUS LES PEUPLES ET D'UN RÉSUMÉ
DE LA GÉOGRAPHIE MATHÉMATIQUE ET PHYSIQUE

NOUVELLE EDITION

RECTIFIÉE ET AUGMENTÉE DE TOUTES LES DÉCOUVERTES LES PLUS RÉCENTES

ORNÉE DE GRAVURES

Représentant des vues et des sites remarquables et accompagnée de cartes

TOME TROISIÈME

PARIS

RENAULT ET Cⁱᵉ ÉDITEURS, RUE D'ULM, 48

1862

GÉOGRAPHIE

DE

MALTE-BRUN

CHAPITRE PREMIER

DESCRIPTION DE L'AFRIQUE

Généralités. — Hydrographie. — Orographie. — Climatologie. Végétation. — Populations et religions.

L'Afrique est la partie de l'ancien continent la moins connue à l'intérieur, bien que ses rivages aient été depuis trois mille ans visités par les navigateurs de l'antiquité, et que, dès le xvᵉ siècle, les Portugais nous aient donné des notions exactes sur toutes les côtes de cette immense presqu'île, en ouvrant avec Vasco de Gama un chemin aux Indes par le cap de Bonne-Espérance. Les Romains et les Grecs n'avaient pénétré que dans le nord; les Phéniciens passaient pour en avoir fait le tour, et nous en avons, du Carthaginois Hannon, une relation connue sous le titre grec de *Périple d'Hannon*, qui laisse cependant, même pour les savants, de grandes incertitudes sur le point où s'étaient arrêtées les investigations de ce navigateur. Si les voyages hardis de Bruce en Abyssinie, ceux de Hougton, de Mungo Park, Burkhard, Caillaud, celui de Caillé à Tomboctou, de Combes et de Tamisier en Nubie et en Abyssinie, celui tout récent du docteur Livingstone, nous ont édifié sur quelques points importants de ces mystérieuses contrées, elles n'en sont pas moins jusqu'à présent restées fermées au commerce et à la civilisation plus qu'aucun pays du monde.

C'est dans la configuration du continent, dans la singularité de sa nature physique qu'il en faut chercher la raison. Au nord, isolée de l'Europe par le détroit de Gibraltar, à l'ouest, de l'Amérique, par les océans Atlantique et Ethiopien, elle ne se rattache à l'Asie et à l'ancien continent que par l'étroit passage de Bal-el-Mandeb, à l'est et au nord-est par l'isthme de Suez, terrain bas et sablonneux, dont l'industrie moderne essaie de faire, au moyen d'un canal gigantesque, une communication de la Méditerranée à l'Océan par la mer Rouge. Trois fois aussi grande que l'Europe, d'ailleurs cette vaste péninsule, qui comprend entre le 37e degré de latitude nord et le 35e de latitude sud, entre le 20e degré de longitude ouest et le 49e de longitude est, environ 8,000 kilomètres de longueur du nord au sud, et 7,500 kilomètres de largeur de l'est à l'ouest, plus de 1,750,000 lieues carrées, n'offre ni déchirures profondes, comme celles qui entrecoupent l'Asie et l'Europe, ni ports ni rades, asiles naturels des vaisseaux, très-peu de rivières de long cours et d'une facile navigation, pas de golfe ni de mer méditerranée qui puisse ouvrir un chemin vers l'intérieur de cette masse de terres. Vers le milieu de la côte septentrionale seulement, la Méditerranée pénètre dans le continent pour former un enfoncement partagé en deux golfes, ceux de la Sidre et de Gabès (grande et petite Syrte des anciens); et sur la côte occidentale, l'océan Atlantique découpe dans les terres une vaste échancrure, le golfe de Guinée qui comprend les deux golfes de Bénin et de Biafra. Encore ces deux échancrures présentent-elles entre leurs deux points extrêmes une largeur de plus de 650 lieues.

Plus accessible aux vaisseaux sur la côte du Sénégal et de la Guinée, en raison des embouchures de rivières plus multipliées et mieux protégées par des îles, l'Afrique reprend au sud ses masses de terres sans coupures, et à l'est ses formidables terrasses de montagnes arides, qui en ferment l'intérieur, et son inabordable uniformité de terrains contigus, à peine interrompue au nord-est par le golfe Arabique, barrière plutôt que point de jonction entre elle et l'Asie. Ajoutons que quatre formidables promontoires projettent, comme des boulevards avancés, au nord le cap Serra dans la Méditerranée, le cap Vert à l'ouest, le cap Gardafui à l'est, et le cap de Bonne-Espérance au loin dans l'hémisphère austral, et à l'intérieur de loin en loin, seulement quelques grands fleuves comme au nord-est, sur le versant méditerranéen, le Nil, formé par le Bahr-el-Abiad ou Nil Blanc et le Bahr-el-Azrak ou Nil Bleu ; d'autres moins

considérables sur le même versant, le Medjerda, le Chélif, la Malouïa ; et sur le versant de l'Atlantique, à l'ouest, le Sénégal, la Gambie, le Rio Grande, le Diali-ba, Kouara ou Niger qui, parti du centre, se jette dans le golfe de Guinée par plusieurs points, circonstance qui a fait dire longtemps que son embouchure mystérieuse était ignorée ; le Zaire ou Coango, le Coanza, l'Orange ou Gariep. Quant à ceux qui se déversent dans l'océan Indien, tels que le Zambèze ou Cuama, le Luvuma, le Loffie ou Loufidji, le Dana, le Djoub, ils sont encore inconnus dans la plus grande partie de leur cours. Encore tous ces fleuves sont-ils embarrassés dans leurs cours de cataractes nombreuses et de barres de sable à leur embouchure, qui entravent la navigation. Puis, dans les espaces sans fin qui les séparent entre eux, ce sont des rochers arides sans eaux jaillissantes, des plateaux sans ruisseaux, comme le Sahara, d'immenses lacs stagnants, comme le Tchad, traversé, lui du moins, par le Chari, son tributaire; le lac Filtré, le Melghig près de l'Atlas et le lac Dembéa; à l'ouest le lac Dibbie, le lac Tagaika ou D'oujiji, le lac N'yassi, le lac N'gami, le lac Nianza, qu'on croit être la source du Nil blanc ; enfin des marécages considérables formés par les pluies torrentielles de ces climats et les inondations des fleuves, d'un caractère tout spécial dans ces contrées.

La nature singulière de l'hydrographie africaine, si hérissée de difficultés pour le voyageur, si féconde en ferments pestilentiels, se lie intimement à l'orographie générale et à la structure particulière des montagnes, d'où les fleuves descendent dans les plaines. En partant de l'isthme de Suez au cap de Bonne-Espérance, on voit bien s'étendre, du nord-est au sud-ouest, une espèce de chaîne de montagnes, la plus importante pour le partage des eaux tributaires, les unes de l'océan Indien, les autres de l'Atlantique et de la Méditerranée; ce sont les monts Arabiques ou chaîne Troglodytique, au nord-est, avec ses falaises calcaires, très-propres à faire illusion à l'œil, mais en réalité d'une médiocre élévation. On y remarque les montagnes de l'Abyssinie, dont les parties les plus hautes, les monts de Semen, ont reçu vers le centre le nom de montagnes de la Lune, à peu près inconnues des géographes, aussi bien que leur prolongement vers le sud. On a présumé que cette chaîne était formée, sur une certaine étendue, par les monts Kénia et Kélimandjaro, découverts depuis peu de temps ; mais très-imparfaitement suivie, comme on le voit dans son parcours, elle a semblé se relever, en s'approchant du cap de Bonne-Espérance, sous le nom de Sneuwberg et de Nieuweld. Sur la limite méridionale du versant méditerranéen, un autre groupe de montagnes importantes, l'Atlas, est plutôt une série de cinq ou six chaînes étagées l'une derrière l'autre en plateaux successifs qu'une chaîne proprement dite. Enfin, du nord-nord-est au sud-sudouest dans le sud-est de l'Afrique, les monts Lupata, l'épine du monde, paraissent réunir le cap Gardafui au cap de Bonne-Espérance, où ils se terminent par des plaines élevées et stériles, nommées les Karros, et par des montagnes escarpées mais aplanies au sommet, dont une même a reçu le nom significatif de la Table. Dans la partie occidentale les monts Kong ne sont que de vastes agglomérations calcaires, découpées en terrasses, sans vallées longues et profondes, ailleurs débouchés naturels des fleuves réduits ici à gagner les contrées basses de sauts en sauts et de cataractes en cataractes.

Ainsi, bien qu'on puisse supposer à l'Afrique des montagnes qui, sous l'équateur même, conservent des neiges éternelles et atteignent une hauteur de 16,000 pieds, le caractère commun de toutes les montagnes connues, leur forme et leur assiette n'en ont pas moins conduit à penser que les montagnes dans cette presqu'île n'arrivent à un niveau considérable qu'en s'élevant lentement de terrasse en terrasse, de manière à ne former pour tout le continent africain qu'un seul plateau qui, de tous côtés, présente des esplanades contiguës, sans pentes ménagées entre elles pour l'écoulement normal des eaux. De sorte que, si la mer haussait de trois à quatre mille pieds son niveau, l'Afrique, inondée dans ses terres basses, serait dans l'Océan comme une île d'un sol assez uni.

Cette physionomie générale de l'orographie explique aussi le caractère original et peu hospitalier du continent africain dans son contour. Point de presqu'îles, en effet, étroites et pointues, et, à l'exception des Canaries, point de ces séries d'îles qui terminent d'ordinaire les autres continents. Les presqu'îles et les longues chaînes d'îles ne sont ailleurs que des prolongations sous-marines des montagnes qui traversent les continents. En Afrique, les montagnes en gradins n'ont point de continuation sous-marine. Une mer dégagée d'îles borde une côte peu découpée. Madagascar, parallèle au continent, n'est point dans son prolongement.

Les plaines n'en valent guère mieux, d'incommensurables déserts de sable et de gravier, incrustés de coquillages marins, de véritables bassins de mers desséchées, tels que le Sahara, où le sirocco soulève des tempêtes de sables qu'il roule, comme une houle, sur les tribus ensevelies dans leurs oasis ; ailleurs des marécages stagnants, foyers continuels d'émanations pestilentielles et refuges d'animaux malfaisants et de reptiles repoussants: voilà l'aspect général de cette péninsule, où les fleuves, ne trouvant ni pente ni issue, se perdent dans le sable, ou se creusent en lacs sans utilité pour les communications, quand ils ne dévastent pas par leurs crues périodiques. On sait en effet que, dans toute la zone torride, la présence verticale du soleil amène des averses presque continuelles. Le ciel, enflammé d'abord, se fond en cataractes, les eaux se rassemblent sur les plateaux intérieurs en lacs immenses, qui, arrivés aux limites de leur bassin, déversent tout à coup dans les fleuves déjà gonflés un énorme volume d'eau. Longtemps restées en stagnation sur des terres molles qu'elles ont détrempées, ces eaux s'en sont chargées et peuvent, comme le Nil, à l'époque périodique de leurs crues annuelles, devenir une cause de fécondité par le limon qu'elles déposent sur le sol. Mais le plus souvent elles désolent sans profit.

Dévoré par le soleil de la zone torride, rien ne tempère la chaleur et la sécheresse du climat africain, que les pluies annuelles, les vents de mer et l'élévation du sol. Ces trois conditions s'y trouvent quelquefois réunies à un plus haut degré sous l'équateur que dans les zones tempérées, ce qui fait que, dans la Nigritie, la Guinée ou l'Abyssinie, la température est dans certaines parties moins brûlante que dans les déserts qui avoisinent l'Atlas, cependant à trente degrés de la ligne équinoxiale. Il ne serait pas étonnant qu'on y découvrît, comme à Quito, de hauts plateaux; comme à Cachemire, des vallées où règne un printemps perpétuel. D'autres causes accidentelles, des eaux jaillissantes dans le désert, des langues de terre enfermées entre deux branches d'un fleuve, peuvent revêtir certaines parties d'un caractère particulier, qui tranche sur la physionomie générale, et former des oasis ou des deltas.

Et cependant ce pays si bizarrement doué, si fermé, si inhospitalier à l'étranger et à l'homme, est le plus fécond du monde quand l'humidité s'unit à la chaleur, comme à Tunis. La terre y fournit sans peine des aliments en abondance. Le froment, le sorgho, l'orge, le dourah, le maïs, se prodiguent dans le nord avec une profusion et une magnificence inconnues ailleurs. Le riz vient partout, c'est l'aliment le plus essentiel de la population. Le manioc, les ignames appartiennent aux contrées équinoxiales ; le dattier se plaît dans les sables du nord; les orangers, les citronniers, les cédratiers foisonnent vers la Méditerranée ; les pamplemousses préfèrent le sud, la vigne ne se montre guère qu'aux extrémités septentrionales et méridionales, mais avec quelle exubérance et quelles dimensions colossales !

Les forêts y déploient un luxe de végétation qui n'a rien à envier à l'Italie, à l'Espagne, ni à l'Amérique. Le cocotier, le palmier Elais, qui donne l'huile de palme, le bananier, y sont d'une ressource merveilleuse. Quant aux parties marécageuses, arides, sablonneuses ou pierreuses, c'est-à-dire la grande moitié de l'Afrique, la végétation sans culture n'y offre qu'une physionomie dure et bizarre. Les touffes de plantes salines hérissent des plaines dont aucun gazon ne couvre la nudité. Des arbrisseaux épineux, des espèces d'acacias qui donnent la gomme arabique et de mimosas présentent d'impénétrables fourrés. Les euphorbes, les cactus, les arums, désolent le regard de leurs formes bouffies, roides et épineuses. Le chi ou arbre à beurre, l'énorme baobad, le plus gros des arbres, le difforme dragonnier, n'ont ni grâce ni majesté. Le bombax, le figuier indien, le séné, le cafier indigène dans les contrées orientales, la canne à sucre, l'indigotier, le cotonnier, l'arachide, sont encore comptés parmi les importantes productions de l'Afrique.

De toutes les parties de l'ancien continent, la plus riche en or est certainement l'Afrique ; ce métal s'y trouve surtout sous la forme de poudre. Il y a du fer, du cuivre, de l'argent. Le sel y est commun dans les plaines désertes. Mais ce qui fait la gloire éternelle de cette nourricière des lions, comme l'appelaient les anciens, c'est la richesse et la variété de son règne animal.

La plupart des espèces de l'ancien continent et les variétés les plus vigoureuses se retrouvent dans l'Afrique, comme le cheval de Barbarie, le buffle du Cap, le mulet du Sénégal et le zèbre. Le lion est plus beau que partout ailleurs ; l'éléphant et le rhinocéros, moins gros qu'en Asie, y sont plus agiles et plus indomptables. Le chameau y semble indispensable. Beaucoup d'autres espèces sont particulières à ce continent : l'hippopotame, la girafe, les gazelles, les antilopes.

L'Afrique, remplie de difformes guenons et de répugnants babouins, manque de plusieurs espèces de singes, réservées à l'Océanie, comme l'orang-outang, ou à l'Amérique, comme les sapajous. La civette, l'autruche, la grue, le coucou, le perroquet, l'ibis, le flammant, en sont les oiseaux les plus remarquables, comme les sauterelles et les termites ou fourmis blanches, les insectes les plus destructeurs. Ajoutons que l'Afrique comme toute la zone torride a ses reptiles venimeux ou voraces, ses serpents, ses scorpions et ses crocodiles.

Mais les termites n'élèvent nulle part, si ce n'est en Nouvelle-Hollande, autant de bâtisses destructives, et les essaims de sauterelles planent en nuages moins épais sur le plateau d'Asie que sur celui d'Afrique, où ils servent de nourriture à des tribus entières. L'Afrique, d'ailleurs, offre toujours quelque nouvelle forme animale, comme dit le vieil adage. Les découvertes de l'avenir éclaireront peut-être sur quelques animaux extraordinaires dont parle toute l'antiquité, mais que la critique moderne, peut-être trop défiante, a relégués dans la sphère des monstres fabuleux.

Trois races d'hommes principales, très-distinctes entre elles, paraissent avoir été appelées à régner sur ce domaine extraordinaire. Celle des trois qui se rapproche le plus des nations de l'ancien continent est la race maure. Taille, physionomie, cheveux, couleur brunie par les ardeurs du climat, tout en elle rappelle les peuples d'origine asiatique. Les Berbers et les Kabyles n'en sont qu'une variété qu'est venue, à diverses reprises, croiser l'invasion arabe. Les Coptes, les Nubiens et les Abyssiniens sont regardés comme un mélange des nations africaines et asiatiques. La seconde, la plus originale et la moins belle, est la race nègre. Pas de cheveux, de la laine ; front fuyant, nez aplati, lèvres épaisses, teint noir : tels sont les caractères distinctifs. Tout le centre de l'Afrique, l'occident, du Sénégal au cap Nègre, d'où elle a passé en Nubie et en Egypte, lui appartiennent.

La côte orientale est occupée par la troisième, celle des Cafres, type perfectionné de la race nègre. L'angle facial y est moins obtus, le front droit, ainsi que le nez ; mais les lèvres sont épaisses, les cheveux crépus et presque laineux, et le teint varie du brun jaunâtre au noir clair. A côté, on trouve d'autres peuplades d'un caractère particulier, comme les Hottentots, qui se rattachent difficilement aux types qui les avoisinent.

Le nombre des idiomes parlés par ces peuples, depuis les systèmes de gloussements et de sifflements bizarres jusqu'à la langue des Berbers sur toute la côte septentrionale, est impossible à déterminer. Quant aux systèmes religieux, suivis par ces races diverses, on peut les ramener à trois formes générales : le fétichisme, qui domine parmi les races noires, sorte de déification de toutes les forces naturelles, de panthéisme primitif ; le mahométisme, importé par les Arabes et développé jusqu'au centre de l'Afrique, mais particulier à l'Egypte et à la Barbarie ; le christianisme enfin, introduit au IVe siècle en Ethiopie, conservé jusqu'à nos jours en Abyssinie et établi avec la conquête française depuis trente ans dans l'Algérie.

La civilisation y a suivi, comme partout, une marche progressive marquée par un perfectionnement gradué dans les systèmes religieux. Le fétichisme, souvent anthropophage, a fait place aux théocraties de Méroé et de la haute Egypte, et la vie sauvage et isolée aux grandes organisations politiques. A Memphis, à Thèbes, des temples s'élevèrent ; le sauvage y vint adorer la statue d'un dieu à tête de chien ou à bec d'oiseau, souvenir perfectionné de son grossier fétiche. Il sortit de ses cabanes bâties en troncs de palmier, tailla le granit en colonnes, grava des hiéroglyphes sur le porphyre, et acheva lentement ces monuments qui bravent les siècles. L'utile ne fut pas oublié ; l'eau sacrée du Nil, retenue par des digues, distribuée par des canaux, féconde les champs jadis abandonnés aux joncs et aux roseaux. Cependant les caravanes, protégées par le nom des dieux, remontaient le Nil et pénétraient dans les vallons les plus reculés de l'Ethiopie, recueillant partout l'or et l'ivoire.

La caste des guerriers renverse l'ancien ordre théocratique. Les Pharaons étendirent leur action au loin, et l'Egypte, devenue un grand et florissant empire, fut l'un des berceaux de la civilisation antique.

Carthage, dans l'occident, se lia intimement avec les peuples de la race maure ou berbère, dont ils développèrent l'aptitude pour la guerre en levant parmi eux leurs troupes légères, mais ils n'exercèrent qu'une influence indirecte et bien lointaine sur les nègres. Abandonnée à sa nature indolente, cette race fit peu de progrès. Le gouvernement des petits patriarches despotes céda la place à des monarchies plus étendues. Dans les associations mystérieuses de quelques nations de la Guinée, on vit revivre l'esprit des prêtres de Méroé. Le changement le plus essentiel que subit la constitution civile de l'Afrique fut la distinction établie entre les esclaves et les hommes libres. Cette distinction se retrouvait chez les Grecs et chez les Romains, avec des caractères aussi odieux, aussi inhumains que dans l'Afrique ; mais en Europe elle disparut avec le christianisme ; ici, elle s'est perpétuée.

Les Romains ne communiquèrent qu'avec les peuples du Fezzan, de la Nubie, et fort tard avec l'Abyssinie ou le royaume d'Axum. Le christianisme ne fit guère que passer en Afrique, au moyen âge. Il était réservé au mahométisme d'opérer un changement dans la marche de la civilisation africaine ; monté sur l'infatigable et rapide dromadaire ou sur de légères embarcations, l'aventureux Arabe courait planter l'étendard de son prophète jusqu'aux bords du Sénégal et jusqu'aux rivages de Sofala. Aucun peuple ne réunissait plus de qualités pour conquérir et pour conserver l'empire de l'Afrique. Ils trouvaient dans les Mauritaniens et les Numides des amis naturels. Mœurs, aliments, climat, tout les rapprochait. Le fanatisme mahométan devait étonner et subjuguer les imaginations ardentes des Africains ; la simplicité de la croyance musulmane convenait à leur intelligence bornée et s'alliait sans peine aux superstitions du fétichisme, aux idées de ces peuples sur la magie et les enchantements. L'Afrique et surtout les oasis du grand désert fournirent bientôt à la nouvelle religion de plus zélés défenseurs. L'esclavage civil et le gouvernement despotique n'éprouvèrent aucun changement, si ce n'est que les marabouts ou prêtres musulmans, ainsi que les chérifs ou descendants du prophète, formèrent dans quelques États une espèce d'aristocratie. L'anthropophagie seule devait être abolie, et c'est un véritable bienfait que l'humanité doit aux progrès de l'islamisme.

Un événement particulier favorisa un moment la civilisation des Maures ; l'expulsion de ceux d'entre eux qui avaient régné en Espagne peupla la Barbarie et même les oasis du grand désert d'hommes plus industrieux et plus éclairés. Malheureusement pour l'Afrique, une poignée d'aventuriers turcs fondirent sur la côte de Barbarie, subjuguèrent les Maures et y établirent les gouvernements barbares d'Alger, de Tunis et de Tripoli : barrière fatale qui, bien plus encore que le mahométisme, sépara l'Afrique du monde policé.

Les navigations des Portugais et la traite des nègres ont ensuite ouvert de nouvelles communications entre l'Afrique et l'Europe occidentale. Des colonies stables, étendues, florissantes, ont montré sur les bords du Niger, du Sénégal, du Zaïre et du Zambèze, le spectacle de nos lois et de nos mœurs. Attaquée sur ce point, l'Afrique, dans sa barbarie, l'a été plus victorieusement encore, sur la côte de Barbarie, par l'établissement des Français dans toute l'Algérie. Aussi bienfaisante que conquérante, cette occupation laisse espérer des changements profonds, de proche en proche, dans la constitution des tribus arabes, dans la civilisation progressive de la race nègre des oasis.

CHAPITRE DEUXIÈME

Description de l'Égypte.

L'Egypte, par ses traditions historiques, sert de lien entre l'Afrique barbare et le monde civilisé. Ce pays n'est à proprement parler qu'une longue vallée formée par les alluvions du Nil entre la chaîne arabique, à l'est, et la chaîne libyque, à l'ouest.

Le Nil, le plus grand fleuve de l'ancien monde, prend sa source au sud du Darfour, dans les monts Al-Kamar, vers le 34ᵉ degré de longitude est, le 7ᵉ degré de latitude nord, sous le nom de Bahr-el-Abiad (fleuve blanc), descend à l'est et au nord-est, se détourne franchement au nord, et, après avoir reçu sur son parcours le Maleg, le Bahr-el-Azrek ou fleuve bleu et le Tacazé ou Atbarah, dans le Donga, le pays des Chéloucks, le Denka, entre le Der-el-Aïze enfin et le Kordofan, coule sous le nom de Nil, à travers l'Abyssinie et la Nubie. Trois fois déjà une barrière de montagnes a semblé devoir arrêter son cours; trois fois il a franchi cet obstacle. La seconde cataracte, en Nubie turque, est la plus forte. La troisième ouvre au Nil l'entrée de l'Egypte, près Syène ou Assonau. La hauteur de cette cataracte, singulièrement exagérée par quelques voyageurs, varie selon les saisons et n'est généralement que de quatre à cinq pieds. De Syène au Caire, la vallée qu'il arrose, large de trois lieues d'abord entre les deux chaînes dont nous avons parlé, descend, en s'ouvrant de plus en plus, d'un côté vers la mer Rouge, de l'autre vers les déserts de la Libye. L'une d'elles, le Gébel-el-Natron, gagne la Méditerranée au nord-ouest; l'autre, Gébel-el-Attaka, court droit à l'est vers Suez. En suivant l'intervalle de ces deux pentes, le Nil, de Batou-el-Bakara, se divise en deux branches pour gagner Rosette et Damiette. Les ramifications du Nil donnaient autrefois lieu à sept bras ou sept bouches : Canopique, Bolbitine, Sébennytique, Phalnitique, Mendésienne, Canitique et Pélusiaque, souvent modifiées par le déplacement des eaux et les ensablements, connues aujourd'hui sous le nom de bouches du lac d'Edkou, de Rosette, du lac Bourlos, de Damiette, de Dibeh, de l'Om-Fareg et de Tinèh. L'espace compris entre elles était appelé Delta, subdivisé en grand et petit Delta.

La profondeur et la rapidité du Nil varient selon les lieux et les saisons. Dans un état ordinaire, ce fleuve ne porte que des bateaux de 60 tonneaux, depuis les embouchures jusqu'aux cataractes. Le Bogaz ou embouchure de Damiette a cependant deux mètres et demi d'eau dans le temps des basses eaux; celui de Rosette n'en a qu'un et demi. Dans les hautes eaux, l'un et l'autre de ces bogaz ont treize mètres de plus, et les caravelles de 24 canons remontent jusqu'au Caire. La navigation est singulièrement favorisée pendant les crues; car pendant que le courant du fleuve entraîne les navires depuis les cataractes jusqu'au bogaz avec une extrême rapidité, les vents du nord, très-violents, permettent de remonter le fleuve à force de voiles avec une égale rapidité; on fait l'un et l'autre trajet en huit à dix jours. C'est un spectacle intéressant que de voir les nombreux bateaux se croiser dans leurs courses. Les bogaz sont difficiles à passer, même dans les hautes eaux : des bancs de sable changeants menacent le navigateur dans toute la longueur du cours. Les cataractes sont quelquefois franchies par l'adresse et l'audace réunies.

Comme tous les fleuves de l'Afrique, le Nil est soumis à des crues régulières et périodiques, du solstice d'été à l'équinoxe d'automne, époque de leur plus grande élévation. Pourtant dans la haute Égypte, où les rives sont très-hautes, il déborde peu, et l'on y a été conduit à un système d'irrigation artificielle ; mais dans la moyenne et dans la basse Égypte, le fleuve en se répandant sur ses rives y dépose une couche de limon par lits horizontaux, qui font la fécondité et la richesse du pays. L'analyse de ce limon a fourni près de la moitié d'alumine, un quart environ de carbonate de chaux, le reste en eau, carbone, oxyde de fer, carbonate de magnésie.

La meilleure hauteur des crues du Nil est de 8 mètres. Au Caire, des canaux, que ferment et ouvrent des écluses, reçoivent l'eau excédante et la donnent à l'agriculture, quand le fleuve n'atteint pas un niveau suffisant. L'ancienne Égypte avait construit, pour mesurer la hauteur des eaux du Nil, des échelles remarquables dites Nilomètres. L'eau du Nil est très-légère et peut, sous ce rapport, mériter l'éloge qu'en fait Maillet : « C'est, parmi les eaux, ce que le champagne est parmi les vins. Si Mahomet, disent les Égyptiens, en eût bu, il eût demandé au ciel une vie immortelle pour pouvoir toujours en jouir. »

L'orographie de l'Égypte n'a pas ce caractère particulier ; quelques collines dans la haute Égypte, quelques roches gypseuses ou calcaires aux environs de Cosséir la composent tout entière. La basse Égypte est tout à fait plate, entrecoupée seulement par les nombreux bras du Nil et par plusieurs canaux dont les principaux sont ceux de Mahmoudyeh, d'Alexandrie à Rahmanieh, de Scander et de Joseph. Mais la région la plus curieuse de l'Égypte est sans doute celle qui renferme la vallée du Fleuve sans eau et le bassin des lacs de Natron. Ces deux vallées sont parallèles. La montagne de Natron domine et suit la vallée du même nom. Six lacs se suivent dans la direction de la vallée. Leurs bords et leurs eaux sont couverts de cristallisations, tant de sel commun ou soude muriatée, que de natron ou soude carbonatée. Lorsqu'une même masse d'eau contient à la fois l'un et l'autre sel, c'est la soude muriatée qui se cristallise la première ; puis la soude carbonatée se dépose dans une couche à part. Cette curieuse vallée n'est habitée que par des moines grecs. Leurs quatre couvents sont à la fois des espèces de forteresses et de prisons. Ils ne vivent que d'un peu de légumes. Même la végétation dans ces vallées offre un aspect sauvage et triste. Les palmiers ne forment que des buissons et ne portent pas de fruits.

La vallée parallèle à celle du Natron porte le nom de Bahhar-béla-mé, fleuve sans eau. Séparée de la vallée du Natron par une petite chaîne de hauteurs, elle conserve généralement une largeur de 12 kilomètres. Dans les sables qui la recouvrent, on a découvert des troncs d'arbres entièrement pétrifiés et une vertèbre d'un gros poisson. Au surplus, on y rencontre les mêmes pierres que dans la vallée du Natron. Quelques savants ont pensé qu'elles y ont été amenées par un bras du Nil aujourd'hui détourné.

Outre l'ancien lac Mœris, aujourd'hui Birket-el-Karoun, qui servait autrefois, en cas de crue extraordinaire, à se débarrasser d'une trop grande quantité d'eau, on rencontre sur les côtes maritimes plusieurs lacs ou lagunes qui, de siècle en siècle, éprouvent tantôt des diminutions, tantôt des accroissements. Au midi d'Alexandrie, est l'ancien lac Maréotis. Il était depuis longtemps desséché. Pour priver les Français de l'avantage de recevoir des vivres par le canal, les Anglais rompirent la digue qui le séparait du lac, y firent passer l'eau, et, par cette opération funeste, privèrent la ville de celle qu'elle recevait par le canal. Le lac d'Aboukir a été formé, en 1778, par une irruption de la mer, qui en avait déjà une fois couvert l'emplacement, il y a deux siècles. Quant au lac Menzaleh, il est formé de la réunion de deux grands golfes et borné au nord par une longue bande de terre basse et peu large qui le sépare de la mer. Les deux golfes sont séparés en partie entre eux par la presqu'île de Menzaleh, à la pointe de laquelle se trouvent les îles de Matariéh, les seules du lac qui soient habitables. Le lac Menzaleh ne communique avec la mer que par deux bouches praticables, celles d'Ybéh et d'Omfaredgié, qui sont les bouches Mendésienne et Tanitique des anciens. Sa largeur, depuis la bouche d'Ybéh jusqu'à celle de Péluse, est de 91 kilomètres.

Quant au climat et à la fertilité de l'Egypte, si les témoignages les plus contradictoires se sont produits dans les relations des voyageurs, cela doit tenir à l'époque où chacun d'eux a été appelé à visiter cette étrange contrée. L'aspect de l'Egypte, en effet, varie périodiquement comme les saisons. Dans les mois de notre hiver, lorsque la nature, morte pour nous, semble avoir transporté la vie dans ces climats, la verdure des prairies émaillées de l'Egypte charme les yeux. Les fleurs des orangers, des citronniers et d'une foule d'arbustes odorants parfument l'air; les troupeaux répandus dans les plaines animent le tableau; l'Egypte ne forme alors qu'un jardin délicieux, quoique un peu monotone; car ce n'est partout que plaines terminées par des montagnes blanchâtres et semées de quelques bosquets de palmiers. Dans la saison opposée, ce même pays ne présente plus qu'un sol fangeux, ou sec, ou poudreux; d'immenses champs inondés, de vastes espaces vides et sans culture, des campagnes où l'on n'aperçoit que quelques dattiers, des chameaux, des buffles conduits par de misérables paysans, nus et hâlés, hâves et décharnés; un soleil brûlant, un ciel sans nuages, des vents continuels et plus ou moins violents. Il ne faut donc pas s'étonner si quelques voyageurs ont tant différé les uns des autres dans la description physique qu'ils nous ont donnée de ce pays. Excepté au bord de la mer, rien n'est plus rare en Egypte que les pluies, et plus on remonte vers le sud, moins on en éprouve. On appelle hiver les mois pendant lesquels elles tombent. Au Caire, on a quatre ou cinq ondées; dans la haute Egypte, une ondée, deux au plus dans l'année, sont le terme moyen. Vers la mer, les pluies sont peu fréquentes. Aux yeux des cultivateurs, d'ailleurs, elles passent pour faire germer les graines d'une foule d'herbes qui nuisent aux céréales; assez réguliers pendant l'été, intermittents en octobre, les vents deviennent très-variables en hiver. L'atmosphère, sans nuages, n'oppose aucun obstacle à l'action des rayons solaires, et la végétation, alors dans toute sa force, s'approprie l'eau qui s'évapore; de sorte que, excepté des rosées assez abondantes, et le matin quelques brouillards très-peu fréquents, rien ne voile la transparence de l'air.

A l'équinoxe du printemps, la terre change de face, sous le souffle embrasé du vent du sud, qui tombe d'ailleurs au bout de deux ou trois jours. Kamsym en Egypte, Samiel en Arabie, Simoun dans le désert, il trouble l'atmosphère, qui se teint en pourpre; l'air perd son élasticité, partout une chaleur sèche et brûlante, en même temps que des tourbillons se succèdent par intervalles, ardents comme les émanations d'une fournaise. C'est l'époque de la peste, endémique en Egypte, comme la saison du débordement du Nil celle des ophthalmies, causées surtout chez ceux qui dorment en plein air par les rosées très-abondantes de la nuit, et si corrosives par la présence du natron qu'elles rongent en peu d'instants des instruments de métal exposés à leur action.

Aussi l'Egypte, grâce à ces conditions singulières de son atmosphère et aux inondations du Nil, réunit-elle presque tous les végétaux de l'ancien continent.

Les cultures de l'Egypte comprennent deux grandes classes, celles des terres arrosées par le débordement naturel du fleuve, et celles des terres à irrigations artificielles.

Parmi les premières, on remarquera le froment, l'orge, l'épeautre, les fèves, les lentilles, le sésame, la moutarde, le lin, l'anis, le carthame ou safranon, la gaude, le tabac, le lupin, le pois chiche, le barsim ou trèfle d'Egypte, le fenu grec, la pastèque, le melon, les concombres divers et la laitue. Le meilleur froment vient à Maraga dans la haute Egypte. Le canton d'Achyme en fait les récoltes les plus abondantes. L'orge a six rangs de grains. Les cucurbitacées, ainsi que les tabacs et les lupins, couvrent ordinairement les bords du fleuve à mesure que l'eau baisse, et les îles qu'elle laisse à découvert. Les melons et concombres grossissent pour ainsi dire à vue d'œil ; en vingt-quatre heures ils gagnent vingt-quatre pouces de volume, mais la plupart ont la chair fade et aqueuse ; le tabac a peu de force. La gaude est presque toujours cultivée dans les canaux, lorsque l'eau s'en retire ; le lin, dans plusieurs cantons, se cultive aussi dans les terres arrosées artificiellement ; les cultures sont peu pénibles. Après un léger travail, les semences, confiées à une terre encore vaseuse, s'y enfoncent d'elles-mêmes. Si on tarde trop l'ensemencement, la terre, durcie et gercée, ne se peut ouvrir qu'au prix des plus grands efforts. Dans la haute Egypte on arrache le grain quand il est mûr, dans la basse Egypte, on se sert de la faucille.

Pour l'autre espèce de culture, il faut plus de soin et de travail. On lui consacre les plantes qui pendant la végétation ont besoin d'arrosements réitérés. Ces cultures se trouvent principalement sur les bords du Nil. Dans la haute Egypte, ces terrains sont plantés surtout en holcus-oloura, nourriture générale du peuple : on en mange le grain tandis qu'il est en lait, après l'avoir fait griller comme le maïs ; on mâche la canne verte comme celle du sucre ; la moelle sèche sert d'amadou ; la feuille nourrit le bétail, la canne remplace le bois pour chauffer le four ; du grain on fait de la farine, et de cette farine des galettes. La haute Egypte nourrit encore la canne à sucre dont la végétation s'accomplit là dans une saison, comme sur les bords de la mer Caspienne ; on y cultive aussi l'indigo, le coton et, dans le voisinage des villes, quelques plantes potagères. Le Fayoum se distingue par la culture des rosiers, qui fournissent l'eau de rose recherchée dans tout l'Orient ; on y cultive aussi des plantes potagères et un peu de riz. La partie la plus basse de l'Egypte, la province de Damiette surtout, abonde en riz et en plantes potagères. Le riz ne date que des importations de l'Inde faites par les califes.

L'arrosement se fait au moyen d'un balancier qui amène l'eau dans un réservoir supérieur, pour être répartie dans un système de petits carrés factices, tous en communication entre eux par une rigole.

L'Egypte, qui n'a pas de forêts et où les habitants sont réduits à brûler de la bouse de vache et de la canne, n'a ni l'amandier, ni le cerisier, ni le noyer. La pomme, la poire, la pêche, la prune, n'y valent rien. Les citrons, les limons, les oranges, les grenades, les abricots et le bananier y prospèrent à côté du sycomore ou figuier de Pharaon, si précieux par son vaste et épais ombrage, du caroubier, du jujubier, du tamarinier et surtout des palmiers-dattiers, si nombreux et si utiles. Peu d'oliviers d'ailleurs et peu de vignes, qu'on ne cultive que pour leurs fruits.

En Egypte le manque de prairies empêche la multiplication des bestiaux ; les Mameluks entretenaient une belle race de chevaux de selle. Les ânes, les mulets, les chameaux se montrent ici dans toute leur vigueur. Les buffles y sont très-nombreux. Les grands animaux féroces ne trouvent guère d'aliments ni d'asile dans ce pays : aussi le chacal et l'hyène y sont communs, mais le lion s'y montre rarement à la poursuite

des gazelles des déserts de la Thébaïde.
Le crocodile et l'hippopotame ne se voient
plus guère que dans la haute Egypte.
On sait depuis longtemps que l'ichneu-
mon n'est pas domestique en Egypte,
comme l'avait cru Buffon. Les poissons
du Nil y sont singuliers, mais les oiseaux
diffèrent peu de ceux de l'Europe. L'ibis
n'est qu'une espèce de courlis nommé
aujourd'hui abouhannès.

Les Egyptiens nourrissent leurs abeilles sur le Nil et les font voyager. Les
abeilles se répandent sur les deux rives
du fleuve et retournent exactement le
soir à leur bateau.

CHAPITRE TROISIÈME

Divisions de l'Égypte. — Basse-Égypte ou Bahary.

L'Egypte qui, sous les Pharaons, fut
souvent l'heureuse rivale des plus grandes monarchies du monde, des rois assy-
riens, mèdes et perses, et de Babylone, fut
envahie en 527 avant Jésus-Christ, par
Cambyse, fils de Cyrus. Depuis cette époque, vassale insoumise de la Perse, les
Grecs soutinrent ses rébellions. Aussi
Alexandre le Grand y fut-il reçu comme
un libérateur. Les Ptolémées, pendant
trois siècles, firent fleurir en Egypte les
arts et le commerce; les villes devinrent
sous eux presque des colonies grecques. Auguste réunit à l'empire romain
ce fertile royaume, qui fut pendant six
cent soixante-six ans le grenier de
Rome et de Constantinople. Les successeurs de Mahomet en font une de leurs
premières conquêtes. Vers l'année 887,
les califes sont remplacés par les Tur-
comans. Les Tokonides, les Fatimites et les Ayoubites dominent jusqu'en 1250. Les Mameluks, espèces
de janissaires, massacrèrent leurs maîtres et s'emparèrent de l'autorité.
Les Mameluks passarites, dynastie
turque, régnèrent jusqu'en 1382; la
race circassienne ou Mameluks bor-
djites, jusqu'à ce que Méhémet-Ali ait
de nos jours donné au pays une situation
politique presque indépendante.

Les anciens avaient divisé l'Egypte,
d'après le cours du Nil, en haute Egypte
ou Thébaïde, moyenne Egypte ou Epta-
nomie, et enfin en basse Egypte ou Delta.
Les Arabes et les Ottomans n'ont fait
que changer ces noms. C'est dans la
basse Egypte que sont les villes les plus
importantes du pays.

Alexandrie, qui, sous les Pharaons,
n'était qu'un village nommé Raçoudah
ou Rakotis, fondé par Alexandre le
Grand en 332 avant Jésus-Christ, et
devenue, sous les Ptolémées et les Romains, la capitale de l'Egypte, a reçu des
Arabes le nom d'Ickenderiéh, qui n'est
que la traduction de sa dénomination
occidentale. Elle est bâtie sur une langue de terre sablonneuse, formée par la
mer le long de l'ancien môle qui autrefois joignait l'île du Phare au continent.
De ses deux ports, le plus oriental paraît
avoir perdu ses anciens avantages par
des changements que les côtés ont subis.
L'ancien promontoire, où est aujourd'hui
le Pharillon, a été rongé et détruit par
les flots. Le fameux phare bâti dans l'île,
aujourd'hui presqu'île du même nom,
éclaire l'entrée de ce port, si souvent
fatale aux vaisseaux. L'autre extrémité
embrasse le vieux port, fermé aux chrétiens. Au sud de la ville moderne, s'étend

l'enceinte de l'ancienne Alexandrie, attestée encore par des débris de colonnades et les deux obélisques nommés Aiguilles de Cléopâtre, perdus au milieu de jardins, d'églises, de monastères, de mosquées et de masures groupées en bourgades. En dehors de la porte méridionale s'élève la colonne de Pompée ou de Sévère, haute de vingt-neuf mètres, dont les trois parties principales, la base, le fût et le chapiteau, sont chacune d'un seul bloc de granit rose d'une merveilleuse beauté. Dans sa plus belle époque elle comptait 900,000 habitants ; les chrétiens y ont eu un patriarche ; mais lorsqu'Amrou l'eut prise, brûlée, elle se réduisit insensiblement jusqu'à ne présenter qu'une population de seize mille habitants, à la conquête française de 1798. Occupée plus tard par les Anglais, elle revint à Méhémet-Ali, et alors elle sortit peu à peu de ses ruines ; aujourd'hui elle renferme plus de cent mille âmes. Sa situation maritime en a fait l'entrepôt du commerce de la Méditerranée et le séjour des consuls européens, et son importance a engagé à la relier au Caire par un canal et la branche occidentale du Nil.

Près d'Aboukir, témoin de la victoire de Nelson en 1799, de celle de Napoléon sur terre, la côte cesse d'être calcaire et les terrains d'alluvion commencent. C'est la contrée des rivières, des lacs et des populations autrefois féroces qui vivaient en pasteurs au milieu des roseaux. D'Aboukir on aperçoit dans le lointain, perdue entre ses dattiers, ses bananiers et ses sycomores, la ville de Rosette avec des fabriques de cotonnades assises aux bords du Nil, sur l'un des côtés du Delta, comme Damiette est sur l'autre. Le lac Bourlos ferme le Delta, enfermant pêle-mêle dans cette enceinte les ruines de Peluse et celles de Thanis, l'emplacement de Saïs, l'ancienne ville sacrée, et Tantah, la nouvelle, puis Mansourah, avec des souvenirs des croisades, et quelques petits centres commerciaux et industriels, comme Menzaléh et Damanhour, marché des colons qui viennent des champs voisins ; le bourg considérable de Rahmanié ; Terranéh, le centre principal du commerce du Natron, Berimbâhes Fouah, le siége du commerce au seizième siècle ; enfin la grande et populeuse ville de Méhallet, El-Kébir la Grande, considérée par quelques voyageurs comme la plus importante après le Caire. La pointe de l'ancien Delta forme aujourd'hui le petit pays de Kelyoubéh, riche en grains, en pâturages et même en bois de différentes espèces.

Quand la plaine cesse d'étaler ses richesses monotones, le mont Mokattan élance ses cimes arides à l'est ; de l'autre côté, se présente Giséh avec ses éternelles pyramides. C'est vis-à-vis de ces monuments que l'œil découvre successivement sur la rive orientale du grand fleuve les villes de Poulak, du Nouveau-Caire, du Vieux-Caire ; on entre dans la moyenne Egypte.

Moyenne Égypte ou Vostani.

Boulak est le port du Caire et sert à recevoir les vaisseaux qui ont remonté le Nil ; c'est dans le port du Vieux-Caire que s'arrêtent les vaisseaux venant de la haute Egypte. Entre ces deux villes s'étend le Nouveau-Caire, appelé avec emphase par les Orientaux le Grand-Caire, et dont le nom El-Kahira signifie le Victorieux. Fondée à 5 kilomètres des montagnes de l'est, à 3 du Nil, sur la fin du xe siècle, par Almanzor, elle est devenue la capitale des califes fatimites et a été considérablement embellie par Méhémet-Ali. Les remparts, qui l'entourent sur une longueur de 17 kilomètres, remontent à Saladin, au xiie siècle. Mais, dans leur vaste enceinte, on ne trouve que des rues sales et étroites et des maisons mal construites, à deux ou trois étages, contre l'usage du pays. Eclairées seulement par les cours intérieures, on dirait de l'extérieur une rangée de prisons. L'école polytechnique, l'imprimerie, le bazar et les bains les plus remarquables sont à Poulak. Les mosquées sont nombreuses dans les trois villes, plusieurs méritent d'être visitées. Sur un des flancs du mont Mokattam s'élève la citadelle avec son arsenal, sa fonderie de canons, son hôtel des monnaies et le fameux puits de Joseph. Près de 400,000 habitants se trouvent réunis dans cette capitale. A quelque distance de la ville, Méhémet-Ali a établi une école de médecine et un hôpital.

Les habitants du Caire, avides de spectacles comme tous ceux des grandes villes, sont surtout amusés par des jeux d'exercice, comme sauts, danses de corde, luttes ; par des chants et des danses ordinaires ; ils ont des bouffons dont les grossières plaisanteries et les plats jeux de mots excitent la gaîté d'un peuple ignorant et pourtant corrompu. Les almées ou improvisatrices, qui vont exercer leur art chez les riches, se distinguent pourtant de celles qui amusent le bas peuple. Elles viennent égayer la solitude du sérail ; elles apprennent aux femmes les airs nouveaux ; elles déclament des poëmes d'autant plus intéressants qu'ils offrent le tableau vivant des mœurs de l'Egypte. Elles initient les Egyptiennes aux mystères de leur art ; elles les instruisent à former des danses lascives. Les improvisatrices, dont l'esprit est cultivé, ont une conversation agréable, elles parlent leur langue avec pureté. L'habitude où elles sont de se livrer à la poésie leur rend familières les expressions les plus douces et les plus sonores ; elles récitent avec beaucoup de grâce. Les almées font l'ornement de toutes les grandes fêtes. Pendant les repas, on les place dans une tribune où elles chantent ; elles viennent ensuite dans la salle du festin former des danses, ou plutôt des ballets pantomimes dont les mystères de l'amour leur fournissent d'ordinaire le sujet.

Alors elles quittent leurs voiles et en même temps la pudeur de leur sexe : elles paraissent vêtues d'une gaze légère et transparente ; les tambours de basque, les castagnettes les animent.

En traversant le Nil, on arrive à Ghiséh. A l'ouest de cette ville s'élèvent les trois pyramides qui, par leur grandeur et leur célébrité, ont effacé toutes celles dont l'Egypte est parsemée. La plus grande, celle de Chéops, a soixante-quatorze pieds d'élévation perpendiculaire, et la longueur de sa base actuelle est de sept cent seize pieds. Peut-être des collines naturelles ont-elles servi de base à ces constructions. Il paraît certain que la tête colossale dite le Sphinx a été sculptée dans le rocher même. Cette tête de nègre est ornée d'une coiffure égyptienne. On les regarde généralement comme ayant été destinées à recevoir les cendres de quelques souverains, dont elles étaient les magnifiques mausolées. Cependant le docteur Shaw, quelques auteurs depuis lui, et particulièrement le savant orientaliste M. Langlès, pensent qu'elles avaient été élevées en l'honneur du soleil, sous le nom d'Osiris. Les travaux de M. Champollion, si actifs et intelligents qu'ils aient été, n'ont pas sensiblement précisé cette question. Hérodote déjà parle des inscriptions qu'on y voyait sans éclairer d'ailleurs sur la destination de ces monuments. Les auteurs arabes Ebn-Haukal, Makrizi, Massoudi affirment l'existence de ces inscriptions ; le savant Abdollatif les avait vues. Deux voyageurs européens, Baldésel et Wansleb, en ont encore vu les restes. Le dernier dit qu'elles étaient conçues en hiéroglyphes ; les autres parlent d'un ancien caractère égyptien. Yakouti prétend que c'était l'alphabet des Hamjarites. Ces inscriptions étaient gravées sur le revêtement en granit rouge qui recouvrait les assises en pierre calcaire dont la masse de ces pyramides se compose. Que l'aspect de ces montagnes artificielles, prises par quelques géologues allemands pour de grands cristaux, des excroissances de la terre tout au plus façonnées par l'art et le travail de l'homme, a dû être imposant lorsque le soleil, à son lever ou à son coucher, colorait de ses rayons leur surface resplendissante ! Encore aujourd'hui, que des mains sacriléges ont enlevé le revêtement des pyramides et ont même, quoique inutilement, tenté de détruire ces masses vénérables, on n'y peut trop admirer la précision du travail et la grandeur de la conception ; ce sont, dit un voyageur plein de goût, les derniers chaînons qui lient les colonnes de l'art à ceux de la nature. Le fanatisme mahométan avait essayé de démolir la grande pyramide. Quand on voit à ses pieds la masse de pierres que les dévastateurs ont enlevée, on la croirait rasée : porte-t-on ses regards sur la pyramide, à peine semble-t-elle ébréchée. Toutes ces pyramides, dont le nom vient du grec *pur*, feu, comme la flamme, se terminent en pointe, quelques-unes seulement par une petite plate-forme ; on y entrait par des ouvertures fort étroites placées à une certaine hauteur. Ces monuments d'ailleurs ne sont pas particuliers à l'Egypte, on en trouve dans plusieurs autres pays. Les plus remarquables sont celles du Mexique, qui ont une grande analogie avec celles d'Egypte et portent le nom de Téocallis.

En remontant le Nil, on voit Sakara, avec ses pyramides dispersées sur une ligne de 16 kilomètres, sous le nom de pyramides d'Aboukir. Près de là s'élevait l'antique Memphis, dont les habitants font le commerce de momies ou de corps embaumés d'hommes et d'animaux sacrés, qu'on tire des caveaux taillés dans les rochers. Au-dessus de Minyeh, plus loin à l'ouest, s'étend le riche bassin du Fayoum, avec Médine à l'entrée, et le lac Fayoum, connu dans l'antiquité sous le nom fameux de lac Mœris. Au bourg de Saoudi commencent les grottes de la Thébaïde, espèces de carrières creusées, pour en tirer du marbre, par les Egyptiens à une époque très-reculée, qui, sur un espace de 80 kilomètres, ont servi de retraite aux anachorètes dans les premiers siècles de notre ère.

Il faut mentionner Suez , l'Arsinoé ou Cléopatris des anciens, à 35 kilomètres du Caire, ville ruinée, mais réservée à de hautes destinées commerciales si le succès couronne l'entreprise de M. de Lesseps. Elle se trouve à la tête de l'isthme de ce nom, qui forme le point de contact entre l'Asie et l'Afrique, sur une longueur de 115 kilomètres de la Méditerranée à la mer Rouge. Un canal creusé d'une extrémité à l'autre abrégerait de 9,000 kilomètres le trajet de Cadix aux grandes Indes. Jusqu'ici on l'a tenté en vain, les sables ont semblé toujours devoir combler l'ouvrage. Le célèbre canal de Néchao, qui avait 150 kilomètres de long, allait du golfe de Suez au Nil et atteignait en partie le même résultat. Ce canal, commencé 600 ans avant Jésus-Christ, terminé après la conquête de l'Egypte par Darius, fils d'Hystaspe, rétabli par Ptolémée Philadelphe, négligé sous les empereurs romains, creusé de nouveau par les Arabes, fut comblé par Al-Manzor, en 767, après Jésus-Christ. Les deux mers, réunies d'abord par un canal combiné avec un chemin de fer, promettent de l'être par un canal assez vaste pour donner accès aux vaisseaux d'un fort tonnage, si les études faites par la compagnie du canal de Suez, sous la direction de M. de Lesseps, ne trompent pas l'attente du monde entier, l'Angleterre exceptée.

Haute Égypte ou Saïd.

En quittant la moyenne Egypte, le Nil se resserre dans une vallée de 16 kilomètres de large : c'est la haute Egypte. La première ville qu'on y rencontre est Siouth avec ses antiques peintures très-bien conservées et son opium réputé dans tout l'Orient. Partout en avançant on marche sur des ruines :

ici c'est Gau Shenkié, l'ancienne An- téopolis; là, Akhmyn, autrefois Panopo- lis; enfin Girgé ou Djirdjéh, traduction arabe de Georges. C'est la capitale de la haute Egypte, la résidence d'un bey et le siége d'un évêque copte. Son ori- gine est moderne, elle a commencé par un couvent dédié à saint Georges. Plus loin, c'est Dendérah, peut-être l'antique Tentyra, avec ses ruines si curieuses que nul monument égyptien ne porte à un aussi haut degré les traces d'un travail plus délicat et d'un fini plus parfait. Le zodiaque du musée de Paris a été détaché de l'un de ses pla- fonds. Le Nil forme, depuis Girgé jus- qu'à Thèbes, un grand détour à l'est. Près du coude le plus rapproché de la mer Rouge est situé Kené ou Ghinné, fameuse par ses poteries d'argiles po- reuse et légère qui, en laissant passer la vapeur de l'eau, la privent de son ca- lorique et en font une boisson déli- cieuse.

Selon le voyageur anglais Irwin, cette ville, encore considérable, conserve des traces de plusieurs anciens usages. Dans les processions funèbres, les femmes dansent au bruit d'une musique lugubre et avec des cris effroyables. Les fêtes, comme en général dans le Saïd, se donnent de nuit et sur le fleuve; elles sont terminées par un spectacle presque mythologique : les danseuses se plongent presque nues dans l'eau et y nagent comme autant de nymphes et de naïades. Keft ne paraît être que le port de l'an- cienne Coptos, d'où les Coptes auraient tiré leur nom.

Le village de Luxor, d'où sont venus les deux obélisques de Londres et de Paris, celui de Karnac et quelques au- tres sur la rive orientale n'offrent que des ruines. Des recherches ont prouvé que tous ces restes appartiennent à l'anti- que Thèbes aux cent portes, qui a jonché la vallée de statues colossales brisées, de colonnades renversées, de temples démantelés. Après Erment, Esné, l'an- tique Latopolis, est la dernière place considérable de l'Egypte. Plus loin, on trouve encore des grottes pleines de

peintures et les restes de l'antique Syène, qui, sous tant de maîtres divers le poste avancé de l'Egypte, présente plus qu'aucun autre point du globe ce mélange confus de monuments, vestiges des puissances écroulées. Ici, les temples des Ptolémées et des Pharaons; là, les forts des Romains et des Arabes; plus loin, ces terrasses de granit rose gri- sâtre coupées à pic et à travers les- quelles le Nil roule en écumant. Voilà ces carrières d'où l'on a tiré les obé- lisques et les statues colossales des temples égyptiens.

Au milieu de cette vallée de rochers arides, on rencontre une suite d'îles riantes et fertiles, qui ont reçu le nom de Jardins du Tropique. El-Sag, vis-à-vis de Syène, est probablement l'Eléphan- tine des anciens, comme El-Sleif leur Philoë, toutes deux près des cataractes du Nil. Des gorges étroites, des plaines stériles couvertes de sables, bordées de rochers nus où même le serpent et le lézard ne trouvent pas de quoi subsister, où l'oiseau n'ose étendre son vol, nous mènent sur les bords non moins arides de la mer Rouge. Les côtes de cette mer sont riches en corail, madrépores et éponges de mer, et c'est entre des récifs de cette nature que s'est formé le port de Cosseïr. A l'autre extrémité de l'isthme, occupé par des tribus errantes d'Arabes, se trouve sur la Méditerranée le port de Suez.

Sur la rive orientale se montre la fa- meuse mosquée Atsar-en-Néby, très- fréquentée par les musulmans du Caire, qui y viennent en pèlerinage honorer une pierre où ils voient les pieds du pro- phète parfaitement empreints. Elle est couverte d'un riche voile que les prêtres de la mosquée ne lèvent qu'en faveur des fidèles croyants qui témoignent leur piété par des présents.

Au milieu de ces solitudes désolées, en dehors du Delta et de la vallée du Nil, on rencontre des oasis, ou îles de verdure au milieu du désert, qui servent de lieux de rafraîchissement pour les caravanes. Les principales sont : la Grande-Oasis, la Petite-Oasis, l'oasis

Dakhel et l'oasis de Syouah, ancienne oasis d'Ammon, à l'ouest.

Les Coptes ou Quophthes peuvent être regardés comme les véritables propriétaires de l'Egypte. Les Grecs se fusionnèrent avec eux dès le viiie siècle avant Jésus-Christ. Depuis, les Arabes ont accablé les Grecs et les Egyptiens. Les Coptes ont le teint basané, le front plat, les cheveux demi-laineux, les yeux peu ouverts et relevés aux angles, des joues hautes, des nez plus courts qu'épatés, la bouche grande et plate, éloignée du nez et bordée de larges lèvres ; une barbe rare et pauvre, peu de grâce dans le maintien, les jambes arquées et les doigts des pieds allongés et plats. Ils parlaient, il y a huit cents ans, une langue égyptienne mêlée de beaucoup de mots grecs et arabes. Deux dialectes de cet idiome, le memphitique ou bahirique et le saïdique, nous sont connus par quelques livres de religion ; un troisième, le baschmourique, a causé de grandes discussions parmi les philologues, et on est mal d'accord sur sa nature et son origine. Le caractère général de la langue copte consiste dans la brièveté des mots, souvent monosyllabiques, dans la simplicité de leurs modifications grammaticales et dans l'habitude d'indiquer les genres et même les cas par des syllabes préfixes. Comparée avec toutes les autres langues connues, elle n'a offert que de faibles indices d'une ancienne liaison avec l'hébreu et l'éthiopien. Sans origine, sans affinité connue, elle semble être d'une formation particulière. L'alphabet copte, quoique évidemment modelé sur le grec, renferme quelques traits qui appartiennent aux anciens alphabets égyptiens. Les Arabes composent en grande partie la classe des fellahs ou paysans. Les Mameluks, milice commandée par les beys autrefois, possédaient les terres d'Egypte comme fiefs du sultan, représenté au Caire par un pacha. Méhémet-Ali réussit à exterminer la race turbulente des Mameluks et à passer à son petit fils le titre de vice-roi héréditaire de cette province. Quelques traits particuliers distinguent les mœurs des Égyptiens de celles des autres Orientaux. Un pays souvent inondé rend précieux l'art de la natation ; les enfants l'apprennent en jouant, les jeunes filles mêmes s'y livrent ; on les voit nager en troupe d'un village à l'autre avec une légèreté singulière. A la fête de l'ouverture des canaux, plusieurs nageurs de profession font assaut public devant le pacha ; ils exécutent des tours de force surprenants. Couchés sur le dos, une tasse de café dans une main, une pipe dans l'autre, les pieds liés par une chaîne de fer, ils descendent la rivière. Les Égyptiens savent très-bien dresser les animaux ; on voit des chèvres sellées, qui portent sur le dos des singes, et des ânes aussi bien dressés et aussi dociles qu'un cheval anglais. La poste aux pigeons était plus commune ici qu'en aucun autre pays de l'Orient. Encore dans le xviie siècle, le gouverneur de Damiette correspondait avec le pacha du Caire par le moyen de ces messagers ailés ; Mallet en parle encore, mais comme d'un usage qui se perdait. Le phénomène le plus étonnant dans ce genre, c'est chez certains hommes la faculté de manier et de gouverner les serpents les plus venimeux. Ces Psylles modernes ne le cèdent en rien aux anciens. Ils laissent les vipères s'entortiller autour de leur corps, ils les gardent dans les plis de leur chemise, ils les font entrer dans des bouteilles et en sortir ; quelquefois ils les déchirent avec les dents et en avalent les chairs. On ignore les secrets de ces pratiques, fondées sur l'adresse et l'observation, mais que les Orientaux attribuent à la magie. Assez industrieux, les Egyptiens, outre le coton, le lin et les poteries, préparent encore d'une façon toute spéciale la fameuse eau de rose, qui sort en grande partie du Fayoum-Hecoud. Les roses sont abondantes ; on établit à Médine, pour les distiller, quarante appareils d'une extrême simplicité.

Le commerce d'Egypte se fait par un système de caravanes qui, chaque année ou deux fois par an, se chargent des importations tour à tour et des exportations. Il en vient de Syrie, de Barbarie et du Sennaar. Les plus considérables sont celles de Darfour, de la Syrie. On reçoit par cette voie des cotons, du tabac, des étoffes en soie et en laine, de la cire, du miel, des raisins secs et autres objets de consommation. Les caravanes du Sennaar, moins considérables que celles du Darfour, apportent à peu près les mêmes denrées, ainsi que des civettes, des cravaches en cuir d'hippopotame et des dents du même animal.

CHAPITRE QUATRIÈME

Nubie, Abyssinie, côtes de Béjâ et d'Habesch.

'Au sortir des cataractes d'Egypte, en remontant vers les sources du Nil, la première contrée qui se rencontre, c'est la Nubie, vaste contrée sans limites fixes. Bakoui lui donne une longueur de trente journées de marche le long des rives orientales du Nil; Edrisi, en y comprenant sans doute le Sennaar, dit qu'il faut deux mois pour le traverser, ce qui coïncide assez bien avec les itinéraires de Poncet et de Bruce. Des chaleurs presque insupportables y règnent depuis janvier jusqu'en avril ; la saison pluvieuse dure depuis juin jusqu'en septembre, mais avec de fréquentes irrégularités. Le thermomètre atteint jusqu'à quarante-huit degrès centigrades à l'ombre, et la marche n'y devient possible que de nuit ; aussi les hautes terres ne sont que d'affreux déserts.

Celui de Nubie s'étend à l'est du Nil, depuis Syène jusqu'à Gooz ; on n'y marche que dans des sables profonds et des pierres pointues. Le désert occidental, moins aride et moins vaste, porte le surnom de Bahiouda. Privée des inondations du Nil, encaissée entre d'abrupts rochers, cette contrée n'offre que quelques îles fertiles éparses çà et là. Les parties méridionales de la Nubie, baignées du Tacage, du Bahr-el-Azurek et du Bahr-el-Abiad, présentent des forêts épaisses, de vastes prairies, où les animaux paisibles, le buffle et la gazelle, reparaissent, malgré les chaleurs excessives, les pluies et les essaims de mouches, fléaux de cette contrée. Le doura et le bammia sont les principales espèces de grains ; on cultive aussi le froment et le millet. On exporte deux espèces de séné, mais on ne tire aucun avantage de la canne à sucre, qui abonde le long du Nil. L'ébène domine dans les forêts, où l'on trouve également plusieurs espèces de palmiers.

La mimosa nilotica d'Egypte, dont on tire la gomme, est répandue jusque dans le Darfour. Pline semble indiquer le grand cotonnier sauvage parmi les arbres de la Nubie. Près de l'ancienne Méroé, les pommiers ne réussissaient plus, selon Strabon, et les brebis portaient des poils au lieu de laine. Les éléphants, les rhinocéros, les gazelles, les autruches, tous les animaux africains, peut-être même la girafe, se montrent dans la Nubie. On parle de l'or du Sennaar ; mais, quoique Ibn-el-Ouardy place les mines en Nubie, il est impossible d'en indiquer la position. Il faut en dire autant de la fameuse montagne des Emeraudes. Strabon et Diodore donnent à l'ancienne Méroé, qui correspond à la Nubie méridionale, des mines d'or, de cuivre et de fer.

Les Romains y pénétrèrent assez

avant, jusqu'à Napata, mais sans fruit, et ne possédèrent jamais que la lisière septentrionale du pays, sous le nom de *Æthiopia suprà Ægyptum*. Ils connaissaient en outre une tribu de Nobates ou Nubes, qui, sans doute, en devenant puissante, donna son nom à la contrée connue par les voyages de Bruce et de Burkhardt ; cette partie diffère peu, pour le climat, le sol, la flore et la faune de l'Abyssinie, qui l'avoisine. Avant 1822, le nord seul de la Nubie septentrionale, la Basse-Nubie, reconnaissait l'autorité nominale des Ottomans.

Depuis cette époque, Ismaïl-Pacha, fils de Méhémet-Ali, la rendit vassale de l'Egypte avec ses deux millions d'habitants. Mais le pays a conservé une organisation propre en villes et en villages, avec leur mek ou melek à la tête, qui rend presque illusoire la conquête des Egyptiens.

A l'occident du Nil vivent les Barabras à la peau noire et transparente, tout de nerfs, de muscles et de tendons plus élastiques que forts ; œil étincelant sous un sourcil fortement surbaissé, narines larges, nez pointu, bouche évasée, lèvres ordinaires, cheveux et barbe rares : tel est le caractère de ces peuples gais, vifs, bons et fidèles à leur maître. Ridés de bonne heure, grêles et nerveux de corps, on les emploie en Egypte le plus ordinairement à garder les magasins et les chantiers de bois ; ils se vêtent d'une pièce de laine blanche ou bleue, gagnent peu, se nourrissent de presque rien et restent attachés à qui les paye.

Les déserts situés à l'orient du Nil, depuis la vallée de Cosséir en Egypte jusque fort avant dans la Nubie, sont occupés par les Abadès, odieux à tous les Arabes qui habitent à l'orient du Nil, au nord de Cosséir jusqu'à l'isthme de Suez. Ils sont noirs, mais leur tête est celle des Européens. Ils portent les cheveux longs et ne se couvrent pas la tête, ne portent qu'un morceau de toile et s'enduisent le corps, la tête surtout, de graisse de mouton. Ils n'ont point d'armes à feu et fort peu de chevaux ; ils élèvent une espèce de chameau qu'ils

nomment aguine, plus svelte et plus prompte que l'espèce ordinaire. Leurs amusements guerriers sont animés par une musique moins triste et moins monotone que celle des Egyptiens : le même homme est poëte et musicien ; il chante en s'accompagnant d'une espèce de mandoline. Ils sont mahométans, mais peu rigides. Ils enterrent leurs morts en les couvrant de pierre.

Au milieu de la Nubie, se trouve le royaume de Dongola, avec une capitale du même nom, peuplée de dix mille familles, ville riche et commerçante au rapport des Arabes. En remontant jusqu'au confluent du Nil d'Abyssinie avec le grand Nil, on entre sur les terres du Sennaar, royaume fameux sur l'emplacement, croit-on, de l'antique empire de Méroé, d'où la colonisation serait descendue en Egypte à une époque très-reculée.

En 1504, une nation nègre jusqu'alors inconnue, quittant la rive occidentale du Nil blanc, vint se jeter sur les Arabes de la Nubie : c'étaient les Chillouks. On leur attribue la fondation de Sennaar, ville commerçante qui envoie ses caravanes en Egypte, en Négritie et au port de Gidda en Arabie.

Selon quelques géographes, il faut encore comprendre dans la Nubie trois provinces situées au midi du Sennaar, la première est El-Aice, sur les deux bords d'une grande rivière, contrée peuplée de pêcheurs qui, dans leurs légers canots, passent hardiment par les cataractes. Le Kordofan s'étend sur la gauche du grand Nil ou Bahr-el-Abyad ; on y fait un commerce d'esclaves amenés de Dyre et de Teygla, contrées inconnues de l'intérieur. Enfin la contrée de Fazuelo est bordée à l'est par le Bahr-el-Azurek ou le Nil d'Abyssinie.

Au sud de la Nubie, s'étendent les vastes provinces qui ont appartenu au royaume d'Ethiopie, plus connu sous le nom d'Abyssinie. Bornée au nord par la Nubie, à l'est par la mer Rouge, à l'ouest par le Kordofan et au sud par une chaîne de montagnes, elle est arrosée par plusieurs affluents du Nil, entre autres le

Bahr-el-Azrek ou fleuve Bleu, le Maleg et le Tacazé. Cet empire, évalué approximativement à 788,000 kilomètres carrés d'étendue et comprenant de 2 à 4,000,000 d'habitants, obéissait autrefois à un seul prince, le grand Négus. Divisé depuis en plusieurs Etats indépendants, les royaumes de Tigré, de Gondar, d'Ankober, d'Amhara, d'Angot, de Naréa, de Samara, il est exposé aux excursions des Gallas. Les chrétiens d'Abyssinie sont monophysites et pratiquent la polygamie et la circoncision.

En ne considérant que son ensemble, l'Abyssinie forme un plateau doucement incliné au nord-ouest et ayant à l'est et au sud deux grands escarpements, le premier vers le golfe Arabique, l'autre vers l'intérieur de l'Afrique. Le nombre des rivières qui naissent dans ce pays concourt à prouver l'élévation du sol.

En général, les rivières, les pluies et l'élévation du sol rendent la température beaucoup moins chaude que celle de l'Egypte et de la Nubie. La chaleur de l'atmosphère, à la juger par les sensations qu'elle produit sur le corps, est beaucoup moindre que ne l'indique le thermomètre. Il y a même des provinces plus tempérées que le Portugal ou l'Espagne; mais, dans les basses vallées, on éprouve les effets réunis d'une chaleur étouffante et des exhalaisons de l'eau stagnante. L'éléphantiasis, l'ophthalmie et beaucoup d'autres maladies en sont les funestes suites. L'hiver, en Abyssinie, commence en juin et va jusqu'en septembre. La pluie, le tonnerre et d'affreux ouragans suspendent les travaux et les opérations militaires. Les plus beaux mois sont décembre et janvier. Dans ce pays de montagnes, on trouverait, dit-on, beaucoup de mines de fer, de cuivre, de plomb et de soufre. Les lavages à Damote et les mines peu profondes d'Enaréa donnent de l'or extrêmement fin.

Bruce assure que l'or le plus fin se recueille dans les provinces occidentales, au pied des montagnes de Dyre et de Tégla. Les grandes plaines couvertes de sel gemme, au pied des montagnes orientales, ont excité l'admiration des voyageurs ; le sel y forme des cristaux longs d'une palme.

Les principales plantes alimentaires sont le millet, l'orge, le froment, dont on fait un pain de luxe, le maïs, le teff ou tafo, espèce de moutarde d'un très-bon goût et que les vers n'attaquent point.

Il se fait d'ordinaire deux récoltes, en juillet, août et septembre, puis au printemps. A Abowa et dans le voisinage, on fait jusqu'à trois récoltes. Comme en Egypte, on fait fouler les grains par les bestiaux; on cultive aussi quelques vignes, et l'on fait même du vin peu goûté par les naturels, qui préfèrent une espèce de boisson faite d'hydromel et d'opium. On y cultive en grande abondance une plante alimentaire et herbacée analogue au bananier. Lobo l'appelle ensete. Dans les mares de l'Abyssinie on trouve, comme en Egypte, le cyperus papyrus. Bruce assure que l'arbre qui produit le baume de Judée et la myrrhe est indigène dans l'Abyssinie. Il craint qu'une exploitation exagérée ne fasse bientôt disparaître ces forêts odoriférantes. Toute l'Abyssinie respire les parfums qu'exhalent les roses, les jasmins, les lis, les œillets, dont les champs sont couverts.

Le règne animal n'offre pas moins de variété et d'abondance. Le bétail y est très-nombreux et d'une grande taille; il a les cornes d'une longueur démesurée. Les buffles sauvages attaquent les voyageurs; les chameaux sont remplacés par l'âne et le mulet. On réserve pour la guerre les chevaux, qui sont petits, mais pleins de feu, comme dans tous les pays montagneux. On y voit errer en nombreuses troupes le rhinocéros bicorne, qui diffère essentiellement du rhinocéros unicorne de l'Asie.

Les voyageurs parlent de plusieurs espèces d'abeilles sauvages qui construisent leurs ruches sous terre et dont le miel est excellent. L'insecte le plus remarquable est une mouche dont le lion lui-même redoute l'aiguillon et qui force des tribus entières à émigrer. Les sauterelles y font encore plus de mal; leurs innombrables essaims ravagent des provinces entières et réduisent le peuple à la famine.

Quelles que soient les traces de civilisation antique restées dans ce pays, les villes y sont clair-semées. A 187 kilomètres de la mer Rouge, nous trouvons à l'intérieur, dans le royaume de Tigré, l'antique ville d'Axoum, capitale autrefois, où les monarques abyssiniens viennent encore se faire couronner. Son état florissant dans les quatrième, cinquième et sixième siècles est attesté par les descriptions de Procope, d'Etienne de Byzance, Cosmas et Nonnosus. Les Portugais y ont trouvé des ruines magnifiques, des restes de temples et de palais, des obélisques sans hiéroglyphes, parmi lesquels un de soixante-quatre pieds de haut, d'un seul bloc de granit, terminé par un croissant, des figures mutilées de lions, d'ours et de chiens; enfin des inscriptions en caractères grecs et en caractères latins. Réduite aujourd'hui à six cents habitations, à sa fabrication de parchemin et de grosse cotonnade, elle a vu passer les souverains du pays dans la capitale moderne, Adova, ville de trois cents maisons, dont les environs donnent trois moissons dans l'année. Si fertile que soit toute cette province de Tigré, les habitants n'en sont pas moins aussi féroces et sanguinaires que perfides et corrompus. Les provinces, à l'ouest du Tigré, Wogara, Siré et Samon, cette dernière coupée par des chaînes de montagnes, dont les deux plus célèbres sont le Lamalmon et l'Amba-Gidéon, sont d'une grande fertilité. L'Amba-Gidéon, plateau escarpé et presque inaccessible, mais assez vaste et assez fertile pour nourrir une armée entière, était la forteresse des Falasjas ou Juifs abyssiniens, autrefois maître du Samen. Au sud-ouest du Tigré, autour du lac Tzana, s'étend le royaume d'Amhara avec Dembea pour ville principale, capitale de toute l'Abyssinie, aussi grande que le Caire et renfermant 50,000 habitants. Les maisons, construites en pierres rouges, n'y ont qu'un toit de chaume. On compte une centaine d'églises chrétiennes, un quartier de la ville est peuplé de Maures. Le palais du monarque ressemble à une citadelle gothique. Pendant plusieurs années ce royaume fut en proie aux ravages des Gallas, qui tinrent prisonnier le Négus, légitime successeur des rois d'Abyssinie. Au sud de Dembea le Nil entoure le royaume de Goyam et en fait, pour ainsi dire, une grande presqu'île. A l'est de Goyam se trouvent les provinces d'Amhara et de Begamder, résidence d'une nombreuse et belliqueuse noblesse. On y remarque la fameuse prison d'État Geshen ou Amba-Geshen, remplacée aujourd'hui par Wechne ou Ouêtrni. Il paraît que ce sont des montagnes qui renferment soit une caverne naturelle, soit une fosse artificielle, dans lesquelles les monarques abyssins descendent les prisonniers d'État au moyen d'une corde; souvent, c'est dans ce tombeau que les grands du royaume vont chercher celui d'entre les princes que sa naissance ou leur volonté appelle au trône.

Les provinces de Schoa ou Xoa, de Damote, les contrées d'Angot et de Bali, à l'est; *de Falgar*, *d'Yvat*, de Cambat, d'Enaréa au midi; le district montueux de Caffa, avec ses hauteurs couvertes de cafiers, complètent la topographie intérieure de l'Abyssinie. Les Abyssins ou Agaziams ont la taille bien prise, les cheveux longs, le caractère des traits européens, le teint d'une couleur bronzée qui tient tantôt de l'encre pâle, tantôt du brun olivâtre. Ils ne sont pas sans ressemblance avec les nègres et parlent des idiomes dérivés de l'Arabe.

La langue amharique, usitée à la cour depuis le quatorzième siècle, et parlée dans la plupart des provinces, offre beaucoup de racines arabiques, mais dans sa syntaxe des traits d'une origine particulière. La langue gheez, plus dure que l'arabe, a cinq consonnes dont un organe européen ne saurait rendre la rudesse. Il semblerait donc que l'Abyssinie, peuplée d'abord d'une race indigène et primitive, aurait reçu, surtout dans ses parties septentrionales et maritimes, une colonie d'Arabes, et probablement de cette tribu de Kusch dont le nom, dans les livres hébreux, se trouve également appliqué à une partie de l'Arabie et de l'Éthiopie. Les relations intimes qu'a eues l'Abyssinie avec les peuples asiatiques, confirment l'opinion qui les fait descendre des Arabes Kuschites. L'histoire indigène des Abyssins, autant du moins que nous la connaissons, ne remonte pas au-delà de cette fameuse reine de Saba qui vint admirer la magnificence de Salomon. Le fils qu'elle eut du roi juif porta le double nom de David et de Menihelec; ses descendants régnèrent jusqu'en l'an 960 après Jésus-Christ. Sous les deux frères Abraha et Azbaha, en 330, la religion chrétienne fut introduite en Abyssinie. En 522, le roi Kaleb, nommé aussi Elesbaan, allié de l'empereur Justin, fit plusieurs campagnes en Arabie contre les Juifs et les Koreïschites. La dynastie zagaïque régna trois cent quarante ans. Le plus célèbre roi de cette famille, Lalibala, fit tailler dans les rochers plusieurs édifices, entre autres dix églises qu'un voyageur du seizième siècle a dessinées. En 1268, la noblesse de Schoa replaça sur le trône une branche de l'ancienne dynastie salomonique; elle s'y maintenait encore il y a un siècle. Parmi les princes de cette dynastie, Amda Sion, au commencement du quatorzième siècle, fut un monarque belliqueux et puissant. Zara Jacob envoya au concile de Florence des ambassadeurs qui se déclarèrent pour l'Église orientale. Sous l'infortuné David III, commencèrent les liaisons de l'Abyssinie avec le Portugal. Son fils Claudius ou Azenaf Ségued; doué des plus grandes qualités, eut à combattre et les féroces mahométans qui détestaient son empire, et les intrigues des missionnaires qui voulaient le soumettre à l'autorité du pape. Il maintint l'alliance avec les Portugais, qui lui envoyèrent, en 1542, un corps auxiliaire de quatre cent cinquante hommes, sous le commandement de Christophe de Gama. Le héros périt glorieusement en combattant une nombreuse armée de Maures; le roi lui-même perdit la vie dans une autre bataille. Sous le règne de ses successeurs, les intrigues des catholiques continuèrent sans résultat, et lorsqu'enfin, dans l'an 1620, le savant et habile père Païz eut réussi à faire déclarer publiquement le roi Socimos ou Susneus pour la religion catholique, il ne s'ensuivit que des guerres civiles très-sanglantes. En 1632, le roi Basilidès ou Facilidas y mit un terme en chassant les catholiques et en assurant à l'ancienne religion un empire exclusif. Ni Yassous Ier, ni Yassous II, malgré leurs qualités, ne purent empêcher les nouvelles guerres civiles. La tribu des Gallas, victorieuse, a disloqué l'empire en petits royaumes, et y dispose par ses armes de tout ce pays qu'elle a conquis sans se l'approprier.

Les voyageurs anciens et modernes ont compris toutes les côtes africaines, depuis l'Egypte jusqu'au détroit de Bab-el-Mandeb, sous le nom général de la Tragodytique, la côte d'Abex ou d'Habesch, la Nouvelle-Arabie. Les peuples qui les habitent, divisés en tribus, sous des chefs héréditaires, vivent des produits de leurs troupeaux de chèvres et de la pêche. Les creux des rochers sont leurs habitations ordinaires : c'est de ces cavernes, en grec trogla, que leur vient cette dénomination générale de Troglodytes, perpétuée depuis l'antiquité. Les peuples arabes d'origine parlent la langue ghez, dialecte dérivé de l'arabe. Les sons rudes et bizarres de cette langue ont fait dire aux anciens que les Troglodytes sifflaient et hurlaient au lieu de parler. On leur attribuait la pratique de la circoncision pour les deux sexes ; ils se privaient d'un testicule, coutume barbare qui se retrouve aujourd'hui chez les Kara-Hottentots.

Cette côte commence au promontoire de Bal-el-Enf ou le mont Smaragdus des anciens. L'île des Émeraudes est en face, au rapport de Bruce. Mais la fameuse mine d'émeraudes exploitée par les Egyptiens était sur le continent, au midi de Syène, si l'on en croit les auteurs arabes. La montagne a, disent-ils, la forme d'un pont ; les émeraudes se trouvent tantôt dans le sable, tantôt dans une enveloppe noirâtre ; on les recherche en Orient sous le nom d'émeraudes de Saïd où de la haute Egypte. L'île Zémorget, plus éloignée du continent, passe pour être l'île aux topazes des anciens ; la côte forme un enfoncement, nommé la Baie sale par les navigateurs anciens et modernes. Au fond de ce golfe est le port des Abyssins. Les géographes arabes donnent à la côte qui suit ce port le nom de Baza, Béja, ou Bodscha ; c'est, selon eux, un royaume séparé de la Nubie par une chaîne.

Les peuples de cette contrée mènent une vie nomade, vivent de lait et de la chair de leurs chameaux, bœufs et brebis. Chaque père de famille exerce chez lui l'autorité patriarcale ; c'est leur seul gouvernement. On y trouve une société de femmes qui vivent à la manière des Amazones.

Le port d'Aïdab a longtemps servi de point de communication entre l'Afrique et l'Arabie ; les pèlerins de la Mecque s'y embarquaient pour passer la mer Rouge. Suaquem était le port le plus fréquenté. Sur la côte voisine, les forêts se composent d'ébéniers, de gommiers ou d'acacias, et de plusieurs variétés de palmiers : un gros arbre produit des fruits semblables au raisin. On y rencontre la girafe, et de nombreuses troupes d'éléphants ; la mer donne des perles et du corail noir.

On y exporte des esclaves et des anneaux d'or tirés du Soudan.

Le promontoire Ras-Ageez ou Ahehas paraît terminer le pays de Béjah. Ce promontoire se prolonge en une côte déserte, bordée d'îlots et de rochers. La plus grande île du golfe Arabique s'appelle Dahalac ; dans le golfe formé entre la côte et cette île se trouve Massoua ou Matzua, rocher aride avec une mauvaise forteresse et un bon port ; au fond du golfe, la ville d'Arkika, avec ses maisons d'argile ou d'herbes entrelacées, domine une rade ouverte aux vents du nord-est. Sur cette côte basse, sablonneuse et brûlante, nommée le Samhar, on voit errer diverses tribus nomades, les Shikos, très-noirs de peau, et les Hazoortas, qui sont petits et d'un teint cuivré.

Au midi du Semhar, la côte prend le nom de Dan-Kali ou Denakil. Cette contrée sablonneuse produit du sel. Baylour en est le port principal. Les habitants, nommés Taltals, quoique mahométans, sont alliés de l'Abyssinie.

Le pays qui avoisine le détroit de Bab-el-Mandeb porte le nom d'Adeil. Appartient-il à l'Abyssinie ou au royaume d'Adel? on ne sait. Bruce, qui parle des magnifiques ruines qui doivent exister à Assab, principal port de cette province, n'en donne qu'une notion obscure.

CHAPITRE CINQUIÈME

De la Barbarie ou région du mont Atlas, de la région du désert du Sahara.

Une ligne qui, des cataractes du Nil, descendrait obliquement vers le cap Blanc ou vers l'embouchure du Sénégal, séparerait du continent africain les vastes régions du Maghreb ou région de l'occident, comprises entre la Méditerranée au nord et à l'est, le grand Atlas au sud et l'Atlantique à l'ouest, et celles du Sahara entre le Maghreb au nord, la Sénégambie et le Soudan au sud, l'Atlantique à l'ouest, et à l'est la Nubie. Le plus grand désert du monde connu, une des chaînes de montagnes les plus étendues, sont les deux grands phénomènes que présente ici la géographie physique.

Toutes les hauteurs du Maghreb sont comprises dans la chaîne de l'Atlas, du cap Noun, sur l'Atlantique, jusqu'à la grande Syrte, traversant ainsi l'Etat de Sydy - Hescham, celui du Maroc, de l'Algérie, les Etats de Tunis et de Tripoli. C'est là la ligne principale qu'on appelle le grand Atlas. Une autre ligne, plus au nord, court parallèlement en se rapprochant de la Méditerranée sous le nom de petit Atlas. Des chaînons transversaux, dont les plus fameux sont le Jurjura à l'est d'Alger, et les monts Errifs entre Fez et Maroc, réunissent ces deux ramifications d'un même système. On les traverse par des passages étroits ou portes, dont les plus connus sont à l'ouest le Bébouan de Tarodant au Maroc, le Biban ou porte de fer à l'est, d'Alger à Constantine par le Jurjura.

Pour les anciens mythologues, Homère, Hérodote et Virgile, c'est un héros métamorphosé en pierre : ses membres robustes sont devenus autant de rochers, il porte l'Olympe entier avec toutes les étoiles et ne succombe point sous un tel fardeau ; sa tête, couronnée d'une forêt de pins, est toujours ceinte de nuages ou battue des vents et des orages : un manteau de neige couvre ses épaules, et de rapides torrents coulent de sa barbe antique. Si les expéditions françaises ont mieux fait connaître les détails des chaînes de l'Atlas, on hésite toujours à formuler quelque chose d'exact sur l'ensemble du système. Ptolémée terminait le grand Atlas au cap Felnéh et le petit au cap Lantin. Ce seraient à ses yeux des branches latérales qui, détachées du système, viendraient se projeter sur la mer en forme de promontoires. Une autre question est de savoir si, à l'est de la petite Syrte, la chaîne principale continue sans interruption, ou si les montagnes de Tripoli,

de Fezzan et de Barca forment des systèmes à part. Les géographes arabes paraissent pencher pour le premier avis. Le mont Daran, disent-ils, s'étend de Sus, en Maroc, vers l'orient, et s'unit aux montagnes de Tripoli ; il se perd ensuite dans une plaine. Cette manière d'envisager le système ne s'oppose pas à ce qu'on regarde l'Atlas comme entièrement terminé au sud du golfe de la grande Syrte , d'où probablement un terrain enfoncé s'étend fort au loin dans l'intérieur.

La grande élévation de l'Atlas est constatée par les neiges qui couvrent les sommets dans l'est du Maroc, à 32 degrés de latitude. Les sommets les plus élevés situés dans l'empire du Maroc atteignent 4,000 mètres. Viennent ensuite les montagnes de l'Algérie, savoir: l'Ouanranseris à 2,800 mètres, le Jurjura et le Felizia , environ à 2,400. Ce massif est peuplé de Berbers et de Juifs dont le plus grand nombre ignore complétement la langue arabe.

La nature des rochers est calcaire, et l'on trouve dans les montagnes de grands amas de coquilles et de corps marins à une grande distance de la mer. Les collines par lesquelles l'Atlas se termine dans le désert de Barca sont des masses calcaires au-dessus desquelles s'élève une crête de basalte. Selon Pline, les flancs de l'Atlas qui regardent l'Océan, c'est-à-dire les flancs méridionaux, élèvent brusquement leurs masses arides et noirâtres du sein d'une mer de sable, tandis que la pente septentrionale, plus douce, s'orne de belles forêts et de verdoyants pâturages.

La fertilité de cette partie de l'Afrique, qu'on désigne sous le nom générique de Barbarie ou Berberie, a été célébrée par Pline et par Strabon. Ce dernier en admire les figues, les oliviers, le froment et les bois précieux. Il remarque que les vins avaient une certaine âcreté qu'on corrigeait en y mettant du plâtre ; les vignobles y doivent être exposés au nord et à l'ouest. Les vignes, dit Strabon, ont quelquefois le tronc assez gros pour que deux hommes puissent à peine l'embrasser ; les grappes sont longues d'une coudée. La Barbarie et le Maroc exportent encore une grande quantité de blé ; l'olivier y est plus beau qu'en Provence, et, malgré la religion, les Maures cultivent sept variétés de vigne. Le sol des plaines ressemble cependant, en beaucoup d'endroits, à celui du reste de l'Afrique : il est encore léger et sablonneux, entre-semé de rochers; mais les vallées du mont Atlas et celles des petites rivières qui en descendent dans la Méditerranée sont couvertes d'un terrain assez fertile et bien arrosé : il en résulte que les plantes indigènes les plus communes fleurissent sur les rivages, tandis que les espèces les plus rares viennent dans les marais et les forêts. Les côtes se couvrent de plusieurs espèces salines et grasses. Les plateaux secs et rocailleux qui séparent les vallées de l'intérieur ont une grande ressemblance avec les landes d'Espagne ; elles abondent en bosquets épars d'arbres à liége et de chênes toujours verts, à l'ombre desquels la sauge, la lavande et autres plantes aromatiques croissent en abondance et s'élèvent à une hauteur extraordinaire. Le genêt à haute tige et les différentes espèces de cistes bravent entre les rochers la chaleur et la sécheresse, et fournissent aux chèvres une nourriture et un ombrage salutaires.

Les forêts, qui, vers le nord de ces contrées, couvrent les flancs des montagnes fertiles, sont composées de diverses espèces de chênes dont les glands font en partie la nourriture des habitants. Les côtes et les plaines voient, dès le mois de janvier, l'oranger, le myrte, les lupins, la vigne vierge et le narcisse se couvrir de fleurs et de feuilles nouvelles. Mais, aux mois de juin, juillet, août et septembre, le sol desséché et gercé n'est recouvert que des débris jaunâtres des végétaux morts ou expirants. Le chêne à liége attriste les forêts par le sombre aspect de son écorce brûlée. A cette époque néanmoins, le laurier-rose étale encore ses fleurs brillantes depuis le sommet des montagnes jusque dans les plus profondes vallées, sur les bords de tous les ruisseaux et de toutes les rivières.

Parmi les plantes cultivées, il faut distinguer le blé dur, l'orge, le maïs, l'holcus sorghum, le riz ; dans les terrains inondés, le tabac, le dattier, l'olivier, l'oranger, le figuier, l'amandier, la vigne, l'abricotier, le pistachier, le jujubier, les melons, les citrouilles, le safran, le mûrier blanc, l'indigofera glauca et la canne à sucre. Dans les jardins on élève presque tous les légumes de l'Europe. Les habitants conservent leurs grains pendant plusieurs années en les ensevelissant dans de grandes fosses creusées en terre dans des lieux secs. Le blé est semé en automne et se récolte en avril et en mai ; le maïs et le sorgho se sèment au printemps pour être récoltés en été. L'avoine croît spontanément. Quelques fruits, entre autres la figue, viennent de qualité inférieure à ceux d'Europe. Les glands du chêne ont le goût de nos marrons.

Le règne animal offre la plupart des espèces communes à l'Afrique ; il faut en excepter le rhinocéros, l'hippopotame, la girafe, le zèbre et divers singes.

La nature a fourni aux habitants du désert de Sahara un moyen de traverser en peu de jours les immenses déserts de l'Afrique occidentale. Monté sur le heirie ou le chameau du désert, qui, semblable au dromadaire, s'en distingue seulement par une taille plus élégante, l'Arabe, après s'être enveloppé les reins, la poitrine et les oreilles, pour se garantir des bouffées d'un vent dangereux, parcourt, avec la rapidité de la flèche, le désert brûlant dont l'atmosphère enflammée empêche la respiration et peut presque étouffer l'imprudent voyageur. Les mouvements très-violents de ce chameau ne sauraient être supportés que par des gens aussi patients, aussi abstinents, aussi exercés que ces Arabes. La plus mauvaise espèce de ces chameaux s'appelle talayé ; elle ne fait que *trois ordinaires* en un jour. La variété la plus répandue est celle qui fait sept journées en un jour, on la nomme sebayé. Il y en a qui font neuf journées et qu'on appelle tasaye, mais ils sont bien rares et hors de prix. Un Maure de Mogador monta un jour sur son heïrie, alla à Maroc, qui est à cent milles anglais, et revint le même jour, au soir, avec quelques oranges qu'une de ses femmes avait désirées. On se sert ausi d'ânes, dont il y a deux races : l'une très-forte et très-grande, l'autre très-petite. Le Maroc nourrit de beaux chevaux de race arabe. Dans toute la Barbarie, le bétail est petit et maigre, les vaches n'y donnent que peu de lait, de mauvais goût, il y a des chèvres et des brebis en quantité. Il n'y a de cochons que chez les Européens. Les chats, les chiens et toutes les volailles d'Europe y sont communs. Les Arabes élèvent beaucoup de mouches à miel. La panthère, le bubale; dans les forêts, l'éléphant, le lion, le sanglier d'Afrique, les deux espèces d'hyène, le furet, quelques singes, forment l'ensemble de la faune de ce pays, avec l'autruche qui, bien que dépourvue de facilité de voler en l'air, dépasse sur terre les animaux les plus rapides.

Toute l'antiquité, avec Hérodote et Strabon, témoigne de l'existence de l'ours en Afrique, en le distinguant du lion et de la panthère. Dion, ou son abréviateur Xiphilin, en parle. Tous les poëtes l'admettent comme une idée reçue. Aristote n'exclut pas l'ours nominativement de l'Afrique. Parmi les modernes, Baldéus, un voyageur instruit, dit en avoir vu à Ceylan; mais le savant Cuvier révoque en doute leur existence dans des contrées aussi méridionales.

Mais un des spectacles curieux qu'offre ce pays, c'est une chasse aux autruches. Une vingtaine d'Arabes, montés sur des chevaux du désert qui sont dans leur espèce ce que sont les heïries parmi les chameaux, vont contre le vent chercher la trace de l'autruche, et, quand ils l'ont trouvée, la suivent avec la plus grande rapidité, en se tenant l'un de l'autre à une distance d'un demi-mille anglais. L'autruche, fatiguée de courir contre le vent qui s'engouffre dans ses ailes, se tourne contre les chasseurs et cherché à passer à travers leur ligne; alors ils l'entourent et tirent tous à la fois sur l'oiseau, jusqu'à ce qu'il tombe mort. Sans cette ruse, ils ne pourraient jamais prendre l'autruche.

Le vent du sud apporte des nuées de sauterelles qui, en ravageant les moissons, font naître des famines et couvrent la terre au point d'empêcher le voyageur de trouver son chemin. L'abeille sauvage remplit les troncs d'arbre d'un miel aromatique et d'une cire qu'on recueille en abondance.

Les habitants des villes et des plaines cultivées sont désignés sous le nom de Maures. Quoiqu'ils parlent un dialecte arabe rempli d'idiotismes, leur ensemble physique, leur peau plus blanche que celle des Arabes, le visage plus plein, le nez moins saillant et tous les traits de la physionomie moins énergiques semblent prouver que, déposés avec les anciens Numides par les visites armées des Mèdes et des Perses sur ces côtes, ils descendent d'un mélange d'anciens Mauritaniens et Numides avec les Phéniciens, les Romains et les Arabes. Avares et débauchés, dit-on, sanguinaires et lâches, avides et paresseux, vindicatifs et rampants, ils ne rachètent tant de défauts par aucune bonne qualité. Nulle part les hommes ne se montrent plus jaloux avant et après le mariage. Sobres dans leurs aliments, les Maures s'habillent très-simplement dans le Maroc et dans l'intérieur ; mais, à Tunis, à Alger, les femmes font briller l'or et les diamants sur leurs élégants costumes. Les exercices à cheval et le tir d'armes à feu forment, avec les tours d'équilibre, leurs passe-temps favoris.

A leurs funérailles, une longue série de femmes, payées pour pleurer et hurler, accompagne le mort jusqu'à sa dernière demeure. Savoir lire le Coran paraît à la plupart des Maures, surtout à ceux du désert, le comble de la science. Les marabouts y sont écrivains publics et instituteurs pour les enfants. Leur connaissance du livre saint vaut plus qu'une métairie. S'ils sont en réputation, on leur apporte de toutes parts des pagnes pour se vêtir, des étoffes pour en faire des tentes. Ils ne manquent ni de monture pour leurs voyages, ni d'orge pour subvenir à leur nourriture et à celle de leur suite; ils reçoivent tout cela en échange de *grigris,* ou talismans écrits, qui guérissent des maladies. Dans leur camp, on leur fournit abondamment de quoi se nourrir et même de quoi nourrir leurs amis. En retour, ils n'ont à offrir que leurs talismans contre les maladies existantes, ou pour préserver de tous maux, ou bien contre le vol, ou enfin pour procurer des maris aux filles avides d'épouseurs.

La superstition est telle au désert, surtout parmi les femmes, qu'elles ne croient pas que rien puisse résister aux vertus d'un bon grigris ou d'un saphi efficace. Caillé n'a souvent trouvé d'autre moyen de soulager ses privations et ses malheurs que de se faire passer lui-même pour sorcier. Le 6 juillet, dit-il, la femme de Sidi-Aly, qui jusqu'alors m'avait fait mauvaise mine, comme le reste de la famille, m'aborda d'un ton très - affable et me demanda un saphi pour guérir son mal d'yeux, me promettant que, si je pouvais opérer sa guérison, elle me donnerait tout ce que je désirerais. Afin de me débarrasser d'elle, je m'empressai sur-le-champ de lui en faire un, qu'elle reçut avec reconnaissance. Je refusai d'accepter son argent, mais j'acceptai avec plaisir un peu de lait qu'elle m'offrit. Au bout de quelques jours, l'impatiente Mariam (c'était son nom), voyant que mon saphi n'opérait pas, m'adressa de vifs reproches et me dit que mes saphis ne valaient pas mieux que ceux des marabouts. Sachant par son mari que j'avais quelques médicaments, elle me demanda une médecine. Je me trouvai fort embarrassé, car je craignais d'augmenter son mal, et cependant il fallait la satisfaire, sous peine d'être considéré comme un homme peu obligeant. Convaincu que la propreté était le meilleur remède que je pusse prescrire, je délayai, pour la forcer à se nettoyer, une petite quantité de sulfate de quinine dans beaucoup d'eau, et lui recommandai de s'en laver. Elle exigea que je fisse cette opération moi-même; mais, par malheur, l'eau pénétrant dans ses yeux lui fit éprouver une légère cuisson : elle se mit alors en fureur, m'accabla d'injures et finit par maudire le médecin et les médicaments. Elle ne me donna plus de sanglé.

Cet incident ne détruisit pas la confiance qu'on avait en mes saphis; d'ailleurs le vieux Aly les avait accrédités par un mensonge : il débitait qu'en partant de Tombouctou, j'avais le ventre très-enflé; qu'ayant écrit un livre, je l'avais lavé dans l'eau que j'avais bue, et que cette liqueur m'avait guéri.

Une vieille femme me tourmentait depuis longtemps pour que je procurasse un mari à sa fille; elle m'entraîna presque malgré moi dans sa tente, qui faisait partie d'un camp voisin du nôtre, me promettant en récompense de me donner du cheni à boire pour me rafraîchir. En arrivant, je vis l'objet de sa sollicitude maternelle : c'était une fille âgée de vingt ans environ, d'une laideur repoussante; elle était vêtue de chiffons dont la saleté ne pouvait être comparée qu'à celle de sa figure; une cicatrice lui couvrait la joue gauche; de plus, elle avait les yeux malades; enfin, toute sa personne composait l'aspect le plus repoussant qu'il soit possible de voir. Je compris aisément pourquoi sa mère avait recours aux charmes pour la marier; mais je sentis en même temps qu'il n'y en aurait aucun qui pût opérer ce prodige.

Sans doute pour m'engager à y mettre toute ma science, la bonne femme m'offrit un morceau de viande sèche, qu'elle tira d'un grand sac de cuir et qui y était vraisemblablement depuis le jour de la naissance de son aimable progéniture, car il tombait en putréfaction. Malgré la répugnance que je manifestais la vieille insistait pour me le faire accepter, m'assurant que cette viande était délicieuse; le dégoût que j'éprouvai fut si grand, que je refusai de boire même le cheni qu'elle me présenta. Je voulus me retirer, mais il me fut impossible d'y parvenir avant d'avoir écrit un saphi pour la fille ; je le lui remis et m'enfuis au plus vite, en souhaitant à celle-ci un homme assez courageux pour devenir son mari.

Dans aucun pays, je n'ai vu de femmes aussi sales que chez les gens d'El-Harib. Sans doute la malpropreté où elles croupissent, elles et leurs enfants, viciant leurs humeurs, est une des principales causes des ophthalmies chroniques et autres infirmités qui les affligent fréquemment. Ma réputation de médecin m'attira de bien fâcheuses corvées : les mères venaient en foule m'apporter leurs enfants et me demander des remèdes ; ils étaient quelquefois si dégoûtants, que je ne pouvais les regarder sans frémir d'horreur. Je me cachais la figure ; mais elles n'en devenaient que plus pressantes, et m'obligeaient à examiner les êtres hideux pour lesquels elles réclamaient mon ministère. Je ne pouvais mieux faire que de les engager à les nettoyer et à les tenir propres ; mais elles méprisèrent mes avis, qui leur paraissaient trop simples : il leur fallait du merveilleux.

Les Arabes nomades, venus d'Asie, conservent leur sang pur, qui se reconnaît à une physionomie plus mâle, à des yeux plus vifs et à un teint presque olivâtre.

Leurs femmes, dépourvues de charmes personnels, jouissent d'une assez grande liberté. Les tentes des Arabes, couvertes de grosse étoffe ou de feuilles de palmier, ont conservé la figure d'un bateau renversé, que Salluste attribue aux mapalia des Numides. Ils nomment une cabane semblable chaima ; et un groupe de quelques chaimas forme un duar, douar ou hameau, souvent entouré d'une haie d'épines pour en défendre l'entrée aux lions qui mugissent autour. Les Arabes, comme chez les Maures, envoient à la Mecque des caravanes de pèlerins. En Asie on les comprend les uns et les autres sous le nom de Magrebi ou Mograbins, c'est-à-dire occidentaux.

A côté d'eux, et pêle-mêle dans les villes et les villages avec les autres populations, vivent en assez grand nombre des juifs dans une condition des plus misérables. Ceux du pays d'El-Drah et de Tafilet surtout sont très-maltraités. Ils vont presque nus exposés à toutes les insultes des Maures : on va jusqu'à les frapper et leur lancer des pierres comme à des chiens ; le moindre petit enfant peut impunément les outrager, sans qu'ils puissent ni se faire justice eux-mêmes, ni compter sur la protection de l'autorité. Au Tafilet, ils sont très-sales, et s'ils y vont pieds nus, peut-être est-ce pour ne pas avoir sans cesse à ôter leurs sandales en passant devant une mosquée ou quelque lieu saint en honneur chez les musulmans ou seulement devant la porte d'un chérif. Ils sont vêtus d'un mauvais coussabe, et d'un manteau blanc très-sale qui ne vaut pas mieux. De l'aisselle gauche il se vient rattacher à l'épaule droite. Leur tête est rasée comme celle des Maures avec une seule touffe de cheveux retombant sur le front. Brocanteurs, comme partout, quelquefois cordonniers et forgerons, ils se font, autant qu'ils le peuvent, banquiers des marchands qui font le commerce du Soudan. Si riches qu'ils soient, comme au moyen âge, les juifs en Barbarie évitent de le paraître ; car les Maures les tourmentent pour les rançonner. Assujettis à payer un tribut aux Maures et à l'empereur, ils sont encore harcelés par les Berbers. Cependant ils vivent un peu mieux que les mahométans, s'abstiennent de couscous et de bouillie, mangent du pain de froment, boivent de la bière et quelquefois du vin.

Les femmes vont nu-pieds comme les hommes. Un morceau d'étoffe de trois mètres de long leur prend les reins et la tête. Elles ne diffèrent des Mauresques que parce qu'elles ont, près des oreilles, un paquet de cheveux qui leur descend de chaque côté sur les épaules. Petites, vives et jolies en général, elles ont les yeux bleus, bien fendus, vifs et expressifs, un nez aquilin et une bouche moyenne ; curieuses et bavardes, elles sont chargées de tous les menus détails du ménage. Toutes ces races, d'ailleurs, arabe, juive ou mauresque, subissent au désert l'influence de la belliqueuse race berbère.

Entièrement distincte des Arabes et des Maures, la race des Berbères paraît indigène de l'Afrique septentrionale. Elle comprend probablement les restes des anciens Gétuliens, dans l'occident, et des Libyens, dans l'orient du mont Atlas. Aujourd'hui elle forme quatre nations distinctes, savoir : 1° les Amazirgh, nommés par les Maures Schilla ou Schulla, dans les montagnes marocaines ; 2° les Kabyles ou Cabailes, dans les montagnes d'Alger ou de Tunis ; 3° les Tibbos, dans le désert entre Fezzen et l'Egypte ; 4° les Touaryks, dans le grand désert. Tous parlent la même langue, au fond. Les Berbers ont le teint rouge et noirâtre, la taille svelte, l'habitude du corps grêle et maigre. Leur fanatisme religieux surpasse celui des Maures. Du pain bis, des olives, de l'eau : voilà leur repas. La pauvreté et la malpropreté de leurs vêtements leur donnent un aspect sauvage. Les Berbers montrent cependant, dans la culture de leurs champs fertiles, un caractère laborieux et une intelligence susceptible d'un grand développement. Au moindre signal, tous les hommes courent aux armes. Ils manient supérieurement le fusil, le lancent dans l'air, le rattrapent et le déchargent avec une adresse et une rapidité étonnantes.

Si fanatiques que soient les Berbers, quelques-unes de leurs tribus, celles des Schilhahs, mangent la chair de sanglier et boivent du vin. Mais les marabouts, comme chez les Maures et chez les Arabes, vénérés, ainsi que des saints, exercent dans beaucoup de villages kabyles une autorité despotique. Ils y font des miracles et distribuent des amulettes. Dans d'autres endroits, surtout parmi les Schillahs, ce sont des cheyks qui règnent sur les petites tribus. Celles qui demeurent dans les hautes vallées de l'Atlas vivaient dans une indépendance presque absolue jusqu'à l'occupation française. Dans le Maroc, quelques tribus se sont réunies dans le gouvernement de princes ou rois héréditaires qui s'appellent amargars et dont l'autorité patriarcale se borne à punir les vols et les assassinats. Ils fabriquent eux-mêmes la poudre à feu dont ils ont besoin. Leur costume ne diffère de celui des Maures que par une bande d'étoffe de couleur qu'ils se mettent autour de la tête, en forme de turban ; ils ont aussi des boucles d'oreilles ; ils sont tous armés et montent de beaux chevaux, bien harnachés ; ils ont au talon un éperon tenu par une bande de cuir qu'ils attachent fortement au coudepied.

Les femmes, beaucoup plus propres et moins curieuses que les Mauresques, si, comme elles, elles ne sont vêtues que de vieux haillons, du moins ont le soin de les laver. « J'ai toujours vu, dit Caillé en parlant des femmes berbères du désert, ces femmes filer la laine de leurs moutons. Cette laine est très-blanche ; avec le fil elles font des couvertures qu'elles vendent au Tafilet. Ces femmes, dont l'embonpoint annonce qu'elles sont dans l'aisance, ont toujours la tête enveloppée d'un vieux chiffon de laine rouge ou blanc ; elles ont aussi deux touffes de cheveux qui leur pendent de chaque côté des oreilles ; elles en font des espèces de bourrelets, qu'elles rattachent derrière la tête ; elles ont sur le nez et au menton de petites marques bleues, dans le genre de celles que les artisans de France se font sur les bras et sur la poitrine. Leur principal ornement consiste en quelques colliers d'ambre, de corail, de diverses verroteries et en bracelets d'argent qu'elles portent aux bras et aux jambes. Leur figure ne m'a pas paru aussi sale que celle des Mauresques d'El-Harib. Les Berbers ont un idiome particulier que les Arabes ne parlent pas ; ils sont aussi soumis à la religion de Mahomet ; ils ont plusieurs femmes, qui sont chargées de tout l'ouvrage de la famille ; elles préparent la nourriture, vont garder les troupeaux, les conduisent auprès des puits et ont encore la tâche pénible de tirer de l'eau pour les abreuver. Ils font paître leurs troupeaux de moutons dans les gorges des montagnes, où ils trouvent un peu de verdure ; car le pays qu'ils habitent (dans le désert) offre l'aspect le plus aride : de tous côtés on ne voit que des montagnes de granit, peu élevées à la vérité, mais sans aucune trace de végétation. Les peuples nomades et cultivateurs se nourrissent, comme les Maures, de dattes et de sanglé d'orge ; ils font souvent leur souper avec du couscous ou de la galette d'orge cuite sous la cendre. Dans la saison des pluies, comme le lait de leurs troupeaux est plus abondant, il fait une partie de leur nourriture. Ceux d'entre eux qui habitent dans des villages ont des maisons dans le genre mauresque, construites comme celles des Arabes habitants des villes : leurs nomades n'ont que des tentes mal faites du poil de leurs chameaux. Ils récoltent peu (au désert), car la contrée qu'ils habitent n'est guère propre aux cultures; ils rencontrent par-ci par-là quelques veines de bonne terre qu'ils utilisent. Les Berbers du camp de Bohayava, ajoute Caillé un peu plus loin, firent cadeau à ceux qui nous servaient d'escorte, ainsi qu'à Sidi-Ali, d'un très-beau mouton laineux, que nos compagnons berbers tuèrent pour notre souper. Comme nous n'avions pas de vase pour le faire bouillir, nos conducteurs usèrent d'un expédient très-industrieux : ils se procurèrent de larges pierres calcaires plates, avec lesquelles ils firent un petit four que l'on chauffa avec des racines d'hedysarum–alhagi, seul combustible qui croisse dans ce pays. On dépeça le mouton par petites parts ; les entrailles furent mises en andouilles. Le four improvisé était bien chaud, on le balaya avec soin, et l'on y mit des morceaux de mouton les uns sur les autres ; puis on le ferma hermétiquement avec du sable mouillé. Quand on jugea que la viande était suffisamment cuite, le chef de nos Berbers, assez bon homme, en fit la distribution ; chacun apporta un petit morceau de bois qu'on lui avait remis, il s'en trouva autant que de parts : un Maure fut chargé de les bien mêler, et il en posa un au hasard sur chaque

morceau de viande ; par ce moyen, la distribution fut faite avec justice. J'eus aussi ma part, que je dus au chef des Berbers. Cette viande était assez bonne, proprement servie et cuite à point.

Toutes les marchandises qui viennent du Soudan par la voie des Maures ne passent au Tafilet et ailleurs que transportées par les Berbers, ou sous des escortes qu'ils fournissent à prix convenu ; sans ces précautions, les marchands seraient volés et massacrés en route. Les Maures, sans cesse harcelés par les Berbers, leur paient de forts tributs ; ce qui ne les empêche pas d'avoir tout à craindre de leur brigandage, et aucun d'eux, n'importe le rang qu'il occupe dans le pays, n'ose se mettre en voyage sans se faire accompagner.

Les Berbers eux-mêmes prennent entre eux toutes sortes de précautions pour éviter d'être volés. Ils ont beaucoup de chiens pour garder leurs troupeaux. Ces animaux sont si habitués à ne jamais souffrir qu'aucun étranger, quel qu'il soit, approche de l'habitation qu'ils sont chargés de garder, que les voleurs, si communs chez ces peuples, sont souvent retenus par la crainte d'en être dévorés. Les Berbers mêmes, s'ils étaient d'un autre camp, n'oseraient approcher sans précaution de celui où ils ne sont pas connus; mais si quelques affaires les y appellent, ils arrivent lentement, font le tour des tentes à une certaine distance : les chiens aboient, mais sans avancer, à cause de l'éloignement. Aussitôt que les propriétaires se montrent, les étrangers annoncent le sujet qui les amène, et l'on s'empresse de les satisfaire; si c'est l'hospitalité, on lui tend une natte un peu éloignée des tentes, et on lui donne à souper ; mais personne n'approche jamais de l'habitation.

Cependant, à moins d'être divisés par quelque querelle momentanée de tribu à tribu, les Berbers ne s'attaquent point entre eux, comme le témoigne le récit de Caillé. « Vers dix heures du matin, dit-il, nous parcourûmes un sol dur, couvert de petits cailloux noirs et jaunes.

Nous fûmes, dans cet endroit, rencontrés par six cavaliers berbers, très-bien montés, armés de sabres et de fusils ; ils vinrent bride abattue sur nous, avec des intentions hostiles, car ils tenaient leurs fusils armés : nos dix conducteurs berbers, avec quatre Maures bien armés, se mirent à la tête de la caravane en tenant aussi leurs armes prêtes à recevoir l'ennemi. Arrivés à une certaine distance, les deux partis s'arrêtèrent, et les Berbers se parlèrent dans leur langue, tenant toujours leurs fusils prêts à faire feu lorsqu'ils se furent reconnus pour compatriotes, ils se saluèrent, et nous continuâmes notre route paisiblement. »

On rencontre encore dans l'Afrique septentrionale des Turcs.

Ce pays, un des plus salubres et des plus propres à la propagation de la race humaine, s'est trouvé, par suite de l'absence d'un gouvernement régulier, exposé à tous les fléaux et notamment aux ravages de la peste.

M. Jakson, consul anglais à Mogador, a tracé l'effrayant tableau d'une peste qui dépeupla l'empire du Maroc au commencement de ce siècle. Il mourut en tout, dans la ville de Maroc, 50,000 ; à Fez, 65,000 ; à Mogador, 4,500 ; à Saffi, 5,000 habitants. Les survivants n'eurent pas le temps d'enterrer régulièrement les morts ; on jeta les cadavres dans de grandes fosses que l'on remplissait de terre quand elles étaient à peu près pleines. Les individus jeunes, sains, forts et musculeux furent les premiers attaqués de la maladie ; ensuite les femmes et les enfants ; en dernier lieu, les gens maigres et épuisés, les valétudinaires et les vieillards. Le fléau ayant cessé, nous remarquâmes une révolution totale dans la fortune des particuliers et dans la situation des individus. Des hommes qui, avant la peste, n'étaient que de simples ouvriers possédaient alors de gros capitaux ; ils achetaient des chevaux et ne savaient pas les monter. Les vivres se vendaient en grande quantité et à des prix extrêmement bas ; les troupeaux et leurs gardiens erraient sans maîtres dans les pâturages. C'était une grande tentation pour l'Arabe, le Berber, le Maure, tous également enclins au vol. Mais ils étaient retenus par la crainte de la mort ; car la peste, *el Khere*, comme ils la nomment, est un jugement de Dieu, une punition de nos crimes. Il était donc urgent de ne pas être pris en flagrant délit par l'ange vengeur, mais, au contraire, de régler sa conduite afin de se préparer à partir pour le paradis. Le prix des travaux fut bientôt hors de mesure ; et comme le nombre d'hommes capables de travailler ne suffisait pas pour les besoins et les demandes des hommes riches ou en état de payer, il en résulta pour ceux-ci la nécessité de faire eux-mêmes les petits travaux domestiques : on les voyait moudre du blé et cuire le pain. La simplicité de l'âge d'or semblait renaître. Plusieurs terrains considérables restèrent sans possesseurs et furent occupés par les Arabes du désert.

CHAPITRE SIXIÈME

Des États barbaresques et du grand désert.

En sortant d'Egypte pour entrer dans les contrées occidentales de l'Afrique, il faut traverser le pays de Barca ou Barquah. Les uns le qualifient de désert, et, en effet, l'intérieur mérite ce nom ; les autres, de royaume, à cause de l'ancienne Cyrénaïque, royaume longtemps indépendant sous une branche des Ptolémées. La côte de Barca, jadis fameuse par ses triples récoltes, est aujourd'hui très-mal cultivée ; les nomades du désert ne laissent aux habitants aucun repos. Du golfe de la Sidre à l'ouest jusqu'à l'Egypte à l'est, et au sud jusqu'aux monts Gerbodah, elle comprend 800 kilomètres de l'est à l'ouest et 400 du nord au sud. Quelques villes misérables, Derne, Benghasi, la capitale Tolometa, l'ancienne Ptolémaïs : voilà, à peu près, ce qui reste de son ancienne splendeur. Parmi les magnifiques ruines de Cyrène, coule encore la source limpide qui donne son nom à la ville ; une tribu d'Arabes asseoit ses tentes parmi des statues mutilées et des colonnades à demi écroulées. Le port de Barca conserve ses anciens murs, un temple et beaucoup d'inscriptions. Cette côte semble inviter les Européens ; elle n'appartient, pour ainsi dire, à personne ; une colonie y trouverait encore les beaux endroits que les anciens avaient surnommés collines des Grâces et jardins des Hespérides. Fondée l'an 630 avant Jésus-Christ par Battus, venu de Théra, et surnommée Cyrène, racontent les fables antiques, parce qu'une nymphe de ce nom, aimée d'Apollon, avait fui les poursuites du dieu jusque dans cette partie de la côte d'Afrique. Ce fut là qu'Aristippe vint fonder son école de philosophie, connue sous le nom d'école cyrénaïque. Aujourd'hui ce n'est plus qu'un pauvre village du nom de Curin ou Grennah. Une chaîne de montagnes se dirige à l'ouest des lacs de Natron, au sortir de l'Egypte, et prennent successivement les noms de Mokarah et Gerbodah ; elle s'étend jusqu'à l'oasis d'Audjelah. En suivant ces montagnes à l'ouest, on rencontre l'oasis de Syouah, petit État indépendant qui parle un dialecte berbère. C'est là le pays d'Ammon des anciens. L'oasis d'Audjelah, qui répond à l'Augila d'Hérodote, contient trois villes ou villages, qui dépendent de Tripoli. A Audjelah, se termine cette longue chaîne de montagnes qui borne au midi le désert de Barkah et le sépare de celui de Libye, en se dirigeant toujours vers l'ouest pour se rendre dans le Fezzan. On rencontre après une autre chaîne appelée Maraï, inconnue dans ses directions. Plus loin, c'est le singulier désert montueux de Haroudjé. De là on entre dans le Fezzan, pays des anciens Garamantes, dont la ville Ghermah rappelle le nom. Conquête des Arabes au moyen âge, devenu depuis une dépendance de Tripoli, il s'est rendu indépendant en 1811 avec Mohammed-el-Mokuy. Il comprend 576 kilomètres sur 310. Sa capitale est Marsouk. Le Fezzan se compose de plusieurs oasis séparées par d'immenses plaines de sable. Le sol est très-fertile dans les oasis ; les dattes y sont les meilleures du monde. C'est le grand marché intérieur de l'Afrique septentrionale et le rendez-vous des caravanes du Caire, de Tripoli, de Tunis, de Ghadamès, de Touat et du

Soudan. Les Fezzanois font le commerce de la poudre d'or et des esclaves noirs, et exercent, dit-on, le métier de transformer les garçons en eunuques.

Quand le vent souffle du sud, la chaleur dans le Fezzan est à peine supportable, même pour les habitants; on humecte les appartements avec de l'eau afin de pouvoir y respirer. L'hiver serait doux s'il ne régnait, durant cette saison, un vent du nord froid et pénétrant, qui glace les naturels et les oblige à chercher un refuge au coin du feu. Les pluies sont rares et peu considérables; les ouragans fréquents viennent du nord au sud et, enlevant par tourbillons la poussière et le sable, répandent une teinte jaune sur l'atmosphère. Dans la contrée il ne coule aucune rivière, aucun ruisseau digne de remarque. Le sol est un sable profond qui couvre des rochers ou de la terre calcaire et quelquefois argileuse. Des sources en grand nombre fournissent de l'eau pour les besoins des habitants. Ils distribuent leurs terres, qui sont d'un sable très-fin, mais fertile, en petits carrés, et font autour une chaussée pour y faire séjourner l'eau des pluies; quand ils jugent qu'elle n'y est plus nécessaire, ils la mènent par des conduits au pied de leurs dattiers. Chaque propriétaire a au milieu de son champ un puits dont l'eau est claire et bonne à boire; ces puits n'ont pas plus 20 à 25 pieds de profondeur; ils sont creusés dans un sable dur mêlé de petits cailloux noirs et jaunes. Plusieurs ont des couches d'un demi-mètre de sable rouge veiné d'un peu de gris et d'une consistance grasse. De chaque côté des puits, les habitants mettent deux piliers de 3 mètres de haut; ils y attachent une traverse en bois, à laquelle est adaptée une grande perche qui porte à son extrémité postérieure quelque chose de lourd pour faire contre-poids au seau, qui est suspendu à l'autre extrémité par un bout de corde; en tirant avec un peu d'efforts, ils amènent l'eau qui sert à arroser leurs plantations. Le figuier, le grenadier, le limonier, y prospèrent à côté du dattier. On cultive beaucoup de maïs et d'orge,

mais l'indolence des habitants les empêche de recueillir assez de blé pour leur consommation; le surplus est apporté par les Arabes. Les légumes et les plantes culinaires abondent. L'animal domestique ordinaire est la chèvre; on nourrit des moutons dans les parties méridionales; l'âne sert généralement pour le fardeau, le trait et le transport. Les chameaux y sont d'une cherté excessive et très-rares; on nourrit tous ces animaux de dattes et de noyaux de dattes. Dans la province de Mendrah, le natron flotte en grandes masses à la surface de plusieurs lacs couverts d'une fumée ou vapeur épaisse.

La population du Fezzan, évaluée à 100,000 âmes, est d'une couleur variée qui semble indiquer un peuple mélangé; mais la race indigène est d'une stature ordinaire, dénuée de vigueur, ayant la peau très-brune, les cheveux noirs et courts, la forme du visage telle qu'elle passerait pour régulière en Europe, et le nez moins aplati que les nègres. Les femmes sont passionnées pour la danse, comme dans toute l'Afrique. Les Fezzanois s'enivrent avec du jus de dattier et sont, du reste, fort sobres d'ordinaire. A Mourzouk, pour désigner un homme riche on dit : Il mange du pain et de la viande tous les jours. Les maisons du Fezzan, bâties en briques calcaires et en glaise séchée au soleil, sont extrêmement basses et reçoivent le jour par la porte.

Dans certains cantons cependant, les habitants sont si pauvres, qu'ils ne peuvent acheter que des provisions de qualités inférieures, principalement les dattes; celles qui tombent avant d'être parvenues à parfaite maturité sont ramassées soigneusement par les propriétaires, qui les mettent au soleil pour les faire sécher; après quoi, ils les renferment dans des sacs en cuir, où elles acquièrent une dureté inconcevable; il faut avoir de très-bonnes dents pour les manger sans souffrir. C'est avec ces dattes qu'ils se nourrissent pendant le jour : ils les font, à la vérité, casser dans un mortier en bois, et boivent par-dessus un peu de cheni; rarement ils font pour eux du sanglé dans cet intervalle ; ce n'est que dans des cas particuliers. Le soir, vers neuf heures, ils mangent pour leur souper du couscous d'orge, trempé le plus souvent avec de l'eau chaude dans laquelle ils ont fait bouillir une poignée d'herbes qu'ils se procurent dans les enrivons. Ils élèvent quelques moutons ; lorsqu'il leur arrive d'en tuer un, ce qui est fort rare, ils font sécher la viande et la mettent dans des sacs en cuir pour la conserver quelquefois six mois : ils ont recours à cette provision de réserve lorsqu'ils traitent des étrangers, surtout des Berbers, dont ils ont un très-grand soin. A la considération de ceux-ci, ils étalent devant leur tente, pour les y faire coucher, un tapis de pied aussi beau que ceux que nous avons en Europe. Le maître du logis, pour faire honneur aux nouveaux arrivés, mange souvent avec eux à la même gamelle et, au lieu de donner de l'eau pure, y met un peu de lait de chameau, très-abondant dans la saison pluvieuse. A l'arrivée des étrangers, on leur donne sur-le-champ des dattes et du cheni, pour attendre l'heure du souper.

Les Tibbos ou Tibbous, nation berbère, occupent les régions à peu près désertes au sud-est du Fezzan, et s'étendent jusqu'au vaste désert de Levata, qui ferme l'Egypte du côté de l'ouest. Des Arabes errants occupent l'espace entre les Tibbos et l'empire de Bornou.

Au nord du Fezzan, entre la grande et la petite Syrte, s'étend l'État de Tripoli, ou région des trois villes : Sabrata, Oea, Leptis la Grande dans l'antiquité. Ce territoire autrefois divisé entre Carthage et Cyrène, partie de l'Afrique romaine plus tard, passé aux conquérants vandales, et d'eux à Justinien, devint arabe en 670. Charles-Quint en fit la conquête et le céda aux chevaliers de Malte ; mais, sous Soliman II, en 1551, les Turcs s'en emparèrent. En 1714, Hamet-Bey, rendit sa dignité héréditaire dans sa famille ; en 1835, le pacha Sidy-Youssouf se reconnut vassal de la Porte. C'est un État très-étendu, mais dépeuplé, et le plus faible des États barbaresques. Tri-

poli en est la capitale actuelle. Il y arrive régulièrement des caravanes du Fezzan, du Maroc et de Tombouctou.

A l'est de cette capitale est Lébéda, l'ancienne Leptis Magna, avec des restes d'un temple, d'un arc de triomphe et d'un aqueduc, ainsi que Mesurate ou Mezrata, siége d'un bey. A l'ouest, on remarque Arzori, qui paraît avoir eu assez d'importance pour donner son nom à la province dans le cinquième siècle, et l'île des Lotophages, aujourd'hui de Zerbi. Les petites villes qui bordent les deux Syrtes, obscures dans la géographie moderne comme dans l'ancienne, semblent disparaître aussi rapidement que les collines de sable mobile qui les couronnent. Les villages populeux du mont Garéan sont en partie composés de grottes taillées dans les rochers ; les tombeaux se trouvent quelquefois placés au-dessus des demeures des vivants. Tripoli exporte de la laine venant de Barca, de la poudre d'or, des plumes d'autruche et des esclaves venant de l'intérieur de l'Afrique, du séné, de la cire et du maroquin.

Le climat est des plus désagréables : la chaleur des jours et le froid des nuits sont également insupportables. Il ne pleut point depuis le mois de mai jusqu'à la fin d'octobre. La végétation est plus belle dans l'hiver que dans l'été. Le sol, médiocrement fertile, produit des dattiers, des orangers, des citronniers, des figuiers, des amandiers et une foule d'autres arbres fruitiers ; aussi des légumes de toute espèce, les choux, les navets, les oignons abondent en hiver, les concombres et les melons en été. A deux journées au midi de Tripoli, il y a sur le mont Garéan une grande plantation de safran. Les lions et les panthères se montrent rarement ; il y a beaucoup de chacals et de hérissons. Les serpents et les scorpions sont très-incommodes.

Il n'y a point à Tripoli de troupes réglées, et la marine du bey consiste en quelques embarcations armées. La *Naïade*, frégate danoise de quarante canons, attirée autrefois perfidement dans le port de Tripoli, y fut attaquée par toute la marine tripolitaine ; la frégate suffit à disperser tout cet appareil, fit trembler le pacha dans son palais et l'amena à composition.

A l'ouest de Tripoli est le royaume de Tunis. C'était autrefois l'*Africa propria* et le siége principal de la puissance carthaginoise. Toutes les révolutions arabes ont laissé des traces dans son histoire. Barberousse, en 1554, en fit une dépendance de l'empire ottoman. Depuis, les janissaires turcs, qui formaient la garde des pachas, s'arrogèrent le droit d'élire un chef de l'Etat, qui se rendit de plus en plus indépendant de la Porte. Le chef a le titre de bey et reçoit l'investiture du sultan. La chaleur y est insupportable. Cependant des branches de l'Atlas présentent des régions élevées et fraîches ; une plaine fertile borde le Méjerdah, le Bagradas des anciens. Au midi, on voit le grand lac Loudéah. Tunis en est la capitale, avec les ruines de Carthage dans son voisinage. Barda est la résidence du bey ; la Goletta domine la rade. Kairoan, la seconde ville de la Régence, fut longtemps la capitale arabe de l'Afrique. Le bey de Tunis a quelquefois disputé à celui de Tripoli la suzeraineté du petit Etat de Gadamès, reculé dans l'intérieur, au sud de la petite Syrte.

Parmi les minéraux de la régence de Tunis, on a observé l'albâtre, le cristal, l'argile, la plombagine, le fer et le plomb. Le bétail y est petit et d'une espèce délicate, et les chevaux ont dégénéré. Les brebis de Zaara sont aussi grandes que les bêtes fauves. Il y a des lions, des panthères, des hyènes, des chacals et autres animaux féroces.

La partie du midi y est sablonneuse, peu montueuse, stérile et comme défrichée par un soleil ardent. La contrée voisine de la mer est riche en oliviers et présente un grand nombre de villes et de villages bien peuplés. Mais la partie qui est à l'ouest est remplie de montagnes et de collines arrosées par de nombreux ruisseaux, dont les environs sont extrêmement fertiles et produisent les plus belles et les plus abondantes moissons. **La rivière de Medjerdah n'est jamais**

navigable dans l'été. En général, le sol est imprégné de sel marin et de nitre, et les sources d'eau douce y sont plus rares que les sources salées.

L'Etat renferme quatre à cinq millions d'habitants. Les Maures agriculteurs et commerçants y sont moins nombreux que les Arabes nomades. L'armée régulière s'élève à près de 20,000 hommes, et la marine consiste en quelques bâtiments légers. Les Tunisiens, cultivateurs et industrieux, ont toujours été moins adonnés à la piraterie que les autres Barbaresques. On vante, comme monument, la principale mosquée de Kairoan, soutenue, dit-on, par cinq cents colonnes de granit.

A Tunis, l'ancien bey était favorable à la France ; mais depuis qu'une indisposition grave était venue menacer sa santé, deux partis s'étaient formés dans le pays : l'un voulait que, sa succession passant à son frère, les choses restassent dans le *statu quo ;* l'autre, plus fort, avait jeté les yeux sur son cousin, le bey du camp, pour soumettre complétement le gouvernement de la régence à Constantinople, c'est-à-dire pour que l'influence anglaise remplaçât la nôtre.

L'Angleterre, en effet, voyant la France établie solidement dans le bassin occidental de la Méditerranée, a tout fait pour s'assurer le bassin oriental. Les longues péripéties de la conquête, en Algérie, ont favorisé ses vues en interrompant tout le commerce de cette côte avec l'intérieur du pays. La désorganisation qui suivit la conquête arma bientôt toutes les tribus les unes contre les autres, en attendant qu'elles fussent entraînées contre nous à la guerre sainte. La régence d'Alger n'était plus qu'un théâtre de guerre ; tout le commerce, qui se faisait autrefois par son territoire, dut prendre des voies plus sûres, et les caravanes du Soudan, au lieu de se diriger en ligne droite vers le nord, inclinèrent à droite, vers Tunis, ou à gauche, vers le Maroc. Le port de Tunis et tous ceux du Maroc devinrent des entrepôts de marchandises anglaises, qui circulaient mieux que jamais derrière nos nouvelles possessions dans le Sahara et jusqu'aux pays des nègres.

Plus loin, à l'intérieur, se trouve la ville de Gadamès ou Ghdâmes, qui semble perdue au milieu du désert, et s'est cependant enrichie par le commerce d'échange qu'elle a établi depuis la côte jusqu'au pays des noirs. On compte dans cette ville une quarantaine de marchands qui ont fait ainsi leur fortune, qui sont satisfaits, Mabsoutin, suivant l'expression arabe. Le plus riche d'entre eux, Hadji-Omar, possède un quintal et demi ou 75 kilogrammes de poudre d'or, qui représente une valeur de 232,500 francs. Sa maison est, en outre, remplie de denrées du Soudan, principalement d'ivoire et de toile de coton. La fortune immobilière de Hadji-Omar n'est pas moins considérable, car il possède à Ghdâmes dix maisons et un jardin contenant deux cents dattiers ; à Gafsa, un jardin planté de dattiers, acheté au prix de 15,000 piastres ; à Tunis, une maison louée à des Européens à raison de 700 piastres par an ; un magasin au Souk-el-Bey, d'un revenu de 500 piastres ; un moulin à grain, à Bir-el-Hadjar, loué 450 piastres par an.

En avançant vers l'occident, on rencontre l'Algérie. Cette importante colonie française et l'un des quatre grands Etats des côtes barbaresques : Tunis à l'est, le Maroc à l'ouest, au nord la Méditerranée et au sud le Sahara. Ses côtes comprennent 900 kilomètres, et elle s'avance de 200 à 250 kilomètres dans l'intérieur des terres. Elle offre les golfes de Bône, de Stora, de Bougie, la rade d'Alger, les golfes d'Arzew et d'Oran. La chaîne de l'Atlas la parcourt de l'est à l'ouest, et s'y divise en plusieurs branches dont quelques-uns des points principaux sont le Jurjura, qui s'avance vers la mer, et le Mouzaïa, célèbre par ses mines de cuivre.

Le sol de l'Algérie, si l'on en excepte les parties qui bordent le désert, est moins sablonneux et plus fertile que celui de Tunis. Le climat y est plus tempéré, les montagnes plus élevées et en plus grand nombre, les pluies plus abondantes, les ruisseaux et les sources plus fréquents, la végétation plus active et plus variée. Les montagnes arrêtent les nuages qui viennent du nord, les condensent par les neiges dont leurs sommets sont couverts, et les font tomber en pluie. Il y a plusieurs rivières qui, descendues de l'Atlas, se rendent dans la Méditerranée ; les principales sont, de l'est à l'ouest : la Medjerda, la Seibouse ; l'Ouad-el-Kébir qui reçoit le Rummel ; l'Ouad-Sahel, le Chélif, la Tafna, qui a pour tributaire l'Isly, célèbre par une bataille gagnée en 1844 par le maréchal Bugeaud sur les Marocains. D'autres, comme l'Ouad-Djeddi, se perdent ou dans les sables du désert ou dans les lacs salés de la zone méridionale, dont plusieurs, souvent à sec, n'offrent alors qu'une croûte de sel et de sable. Ces lacs, les Arabes les désignent sous le nom de Sebka ; le plus considérable est le Melghigh.

Comme toute la Barbarie occidentale, l'Algérie se divise physiquement en trois régions : la côte qu'on appelle ordinairement le Tell, fertile surtout en céréales ; les plateaux renfermés entre deux massifs de montagnes, et riches particulièrement en pâturages ; le Sahara algérien, espèce de déserts sablonneux parsemés d'oasis abondantes en excellents fruits, tels que grenades, pêches, abricots, figues, amandes, olives, raisins ; les dattes surtout s'y font remarquer ; et cette partie de la zone méridionale s'appelle Beled-el-Djeryd, pays des dattes.

Evaluée à trois millions, la population de l'Algérie se compose de Maures, d'Arabes et de Kabyles. Il y a en outre des Juifs, occupés de commerce et de diverses industries ; des Turcs, qui, au XVIe siècle, s'étaient établis avec Barberousse les dominateurs du pays ; des Kalouglis, nés du mélange des populations turque et maure ; des nègres venus du centre de l'Afrique comme esclaves, mais aujourd'hui libres partout où s'étend l'influence française ; enfin, beaucoup d'Européens, surtout des Français.

L'Algérie fut, au temps des Romains,

sous le nom de Numidie et de Mauritanie, au pouvoir des rois indigènes Micipsa, Jugurtha, Massinissa, Juba, Syphax; conquise par Rome, puis successivement par les Vandales, en 429; par les Arabes, en 690; par les deux frères Barberousse, en 1516; elle devint vassale de la Porte. Les janissaires du sultan, pour se mettre à l'abri des vexations du pacha, obtinrent de la Porte l'autorisation de se choisir dans leur sein un chef chargé de défendre leurs intérêts. On le nomma dey, ce qui veut dire oncle ou tuteur. En 1710, le dey Baba-Aly expulsa le pacha. La milice turque alors devint maîtresse absolue, fit et défit les deys à son caprice. Poursuivis comme pirates par les Etats chrétiens, par Charles-Quint en 1541, par Louis XIV en 1682, 1683 et 1688, par les Anglais en 1816, les Algériens, à la suite d'une insulte faite au consul de France, sous le roi Charles X, virent leur capitale tomber aux mains de la France, au commencement de juillet 1830.

Divisés autrefois en quatre provinces : celle d'Alger et de Titterie au centre, celle de Tlemcen à l'ouest, de Constantine à l'est, toute cette contrée est maintenant répartie en trois territoires civils ou départements, constituant en même temps trois divisions militaires : ceux d'Alger, d'Oran, de Constantine.

Alger s'élève en amphithéâtre au fond d'une rade fortifiée, mais peu sûre lorsque le vent souffle du nord. La ville tire son nom arabe *Al-Gézair* (les Iles) d'une île placée en face de la côte et rattachée au continent par un môle à 750 kilomètres sud de Toulon, à 600 ouest de Tunis; cette ville a vu sa population portée de 50 à 80,000 âmes depuis la conquête française. Encore composée en général de rues sales, rachetées quelquefois par de belles terrasses, cette capitale s'est beaucoup embellie et assainie. On y a ouvert plusieurs rues et de belles places, entre autres la rue de Bab-Azoun et la place du gouvernement. L'ancien palais du dey, de nombreuses mosquées, dont l'une bâtie par les esclaves chrétiens en 1790, le fort l'Empereur, dit

Sultan Kalassi, la Kassaba ou Cassaubah, citadelle située à l'extrémité sud de la ville; ce sont les monuments les plus importants. Siége de l'administration coloniale, Alger a tout ce qui constitue un grand centre administratif et commercial : un évêché, une cour impériale, un tribunal de première instance et de commerce, un lycée, une banque. On croit retrouver dans son emplacement celui de l'Icosium des anciens, entre Julia Cæsarea (Cherchell) à l'ouest et Rusucurium (Dellys) à l'est. Les nombreuses et jolies maisons de campagne, semées sur un amphithéâtre de collines parmi des bosquets d'oliviers, de citronniers et de bananiers, présentent un aspect champêtre, paisible et peu analogue aux anciennes habitudes de piraterie de ce peuple. C'est actuellement la résidence du gouverneur général, du conseil du gouvernement, du deuxième conseil de guerre et d'un conseil de révision, de l'évêque de Julia Cæsarea, du recteur de l'académie, du contre-amiral commandant supérieur de la marine, de l'intendant de la division d'Alger, du préfet du département d'Alger et des chefs de service de toutes les parties spéciales.

Alger, malgré son importance, n'avait, du temps des Turcs, qu'un port très-peu spacieux; une île, liée par une jetée au promontoire où la ville est bâtie, formait une anse dans laquelle les corsaires venaient s'abriter, mais plusieurs grands bâtiments auraient eu de la peine à y trouver place.

Aujourd'hui, le port d'Alger a une étendue de 95 hectares, dont 65 sont accessibles aux vaisseaux de ligne. Il peut recevoir 28 vaisseaux de premier rang, 25 frégates et 180 navires marchands. Au bout d'une jetée de 700 mètres, se trouve un musoir d'une superficie d'un demi-hectare, qui doit recevoir une batterie de 30 pièces de canon pour commander l'entrée du port. A 300 mètres de là, un brise-lame d'un kilomètre doit s'élever, au milieu de la mer, pour protéger la rade d'Alger des vents du nord, auxquels elle est exposée. Une jetée parallèle à celle du port viendra l'abriter à l'ouest dans une étendue de 400 hectares. C'est tout ce qu'il faudra pour faire manœuvrer une flotte. Il ne reste plus à déterminer si l'on fera du port d'Alger un grand port de construction et d'armement, ou si l'on se contentera d'y placer un arsenal de ravitaillement. Toutes les rues, partant du port, se dirigeaient à droite ou à gauche, vers les deux portes du bas de la ville, les portes Bab-el-Oued et Bab-Azoun ; ou bien remontaient en serpentant vers la Kasbah, auprès de laquelle, par la porte neuve, on avait une sortie. Aujourd'hui, cet espace entre la plage et la ville a été régularisé, et l'ensemble, sans rien perdre de son pittoresque, présente plus de netteté à l'œil, tandis que les abords de la ville sont devenus plus commodes.

Bien que la population musulmane y ait considérablement diminué, la ville a conservé l'aspect mauresque dans sa partie haute. Les maisons mauresques, dit M. Baudicour, véritables prisons à l'extérieur, sont à l'intérieur très-élégantes et assez commodes pour les habitudes musulmanes. On y entre par des portes à guichets, souvent tellement basses qu'il faut s'incliner pour pouvoir passer : ces portes donnent sur un vestibule de deux ou trois mètres, qui s'étend dans toute la profondeur de la maison jusqu'à un soupirail de la même largeur, prenant son jour sur une terrasse. Des deux côtés, sur la longueur, des renfoncements, pratiqués dans les murs et garnis de petites colonnes, forment des bancs de pierre, où les étrangers peuvent s'asseoir. Il paraît même qu'autrefois ils ne pouvaient jamais pénétrer ailleurs, et que c'est là que les maîtres de maison venaient les recevoir. Le reste du rez-de-chaussée est occupé par de grandes caves obscures, servant jadis de demeures aux esclaves. Un petit escalier, à marches très-élevées, conduit du vestibule au premier étage dans une cour intérieure, souvent dallée en marbre. Cette cour carrée est entourée d'une double galerie, formée par des colonnes et des arcades ogivales. Les petites maisons n'ont que deux arcades sur chaque côté ; les plus grandes n'en ont jamais que quatre ; les colonnes qui les soutiennent sont en pierre ou en marbre, selon le plus ou moins d'opulence de l'édifice. Les appartements sont disposés autour des galeries de chaque étage et y prennent leur jour. Leurs chambres sont très-étroites et n'ont guère plus de trois mètres de largeur, mais elles sont aussi longues que la maison est grande. De chaque côté, l'on trouve, ménagées dans les murs, de profondes armoires et des demi-alcôves où des sofas peuvent être placés. Les angles de la maison sont disposés en dômes, que leur analogie avec les petits sanctuaires élevés ailleurs en l'honneur des saints personnages de l'Islam ont fait appeler marabouts. Quelques ouvertures, pratiquées à l'extérieur, et garnies souvent de verres de couleur, y jettent une clarté merveilleuse. Ces appartements, dans les maisons pauvres, sont badigeonnés à la chaux, mais, chez les riches, ils sont ornés avec beaucoup de luxe. A la hauteur d'appui, les parois des murs sont recouvertes de faïence, les boiseries des portes, des armoires et des fenêtres sont sculptées ; des ornements en plâtre ou des peintures ornent les parties supérieures, et les plafonds ne le cèdent en rien à ce que, depuis des siècles, nous parvenons à exécuter de plus beau en ce genre. Aucune maison mauresque n'a de cheminée. L'hiver il y fait très-froid ; mais en été elles sont très-agréables à habiter. On y est le jour parfaitement préservé des rayons du soleil ; le soir, on peut encore respirer le grand air. Toutes ces maisons sont couvertes de terrasses ; et, comme des règlements de police fixaient autrefois leur hauteur, rien n'y gênait la vue, et chacune d'elles était un véritable panorama, d'où l'on dominait les campagnes environnantes et d'où l'on plongeait jusqu'au milieu du port.

Tant qu'avait duré l'occupation arabe, ni le Magreb, où les Pisans, les Vénitiens et les Génois avaient des établissements importants et protégés, ni l'Algérie, où les Espagnols avaient construit, dominant la rade d'Alger, le fort El-Penon d'Argel, ne présentaient l'aspect désolé, barbare et sauvage que nous lui avons connu de nos jours. Loin de favoriser la piraterie, à cette époque, les princes du Magreb, liés d'affaires avec les chrétiens, prirent, par plusieurs traités avec les puissances européennes, des mesures générales pour interdire expressément la course et pourvoir à la sécurité des marchands. Tous les Etats chrétiens avaient des consuls chez les princes du Magreb. Un point digne de remarque, c'est que, protégés par les princes musulmans du pays où ils habitaient, les chrétiens n'étaient exclus ni des fonctions publiques, ni même des rangs de l'armée, où souvent ils entraient comme officiers.

Si les Arabes et les Maures d'Alger, placés loin de la main des princes de Tunis et de Tlemcen, sans intérêt au commerce intérieur, se sont livrés à la piraterie avec moins de réserve, encore était-ce une exception. Et la forteresse du Penon, construite par les Espagnols, gênait tous leurs mouvements. Ce ne fut que lors de l'établissement de l'Odjack d'Alger par les deux Barberousse, sous la suzeraineté de la Porte, que la domination musulmane devint un fléau radical pour le commerce de la Méditerranée et une cause de désolation pour les campagnes du Tell. Les Espagnols se virent chassés du Penon. Pise, Gênes, Florence, Marseille, Venise, payèrent tribut à Barberousse, et les esclaves chrétiens, enlevés sur les côtes, s'entassèrent par milliers dans Alger.

Les plus malheureux d'entre eux, dit Leweso, auteur danois, étaient ceux qu'on employait aux travaux publics. Nourris de pain grossier de gruau, d'huile rance et de quelques olives, il n'y avait que les plus adroits qui pussent, par leur industrie, en travaillant pour leur compte après le soleil couché, se procurer quelquefois une meilleure nourriture et un peu de vin. L'Etat leur accordait pour tout vêtement une che-

mise, une tunique de laine à longues manches et un manteau. Dans le principe, ajoute M. Galibert, il n'y eut qu'un bagne affecté au logement des esclaves, et il appartenait au pacha. Mais bientôt les prises furent si nombreuses, qu'on en construisit cinq nouveaux. Chaque bagne formait un vaste édifice, distribué en cellules basses et sombres, qui contenaient chacune quinze ou seize esclaves ; une natte, pour quelques-uns, et la terre humide pour le plus grand nombre, leur servaient de lit. Ces lieux malsains étaient infectés de vermine, d'insectes et de scorpions. On y logeait quelquefois cinq ou six cents esclaves, et lorsque tous ne pouvaient être placés dans les cellules, on les faisait coucher dans les cours ou sur les terrasses de l'édifice. C'est là qu'étaient tenus les esclaves qu'on appelait de magasin, c'est-à-dire appartenant à l'Etat. Les esclaves des particuliers étaient moins à plaindre.

Les Arabes conquis par les Turcs n'étaient guère plus heureux. Ils se voyaient massacrés et dépouillés pour les motifs les plus frivoles, et la substance des populations indigènes se venait engouffrer dans le trésor de la Kasbah. Tous les ans, dit le père Dan, le gouvernement d'Alger met en campagne trois compagnies de janissaires, composées chacune de deux ou trois cents hommes. Il envoie tous ces camps volants, l'un à Tlemcen, l'autre du côté de Pont et de Constantine, l'autre vers le midi jusqu'au pays des nègres. Ce voyage est le plus fructueux de tous, parce qu'il dure sept ou huit mois. Chacun de ces camps est commandé par un aga, sous la conduite duquel les soldats s'en vont partout le pays lever cette lezma sur les douars et les camps des Arabes, qui ne paient d'ordinaire que par la contrainte et par force. Ils savent à peu près en quel temps ces exécuteurs sévères et aguerris doivent venir les visiter, et, sans attendre leur arrivée, ils quittent les lieux qu'ils occupaient : tous portent leurs tentes et chassent devant eux tout ce qu'ils ont de bétail, avec lequel ils se retirent dans les montagnes. C'est à raison de cela que ces rondes ne se font jamais qu'au temps des moissons. S'ils n'en peuvent tirer de l'argent, ils saisissent leur bétail, leur blé; ils enlèvent même leurs enfants. Or, c'est, à vrai dire, une merveille étrange qu'un de ces camps vienne si facilement à bout des Arabes, bien qu'ils s'assemblent quelquefois jusqu'à sept ou huit mille avec leurs armes ordinaires, qui sont la hazegaye et le cimeterre. Mais les Turcs sont tous hommes aguerris, qui ont de bons mousquets et d'autres armes à feu dont ils se servent avec adresse.

La course et le brigandage intérieur étaient devenus des nécessités financières pour ce gouvernement des rois de la mer, sans administration et sans industrie. Ni Charles-Quint, ni Louis XIV, ni les Hollandais, ni les Anglais, ni même la bataille de Lépante, où périt la marine turque, ne purent rien pour modifier cet état de choses. Il a fallu la grande expédition de la France et de Bourmont, en 1830.

Le Tell est dominé dans toute sa longueur par la grande chaîne de l'Atlas, qui, dans le Maroc, atteint 4,000 mètres au-dessus du niveau de la mer, s'abaisse en se rapprochant de Tunis et projette cependant encore, entre Alger et Constantine, le Djurjura (*mons Ferratus* des Romains) couvert de neige pendant une grande partie de l'année. Dans la région des plateaux, on trouve, comme sur les points les plus élevés, d'immenses forêts de cèdres qui ne prospèrent pas en plaine, comme toutes les espèces résineuses. A mesure qu'on avance dans cette partie de la côte barbaresque, où se sont assis les différents conquérants asiatiques et européens, on trouve des traces de la longue domination romaine. Partout, auprès des sources et des rivières, surgissent des ruines. Les nouveaux conquérants se heurtent, pour établir leurs centres de population, aux plans de ceux d'autrefois. Le tracé d'un village amène à l'enceinte d'une cité romaine disparue. Des bains, des aqueducs, des amphithéâtres, des hémicycles, des portiques d'églises, des nefs, des chœurs, des mosaïques attestent les grandeurs enfouies que le pâtre arabe visite depuis des siècles avec ses troupeaux.

Les municipes romains et les colonies s'étalaient triomphalement le long de la côte, et les habitants y avaient la plupart du temps le droit de cité romaine. Plus loin, à 80 kilomètres de la mer, c'était une seconde ligne de villes fortes dans toute l'étendue du Tell. Parmi elles, quelques-unes, comme les villes de la côte, conféraient à leurs habitants les priviléges de citoyens romains. Ces systèmes de colonies militaires, composées de vétérans retirés du service actif, en propageant la civilisation romaine dans ces lointaines contrées, assuraient cette conquête, si précieuse pour les approvisionnements du peuple-roi et de la grande cité. Les villes maritimes communiquaient naturellement entre elles par la mer, tandis qu'elles étaient reliées au centre de l'intérieur par un système complet de voies romaines.

A l'extrémité du Tell, aux confins du Sahara, pour couvrir leurs établissements contre les envahissements des nomades du désert, Rome avait de douze lieues en douze lieues des stations militaires échelonnées, dont les vestiges se retrouvent souvent aujourd'hui quand le génie français trace ses systèmes de blokaus ou fortifications légères destinées à surveiller le pays et à arrêter les mouvements de la cavalerie arabe. Plus d'une de ses stations, ou camps retranchés, s'élève encore à hauteur d'homme et sert l'hiver de refuge à l'Arabe imprévoyant, quelquefois même de cachette pour la fabrication de sa poudre.

Le Tell de la province d'Alger embrasse 4,320 hectares cultivables, dont près du quart mis en rapport, et plus de 890,000 hectares de forêts reconnues, sans y comprendre celles du Jurjura, dont les nombreux massifs restent à déterminer. Tous ces bois sont répandus sur les masses de montagnes qui dominent les vallées, comme le Dira, entre Dellys et Boussada ; le Jurjura qui se prolonge du nord de Hamza jusque vers Bougie ; le Mouzaïa, au sud, qui ferme le bassin de la Metidja ; le Zakkar au nord de Milianah, entre le Chélif et le Metidja.

L'Ouarensenis, qui détermine le large coude du Chélif ; et sur le littoral : le Tangout, entre Bougie et Alger ; le Chenoua près de Cherchell ; le Dahra, entre Ténès et Mostaganem.

Dans ce beau développement de côtes méditerranéennes, outre Alger, on rencontre, dans la même province, les villes maritimes de Dellys, à 96 kilomètres d'Alger par terre ; Ténès au pied du cap Ténès, à 150 kilomètres d'Alger, dont on a fait le port d'Orléansville ; enfin, entre Alger et Ténès, Cherchell, vieille cité de Mauritanie, dont les traces se retrouvent dans les ruines d'un cirque, d'un théâtre, d'un hippodrome, de thermes, de bains à ciel ouvert, d'un temple de Neptune, et dans les marbres mutilés et les statues qui jonchent le sol. A l'intérieur, Douéra n'est qu'à 23 kilomètres d'Alger ; Boufarik est assise dans la plaine de la Metidja ; Blidah, dans une position délicieuse, au pied de l'Atlas, et Médéah, vers un célèbre défilé, à 60 kilomètres sud-ouest d'Alger, prise par les Français dès 1850, mais occupée seulement en 1840. El-Aghoual ou Laghouat est dans le Sahara algérien.

Dans la province de Constantine, la côte est généralement plus relevée que dans le reste de la Régence ; les rameaux des chaînes voisines se prolongent jusque sur le rivage, et la mer, arrêtée par cet obstacle, a pénétré dans les vallées qui les séparent et a fourni un plus grand nombre de baies et de golfes.

La province de Constantine, bornée au nord par la Méditerranée, à l'est par l'Etat de Tunis, au sud par le pays de Zab, à l'ouest par l'Algérie proprement dite et la province de Titterie, embrasse 480 kilomètres de longueur sur 400 de largeur, dont un peu plus de la moitié dans le Sahara et le reste dans le Tell.

Elle est bordée sur le littoral par une ligne de hauteurs : le Ghora, près de la Calle, l'Edough, entre Bône et Philippeville, le Goufi, entre Collo et Djidjeli, le Babour, entre Djidjeli et Bougie, qui abritent les vallée basses. De l'est à l'ouest, d'autres chaînons forment les vallées hautes ; le Djebel-Béni-Salah, au sud de Bône, le Malhouna, près de Guelma, le Guérioun, au sud de Constantine, le Bou-Taleb, au sud de Sétif. De ces hauteurs descendent à l'est la Seybouse, qui a son embouchure à l'est de Bône ; l'Oued-el-Kébir, qui se rend à 28 kilomètres de Djidjeli ; l'Oued-Atif ; enfin l'Oued-Bou-Mançour, qui sépare au sud-est la province de Constantine de la province d'Alger. Les lacs Fezzara dans la plaine de Bône, au pied du mont Edoughe, à 15 mètres au-dessus du niveau de la mer ; de la Calle, nommée Beaumarchand, Tonèque et du Bastion complètent le système hydrographique de la province.

Autrefois gouvernée par un bey relevant du dey d'Alger, cette province est maintenant commandée par un lieutenant-général, sous les ordres du gouverneur général, et qui administre par l'intermédiaire de chefs indigènes. Les habitants, qui sont presque tous Kabyles, surtout dans les montagnes, sont très-belliqueux ; ils se divisent en un grand nombre de tribus presque indépendantes, dont les principales sont celles des Haractas et celles des Coucos.

A 644 mètres au-dessus du niveau de la mer, sur un roc escarpé dont le Roumel et l'Oued-el-Kébir font une sorte de presqu'île, abordable seulement à l'ouest, s'élève, à 280 kilomètres d'Alger, la capitale de la province, Constantine, rebâtie par Constantin sur les ruines de l'ancienne Cirta. Dépendance de Tunis, elle a été prise par les Turcs d'Alger dans le XVIIIe siècle, et conquise par les Français après une longue résistance. Clausel y avait échoué en 1836 ; ce ne fut que l'année suivante qu'un siége meurtrier, où périt Danrémont, la mit en notre pouvoir. On y trouve encore des ruines antiques et des monuments importants.

On remarque sur la côte Bougie, avec un bon port sur le golfe de ce nom, où les montagnards vendent du bois de construction, des figues, de l'huile ; Philippeville, cité riante et neuve et port très-fréquenté sur le golfe de Stora, avec une subdivision militaire, une sous-préfecture et une direction des douanes ; Bône, enfin, ancienne Hippone royale, avec un beau port sur le golfe du même nom, à l'embouchure de la Seybouse. A 156 kilomètres nord-est de Constantine, 84 sud de Philippeville, et à 422 d'Alger, Bône est aujourd'hui le chef-lieu d'un des arrondissements de la province de Constantine, et d'une subdivision militaire. Tribunal de première instance, chambre de commerce, justice de paix et conseil de guerre, il ne manque à Bône rien de ce qui constitue un centre administratif secondaire. La population est de 7,000 habitants, Italiens, Anglo-Maltais et Arabes.

A l'intérieur, on rencontre Sétif, ancienne Sitifis, avec un fort rectangulaire, dans la grande plaine de la Medjana ; Guelma, ancienne Suthul, puis Calama ; Bathna ; Biskara et Tuggurt ; cette dernière dans l'oasis d'Ouad-Rir.

La province d'Oran, qui comprend toute la partie occidentale de l'ancienne régence d'Alger, de l'embouchure de Tennis aux frontières du Maroc, une superficie de 102,000 kilomètres carrés, dont 35,000 dans le Tell et 67,000 dans le Sahara, est si riche en olives, limons, jujubes, figues et autres fruits, qu'on les laisse périr sur les arbres. Le Karkar, entre Arzew et Oran ; le Médiouna, entre Oran et la Tafna ; le Trara, près de Djema Ghaza-ouad ; le Filaoucen, entre Nédroma et le Maroc, bordent le littoral. Dans l'intérieur, on rencontre le Chareber-Rieh, qui sépare le bassin du Chélif de celui de l'Habia, l'Oum-el-Debban, près de Saïda, entre l'Habra et le Mekerra ; le Djebel-beni-Smiel au sud-est de Tlemcen, entre la Tafna et l'Isser, dominent les vallées hautes.

C'est là que coule le fleuve le plus considérable de l'Algérie. Venu des confins du Sahara, il décrit un long circuit dans la province d'Alger et, après un parcours de plus de 240 kilomètres, en-

tre dans la province d'Oran, où il se grossit de plusieurs ruisseaux avant de se rendre à la mer entre le cap Ivi et Mostaganem. C'est le Chélif, fleuve fangeux, qui roule à la mer des myriades de poissons morts. Moins considérable que lui, l'Habra, tributaire du lac d'Arzew, se grossit du Sig et prend le nom de Macta. La Tafna n'a parcouru que 130 kilomètres, quand elle tombe à la mer à l'extrémité ouest du golfe de Rachgoun. Elle descend du sud, du pays rocheux des Beni-Snous, et se grossit dans son cours de la Malouïa et de l'Oued-Isser.

La Sebka, près d'Oran, est un grand lac salé, long de 50 kilomètres sur 20 de large. L'été, il est à sec. Les lacs qu'entretient l'Oued-Tlata, dans le voisinage, n'ont pas la dixième partie de cette étendue. Les salines d'Arzew, réunies, ne présentent guère que 12 kilomètres de longueur sur 2 1/2 de large.

C'est au fond d'une baie, entre les caps Falcon et Ferrat, que se trouve la meilleure rade de la côte, celle d'Oran, à 360 kilomètres d'Alger. La ville offre un aspect grandiose qu'elle doit au vaste développement de son golfe et au rideau de hautes montagnes qui l'enveloppe, autant qu'aux nombreux et formidables ouvrages de fortification élevés par les Espagnols et les Français. Occupée en 1831 par ces derniers, elle est devenue le chef-lieu de la province, avec un général de division, un préfet, un tribunal de première instance, un tribunal et une chambre de commerce. Sa population est de 21,425 habitants, dont 13,260 Européens et 7,453 indigènes. Mers-el-Kébir sert de port à Oran. Arzew le port, est à 10 lieues marines d'Oran et Mostaganem à 20 lieues. Cette dernière est le chef-lieu de la troisième subdivision militaire de la province d'Oran. Elle a un général de brigade et un sous-préfet, un tribunal de première instance et une justice de paix. Sa population européenne est de 4,251 habitants, dont 1,899 Espagnols, 121 Italiens. 4,311 Arabes la portent à 8,562. La ville est assise sur une colline élevée et baignée par la Safra, que longe jusqu'à la crête une enceinte crénelée.

Tlemcen est la principale ville de l'intérieur, à 118 kilomètres sud-ouest d'Oran. Placée au-dessus d'une plaine onduleuse, au sommet d'un petit plateau, elle jouit d'une température assez douce. Le thermomètre n'y a jamais dépassé 37 degrés centigrades, par les forts vents du désert, 28 ou 29 en été, 6 à 7 en hiver. La neige tombe pendant quelques jours, mais ne séjourne que sur les plateaux environnants. Sur la route de Tlemcen à Mascara, dans la plaine de la Mekera, on rencontre, à 82 kilomètres d'Oran, Sidi-bel-Abbès.

Mascara a été la capitale d'Abd-el-Kader.

Le Tell reste fertile jusqu'aux limites du désert. Les versants et les plateaux du Djebel-Amour, qui s'élève au-delà du petit désert d'Oran et sépare définitivement le Tell du Sahara algérien, présentent encore une végétation luxuriante. Les arbres y sont si pressés sur certains points et les buissons si fourrés, qu'on ne peut s'y frayer un passage. On trouve là des pins d'une si grande hauteur qu'on pourrait en faire des mâts à nos vaisseaux, des térébinthes dont quelques-uns, dit-on, couvrent trente cavaliers ; des tuyas, des trembles magnifiques, des arbres fruitiers de toute espèce, des pommiers, des poiriers, des pêchers, des amandiers. Tous les versants intérieurs et extérieurs de la montagne, quand ils ne sont pas couverts d'arbres, sont parsemés de buissons de myrtes, de lentisques et de cédrats. Du reste, les vallées fournissent, en temps ordinaire, aux habitants du blé et de l'orge en quantité suffisante pour leurs besoins.

A la porte du Sahara, Bab-el-Sahara, tout change d'aspect. Ce sont d'immenses plaines de sable, arides et désolées, sauf quelques collines, d'où jaillissent des sources et jetées çà et là dans ce ciel dévorant. Ce sol brûlant, pourtant, n'est pas impropre à la culture ; il n'y manque que de l'eau. Or, la nature semble avoir ménagé aux habitants une merveilleuse ressource dans une grande nappe d'eau souterraine que les indigènes appellent la mer intérieure.

Cette couche d'eau, dit M. Baudicour, n'est pas à une profondeur très-grande, parfois on la trouve à quelques mètres du sol ; mais, en général, on ne la rencontre qu'à 60 ou 80 mètres. Les indigènes savent ce qu'il en est. Quand donc, dans leur pays, la terre manque pour faire des cultures, ils s'associent plusieurs, vont à quelque distance de leurs foyers domestiques et, au milieu du désert, se mettent à creuser. Ils n'ont pas de sondes et ne peuvent percer des puits artésiens semblables aux nôtres ; cependant, ils font des trous étroits, de forme carrée. Un seul ouvrier est employé au travail d'intérieur ; au fur et à mesure qu'il creuse, il soutient les terres au moyen de quatre poutres de palmier ; il enlève successivement les différentes couches d'argile et de sable : puis, à la fin, arrive une espèce de terre marneuse assez difficile à perforer, c'est là qu'est le danger. Si l'ouvrier qui travaille au fond du puits ne sait pas s'arrêter, et que l'eau survienne avant qu'on ait pu le retirer, il est suffoqué par le tourbillon du lac intérieur. qui monte avec impétuosité pour jaillir au-dessus du sol. Aussitôt que l'eau se répand ainsi, les indigènes font de grands bassins et tracent des rigoles ; ils se mettent ensuite à faire sur les bords des plantations de dattiers et, aussi loin qu'ils peuvent conduire l'eau de la source nouvelle, ils convertissent le sol du désert en bosquets d'une délicieuse fraîcheur. C'est ainsi que se sont formées les oasis du Sahara. Leur nombre est considérable, elles s'étendent souvent sur une surface de 120 à 160 kilomètres, comme de vastes archipels au milieu d'un océan de sable.

Dans les premières expéditions faites par nos armées, nos soldats, après de marches pénibles sous l'ardeur du soleil, ont été tout étonnés de rencontrer au milieu du désert de belles habitations entourées de jardins. A les en croire. ces oasis du Sahara étaient de véritables paradis terrestres. Sans doute que le contraste des sables brûlants qu'il faut traverser pour y arriver excite un peu l'imagination de ceux qui les visitent. Le fait est que la chaleur y est très-supportable dans le jour et que les soirées y sont très-agréables. A la nuit tombante, les habitants sortent de leurs demeures et se livrent à toutes sortes de divertissements, pendant que des essaims de tourterelles, voltigeant sur leurs têtes de palmier en palmier, gazouillent leurs chansons.

Aussi l'eau est-elle la propriété par excellence dans le désert. Des factionnaires spéciaux veillent autour du réservoir commun, d'où partent les divers canaux de dérivation pour les particuliers; c'est qu'avec l'eau on a le palmier, le roi du désert. Les indigènes y cueillent la datte et s'en nourrissent. Le bois leur sert à étayer leurs maisons de poutres et de solives, et le feuillage, transformé en corbeilles, nattes, paniers ou chapeaux, se plie à mille usages. Du tronc, on tire une liqueur très-appréciée, qui a le goût du miel. Fermentée, elle devient une boisson des plus enivrantes. On appuie la vigne à son tronc et son ombrage protége toutes les plantes potagères qu'on sème à l'abri. Malheur aux habitants d'un pays pauvre en dattiers, il leur faudra accueillir les sauterelles comme un bienfait. Quand une nuée de sauterelles, dit un voyageur, arrive dans une telle contrée, les habitants, aussi heureux que des pêcheurs de l'océan Atlantique en présence d'un banc de harengs, s'empressent d'en faire la chasse. Pour recueillir plus facilement ces sauterelles, ils sortent avant le lever du soleil, lorsqu'elles sont engourdies par le froid et l'humidité de la nuit; puis, après leur avoir enlevé les ailes et les pattes, ils les font sécher au soleil. Ils les mangent ainsi desséchées ; cependant quelquefois, pour se régaler, ils les font bouillir avec du couscous ou couscoussou.

Le chameau est pour le Sahara, parmi les animaux, ce que le palmier est parmi les végétaux ; il est le vaisseau du désert. Sa chair nourrit les habitants ; de sa peau, ils se font des chaussures, et son poil est utilisé pour la fabrication des étoffes, des tentes, des cordages.

Les villes des oasis, qui leur servent de centres et de capitales quand l'oasis n'est pas seulement un ensemble de maisons disséminées par groupes, ne renferment guère plus de 5,000 âmes ; encore y en a-t-il peu qui atteignent ce chiffre avec leurs annexes. Mais toutes ont leurs murailles crénelées, défendues par des tours et protégées par des fossés : quelques-unes ont plusieurs enceintes. Ces constructions de pisé, en général souvent très-épaisses, ne résistent pas à de la grosse artillerie; Mais les petites pièces de campagne ont peine à y faire brèche, comme cela nous est arrivé pour Lagouat.

La dernière ville du Sahara algérien, Ouargla, est à 800 kilomètres d'Alger. Mais Biskara n'est qu'à 240 kilomètres de Constantine, et Lagouat, conquête récente, est le point central de l'Algérie. Entre elles deux se place Boussada, le Père du Bonheur, comme disent les Arabes. La plus belle est Gardaïa, la capitale des Beni-Mzab, à 200 kilomètres au sud de Lagouat. On la dit presque aussi grande qu'Alger et munie de dix portes de sortie. Tugurt est l'entrepôt des marchandises venues de Tunis et de Constantine : c'est l'ancien Taraphylum de Ptolémée. Là commence le grand désert, Sahara-el-Falat, comme disent les Arabes, qui sert à séparer l'Algérie du Soudan, ou pays des nègres, et de notre colonie du Sénégal. Souf, Tugurt et Ouarghla sont des ports ouverts sur cet océan de sable, tandis que de l'autre côté, sur les confins du Soudan, Kauka, Bernou et Kanou reçoivent les caravanes à leur sortie, dans de petits Etats indépendants gouvernés par des princes nègres.

Les populations du Sahara, qui ont besoin du Tell pour se procurer une bonne alimentation, puisque les dattes doivent, pour être saines, être mélangées avec d'autres denrées, sont liées par nécessité à la puissance qui domine en

Algérie. Le Sahara produit bien quelques légumes et quelques graines ; mais les blés lui manquent, et c'est dans le Tell que les Sahariens ont coutume d'en aller chercher. Aussi les Arabes ont-ils coutume de dire que le Sahara est lié au Tell par le ventre. Toutefois, toutes les oasis du Sahara algérien n'ont pas été visitées par la France, et là, comme dans le Tell, les Kabyles ont été les derniers à se soumettre. L'énergique résistance de Zaatcha a prouvé que la race kabyle n'avait pas plus dégénéré dans la plaine que les Rouaouas dans la grande Kabylie.

Ici, comme dans le Tell, la population indigène qui s'est soumise est administrée par des chefs indigènes ou kalifs, sous la surveillance des bureaux arabes, une des plus précieuses innovations de la conquête, malgré ses inconvénients reconnus. Dans chaque division militaire, auprès et sous l'autorité immédiate de l'officier général commandant, on créa une direction des affaires arabes, et, dans chaque subdivision, on institua des bureaux arabes. Des bureaux arabes de deuxième classe furent établis successivement sur chacun des autres points occupés par l'armée où le besoin s'en fit sentir, et sous des conditions semblables de subordination à l'égard des officiers investis du commandement. Il y en a aujourd'hui cinq de cette catégorie dans la province d'Alger, et six dans chacune des autres provinces : de la sorte, tous les cercles militaires s'en trouvent pourvus. Tout le travail se réunit dans les mains d'une direction centrale, à Alger. Tout se fait par l'intermédiaire de ces bureaux ; c'est chez eux que descendent les Arabes, c'est par leurs soins que l'hospitalité est donnée quand les circonstances l'exigent.

Les indigènes sont reçus par les officiers des bureaux arabes, et les affaires sont en partie arrangées, quelquefois même complétement réglées, lorsque ces indigènes sont présentés au général pour lui rendre hommage et faire leurs protestations de fidélité à la France. Mais l'établissement des colons européens, ne relevant que de l'administration civile, a amené entre les deux éléments des conflits fâcheux et, entre les deux administrations qui les représentent, des rivalités regrettables qui font hésiter aujourd'hui sur l'utilité des bureaux arabes. Quand il s'agit de concessions, il arrive que les bureaux arabes défendent les terres où les Arabes sont établis, non-seulement celles dont ils sont propriétaires, mais encore celles qui appartiennent au beylik, au domaine de l'Etat. Quand il s'agit de coloniser sur ce dernier domaine, il faut faire la part des Arabes qui provisoirement avaient envahi la place. Après des débats animés de part et d'autre, on conserve, en général, aux Arabes les portions qu'ils avaient cultivées, c'est-à-dire les meilleures, et le soin de défricher les palmiers nains est laissé aux Français. S'il reste quelques ruines, on les abandonne aux indigènes, le plus souvent ; et cependant, comme les colons, les termes de leurs concessions ne les obligent jamais à construire.

L'empire du Maroc est un reste des plus grandes monarchies africaines fondées par les Arabes. Il embrasse un territoire presque aussi grand que l'Espagne. Tous les voyageurs s'accordent à vanter la fertilité des royaumes du Fez et du Maroc, situés l'un au nord, l'autre à l'ouest de l'Atlas. A l'exception de trois mois d'été, le climat est très-agréable ; mais on redoute le vent chaud venant du désert, et qui règne pendant quinze jours ou trois semaines avant la saison pluvieuse. Il tombe beaucoup de neige dans la vallée de l'Atlas.

Les rivières, peu profondes, ont généralement à leur embouchure une barre qui en interdit la navigation aux gros vaisseaux : les plus grandes sont le Mulluia, qui s'écoule dans la Méditerranée ; le Subu, le Morbéia ou Omnirabie et le Tensif, qui se jette dans l'océan Atlantique.

Les villes à remarquer sont Fez, d'un grand renom, littéraire dans le monde arabe ; Méquinez, dans la plaine à l'ouest de Fez. Sur la côte de la Méditerranée, les forteresses de Melilla, de Pennon, de Veliz et de Ceuta appartiennent à l'Espagne. Tétuan, Tanger, puis, au-delà du cap Spartel, El-Araisch, Mamora, Salé, autrefois repaire de pirates, Mogador, composent les points maritimes principaux.

Maroc est la capitale de tout l'empire. Elle a environ 30,000 habitants. On y fabrique de la soie, du papier et du maroquin rouge.

Les peuples de l'empire marocain, esclaves d'un despote absolu, ne connaissent, pour ainsi dire, aucune espèce de loi positive ; ils n'ont pour règle que le bon plaisir du prince. Et cependant les Maures ont la plus haute idée d'eux-mêmes et de leur pays. Tous les Européens sont traités par eux d'Agein, Barbares. Pourtant ils tolèrent toutes les religions qui admettent l'unité de Dieu. Les juifs seuls y sont exposés aux plus humiliantes vexations.

La source principale de richesses pour les Marocains, ce sont les caravanes et le commerce avec le Soudan. Quand on revient de Tombouctou ou Timbektou. ou Timboktou, on entre dans le Maroc par le Tafilet. Voici comment Caillé, le seul Européen qui soit revenu de ce long voyage, raconte son entrée au Tafilet : « Le 23 juillet, j'étais encore à moitié endormi, lorsque nous partîmes, faisant route dans la direction du nord-nord-est, pendant environ une heure ; puis nous tournâmes au nord-est jusqu'à 6 heures du matin et, laissant les montagnes arides, nous descendîmes dans une plaine de sable gris très-dur susceptible d'être cultivée. De cette plaine, on voit les beaux et majestueux dattiers du Tafilet, qui enchantent la vue : ils me rendirent la gaîté, car ils m'annoncèrent que bientôt mes maux allaient être allégés. Nous longeâmes des champs entourés les uns de murs faits en pisé, les autres de petits fossés seulement ; la campagne était belle, mais desséchée par l'ardeur brûlante du soleil ; on n'y voyait d'autre verdure que le feuillage toujours vert du palmier.

« Arrivés à Ghourland, vers deux heures du matin, nous fûmes bientôt entourés d'une foule d'enfants qu'attirait la curiosité : nous campâmes à l'ombre des dattiers, à la porte de la ville. Au bruit de l'arrivée de la caravane du Soudan, une grande quantité de Maures et de juifs, sales et mal vêtus, vinrent nous visiter ; ils entourèrent bientôt le bagage : plusieurs de nos compagnons me prévinrent de faire attention à mon sac de cuir et à la pagne que j'avais sur moi ; car, si je n'y prenais pas garde, on me le volerait même sur le dos ; ils me conseillèrent de ne pas trop m'éloigner du village, parce qu'il y avait des voleurs qui, croyant que j'apportais du Soudan beaucoup d'or, pourraient bien me faire un mauvais parti. Les négociants maures vinrent enlever leurs marchandises ; ils faisaient porter à un seul mulet la charge d'un chameau. Je pris mon bagage sur l'épaule et suivis mon guide chez le vieux Slaggi-le-Mekké, chef de Ghourland. Je traversai plusieurs rues très-étroites et j'arrivai à la maison de mon nouvel hôte. On me fit entrer dans une cour intérieure assez propre, donnant entrée aux chambres et aux magasins : une partie de cette cour était couverte par une charpente faite de tronc de dattier : il y avait au milieu de cette charpente une espèce de lucarne par laquelle le jour pénétrait ; un escalier en terre conduisait sur le toit de la maison, fait en terrasse. Je déposai le petit sac où étaient mes notes dans un magasin fermant à clef ; mon sac lui-même avait un cadenas, ce qui me tranquillisait beaucoup sur la curiosité des Maures. Notre hôte nous fit donner pour notre déjeuner de très-bonnes dattes, si mûres qu'elles ressemblaient à des confitures ; on y joignit un petit morceau de pain de froment : j'aurais trouvé ce régal excellent, si l'eau qu'on nous avait donnée à boire n'avait pas été salée !..... Mes nouveaux hôtes me semblaient si bien disposés en ma faveur, que je m'attendais à avoir une chambre chez eux. Mais je me trompais, car, après le déjeuner, on m'invita à aller prendre mon logement à la mosquée, monument destiné à servir Dieu et en même temps à héberger les voyageurs : j'y vis effectivement beaucoup d'étrangers, qui tous m'entourèrent pour m'assommer de questions. Vers deux heures du soir, j'allai me présenter à la maison de mon hôte, pour faire un peu diversion à l'ennui que me faisaient éprouver ces curieux imposteurs : je fus très-étonné de voir les jeunes gens, qui le matin m'avaient témoigné tant d'affection, me refuser l'entrée. Après m'avoir expliqué qu'ils agissaient ainsi à mon égard à cause des femmes, ils me demandèrent si je voulais manger, me firent donner environ deux onces de pain avec quelques dattes, et me laissèrent assis par terre à la porte. Après avoir pris ce maigre repas, je retournai à la mosquée..... Enfin j'allai me coucher sur le toit de la mosquée, par terre, parmi quantité de Maures condamnés comme moi à y passer la nuit. Comme me l'avaient fait observer les fils de Hahgi-le-Mekké, nul étranger n'est admis ici dans l'intérieur des maisons, de peur que les femmes, qui ne doivent voir d'autres hommes que ceux de leur famille, ne soient exposées à des regards indiscrets. En conséquence, les voyageurs vont prendre gîte à la mosquée, et l'hôte chez lequel ils sont descendus leur envoie leurs repas ; on les fait appeler à la maison à l'heure du souper, mais on ne les reçoit que dans un corridor très-obscur. On ne donne, du reste, aux étrangers, que la nourriture des esclaves. Quant aux maîtres, ils ont une bouillie de farine de froment très-claire, qu'ils boivent à leur déjeuner, et ils font leur dîner avec un morceau de pain frais et des fruits de la saison ; ils ont en quantité de beaux melons, qu'ils aiment beaucoup ; les plus riches habitants du Tafilet déjeunent avec du thé, du pain et quelques figues. A dix heures du soir, heure habituelle du souper, ils mangent du couscous fait de farine de froment, cuit avec du mouton ou de la volaille : car ils élèvent quelques oiseaux domestiques. Là déjà commencent à apparaître les habitudes des grands centres. On y trouve des marchés. Caillé

nous a laissé la description d'un de ceux de Bohcim, petit village marocain à 3 milles au nord de Ghourland.

Ce marché est établi dans un bel emplacement, entouré de dattiers ; il y a beaucoup de cahutes en terre pour les marchands d'étoffes, de merceries, d'épiceries, et pour les bouchers. Les Berbers et les Arabes habitants des villages voisins viennent y vendre leurs denrées ; ils achètent en retour des étoffes. Comme je témoignais à mon compagnon le désir d'examiner le marché en détail, il me fit accompagner d'un de ses gens ; car il m'assura que, si je m'éloignais seul, on me volerait, en qualité d'étranger, la couverture que j'avais sur le dos. Je fus étonné de la variété des objets qui approvisionnaient ce marché : j'y vis en quantité de beaux légumes, choux, navets, oignons, haricots secs, pois et lentilles ; il y avait aussi abondance de fruits indigènes, tels que raisins, figues blanches et noires, pommes, noix, calebasses, giraumons, melons de belle espèce ; de la luzerne verte pour les chevaux et diverses productions de l'Europe ; on y voyait aussi beaucoup de volailles et des œufs bouillis. J'achetai une demi-douzaine de ceux-ci pour une valeur de six liards de notre monnaie ; je remarquai des moutons d'une grosseur étonnante, couverts d'une très-belle laine blanche. Des marchands d'eau, avec des outres pleines, se promenaient dans le marché, tenant une petite sonnette à la main, pour avertir ceux qui voulaient boire, car il faisait une chaleur accablante : il y a cependant des puits dans le marché, mais ils sont très-profonds, et tous les étrangers n'ont pas des cordes pour y puiser ; quoique l'eau soit jaunâtre, il s'en vend beaucoup. De tout côté, je voyais arriver des ânes et des mulets, chargés de diverses productions de la nature et de l'industrie : enfin, je croyais me trouver dans un marché européen bien fourni. J'achetai des raisins et quelques figues pour me rafraîchir, j'y joignis un petit pain de froment de la valeur d'un sou. Les juifs brocantent beaucoup : il y a des marchands établis qui achètent en détail les étoffes de laine que chaque particulier fabrique chez lui ; ils les emmagasinent pour les expédier dans d'autres marchés. La monnaie du Maroc et celle de l'Espagne sont les seules qui aient cours ici ; les autres monnaies d'Europe n'y sont reçues qu'au poids.

De Ghourland à Fez, il y a, pour les caravanes, quatorze jours de marche, toujours à travers le Tafilet, petit arrondissement faisant partie des États de l'empereur du Maroc, qui y entretient un pacha à Ressand. Le sol du Tafilet est uni, composé d'un sol gris cendré, très-productif; on y cultive beaucoup de blé, toutes sortes de légumes et de fruits de l'Europe, la luzerne y vient très-belle ; quand elle est sèche, on la serre pour la provision d'hiver.

Les indigènes ont de beaux moutons, dont la laine est fort blanche ; ils l'emploient à faire de jolies couvertures, qui sont tissées par les femmes. Ils ont quelques bœufs, mais pas en aussi grand nombre que les peuples nomades ; d'excellents chevaux, des ânes et beaucoup de beaux mulets ; les chevaux sont pour la majeure partie aux mains des Berbers, qui sont établis en grand nombre au Tafilet. Le pays, en général, est agréable ; les habitants font un grand commerce avec le Soudan et El Araouan : ils y envoient du tabac en feuille qu'ils récoltent dans leur pays; ils expédient aussi des marchandises d'Europe ; ils reçoivent en échange de l'or, de l'ivoire, de la gomme, des plumes d'autruche, des effets confectionnés et des esclaves. Les marchandises que les négociants expédient à Timbektou par le moyen des Maures nomades d'El-Harib, que l'on peut considérer comme les voituriers du Soudan, sont transportées sur les confins du désert par les chameaux des Berbers, qui les remettent aux Maures chargés par engagement de les conduire à la destination. Ce pays montagneux, plein de gorges et de défilés occupés par les Berbers, donne par des routes des plus mauvaises accès dans l'intérieur du Maroc, et aboutit à Fez, dernière station des caravanes.

Fez est une grande ville de l'empire du Maroc. Mais là encore on ne trouve ni auberges, ni hôtelleries ; il n'y a que des fandacs, espèce de hangars destinés aux voyageurs. Ceux qui ont des bêtes de somme y vont coucher par terre, à côté d'elles, et sont obligés de se pourvoir de fourrage et d'orge pour les nourrir. C'est ordinairement à la mosquée qu'ils vont prendre leurs repas, ils y passent la majeure partie du jour, et ils y dormiraient si on voulait le leur permettre. Les propriétaires de fondacs reçoivent six félusses par tête de bétail; ce qui représente une valeur de deux sous de France. Quant à la police, elle y est très-imparfaite. Pour la sûreté des boutiques, on lâche toutes les nuits des chiens dans les rues du marché : ces animaux, dressés exprès, font leur service avec une telle ardeur, que si des hommes couchés à proximité ne les surveillaient pas, ils dévoreraient les passants que le hasard ou quelque affaire conduirait vers le lieu confié à leur garde.

De Fez à Rabat, les champs sont cultivés, la vigne y abonde. Là on retrouve les habitudes de l'Europe. Des consuls y sont établis par toutes les puissances. Tels sont les aboutissants de ce pays singulier, quand on s'éloigne des contrées inhospitalières du Soudan et du grand désert. L'Angleterre attache un grand prix à l'indépendance de ce grand empire, l'un de ses principaux entrepôts sur la côte d'Afrique. Aussi cette puissance qui a laissé la France poursuivre librement Abd-el-Kader dans le désert, l'a-t-elle promptement arrêtée, quand, pour en finir, elle avait déjà occupé Tanger et Mogador. Les bombardements qu'à plusieurs reprises elle a opérés pour châtier les indigènes, n'ont guère fait que les confirmer dans le sentiment qu'ils ont de notre impuissance. « Le bombardement de Salé, dit le *Journal du Havre*, 28 juillet 1852, que l'on n'a pas encore oublié, et qui est un des plus récents titres de gloire de la marine française, ne paraît pas avoir produit l'effet moral qu'on en devait attendre. En effet, le capitaine Bonnot, commandant le brick-polagre *Vierge-de-la-Garde*, entré ce matin au Havre, venant de Rabat, rapporte que le bombardement de Salé, loin d'effrayer les Maures, semble au contraire avoir accru leur arrogance. D'après le rapport du capitaine ils se vantent d'avoir coulé l'escadre française, parce qu'elle a levé l'ancre dans la nuit qui a suivi le bombardement, et que, depuis lors, aucun navire de notre marine nationale n'a paru devant Salé. "

Le grand désert, nommé en arabe Sahara-el-Falât, s'étend, dans l'acception ordinaire du mot, depuis l'Egypte et la Nubie jusqu'à l'Océan atlantique, et depuis les pieds du mont Atlas jusqu'aux rives du Niger. Le grand désert du nord-ouest de l'Afrique semble être un plateau peu élevé au-dessus du niveau de la mer, couvert de sables mouvants, parsemé de quelques collines rocailleuses et de quelques vallons où l'eau rassemblée nourrit des arbrisseaux épineux, des fougères et de l'herbe.

Les montagnes qui bordent l'Océan atlantique ne présentent pas une chaîne, mais seulement des prés isolés ; elles se perdent vers l'intérieur dans une plaine couverte de cailloux blancs et aigus. Les collines de sable, souvent transportées par le vent, sont rangées en lignes semblables aux flots d'une mer. A Tégaza et en quelques autres endroits, un sel gemme plus blanc que le plus beau marbre s'étend en vastes couches sous un banc de roche. Pendant la plus grande partie de l'année l'air sec et échauffé conserve l'aspect d'une vapeur rougeâtre. La pluie, qui tombe de juillet en octobre, n'étend pas à tous les cantons ses bienfaits incertains et momentanés. Une herbe aromatique semblable au thym, des orties, des ronces, voilà la végétation ordinaire du désert ; rarement on voit un bosquet de dattiers et d'autres espèces de palmiers. Quelques singes, quelques gazelles se contentent de ces végétaux peu abondants. L'autruche aussi y vit en troupes nombreuses et se nourrit de lézards, de limaçons et de quelques herbes grossières. Les lions,

les panthères, les serpents, souvent d'une dimension énorme, ajoutent à l'horreur de ces affreuses solitudes, les corbeaux et divers autres oiseaux se précipitent sur les cadavres qu'ils disputent aux dogues des Maures. Les animaux vivent ici presque sans boire. Les troupeaux consistent en chameaux, chèvres et moutons. Les chevaux, très-rares, sont quelquefois abreuvés de lait au lieu d'eau.

La côte du Sahara présente quelques forts et mouillages. Ceux de Rio-do-Ouro et de Saint-Cyprien sont formés par de larges anses de l'Océan, semblables à des embouchures de fleuves. Le golfe d'Arguin et la rade de Portendic ont souvent été visités par les Européens. On remarque le cap Bojador, terreur des navigateurs du moyen âge, et, jusqu'en 1533, terme fatal de tous les voyages maritimes ; et le cap Blanc, qui, selon l'opinion la plus probable, fut la borne des découvertes des Carthaginois.

Les habitants du Sahara ont généralement un teint cuivré et une constitution robuste. Ils sont la plupart féroces, guerriers, perfides, attaquent et pillent les caravanes, ou font subir d'horribles traitements aux malheureux blancs que les naufrages jettent sur la côte. Ces tribus se nourrissent de millet, de maïs, de dattes, de gomme, et sont d'une sobriété extrême. Elles sont plus industrieuses qu'on ne serait d'abord porté à le croire ; il s'y trouve des tisserands qui fabriquent des étoffes de poils d'animaux, surtout de chèvre et de chameau ; on fait du maroquin. On emploie à des usages utiles les peaux des lions, des léopards, des panthères et des hippopotames.

Parmi ces populations, ou Arabes purs ou Arabes mélangés de Maures ; Touariks, Touats, Tibbous, y forment comme autant de petits États indépendants.

De hardis voyageurs modernes, qui se sont aventurés au milieu d'eux, nous ont donné quelques connaissances. Ce pays, ancienne patrie des Garamantes et des Gétules, n'est, croit-on, que le bassin desséché d'une mer, qu'une grande convulsion de la nature aura fait disparaître. Il comprend au moins cinq cents kilomètres de l'ouest à l'est et deux mille du nord au sud, et se divise en désert de Libye à l'est, El-Sahel à l'ouest, nom appliqué depuis la conquête à la côte de Barbarie au sud-ouest et à l'est d'Alger, au nord de la vaste plaine de la Metidja ou Mitidja.

Nous ne connaissons les tribus du désert que par la caravane ou akkabat marocaine qui se rend tous les ans à Tombouctou. Les akkabats mettent environ cent trente jours à traverser le désert par Wadimoun, Akka ou Tatta, où elles se reposent trente jours ; par Tarossa, où elles s'arrêtent quinze jours ; par Arouan, autre station d'où elles arrivaient, après six jours de marche, à Tombouctou. Le convoi qui escorte ces caravanes appartient à la tribu sur le territoire de laquelle elles passent. Nous ignorons la situation précise des déserts de Zuentiga et de Targa. Ils doivent être au nord de l'oasis de Touat. Agadez est une grande ville de l'intérieur peuplée de marchands d'esclaves. On l'appelle aussi Touarik, du nom de la tribu qui y a le principal établissement.

Le grand commerce des Européens avec l'intérieur de l'Afrique se fait à travers le Sahara par les caravanes. Les routes des caravanes, à travers le grand désert, sont marquées par des stations : la plupart ont des puits ; dans quelques-unes, il suffit de gratter un peu le sable pour trouver de l'eau ; mais il arrive que, sur certaines routes, il faut voyager quelquefois cinq ou six jours sans pouvoir s'en procurer. Dans certaines directions, on rencontre encore des oasis qui sont même quelquefois très-étendues, comme celle du Fezzan, dont nous avons longuement parlé, et celle de Touat. M. Caillié, le seul voyageur français qui soit revenu de Tombouctou, est parti le 4 mai de cette dernière ville et n'est arrivé à Fez en Maroc que le 12 août. En remontant la route qu'il a parcourue on trouve le Tafilet, province du Maroc, le pays d'El-Harib, habité par des Mau-

res qui sont comme les voituriers du désert. Ils n'ont qu'une femme, mais ils en changent souvent. Pendant que les hommes d'El-Harib font le voyage du Soudan, les femmes s'occupent à faire des cordes avec de l'herbe, pour attacher les bagages et pour tirer l'eau des puits dans le désert ; elles filent le poil de leurs chameaux, avec lequel elles tissent l'étoffe pour faire leurs tentes ; elles travaillent le cuir, le tannent, font des sandales pour leurs maris et donnent l'autre partie de leur temps aux soins du ménage. Comme dans tous les pays musulmans, elles ne mangent pas avec les hommes. Les habitants sont divisés en plusieurs tribus nomades. Ils élèvent une grande quantité de chameaux qui, dans la saison des pluies, leur fournissent beaucoup de lait, dont ils se nourrissent ; c'est en quoi consiste leur principale richesse. Tous les Maures d'El-Harib font les voyages du Soudan ; ils vont à Tombouctou, à El-Arouan et à Sansanding ; les négociants du Tafilet, d'El-Drah et du Soueyrah leur donnent des chargements pour leurs chameaux ; ils n'emportent pour leur compte, et en petites pacotilles, que du froment et quelques dattes. Ces voyages les occupent souvent neuf à dix mois : ils n'apportent en retour que de l'or et quelques esclaves, qu'ils vendent au Maroc. Rendus dans leur pays, ils sont obligés de payer une petite rétribution à un chef qu'ils nomment le chéikh. De là les marchandises passent au Maroc par l'entremise des Berbers du Tafilet.

Du pays d'El-Harib on se rend chez les Maures Trajacantes, à travers de longues dunes de sable jaune mouvant. La chaleur y est étouffante et la soif qui dévore le voyageur est un des plus pénibles supplices qui se puissent imaginer. De temps en temps ce sont des effets de mirage singuliers. En traversant le désert, dit Caillié, j'apercevais dans l'éloignement de grandes étendues de terrain qui me semblaient être des lacs et des rivières au milieu desquels s'élevaient comme des îles de sable, et qui se montraient à l'horizon de cette plaine désolée comme un lieu propre à me désalté- rer : cette vue rompait pour quelques moments la monotonie de ces vastes soli- tudes ; mais en approchant j'étais cruel- lement détrompé, l'eau avait disparu, et je ne trouvais que du sable mouvant au lieu même où, un instant auparavant, il me semblait pouvoir étancher ma soif. Cette illusion ne servait qu'à rendre ma position plus affreuse, lorsque, tour- menté par le besoin de boire, je voyais fuir devant moi cette mer comme par en- chantement. Il faut avoir vu par soi- même des mirages pour se faire une juste idée de leur effet. De là à travers des montagnes et des dunes on se rend à Toudeyni après deux mois et demi de sé- jour et de marche dans le désert. C'est de cette petite ville que l'on tire tous les sels qui s'emportent de Tombouctou à Jenné et de cette ville dans tout le Sou- dan. Les mines de sel y ont trois pieds et demi ou quatre pieds de profondeur au- dessous du sol, et par couches très- épaisses : on le tire par blocs, puis on le scie en planches. Les mines font la ri- chesse du pays ; elles sont exploitées par des esclaves nègres surveillés par des Maures, et qui n'ont, pour se nourrir, que du riz et du miel apportés de Tom- bouctou, cuits avec de la viande de cha- meau séchée au soleil. L'eau qu'ils boivent filtre au-dessous des mines de sel ; elle est extrêmement saumâtre : pour la rendre potable, ils y mettent du dokhnou avec du miel ; ils corrigent aussi cette détestable boisson en y mê- lant une espèce de fromage réduit en poudre, une sorte de lait caillé séché au soleil. C'est près de là que se trouvent les puits de Télig, dans un bas fond de gros sable jaune. « Nous trouvâmes, dit Caillié, comblés par les sables ces puits tant désirés ; les Maures se mirent aus- sitôt à les déblayer, et l'on fit boire en- fin les pauvres chameaux, qui, sentant le voisinage de l'eau, étaient indomp- tables : quand on les chassait à coups de corde, ils couraient dans la campagne et revenaient en ruminant s'accroupir autour des puits, en posant leur tête sur le sable frais qu'on en retirait. La pre-

mière eau fut très-noire et bourbeuse, et malgré la quantité de sable qu'elle con- tenait encore, les chameaux se la dispu- taient avec acharnement. Ces puits, dont l'eau est très-abondante mais sau- mâtre, n'ont pas plus de trois à quatre pieds de profondeur. Lorsque l'eau fut potable, j'allai mettre ma tête entre celles des chameaux pour me désaltérer avec eux. Tout le jour fut employé à faire boire les chameaux, qui ne pou- vaient se désaltérer ; ils se disputaient dans l'auge jusqu'à la dernière goutte. »

De ce point on se rend à Mourat, sur la route d'El-Arouan, grande station des caravanes du désert. Ce sont toujours les mêmes privations, la même aridité et les mêmes souffrances, accrues quel- quefois par les tempêtes du vent d'est, qui soulèvent des trombes de sables. «Une de ces trombes surtout, dit Caillié, plus considérable que les autres, tra- versa notre camp, culbuta toutes les tentes et, nous faisant tournoyer comme des brins de paille, nous renversa pêle- mêle les uns sur les autres : nous ne sa- vions plus où nous étions ; on ne distin- guait rien à un pied de distance ; le sa- ble, comme un brouillard épais, nous enveloppait dans de noires ténèbres ; le ciel et la terre semblaient confondus et ne faire qu'un seul. Durant ce boulever- sement de la matière, la consternation était générale : on n'entendait de tous côtés que des lamentations ; le plus grand nombre se recommandaient à Dieu en priant de toutes leurs forces : Il n'y a qu'un Dieu, et Mahomet est son pro- phète. Au milieu de ces cris, de ces prières et des mugissements du vent, on distinguait, par intervalles, les gé- missements sourds et plaintifs des cha- meaux, aussi effrayés et bien plus à plaindre que leurs maîtres, puisque de- puis quatre jours ils n'avaient rien man- gé. Tout le temps que dura cette affreuse tempête nous restâmes étendus sur le sol, sans mouvement, mourant de soif, brûlés par le sable et battus par le vent. » Arrivé à Mourat, on a voyagé huit jours sans eau. Là on retrouve des puits d'eau saumâtre, et, au bout de six milles, sur un terrain sablonneux et entrecoupé de dunes et de sable mouvant, où l'on ne voit aucune trace de végétation, on arrive à El-Arouan. C'est le point d'arrivée des caravanes qui viennent du Tafilet, du cap Mogador, du Drach, de Taouât, des villes d'Aghdâmas et de Tripoli. Dans la saison des pluies, les habitants d'El-Araouan reçoivent la visite des Touariks, qui viennent dresser leurs tentes aux environs de la ville et percevoir les droits qu'ils imposent au commerce.

Le chef d'El-Arouan est mahométan et ne perçoit aucun droit sur les habitants ; il est lui-même marchand et riche en troupeaux de chameaux. Quand le vent d'est y souffle, la chaleur y devient suffocante, le soleil se voile, l'air se charge de sable, et les Maures demeurent enfermés, tenant constamment sur leur bouche un morceau de linge pour éviter de respirer le sable. Voici la description qu'a donnée de cette ville l'infortuné Caillié. Elle est située dans un bas-fonds, entourée de hautes dunes de sable qui se prolongent à l'ouest ; les rues en sont plus larges que celles de Tombouctou et aussi propres ; les maisons, construites dans le même genre, sont beaucoup plus belles et moins solides, car le sable n'y est pas aussi argileux ; les toits sont en terrasse, mais les petits morceaux de bois qui entrent dans la construction des rues de Tombouctou sont remplacés ici par des couvertures faites avec les tiges d'un jonc très-dur et piquant qui croît dans les environs de la ville ; de faibles chevrons en bois de ronnier supportent ces tiges, qui sont couvertes légèrement de sable. Les magasins sont très-étroits ; il peut y avoir cinq cents maisons, toutes peu solides ; elles peuvent contenir chacune dix habitants, en y comprenant les esclaves. Les devants des portes sont crépis avec du sable jaune qu'on trouve en creusant à une certaine profondeur. Cette ville, comme Tombouctou, n'a aucune ressource par elle-même ; elle est l'entrepôt des sels de Toudeyni, qui s'exportent à Sansanding, sur les bords du Dhioliba : son sol est encore plus aride

que celui de Tombouctou ; à quelque distance que la vue puisse s'étendre, on n'aperçoit pas la moindre trace de végétation ; les chameaux des nombreuses caravanes vont très-loin pour chercher des fourrages. Le bois est si rare, qu'on ne brûle que du crottin de chameau, les esclaves le ramassent soigneusement ; il n'y a pas d'autre combustible pour faire la cuisine.

D'El-Arouan à Tombouctou il n'y a que cinq jours de marche. Les caravanes qui accomplissent ce grand voyage, de cinq cents à quinze cents chameaux, n'obéissent point à un commandant absolu ; chacun y est maître de la conduite de ses chameaux, quelque peu qu'il en ait ; les uns en ont quinze, les autres six ou dix, quelques-uns trois, d'autres même n'en ont que deux, ce sont les plus pauvres ; ils se réunissent aux riches, conduisent leurs chameaux, et ceux-ci, en payement, les nourrissent et leur fournissent de l'eau pendant la route. Les chameaux ne marchent pas à la file, comme ils pourraient faire en parcourant nos routes bordées de terres cultivées : au contraire, ils vont dans tous les sens, par groupes ou seuls, mais pourtant toujours entre le nord-nord-est et le nord-nord-ouest. Ceux qui appartiennent au même maître ne se quittent pas ; on en voit quelquefois cinquante ensemble, ne se mêlant jamais avec les chameaux étrangers. La charge d'un chameau est de cinq cents livres, et le transport coûte, de Tombouctou à Tafilet, dix à douze mitkals d'or, environ cent vingt francs, que l'on paye d'avance.

C'est sur l'étoile polaire que les Arabes se dirigent dans toutes leurs courses à travers le désert ; les plus anciens guides des caravanes vont en avant, pour indiquer la route aux autres : une dune, un rocher, la différence de la couleur du sable, quelques touffes d'herbe, sont pour eux des signes infaillibles et auxquels ils se reconnaissent sans boussole, sans aucun autre moyen d'observation ; ils ont une telle habitude de remarquer les plus petites choses, qu'ils ne s'égarent jamais, quoiqu'il n'y ait aucune route tracée et que les pas des chameaux soient en un instant comblés et effacés par les vents. Bien que le désert soit une plaine de sable ou de roche, l'Arabe commet peu d'erreurs dans le trajet de la route, et rarement il se trompe d'une demi-heure, lorsqu'il annonce qu'on arrivera aux puits à tel moment de la journée. En plein désert, c'est le véritable aspect des ondulations de la mer, peut-être du fond d'une mer sans eau : les vents creusent en effet les sables du désert, en sillons ondulés, comme la brise fait des vagues de la mer, lorsqu'elle en trouble légèrement la surface.

Ce que l'on redoute le plus dans ces traversées, ce sont les nomades pillards, les Touariks surtout. « Vers midi, dit Caillié, nous rencontrâmes deux Touariks qui se rendaient à El-Arouan et que nous prîmes pour les éclaireurs de quelque troupe de brigands; heureusement ils étaient seuls. Tous deux montaient le même chameau; ils portaient au bras un bouclier en cuir, au côté un poignard, et à la main droite une pique; sachant qu'ils nous trouveraient en chemin, ils n'avaient eu garde de prendre avec eux aucune provision, ils s'étaient reposés sur la caravane des soins de leur nourriture. Les deux coquins, que la moindre menace sérieuse eût fait trembler, profitant de la terreur qu'inspire le nom et les armes de leur nation, obtinrent tout ce qu'ils voulurent; ce fut à qui leur donnerait de l'eau, quoiqu'on ne dût pas en trouver avant six jours, à qui leur fournirait de quoi manger, en un mot, ce qu'on avait de meilleur fut pour eux. »

À mesure qu'on avance vers Tombouctou, le paysage, toujours le même, devient cependant, par intervalles, moins désolé, moins dépourvu de toute espèce de végétation; mais là aussi on entre dans le véritable domaine des Touariks. Les Touariks ou Sourgous ne sont qu'un même peuple, le premier nom leur est donné par les Maures, et le second par les nègres; ils sont nomades, et habitent les bords du Dhioliba, depuis le village de Diré jusqu'aux environs de Haoussa, à vingt journées de marche de Tombouctou. Par la terreur de leurs armes, ils ont rendu tributaires tous les nègres leurs voisins; ils exercent envers eux le plus affreux brigandage. Les Touariks sont riches en bestiaux; ils ont de nombreux troupeaux de moutons, bœufs et chèvres, le lait et la viande suffisent à leur nourriture. Comme tous les musulmans, ils ont plusieurs femmes; celles qui sont grosses et grasses sont les plus recherchées; pour être une véritable beauté à leurs yeux, il faut qu'une femme soit parvenue à un tel degré d'embonpoint, qu'elle ait perdu la faculté de marcher sans le secours de deux personnes. Les Touariks ne se battent qu'avec la lance et le poignard, ils sont toujours à cheval. Ils portent de longs cheveux, ont le teint très-brun, comme les Maures, le nez aquilin, de grands yeux, une belle bouche, la figure longue et le front un peu élevé; l'expression de leur physionomie est sauvage et barbare; on les regarde comme une race d'Arabes. Les Maures, comme les nègres et les marchands du désert, redoutent les Touariks et s'en dédommagent par un profond mépris. Quand ils veulent exprimer toute la haine qu'ils ont pour ces peuples, ils les comparent aux chrétiens, qu'ils croient aussi vagabonds qu'eux. Ce qu'il y a de plus surprenant, c'est qu'un si grand nombre de peuplades restent paisiblement sous le joug avilissant et ruineux de ces Touariks, lorsque, en se réunissant, ils pourraient les écraser. Les Dirimans, les Gimbalas, les Kissoun, et les Maures des tribus de Zouat et de Salah, réunis, seraient bien supérieurs aux Touariks, et ils s'en délivreraient pour toujours. Les Touariks craignent les armes à feu et n'en font pas usage, tandis que les nègres de Tombouctou et les Maures des tribus sont armés de fusils doubles.

Les Foulahs des environs de Jenné, fatigués des insolences de ces Touariks, vinrent les attaquer; les Foulahs étaient en petit nombre à cause de l'éloignement de leur pays et de la difficulté d'avoir des vivres en réserve: cela n'empêcha pas qu'ils ne remportassent la victoire ; ils firent beaucoup de prisonniers touariks qu'ils livrèrent au supplice, et emmenèrent avec eux une foule d'esclaves et de bœufs qui enrichirent les vainqueurs. Cette défaite prouve qu'ils ne sont pas aussi à redouter qu'ils paraissent, et qu'ils ne sont hardis que contre ceux qui les craignent. Si les tributaires, soutenus par les Maures, leurs voisins, entreprenaient de secouer le joug, ils réussiraient bien vite ; mais les nègres, en général, sont indolents, et les Maures, adonnés au commerce, n'ont pas le caractère martial.

Là aussi on quitte le Sahara pour entrer au Soudan, au pays des nègres, sur le territoire même de Tombouctou, la capitale du pays. Un seul Européen l'a visitée tout à la fois et en est revenu : c'est le malheureux Caillié. Nous nous contenterons de le citer textuellement, en abrégeant la description, pour nous renfermer dans les limites de notre cadre.

« Enfin nous arrivâmes heureusement à Tombouctou, au moment où le soleil touchait à l'horizon. Je voyais donc cette capitale du Soudan, qui depuis si longtemps était le but de tous mes désirs..... Elle n'offre, au premier aspect, qu'un amas de maisons en terre mal construites ; dans toutes les directions, on ne voit que des plaines immenses de sable mouvant, d'un blanc tirant sur le jaune et de la plus grande nudité. Le ciel, à l'horizon, est d'un rouge pâle ; tout est triste dans la nature, le plus grand silence y règne ; on n'entend pas le chant d'un seul oiseau. Cependant il y a je ne sais quoi d'imposant à voir une grande ville élevée au milieu des sables, et l'on admire les efforts qu'ont eus à faire ses fondateurs. En ce qui regarde Tombouctou, je conjecture qu'antérieurement le fleuve passait près de la ville ; il en est maintenant éloigné de huit milles au nord et à cinq milles de Cabra, le port de Tombouctou, dans la même direction.... Ensuite j'allai me promener dans la ville pour l'examiner. Je ne la trouvai ni aussi grande ni aussi peuplée que je m'y étais attendu ; son commerce est moins considérable que le publie la renommée ; on n'y voit pas, comme à Jenné, ce grand concours d'étrangers venus de toutes parts du Soudan. Je ne rencontrai, dans les rues de Tombouctou, que des chameaux qui arrivaient de Cabra, chargés de marchandises apportées par la flottille ; quelques réunions d'habitants assis par terre sur des nattes, faisant la conversation, et beaucoup de Maures couchés devant leurs portes , dormant à l'ombre. En un mot, tout respirait la plus grande tristesse.

« On ne trouve guère à Tombouctou que les marchandises apportées par les embarcations et quelques-unes venues d'Europe, telles que verroterie, ambre, corail, soufre, papier, et divers autres objets. Je vis trois boutiques tenues dans de petites chambres assez bien fournies en étoffes européennes ; les marchands ont à leur porte des briques de sel en évidence, ils ne les étalent pas au marché. Tous ceux qui se tiennent sur la place ont de petites cabanes faites avec quelques piquets recouverts de nattes, pour se préserver de l'ardeur du soleil. Sidi-Abdallahi eut la complaisance de me faire voir un de ses magasins où il mettait ses marchandises d'Europe ; j'y remarquai beaucoup de fusils doubles français à la marque de Saint-Etienne, et d'autres fabriques : en général nos fusils sont très-estimés et se vendent toujours plus cher que ceux des autres nations....

La ville de Temboctou est habitée par des nègres de la nation Kissour ; ils en font la principale population. Beaucoup de Maures se sont établis dans cette ville, ils s'y adonnent au commerce ; je les compare aux Européens qui vont dans les colonies dans l'espoir d'y faire fortune. Ces Maures retournent ensuite dans leur pays pour y vivre tranquilles. Ils ont beaucoup d'influence sur les indigènes. Cependant le roi ou gouverneur est nègre. Il est bien respecté de ses sujets et très-simple dans ses habitudes ; rien ne le distingue des autres ; son costume est semblable à celui des Maures de Maroc ; il n'y a pas plus de luxe dans son logement que dans celui des Maures commerçants. Il est marchand lui-même, et ses enfants font le commerce de Jenné; il est très-riche; ses ancêtres lui ont laissé une fortune considérable. Il a quatre femmes et une infinité d'esclaves; il est mahométan zélé.

La dignité est héréditaire; son fils aîné doit lui succéder. Le roi ne perçoit aucun tribut sur le peuple ni sur les marchands étrangers; cependant il reçoit des cadeaux. Il n'y a pas non plus d'administration; c'est un père de famille qui gouverne ses enfants; il est juste et bon et n'a rien à craindre de ses sujets: ce sont absolument les mœurs douces et simples des anciens patriarches. En cas de guerre, tous sont prêts à servir. En général, ces peuples m'ont paru très-doux; ils ont peu de contestations, et lorsqu'il s'en élève, les parties se rendent auprès du chef, qui assemble le conseil des anciens, toujours composé de noirs. Les Maures ne sont pas admis à prendre part au gouvernement. Les Maures reconnaissent parmi eux un supérieur, mais ils n'en sont pas moins justiciables des autorités du pays.

La ville de Temboctou peut avoir trois milles de tour, elle forme une espèce de triangle; les maisons sont grandes, peu élevées, et n'ont qu'un rez-de-chaussée; dans quelques-unes, on a élevé un cabinet au-dessus de la porte d'entrée. Elles sont construites en briques de forme ronde, roulées dans les mains et séchées au soleil. Les rues sont propres et assez larges pour y passer trois cavaliers de front; en dedans et en dehors on voit beaucoup de cases en paille, de forme presque ronde, comme celles des Foulahs pasteurs; elles servent de logement aux pauvres et aux esclaves qui vendent des marchandises pour le compte de leurs maîtres.

Cette ville mystérieuse, qui depuis des siècles occupait les savants, et sur la population de laquelle on se formait des idées si exagérées, comme sur sa civilisation et son commerce avec tout l'intérieur du Soudan, est située dans une immense plaine de sable blanc et mouvant, sur lequel il ne croît que de faibles arbrisseaux rabougris, tels que le *mimosa ferruginea*, qui ne vient qu'à la hauteur de trois à quatre pieds. Elle n'est fermée par aucune clôture; on peut y entrer de tous côtés.

Tombouctou peut contenir au plus 10 à 12,000 habitants, tous commerçants, en y comprenant les Maures établis. Il y vient souvent beaucoup d'Arabes, amenés par les caravanes qui séjournent dans la ville et augmentent momentanément la population au loin dans la plaine, il croît quelques graminées mêlées de chardons, dont les chameaux se nourrissent. Le bois à brûler est d'une très-grande rareté aux environs, on va jusqu'à Cabra pour s'en procurer; on en fait un objet de commerce, et les femmes le vendent au marché. Les riches seuls en brûlent; les pauvres font usage de fiente de chameau. L'eau se vend également sur le marché; les femmes en donnent une mesure d'environ un demi-litre pour un cauris.

Tombouctou, quoique l'une des plus grandes villes que j'aie vues en Afrique, n'a d'autres ressources que son commerce de sel, son sol n'étant aucunement propre à la culture. C'est de Jenné qu'elle tire tout ce qui est nécessaire à son approvisionnement, le mil, le riz, le beurre végétal, le miel, le coton, les étoffes du Soudan, les effets confectionnés, les bougies, le savon, le piment, les oignons, le poisson sec, les pistaches, etc., etc.

Tous les habitants natifs de Tombouctou sont zélés mahométans. Leur costume est le même que celui des Maures, et ils ont quatre femmes comme les Arabes; mais ils n'ont pas, comme les Mandingues, la cruauté de les battre. A Tombouctou, les femmes ne sont pas voilées comme dans l'empire de Maroc; elles sortent quand elles veulent et sont libres de voir tout le monde. Les habitants sont doux et affables envers les étrangers; ils sont industrieux et intelligents dans le commerce, qui est leur seule ressource; la plupart des négociants sont riches et ont beaucoup d'esclaves. Les hommes sont de taille ordinaire, bien faits, se tenant très-droits, ayant une démarche assurée ; leur teint est d'un beau noir foncé ; ils ont le nez un peu plus aquilin que chez les Mandingues et, comme eux, les lèvres minces et de beaux yeux. J'ai vu des femmes qui pouvaient passer pour très-jolies. Tous se nourrissent bien, mangent du riz et du couscous fait de petit mil cuit avec de la viande ou du poisson sec ; ils font par jour deux repas. Les nègres qui ont de l'aisance, ainsi que les Maures, font leur déjeuner avec du pain de froment, du thé et du beurre de vache ; il n'y a que les nègres d'une classe inférieure qui mangent du beurre végétal.

Les habitants de Tombouctou sont d'une propreté recherchée pour leurs vêtements et l'intérieur de leurs maisons. Leurs ustensiles de ménage consistent en calebasses et quelques plats de bois ; ils ne connaissent pas l'usage des cuillers ni des fourchettes, et ils croient qu'à leur exemple tous les peuples de la terre prennent les mets avec les doigts ; ils n'ont d'autres meubles que quelques nattes pour s'asseoir, leur lit se compose de quatre piquets fichés en terre à une extrémité de la chambre, sur lesquels ils tendent des nattes ou une peau de bœuf. Les riches ont un matelas de coton et une couverture fabriquée chez les Maures des environs avec le poil des chameaux et la laine de leurs moutons.

A leurs femmes beaucoup adjoignent leurs esclaves. Les Maures ne prennent pas d'autres femmes que celles-ci : ils les occupent à promener les marchandises dans les rues. Ces femmes sont vêtues très-proprement, leur costume consiste en un coussabe, comme celui des hommes, excepté qu'il n'y a pas de grandes manches ; elles portent aussi des souliers en maroquin. La mode varie quelquefois pour la coiffure, qui consiste principalement en un fatara de belle mousseline ou autre étoffe de coton d'Europe. Leurs cheveux sont tressés avec beaucoup d'art : la tresse ou natte est grosse comme le pouce ; elle part de derrière la tête, vient incliner sur le devant, et est terminée par un morceau de cornaline rond, creusé au milieu ; elles mettent sous cette natte un petit coussin pour la soutenir et joignent à cet ornement beaucoup d'autres colifichets, tels que du faux ambre, du faux corail. Elles ont aussi l'habitude de se graisser de beurre la tête et le corps. La grande chaleur, augmentée par le vent d'est, leur rend cette habitude nécessaire. Les femmes riches ont une grande quantité de verroteries au cou et aux oreilles. Elles portent, comme à Jenné, des anneaux aux narines ; celles qui ne sont pas assez riches remplacent ces anneaux par un morceau de soie rouge : elles mettent des bracelets en argent et des cercles de fer argenté aux chevilles. La ville renferme un grand nombre de mosquées. Le trafic de la poudre d'or, du téber, comme l'appellent les Arabes, est celui qui offre aux Européens les plus beaux bénéfices. Un mitkhal de téber, c'est-à-dire 4 grammes 78 centigrammes, de poudre d'or, d'une valeur en France de 14 fr. 82 c., ne vaut à Tomboctou qu'un demi-douro d'Espagne (2 fr. 60 c.). Une pierre à fusil se vend un franc à Tomboctou. La charge d'un chameau est en moyenne de 2,000 fr. Le transport d'Algérie au Soudan coûte 150 fr., et 150 fr. pour la dépense du marchand dans la traversée. Mais en général, comme notre commerce se fait par une voie plus commode mais plus coûteuse, celle de mer, par le Sénégal, s'il devait prendre la route du désert, peut-être serait-il nécessaire d'avoir un pied dans l'oasis du Touat.

Le Touat a cent lieues de long sur vingt-cinq de large et comprend quatre cents villes ou villages. Il offre des stations commodes pour toutes les caravanes qui vont de Tomboctou au Maroc. La ville la plus rapprochée de l'Algérie est Timinoun ; elle est à 900 kilomètres d'Alger. A sept journées au sud de Timinoun, on trouve Insalâh, qui est égale ment le centre d'un grand mouvement commercial du Maroc et de l'Algérie à Tombouctou et à Jenné.

De Tombouctou à Cabra il n'y a qu'une journée de marche. Le petit port de Cabra s'étend à l'est et à l'ouest, l'espace d'un demi-mille, sur une largeur de soixante-dix pas environ : il serait très-commode s'il était mieux tenu ; mais il est d'une très-grande malpropreté et plein de vase. La petite ville de Cabra est étroite. Les maisons sont construites en terre et à terrasses ; elles n'ont que le rez-de-chaussée. Les habitants de Cabra, à peu près au nombre de 1,000 à 1,200, sont très-occupés à travailler, soit pour débarquer les nombreuses marchandises qui viennent de Jenné, soit pour les conduire à Tombouctou ; ils se servent, pour cet usage, d'ânes et de chameaux. On arrive à Cabra par un petit canal dérivé du Niger ou Dioliba ou Djoliba. Il n'y a que les embarcations moyennes qui puissent remonter le fleuve jusque dans le port. Si le canal était nettoyé des herbes et des nénuphars qui l'encombrent, les embarcations de 25 tonneaux pourraient y remonter dans toutes les saisons. À 12 kilomètres au-dessus de Cabra, le fleuve se divise en deux branches, dont la plus forte peut avoir trois quarts de mille de large, inclinant de l'est au sud-est, et l'autre prend son cours à l'est 1/4 nord-est ; celle-ci est profonde et a trente-cinq à quarante pas de largeur. En trois jours de navigation on remonte jusqu'à Cora. Quatre jours suffisent pour atteindre à travers le pays des Foulahs le village Salacoïta. Alcodir, résidence du chef des Dirimans, n'est qu'à une journée. Ces nègres ont les cheveux crépus et le teint noir, de beaux traits, le nez aquilin, les lèvres minces et de grands yeux. Leurs femmes portent les cheveux tressés avec quelques grains de verre ; elles se mettent des boucles en verroterie au nez. Il faut trois jours pour toucher à Tircy et à Baracondié. Au bord du lac Débo, d'où sort le Dhioliba, finit le pays des Dirimans, à cinq journées de navigation de Baracondié. Ce lac est très-

long. Les embarcations mettent un jour à le traverser. Il forme là comme une mer intérieure parsemée d'îles. Au sortir du lac on trouve les Mandingues, peuple arrogant, mais souple envers ses supérieurs. Ce fleuve est, en général, monotone et fatigant à l'œil. En dix-sept jours on touche enfin à Djenné ou Jenné. Cette ville est située dans une île formée par deux bras du Dhioliba. Les Maures établis à Jenné, au rapport de Caillié, n'étalent jamais de boutiques ; ce sont des négociants qui ont des personnes affidées ou même des esclaves, qui vendent en détail pour leur compte. Ces messieurs sont assis sur une natte tendue devant leur porte, où ils mettent en évidence plusieurs planches de sel, en attendant qu'on vienne leur acheter des marchandises ou qu'on leur en apporte à vendre ; ils accaparent ainsi, sans se donner beaucoup de peine, de l'ivoire en quantité, de l'or, du riz et du mil, du miel, de la cire brute, des étoffes du pays, des effets confectionnés et beaucoup de petits oignons ; ils mettent tout cela dans leurs magasins, pour l'expédier ensuite à Tombouctou, où ils ont des correspondants qui leur envoient en échange du sel, du tabac et des marchandises d'Europe.

Les nègres de Jenné sont aussi des négociants, mais leur commerce est moins considérable ; ils trafiquent peu en objets d'une grande valeur, mais beaucoup en zambalas, tamarins, piment, poivre long, feuilles et fruits de boabab, gombos, feuilles et fruits de l'oseille de Guinée, pistaches, haricots et une foule de menus articles, qui sont apportés à Jenné par les peuples des environs : ils envoient à Tombouctou des calebasses et des pots de terre pour faire la cuisine. La cire qui s'achète à Jenné est destinée à la fabrication des bougies, qu'on travaille sans moules et qui sont d'un usage très-répandu dans le pays ; on en expédie aussi pour Tombouctou, où il s'en fait une grande consommation.

Les Maures négociants qui habitent Jenné, au nombre de 30 ou 40, occupent les plus belles maisons ; elles ont l'avantage d'être situées aux environs du marché. Ce sont eux qui font le principal commerce; ils s'associent plusieurs ensemble, ils ont de grandes embarcations, qu'ils expédient pleines de denrées indigènes à Tombouctou.

Les anciens voyageurs nommaient Jenné le pays de l'or ; le fait est que les environs n'en produisent pas, mais les marchands de Bouré et les Mandingues du pays de Kong en apportent fréquemment ; c'est une des branches du commerce de ces riches négociants. Ils s'occupent aussi de la traite des esclaves ; ils envoient ceux-ci à Tafilet et dans d'autres directions, telles que Mogador, Tunis, Tripoli. On en promène dans les rues tout nus, et on les crie au prix de 60, 70 et 80 francs.

La ville de Jenné peut avoir deux milles et demi de tour ; elle est entourée d'un mur en terre assez mal construit, ayant 3 mètres d'élévation et 40 centimètres d'épaisseur : il y a plusieurs portes, mais elles sont toutes petites ; les maisons sont construites en briques cuites au soleil. Le sable de l'île de Jenné est mêlé d'un peu d'argile ; on l'emploie à faire des briques d'une forme ronde, mais assez solide. Les maisons sont aussi grandes que celles des villageois d'Europe. Elles sont toutes à terrasse, n'ont pas de fenêtres à l'intérieur, et les chambres ne reçoivent l'air que par une cour intérieure. Leur unique entrée, d'une grandeur ordinaire, est fermée par une porte en planches assez épaisses qui m'ont paru être sciées ; cette porte ferme en dedans avec une double chaîne de fer et en dehors avec une serrure en bois, fabriquée dans le pays. Les chambres sont toutes longues et étroites ; les murs, surtout à l'extérieur, sont très-bien crépis en sable, car ils n'ont pas de chaux. Chaque maison a un escalier pour conduire sur la terrasse ; mais il n'y a pas de cheminée, et assez souvent les esclaves font leur cuisine en plein air. Les rues ne sont pas alignées, mais assez larges pour un pays où l'on ne connaît pas l'usage des voitures ; on peut y passer huit ou neuf

personnes de front, elles sont très-propres et balayées presque tous les jours. Les environs de Jenné sont marécageux et presque entièrement dénués d'arbres. On aperçoit cependant, à des distances très-éloignées, sur de petites élevations, des bouquets de ronniers. Les plaines sont labourées un peu avant les pluies et tout ensemencées en riz, qui croît avec les eaux du fleuve ; les esclaves sont chargés de la culture ; sur le bord du fleuve, ils récoltent un peu de gombo, de tabac et des giraumons ; dans la saison des pluies, il y vient des choux, des carottes, des navets d'Europe, dont les graines leur viennent du Tafilet. Ils coupent dans les marais une espèce de fourrage, qu'ils font sécher pour nourrir leurs bestiaux.

Dans les endroits qui ne sont pas exposés aux débordements du fleuve, on ne cultive que du mil et du maïs. La ville de Jenné est bruyante et animée ; tous les jours il part et arrive des caravanes nombreuses de marchands, qui apportent toute sorte de productions utiles. Il y a à Jenné une grande mosquée en terre, dominée par deux tours massives et peu élevées ; elle est grossièrement construite, quoiqu'elle soit très-grande ; elle est abandonnée à des milliers d'hirondelles, qui y font constamment leurs nids, ce qui y produit une odeur infecte et a fait prendre l'habitude de faire la prière dans une cour extérieure. Autour de la mosquée abondent les mendiants, soit vieillards, soit aveugles, ou autres infirmes.

Jenné contient beaucoup d'étrangers établis, Mandingues, Foulahs, Bambaras et Maures. On y parle la langue kissour.

La population peut s'évaluer à 10 ou 12,000 habitants. Le roi est Foulah de nation. Les habitants de Jenné sont très-industrieux : ce ne sont plus ces nègres bruts et sauvages du sud, ce sont des hommes intelligents, qui font travailler leurs esclaves par spéculation, tandis que, parmi les hommes libres, les riches s'adonnent au commerce, et les plus pauvres à divers métiers. On y trouve des tailleurs, qui font des habits que l'on envoie à Tombouctou, des forgerons, des maçons, des cordonniers, des portefaix, des emballeurs et des pêcheurs : ici tout le monde se rend utile.

Ils ont plusieurs femmes, qu'ils ne maltraitent pas comme les nègres du sud : elles sortent sans être voilées, cependant elles ne mangent jamais avec leur mari, ni même avec leurs enfants mâles. Parvenues à l'âge de raison, les filles secondent leur mère dans les soins du ménage, préparent avec elle l'ordinaire et lavent le linge de la famille. A leurs moments de loisir, elles filent du coton qu'elles achètent au marché.

Les Jennéens ne connaissent d'autre écriture que celle des Arabes : presque tous peuvent la lire, mais peu en connaissent la signification. Il y a pour les jeunes gens des écoles. Les habitants de Jenné se nourrissent très-bien. Ils mangent du riz, qu'ils font cuire avec de la viande fraîche, car il y en a tous les jours au marché ; ils font avec du petit mil du couscous, qu'ils mêlent avec du poisson frais ou sec, qui est très-abondant. Ils dépensent à peu près vingt centimes par jour pour une personne. La viande n'y est pas chère ; un morceau de la valeur de vingt centimes suffit pour le repas de quatre personnes ; ils en font ordinairement deux par jour, se mettent autour d'un même plat et mangent en y puisant avec la main, comme tous les peuples de l'intérieur.

Leurs maisons ne sont pas meublées ; ils ont des sacs en cuir pour mettre leurs effets, que quelquefois ils suspendent à une corde tendue dans l'appartement. Ils couchent tous par terre, sur des nattes ou des peaux de bœuf tendues : aussi sont-ils sujets aux douleurs rhumatismales. Les enfants, comme les grandes personnes, sont habillés très-proprement. Les habitants de Jenné portent une chaussure ; ils ne vont jamais pieds nus, pas même les enfants ni les esclaves ; leurs souliers, faits avec assez de goût, ressemblent aux pantoufles d'Europe ; ils sont tous de différentes couleurs La coiffure du pays la plus élégante est un bonnet rouge recouvert d'un grand morceau de mousseline qu'ils arrangent autour de la tête en forme de turban. Ici on quitte le Dhioliba, qui y vient de l'ouest, 1/4 nord-ouest, pour se diriger au nord-est, quand on veut se rendre à Timé. Pour ce voyage, on se reforme en caravane, bien que le parcours à traverser soit couvert de villages nègres, et cultivé à la façon du pays. Dans tout ce long trajet, on rencontre des Foulahs, des Mandingues et enfin des Bambaras. Après quatre mois de marche ou de navigation, on touche au joli petit village de Timé.

Les Mandingues de cette partie de l'Afrique ont beaucoup plus de ressources pour la nourriture que les nègres qui habitent les environs du Sénégal, qui n'ont que du mil ; leurs mets sont mieux préparés ; et, au sel près, qui leur coûte beaucoup de peine à aller chercher, ils ont tout ce qui est nécessaire à la vie : ignames, maïs, riz, mil, fogui, haricots, giraumons, pistaches, croissent en abondance dans cet heureux pays, au lieu que les Sénégalais, qui ont la facilité de se procurer du sel, n'ont pas toutes ces ressources. Les frais de culture ne leur coûtent pas beaucoup ; les esclaves qu'ils y emploient ne font que remuer la terre pour détruire les herbes, et, sans autre travail, ils lui confient les semences. Tout ce qu'ils sèment croît avec une extrême rapidité ; leur sol, composé d'excellente terre noire et sablonneuse, est encore fécondé tour à tour par les pluies et les chaleurs des tropiques, non moins que par les nombreux ruisseaux qui y serpentent de toute part.

Les habitants de Timé sont Mandingues ; ils font tous le voyage de Jenné. Tous prétendent qu'il faut deux mois pour aller et autant pour revenir. Avant de partir, ils font provision de colats, fruits de l'arbre à colats, qui ont la propriété de se maintenir frais huit à neuf mois, en prenant soin de renouveler les feuilles dont on les entoure. C'est un arbre très-répandu dans la partie du sud. Les vieillards qui n'ont plus de dents se servent, pour le réduire en poudre, d'une petite râpe, qui est tout uniment un morceau de fer-blanc auquel ils font des trous très-rapprochés.

L'arbre à colats vient à la hauteur d'un prunier, et en a le port ; les feuilles sont alternées et larges deux fois comme celles du prunier ; la fleur en est petite, blanche, à corolle polypétale. Le fruit est couvert d'une première enveloppe, couleur jaune de rouille ; après l'avoir enlevée, on trouve une pulpe rose ou d'un blanc qui devient verdâtre en acquérant sa parfaite maturité ; le même arbre porte des fruits des deux couleurs. La noix de colat a la grosseur du marron et la même consistance : elle paraît d'abord très-amère au goût ; mais, après qu'on l'a mangée, elle laisse une saveur très-douce, qui plaît beaucoup aux nègres ; en buvant un verre d'eau par-dessus, il semble que l'on ait pris soin de le sucrer. La noix se sépare facilement, sans se casser ni changer de couleur ; mais si l'on brise une des deux moitiés et qu'on la laisse à l'air un instant, on s'aperçoit que la pulpe, de rose ou blanche qu'elle était, devient couleur de vanille.

Le village de Timé peut contenir cinq ou six cents habitants, partie Mandingues, partie Bambaras. Les deux nations sont séparées par un mur ; elles vivent cependant en bonne intelligence, malgré la différence de religion ; les Mandingues sont musulmans, et les Bambaras sont païens ; toutefois ceux qui descendent d'une mère mandingue se croient supérieurs aux Bambaras francs, mais n'en restent pas moins idolâtres. Il y pleut presque continuellement pendant cinq mois de l'année : c'est pour eux la saison des rhumes.

Les Mandingues divisent le temps par années, mois, semaines et jours ; ils ne se trompent jamais dans leur calcul du temps. Ils comptent les mois par lunes ; douze lunes font une année et sept jours une semaine. Ils ne connaissent pas la distribution des heures et divisent le jour en quatre parties : le matin, jusqu'à onze heures, c'est le sóyoman ; jusqu'à quatre heures de l'après-midi,

c'est le télé ; depuis quatre jusqu'à sept, l'oula ; et la nuit s'appelle soudo.

Les Bambaras, tous païens, prennent autant de femmes qu'ils en peuvent nourrir ; mais les Mandingues n'en ont jamais plus de quatre. On ne voit pas dans tout le pays une seule femme célibataire ; elles se marient toutes, belles ou laides. Ce sont autant de servantes que les hommes s'attachent, et dont ils ne craignent pas la désertion. Les femmes y accouchent sans se plaindre : on croirait qu'elles n'éprouvent aucune douleur, et le lendemain elles reprennent leurs occupations. L'enfant naît blanc, seulement un peu jaune, il noircit progressivement jusqu'au dixième jour, où il est tout à fait noir. Les femmes ont des soins extrêmes pour leurs enfants, ne les quittent jamais, ne les confient à personne. Les enfants vont nus jusqu'à l'âge de la puberté.

Les garçons mandingues sont circoncis à l'âge de quinze à vingt ans ; les filles subissent l'excision quand elles sont nubiles.

Les cases de Timé ne sont ni aussi grandes ni aussi propres que celles des nègres du Fouta et du Kankan, quoiqu'elles soient construites dans la même forme, entourées d'un même mur en terre de deux mètres de haut sur sept centimètres d'épaisseur. Les femmes sont chargée du soin de l'enduire avec du crottin de bœuf qu'elles se procurent au marché pour quelques colats. Les maladies les plus communes à Timé sont les ophthalmies, les plaies, les grosseurs au cou, espèces de goîtres ; les fièvres, la lèpre, le scorbut et le rhume. On n'y rencontre pas d'individus difformes.

Il faut un mois pour traverser à pied le Ouassoulo, et, arrivé dans le Kankary ou pays du Kankan, on parcourt divers cantons comme le Toron, celui de Bouré, tous arrosés par des cours d'eau tributaires du Dhioliba, remplis de petits villages habités par les nègres foulahs. Les mines d'or y sont très-abondantes. Les naturels, qui journellement les exploitent, n'en connaissent pas la richesse. Des esclaves sont continuellement occupés à tirer les terres ; ils emploient, à cet usage, des paniers faits avec des branches d'arbre. Les femmes lavent cette terre dans des calebasses ; elles mettent beaucoup d'eau, et, après l'avoir bien remuée, elles la transvasent ; ainsi plusieurs fois lavée, les morceaux d'or se déposent au fond de la calebasse, et sont ramassés précieusement ; cet or est fondu, mis en boucle ou en lingot. Kankan est une des nombreuses petites capitales du Soudan, c'est un entrepôt pour le commerce du sel et de l'or. Là on retrouve le Djoliba, le grand fleuve lui-même, que l'on traverse sur des pirogues de 25 pieds de long sur 3 de largeur et un de profondeur. On touche alors au pays de Baleza, habité par des nègres soumis aux lois du prophète par les Foulahs de Fouta. Les femmes y sont vives, jolies et coquettes : elles mettent beaucoup de soin à leur coiffure, qui consiste en deux touffes de cheveux, une de chaque côté de la tête ; plusieurs en ont quatre ; elles y ajoutent des grains de verre de couleur artistement arrangés. La plupart n'ont pour vêtement qu'une bande de toile de cinq pieds de long et deux de large, qu'elles se tournent autour des reins, elles portent des sandales. C'est à peu près le costume de toutes les femmes de la Nigritie. Elles sont très-enjouées et très-douces, elles ont le teint fort noir, de beaux traits, les cheveux crépus, le nez légèrement aquilin, les lèvres minces et de grands yeux. Elles sont chargées de tout le soin de la maison et sont très-soumises à leurs maris.

Le Kankan Fodéa conduit au Fouta Dhialon en un peu moins d'un mois. Ce dernier pays est gouverné par un almamy nommé par les principaux de l'Etat ; ils se rassemblent à cet effet et ont également le droit de le déposer si le peuple n'est pas content de sa conduite : le gouvernement est théocratique. Les Foulahs du Fouta sont en général grands et bien faits, leur contenance est noble et fière ; leur teint marron clair un peu plus foncé que celui des Foulahs nomades ; ils ont les cheveux crépus comme les nègres, le front un peu élevé et le nez aquilin. Il y a dans tous les villages des écoles publiques pour les enfants : les classes se tiennent en plein air, soir et matin, à la clarté d'un grand feu. Lorsqu'ils savent bien lire le Coran, ils sont regardés comme très-instruits.

Les Foulahs nourrissent beaucoup de bestiaux, bœufs, moutons et cabris ; ils ont des chevaux d'une petite espèce, peu d'ânes, quelques chiens ; ils élèvent beaucoup de volailles. Ce pays fournit abondamment tout ce qui est nécessaire à la vie, riz, mil, ignames, cassaves, choux caraïbes, oranges, bananes. Ils sont tous musulmans, fanatiques à l'excès. Les maladies du pays sont la lèpre, des grosseurs au cou ou goîtres, quelques fièvres et ophthalmies ; il n'y a pas de maladie vénérienne. Ils sont fiers, méfiants et menteurs. On les accuse d'être paresseux, enclins au vol ; ils sont sobres, supportent les plus grandes privations avec courage.

A quelques jours de là, on entre dans le bassin du Sénégal, dont on rencontre un des affluents principaux, le Bâ-Fing. Dans ces contrées, l'albinos est une rareté comme chez nous. Voici ce que raconte Caillié à ce sujet. « On m'amena un enfant blanc, né d'un nègre et d'une négresse, il avait à peu près dix-huit à vingt mois ; sa mère me le confia, et je le pris sur mes genoux ; je l'examinai attentivement : il avait les cheveux crépus et blancs, les cils et les sourcils couleur de lin claire, le front, le nez, les joues et le menton d'un rouge légèrement incarnat, les yeux d'un beau bleu de ciel très-clair, la prunelle rouge comme du feu, les lèvres incarnat un peu foncé, et le reste du teint blanc de lin clair. Je remarquai qu'il avait la vue très-faible ; je l'excitai à regarder en l'air en attirant son attention sur mon chapelet ; il paraissait éprouver de la difficulté, jetait des cris et aussitôt baissait la tête. Ses dents commençaient à pousser ; son nez était très-aplati et ses lèvres un peu épaisses ; il avait toute la physionomie d'un Mandingue, il paraissait très-bien se porter. Les nègres n'ont pas de répugnance pour cette couleur; ils la regardent comme une maladie. On m'assura que les enfants nés d'un homme et d'une femme de ce genre, c'est-à-dire de parents albinos, étaient noirs. Les Kalonkés, anciens possesseurs du Fouta-Dhialon, conquis par les Foulahs, sont répandus un peu partout, mais en grand nombre dans le pays d'Irnanké, à l'ouest du Fouta, à l'est de Kakondy. Entre Irnanké et le Fouta-Dhialon on traverse le pays de Touma-Jei, ce sont des chaînes de montagnes assez élevées et des cours d'eau considérables pour donner accès chez les Bagos, très-noirs, crépus de cheveux et rasés par devant. On touche aux contrées visitées par les Européens. Quand les Bagos sont obligés d'aller à Kakondy pour leurs affaires de commerce, ils se parent avec un pantalon et un chapeau à l'européenne, et dès qu'ils sont de retour chez eux, ils laissent ce costume pour reprendre la pagne.

Les Bagos n'ont pas de roi : chaque village est gouverné par le plus ancien des vieillards ; c'est lui qui règle les différends, quoiqu'ils aient, comme les Landamas, un simo, qui cependant, dans les cas graves, fait les fonctions de premier magistrat.

Les Bagos vendent avec avantage aux Européens qui commercent avec Kakondy tout le sel qu'ils exploitent; en échange ils reçoivent des étoffes, du tabac, du rhum, des verroteries et d'autres bagatelles.

Dans ce beau pays, si favorisé de la nature, les femmes sont habituées à aller nues toute leur vie; jeunes et vieilles, sans distinction, n'ont d'autre vêtement qu'une seule bande de toile de coton, longue de deux mètres et demi à trois mètres et large de sept centimètres, qu'elles se passent autour des reins et entre les cuisses.

A côté d'eux se trouvent les Landamas et les Nalous, qui habitent des cases de paille, petites et sales. Ce sont là les naturels des bords du Rio-Nunez. Les abeilles sont très-communes dans ce pays. Ces peuples aiment beaucoup le miel, ils l'obtiennent en plaçant des ruches dans les arbres. Pour l'en retirer sans accident, ils descendent la ruche au moyen d'une corde, à une certaine distance de terre, et allument dessous un grand feu avec des herbes à moitié mouillées; la fumée chasse les abeilles, et les nègres restent ainsi maîtres du miel. La cire qui en provient est vendue aux Européens.

Chez ces peuples, les sacrifices d'animaux aux naissances, mariages et enterrements sont encore usités, comme dans l'antiquité classique. La polygamie est en usage chez eux. Non-seulement les maris ont plusieurs femmes légitimes, mais ils possèdent encore autant de concubines qu'ils en peuvent nourrir. Les femmes ne sont pas d'une fidélité exemplaire. Quand un époux en soupçonne quelqu'une d'infidélité, il l'oblige par la crainte du simo de lui nommer son complice. Elle ne résiste pas longtemps à ses pressantes questions et à ses menaces : la crainte d'être mise à l'épreuve par le magistrat des bois lui fait avouer sa faute et découvrir son amant, qui, dès ce jour, devient l'esclave du mari et est vendu sans miséricorde comme esclave. Le simo est le chef d'une association secrète qui a de l'analogie avec la franc-maçonnerie. Kakondy n'est qu'à 200 kilomètres au nord de Sierra-Leone. De là on touche à Saint-Louis et à la longue série des comptoirs européens sur la côte occidentale de l'Afrique. Il y a d'autres routes que celles que nous avons suivies pour venir du Maroc, à travers le désert et le Soudan, à la côte de Guinée et du Sénégal, mais celle-là nous a été donnée par un voyageur français, par René Caillié.

CHAPITRE SEPTIÈME

De la Sénégambie et de la Guinée.

La partie la plus occidentale de l'Afrique est la Sénégambie, qui doit son nom aux deux fleuves principaux qui l'arrosent : le Sénégal et la Gambie. Les côtes maritimes de cette région, probablement à cause des vents d'est qui y soufflent après avoir traversé dans sa largeur le sol brûlant de l'Afrique, éprouvent le plus haut degré de chaleur qu'on connaisse sur le globe. Cette Nigritie occidentale du nord s'étend du nord au sud depuis le Sahara jusqu'à la côte de Sierra-Leone, et de l'ouest à l'est depuis l'océan Atlantique jusqu'à la Nigritie centrale du Soudan, comprenant 1,050 kilomètres de l'ouest à l'est sur 650 de largeur moyenne.

La Sénégambie est fertile ; il y a d'épaisses forêts, formées de palmiers, de tamariniers, de papayers, de citronniers, d'orangers, de sycomores, de baobabs, de bombax, de chés ou arbres à beurre. Les acacias gommiers sont communs, surtout dans le nord, où le commerce de la gomme est très-considérable. L'arachide, qui donne une huile abondante, est l'objet d'un grand commerce.

Trois nations européennes, les Français, les Anglais, les Portugais, ont des possessions considérables dans la Sénégambie. Les Français ont la plupart de leurs établissements sur les bords du Sénégal. Leur chef-lieu est Saint-Louis, ville fortifiée, dans une situation peu salubre, sur une île de ce fleuve, près de son embouchure. Le royaume d'Oualo a été réuni aux possessions de la France, qui a aussi quelques positions aux bords de la Casamance. Les Anglais ont quelques établissements sur la Gambie. Bathurst, chef-lieu de leurs positions dans cette contrée, est sur une petite île à l'embouchure de la Gambie. Les Portugais se sont établis sur le Rio de Cacheo ou Rio-Grande de Sâo-Domingos, sur le Rio de Geba et sur la Casamance. Cacheo et Geba sont leurs villes principales. Il y a en outre dans la Sénégambie un grand nombre de petits Etats et de peuples. Quelques-uns des habitants du nord sont des hommes d'origine arabe ou berbère, qu'on désigne à tort sous le nom de Maures. Mais la masse de la population se compose de nègres : les Yolofs, qui passent pour les plus noirs de tous les nègres, sont une des principales nations de cette race. Les Foulahs, Foules ou Feuls, nation considérable répandue dans plusieurs pays de la Sénégambie, surtout dans le Fouta-Dhialon, paraissent provenir d'un mélange des races blanche et nègre. Les Mandingues que l'on rencontre surtout dans l'est et le sud sont des nègres actifs, intelligents et industrieux.

Vers les sources du Sénégal, du Soliba ou Niger, et du Mesurado, s'élève un noyau de montagnes, d'où il sort des branches semblables à autant de rayons. Les rivières de cette contrée sont en grand nombre. Le Sénégal, longtemps confondu avec le Niger, prend sa source dans le pays de Jallon-Kadou et n'atteint la mer qu'après un cours de près de 1,800 kilomètres, dont 1,200 de navigables. Parmi les chutes de ce fleuve, celle près la roche Félou a mérité le plus d'attention ; la roche arrête les eaux pendant sept mois de l'année, mais pendant le reste de l'année elles sont assez hautes pour passer par-dessus ; l'embouchure, fermée par une barre, appartient à la France.

Les bords du Sénégal deviennent pittoresques à cinquante lieues de la mer. Environné de collines, de montagnes, où des arbres de haute futaie, mêlés de jolis arbrisseaux, forment des voûtes et des amphithéâtres de verdure, ce fleuve offrirait le plus intéressant des voyages si l'air malsain, l'aspect hideux des crocodiles et le mugissement de l'hippopotame n'en diminuaient les charmes : les marchands l'évitent même et aiment mieux aller par terre. Tandis que le Sénégal n'est navigable que pendant la saison des pluies, la Gambie ne l'est que pendant la saison sèche ; on la remonte trente-sept milles anglais avec des frégates de quarante canons, et cent quatre-vingts avec de gros vaisseaux marchands; les pluies lui donnent un énorme volume d'eau, mais en même temps une telle rapidité que l'on ne peut y naviguer contre le courant. Le Rio-Grande, non moins remarquable par sa profondeur et sa large embouchure, environné d'îles, n'a que la moitié de cette longueur. Un cours rapide, dirigé en ligne droite, distingue le Rio-Mesurado, d'ailleurs peu connu. Toutes les rivières de la côte de Guinée paraissent prendre leur source dans les montagnes de Kong, éloignées de six cents kilomètres. Le Rio-Volta, le moins connu, descend de cascade en cascade; mais la partie la plus enfoncée du golfe de Guinée reçoit le Formosa, le Calabar et d'autres rivières larges et profondes, qui ont formé à leur embouchure un delta plus grand que celui de l'Égypte.

Quant à la Gambie, qui communique par un bras avec le Sénégal, aussi remarquable par sa profondeur que par ses nombreuses embouchures, son cours n'est que de 1,700 kilomètres de l'est à l'ouest. Elle naît dans l'État de Fouta-Toro, sous le nom de Dimau, reçoit la Casamance et le Cacheo et tombe dans l'Océan.

A la tête des arbres s'élève ici ce colosse du règne végétal, l'immense baobab. Son fruit, surnommé le pain de singe, nourrit abondamment les nègres qui, au lever du soleil, épient religieusement le réveil de ses fleurs fermées pendant la nuit. Il pare toute la Sénégambie et la Guinée de ses voûtes verdoyantes et surbaissées : le cap Vert, dit-on, a tiré de là son nom ; le tronc caverneux sert quelquefois de temple ou de salle d'assemblée à une peuplade entière; les forêts de ces pays, aussi épaisses que celles de la Guyane ou du Brésil, renferment également des cocotiers, des palmiers, des mangliers, des bananiers ou pisangs, des tamarins, des papayers, diverses espèces de citronniers, d'orangers, de grenadiers et de sycomores. On remarque le caroubier ou courbari, qui fournit une boisson agréable ; l'elaïs Guineensis, dont on tire de l'huile et une espèce de beurre ; un arbre à pois, nouvelle espèce de robinia observée sur la côte d'Or; un arbre ressemblant au tulipier, et un autre mal à propos appelé cèdre, qui est une nouvelle avicennia ; l'arbre à beurre, plus particulier encore à la Nigritie, et un arbre à suif qui, selon Raemer, croît sur la côte de Guinée.

On a prétendu que le muscadier et le cannellier viennent ici spontanément, quoiqu'en petit nombre. Il paraît certain que le laurus cassia croît dans les forêts. L'existence du caféyer n'a rien que de probable, puisqu'on sait qu'il vient au sud de l'Abyssinie. Parmi les autres plantes aromatiques, la Sénégambie et la Guinée possèdent l'espèce de poivre appelée malaguette, le piment, le poivre d'Espagne et le gingembre. Le coton prospère et surpasse même celui du Brésil. L'indigo est excellent ; on connaît un grand nombre de gommes précieuses fournies par cette partie de l'Afrique au commerce : telles sont la gomme gayac, la gomme rouge astringente, la gomme copal, le suc d'euphorbe et le sang-dragon.

Aucune partie du monde ne nourrit de plus nombreuses troupes d'éléphants, de singes et de gazelles, de chevrotins, de rats et d'écureuils. Dans toute l'étendue de l'Afrique, l'éléphant vit sauvage ; nulle part il n'est apprivoisé, l'espèce est plus petite que celle d'Asie, mais ses défenses sont beaucoup plus grosses ; l'ivoire, plus dur, jaunit moins promptement, il fournit presque tout celui du commerce. L'hippopotame, qui, dans les eaux douces et marécageuses, devient monstrueux, se montre plus fréquemment au midi du fleuve Casamance. L'énorme serpent boa se cache avec des troupeaux d'éléphants et de sangliers à l'abri de ces immenses forêts herbacées, formées par l'herbe de Guinée haute de 3 mètres. Les zèbres, le singe chimpanzé, le hideux mandrill, le pithèque, le singe-porc, l'hamadryade, le macaque, le diane, le moustae, le callitriche, le blanc-nez : en un mot, tous les singes de la famille des guenons y abondent. Dans les forêts solitaires, les termites déploient leur étonnante industrie. On en a vu, sur les bords de la Gambie, élever des édifices pyramidaux dont la hauteur allait à 3 mètres sur 40 mètres de base.

Partie fétichistes, partie mahométans, les peuples riverains du Sénégal et de la Sénégambie sont organisés en une foule de petits royaumes. On y remarque celui d'Houal avec le lac Panier-Foule, dont le souverain prend le titre de brak, roi des rois. Au sud sont les Foulahs du Sénégal. Leur roi s'appelle Siratik. C'est là qu'est situé le fort de Podor, dans la fertile et grande île aux Morses, formée par les deux bras du Sénégal.

Les différents Etats des nègres Serracolets ou Serrawoulets forment une espèce de fédération dont Galam est la métropole ; mais le vrai nom du pays est Kadjaaga. Les Mandingues se sont répandus depuis le pays qui porte leur nom, voisin des sources du Niger, dans les Etats de Bambara à l'est, et dans ceux de Bambouk et de Woully à l'ouest. Les Bamboukains viennent ensuite, et au sud-est de Bambouk le royaume de Jallonkadou, où le Sénégal prend sa source. En redescendant le Sénégal, on trouve l'Etat de Bondou, le pays de Kasson, à l'est de Galam.

C'est entre le Sénégal et la Gambie que s'étend le vaste empire des Yolofs. Le chef de la nation prend le titre de Barb-i-Yolof ; Ricardo est sa résidence. Plusieurs Etats se sont détachés de l'empire yolof ; tels sont celui de Baol et celui de Cayor. C'est là que se trouvent le cap Vert et la petite île de Gorée, fortifiée et embellie par les Français. Le plus commerçant des Etats yolofs est celui de Saloum, sur une branche de la Gambie. Le roi réside à Cahoune ; sa case est dans une enceinte particulière, très-vaste, qui en renferme plus de soixante autres, habitées par ses femmes, ses enfants, ses officiers et ses principaux esclaves. Cette enceinte est précédée de trois cours très-vastes, bordées des cases de ses serviteurs. Chaque cour est gardée par vingt hommes armés de flèches et de zagayes. Au milieu de l'enceinte royale est la case du prince, isolée et en forme de tour ronde ; elle a 10 mètres de diamètre et 15 de hauteur ; elle est couverte d'un dôme de sept mètres d'élévation ; elle est construite, comme toutes les maisons de cette partie de l'Afrique, de pièces de bois, recouvertes de paille de mil ; mais elle est plus soignée que les cases communes. Les lambris sont couverts de nattes de différents dessins ; le plancher, formé d'une espèce de mastic de terre rouge et de sable, est recouvert de nattes. Le pourtour du lambris est garni de fusils, de pistolets, de sabres et autres armes, ainsi que de harnais de chevaux ; le roi s'assied sur une estrade peu élevée au fond de la case et en face de la porte. Le royaume a une surface de 6,000 kilomètres carrés. On porte le nombre de ses habitants à trois cent mille individus ; les terres sont bien cultivées et fertiles ; son commerce est fort étendu, surtout avec les Français et les Anglais ; mais les premiers y sont plus considérés et conviennent mieux au caractère de la nation. Nous remarquerons sur la rive septentrionale du fleuve les pays de Barrah, d'Yani, de Woully, dont la capitale, populeuse et hospitalière, nommée Cassana par les nègres, porte aussi le nom de Médina ou la Ville. Au sud de la Gambia, vingt petits Etats se disputent une obscure existence. La nation la plus remarquable est celle des Félupes, dont les possessions très-divisées s'étendent depuis la Gambie jusqu'à la rivière Saint-Dominique, et même un peu au-delà. Sauvages, vindicatifs, mais fidèles à leurs amis, ils ne reconnaissent presque aucun gouvernement et n'adorent que des fétiches. Le pays est plat, un peu sablonneux, riche en pâturages et en rizières ; le bétail y abonde ; les innombrables essaims d'abeilles y produisent une grande quantité de cire.

C'est en face des établissements portugais, sur la rive méridionale du Rio-Grande, que vivent sur la rive septentrionale les Biafres, dans l'espace qui sépare la rivière de Geba et le Rio-Grande. Ce peuple est presque continuellement en guerre avec les Papels, mais il est beaucoup plus doux et plus traitable. On y trouve Ghinala, où le roi fait sa résidence ; Biguba et la rivière de ce nom ; Balola et plusieurs établissements portugais, dont le plus considérable est à Caouda, à environ cinq cents kilomètres de l'embouchure du fleuve ; la rive méridionale est habitée par les Naloès, nègres si bien confondus avec les descendants des premiers Portugais, qu'on ne les distingue plus ; agriculteurs et pasteurs, ils habitent un pays très-fertile ; les Portugais leur ont apporté d'utiles connaissances ; leurs terres, très-bien cultivées, fournissent le meilleur indigo et les plus beaux cotons ; ils en fabriquent des pagnes estimées pour leur finesse ; ils les teignent des plus belles couleurs, qui les font rechercher des nations voisines. Leur principale rivière est le Nuno-Trstaio, qui porte chez quelques auteurs le nom de *Nonunas*.

Les Serrères, peuplade farouche, simple, sans culte et sans lois, habitent dans le pays de Sin, Barb-Sin et dans celui de Baol. Les nègres les traitent de sauvages. Les limites entre la Sénégambie et la Guinée sont abandonnées au caprice des géographes. C'est dans cet intervalle mal déterminé que vivent, sur les bords du Rio-Grande, les Sousous, improprement appelés Foulahs de Guinée. Leur capitale est Teembo, et leur organisation politique une sorte de confédération républicaine, avec un tribunal suprême, Pourrah, qui rappelle le tribunal vehmique du moyen âge. Les Papels habitent les terrains bas et coupés au sud de la rivière de Saint-Dominique. Lorsque leur roi est mort, les grands se rangent, dit-on, autour de sa bière, qui est lancée en l'air par quelques nègres robustes ; celui sur lequel retombe la bière, s'il n'en est pas écrasé, succède au trône. Plus loin, c'est la côte portugaise continuée par l'établissement anglais de Sierra-Leone.

Les navigateurs anglais ont donné le nom de côte du Vent à toute la côte qui s'étend depuis le cap Monte jusqu'à la rivière Assineys, et ils la partagent en trois parties : la côte des Graines, qu'ils terminent au cap des Palmes ; la côte d'Ivoire, qu'ils bornent à la rivière Frisco ou Lagas, et la côte d'Adou ou de Quaqua.

Toute cette côte produit abondamment du riz, des ignames, du manioc ; le coton et l'indigo sont de première qualité. On n'y a cherché longtemps que du poivre-malaguette, du bois rouge et de l'ivoire. Les habitants, intrépides et habiles rameurs, montrent, avec raison, de la défiance envers les Européens. Les bords du fleuve Mesurado sont habités par des nègres qui parlent un portugais corrompu, ce qui a fait croire que c'étaient des Européens devenus nègres par l'influence du climat. Sesthos ou Sestre est une ville de nègres assez considérable et dont les maisons, élevées sur un fondement, ont deux étages, quoique leur forme soit celle des cabanes coniques.

Les anciens voyageurs placent ici les royaumes de Huoya et de Hondo, dépendant, disent-ils, d'un royaume plus puissant dans l'intérieur, dont les habitants s'appelleraient Mendi-Manou, c'est-à-dire peuple dominateur. Au nord-ouest des Aminas se trouvent les Sokkos et leurs voisins les Urrangs. Le roi des Sokkos, suzerain de beaucoup de princes, prend le titre de mansa. Peut-être les Sokkos et les Mendi-Manous ne sont-ils qu'une seule grande agglomération de tribus désignée sous deux noms différents. Les mœurs et lois de ces peuples leur donnent quelque ressemblance avec les Foulahs; ils ont un tribunal secret, un ordre mystérieux, nommé Belli-Paaro, et semblable au Pourrah des Foulahs. Dans les funérailles, la femme chérie du défunt est immolée par les prêtres et précipitée dans la tombe du mari. Les Sokkos assuraient que le baptême et la circoncision étaient des usages religieux de leur pays. Selon une tradition, les nations dont nous venons de parler ont été subjuguées par les Folgiens, très-probablement les Foulahs méridionaux. Une autre nation, nommée Gala's, a été chassée de ces contrées.

Sur la côte des Graines, qui s'étend du cap Monte au cap des Palmes, à l'est du cap Mesurado, se trouve Liberia, colonie américaine, fondée en 1821 pour servir de refuge aux nègres affranchis. Monrovia et Caldwel en sont les deux principaux établissements. Indépendante depuis 1847, elle comptait plus de 200,000 habitants en 1850. Son président actuel est un mulâtre.

Ordinairement on comprend sous le nom de côte des Dents, toute la partie entre les caps des Palmes et d'Apollonia. Là commence la côte d'Or, généralement terminée à la rivière Volta. Sur cette côte, d'une nature très-variée, le climat est assez tempéré pour admettre la végétation des graminées et des arbres de l'Europe, principalement dans le pays d'Agouna, Wimbach ou Winnebak, chef-lieu. Parmi les prétendues républiques, ou plutôt oligarchies tumultueuses de la côte d'Or, le belliqueux Etat de Fantée est le plus puissant et le mieux organisé. Deux nations puissantes occupent l'intérieur. Les Aminas s'étendent au nord-ouest l'espace de quatorze journées de marche; l'or abonde chez eux. Les Assianthés, au nord-

ouest, paraissent être les Argentains, d'un écrivain français. Un roi de cette nation fit, en 1744, une expédition très-lointaine au nord-est; il marcha vingt et un jours à travers un pays boisé et coupé de rivières; il franchit pendant quatorze jours un désert sablonneux et sans eau. La nation mahométane, qui était l'objet de son attaque, l'environna avec une immense cavalerie; il revint avec peu de monde, mais il rapporta beaucoup de livres en langue arabe. Le savant M. Bruce pense que cette contrée mahométane est le Degombah, visité par le chérif Imhammed et Timbah, indiqué par Oldendorp, sur la foi des nègres. La nation de Timbah reçoit des Aminas le nom de Kassiante.

Viennent ensuite la côte des Esclaves, celle de Benin ou d'Ouare, celle de Calabar et celle de la rivière du Gabon. Toutes ces contrées forment la Guinée dans l'acception la plus restreinte.

La côte de l'Ivoire est habitée jusqu'au cap Lahou par une nation belliqueuse, peu sociable, anthropophage, dit-on. Dans la rivière Saint-André on achète des dents d'éléphant pesant 100 kilogrammes.

La côte d'Or, ainsi appelée de la poudre d'or qu'on en tire, a un grand nombre de comptoirs européens. Les Hollandais ont concentré leur commerce à Elmina, les Anglais à Cabo-Corso, les Danois à Christianbourg. Le sol de la côte est peu fertile. A deux ou trois milles anglais à l'intérieur, la terre devient plus productive, et cette amélioration continue par degrés; de sorte qu'à huit milles de la mer le pays est très-fertile et propre à toutes les cultures usitées entre les tropiques.

La côte des Esclaves comprend les Etats de Coto, Popo, Ouidah et Ardra. Ces petits Etats de la côte obéissent au roi de Dahomed, qui peut armer huit mille hommes. Abomey est la capitale de son royaume. Il paye tribut au roi des Eyéos, nation très-puissante qui habite au nord-ouest de Dahomed, et dont les possessions s'étendent jusqu'au bout d'un lac considérable, source de plusieurs rivières qui coulent vers le golfe de Guinée.

Le roi a deux maisons de plaisance à Clamina et à Agona, où il réside plus habituellement. Ces palais ne sont que des chaumières distinguées et enfermées par des murs de terre, dans un enclos d'un kilomètre. Huit cents à mille femmes, logées dans cet enclos, sont armées de fusils et de flèches : ce sont les troupes légères du roi, elles forment sa garde ; c'est de leur corps que sont tirés les aides de camp et les messagers de ses ordres. Les ministres déposent à la porte du palais leurs vêtements de soie ; ils n'approchent du trône qu'en rampant ventre à terre et en roulant leur tête dans la poussière. La férocité de ces rois surpasse toute idée. M. Dalzel, gouverneur anglais, trouva le chemin de la cabane du roi semé de crânes humains et les murs ornés de mâchoires qui y étaient comme incrustées. Le roi marche en cérémonie sur les têtes sanglantes des premiers vaincus ou des ministres disgraciés. A la fête des tribus, où tous ses sujets apportent leurs dons, le roi arrose de sang humain le tombeau de ses ancêtres. Cinquante cadavres sont jetés autour du sépulcre royal, et autant de têtes plantées autour sur des pieux. Le sang de ces victimes est présenté au roi, qui y trempe le bout d'un doigt et le lèche ensuite. On mêle le sang humain à l'argile pour construire des temples en l'honneur des monarques défunts. Les veuves royales se tuent les unes les autres, jusqu'à ce que le nouveau souverain mette un terme au massacre. Le peuple, au milieu d'une fête joyeuse, applaudit à ces scènes d'horreur, déchire avec joie les victimes.

A l'est de Dahomeh s'étend, sur le golfe de Guinée, le royaume de Benin, dont le chef peut mettre 100,000 hommes sur pied. La rivière du pays s'appelle Rio-Formosa ; Agathon et Benin sont les principales villes.

La route d'Agathon à Benin est très-fréquentée et plantée d'arbres très-gros et très-hauts qui donnent beaucoup d'ombrage. La ville de Benin, sur la ri-

vière du même nom, est entourée de fossés profonds. On voit les vestiges d'une muraille en terre qui la défend. Les rues ont 5 mètres de largeur ; les maisons basses, couvertes de feuilles de latanier, sont d'une admirable propreté. Les pierres manquent entièrement dans ce pays, et le terrain est si mou, que le fleuve en détache des morceaux de plusieurs ares d'étendue. Ces îles flottantes sont redoutées des navigateurs. Le vaste palais du roi, hors de la ville, est fermée de murailles ; on y trouve d'assez jolis appartements, et même de belles galeries soutenues par des piliers de bois. Le marché de la ville n'excite pas l'appétit des Européens ; on y étale de la chair de chien, que les nègres aiment beaucoup, des singes rôtis, des chauves souris, des rats et des lézards ; mais on y trouve aussi des fruits délicieux et toutes sortes de marchandises. Le climat de ce pays est des plus dangereux pour les Européens.

Les habitants de Benin ont les mêmes lois et usages que les Dahomeys. Le roi, vénéré comme un demi-dieu, est censé vivre sans nourriture. S'il meurt en apparence, c'est pour ressusciter sous une autre forme. A la fête des Yams, il plante à la vue du peuple entier une racine dans un pot en terre, un instant après, on présente, par un adroit tour de main, un autre pot avec une racine qui a poussé des jets. Ce miracle détermine les espérances au sujet de la récolte. Les sacrifices humains font partie du supplice expiatoire qu'on rend au mauvais principe. Les victimes, immolées au bruit des chants épouvantables du peuple entier, montrent une stupide indifférence ; ce sont pour la plupart des prisonniers de guerre. A la fête des coraux, le roi et tous les grands trempent leurs colliers de corail dans le sang humain, en priant les dieux de ne jamais les priver de cette marque de leur haute dignité.

Le royaume d'Ouari comprend les marécages au sud de Benin. Après le cap Formosa commence le Calabar. Le Jamour, le San-Benito en sont les rivières principales. On y trouve le cap Saint-Jean, celui d'Esteiras, et entre eux l'île de Corisoo. La rivière du Gabon, au sud, dans le pays nommé Pongo, n'est qu'à 50 kilomètres de l'équateur. Elle forme, dans son embouchure, deux petites îles : l'une est nommée l'île du Roi. l'autre l'île des Perroquets. Le golfe de Biafra, terminé par le cap Formosa, renferme les îles de Fernando-Po, de Saint-Thomas et du Prince. Les nations de ce pays, Calbongos et Ebboes, sont mal connues.

Des régions intermédiaires. — Bassin du lac Tchad. — Bassin du Niger, de la Nigritie et des îles.

Au sud de la Guinée inférieure, qui s'étend du cap Lopez au cap Negro, avec le royaume du Congo et sa capitale San-Salvador ou Banza-Congo ; les royaumes portugais de Benguela et d'Angola avec Saint-Paul de Loanda et Saint-Philippe de Benguela pour capitales, on rencontre un pays très-peu exploré jusqu'ici, la Cimbébasie, toujours sur la côte de l'Atlantique. Ce pays sablonneux et sans végétation comprend une longueur de 1,200 kilomètres, occupés par la tribu des Cimbebas, qui lui a donné son nom, et la seule que l'on connaisse avec les Ovampo.

A l'extrémité la plus méridionale de l'Afrique australe, entre le vingt-troisième et le trente-deuxième degré de latitude sud et le treizième et le vingt-cinquième de longitude est, au nord-ouest de la Cimbébasie, au nord-est du pays des Cafres, enveloppés de tous les autres côtés par l'Océan, vivent les peuples les plus singuliers du globe, les Hottentots. La Hottentotie peut avoir 1,100 kilomètres du nord au sud et autant de l'est à l'ouest. Le grand fleuve Orange ou Gariep la sépare de la colonie anglaise du Cap, formée primitivement par les Hollandais aux dépens des Hottentots. La plus grande partie de sa population, composée surtout de cantons intérieurs, se rattache à deux familles principales : les Kouakoua ou Hottentots proprement dits, dont les Nama-koua ou Namaquas forment l'embranchement occidental, tandis que les Kora-koua ou Koranas composent les tribus centrales.

On cultive parmi elles les arts du cuivre et l'élève du bétail. Le christianisme, propagé par les missionnaires hollandais y a des établissements, Griqua ou Klaartvater chez les Namaquas et Hardcastle chez les Koranas. Du premier de ces établissements, les métis, issus des Hottentots et des Hollandais, ont reçu le nom de Griqua. Mais la population la plus singulière est la seconde; les Borjesmans ou Bushmen, hommes des bois, les plus misérables de tous les peuples de l'Afrique, vivent de chasse et de racines; toujours en guerre avec les autres tribus hottentotes, ils errent dans les montagnes sur la lisière septentionale de la colonie du Cap, ils s'y cachent dans les taillis. Les Hottentots sont d'ailleurs, entre tous les peuples africains, les plus remarquables par leur laideur. Saillie des pommettes, nez aplati, lèvres grosses et proéminentes; chez les femmes, prolongement singulier de la partie postérieure : tels sont les caratères de cette race.

Montagneux au sud et au nord, sablonneux et stérile au centre, ce pays est enveloppé au nord par le vaste désert de Kalahari. Sur la limite de l'Atlantique et de l'océan Indien, dans une province fertile et salubre, entre les Hottentots, la Cafrerie et l'Océan, les Hollandais, 164 ans après l'expédition de Vasco de Gama, ont fondé la florissante colonie du Cap. Occupée en 1795 et 1806 par les Anglais, elle leur est restée en 1815. Ce pays, qui comprend 880 kilomètres sur 330 d'étendue et

120,000 habitants, Hottentots, Anglais et Hollandais, est divisé en deux gouvernements. Le Cap est la capitale de l'un et Huitenhagen celle de l'autre. L'aspect y est varié ; on y trouve des plaines cultivées alternativement et des montagnes et des déserts. Les rivières y abondent ; le café, les dattes et l'arbre à pain y sont les cultures les plus heureuses. C'est là aussi que l'on récolte le fameux vin du Cap ou de Constance, et cependant les inondations et les sécheresses y sont extrêmes. Quand on a doublé le cap de Bonne-Espérance et qu'on s'avance dans l'océan Indien, du cap Nègre à la pointe de Luabo, la vaste contrée qu'on rencontre, de 1,300 kilomètres sur 2,500 de largeur, s'appelle Cafrerie. On la divise en deux parties : la Cafrerie maritime, où les Anglais ont, sur la limite de leur colonie du Cap, un territoire désigné sous le nom de Cafrerie britannique, et où ils occupent aussi la colonie de Natal, avec le port Natal ; et la Cafrerie intérieure, encore peu connue. Le Zambèze l'arrose au nord, et porte, sur une partie de son cours, le nom de Liambay ; à l'ouest, se trouve le lac Négami ; au sud coule la partie supérieure du Gariep, dont le Vaal est une branche principale. Les Cafres, dont le nom signifie simplement *infidèles* en arabe, sont noirs, beaux et bien faits, belliqueux, nomades ; la plupart, étrangers à l'agriculture et à l'industrie, d'un fétichisme grossier que les missionnaires ont été jusqu'ici impuissants à transformer. Ils sont polygames et n'ont pas de forme de gouvernement fixe. Les tribus principales sont les Zoulou, les Koussa, les Betjouana et les Tambouki, qui dominent dans la Cafrerie maritime et obéissent à un chef résidant à Zoula avec quinze mille hommes sous ses ordres. Levaillant est le premier qui ait parcouru ce pays. L'ancien empire du Monomopata se trouvait dans le nord de cette contrée, aux bords du Zambèze. Dans le sud on trouve un assez grand nombre de Boërs, anciens colons hollandais, devenus des guerriers nomades. Ils ont fondé les deux républiques du Fleuve Orange et Trans-Vaalienne. Le Zambèze traverse, entre les monts Lupata et le canal de Mozambique, une colonie portugaise désignée sous le nom de capitainerie de Mozambique, avec Mozambique pour capitale, sur une petite île du même nom. Cafres ou nègres proprement dits, les habitants du pays vivent autour de Quilimane, de Têté, et, au sud, de Sofala.

Entre la côte d'Ajan au nord et la capitainerie de Mozambique au sud, ce sont des plaines immenses et de vastes fôrets sur le bord de la mer, et ailleurs de hautes montagnes. Le pays connu sous le nom de Zanguebar, est traversé par l'équateur. Zanzibar, dans une île, en est la ville principale. On y remarque Quiloa et Mélinde, qui ne sont plus guère que des ruines. D'autres îles entourent Zanzibar, celles de Pemba et de Mombas ou Mombaza, et, au sud, celle de Monfia. La population de Zanguebar est un mélange d'Arabes et de nègres ; une grande partie de celle de la côte professe l'islamisme, le reste se compose de païens. On désigne en général sous le nom de Souahkéli les tribus de la côte, qui sont un mélange d'Arabes et d'indigènes. Les indigènes proprement dits sont des nègres, qu'on appelle en général Zindjes ou Zangues. Parmi leurs tribus, on distingue les Ouasambara, les Ouanika et les Ouakouafs,

Mais la vraie patrie de la race noire, ce sont les contrées de l'intérieur, la Nigritie, qu'on divise en septentrionale et en méridionale. La Nigritie septentrionale, inconnue des anciens, qui y supposaient une mer, soupçonnée par Léon l'Africain au moyen âge, s'appelle dans le pays Takrour, ou bien encore Soudan, ou mieux encore Beled-ès-Soudan, pays des nègres. Elle s'étend des sables du Sahara aux montagnes de Kong, de la Nubie jusqu'à la Sénégambie ; le Niger en arrose la partie occidentale, le lac Tchad se trouve dans le milieu ; à l'est, coule le Bakr-el-Ghazel ou Keilak, très-grande rivière qui rejoint le fleuve Blanc, vers le lac No ; **au** sud, elle s'adosse aux monts Al-Kamar.

Mungo-Park, le premier qui ait pénétré dans ces contrées du Niger, gagna, à l'ouest, le pays des Bambara, visita Sego et Djehny, dans le bassin du Niger. Mais on connaît maintenant tout le bassin du lac Tchad, où se trouve l'empire de Bornou, décomposé en royaume de Bornou proprement dit, en royaume de Baghermé, et enfin en royaume de Bergou, dit aussi Mobba ou Dar-Szalch, avec Ouarra pour capitale. Bien qu'il y ait des cantons à l'intérieur où le froid oblige les habitants à se chauffer une partie de l'année, le caractère de ces contrées est une chaleur excessive. Le thermomètre donne en général 41 degrés à l'ombre. La fertilité y est en somme médiocre, puisqu'une partie des nègres vit de dourra mélangé de lait et de poisson. Dans certaines régions, le climat porte, dit-on, les habitants à l'amour avec une telle force, qu'il est impossible d'y garder le célibat au delà de l'âge de 18 ans. Celui qui atteindrait l'âge de 20 ans sans être marié serait peu considéré. Ici, comme dans toutes les parties de l'Afrique, tous les détails sont originaux et singuliers ; mais ce qui pique surtout la curiosité des savants, ce sont les pays arrosés par le Niger.

Le Niger, ou Djaliba, ou Diali-ba, ou encore Kouara, a été longtemps mal connu dans son cours. Niger, pour les anciens qui en ont soupçonné l'existence, les Arabes qui le connaissaient en partie, l'ont appelé le Nil des nègres. Les hypothèses les plus contradictoires sur son cours et son embouchure ont agité les géographes. Pour les uns, il se perdait dans le lac Tchad ; pour les autres, il se réunissait au Nil. Dès 1803, Reichard avait affirmé que le Niger et le fleuve de Guinée n'étaient qu'un seul et même fleuve. Depuis Clapperton, Caillié et Llander, on sait qu'il descend des monts Kong, au nord de la Guinée, coule d'abord de l'ouest à l'est, fait un grand circuit à travers les Etats de Bammakou, Yamina, Sego, Djenny, prend une direction méridionale après avoir franchi le lac Dibbie ou Djebou, et entre en Guinée en formant un grand nombre de bras, dont les trois principaux sont le vieux et le nouveau Calabar, enfin la rivière de Noun, et gagne l'océan Atlantique par plusiers embouchures qui embrassent un grand delta.

Dans le bassin de ce fleuve se trouvent un grand nombre d'Etats, dont le principal est Temboctou, Tombouctou ou Tem-Bektou. La capitale porte le même nom. Assise au milieu d'une vaste plaine de sable blanc, à 1,350 kilomètres au nord-est de Saint-Louis, au Sénégal, elle renferme à peu près dix à douze mille habitants. Les rues sont étroites, les maisons basses, beaucoup d'entre elles ne sont que des cases de paille. Tombouctou est le grand entrepôt commercial de l'intérieur de l'Afrique ; tout le sel des mines de Toudeyni y est porté. Il y vient des caravanes de tous les points de l'Afrique septentrionale ; Cabra, sur le Djoliba, lui sert de port. Tombouctou est connue des Maures depuis longtemps ; mais elle n'a été visitée que dans ces derniers temps par un Européen, par Caillié, qui, en 1827, a obtenu le prix de 10,000 fr. proposé par la Société de géographie au premier voyageur d'Europe qui reviendrait de cette ville. Autour, dans le même bassin, se groupent le Haoussa, possédé par l'intelligente nation des Fellahs ou Fellatahs, appelée aussi Foulbé et Fellani, et de la même famille que les Foulahs de la Sénégambie ; les royaumes de Nifflé, de Kong, d'Adamaoua, le Darfour, le Kordofan, le pays des Dinka et ceux des Berry et des Barry, vers le Nil Blanc. Outre Tombouctou, très-commerçante, mais moins grande (quatre kilomètres de tour) qu'on ne l'a crue longtemps, d'autres villes telles que Sego, Djémy, sur le Djoliba; Yaouri ou Algori, dans le pays de Gando ; Sakkatou, Vourno, Kano, Kakena, dans le Haoussa ; Yakoba, dans le pays de Patchi ; Kouka, capitale du Bournou ; Ouara, capitale du Ouaday ; Kobbé, la principale ville du Darfour, dont la capitale est Tondelti ; Obeid, capitale du Kordofan, sont des centres de commerce pour la race nègre et les caravanes.

La partie méridionale de la Nigritie a été très-peu explorée par les Européens. On sait que les monts Kénia et Kilimandjaro s'y élèvent à l'est sur les confins du Zanguebar. Des lacs considérables, Tanganyika, Nyassi, Nyansa y dorment à l'intérieur. Sa capitale paraît être Oudjiji, s'il y a une capitale dans ce pays divisé entre une multitude de peuplades indépendantes, comme les Balonda, les Ouakamba, les Maravi, les Ouaniasa, les habitants du Cazembe, du Djaga et de l'Ouniamesi.

La nature du sol perpétue chez toutes les nations nègres l'indolente légèreté, l'insouciance puérile, qui semblent innées à cette race. Vingt jours de travail par an lui suffisent, dans la plupart des contrées, pour assurer les récoltes. Elle a du reste le goût peu délicat. Les chairs, même putréfiées, satisfont son robuste appétit. Un art facile lui donne le vin de palmier ou de bananier et la bière de millet, qui forment sa boisson ordinaire. Le vêtement lui donne peu de soucis, et la cabane du nègre ne lui coûte guère plus de soins; quelques troncs d'arbres à peine dégrossis, un peu de paille ou quelques feuilles de palmier: voilà les matériaux; les réunir en forme de quille, voilà son art. Aussi l'industrie, la pêche exceptée, y est restée des plus rudimentaires. Etrangers à notre prévoyance et à notre ambition, les Africains regardent la vie comme un court moment dont il faut jouir le plus possible. La danse, les chants, l'ouri, espèce de jeu de dames; les jeux de hasard, l'amour surtout, les préoccupent exclusivement.

Les nègres ont rarement des infirmités ; une vie simple, l'exercice, la transpiration, entretiennent leur santé ; d'ailleurs les enfants mal conformés sont mis à mort. La durée de leur vie est moindre cependant que celle de la nôtre ; mais ils ont, malgré l'absence de barbe, laineuse comme leurs cheveux, l'avantage dans l'amour physique sur toutes les races humaines ; nulle part la polygamie n'est poussée plus loin.

Le tatouage est général, la circoncision, proscrite chez les uns, est prati-quée chez les autres, même sur les femmes. Dans le Bénin, on raccourcit aux femmes le prolongement du coccis, tandis que chez les Dahomeys on se donne de la peine pour produire le répugnant appendice des Hottentotes.

Fétichistes au fond de toutes les formes religieuses adoptées, le nègre adore un arbre, un rocher, un œuf, une arête de poisson, un grain de datte, une corne, un brin d'herbe. Dans certaines tribus, le serpent a une espèce de temple où il est adoré comme le dieu de la guerre, du commerce, de l'agriculture, de la fécondité.

L'Afrique a peu de grands empires. Le pouvoir y est absolu et d'un faste orgueilleux des plus étranges. Le roi Opoccou s'asseyait sur un trône d'or massif, à l'ombre d'un arbre dont les feuilles étaient également d'or. Son corps, excessivement maigre et d'une longueur démesurée, était enduit de suif sur lequel on avait jeté une couche de poudre d'or. Un chapeau à large galon d'or couvrait sa tête, une ceinture d'or lui ceignait les flancs, et depuis le cou jusqu'aux pieds, les cornalines, les agates et les lapis lazuli s'enlaçaient en bracelets et en chaînes ; les pieds reposaient dans un bassin d'or. Les grands du pays des Assianthés étaient couchés par terre, la tête couverte de poussière ; une centaine de plaignants et d'accusés étaient dans la même posture : derrière eux, vingt bourreaux, le sabre nu à la main, attendaient le signal du roi, qui ordinairement terminait le procès en faisant décapiter l'une et l'autre partie. L'envoyé danois, ayant passé à côté de plusieurs têtes sanglantes récemment abattues, s'approcha du trône. Le *Très-Haut*, le *Flamboyant* lui adressa les questions les plus gracieuses. « —Je voudrais bien te garder quelques semaines, afin de te donner une idée complète de ma grandeur. As-tu jamais rien vu de semblable? — Non, seigneur roi, ton pareil n'est pas dans le monde. — Tu as raison, Dieu, dans le ciel, ne me surpasse que de très-peu. » Le roi but de la bière anglaise dans une bouteille qu'il remit immédiatement au Danois. Celui-ci n'en but que peu et s'excusa en disant que la boisson l'enivrait. « — Ce n'est pas la bière qui t'enivre, reprit Opoccou, c'est l'éclat de mon visage : il plonge l'univers dans l'ivresse. »

L'esclavage et la vente réciproque des membres d'une même famille est une coutume barbare dans ce pays, que l'abolition de la traite tend à diminuer. Les nègres ne sont pas cependant étrangers aux sentiments qui élèvent et qui honorent la nature humaine. Les exemples de dévouement filial et de fidélité domestique sont là pour l'attester.

Le tableau de l'Afrique serait incomplet si l'on ne mentionnait les groupes d'îles comme les Açores (au Portugal) ; les îles Madère (au Portugal) les îles Canaries, aux Espagnols, avec le haut pic volcanique de Ténérife ; les îles du cap Vert, aux Portugais ; la petite île de Gorée, à la France, près du cap Vert, qui bordent la côte occidentale du continent. La Sénégambie a les îles Pissagos ; Fernando-Po, aux Espagnols, est dans le golfe de Guinée, avec l'île du Prince et celle de Saint-Thomas, aux Portugais. Annabon, plus au sud, est aux Espagnols ; l'Ascension, aux Anglais, avec un beau port, Sainte-Hélène, dépend aussi de l'Angleterre ; Jamestown en est le chef-lieu. Très-loin vers le sud, les Anglais ont encore le groupe de Tristan de Cunha. On en remarque d'autres dans l'océan Indien. La grande île de Madagascar ou Malgache, qui s'allonge du nord-est au sud-est. Elle a de hautes montagnes dans l'intérieur ; les côtes en sont basses et malsaines, mais d'une fertilité prodigieuse. Les Hovasy dominent, sa capitale est Tananavivou. A l'est, les Français ont Sainte-Marie avec Nossi-Bé et Nossi-Komba ; la Réunion (ci-devant Bourbon) avec Saint-Denis pour capitale. Ils y avaient autrefois l'île Maurice, ci-devant l'île de France, qui est passée aux Anglais, avec Port-Louis, son chef-lieu. L'île Rodrigue est aussi aux Anglais.

Au nord du canal de Mozambique, les îles Comores : Grande-Comore, Mouhilly, Anjouan et Mayotte, ont des souverains arabes. Mayotte seule appartient à la France. Monfia, Zanzibar, Femba et Mombaza sont au sultan de Zanzibar. Les Anglais y ont les îles Séchelles : Mahé et Amirantes ; Socotora ou Socotra ; la terre de Kergueleu ou de la Désolation, bien loin au sud-est de l'Afrique, par quarante-neuf degrés de latitude sud et soixante-huit degrés de longitude est.

CHAPITRE HUITIÈME

AFRIQUE AUSTRALE

L'Afrique australe, que nous avons rapidement esquissée par ses caractères généraux dans le système général de l'Afrique, mérite une place à part depuis que les récentes publications du docteur Livingstone ont mieux fait connaître les conditions physiques de la contrée, la distribution des populations, leurs mœurs, leurs luttes intestines et le parti que la civilisation en peut tirer dans l'avenir.

Ces régions de l'Afrique paraîtraient fournir matière à une division assez tranchée dans ses caractères, quand on considère le fond des races diverses, sans les étudier dans les parties du pays où elles se touchent, où le climat, les conditions de vie, les rapprochements, les accidents géographiques, les mêlent et enchevêtrent, pour ainsi dire, les éléments les uns dans les autres. Pour les apprécier il faut sortir des limites de la colonie du Cap, s'avancer assez loin dans l'intérieur du continent. A l'orient, les montagnes semblent donner à la végétation une vigueur tout particulièrement et singulièrement appropriée au climat qu'il lui faudra subir. Insensible à la chaleur et è la sécheresse, elle couvre ces croupes montueuses de forêts surprenantes, dont les proportions gigantesques ne laissent rien à envier à celles des régions les plus favorisées à cet égard : l'Espagne, l'Amérique et l'Asie. La verdure y semble défier l'action délétère d'un soleil tropical. Dans ce milieu privilégié s'est développée une race supérieure à toutes celles de l'Afrique australe, celle des Cafres, nom générique de toute la famille; celle des Zoulous, nom particulier des peuplades répandues à Natal. Bien constitués, bien proportionnés, élancés, sans être comme les Béchuanas, leurs voisins, défigurés par le développement exagéré de l'abdomen et la longueur démesurée de leurs membres éternellement grêles et disproportionnés, ils semblent avoir un sentiment profond de leur excellence, ce qui leur donne un caractère et une énergie audacieuse bien au-dessus des Africains qui les entourent. Moins mous que les Béchuanas, et moins indolents, aussi rusés que les Bushmen, mais d'un type bien plus beau, d'une intelligence plus fière, ils sont d'un noble style militaire, avec un front élevé comme les races européennes, dont ils ne diffèrent guère que par la couleur noire de leur peau et la nature particulière de leur chevelure laineuse, deux caractères qui la rattachent directement aux races nègres. Toute cette région forme dans sa partie haute ce qu'on pourrait appeler le bassin austral du Zambèse, tandis que la plaine est fécondée par le cours de ce magnifique fleuve et des nombreux affluents qui lui apportent le tribut considérable de leurs eaux.

La région intermédiaire est d'un tout autre aspect. A peine quelques ondulations de terrain dans des plaines à perte de vue; ni ruisseaux ou rarement, ni rivières; un soleil torride sur un sable infécond, désolé encore par des sécheresses irrémédiables et trop périodiques; une race plus douce que généreuse et fière, plus timide qu'audacieuse, bien qu'en plusieurs circonstances elle n'ait manqué ni de la résolution que donne le désespoir, ni de la constance qu'impose la nécessité; plus sédentaire d'habitudes et plus agricole que guerrière et aventureuse. Tels sont les caractères du pays de ces tribus béchuanas en butte à l'oppression des Boërs, leurs voisins, et quelquefois aux invasions des Cafres.

Quant à la partie occidentale, les collines ne se relèvent guère qu'en inclinant vers l'Océan. Le pays, en lui-même, désolé et absolument plat, y serait absolument inhabitable, si les conditions mêmes géologiques n'avaient produit ce singulier résultat d'y laisser découler des montagnes les eaux pluviales, si considérables aux tropiques, qui se déposent lentement sous les couches de sable, s'y conservent à l'abri de l'évaporation solaire sur un lit argileux, où les habitants, qui en connaissent pour ainsi dire les gisements, les vont chercher presque à coup sûr.

Quand on veut les retrouver, on creuse un fossé de deux mètres de large et autant de profondeur. Arrivé sous le sable à la couche de terre résistante, on s'arrête, sous peine de laisser écouler l'eau. Là on attend que l'eau suinte des couches environnantes : elle y vient d'abord faiblement, puis quand elle a, par l'écoulement même, élargi ses canaux souterrains, elle est abondante et forme un bassin.

C'est dans ces deux dernières régions qu'il faut placer les découvertes récentes de l'Afrique centrale.

Les Béchuanas, qui habitent la zone centrale, se divisent en un grand nombre de tribus dont chacune porte le nom d'un animal : Bakallas, les gens du singe; Bakuenas, ceux de l'alligator; Batlapis, ceux du poisson ; ce qui semblerait établir qu'ils furent autrefois adorateurs des animaux comme les anciens Egyptiens. La tradition ne s'est pas assez effacée pour que chacune d'entre elles n'ait pas conservé un respect religieux pour l'animal dont ils portent le nom et dont ils ne mangent jamais la chair. Au delà du cours de l'Orange, les Béchuanas vivent à côté des Griquas, dénomination appliquée en Afrique à toutes les races de sang mêlé provenant des Européens et des femmes indigènes ; les Griquas de l'Orange sont issus des Hollandais et ont eu pour mères des Hottentotes. Ils ont tous, à un degré quelconque, les traits caractéristiques de leur père et de leur mère. Des centaines de Griquas et de Béchuanas ont été convertis au christianisme et en partie civilisés par les missionnaires anglais. Ils s'habillaient autrefois comme les Cafres. Un petit tablier, formé de courroies en cuir de dix-huit pouces de longueur, et une peau de mouton ou d'antilope jetée sur les épaules, composaient toute la toilette des femmes, dont la poitrine et l'abdomen restaient à découvert. Les hommes portaient par décence un morceau de cuir de la grandeur d'une assiette ; un manteau exactement pareil à celui des femmes complétait leur habillement. Les uns et les autres se barbouillaient le corps d'un mélange de graisse et d'ocre, pour protéger leur épiderme contre l'influence du soleil pendant le jour et contre celle du froid pendant la nuit.

Une pommade faite avec de la graisse et du micaschiste, pica en poudre, leur servait pour la tête, et les parcelles brillantes de mica, dont la poitrine, les bras, les anneaux et les colliers des fashionables étaient saupoudrés, constituaient la suprême élégance. Aujourd'hui, ces mêmes individus se rendent à l'église pauvrement habillés, mais décemment couverts. Ils ne manquent jamais à l'observance du dimanche. Dans les localités où il n'y a pas de missionnaires, un meeting religieux est régulièrement tenu chaque semaine ; les plus instruits de la paroisse donnent des leçons de lecture aux autres, et personne n'est admis à recevoir le baptême à moins de savoir lire et de comprendre le caractère de la religion chrétienne. Comme toutes les peuplades africaines du sud, ils sont lents à se prononcer en fait de matières religieuses ; mais, dans tout ce qui a rapport à leurs affaires, ils ont l'esprit pénétrant et la compréhension vive. On peut les croire stupides quand la chose dont il s'agit est en dehors de leur sphère ; mais, dans tout le reste ils montrent plus d'intelligence qu'on n'en rencontre chez ceux des paysans de l'Europe qui n'ont pas reçu d'éducation. Ils ont tous des idées très-exactes sur les bœufs, les vaches, les moutons et les chèvres ; ils savent parfaitement quelle est la nature des pâturages qui conviennent à chacune de ces espèces d'animaux, et ils choisissent avec beaucoup de discernement les différents terrains qui sont le mieux appropriés aux diverses plantes qu'ils cultivent. Les habitudes des animaux sauvages ne leur sont pas moins familières, et généralement ils possèdent bien les maximes qui formulent leurs idées morales et politiques.

Avoir des enfants aussi nombreux que possible, c'est là le rêve national, puisqu'il en résulte toujours une augmentation de puissance pour la tribu.

S'il arrive qu'une femme, trop vieille, ne puisse donner d'enfants, elle s'attache volontiers aux enfants d'une esclave et les élève franchement comme les siens propres. Au centre de chaque hutte se trouve une galerie ayant un foyer, et qui s'appelle kotla : c'est dans cet endroit-là que tous les membres de la famille se rassemblent, qu'ils travaillent, qu'ils prennent leurs repas et qu'ils se racontent toutes les nouvelles du jour. Un pauvre s'attache à la kotla d'un riche, il est dès lors considéré comme faisant partie de la famille. Un sous-chef a un certain nombre de kotlas autour de la sienne, et la réunion de toutes ces kotlas, dont celle du chef principal forme le centre, constitue la cité. Le cercle de huttes qui entoure immédiatement la kotla du chef est occupé par ses femmes et par tous ceux qui ont avec lui quelque lien de parenté ; il attache les sous-chefs à sa personne et à son gouvernement par des alliances avec leurs filles, qu'il épouse ou qu'il fait épouser à ses frères.

L'absence complète de commerce et d'industrie dans la contrée oblige forcément à demander aux matières premières toutes les choses dont on a besoin. Pour avoir une maison, il faut des murailles : d'où la nécessité d'aller abattre un arbre et de le débiter ; les matériaux des portes et des fenêtres sont également dans la forêt. Les Bekuanas construisent toujours leurs habitations rondes : voilà pour la maison. S'agit-il de nourriture ; lorsque le blé est réduit en farine, la femme procède à la fabrication du pain. Il arrive souvent que l'on improvise un four en creusant un trou dans une fourmilière, que l'on ferme avec une pierre plate en guise de porte ; on emploie aussi une autre méthode, qui consiste à faire un bon feu sur un terrain battu ; quand il est suffisamment échauffé on y pose la pâte, soit dans une poêle à courte queue, soit tout simplement par terre ; on la couvre d'un vase de métal renversé, on ramène les cendres tout autour, et l'on fait du feu sur le vase. Au moyen de ce procédé, la pâte, mêlée avec un peu de levain d'une cuisson antérieure, et qu'on a exposée une heure ou deux au soleil, fait un excellent pain.

On y joint de la viande quand la chasse donne. Autrement on est très-heureux de recourir à un plat de sauterelles, véritable manne pour les habitants de ces contrées. Ces insectes y ont un goût végétal très-fortement prononcé, qui varie suivant la plante dont elles ont fait leur nourriture. Il y a une raison de physiologie pour qu'on les mange avec du miel ; grillées et réduites en poudre, elles se conservent pendant plusieurs mois : préparées de la sorte et légèrement salées, on ne peut pas dire qu'elles soient mauvaises ; bouillies, elles sont détestables ; grillées, elles valent mieux que des crevettes.

La viande se supplée aussi par une énorme grenouille appelée matlamello, qui, lorsqu'elle est cuite, ressemble à du poulet. Le matlamello résiste à plusieurs mois de sécheresse. Il se creuse un trou au pied de certains buissons, où il reste caché tant que dure la sécheresse ; comme il sort rarement de sa retraite, une grosse araignée profite du terrier qu'il a fait pour y établir sa toile qui en ferme l'entrée, ce qui le pourvoit gratuitement d'une fenêtre et d'un store. Quand la pluie tombe, ils sortent par millions, ce qui fait croire dans le pays que les grenouilles tombent des nues.

Suivant les rapports des magistrats de Natal, les Zoulous, au nombre de 100,000, quoique confondus dans la famille générale cafre, ont toujours respecté, tant qu'a duré l'occupation anglaise, les biens des 10,000 colons jetés au milieu des indigènes. Les Matalebés de Mosilikatsé, sur la rive méridionale du Zambèze, avec quelques tribus au nord de ce fleuve et au midi de Tété et de Senna, descendaient de la race cafre.

Mais ceux qui ont retiré le plus d'utilité des missions, ce sont, parmi les Béchicanos, les Bachalaharis ; à l'occident on les décompose en Barolongs, Bahouroutsé, Bakouénos, Bangouaketsés, Bachaas, Bamangouatos, Bakouroutsés, Batournas, Bamatlaros et Batlapis. Ces derniers n'étaient à l'époque où l'on y a pénétré qu'une tribu corrompue et en décadence. Leur voisinage de la colonie du Cap leur permet bien vite d'établir avec les Européens des relations commerciales, et, soit sécurité résultant de leur voisinage, soit influence religieuse de la morale chrétienne qui s'y établit, leurs habitudes se sont modifiées, leurs richesses accrue. Ils ont aujourd'hui un grand nombre de bestiaux. Cependant les nouvelles générations attribuent leur supériorité aux qualités de la race et à leur excellente nature.

Si l'on en croit la tradition, les Bakalaharis seraient les plus anciens de tous les Béchuanas, ils auraient été repoussés vers le désert, dans le voisinage des Bushmen par une immigration de leur propre race. De toute antiquité ils auraient été riches en bœufs à grande corne. Quelque modification qu'ait apportée dans leurs habitudes la nouvelle situation où la violence en armes les a réduits, ils sont restés Béchuanas par le fond de leurs tendances et de leurs instincts. Ils aiment avec passion l'agriculture et les animaux domestiques; comme tous les Békuanas chaque année ils donnent avec la houe plusieurs façons à leurs jardins, et cependant ils n'en retirent guère que des melons et des citrouilles; ils élèvent de petits troupeaux de chèvres, et cependant il leur arrive, pour leur propre usage, d'être réduits à puiser l'eau avec des coquilles d'œuf d'autruche, par cuillerées. C'est par les Béchuanas qu'ils parviennent à se procurer des lances, des couteaux, du tabac et des chiens en échange de peaux de bêtes. La fourrure du Motlosé (fenec du Cap) est la plus chaude du pays. La peau des poukouyés sert à faire de charmants manteaux appelés karosses. Les Bakalaharis sont naturellement timides et subissent souvent les violences des Bakouains, Béchuanas de leur voisinage. Ils ont les jambes grêles et le ventre énorme, à cause des aliments grossiers et indigestes dont ils se nourrissent. Les enfants ont les yeux ternes et ne jouent pas entre eux.

La crainte que leur inspirent les Béchuanas étrangers les a jetés dans d'étranges habitudes. Ils vont se fixer loin de l'eau si rare en leur pays, pour ne pas être exposés aux visites des Béchuanas voyageurs. Ils cachent avec soin l'endroit où ils la puisent, en remplissant avec du sable les fosses qui la leur fournissent et en faisant du feu à la place même où ils ont fait leurs citernes.

Mais après la sécheresse, quelquefois si désolante et si prolongée dans ces contrées, ce qui nuit le plus à la paix et à la tranquillité des paisibles Béchuanas, c'est le voisinage de Boërs. On appelle boërs ou fermiers les colons ruinés du Cap par l'abolition de la traite et réfugiés dans les montagnes de Cashan et de Magaliesberg. Ils recrutent continuellement tout ce qui s'échappe sans aveu de la colonie du Cap. Quand ils pénétrèrent pour la première fois dans les montagnes, les Béchuanas, qui venaient d'échapper à la violente tyrannie de Mosilikoctze, chef cafre, les accueillirent avec empressement, comme des guerriers supérieurs et d'utiles auxiliaires. Les Boërs se maintinrent par la violence et s'assurèrent l'avenir par un genre d'asservissement assez semblable à la corvée du moyen âge ou plutôt à la condition des mougiks russes. Sans avoir perdu leur indépendance, ces tribus que les Boërs se sont chargés de protéger, sont réduites à fumer les terres, à sarcler les champs, à faire la moisson, à construire ces bâtiments, à creuser des canaux et à établir les écluses de leurs prétendus libérateurs, après quoi ils peuvent librement pourvoir à leurs propres besoins. Quand ils le veulent, ils descendent dans les villages Bekuanas, requièrent d'autorité vingt ou trente femmes pour arracher les mauvaises herbes de leurs jardins ; les pauvres femmes se rendent sur les lieux emportant leur nourriture sur leur tête, leurs enfants sur leur dos, leurs instruments de travail sur leurs épaules. Nous les faisons travailler pour nous, disent les Boërs, mais, en retour, nous leur permettons d'habiter en sécurité notre pays. Ce genre d'esclaves, du reste, n'est appliqué par les Boërs qu'aux travaux des champs. Les expéditions à mains armées et le pillage au loin leur fournissent leurs bestiaux et des esclaves à leurs besoins personnels.

Ces Boërs se prétendent descendants des Huguenots et des Hollandais, une sorte de peuple de Dieu au milieu de païens marqués d'avance pour être leur proie. Cette sorte d'hostilité farouche leur est d'ailleurs commandée par leur isolement et la multitude qui les entoure. Les Béchuanas sont d'humeur si pacifique, que ce système réussit aux Boërs. On ne cite pas d'exemple que les Béchuanas se soient armés d'eux-mêmes pour attaquer les Boërs. Ceux-ci connaissent le génie de leurs victimes. Jamais ils n'ont osé en agir ainsi avec les Ca-

fres, d'humeur plus fière et plus belliqueuse. Mais pour les Béchuanas, qui
vont souvent travailler pour les Européens, à un schelling par jour pour se
procurer du bétail, jamais les Boërs n'hé-
sitent à les en dépouiller. Ils ont trouvé
si facile cette exploitation d'une nation
douce et sédentaire, qu'ils auraient voulu
fermer le pays aux étrangers, ne laisser
entrer ni poudre ni armes à feu à l'intérieur. A la moindre apparence de ré-
bellion ou d'infraction, ils descendent
dans la plaine, ravissent le bétail, quelquefois les enfants tout jeunes, dont ils
font leurs esclaves.

La population se multiplie rapidement
chez ces ennemis des Béchuanas, pour
deux raisons : c'est que les femmes, qui
y sont rarement stériles, prolongent très-
avant l'âge de la fécondité. Ils ont du
reste été très-peu modifiés par les influences climatériques, leur peau a bruni, ou
plutôt a rougi par l'effet de leur vie en
plein air. Mais ils ne présentent jamais
l'aspect cadavéreux, très-ordinaire aux
colons européens d'Afrique. Leur goût
pour la chasse a stérilisé en partie leur
pays. A leur arrivée, le pays qu'ils habitent se couvrait d'une herbe savou-
reuse et épaisse, broutée par les antilopes, qui en dispersaient la graine et
assuraient ainsi la reproduction et la
multiplication des plantes. Les antilopes
ont disparu devant les ravages des chasseurs, et les graines se sont perdues
dans un sol desséché si longtemps.

Les Boërs, presque tous habitant une
ferme au milieu de pâturages et de champs
cultivés, ont de nombreux troupeaux
de bœufs, pas de chevaux, qui y meurent
tous de la péripneumonie, des moutons,
des chèvres, et sont pasteurs autant
qu'agriculteurs. La difficulté de se procurer de l'eau a fait choisir pour empla-
cements aux fermes les lieux où se
trouve une fontaine. Sans cette condition,
nulle exploitation ne saurait prospérer.

Les troupeaux sont pour les habitants
de ces contrées d'une ressource prodigieuse. Ils en tirent des quantités de
laine merveilleuses. Mais ce genre d'exploitation inonde un vaste territoire, et

cette nécessité entraîne les colons à
s'étendre graduellement vers les régions
du nord, loin des zones méridionales,
dépourvues d'habitants, qui pourraient
la féconder par leur travail et leur industrie, plus productifs dans l'exploitation agricole que dans la vie indolente
du pasteur.

Les maladies sont rares parmi les
populations indigènes : ni la pneumonie,
ni la folie, ni la scrofule, ni l'hydrocé-
phalie n'y sont fréquentes. Le cancer et
le choléra y sont inconnus. La rougeole
et la petite vérole y ont fait des ravages
à diverses époques. Ces nègres connaissaient le vaccin qu'ils s'inoculaient au
front. La syphilis guérit d'elle-même
dans l'intérieur de l'Afrique, sans qu'il
y ait besoin de s'en occuper, si le malade est indigène et l'a rapportée d'autres contrées du sud. Il en est autrement pour les individus de sang mêlé ;
chez tous les mulâtres, dit le docteur
Liwingtone, que j'ai été appelé à soigner,
la virulence des symptômes secondaires a
toujours été en proportion de la quantité
de sang européen qui coulait dans les
veines du malade ; chez les Corounas et
les Griquas, où les deux races se mêlent
à peu près également, l'horrible affection produit les mêmes ravages qu'en
Europe ; elle est également désastreuse
pour les métis portugais. Les autres
maladies qui tiennent aux variations de
la température, ont sensiblement diminué depuis que les habitants se sont habitués à se vêtir à la manière des Européens. L'ophthalmie toutefois y fait de
grands ravages ; dans certains moments elle devient épidémique.

Les Bakouains enterrent leurs morts
avec la plus grande précipitation et le
secret le plus absolu : à peine le malade
a-t-il rendu le dernier soupir, qu'on se
hâte de le mettre en terre, quelquefois
tout simplement dans de vastes fourmi-
lières. Aussi n'est-il pas rare de voir ces
malheureux se réveiller tout d'un coup,
au fond de leur tombe, d'un évanouisse-
ment prolongé qui a fait croire à leur mort.

Tout le pays limitrophe du désert, depuis Kuruman jusqu'à Litoubarouba,

ainsi que toute la région qui s'étend au nord du lac N'gami est d'une remarquable salubrité. Les Européens, comme à Nice, comme en Algérie, y retrempent leurs forces épuisées. Jamais, ainsi que cela arrive dans nos climats si délétères à la poitrine, le froid et l'humidité ne se combinent et ne s'ajoutent l'un à l'autre. Le thermomètre s'élève à trente-six degrés à l'ombre la plus reculée, et cependant la chaleur n'y est jamais suffocante, pas de vapeurs débilitantes, comme dans les autres contrées du globe, aux Indes et sur les côtes de l'Afrique. Les soirées sont toujours fraîches et délicieuses, quelle qu'ait été d'ailleurs la température du jour. Rien ne surpasse, raconte le missionnaire, la douceur balsamique des matinées et des soirées dans n'importe quelle saison. Vous ne désirez ni plus de fraîcheur, ni plus de chaleur dans l'air, vous pouvez rester à votre porte jusqu'à minuit sans redouter même un rhume; vous pouvez coucher dehors, regarder la lune jusqu'au moment où vous vous endormez, sans que vos yeux s'affaiblissent, et la plupart du temps c'est à peine s'il y a quelques gouttes de rosée.

Et cependant tout ce pays, qu'enveloppe à l'ouest le cours de l'Orange, en longeant le désert de Kalahari, après avoir traversé les Béchuanas au nord, à sa sortie nord-est des montagnes habitées à l'est par les Zoulous de Natal et, sur leur versant occidental, par les Bakoutos, ne paraît pas destiné à produire de nombreux articles de commerce. Les karosses, manteaux de pelleterie tirés du désert, l'ivoire venu des bords du lac N'gami, quelques cornes et quelques bestiaux; voilà tout ce qu'il peut donner en échange des étoffes d'Europe, du café, du thé et du sucre. Les indigènes sont naturellement peu industrieux, malgré leur goût prononcé pour l'agriculture et le bétail. L'idéal d'un Béchuana est d'avoir des bœufs et un chariot, et cependant nul d'entre eux ne s'est encore mis en mesure de parer aux différentes réparations nécessaires à ce précieux véhicule, qui sert de moyen de transport dans tous les voyages à travers le pays. Ils laissent aux missionnaires et aux Européens ce soin, dont ils apprécient toute la valeur, mais dont ils ne se soucient pas de s'approprier l'habileté et le secret.

Cependant, comme, depuis la découverte du lac N'gami, les précieuses quantités d'ivoire qu'on en tire appellent chaque jour en plus grand nombre les marchands à traverser, pour s'y rendre du Cap, les terres des Béchuanas, peut-être l'industrie y deviendra-t-elle plus active et ces peuples surmonteront-ils leur répugnance pour les arts de la main qui n'ont pas directement trait à l'agriculture et à l'élève du bétail.

Quand on remonte droit au nord, le pays change d'aspect, à 200 milles anglais; des rivières profondes y apparaissent garnies d'une impénétrable végétation, de vastes marais répandent la fièvre parmi les populations décimées, et, à 150 milles au nord-est, on trouve, au centre du continent, le cours magnifique du Zambèse, qui s'élève au moment de son débordement annuel, à 6 mètres de hauteur sur une largeur de 15 à 20 milles. En suivant ce fleuve du nord-est à l'est, à travers le pays des Cafres, on retombe à la côte qui se prolonge jusqu'à Zanzibar.

Mais si du pays des Béchuanas on incline à l'ouest, on se trouve au désert de Kalahari, qu'il faut traverser pour toucher au lac N'gami; on peut rejoindre par les terres Benguéla et Angola, et plus loin le bassin du Congo.

Entre le 29e et le 20e degré de latitude sud, de la côte occidentale au 24e degré de longitude ouest, le lac N'gami au nord et le fleuve Orange à l'ouest bornent un espace singulier, que l'absence seule d'eau courante a fait nommer le désert de Kalahari. Ce pays étrange n'en a pas moins ses habitants, sa végétation particulière, des arbres originaux assez élevés et une multitude d'animaux, que la soif amène souvent chez les Bakouains, limitrophes du désert. Ceux-ci en profitent et font alors des chasses miraculeuses, au moyen d'un piége qu'ils appellent le hopo. Quand on a remarqué que les buffles, les zèbres, les girafes, les rhinocéros, les gnous, les antilopes de toute espèce, fréquentent de préférence une fontaine, on construit sur la route, à un kilomètre et demi de la fontaine, deux espèces de haies ou palissades en face l'une de l'autre, inclinant progressivement jusqu'à un point de jonction qu'on laisse libre. Là un chemin improvisé conduit, au bout de cinquante ou soixante pas, à une fosse de quatre ou cinq mètres carrés sur trois mètres de profondeur. De chaque côté de la fosse des troncs d'arbres accumulés, dissimulés sous des monceaux de joncs, forment un parapet qui rend impossible aux victimes qui s'y sont laissé prendre toute issue hors du piége. Toute la tribu se met sur pied, entoure un espace assez étendu, et se resserre petit à petit en cercle autour de l'allée fatale. Le gibier ainsi rabattu est poussé par les cris des chasseurs jusqu'au bord du hopo. Là, de certaines embuscades, d'autres chasseurs lancent sur le troupeau effarouché des javelines, et tous se précipitent en tumulte par le passage ouvert devant eux. Une fois engagés dans l'allée, ils arrivent, en se poussant les uns les autres, à la fosse et y tombent en se débattant, s'écrasant mutuellement, jusqu'à ce que le piége soit plein et permette aux derniers arrivés de s'élancer hors du trou. Ce sont des cris et des efforts inouïs pour se dégager, mais ils finissent par périr étouffés les uns par les autres.

La prise est répartie ensuite par portions égales entre tous les membres de la tribu ; riche ou pauvre, chacun a sa part. La viande est dépecée pour être consommée fraîche ou salée et mise en réserve, les cornes sont recueillies pour être vendues, et les peaux sont transformées en karosses, destinés aux gens du pays ou à l'exportation en Chine. Ce sont là du moins des avantages que recueillent les Bakouains de leur voisinage du Kalahari, si funeste à d'autres égards. Ces animaux autrefois habitaient le pays des Békuanas ; mais l'arrivée des Européens et l'usage des armes à feu les en a insensiblement éloignés. Ils se sont, comme les tribus vaincues, hottentotes ou békuanas, réfugiés au désert de Kalahari.

Cette plaine immense est entrecoupée par intervalles de lits desséchés de quelques rivières. Le sol, en général d'un sable doux, légèrement coloré, est recouvert par places de beaucoup de terrains d'alluvion que le soleil a durcis et préparés ainsi pour former de grands réservoirs naturels où les eaux des pluies se conservent pendant l'époque de la sécheresse. L'herbe, d'une végétation luxuriante, y croît par touffes épaisses, par oasis, pour ainsi dire, et les intervalles se remplissent de plantes rampantes, que leurs racines très-profondes dans le sol préservent des effets désastreux de la chaleur.

Le kengoué ou kemé, espèce de melon d'eau (*cucumis cafer*), dans la saison des pluies, couvre la terre. C'est le régal des animaux comme des hommes. Les éléphants, les rhinocéros, les antilopes, les lions, les hyènes, les chacals, les souris s'en font un véritable régal. Il en est cependant de plusieurs espèces dont l'une a un goût d'amertume très-prononcé. Pour ne s'y point tromper les indigènes font une ouverture d'un coup de hachette, introduisent leur langue à l'entrée et distinguent à coup sûr les melons sains et les melons malsains. Ces tubercules permettent à plusieurs espèces d'animaux, particulières à ces contrées, de rester plusieurs mois sans boire, tels que : le *cephalopus mergens* ; le steinbok, *tragulus rupestris* ; le kulluma, *oryx capensis* ; et le porc-épic, *hystrix cristata*. Armés de sabots aigus, ils creusent la terre et y trouvent dans les végétaux l'eau dont ils ont besoin et que le climat leur refuse. Les élans du Cap vivent bien portants et lustrés à de grandes distances des sources, tandis que les girafes, les éléphants, les rhinocéros, les buffles, les gnous, les zèbres, les pallahs, ne s'éloignent pas du voisinage des sources, des fontaines ou des fleuves.

D'ailleurs à mesure qu'on s'enfonce vers le nord les rivières reparaissent, ou en partie desséchées, comme le Mokolko, ou grandes, fraîches et riantes comme la Zouga et ses affluents, le Tamunak'le et le Téoughé. Avec l'eau on retrouve les arbres géants de l'Afrique, les baobabs, dont quelques-uns atteignent vingt-trois mètres de circonférence, les palmyra, les mokuchongs dont on fait des pirogues, et les motsouris avec leurs prunes roses et leur feuillage pyramidal comme celui du cyprès. Les poissons aussi viennent varier la monotonie du régime imposé par le désert. Le mulet, *mugil africanus*, descend par bancs dans les filets du naturel. Le mosala, ou *glanis siluris*, barbu et sans écailles, est si gros que de l'épaule d'un homme sa queue touche à terre. C'est l'anguille de ces contrées. Sa tête énorme lui sert de réservoir, et quand sa provision d'eau est faite, il peut impunément passer plusieurs mois dans un trou de vase desséchée. Un serpent de ces contrées, brun foncé, tacheté de jaune, vit dans les rivières ; les naturels en mangent la chair qu'ils estiment beaucoup. Les Béchuanas ont une grande répugnance pour le poisson, mais les Bayéyés, riverains de la Zouga, en font leur nourriture habituelle. Tantôt ils le prennent dans les étangs desséchés, tantôt ils l'attrapent avec des filets, faits de fibres d'hibiscus, tantôt enfin ils le chassent à la lance. Ils se servent pour cela d'une sorte de javeline qui leur tient lieu de harpon : non pas que ce dernier instrument leur soit inconnu, puisqu'ils en font usage contre l'hippopotame. Leurs canots de pêche sont tout simplement des radeaux fabriqués avec les joncs de la rivière réunis en paquets par des fibres d'une plante qu'ils appellent l'éfé, *sanseviere angolensis*.

Si les Béchuanas ont à redouter chez eux le fâcheux voisinage des Boërs, ils retrouvent dans le désert les restes des anciennes populations du Cap, les Bushmen. Leur langage, leurs habitudes, leur aspect, tout en fait des êtres à part au milieu des tribus nègres. On a voulu chercher dans ce type très-voisin du babouin la transition entre le règne animal et l'homme. Ils aiment le désert d'instinct ; et ces plaines sablonneuses, où l'on vit sans maîtres sinon sans ennemis, plaisent à leur sauvage indépendance. Point de culture chez eux, point d'animaux domestiques comme chez les Béchuanas ; ils ne s'attachent qu'à la chasse des animaux sauvages. Les chiens qui les suivent, seuls animaux qu'ils se soient attachés, sont d'un type misérable et repoussant. C'est au milieu des animaux sauvages que le Bushmen se sent à l'aise. Il en connaît les mœurs, les ruses et les habitudes ; il se met à la piste des grandes migrations, les surprend, les tue et les mange sur place. Quelques fèves, quelques racines, quelques fruits sauvages : voilà les seules choses qui leur servent à attendre le gibier, et à tempérer un régime de nourriture purement animale. Ils aiment avec jalousie leur singulier domaine, dont ils connaissent à fond toutes les ressources. Ils redoutent de s'y voir troubler par d'indiscrets étrangers. Aussi, comme l'eau est le bien le plus précieux dans ce pays de la sécheresse et l'élément indispensable de la vie, ils en cachent les sources, et quand ils l'ont puisée, l'ont enfouie sous terre dans leurs œufs d'autruche, ils ne la montrent à personne et ne la communiquent que par violence.

Il est d'ailleurs inutile de s'adresser aux Bushmen pour leur demander de l'eau. Ils ont vis-à-vis des visiteurs l'étrange prétention de vivre sans boire. Il est arrivé de les guetter jour et nuit sans avoir réussi à les prendre buvant. Aussi inspirent-ils aux peuplades qui les avoisinent, comme les Bakouains, une terreur superstitieuse. Cette croyance est, aux yeux des Bushmen, leur meilleure garantie d'indépendance et de sécurité au désert ; aussi ne négligent-ils aucune précaution pour la perpétuer et la répandre, et les voit-on rarement se départir de cette singulière politique. Ce qu'il leur faut avant tout, c'est l'espace découvert et sans voisins qui les inquiètent.

Ce goût pour les solitudes et les lieux

découverts leur est commun avec tous les animaux. Les bœufs qui traversent les jungles sont toujours prêts à s'enfuir, inquiets et défiants qu'ils sont dans des lieux où chaque pas peut recéler un ennemi ou une embûche. Les antilopes sauteuses, les springbocks, quand l'herbe, qui fait leur principale nourriture, manque, émigrent par bandes de trente ou quarante mille pour le désert. Les Bakalaharis, habitants du désert avec les Bushmen, profitent de cette prédilection des antilopes pour les plaines découvertes. Ils mettent le feu aux herbes de leur pays et forment de vastes espaces dénudés, où ils sont sûrs de voir se réunir les springbocks.

Les Bushmen ne reculent devant aucun animal, si grand et si féroce qu'il soit. Ils tuent des éléphants en grande quantité. C'est à l'époque de la pleine lune qu'ils se mettent en campagne, à cause de la fraîcheur des nuits. Ils l'attaquent avec une lance, au moment où l'énorme bête, après les avoir chargés, s'arrête tout essoufflée ; cette chasse est la plus grande preuve de courage que l'on puisse donner dans le pays. Pour cela on se fait quelquefois aider par des chiens, qui ont le privilége de mettre l'éléphant hors de lui par leurs aboiements. L'animal, éperdu de colère et désespérant d'atteindre ces agiles assaillants, se couche par terre au pied d'un arbre, y appuie sa tête, comptant le renverser sous cet effort, et par sa chute écraser d'un seul coup toute la meute. S'agit-il d'un lion, le Bushmen n'hésite pas davantage, et les autres indigènes en font autant, si la présence de ce roi des forêts a effarouché le bétail et l'a dispersé. Le bouvier s'élance sur les traces du lion, le suit pendant plusieurs milles à travers les broussailles et les herbes, jusqu'au moment où il suppose la panique apaisée. Il se met alors à siffler comme il le fait pendant qu'il trait les vaches ; quand il a ainsi calmé les pauvres bêtes, il les garde jusqu'au jour, dans l'endroit où elles se trouvent, et les ramène ensuite. Aussi est-il rare que les lions, dans ce pays, fassent parler

d'eux ; ils semblent éprouver une crainte salutaire des Bushmen, qui sont d'une suprême adresse à les détruire. Lorsqu'un lion s'est complétement repu, les Bushmen, qui l'ont observé, suivent sa trace sans faire le moindre bruit et le surprennent au milieu de son sommeil ; l'un d'eux s'arrête à quelques pas et lui décoche une flèche empoisonnée, tandis qu'en même temps son compagnon jette son manteau de peau sur la tête de l'animal, qui, surpris et terrifié, s'enfuit en bondissant. Pour empoisonner leurs flèches, ils se servent des entrailles d'une chenille de douze millimètres de longueur, la n'goua ; ils les écrasent, en entourent la partie inférieure du fer de leur flèche, et le font sécher au soleil. La douleur que produit une blessure de ce genre est si vive, que le malheureux qui en est atteint se roule et se déchire en demandant le sein de sa mère, comme s'il se croyait revenu aux jours de son enfance ; ou bien, fou de rage, il s'enfuit loin de toute habitation humaine. Le lion n'en éprouve pas des effets moins terribles : on l'entend alors rugir avec désespoir, il devient furieux et il mord les arbres et la terre avec une frénésie convulsive. Pour guérir cet empoisonnement, les Bushmen administrent la chenille elle-même écrasée dans de la graisse. Le plus souvent cependant on emploie contre le venin le suc laiteux de l'euphorbe (*euphorbia arborescens*), fatal aux bestiaux, les bœufs exceptés, inoffensif pour l'homme. Les Bushmen cependant, du Kalahari, il faut l'avouer, sont moins bien doués que ceux que l'on retrouve plus haut, dans le voisinage de la Zouga. Ceux-ci, loin d'être jaunes et rabougris, sont au contraire de grande taille, bien découplés et presque noirs ; la chaleur seule ne suffit pas pour noircir la peau : c'est unie à l'humidité qu'elle produit la teinte la plus sombre. Quelles que soient ses qualités, le Bushmen est superstitieux avant tout. A-t-il une détermination à prendre, il tire ses dés et consulte le sort ; rarement il se décide contre les indications de ses dés. Mais son humeur indépendante, son insouliance de la vie et son caractère belliqueux l'ont rendu respectable à toutes ces races avoisinantes, Béchuanas, Boërs et Cafres envahisseurs.

Si les Bushmen sont regardés comme les aborigènes de cette contrée, chassés par des envahisseurs cafres ou européens, les Bakalaharis, les plus anciens de tous les Béchuanas, sont devenus les hôtes du désert, par nécessité. Il y a dans les deux races un égal amour de liberté. Mais les habitudes, le caractère, l'aspect, tout diffère dans ces deux races. Riches autrefois en troupeaux, les Bakalahis auraient reculé devant les envahissements de tribus de leur propre race. Bien que vivant de la même vie et des mêmes aliments que les Bushmen, les Bakalaharis n'en ont pas moins conservé les instincts élémentaires des Béchuanas, dont ils ne sont qu'un embranchement : l'amour de l'agriculture et de l'élève du bétail. Le désert leur fournit les matières de leurs échanges avec les Bakouains, leurs frères de race. Contre des peaux d'animaux sauvages, ils troquent des génisses et des vaches. Ce sont les seuls des Béchuanas qui soient définitivement restés au désert, bien que les Bakouains eux-mêmes, les Bangouaketzés, les Bamangoustos, fuyant les farouches invasions des Matébélés, peuple cafre, aient cherché, comme eux, dans le Kalahari un asile contre leurs oppresseurs. Les Matébélés, habitués aux régions bien arrosées, se sont arrêtés dans ce pays sans eau, ou bien ont péri par centaines, expiant ainsi leur poursuite obstinée contre des tribus inoffensives. Leur humeur d'ailleurs, dans cette vie de solitude et d'indépendance, est restée si douce, que la plupart du temps ils subissent les violences des tribus béchuanas en rapport commercial avec eux.

Pour qui veut traverser le désert de ces populations, ce qu'il a à redouter par-dessus tout, c'est le vent brûlant du désert pour tous, et une mouche terrible pour les animaux, particulièrement pour les bœufs, moyen ordinaire de transport dans cette partie de l'Afrique ; c'est aussi le mirage, dans ces grandes solitudes, où l'imagination, activée par les nécessités du moment, est dans toute sa force créatrice de fantasmagories ; le mirage apparaît toujours sous un aspect des plus merveilleux. C'est ce qu'attestent et témoignent des voyageurs qui ont traversé le Kalahari ou le Soudan, ou même d'autres régions désertes et désolées par des causes tout opposées, les contrées polaires. Ici c'est la soif qui est le besoin impérieux du moment. Les lacs ne manquent pas d'apparaître dans l'immensité du désert; on en voit la surface agitée par les vagues, les arbres même y apparaissent avec leurs ombres mises en mouvement par le souffle des vents. Les sauvages habitués aux aspects du désert, les animaux eux-mêmes s'y trompent, et tous pêle-mêle se précipitent à la source entrevue à travers l'illusion du désir et la fièvre du besoin.

La couche efflorescente de chaux qui recouvre le sol de tous côtés est fatigante à regarder, et l'eau qui en sort aux environs, amère et chargée d'ammoniaque, irrite la soif sans l'apaiser ; l'alun, le vitriol qu'on y mêle ne peuvent neutraliser les propriétés nauséabondes de cette détestable boisson. Les zèbres, les rhinocéros, les buffles et les autruches se pressent autour de cette eau fangeuse, et viennent s'y faire tuer par les Bushmen et les Hottentots, qui les dépouillent et mangent même la chair de l'autruche. Mais dans ces lieux couverts de buisson et de sel, les chèvres et les moutons acquièrent un beau développement, et les Bamangouatos y entretiennent de grands troupeaux, dont le lait leur sert à faire un caillé d'une grande ressource pour eux. Une espèce de solanée, du nom de tolouané, leur sert à faire prendre le lait de chèvre, d'une coagulation plus lente et plus difficile que le lait de vache. On enferme ce caillé dans des outres de cuir, que l'on recharge continuellement de lait jusqu'à ce que le dépôt coagulé ait rempli le sac tout entier où on l'enferme. Le soleil le dessèche et le rend dur. Dans cet état on le mêle à la bouillie, ainsi plus nutritive et plus fortifiante.

C'est aussi dans ces vastes plaines où leur préférence pour les lieux découverts les amène en grand nombre, que se plaisent les autruches. Elles y établissent leurs nids dans des trous de sable d'un mètre de large sur quelques centimètres de profondeur. Elles y déposent leurs œufs, au nombre de vingt à vingt et un quand la ponte est normale ; mais les naturels la prolongent quelquefois plusieurs mois en enlevant les œufs à l'insu de la mère, à mesure qu'elle les dépose. Pour cela, il ne faut ni toucher aux œufs, ni laisser les traces de sa visite autour du nid. La mère, très-défiante, l'abandonnerait. Il faut, à distance, à l'aide d'un grand bâton, les tirer du nid et les faire rouler jusqu'à soi. Ces œufs, très-durs et d'une assez forte dimension, mais d'un goût désagréable, servent aux Bushmen à enfermer leur eau. Le mâle a jusqu'à cinq femelles et les aide alternativement dans les soins de l'incubation. Sa chair coriace, même lorsque l'animal est à point de graisse, ne peut guère flatter qu'un palais de Bushmen ; mais ce qui rend cet animal si précieux et si recherché des indigènes, ce sont les quelques plumes blanches de l'aile et de la queue. On en exporte à l'étranger comme ornements et à l'intérieur on en fabrique des vêtements légers, qui préservent du soleil sans empêcher l'air de circuler autour du corps. L'autruche n'a pour se défendre que la rapidité de sa course, son excessive défiance et la disposition singulière de ses yeux qui, placés très-haut, lui permettent de voir à de très-grandes distances. Les Bushmen font quelquefois plusieurs kilomètres en rampant sur le ventre pour surprendre les autruches. Mais la grande chasse se fait à courre, comme dans le Soudan ; ou par une manœuvre de chasse qui consiste à profiter des défiances et des habitudes mêmes de l'autruche pour la tuer. Quand elle redoute d'être cernée, elle s'enfuit du côté d'où vient le vent, quels que soient les inconvénients qu'il y ait pour elle à prendre cette direction. Si les Bushmen en surprennent une dans une vallée ouverte, ils se mettent en ligne du côté du vent, et l'autruche, habituée à ne compter que sur la rapidité de sa course, va aussitôt se jeter tête baissée, entraînant dans sa course folle tous les animaux d'alentour, habitués à s'en rapporter à ses défiantes précautions pour leur sécurité particulière, du côté où elle suppose qu'on veut lui barrer le passage. Les chasseurs l'accueillent avec leurs javelines barbelées. Les pas de l'autruche sont de 4 mètres 60 centimètres quand elle s'enfuit. Elle mesure trente pas en dix secondes, soit 43 kilomètres à l'heure, vitesse un peu inférieure à celle d'un chemin de fer. Quelquefois, impatientée par les chiens, il lui arrive de se retourner et de briser d'un coup de patte les reins de l'un des audacieux assaillants.

Le lac N'gami était connu depuis un demi-siècle par les rapports des indigènes et la grande quantité d'ivoire qu'on en tirait ; mais la rareté des pluies, la difficulté de se procurer de l'eau dans le Kalahari, avaient toujours arrêté les Européens, même les Griquas. Depuis la rivière d'Orange jusqu'au lac, il y a neuf degrés de latitude à parcourir. Quand on a touché aux rives de la Zouga, on la remonte à l'ouest jusqu'au pays de Bayéyès, que les Béchuanas appellent Bakobas, esclaves, à cause de leur inaptitude à se défendre, et de la facilité avec laquelle ils ont subi le joug de toutes les hordes envahissantes. Leurs canots, creusés dans un tronc d'arbre avec toutes les formes capricieuses que peut affecter le bloc qui leur sert de matière première, sont tout à la fois leurs moyens de transport, comme les chameaux pour les Arabes, et leurs asiles contre toute espèce de dangers et d'ennemis. Ils y dorment et y ont du feu nuit et jour. A terre, disent-ils, vous avez des lions, des serpents, des hyènes, et surtout vos ennemis : dans notre pirogue, abrités par les roseaux qui croissent sur la rive, aucun danger ne peut nous atteindre. Les bords de la Zouga, couverts de bois, commencent la région septentrionale, où les rivières abondent, comme le Tamunak'le, un des affluents de la Zouga. Douze jours de navigation conduisent de la Zouga, au sortir du Kalahari, sur les bords du lac N'gami. C'est une belle nappe d'eau, qui s'étend du nord-nord-est au sud-sud-ouest, sur un espace assez développé pour exiger trois jours de ceux qui veulent en faire le tour. Assez peu profond pour qu'on puisse manœuvrer les canots à la perche sans le secours des rames, il est sujet à des crues annuelles, assez considérables pour que les eaux entraînent dans leur cours les animaux de la rive et les arbres, dont le bord vaseux était jonché. Douce quand elle est haute, l'eau revient saumâtre quand le niveau baisse, contraste frappant avec les flots transparents et frais du Tamunak'le. C'est le point le plus bas du bassin dont les régions méridionales formeraient un des versants; il n'y a pas du fond du lac plus de 600 mètres au-dessus du niveau de la mer.

L'examen des conditions générales de la contrée a fait conjecturer que l'eau était en quantité beaucoup plus considérable autrefois sur la terre d'Afrique, et qu'au moment du renflement du continent, ces nappes immenses se sont écoulées en ne laissant que quelques restes comme le N'gami, à l'endroit le plus creux de la vallée. Là, le rhinocéros et l'éléphant surtout abondent. Celui-ci s'ébat dans la vase du lac, sort de l'eau le soir et regagne la forêt ou les hautes herbes. Cet animal, toujours plus petit à mesure qu'on avance dans le nord, est recherché pour sa viande et pour sa graisse. Quant à son ivoire que les indigènes ont longtemps confondu avec le reste des os, il est resté, jusqu'à l'arrivée des Européens dans la contrée, un objet de commerce peu apprécié; on avait pour un mauvais mousquet de douze francs 30 à 50 kilogrammes d'ivoire. L'éléphant est un mangeur délicat, il aime par-dessus tout les arbres et les fruits à saveur douce et sucrée; il fait tomber les graines du grand palmier et les mange doucement l'une après l'autre. Les habitants des bords du lac N'gami leur dres-

sent, le long du lac, des pièges à double compartiment recouverts d'herbes et de joncs, de façon que si l'animal tombe dans l'un des deux compartiments et veut se retirer avant d'avoir consommé sa chute, il trouve de l'autre côté un abîme qui rend sa perte certaine. D'autres fois on le chasse directement. La bande de chasseurs se répand de loin autour de lui en faisant entendre des sifflements, des cris rauques, des chants bizarres, des sons d'instruments à vent ou en tapant dans leurs mains. A ce tintamarre, l'éléphant dresse les oreilles et se met à marcher rapidement en regardant de temps en temps autour de lui. Insensiblement les chasseurs se rapprochent jusqu'à une vingtaine de pas, et tous à la fois lancent leurs javelines barbelées, qui vont hérisser l'énorme bête et la couvrir de sang.

Blessés, ils fuient d'abord d'un pas rapide, puis leur marche se ralentit par degrés, sous l'influence de la colère et de l'exaspération qui les gagnent. Ils font tête alors aux assaillants, poussent un cri de rage et chargent les chasseurs qui se dispersent en se jetant à droite et à gauche. La bête s'arrête alors et reprend sa retraite. L'irritation la ramène aux chasseurs qui l'ont entourée de nouveau. Seconde charge alors, vaine comme la première, puis une troisième où elle s'épuise et tombe ordinairement hors d'haleine. Tous alors arrivent à la curée, se précipitent à coups de hache sur la bête qu'ils dépècent comme une vieille carcasse de navire. Et cependant le lion luimême ne s'approche jamais des éléphants, si ce n'est des jeunes qu'il déchire quelquefois.

Quelques tribus béchuanas forment là des associations assez considérables : les Bamangouatos, les Makololos qui s'étendent jusqu'au Zambèze, presqu'au centre du continent, au nord-est de la Zouga. Les Mambaris sont plus au nord. C'est là que se pratiquent sur une grande échelle la razzia et l'enlèvement des enfants pour être vendus comme esclaves. Les Makololos, qui exercent une sorte de suprématie sur les tribus environnantes, ont des espèces de serfs de la glèbe chargés de cultiver leurs terres. Du reste, l'autorité des vainqueurs sur les vaincus n'a rien de violent ni de tyrannique; et cela se conçoit: autrement, maltraités, les serfs auraient trop de facilité à se réfugier au loin au sein de quelque peuplade étrangère.

Les Mokololos s'attachent particulièrement à l'élève du bétail; ils ont deux espèces de bœufs, le batoka, de petite taille, mais bien fait et vigoureux, de caractère doux, familier et pétulant. C'est la meilleure viande et la plus grasse de tous les animaux domestiques. L'autre espèce, le barotsé, est montée haut sur jambes et armée de cornes énormes. Il y en a qui, d'une extrémité à l'autre, mesurent deux mètres cinquante-neuf centimètres. Aussi, est-ce le barotsé que les Mokololos choisissent pour en faire les chefs et les ornements des troupeaux. Ils donnent, en y suspendant pendant la croissance toutes sortes de poids, à leurs cornes les formes les plus bizarres et les plus capricieuses. Avec des fers chauds ils les zèbrent par tout le corps. Ils leur attachent tout autour de la tête des lanières de peau de sept ou huit centimètres de longueur et autant de largeur, qui forment comme des banderoles.

Les Mokololos préparent le cuir du bœuf et en font des boucliers, qui leur servent à se protéger dans les combats à la lance, où ils sont d'une remarquable habileté. C'est une arme très-légère, qui se lance de très-loin comme un javelot. Pour donner plus de puissance au jet, ils prennent du champ, courent dans la direction du but, puis jettent leur javeline de façon à lui faire décrire une courbe. Ils parviennent ainsi à toucher le but à quarante ou cinquante pas. Ils ne chassent pas autrement l'éléphant.

Les Mokololos ont des champs cultivés; mais occupés de la guerre, ils ont laissé aux Makalas, qu'ils ont soumis, le soin de les travailler. Chez ces peuples, excepté quelques tribus, ce sont les femmes, en général, que regarde tout ce qui tient à la préparation des terres,

comme à celle des aliments à l'intérieur.

Le roi reçoit des tributs considérables, levés sur les peuplades soumises, en sorgho, en arachides, en houes, en lances, en miel, en canots, en pagaies, vases de bois, tabac, chanvre, fruits secs de diverses espèces, peaux préparées et ivoire. Ces objets, apportés dans la kotla ou palais, sont partagés équitablement entre les Makololos par le roi lui-même, qui peut se réserver ce qui lui plaît. Son plus ou moins de désintéressement et de libéralité fait sa popularité. Les Mokololos sont les premiers Béchuanas qu'on rencontre en allant vers le nord.

En avançant vers le nord-ouest, on rencontre le Lyamboü ou Lyambie, ou Louambéji, Louambési, Ambési, Ojimbési, Zambési, etc., etc., toutes dénominations qui signifient la *grande rivière*, la *rivière par excellence*. C'est en effet la principale artère de cette partie du continent. Tout le littoral est boisé, bordé d'un coteau à pâturage, ou accompagné d'une plaine formée de terrains d'alluvion, résultat des inondations du fleuve. L'ensemble de cette vallée septentrionale, habitée par les Barotsés, est aussi fertile qu'agréable de fraîcheur et de verdure; les buffles sauvages, les zèbres, les élans s'y trouvent en grand nombre. Un peu plus haut, dans le pays des Banyétis, le fleuve traverse des rapides et des cascades qui en interrompent la navigation. C'est là que les Mambaris, tribu du sud-est d'Angola, venaient acheter des enfants jusqu'à ce que le chef de la contrée ait interdit le commerce des esclaves parmi ses peuples.

C'est là la véritable région des fleuves. En redescendant pour gagner l'ouest, on arrive à l'endroit où le Chobé rejoint le Lyambie, tous deux divisés en plusieurs branches qui forment un vaste ensemble de canaux et de deltas. De là, sans quitter les terres des Makololos, on atteint le confluent d'un autre tributaire du Lyambie, la Liba, à travers des rives merveilleusement vertes et boisées. C'est la limite du pays des Makololos. Déjà on a franchi les cascades de Gonyé, où l'on est forcé de transporter, suspendues à des perches, les pirogues à dos d'hommes. On rencontre dans ces parages l'anser, le ucagaster et l'anser melagaster, oies vêtues de noir. Elles ont à l'épaule un éperon aussi fort que celui qui orne le pied du coq. Elles ne s'en servent que pour défendre leurs petits. L'alligator y est plus féroce qu'ailleurs. Les enfants que l'imprudence laisse jouer sur les bords du fleuve en sont très-souvent victimes. Ce reptile étourdit sa proie d'un coup de queue et l'entraîne dans le fleuve, où elle est bientôt noyée. Les sauvages ne s'y laissent pas prendre : ils conservent tout leur sang-froid au fond de l'eau, tirent leur petit javelot barbelé, l'enfoncent dans l'épaule de ce monstre, qui, de douleur, lâche prise. Mais la cuisse porte ordinairement les marques profondes de la mâchoire du monstre. Les Balondas, peuple de cette contrée, leur font une chasse acharnée et en détruisent les œufs qu'ils mangent avec délices. Les Balondas sont les idolâtres les plus superstitieux de l'Afrique australe. Quand ils ont des malades, ils battent toute la nuit le tambour devant leur idole, espérant par là obtenir leur guérison. Ils se couvrent d'amulettes et ne consentent à rien entreprendre avant d'avoir converti l'enchanteur. Ils ne bâtissent presque point de villages. Les Balondas sont de véritables nègres, ayant sur la tête et sur le corps une plus grande quantité de laine que pas un Cafre ou un Béchuana. Ils sont en général d'une couleur très-foncée. Quelques-uns pourtant, d'une nuance plus claire, se rapprochent des Makololos, qui sont couleur de café.

Leurs tambours sont faits d'un morceau de tronc d'arbre creusé, avec un petit trou sur le côté, recouvert d'une toile d'araignée. Aux deux extrémités ils étendent une peau d'antilope, sur laquelle ils frappent avec les mains. Quant à leur marimba, une autre espèce d'instrument qui se rapproche du tympanon, il est fait de deux traverses de bois placées parallèlement, sur lesquelles sont disposées quinze touches de bois de six ou huit centimètres de large sur quarante à quarante-cinq de long; quant à leur épaisseur, elle est proportionnée à la gravité de la note qu'il s'agit d'obtenir. Chaque touche repose sur une calebasse taillée dans sa partie supérieure pour recevoir les barres transversales. Les calebasses servent de sommier d'un son agréable. Le marimba se touche avec de petites baguettes de tambour. C'est chez les Balondas que les Mambaris, nègres de la province d'Angola, viennent à la maraude des enfants qu'ils espèrent vendre comme esclaves dans les colonies portugaises.

De la vallée de la Liba au lac Dilolo on traverse des plaines souvent inondées, qui servent de déversoir entre les rivières du nord et celles du midi, car toutes les rivières parcourues jusque-là vont au Zambèze et avec lui dans le bassin méridional du Cap, dans l'océan Indien. Au-delà du Dilolo les eaux prennent une direction septentrionale pour aller se jeter dans le Kalaï ou Loké. Le Kalaï est une belle rivière d'environ 100 mètres de large. Il serpente avec lenteur au fond d'une vallée dont les coteaux, boisés sur les deux rives, ont près de 500 mètres d'élévation, et il se dirige vers le nord et le nord-est. Le pays qu'il traverse paraît être composé de forêts alternant avec des prairies couvertes de grandes herbes; et, si l'on en croit les rapports des indigènes, on y pourrait naviguer pendant plusieurs mois de suite sans en découvrir la source ou l'embouchure.

C'est là que s'étendent les prairies admirables, les forêts magnifiques, les vallées fécondes, mais presque absolument désertes, car il n'y a pas même d'animaux sauvages pour manger l'herbe tendre et pour se reposer à l'ombre des grands bois toujours verts; et la province enfin qui porte le nom de Londa, où commence l'influence des colonies portugaises de la côte d'Angola. C'est là aussi qu'on peut remarquer, comme aux environs du Kalahari, les différences importantes dans la teinte des nègres. Indépendamment de l'influence que peuvent avoir l'élévation, la chaleur et l'humidité des lieux, on peut observer que les teintes plus ou moins foncées que présente la peau des nègres se distribuent en cinq bandes, qui divisent la partie australe du continent africain dans le sens de la longitude. Sur la côte, à l'occident comme à l'orient, la couleur est très-foncée. Les deux zones qui renferment les tribus d'une teinte beaucoup moins brune sont situées à trois cents milles du Vouge; celle de l'ouest décrit un demi-cercle et embrasse le désert de Kalahari et le territoire des Béchuanas. La couleur est de nouveau très-foncée chez les individus qui occupent la zone centrale.

A travers le pays des Chibagues, celui des Bashingés, on touche à la vallée de Cassangé, où coule le Quango. Là on retrouve des colonies de négociants portugais, qui étendent, par des intermédiaires indigènes, leurs relations dans l'intérieur du pays. De Cassangé pour aller à Loanda, il faut franchir, du 9° 37′ 30″ latitude sud et 17° 49′ longitude est, 450 kilomètres.

Toutes les tribus indigènes de ces contrées savent lire et écrire : c'est là l'œuvre des missionnaires jésuites. De la plaine quelque peu élevée qui domine Loanda, on aperçoit l'Océan. La ville de Saint-Paul de Loanda, autrefois considérable, ne renferme guère que 12,000 habitants, dont la plupart sont des hommes de couleur. Auprès de la ville vivent les Bangos, tribu indigène, ainsi que les Ambondas et les Akos ou Hacos. L'agriculture y est négligée, comme dans tout le royaume d'Angola, où l'on s'applique particulièrement au commerce et à la filature du coton. La domination portugaise n'est d'ailleurs fermement établie que sur les peuplades comprises entre le Coanza et le Dandé.

De Longanti, ville située au nord-est sur le Zambèze, on peut, au lieu de se diriger au nord d'abord, puis à l'ouest, pour gagner la côte d'Angola, redescendre le cours du Zambèze et toucher à la côte du Cap, ou pays des Cafres. Le fleuve, si large qu'il soit, est loin d'être navigable dans tout son cours; on y rencontre des rapides et des cascades que les canots ne sauraient franchir. L'une d'entre elles, presque aussi singulière que celle du Niagara, est la chute de Victoria. Les colonnes de vapeur qui s'en élèvent au-dessus du fracas des eaux se peuvent apercevoir à une distance de 9 à 10 kilomètres.

Dans ces contrées, les animaux sauvages marchent par bandes, sous la conduite de l'un d'entre eux, qui en est le chef. C'est ordinairement le plus craintif et le plus prévoyant du troupeau. S'il tombe, ceux qu'il dirigeait paraissent ne plus savoir que faire et s'arrêtent complétement déroutés; ils cherchent alors à se suivre mutuellement, et il en résulte une confusion plus ou moins prolongée. Dans les parties éloignées de la côte, où ils ne sont pas chassés avec des armes à feu, le long du Zambèze et de ses affluents, ils vivent, à l'ombre des arbres gigantesques des tropiques, avec une familiarité telle, que les éléphants se dérangent à peine à l'approche de l'homme, que les troupeaux de buffles ruminent lentement en passant à côté des caravanes, sans s'en inquiéter davantage. On se croirait aux époques primitives de l'âge d'or. Les hippopotames eux-mêmes, en si grand nombre dans le Zambèze que les habitants sont obligés de creuser des trappes multipliées pour protéger leur récolte, y sont si peu farouches qu'ils ne font pas la moindre attention aux navigateurs du fleuve, dans certaines parties où ils sont peu chassés. Les jeunes, un peu plus gros que des bassets et montés sur le cou de leurs mères, regardent entre les oreilles de celles-ci descendre les canots.

Quand ils sont d'une taille un peu plus forte, ils se posent sur le dos de la femelle.

Du haut de Maboué-Asoula, *pierres qui sentent mauvais*, à 174 mètres 50 centimètres au-dessus du niveau du Zambèze, on découvre cinq chaînes distinctes de montagnes, dont celle des Bolongas est la plus éloignée du côté de l'ouest, et celle des Komangas la plus orientale;

entre ces deux points extrêmes se trouvent les deux chaînes de Sékonkamena et de Funzé. Des pics nombreux se détachent de la rampe et sont généralement couverts de forêts ; leur cime est couronnée de belles roches de quartz blanc, ou revêtue d'une couche de dolomite ; sur le versant occidental de Sékonkamena se trouvent de grandes masses de cyanithe ou dysthène, et sur les flancs de la quatrième et de la cinquième sierra, il y a une grande quantité de fer spéculaire magnétique et de morceaux arrondis de minerai de fer noir, également très-magnétique et renfermant une proportion considérable de métal. De là on aperçoit le confluent du Zambèze et du Kafoué, tous deux couverts sur leurs rives magnifiques, pêle-mêle avec les hommes, de troupeaux de buffles ruminant, d'éléphants s'éventant de leurs larges oreilles, de pallahs, de waterbocks, de sangliers, de koudous et d'antilopes noires.

A cinq ou six journées de marche, le Zambèze devient si large que, quelle que soit l'habileté des rameurs, il faut très-longtemps pour le traverser. Il a 1,000 mètres d'une rive à l'autre et 700 à 800 d'une eau profonde, coulant avec une vitesse de 5,360 mètres par heure. On retrouve les traces des Portugais, qui allaient dans une montagne appelée Mashinga, dont un des versants est habité par les Balengas, peuplade habile à travailler le fer, chercher de l'or parmi les Maravis. Toute la côte septentrionale du Zambèze est de beaucoup plus fertile que la côte méridionale. On y trouve des patates douces d'une grosseur énorme, qui dégénèrent bien vite au midi. Les Maravis conservent ces tubercules, qui se gâtent très-vite, dans des silos où ils les enterrent avec des cendres de bois.

Par 15° 38′ 34″ latitude sud, 31° 1′ longitude est, on trouve le Zingési, rivière de 60 mètres de large sur un mètre de profondeur, qui présente ce caractère bizarre que, lorsqu'elle est à sec, et cela arrive les trois quarts de l'année, en creusant 30 centimètres au-dessous du lit, l'eau reparaît en nappe sur un lit d'argile au-dessous de la couche de sable, ce qui a fait croire à une rivière souterraine. Là, le pays se divise en territoires déterminés, chacun à part, par le cours des nombreuses rivières qui se rendent perpendiculairement au Zambèze. Des lois sur la chasse très-sévères ont établi qu'un animal tué sur un de ces territoires, qui va mourir sur l'autre, appartient pour moitié au chasseur, et pour l'autre au propriétaire du sol où il tombe. Les habitants construisent leurs cabanes sur des échafaudages pour échapper, pendant la nuit, aux surprises de l'hyène tachetée, qui s'approche souvent des personnes endormies et leur déchire la figure.

Toutes ces tribus diverses se désignent entre elles par le nom générique de Banyais. Elles forment plusieurs confédérations, où chacun des chefs relève de l'un d'entre eux à qui on paye tribut. C'est sur les bords du Tangoué, par 16° 13′ 38″ latitude sud et 32° 32′ longitude est, que se retrouve le fameux empire du Monomotapa, aujourd'hui bien déchu. De sa splendeur passée, il ne lui reste plus guère qu'un sérail de cent femmes. Mono, Moéné, Mona, Mana ou Moréna signifient *chef* dans la langue des naturels. Chez les Banyais, en général d'une couleur café au lait de nuance pâle, la blancheur relative de la peau constitue les gradations de la beauté. Leur coiffure les fait ressembler aux types des anciens Égyptiens. Leur toison, nattée en petites mèches avec une écorce d'arbre teinte en rouge, retombe sur les épaules; mais, en voyage, ils rassemblent tout l'édifice sur le sommet du crâne.

Toute l'influence appartient aux femmes, même dans la vie privée. Cela tient à l'attachement des hommes et aux charmes particuliers des femmes. Pensez-vous que je puisse quitter une aussi jolie créature ? répondit un Banyai à quelqu'un qui le voulait emmener pour une partie de la journée, n'est-ce pas qu'elle est jolie ? Mais les idées que ce peuple attache à l'importance de la lignée y est pour beaucoup aussi. Les enfants suivent naturellement la femme, à

moins que le gendre n'ait acheté du beau-
père le droit de faire lignée lui-même et
d'accroître ainsi la population de son village. Ces tribus ne reconnaissent point
les droits paternels. Les hommes, d'ailleurs, comme les femmes sont d'un très-
beau type.

Le nombre des lions dans ce pays, en
général proportionnel à celui des grands
animaux qu'on y rencontre, doit naturellement être considérable tout le long du
Zambèze ; mais, dans le pays des Banyais, des croyances superstitieuses tendent à exagérer la multiplication de ces
félins. Comme, dans plusieurs tribus on
est persuadé que les âmes des chefs passent après la mort dans le corps des
lions et les animent, on ne les chasse ni
ne les détruit : aussi y foisonnent-ils
dans les hautes forêts et dans les grandes
herbes. Il y en a qui arrivent à des proportions énormes, à la taille d'un âne
commun, avec toute l'exagération que
donne à leur corps le volume de leur
crinière pendant presque jusqu'à terre.
Les gros animaux sauvages leur font
tête pourtant, tels que le buffle, l'éléphant et le rhinocéros, dont ils se dé-
tournent. Les lions se réunissent quand
ils veulent attaquer un gros animal à sa
croissance ; seuls ils ne se jettent guère
que sur les jeunes. Encore, s'ils tentent
de s'emparer d'un veau de buffle en présence de la mère, la vache fond sur eux,
et il n'est pas rare de les voir, enlevés
par les cornes de la bête furieuse, re-
tomber morts sur le coup.

Quand il s'agit d'un troupeau de
buffles, les lions se réunissent en bandes ;
mais les buffles se rangent en rond, les
cornes en avant. Les mâles sont les premiers et les femelles et les jeunes se
placent au milieu ou à l'arrière-garde,
si la situation a déterminé à combattre
en ligne. Il suffit à un taureau de cette
espèce de lancer une fois en l'air le plus
vigoureux des lions pour le tuer sur le
coup.

Le lion, d'ailleurs, suit la trace de
l'homme et le redoute.

Quand Pline raconte que le lion s'arrête une ou deux secondes pour regarder l'homme qui le rencontre, il semble
donner à entendre que par là le lion
veut marquer sa générosité et son courage, s'il le fait tourner lentement autour de l'ennemi, pour s'éloigner ensuite lentement et en regardant par-
dessus son épaule, trotter bientôt et ne se
mettre à bondir comme un lévrier qu'au
moment où les broussailles le dérobent
aux regards : c'est pour marquer combien peu il redoute la lutte et combien
il aurait honte de fuir ouvertement. Il
lui fait pour ainsi dire un point d'honneur de ces diverses manœuvres.

Le lion s'avance d'un pas furtif. Cette
prudence lui est commune avec tous les
individus de la race féline. Partout il redoute un piége ou une trappe. On en a
vu ne pas oser approcher d'un bœuf ou
d'un mouton attachés à un arbre, de
peur que ce ne fût l'amorce d'un piége.

Levaillant, qui a parcouru cette contrée et chassé le lion du Cap, s'exprime
ainsi, à l'endroit du terrible roi des
animaux : On ne saurait exprimer à
quel point les chiens les plus hardis
tremblent à l'approche du lion. Rien
n'est si facile pendant la nuit que de
distinguer, à leur contenance, quelle
est l'espèce d'animal féroce qui se trouve
dans le voisinage. Si c'est un lion, le
chien, sans bouger de place, commence
à hurler tristement. Il éprouve un malaise et la plus étrange inquiétude ;
il s'approche de l'homme, le serre, le
caresse ; il semble lui dire : Tu me dé-
fendras. Les autres animaux domestiques
ne sont pas moins agités ; tous se lèvent, aucun ne reste couché ; les bœufs
poussent à demi-voix des mugissements
plaintifs, les chevaux frappent la terre
et se retournent en tous sens ; les chèvres
ont leurs signes pour exprimer leur terreur ; les moutons, tête baissée, se rassemblent, se pressent les uns contre
les autres, ils n'offrent plus qu'une masse
et demeurent dans une immobilité totale. Il y eut particulièrement, dit-il
en racontant ses angoisses d'une nuit
passée chez les Hottentots, plusieurs
lions qui, pendant toute la nuit, vinrent
rôder autour de mon camp, et remplir d'ef-

froi mes gens et mes animaux ; ni nos feux ni nos mousqueteries ne purent les éloigner ; ils répondaient avec une sorte de fureur aux rugissements de ceux des environs et semblaient les appeler au carnage et à une attaque faite en force. » Aussitôt qu'il est repu, le lion s'endort, et il est, dans ce cas, bien facile à expédier. La chasse au lion avec des chiens est d'ailleurs fort peu dangereuse, comparativement à celle du tigre de l'Inde ; car, dans cette circonstance, le lion est lancé par la meute qui, le réduisant aux abois, donne aux chasseurs le temps nécessaire pour le viser avec calme et pour le tirer à loisir.

Ajoutons toutefois que Levaillant lui-même avoue qu'il redoute plus le rhinocéros que le lion. « J'avais déjà vu des rhinocéros, dit-il dans son *Voyage en Afrique*, mais n'ayant alors que mon fusil ordinaire, je m'étais bien gardé de les attaquer. Depuis longtemps on m'avait prévenu sur les dangers qu'on court en irritant un pareil ennemi, et l'expérience m'en a depuis convaincu plus d'une fois. Parmi les animaux d'Afrique, l'éléphant seul est plus fort que lui, et il en est peu dont l'attaque soit plus impétueuse ; aussi il n'en est aucun qui soit aussi dangereux. Le tigre se fait entendre régulièrement tous les jours au lever et au coucher du soleil, et, en avertissant ainsi de sa présence, il prévient de se mettre en garde contre lui. Le lion, dont l'habitude est d'attaquer pendant la nuit, s'annonce par des rugissements ; et d'ailleurs, malgré la férocité de ces deux tyrans du désert, il suffit d'un grand bruit pour les effrayer et les faire reculer ; il n'en est point ainsi du rhinocéros : c'est à la fois un traître que rien n'annonce, un agresseur que rien n'épouvante et un furieux que toute résistance rend implacable. La panthère, ou lion tacheté, présente les mêmes caractères dans sa manière d'attaquer. En général, dans les colonies du Cap, on redoute la panthère beaucoup plus que le lion. Celui-ci n'arrive jamais sans s'annoncer par des rugissements affreux ; il donne lui-même le signal de la défense, comme s'il montrait plus de confiance dans sa force, ou qu'il mît plus de noblesse dans l'attaque. L'autre, au contraire, unit la perfidie à la férocité ; il arrive toujours sans bruit, se glisse avec adresse, saisit l'avantage et, sautant sur sa proie, l'enlève avant qu'on se soit douté de son approche. Le lion tacheté de grande taille, que les Hottentots appellent *garougama*, depuis l'extrémité de la queue jusqu'à la moustache, mesure deux mètres et demi sur une circonférence d'un mètre ; mais celui-là ne doit être confondu ni avec une autre espèce appelée par les colons *laypar* (c'est le léopard des Français), ni avec une autre plus petite espèce encore qu'ils nomment *tiger-kat* (chat-tigre), et qui est l'ocelot de Buffon. Les chiens chassent la panthère aussi bien que le lion.

Quoiqu'il en soit, le lion, devenu vieux, tue les chèvres dans les villages. S'il habite un pays complétement inhabité, ou s'il a, comme en certains endroits, une crainte salutaire des Bushmen et des Bakalaharis, il se met, aussitôt que la maladie ou la vieillesse lui arrive, à chasser les souris et d'autres petits rongeurs.

A quelque état que soit réduit le lion, les Banyais le respectent jusqu'au bout, fidèles à leurs croyances superstitieuses.

A Teté, on est en pleine colonie portugaise. Teté est un village bâti sur une pente qui descend jusqu'au Zambèse. Près de là s'élève la montagne qu'on appelle Karouéira. Toutes les maisons ont un aspect malpropre et dégradé ; on en compte à peine trente d'européennes, le reste n'est qu'un amas de cabanes construites avec des branches et du pisé. Vingt colons portugais composent la population européenne, en dehors de la garnison de cent cinq hommes. Un fort couvert en chaume, qui sert de caserne, quelques canons en un médiocre état : voilà tout ce qui représente dans ce district, encore éloigné de la côte, la puissance de la métropole. Dans les environs, sur les bords du Lofoubou, un affluent du Zambèze, on trouve des filons de houille. Le paysage est gai, pittoresque et boisé, mais le pays est désolé par la fièvre.

Les jésuites ont eu longtemps un établissement considérable, à 15 kilomètres sud-est de Teté, à Micombo. Les révérends pères étaient d'habiles trafiquants; tout entiers à l'objet de leurs entreprises, quelle qu'en fût la nature, ils avaient accaparé la plus grande partie du commerce de la province. Outre l'énorme quantité d'or qu'ils avaient fait passer à leur supérieur, résidant à Goa, ils possédaient à Micombo des richesses immenses dont le gouvernement prit possession, lorsque Pombal les fit arrêter.

Le fer abonde dans cette région, et c'est, avec l'or, le seul métal qu'on y ait trouvé jusqu'à présent. On y rencontre quelques pierres précieuses, et certaines régions sont, dit-on, littéralement couvertes d'agates.

Les habitants, comme tous les Cafres, qui forgent eux-mêmes leurs sagayes, travaillent le fer; mais en général, ils ne connaissent du fer que sa malléabilité; leur art ne remonte pas jusqu'à sa première fonte; aussi, la plupart du temps, est-ce du fer travaillé qu'il leur faut. Ils tirent admirablement bien parti des vieux canons de fusil, des cercles de tonneaux et de toute autre ferraille de ce genre; ils portent des sagayes de deux espèces : les unes ont la tige de fer unie et tout à fait ronde, les autres, plus artistement, ou plutôt plus cruellement travaillées, ont cette tige carrée : les quatre angles en sont découpés en pointes qui s'inclinent, tandis que les alternes remontent en sens contraire ; ce qui nécessite le déchirement des chairs, soit qu'elles entrent dans le corps, soit qu'on les en retire. On ne peut qu'admirer leur patience, lorsqu'on songe qu'avec un bloc de granit ou la roche même qui leur sert d'enclume et un morceau de la même matière pour marteau, on voit sortir de leurs mains des pièces aussi bien finies que si la main du plus habile armurier y avait passé. Leur soufflet, fait d'une seule peau de mouton, est aussi incommode que ses effets sont impuissants. Il leur faut plus d'une demi-heure pour arriver au rouge que trois minutes d'un soufflet de forge ordinaire suffit à donner au fer. Quelque primitifs que soient leurs moyens, quelque imparfaits que soient leurs outils, puisqu'ils battent en mesure le fer avec des pierres appropriées à l'effet qu'ils en attendent, ils déploient dans leur art une adresse des plus merveilleuses.

De Teté on va s'embarquer à Quilimané pour redescendre de là le Zambèze jusqu'à la gorge de Lupata. L'impression que ces montagnes, appelées *l'épine du monde* par les traditions géographiques, ont produite sur le docteur Livingstone est en contradiction avec les relations portugaises.

On les avait toujours présentées comme d'une hauteur fort imposante. Le missionnaire anglais les compare aux collines d'Ecosse, telles que les monts Campsie, au-dessus du niveau de la Clyde. Le versant occidental est le plus élevé, et le docteur ne lui donne pas plus de 200 mètres au-dessus du niveau du Zambèze. Quoi qu'il en soit, les monts Lupata, c'est-à-dire *défilé entre deux murailles*, se prolongent très-avant dans la direction septentrionale, jusqu'aux contrées habitées par les Maganjas; une courbe inclinée vers le Zambèze la rattache aux Morumbalas, hauteurs d'une belle altitude qui dominent Senna. La pointe la plus méridionale expire, à l'ouest de Senna, au sud des Morumbalas, vers le Gorongozo.

En sortant de cette gorge de 200 à 300 mètres de long, le fleuve s'étend sur plus de 3 kilomètres de largeur, au milieu d'îles nombreuses et fertiles ; à droite une plaine immense, à gauche de hautes montagnes. A trois jours de là on trouve Senna, dans un état plus déplorable encore que Tété. Le sol est fertile, mais le pays insalubre. On y fait le commerce des esclaves, toléré par les autorités portugaises. Tout près, le Morumbala élève à 1,200 mètres sa cime volcanique, aussi bien que les montagnes des Maganjas, qui touchent au fleuve à la hauteur de Senna. En suivant le Zambèze jusqu'à Mazaro, on trouve à trente milles de Senna, sur la rive droite, l'embouchure du Zangoué, à cinq milles plus bas, celle du Shiri-Mazaro est à 18° 3′ 37″ latitude sud et 35° 46′ longitude est. Là le Zambèze a plus de 800 mètres de large sans une seule île. L'influence des marées s'y fait sentir jusqu'à 40 et 48 kilomètres de l'embouchure. Le Zambèze paraît se rendre à la mer par cinq branches principales, dont le Louabo est à la fois la plus méridionale et la plus navigable ; le Coumana et deux autres se trouvent placés entre le Louabo et le Kilemané. Le fleuve, entre ces branches, forme un delta rempli d'antilopes et d'hippopotames, comme toutes les rives du Zambèze. Là on touche à la côte orientale, au milieu des populations cafres et des colonies portugaises.

CHAPITRE NEUVIÈME

ILES DE L'AFRIQUE

Indépendamment des petites îles voisines du continent africain, dans la Méditerranée, de nombreuses îles appartiennent à cette partie du monde ; on les divise en deux parties, savoir : les îles africaines de l'océan Atlantique ; les îles africaines de l'océan Indien.

Iles dans l'Océan Atlantique.

L'océan Atlantique, ainsi que nous l'avons dit ailleurs, a pour limites les deux cercles polaires, et s'étend entre les côtes des deux Amériques et celles de l'Europe et de l'Afrique.

C'est en partant du cap de Bonne-Espérance que nous commencerons la description des îles africaines de cet océan. La première de ces îles, à l'ouest de ce point de départ, est celle de la Circoncision, découverte en 1739 par un Français, le capitaine Bouvet, et presque abandonnée depuis, à cause de son peu d'importance.

Viennent ensuite, sous un climat plus doux, les îles Diego-Alvarez et Gough, qui paraissent identiques avec Gonzalo-Alvarez. Celle-ci a 1,460 mètres d'élévation ; on n'y voit que des cascades arrosant un sol couvert de gazon et quelques arbustes croissant parmi les rochers.

Les îles Tristan-d'Acunha, au nombre de quatre, méritent plus d'attention. L'île principale montre de loin son piton, élevé de 2,778 mètres, revêtu de verdure jusqu'à moitié, et qui se couvre de neiges pendant plusieurs mois de l'année. Des arbustes du genre phyllica y ombragent de leur feuillage touffu des sources limpides. Ces îles, encore inhabitées plusieurs années après leur découverte, devinrent, en 1812, la proie d'un aventurier américain, qui s'y établit avec tant de succès que cette île devint bientôt un des meilleurs établissements de relâche pour les vaisseaux qui se rendent aux Indes.

Une immense solitude aquatique s'étend de ces îles jusqu'à celle de Sainte-Hélène, point imperceptible dans l'océan Atlantique, et à 2,000 kilomètres de toute terre, que des navigateurs portugais, égarés dans ces parages immenses, découvrirent au printemps de la première année du xvie siècle, rocher stérile où nul être humain n'avait mis les pieds jusqu'alors. Il semble même que jamais aucune créature vivante n'y avait paru, tant y avait été complet l'isolement de ce lieu sauvage depuis qu'il était sorti des abîmes de la mer, ou peut-être depuis le commencement du monde ! Les intrépides marins, qui les premiers en foulèrent les aspérités, n'y trouvèrent ni végétation, ni animaux, ni même de traces qu'il y en eût jamais eu. Ils s'y établirent cependant et, dès l'année suivante, ils y apportèrent des chèvres, de la volaille, des perdrix, des faisans et des arbres fruitiers. Aux Portugais, qui ne tardèrent pas à se dégoûter de cette stérile et inutile conquête, succédèrent les Hollandais, qui bientôt se lassèrent à leur tour et abandonnèrent ce rocher en 1651. L'Angleterre s'en empara et le conserva toujours depuis. Elle en fait la station de ceux de ses vaisseaux qui chaque année se rendent dans l'Inde. C'est pour elle comme une hôtellerie jetée sur cette route immense qui sert de communication aux deux pôles. C'est le seul parti, en effet, qu'on puisse en tirer ; aussi s'est-elle bornée à mettre le rocher à l'abri d'un coup de main et à bâtir quelques maisons sur le bord de la mer.

L'île, si tant est qu'on puisse donner le nom d'île à ce lieu aride, l'île n'est composée que d'une masse de rochers. Elle n'a en tout que 16 kilomètres de long sur 7 kilomètres et demi de large. et ne représente que 44 kilomètres de circonférence, c'est-à-dire qu'elle n'occupe guère plus d'espace que le Paris de 1861. De tous les côtés, elle ne présente que des rocs à pic de 2 à 400 mètres d'élévation au-dessus des vagues qui s'y brisent avec fureur, et ce n'est que de quatre côtés différents que ces intervalles, qu'on pourrait nommer d'immenses crevasses, la rendent accessible. Au milieu de ces aspérités, d'où jail-

lissent des sources d'eau saine et limpide, on trouve quelques vallées, et le sommet présente une plaine d'environ 1,000 hectares de superficie dont le sol est assez favorable à la culture ; plus bas on trouve une autre plaine beaucoup plus petite, puisqu'elle n'a au plus que 125 à 150 hectares, et dont le sol est tellement saturé de sel qu'il ne produit que des plantes marines.

L'île est partagée en deux parties inégales par une chaîne de montagnes coupées de vallées profondes. Le pic de Diane, à l'extrémité orientale de la grande chaîne, a 8 mètres 076 d'élévation au-dessus du niveau de la mer. Le basalte constitue la base du sol ; mais une quantité de laves et de scories dispersées partout en attestent la nature volcanique. Il y a de la chaux d'excellente qualité, des pierres qui prennent un très-beau poli et des argiles de diverses couleurs. On avait cru y découvrir de l'or et du cuivre ; on y soupçonne encore des mines de fer, que le manque de combustible n'empêcherait pas d'exploiter, s'il est vrai qu'elle recèle des couches de houille. La vallée sablonneuse n'est pas le seul point de vue pittoresque qui ait occupé le crayon des dessinateurs. Outre une dizaine d'arbres ou arbustes indigènes, encore mal connus, parmi lesquels se trouvent trois espèces de gommiers, on y voit les plus belles fleurs d'Europe et d'Afrique étaler leurs couleurs brillantes à côté des plantes antiscorbutiques, vantées par les marins. La culture de presque tous les fruits et denrées de l'Europe et de l'Asie y réussit. Les pâturages nourrissent grand nombre de bœufs, de moutons et de chèvres, ressource chérie du navigateur. Mais les rats qui sont venus par les navires d'Europe ont tellement multiplié dans l'île, qu'ils ravagent les champs, rendent la culture fort difficile et la récolte très-problématique. Il n'y a d'autre population que quelques négociants anglais qui spéculent sur les besoins des navires qui passent, et l'île tout entière, y compris la garnison et les esclaves, ne présente pas 4,000 individus. Le climat, d'ailleurs, n'est pas favorable à ce que cette population augmente, car les orages, si fréquents dans cette partie du globe, rendent la température alternativement chaude et humide (1).

C'est là cependant, sur la cime de ce rocher jeté au milieu des mers, que pendant six ans on a pu voir un homme au front calme, à l'œil perçant, au sourire du génie, se résigner à languir dans ce lieu d'exil et dépérir chaque jour sans qu'il lui échappât une plainte ou un soupir! Seulement on aurait pu le voir chaque matin plonger un regard rapide sur l'immensité de l'Océan; jamais il ne saluait l'aurore, mais il tournait son visage vers ce même point du ciel, et un navire qui aurait suivi cette direction serait arrivé aux côtes de France. Cet homme, mis au ban des nations, et qui, relégué à Sainte-Hélène pour y mourir, y a vu s'éteindre dans une longue torture une vie qu'avaient respectée tant de fois les boulets ennemis, cet homme, il n'est pas besoin de le nommer, car il n'y a pas dans l'univers un enfant qui ne puisse dire son nom. Enfin, le 5 mai 1821, le grand homme expira. Son corps reposa à Sainte-Hélène jusqu'en 1840; à cette époque, il fut transporté en France et déposé, au milieu des acclamations de la multitude, dans l'église des Invalides.

L'île de l'Ascension, rocher dépourvu d'eau et presque de végétation, attire les navigateurs par l'immense quantité de tortues qui viennent se reposer sur ses rivages, couverts de laves et de scories volcaniques.

Au fond du golfe de Guinée, une chaîne d'îles semble indiquer la continuation de quelque chaîne de montagnes du continent voisin.

L'île de Fernando-Po, ou plus exactement de Fernaodo-Po, située à douze

lieues au sud de la pointe de Bacxasey, tire son nom d'un gentilhomme du roi Alphonse V de Portugal, qui la découvrit, en 1472, et l'appela lui-même Formosa ou Belle-Ile. Elle a 32 kilomètres de long, du nord-est au sud-ouest, sur environ trois de large. Elle est très-haute, boisée, souvent couverte de nuages, fertile en cannes à sucre, coton, tabac, manioc, patates, fruits et autres denrées. Le Portugal, après l'avoir abandonnée antérieurement, la céda en 1778 à l'Espagne : la population est un mélange de mulâtres et de nègres, qui ne jouissent pas d'une très-bonne réputation. Le mouillage ordinaire, où l'on va faire de l'eau et du bois, n'est qu'une rade ouverte sur la côte du nord.

L'île-du-Prince ou ilha do Principe, à 112 kilomètres au sud-sud-ouest de Fernando-Po, a près de 32 kilom. de long sur 24 de large.

L'air y est sain et agréable, l'eau excellente. Plusieurs ruisseaux frais et limpides descendent à la côte; un petit lac occupe le sommet d'une haute montagne, au milieu de l'le. Elle abonde en bois, en noix de coco, oranges, citrons, figues, patates, ignames, riz, millet, maïs, manioc, animaux domestiques et volailles. La ville, bâtie près de la pointe du nord-est, contient environ trois cents maisons à un étage et deux églises. La population se compose presque entièrement de mulâtres et de nègres; les blancs y sont en très-petite minorité.

A 80 kilomètres dans le sud-ouest de l'île du Prince, sous l'équateur, est l'île de Saint-Thomas : elle a 48 kilomètres de long sur 28 dans sa plus grande largeur, et vingt mille habitants, la plupart nègres ou mulâtres. La partie septentrionale est formée de hautes montagnes terminées en pics, toujours enveloppés de nuages qui, de loin, paraissent comme de la fumée et que des voyageurs ont pris pour de la neige perpétuelle. Au surplus, la chaleur brûlante et continuelle du climat provoque dans les vallons des brouillards épais et fétides, qui couvrent fré-

---

(1) Dans cette île maudite on ne voit ni soleil ni lune pendant la plus grande partie de l'année. Toujours de la pluie ou du brouillard. On n'y peut faire un mille à cheval sans être trempé; et les Anglais eux-mêmes s'y plaignent, tout accoutumés qu'ils sont à l'humidité.   (O'MEARA).

quemment l'île entière et deviennent, surtout pendant les mois de décembre, janvier et février, la cause de maladies nombreuses. En juillet et en août, les vents de sud-est et de sud-ouest raniment les forces défaillantes des Européens ; mais ils sont très-pernicieux aux naturels. On prétend néanmoins que les gens de couleur et les noirs atteignent souvent un siècle et au delà, tandis que les blancs vivent à peine cinquante ou soixante ans. Quoi qu'il en soit, l'étonnante fertilité du sol fait braver tous les inconvénients du climat.

La culture de la vigne y a réussi. Le sucre, les patates, les ignames, les noix de coco, les bananes, les oranges, les citrons, les dattes et les melons abondent partout. La cassave tient lieu de pain. Le cannellier y prospère. Tous les animaux domestiques de l'Europe s'y trouvent en grande quantité. Saint-Thomas ou Panoasan, la capitale, a six cents maisons, la plupart de bois, et quatre églises ; elle est défendue par un fort bâti sur une langue de terre. La rade sert de relâche aux vaisseaux que les vents contraires ont empêché d'atterrir à l'île du Prince.

Parmi les îles voisines de Saint-Thomas, celle de Rolas a 8 kilomètres de long.

L'île d'Anonbon ou Bonanno, découverte par les Portugais le premier jour de l'an 1473, a été cédée à l'Espagne avec celle de Fernando-Po. Elle est à vingt-neuf lieues au sud-ouest de l'île de Rolas, et peut avoir sept à huit lieues de circonférence. C'est une haute terre, d'un climat salubre et sillonnée de vallons riants que bordent des montagnes parées d'une riche verdure et couronnées de brumes qui ne nuisent point à la santé. On en tire des oranges délicieuses et très-grosses, du coton, du tamarin, des pommes-grenades et toutes les denrées des îles précédentes, contre du sel et de vieux effets d'habillement. La population est de huit à neuf cents habitants, qui sont les descendants d'esclaves jetés sur cette île dans un voyage au Brésil.

Anonbon, de même que Fernando-Po, est habité par des nègres indépendants ; Rolas et Saint-Thomas appartiennent à l'Angleterre.

Au sortir du golfe de Guinée, et en s'élevant directement aux îles du cap Vert, par les méridiens de ces îles mêmes, on traverserait ces parages, funestes au navigateur, où de longs calmes tiennent les vaisseaux enchaînés sous un ciel chargé de nuages électriques versant tour à tour des torrents de pluie et des torrents de feu. On évite autant qu'on peut cette *mer de tonnerre*, foyer de maladies mortelles, soit en serrant les côtes d'Afrique, soit en cherchant celles d'Amérique.

L'archipel des îles du cap Vert, appartenant aux Portugais, comprend dix îles, outre les îlots et rochers. La principale est celle de San-Iago. Le premier aspect rebute l'œil par l'image de l'aridité ; on dirait qu'elle sort d'un incendie. Des rochers nus, jetés en désordre l'un sur l'autre, découpés, brisés par des fractures bizarres, s'élèvent du sein de la mer et s'élancent jusque dans les nues. A terre, le déplorable état des habitants attriste l'âme ; ils ont le teint si foncé, que l'on ne soupçonnerait guère dans leurs veines le moindre mélange du sang européen, s'ils ne se vantaient pas eux-mêmes d'être Portugais. Le clergé est composé de gens de couleur et même de nègres. La misère générale dérive, partie de la mauvaise administration, partie des sécheresses qui quelquefois accablent l'île pendant plusieurs années de suite. La principale production est le sel, dont la vente, exclusive pour le Brésil, se fait au bénéfice du gouvernement. Le long des coteaux et dans les vallées où la rosée et l'humidité de l'air maritime entretiennent la végétation, les cocotiers, les bananiers, les papayers, brillant d'une éternelle verdure, offrent leurs fruits salutaires. Les tamariniers et les adansonies y étalent un large ombrage. Rien n'égale la beauté des oranges et des citrons du pays. Les goyaves, les figues, ainsi que les patates douces, les citrouilles et les melons d'eau, sont d'une excellente qualité. La vigne et la canne à sucre y réussissent. L'indigotier et le cotonnier, quoique abandonnés à eux-mêmes, ont la croissance la plus vigoureuse. Le duvet soyeux des asclépiades, qu'on voit fleurir partout, sert à rembourrer les oreillers et les matelas. Le riz, le maïs, le millet, le manioc, la canne à sucre forment la nourriture ordinaire du peuple ; mais lorsque les pluies périodiques manquent, le sol, calciné par un soleil dévorant, résiste à la bêche, et le pauvre est exposé à périr d'inanition : car le thermomètre de Farenheit ne descend guère au-dessous de 80°, et monte souvent au-dessus de 90.

Les montagnes de l'île sont remplies de chèvres et de petits bouvarts. Les paysans donnent la chasse aux oiseaux de Guinée, aux ramiers, aux tourterelles et à d'autres volailles sauvages. Le seul poisson passable de la mer est une espèce de mulet ; mais les tortues de terre, qui fourmillent dans les vallées, fournissent un mets délicieux. L'eau potable est rare. La ville de Puerto Praya, où abordent les navigateurs, est armée de deux rangées d'humbles maisons rustiques, mêlées de quelques cabanes encore plus misérables. Mais San-Iago, l'ancien chef-lieu, et Ribeira-Grande, la résidence des autorités, ont meilleure apparence et renferment même des édifices assez considérables.

L'île de Mayo, riche en bestiaux et en coton ; l'île de Fuego (du Feu), qui, malgré son volcan très-actif, produit de bons fruits, et l'île Brava ou Saint-Jean, qui donne d'excellent vin et du salpêtre, forment avec celle de San-Iago une chaîne dirigée de l'est à l'ouest.

L'île Boa-Vista (Bonne-Vue), remarquable par un sol moins élevé, très-fertile en coton et en indigo, forme, avec l'île du Sel ou do Sal, une ligne nord et sud.

Les quatre îles restantes font partie d'une chaîne dirigée du sud-est au nord-ouest, et se succèdent dans l'ordre suivant. St-Nicolas, une des plus grandes et la mieux policée de tout l'archipel, renferme une ville du même nom où l'on fabrique de très-belles étoffes de coton. L'île a le sol montueux et fertile en fruits, mais on n'y récolte qu'un vin aigrelet. Santa-Lucia, élevée et boisée, n'a que des eaux saumâtres. San-Vincente, île inhabitée, est, de même que la précédente, riche en bois et en tortues. San-Antonio, dont les montagnes égalent, dit-on, le pic de Ténériffe en élévation, nourrit, dans ses vallées, bien arrosées, l'indigotier et le dragonnier, l'oranger et le citronnier.

Malgré les sécheresses auxquelles ces îles sont exposées, leur produit naturel en coton, indigo, fruits, sel, peaux de chèvre et huile de tortue pourrait leur donner une certaine valeur sous une administration intelligente.

Au nord des îles du cap Vert, les eaux de l'Océan disparaissent sous une couche épaisse de varech, qui, semblable à une prairie flottante, s'étend jusqu'au vingt-cinquième parallèle ; les navires s'en dégagent avec difficulté. On voit d'autres amas de varech dans les parages plus au nord-ouest, presque sous le méridien des îles Açores, Cuervo et Flores, entre les vingt-troisième et trente-cinquième parallèles nord. Les anciens connaissaient ces parages, semblables à des prairies. « Des navires phéniciens, « dit Aristote, poussés par le vent d'est, « arrivèrent, après une navigation de « trente jours, dans un endroit où la « mer était couverte de roseaux et de « varech. » Quelques personnes ont pensé que cette abondance de varech était un phénomène qui prouvait l'ancienne existence de l'Atlantide engloutie. Il paraît que du temps de Christophe Colomb ces faits étaient oubliés, car ses compagnons furent saisis d'effroi en voyant si abondante en plantes cette partie de la mer que les Portugais appelaient mar de Sargasso.

Le célèbre archipel des îles Canaries nous ramène vers l'empire de la civilisation. C'est presque une partie de l'Europe. Que n'a-t-on pas écrit sur la douce température de ces îles et sur les riants paysages qu'enferme leur enceinte de rochers ?

Lancerote commence la chaîne à l'est. Dépouillée de ses forêts, elle éprouve, comme le continent voisin, des sécheresses destructives ; cependant elle nourrit des chameaux en grand nombre et exporte du blé, de l'orge, des légumes. La vigne y croît avec force dans les cendres volcaniques. Téguise en est la capitale. Cette île possède les deux meilleurs ports de l'archipel.

Fortaventure, dont le nom indigène etait Erbania, n'offre qu'une continuation du sol de Lancerote. L'eau de citerne fournit presque seule aux besoins des habitants. Dans les bonnes années, elle exporte néanmoins du blé et de l'orge. On y recueille aussi de la soude, du coton et du vin de médiocre qualité. Betancuria, le chef-lieu, conserve le nom du premier conquérant moderne des Canaries.

Les quatre îles de la Grande-Canarie, de Ténériffe, de Gomère et de Palma forment une chaîne de montagnes très-élevées, et qui se dirigent de l'est à l'ouest. Canarie, douée d'un sol très-fertile, arrosée de ruisseaux limpides, jouissant d'une température modérée, serait la plus importante de cet archipel, si elle avait une meilleure rade. Elle produit du maïs, du blé, de l'orge, du vin, du sucre très-estimé, des olives et de la soie. La ville de las Palmas est le siége des autorités.

Ténériffe, la plus peuplée et la plus grande de ces îles, portait, chez les indigènes, le nom de Chinérife. Les montagnes basaltiques dont sa masse est formée s'élèvent généralement à 1,200 mètres au-dessus du niveau de la mer. La partie méridionale renferme le fameux pic de Teyde, ou plus exactement d'Echeyde, c'est-à-dire de l'Enfer. Il portait encore, chez les Guanches, le nom d'Aya-Dyrma : c'est peut-être celui de tous les monts volcaniques dont la renommée se soit le plus occupée dans les temps modernes. Cependant ce n'est que depuis peu qu'on en a déterminé avec exactitude l'élévation, qui est de 3,808

mètres. Le cratère lance de temps à autre des fumées, et le sol qui l'environne est en plusieurs endroits assez échauffé pour qu'en y marchant on s'expose à avoir ses souliers calcinés.

Au pied de ce mont ignivome s'étend une des plus belles contrées du monde. Les coteaux, cultivés en plusieurs endroits avec autant de soin qu'un jardin, produisent les fruits les plus délicieux et les vins les plus exquis. La flore de Ténériffe peut donner une idée de celle de toutes les Canaries. Le bananier, le papayer et la magnifique poinciade ornent les jardins ; le trichomane des Canaries, jolie fougère, tapisse les murs. Les cactus, les cacalies, les euphorbes rappellent par leurs formes raides et pointues l'aspect végétal de l'Afrique.

Les villes de Ténériffe, auberges des navigateurs, ont été vingt fois décrites avec plus de soin que celles de plusieurs contrées européennes. Santa-Cruz, qui en est la principale et qui compte 15,000 habitants, sert de siége au gouvernement des Canaries. Laguna, ancienne capitale de l'île, vante son climat délicieux, et Orotava rivalise avec les plus beaux sites du monde. Dans le jardin de botanique, établi près de cette ville, les végétaux de l'Ancien et du Nouveau Monde entremêlent leur feuillage.

Gomère, petite île très-fertile et bien arrosée, peut se suffire presque à elle-même. Les montagnes de granit et de schiste micacé sont couvertes de forêts et entrecoupées de vallées délicieuses où croissent des lauriers, des dattiers, des citronniers, des figuiers, des noyers, des mûriers. Les herbes potagères et légumes, les grains, les fruits, les poires de serre, les patates, les ignames, le vin, le miel, les bêtes à cornes et à laine, les mulets, les volailles, le gibier, y abondent.

Saint-Sébastien, le chef-lieu, a un bon port, où Christophe Colomb fit radouber ses vaisseaux en 1492, avant d'aller chercher un nouveau monde.

Palma a le sol plus élevé que Ténériffe, montueux, coupé de ravins, rempli de cavernes : volcanique et assez aride dans la partie du sud, elle n'est en général fertile et peuplée que sur les côtes, où l'on recueille des légumes, de bon vin, beaucoup de sucre, employé principalement à confire les fruits dont l'île abonde.

Santa-Cruz de las Palmas, la capitale, a un bon port.

L'île de Fer, la plus occidentale des sept Canaries, a le sol vulcanisé et peu fertile. Après avoir gravi un talus de plus de 4 kilomètres qui s'élève du bord de la mer, on y trouve des guérets fleuris où de nombreuses abeilles ramassent du miel. Valverde est le chef-lieu de cette île. Elle n'a que peu de sources ; mais l'humidité du sol est entretenue par de fréquents brouillards, qui l'ont fait surnommer, par les Canariens, terre noire. On y recueille peu de grains, beaucoup d'orseille, et on y fabrique annuellement une grande quantité d'eau-de-vie, qu'on tire du vin et des figues. Les pâturages nourrissent une grande quantité de bestiaux, dont la chair est du meilleur goût, et les forêts renferment des cerfs et des chevreuils.

En passant devant le groupe de rochers appelés les îles Salvages ou Sauvages, nous arrivons à l'île de Madère, qui, avec celle de Porto-Santo et avec quelques îlots déserts, forme un groupe particulier.

Le sol montueux de Madère s'élève de toutes parts vers une chaîne de montagnes dont le sommet s'appelle le pic Ruivo, haut de 1,690 mètres. On y remarque sur le sommet un enfoncement appelé par les habitants Val, et qui paraît être la bouche d'un ancien cratère.

Le climat est doux, tempéré et fort agréable ; on y jouit d'un printemps presque perpétuel. Dans la saison froide, le thermomètre marque régulièrement 65 à 70 degrés de Fahrenheit ; il est rare de le voir tomber à 55. Pendant l'été, il se tient entre 66 et 76 degrés. Les vents brûlants apportés de l'Afrique le font monter à 90 ou 95. Cette chaleur extraordinaire est promptement rompue par des orages qui lui succèdent. Le vent de nord-est règne dans l'intérieur de l'île. A la côte méridionale,

on ressent le matin, pendant neuf mois de l'année, une douce brise d'est, qui tourne à l'ouest vers midi.

L'île est riche en sources, et arrosée par une quantité de petites rivières qui descendent des montagnes, et forment souvent dans les ravins des cascades très-pittoresques : on en distribue les eaux sur le sol souvent pierreux des jardins et des vignes, au moyen de digues et de fossés soumis à l'inspection d'officiers particuliers.

L'abondance des bois dont elle était autrefois couverte, lui avait fait donner le nom de Madeira (bois de construction). Pour en faciliter le défrichement, on y mit le feu, qui, dit-on, dura sept ans. Aujourd'hui, les jardins et les vergers sont ornés d'une grande variété d'arbres fruitiers, tant de l'Europe que des tropiques. Les champs sont ornés de genêts, de cytises, de myrtes, de figuiers d'Inde, d'euphorbes, de framboisiers, de rosiers, de jasmins, de limoniers aquatiques, de phillyres, de dragoniers.

Les vignobles, pour lesquels on a ménagé avec soin des moyens d'irrigation, s'élèvent sur les coteaux méridionaux des montagnes, à une hauteur d'à peu près 8 kilomètres. Les raisins mûrissent à l'ombre des treilles, et sont récoltés après s'être à moitié séchés sur pied. Le précieux vin de Malvoisie provient de ceps apportés primitivement de Candie. L'autre sorte, plus abondante, est célèbre sous le nom de madère sec. Les grains de l'île, le froment surtout, et l'orge sont excellents.

Madère renfermait, en 1767, une population de 64,000 âmes; elle est aujourd'hui de 100,000.

L'île de Madère est divisée politiquement en deux capitaineries. Celle de Funchal, la plus fertile et la mieux peuplée, comprend la capitale du même nom, ville très-agréablement située, sur la côte du sud, au pied de hautes montagnes, et défendue par plusieurs forts. Elle renferme deux mille maisons et 20,000 habitants.

L'île de Porto-Santo, située dans le

nord-est de Madère, n'est qu'une montagne rapide, souvent enveloppée de nuages, bordée d'une lisière de terre basse, et peuplée d'environ 2,000 habitants. Le territoire, assez fertile, produit de bons vins, des oranges, de l'orge, du seigle, du froment. On y trouve beaucoup de lapins et de chèvres, des perdrix, des pigeons et des tourterelles sauvages, des abeilles qui donnent un beau miel, des bœufs, des moutons, des cochons, même quelques chevaux et mulets. Le bourg du même nom, sur la côte méridionale, a un assez bon mouillage.

Une navigation occidentale de 880 kilomètres nous conduit à l'archipel des îles Açores (1), qui a tiré ce nom de la grande quantité d'autours (en portugais azor) dont elles se trouvaient peuplées lors de la découverte. On les appelle aussi Terceires, d'après la plus grande d'entre elles, ou Flamandes, Flamengas, d'après les navigateurs flamands qui s'y rendirent presqu'en même temps que les Portugais, et qui les peuplèrent en partie. Les Anglais les désignent quelquefois sous le nom de Western Islands, îles occidentales.

Elles gisent du sud-ouest au nord-est, en formant trois groupes. Celui du sud, le plus proche de la route que suivent les vaisseaux venant d'Europe, se compose des îles Sainte-Marie et Saint-Michel. Le groupe du milieu comprend Terceire, Saint-George, Gracieuse, Fayal et Pico ; au nord, se trouvent Flores et Corvo. L'air y est sain, le climat agréable et plus doux que dans les pays de l'Europe situés sous la même latitude. La chaleur de l'été est tempérée par des brises de mer, et l'hiver se marque seulement par des temps couverts, des pluies et des vents qui prennent quelquefois la force d'un ouragan. Jamais le froid n'est assez sensible pour forcer

les habitants à chauffer leurs appartements.

L'excellent climat des îles Açores en favorise tellement la population, qu'elles ont pu fournir des colons au Brésil et même à la province d'Alentejo, dans le Portugal. La population de ces îles dépasse 200,000 âmes. Saint-Michel, Fayal et Gracieuse sont les mieux peuplées. Les habitants sont tous blancs, à l'exception d'un petit nombre de nègres employés comme domestiques.

L'île de Saint-Michel ou San-Miguel, la plus voisine du Portugal, a 72 kilomètres de long sur 16 de large ; les hautes montagnes qui bordent une partie de ses côtes portent toutes des traces d'éruptions volcaniques. La végétation de cette île est partout luxuriante ; on y récolte en abondance des oranges, des limons ; les vins qu'elle produit sont délicieux, ses pâturages excellents. Sa population dépasse 90,000 âmes.

Punta-Delgada, la capitale de l'île, peuplée de 15,000 habitants, fait un commerce considérable des productions du pays, tant avec l'Europe qu'avec l'Amérique. Elle n'a cependant qu'une mauvaise rade, défendue par le fort de Saint-Braz. Ribeira-Grande, ville de 10,000 habitants, a de nombreux métiers pour toiles.

Un phénomène du plus grand intérêt doit encore nous retenir quelques moments dans ces parages ; il faut considérer une de ces îles volcaniques, qui tantôt élèvent au-dessus des flots leurs sinistres sommets, et tantôt s'enfoncent de nouveau dans les abîmes. La mer des Açores renferme probablement plus d'une montagne volcanique, semblable à celles qui, dans les îles, s'élèvent au-dessus de la surface des eaux.

L'île Sainte-Marie, la plus au sud-ouest de toutes et l'une des plus petites, ne renferme que 15,000 habitants. Le sol, très-haut élevé dans l'est, descend un peu vers le couchant. On y extrait du marbre et une terre argileuse qui donne la plus fine poterie. Elle possède encore une espèce d'oiseaux marins de Guinée, appelée *garajaô*. On en exporte

<hr>

(1) Plusieurs géographes placent les Açores au nombre des îles européennes ; d'autres veulent qu'elles appartiennent à l'Afrique : Malte-Brun étant de ces derniers, nous avons dû respecter son opinion.

du froment, du vin, des bestiaux, de la chaux et de la poterie. *Villa-de-Santa-Maria* en est le chef-lieu. Au nord-est de cette île, à la distance de cinq milles, se trouvent les *Formigas*, groupe d'îlots et de rochers inhabités, qui pourraient bien appartenir au sommet d'un volcan sous-marin.

L'île de Terceire a des côtes généralement hautes et en partie inaccessibles. Quoique le sol n'y paraisse pas volcanique, elle n'en a pas moins été récemment très-sujette à des tremblements de terre.

L'entretien des bestiaux, favorisé par de superbes pâturages, y est plus étendu que dans les autres Açores : aussi les fromages et les jambons de Terceire sont renommés.

La population s'élève à 40,000 âmes.

Angra, la capitale, renferme plus d'un tiers de la population. Elle est le siége des autorités ecclésiastiques, civiles et militaires de tout l'archipel. Les habitants exportent dans leurs propres vaisseaux des grains, du lin, des toiles et du vin. Angra est aussi la relâche ordinaire des vaisseaux portugais qui se rendent au Brésil et aux Indes.

L'île de Saint-Georges ou Saô-Jorge, entre les îles Gracieuse et Pico, est haute, sans être montueuse. Dans le sud, il y a des vignobles dont le produit est préféré aux autres vins des Açores, et d'excellents pâturages. Outre les avantages dont jouissent les autres Açores, l'île possède encore abondamment du bois, même de construction, et la meilleure eau. La population excède 15,000 âmes.

Gracieuse, l'une des plus petites, est située au nord-ouest de Terceira. L'aspect enchanteur des trois montagnes qu'elle présente, vue du sud-ouest, la prodigieuse fertilité de son sol et la salubrité toute particulière de son climat lui ont valu le nom qu'elle porte. On en tire des grains, des légumes, des herbes potagères, des fruits, du vin, de l'eau-de-vie, du beurre et du fromage ; mais l'île manque de bois à brûler. La population s'élève à 10,000 âmes.

L'île de Fayal, la plus occidentale du groupe central, a plus de 18,000 habitants. Des rochers hauts et escarpés bordent presque partout la côte. Le sol, onduleux et couvert d'une riche verdure, s'élève vers le milieu de l'île où des montagnes rangées en cercle entourent une vallée profonde, large de quatre kilomètres.

Le climat de l'île est, en général, délicieux et très-salubre ; le sol est si fertile, qu'on y fait souvent double moisson de froment et de maïs. Dans les jardins et les vergers, la pomme de terre, récemment introduite, croît à côté des citronniers et des orangers ; mais il y a peu de vignobles, et leur produit est de médiocre qualité.

Villa da Orta, le chef-lieu de l'île, peuplée de 6,000 âmes, n'est qu'un bourg bâti en amphithéâtre, sur une baie spacieuse, qui offre un assez bon mouillage. Autour de la baie, les forêts de citronniers et d'orangers s'étendent à perte de vue le long des coteaux. C'est l'entrepôt de toutes les productions des îles de Fayal et de Pico et le centre d'un grand commerce. Il y a des consuls français, anglais, espagnols et américains.

Pico, très-rapprochée de Fayal, est la plus grande des Açores après Saint-Michel ; mais elle n'a que 30,000 habitants. La partie occidentale ne présente qu'un amas de montagnes, surmonté par le Pico, ancien volcan qui a donné son nom à l'île, et qui s'élève près de la côte à une hauteur de 2,500 mètres. Au haut du sommet, presque toujours enveloppé de nuages ou couvert de neiges, on trouve un cratère qui jette continuellement de la fumée. Plus bas on rencontre de grandes cavernes, dont les voûtes distillent une quantité d'eau. La verdure commence à paraître : petit à petit des forêts succèdent aux broussailles, et des pâturages d'herbes aromatiques invitent les troupeaux. Enfin, les coteaux inférieurs, où les habitants ont recouvert les pierres et la lave avec de la terre, en partie achetée à Fayal, et péniblement transportée sur ces hauteurs, nous montrent ce que peuvent le travail et la persévérance humaine, luttant avec la nature. D'excellents vignobles, abrités par des murs contre des vents de mer, y occupent une vaste étendue.

La partie orientale de l'île est basse, unie et fertile. On y récolte néanmoins à peine une quantité de grains suffisante pour la moitié des habitants, et les pauvres tirent leur principale subsistance des yams qui abondent. D'ailleurs tous les fruits du midi de l'Europe y viennent en abondance et d'excellente qualité. Le vin, cependant, forme la plus grande richesse de l'île.

Les habitants de Pico sont renommés pour la beauté de leurs formes, la vivacité de leur esprit, par leur amour du travail et de la propreté. Ils descendent, comme ceux de Fayal, en très-grande partie des colons flamands amenés par Jobs de Hurter, beau-père du célèbre géographe Martin Behaim.

L'île de Flores, située au nord-ouest de Fayal, est escarpée à la côte, montueuse dans l'intérieur, recouverte d'une mince couche de terre, bien arrosée par des ruisseaux limpides qui forment plusieurs belles cascades. Exempte de tremblements de terre, elle est en revanche exposée à des vents violents, qui souvent détruisent l'espérance du cultivateur. Des forêts de gros cèdres ornent les montagnes ; les plaines produisent du froment, du seigle, des yams et des yuncas, racine tubéreuse dont la farine, mêlée à celle de seigle, donne de bon pain ; les roches de la côte sont couvertes d'orseille. On n'y cultive point la vigne, et le maïs n'y réussit pas. L'entretien des moutons et des poules obtient des soins particuliers. On y compte plus de 4,000 habitants, occupés en partie à la fabrication de lainages.

L'île de Corvo, la plus petite des Açores, et la plus au nord, est quelquefois comprise, avec l'île précédente, sous le nom commun de Os Corvos. Plus froide que celle de Flores, elle abonde en excellent froment, en légumes, en yams, en bestiaux et bois de cèdre. La population ne se monte qu'à 1,000 ou 1,200 individus, qui vivent dans une sorte de communauté de biens. C'est ainsi qu'ils partagent entre eux le lait de leurs troupeaux, le bois qu'il leur a été permis de couper et la laine de leurs troupeaux, dont ils font de grosses étoffes. Il y a quelques mouillages à la côte et, aux extrémités nord et sud de l'île, deux montagnes, dont l'une renferme dans un enfoncement du sommet un lac d'eau douce.

Nous ne terminerons pas cette description des îles Açores, description puisée dans des sources vierges et authentiques, sans faire observer qu'elles avaient été visitées au moins un siècle avant que les Portugais ne crussent en faire la découverte. Non-seulement les descriptions des géographes arabes indiquent évidemment d'autres îles que les Canaries, mais les Açores paraissent même sur les cartes manuscrites du xive siècle.

Iles d'Afrique dans l'Océan Indien.

En quittant le continent de l'Afrique par sa pointe orientale, nous rencontrons d'abord l'île de Socotra, terre aride, pierreuse, presque entièrement dépourvue d'eau et de végétation : le vent porte le sable du rivage jusque sur le sommet de la chaîne centrale des montagnes. Cependant, dans les vallées abritées, il croît le meilleur aloès que l'on connaisse, ainsi qu'une grande quantité de dattes. Elle abonde en chèvres et en volaille, mais on y trouve très-peu de bœufs.

A 1,200 kilomètres sud de Socotra, s'étend une série de petits archipels découverts par les Portugais.

On donne le nom d'Amirantes au groupe le plus occidental, composé de treize petites îles peu élevées, fournies d'eau douce, abondant en cocotiers, et peuplées de tourtereaux que les voyageurs peuvent quelquefois prendre à la main. Un groupe plus oriental a reçu le nom d'îles Seychelles. La plus grande, l'île de Mahé, est devenue remarquable par l'établissement que les Français y avaient formé, et où ils cultivaient avec succès le muscadier et le giroflier. Un excellent port rend cette île importante pour la navigation ; aussi les Anglais ont-ils eu soin de se le faire céder.

L'île des Palmiers se fait encore distinguer dans cet archipel, par une production particulière : c'est l'espèce de palmier qui donne naissance au fruit nommé la noix maldive, ou le coco de mer.

Une multitude d'îles peu connues, parmi lesquelles on remarque les Sept-Frères, Diego Garcia, Adu et Candu, s'étendent à l'est des Seychelles jusqu'aux Maldives et même au-delà du méridien de l'île de Ceylan, dans la direction de Sumatra. Elles sont toutes inhabitées. On voit également au sud-ouest des îles Seychelles un assez grand nombre d'îlots et de récifs étendus qui lient cet archipel à Madagascar et à l'Afrique. Ainsi la partie de l'océan Indien qui s'étend de la côte de Zanguebar à celle du Malabar, et de l'Arabie aux Seychelles et aux Maldives, forme une espèce de mer séparée, ou, si l'on veut abuser de ce terme, une méditerranée.

L'entrée ordinaire de cette mer est le canal de Mozambique, entre Madagascar et l'Afrique. Au nord de ce canal, semé de bancs et de récifs, se montre l'archipel des îles Comores. Elles sont au nombre de quatre. Celle d'Anjouan ou Joanna, proprement Hinzouan, a sur les autres l'avantage de plusieurs rades commodes et d'aiguades faciles. Elle est d'un aspect très-pittoresque. Des montagnes imposantes, ombragées de bois d'une fraîche verdure, variées par de belles clairières et coupées par de profondes vallées, s'élèvent majestueusement les unes sur les autres jusqu'à une hauteur de 1,000 à 1,200 mètres, et se terminent par un pic beaucoup plus élevé et couvert d'une éternelle végétation. L'île entière paraît avoir subi l'action d'un volcan considérable ; partout on rencontre les traces d'un feu violent. Elle peut avoir environ 10,000 habitants.

Angazija, ou la grande Comore, située à 100 kilomètres dans le nord-ouest d'Anjouan, est un assemblage imposant de montagnes dont les différents groupes ont leur base très-près des bords de la mer, et se réunissent tous en un sommet commun qui peut avoir de 2,400 à 2,600 mètres d'élévation. Elle n'a aucune rade, mais plusieurs villages.

Mouhilly ou Malalé, à 20 kilomètres dans l'ouest-sud-ouest d'Anjouan, est entourée d'une chaîne de récifs. Elle a deux bourgades.

L'île de Mayotte, la plus petite des quatre, à 28 kilomètres dans le sud-sud-ouest de Hinzouan, n'offre qu'un seul mauvais mouillage. Sa population ne s'élève guère au-dessus de 2,000 âmes.

Placées sous un beau ciel, les îles Comores ne possèdent aucun des insectes incommodes qui désolent les contrées de l'Inde, la côte d'Afrique et l'île de Madagascar, mais les champs fourmillent de petites souris.

Les Comorois sont en général doux, honnêtes, hospitaliers, très-affables et déjà parvenus à un degré de civilisation que l'on ne trouve pas dans les habitants de la partie du continent et de la grande île dont ils sont voisins.

Nous passons, par un court trajet, à une des plus grandes îles du monde et à une contrée encore plus intéressante par la variété d'objets curieux qu'elle présente, que par son étendue et l'importance dont elle pourrait être entre les mains d'une nation active, l'île de Madagascar, dont, à ce qu'on prétend, le nom indigène est Madécasse.

Les Portugais, qui la découvrirent en 1506, sous les ordres de Lorenzo Almeida, lui donnèrent le nom de Saint-Laurent ; les Français l'appelèrent île Dauphine.

Longue de plus de 1,360 kilomètres et large dans quelques endroits de 480, cette île, quoique comprise presque entièrement dans la zone torride, offre, grâce à l'élévation du sol, la plus agréable variété des saisons et jouit en partie de tous les avantages des climats tempérés. Une double chaîne de montagnes, hautes de 2,400 à 2,600 kilomètres, la parcourt du nord au sud, en renfermant, selon toute probabilité, une sorte de plateau central, qui sépare deux parties maritimes à peu près égales, et donne naissance à une multitude de rivières poissonneuses sujettes à des débordements périodiques. Les plus considérables sont le Mouroundava, sur la côte occidentale, le Mananzari et le Manangara, sur l'orientale. L'Andévourante est navigable pour des pirogues l'espace de 140 kilomètres. Le Mangourou, l'une des plus belles, sort du lac d'Antsianaxe, qui peut avoir 100 kilomètres de circonférence. Quatre autres lacs, le Rassoi-Bé, le Rassoi-Massaïe, l'Irangue et le Nossi-Bé, prolongent la côte de l'est en communiquant entre eux.

En général, la position de Madagascar à l'entrée de l'océan Indien et vis-à-vis de la côte sud-est d'Afrique, la fertilité, l'élévation progressive et l'exposition variée du terrain, les différentes modifications de l'air qui, dans une étendue de 14 degrés du nord au sud, permettent la culture de tous les végétaux propres aux zones chaudes et tempérées ; tout, en un mot, fait de cette grande île l'un des points les plus importants du globe, sous le rapport colonial et commercial. Sa possession est devenue plus précieuse encore depuis la perte de l'île de France, qui d'ailleurs n'aurait jamais suffi à un grand établissement maritime, indispensable à toute puissance qui voudra se fixer dans l'Inde d'une manière avantageuse et solide. Or, Madagascar abonde en mouillages commodes, en bois de construction et en toutes sortes de vivres.

Cette belle île offre une richesse de productions si grande, qu'il faudra bien du temps pour les connaître toutes. Elle est parsemée de cristal de roche ; on en rencontre des blocs de la plus grande beauté, qui ont jusqu'à dix mètres de circonférence : les sables de l'île, qui ne sont que des débris de cette roche, donneraient du verre très-blanc : on y trouve des grenats, de très-belles agates noires et plusieurs autres pierres précieuses de moyenne qualité. Les montagnes renferment de l'étain, du plomb, mais principalement du fer, dont les naturels exploitaient autrefois les mines. Il paraît aussi qu'il y en a de cuivre, d'or pâle et d'autres métaux. On trouve dans la partie occidentale des bancs de sel gemme. Parmi les plantes, on remarque le gingembre, le poivre, le curcuma ou safran des Indes, du tabac très-estimé, du riz et des ignames de plusieurs sortes ; le sanga-fanga, qui a beaucoup d'analogie avec le papyrus des anciens. Ce pays fournit en outre quelques bois précieux, tels que le sandal et l'ébène noir, blanc, vert et blanc moucheté. La vigne y prospère, et la canne à sucre vient naturellement.

Le règne animal, comme dans toutes les îles, offre moins de variété. L'éléphant et le lion sont inconnus, mais l'antamba paraît être une espèce semblable au léopard. Le farassa ressemble au chacal. Les bœufs de Madagascar sont tous des zebous ou bœufs à bosse de graisse. Quelques-uns manquent entièrement de cornes ; d'autres n'ont que des cornes adhérentes seulement à la peau, mobiles et pendantes. Les autres animaux remarquables sont les ânes sauvages, aux oreilles énormes, les sangliers, les chèvres infiniment fécondes, des moutons à grosse queue, le sandrec, espèce de hérisson bon à manger, la grosse chauve-souris, dont la chair est fort délicate ; le makis et l'aï, animal qu'on n'a trouvé que dans cette île. Les forêts recèlent des bandes de poules, de pintades, de faisans, de ramiers, d'oies, de canards, de perroquets. Les sauterelles obscurcissent quelquefois l'air et servent de friandise aux naturels. On y trouve quatre espèces de vers à soie qui suspendent leurs cocons aux arbres. Les eaux de Madagascar fourmillent de poissons, et la plage abonde en différentes sortes de crustacés et de coquillages.

Nous allons maintenant décrire les diverses provinces ou contrées dans lesquelles cette île est partagée, en descendant d'abord le long de la côte orientale, en passant ensuite aux districts du centre et en terminant par la côte occidentale.

Le pays des Antavarts, c'est-à-dire « peuples du tonnerre, » parce que les orages viennent ordinairement de leur côté, s'étend depuis le cap d'Ambre jusqu'à quelques lieues de Foulpointe, et comprend les grandes baies de Vohemar et d'Antongil, ainsi que l'île Sainte-Marie, appelée dans le pays Nossi-Ibrahim. Il est bien cultivé et fertile surtout en riz.

La province des Bestimessaras ou Betsimicaracs, ou peuples unis, formés par la réunion des Zaphi-Dzabais, des Zaphi-Dieunisois, des Antantsicanes, des Anterouibais et autres, est la plus fréquentée par les Européens. On y achète une grande quantité de riz et de bestiaux. Il y a deux excellentes rades, Foulpointe, où les Français avaient un établissement, et Tamatave, qui réunit peut-être plus d'avantages.

Plus loin, on rencontre les Bétanimènes, ou peuples de la Terre-Rouge, autrefois Sicouas, bornés à l'ouest par les Bezonzons et au sud par les Antaximes. C'est la plus belle, la plus fertile et la mieux peuplée parmi les provinces du bord de la mer, et ses habitants sont les plus doux et les plus sociables de toute l'île. Le pays doit en partie sa fécondité à la rivière d'Andevourante, dénommée d'après le cheflieu des Bétanimènes.

On représente les Antaximes, ou peuples du sud, comme pauvres, grossiers et brigands, sans industrie et sans commerce. Ils négligent même la culture de leur pays, arrosé par les deux plus belles rivières de Madagascar, le Mangourou et le Mananzari. L'air y est beaucoup plus sain que dans la partie du nord; mais on n'y trouve aucune bonne rade, et les Européens évitent cette côte inhospitalière.

Le pays des Antambasses s'étend à l'extrémité sud-est de l'île, depuis la baie de Sainte-Luce jusqu'à l'extrémité de la vallée d'Amboule, l'espace d'environ 100 kilomètres et autant du nord au sud. Siangourih en est la capitale. Les hommes sont grands, robustes, toujours gais, doux et généreux, mais paresseux à l'excès et dans la plus affreuse misère. Les femmes, en général, n'atteignent pas la taille que la nature semble leur avoir assignée : comme ailleurs, elles sont pour l'ordinaire laides et fort débauchées. L'anse Dauphine est sur la côte.

Les Antanosses, au sud, et les Taissambes, à l'ouest, étaient réunis autrefois en un seul corps de nation, avec les Antambasses.

Passons aux tribus de l'intérieur. Les Antambanivouls ou Ambanivoules, c'est-à-dire les habitants du pays des bambous, moins corrompus que les peuples du bord de la mer, passent chez ceux-ci pour grossiers. Pasteurs et cultivateurs, s'ils manquent d'usage, au moins ils n'ont pas de vices.

Les Antsianakes demeurent depuis les sources du Manangoura jusqu'aux confins du pays des Antavarts. Leurs villages sont bien policés et assez bien bâtis, et leurs plantations de riz bien entretenues.

La province des Bezonzons ou Besombsons comprend quatorze villages dans une vallée ceinte de hautes montagnes qui les séparent, à l'est des Bétanimènes et, à l'ouest, des Antancayes. Le voyageur est surpris, en franchissant ces montagnes, de voir à ses pieds des plaines bien cultivées et arrosées d'un grand nombre de ruisseaux, et d'y trouver une réunion d'hommes totalement isolés, vivant en paix, jouissant des douceurs de la vie sans en craindre les vicissitudes.

La province d'Ancove est bornée à l'est par le Mangourou, touche à l'ouest au pays de la reine de Bombétoc et à la province de la baie Saint-Augustin. Ce pays jouit d'un ciel pur et sain, mais froid. La population y est prodigieuse; les plaines sont semées de villages, et les crêtes de montagnes en sont couvertes. Tananarive, capitale de cette province, est aussi aujourd'hui la capitale de l'île de Madagascar ; elle renferme 50,000 habitants. C'est le siége du gouvernement de la reine Tanavola-Manjoka.

De toutes les castes qui sont dispersées sur la surface de Madagascar, celle des Hovas est la seule qui se rapproche de nous par ses connaissances dans les arts.

Ils travaillent en métal aussi bien que les Européens, et contrefont avec une grande facilité la plupart des objets de fabrique étrangère qu'on leur montre.

Les Andrantsayes, peuples pasteurs, brutes et lâches qui avoisinent les Hovas au sud, sont une des peuplades les plus faibles et les plus insignifiantes de Madagascar.

Nous ferons maintenant le tour de la côte méridionale et occidentale. Après la contrée des Antanosses, ou la province Carc-Anossi, terminée par la rivière de Mandrerei, on trouve sur la côte les trois pays d'Ampatris, des Mahafalles et de Caremboules, tous les trois peu cultivés, mais riches en bois et en pâturages. Dans l'intérieur des terres habitent les Machicores.

La région, appelée par les navigateurs province de la baie de Saint-Augustin, est la moins connue. La côte, qui est basse et sablonneuse, porte le nom indigène de Sivéh. Les habitants sont nommés Buques.

La baie de Mouroundava reçoit une grande rivière du même nom, mais qu'on appelle aussi Ménabé. Les Vohits-Anghombe, qui habitent près les sources du Ménabé, nous paraissent identiques avec les habitants d'Ancove.

Toute la côte, depuis Mouroundava, au sud, jusqu'à Ancouala, au nord, appartient aux Séclaves. Ce pays, rempli de plaines et de prairies, nourrit une quantité prodigieuse de bestiaux. Mouzangaye, ville bien policée et peuplée de 30,000 âmes, parmi lesquelles 6,000 Arabes et Indiens paraissaient n'être que sous la protection de la reine. Le port était fréquenté par des vaisseaux de Surate, qui y apportaient des toiles en échange de la poudre d'or. Il y a des mosquées, des maisons d'éducation, des ouvriers en tout genre.

La population totale de Madagascar s'élève à quatre millions. Elle se compose de plusieurs races.

La civilisation a fait d'immenses progrès à Madagascar depuis cinquante ans; l'île entière, dont les diverses provinces étaient autrefois gouvernées par une foule de petits chefs, forme aujourd'hui un royaume renfermant, comme nous l'avons dit, quatre millions d'habitants. Le siége du gouvernement est à Tananarive, ville de 50,000 habitants, où trône présentement la reine Ranavola Manjoka. Cette capitale possède une imprimerie, un collége et plusieurs écoles inférieures. Tamatave, seconde ville du royaume, est bien fortifiée, très-commerçante, et possède une bonne rade.

Les Européens, qui, jusqu'à ces derniers temps, n'avaient pu former aucun établissement dans cette île, commencent à y prendre pied, et le commerce y prend chaque jour plus d'importance. L'industrie n'y étant encore que fort peu développée, l'exportation ne se compose que de bestiaux, peaux et cuirs de bœuf, suif, salaisons, volailles, riz, gomme copale, écailles de tortue, bois d'ébène, ambre gris, cire. — L'importation consiste principalement en toile de coton, indiennes, armes, bijoux et verroterie.

Le christianisme, qui fait des progrès rapides dans ce pays depuis trente ans, ne peut manquer de le rendre bientôt digne d'être compté au nombre des Etats civilisés.

En naviguant 720 kilomètres à l'est de Madagascar, on arrive aux îles Mascareignes, car c'est ainsi qu'il faut appeler collectivement, d'après celui qui les découvrit, l'île de la Réunion ou la Mascareigne proprement dite ; l'île de France ou Maurice, nommée Cerne par les Portugais ; l'île Rodrigue et l'île Cargados, qui complète cet archipel.

L'île de la Réunion tout entière semble composée de deux montagnes volcaniques, dont l'origine, dit M. Bory de Saint-Vincent, remonte sans doute à deux époques éloignées l'une de l'autre. Dans la partie méridionale, la plus petite, les feux souterrains exercent encore leurs ravages : celle du nord est bien vaste ; les éruptions volcaniques qui l'ont jadis bouleversée ne s'y font plus ressentir : des espèces de bassins ou de vallons, des rivières rapides cernées par des remparts perpendiculaires, des monticules jetés dans ces vallons, dont ils embarrassent le cours ; des prismes basaltiques souvent disposés, comme dans l'île de Staffa, en colonnes régulières ; des couches de laves les plus variées, des fissures profondes, des indices d'un fracassement général, tout rappelle d'anciennes et terribles révolutions physiques. La plage, étroite, interrompue en quelques endroits, n'est composée, comme à Ténériffe, que de galets basaltiques ou d'autres laves roulées ; ces galets sont entraînés à la mer par les pluies : en ne trouve nulle part de vrais sables : ce qu'on désigne improprement par ce nom est composé de débris calcaires et de corps marins jetés au rivage par les vagues, ou présente en petit la collection de toutes les laves de l'île, que le roulement des flots a réduites en parcelles arrondies très-petites, d'un aspect bleuâtre et ardoisé.

Ce qu'on nomme la partie du Vent s'offre aux regards lorsqu'on approche de Saint-Denis par mer ; c'est la plus riante : celle dite sous le Vent passe pour la plus riche, mais est un peu sèche ; les sources y sont rares. La première, plus égale, s'élevant de la mer au faîte de l'île, en pente douce, tempérée par des brises continuelles et cultivée avec soin, retrace souvent l'Europe et particulièrement le Languedoc, lorsque de loin on ne distingue pas la nature de la végétation. Des plantations de girofliers, qui ressemblent à des bosquets d'agrément, des caféteries immenses et des champs d'épis dorés, agités par un mouvement de fluctuation continuel, parent cette terre dont ils sont la richesse.

Le débarcadère de l'île de la Réunion à Saint-Denis offre seul un accès pour pénétrer dans cette île ; c'est une rade ouverte. Le môle que M. de la Bourdonnaye avait fait construire a été emporté par les vagues. Saint-Denis n'est pas proprement une ville ; c'est un véritable bourg, dont les rues bordées de palissades ou de murs d'entourage, ressemblent à des chemins de campagne. L'établissement français dans cette île remonte à l'an 1654. M. Poivre, auteur du voyage d'un Philosophe, gouverneur de ces îles en 1776, y a introduit la culture du clou de girofle avec beaucoup de succès. On lui doit en partie celle de l'arbre à pain, de la muscade et de la cannelle. Le sol de l'île est en général excellent ; mais comme elle forme presque tout à fait une grande montagne, les pluies qu'elle attire portent vers son soubassement les particules légères du sol qui doivent leur existence à la dissolution animale et végétale ; de sorte que le sommet de la montagne ne forme qu'une roche nue et désolée, tandis que le territoire devient meilleur à mesure qu'il s'approche des côtes de la mer. Les cantons situés sous le vent jouissent d'un climat et d'une température très-favorables à la perfection du caféier ; mais malheureusement l'effet qui produit cet avantage contribue aussi à la multiplication des insectes qui détruisent la plante.

La culture des clous de girofle est a première qui, par son étendue, suit celle du café ; mais le cultivateur ne peut jamais compter sur cette récolte avec assurance : elle est très-abondante dans une année et nulle dans une autre.

Le coton est aujourd'hui moins cultivé qu'il ne l'était autrefois, surtout depuis qu'une maladie a ravagé les plantations. Cette maladie, dont on n'a pu deviner la nature, ne nuit point à la vigueur de la plante, mais elle empêche le développement de la semence et réduit le produit presqu'à rien. Cet inconvénient, joint à l'interruption prolongée du commerce pendant la guerre, engagea les planteurs de coton à convertir insensiblement leurs terres en plantations de grains ou de café.

L'île de la Réunion, dont la population s'élève aujourd'hui à 160,000 âmes, et dont Saint-Denis est la capitale, est divisée en deux arrondissements appelés du *Vent* et *Sous-le-Vent*, et en treize communes et quartiers. Saint-Denis, ville de 20,000 âmes, est le siége d'un gouvernement, d'une cour impériale et d'un tribunal de première instance ; c'est aussi le chef-lieu de l'arrondissement du Vent, dont les chefs-lieux de canton sont : Saint-André, petite ville de 2,500 âmes ; St-Benoît, St-Leu et Ste-Suzanne.

Le chef-lieu de l'arrondissement Sous-le-Vent est Saint-Paul, ville de 15,000 âmes.

L'île de France ou Maurice, moins fertile et moins étendue que celle de la Réunion, doit à ses ports et rades une plus grande importance commerciale et militaire ; c'était le centre de la navigation française dans les Indes orientales ; c'était le point d'où s'élançaient ces infatigables corsaires, la terreur de l'opulent Anglais. Conquise enfin par une armée anglaise formidable, cette île riche et belliqueuse a été laissée dans les mains d'un ennemi qui saura sans doute apprécier la valeur, l'esprit public et les talents de cette population digne d'une meilleure fortune.

Les Portugais ne virent dans cette île qu'une place pour faire de l'eau. Les Hollandais, qui s'y établirent en 1639, en firent connaître la fertilité ; mais attirés au Cap par la perspective d'une fortune plus rapide, les habitants l'abandonnèrent en 1712. Ce ne fut que vers l'an 1734, sous le gouvernement de M. de la Bourdonnaye, que l'établissement français commença à y prendre quelque consistance. On fait chaque année deux récoltes de froment et de blé d'Inde ; mais elles ne suffisent pas à la consommation. Le café vient d'une qualité excellente ; le giroflier conserve tout son parfum ; le cotonnier et l'indigotier trouvent beaucoup de terrains favorables ; mais l'esprit mobile des habitants, toujours à l'affût de nouveautés et de gains, les fait passer rapidement d'une culture à l'autre.

Il y a dans cette île une grande quantité de singes de la petite espèce, qui font beaucoup de tort aux plantations. Le jacquier et le rima, autre arbre d'un port un peu différent, y sont cultivés sous le nom d'arbres à pain ; mais le véritable arbre à pain, tant célébré par les voyageurs, n'a été introduit que plus tard dans la colonie.

La forme de cette île, dit M. Bory de Saint-Vincent, est irrégulièrement ovale : elle a un peu plus de 44 kilom. dans sa plus grande longueur, qui s'étend du nord-est au sud-ouest, et un peu plus de 32 kilom. dans sa plus grande largeur, qui se prolonge de l'est à l'ouest. Les récifs en rendent l'abord généralement dangereux. En suivant les divers contours de l'île, on trouve que sa circonférence est d'environ 180 kilomètres.

Le sol va toujours en s'élevant depuis la côte ; le milieu de l'île est un coteau boisé de quatre cents à cinq cents mètres d'élévation : au centre de ce plateau s'élève une montagne conique et très-pointue, que sa situation a fait nommer le *Piton du milieu de l'île*, et qui a 804 mètres d'élévation. Parmi les autres montagnes, celle de la rivière Noire a 648 mètres d'élévation ; celle de Piéter-Both porte sur son sommet conique une masse semblable à un bonnet, et qui menace en apparence les environs de sa chute.

De la cime du Pouce, on distingue au nord des îles volcaniques qui semblent appartenir à un cratère sous-marin. Entre ces rochers et la montagne s'étend une plaine basse, unie, où l'on ne trouve que quelques fragments de lave qui ont appartenu à d'antiques courants ; tout le reste est calcaire ; ce ne sont que des madrépores et des coquilles formées autrefois au fond des mers.

Le Port-Nord-Ouest, ou Port-Louis (c'est le nom de la ville où l'on débarque), peut contenir 20,000 habitants, blancs, mulâtres et nègres.

Cette ville n'est pas étrangère aux études scientifiques et littéraires ; la *Société d'émulation* qui s'y réunit a orné nos *Annales des Voyages* de Mémoires très-intéressants.

En traversant l'intérieur pour aller au Port-Bourbon, seconde ville, on passe d'abord par de riantes cultures où les demeures des colons sont autant de temples élevés à la gaîté et à l'hospitalité ; bientôt on s'enfonce dans des forêts humides, tapissées de mousses ; on franchit, en sautant de rochers en rochers, le torrent rapide et écumeux ; on se repose au bruit des cascades, au murmure des zéphirs parfumés d'odeurs les plus suaves ; on jouit de ces scènes pastorales si éloquemment retracées par la plume de l'auteur de *Paul et Virginie*. Dans une direction septentrionale, le romantique quartier des Pamplemousses présente aux amateurs de la botanique le célèbre Jardin de l'Etat, où fleurissent les richesses végétales de tout l'Orient. Nous devons seulement indiquer à nos lecteurs la carte de l'île par M. Hubert Brué comme la plus exacte où ils puissent suivre, dans leurs excursions, les nombreux voyageurs qui ont décrit cette colonie, jadis pour les Français le sujet de tant d'orgueil, aujourd'hui le sujet de tant de regrets. Terminons cette esquisse par quelques données statistiques. La population de l'île était en 1806, d'après un recensement, de 13,952 individus libres, et 60,646 esclaves ; total, 74,618. On croit qu'au moment de la conquête, elle s'élevait à 90,000 âmes ; aujourd'hui que l'esclavage a disparu, cette population s'élève à environ 300,000 habitants, dont les deux tiers sont indiens (coolies).

L'île Diego Rodriguez, qui fournit à l'île de France un grand nombre de tortues, n'est habitée que depuis environ quarante-cinq ans. C'est une possession fort peu importante.

Les îles Saint-Paul et Saint-Pierre, dont la dernière a aussi pris le nom d'Amsterdam, sont également inhabitées.

Dix degrés plus au sud, la terre de Kerguélen, nommée île de la Désolation par le capitaine Cook, présente ses stériles rochers environnés de glaçons et habités par les phoques. L'absence presque totale de végétation sur cette île considérable ne saurait provenir uniquement de la rigueur du climat ; elle est due à l'éloignement de toute terre assez grande pour voir se développer dans son sein la force végétative. Plusieurs excellents ports rendent cette station utile à des baleiniers entreprenants.

Plus à l'ouest, les îles Marion et celles du Prince Edouard n'offrent également que l'affreuse nudité d'un rocher dépourvu de végétation.

Ici se termine la description des îles de l'Afrique dans l'océan Atlantique et dans l'océan Indien. L'existence de quelques-unes de ces îles, perdues en quelque sorte dans l'immensité des mers, a été longtemps contestée ; mais grâce à la hardiesse, à l'infatigabilité des navigateurs modernes, aux progrès qu'ils ont fait faire à la science, tous les doutes ont été levés, et il est permis d'espérer que bientôt aucun coin du globe ne sera inconnu des peuples civilisés.

CHAPITRE PREMIER

DESCRIPTION DE L'AMÉRIQUE

Généralités. — Hydrographie. — Géologie. — Végétation. — Population.

Les formes extérieures du continent américain frappent par le contraste apparent qu'elles présentent avec l'ancien continent. L'immense île que forment l'Asie, l'Afrique et l'Europe, offre un ovale dont le grand axe est très-incliné vers l'équateur. L'Amérique présente, au contraire, une figure allongée, découpée, dont la ligne la plus marquante se dirige presque dans le sens des deux pôles; deux grandes péninsules sont liées ensemble par un long isthme; les grands golfes, les méditerranées d'Amérique ont leur ouverture du côté oriental; le côté opposé offre un rivage uni; enfin, les grands fleuves coulent vers l'Océan Atlantique.

Ces différences réelles perdent leur importance, lorsqu'en contemplant l'ensemble du globe, on s'aperçoit que l'Amérique n'est qu'une continuation de la ceinture de terres élevées qui, sous les noms de plateau de Cafrerie, d'Arabie, de Perse, de Mongolie, forment le dos de l'ancien continent, et qui, à peine interrompues au détroit de Behring, forment également les monts Rocheux ou Colombiens, le plateau du Mexique et la grande chaîne des Andes.

Cette cohérence et cette continuité des deux grandes îles du globe repoussent l'idée d'une origine plus récente de l'Amérique. L'expression de *nouveau continent* ne doit donc jamais nous rappeler que l'ordre chronologique de nos connaissances.

Le niveau de l'Amérique présente une différence remarquable avec l'ancien continent. Cette différence ne consiste pas dans l'élévation plus grande des montagnes; car si les Cordillières du Pérou atteignent plus de 6000 mètres, les montagnes du Thibet s'élèvent à un niveau supérieur. Mais les plateaux qui servent de support aux montagnes, sont séparés en Amérique des plaines basses par une pente courte et rapide. Ainsi la *région des Cordillières* et celle du *plateau du Mexique* touchent immédiatement aux plaines qu'arrosent le *Mississipi*, l'*Amazone* et le *Parana*. Ces plaines même conservent, à des distances immenses, un niveau très-bas et rarement interrompu par des coteaux.

De cette vaste étendue des plaines américaines, résulte l'immense longueur du cours des fleuves.

La continuité du même niveau fait que les bassins respectifs des fleuves ne sont séparés que par de faibles crêtes; souvent même ils ne le sont pas du tout. Plusieurs fleuves confondent, dans la partie supérieure de leur cours, des eaux destinées à des embouchures différentes. Ainsi, l'Orénoque et le Rio-Négro, affluent de l'Amazone, communiquent par le *Cassiquiary;* un bras semblable unit le *Beni* et le *Madeira*. La même circonstance produit dans l'Amérique septentrionale un nombre infini de lacs. Ceux de l'*Esclave*, d'*Assiniboil*, de *Winnipeg*, sont environnés d'une centaine d'autres, et de plusieurs milliers de petits, bordés de petites crêtes de rochers. Le terrain devient moins aquatique en avançant au sud; cependant, le lac *Supérieur*, le *Michigan*, l'*Huron*, l'*Erié* et l'*Ontario* forment, dans le Canada, comme une mer d'eau douce, dont le surplus se précipite, par le fleuve Saint-Laurent, dans les flots atlantiques. L'Amérique méridionale, sous un climat plus ardent, voit ses lacs naître et disparaître avec la saison des pluies : le *Xarayes* et l'*Ybera* sont de ces lacs plus ou moins périodiques.

L'Amérique offre une extrême abondance d'or et d'argent, même à la surface de la terre, mais principalement dans les veines des roches schisteuses qui composent les Cordillières du Chili, du Pérou et du Mexique. L'or abonde plus dans la première région ; l'argent dans la dernière. Au nord des montagnes du Nouveau-Mexique, les plaines, les marais et les petites chaînes de rochers offrent très-souvent de vastes dépôts de cuivre.

En Amérique, comme dans toutes les régions du monde, les races animales paraissent être proportionnées, par leur nombre et leur taille, à l'étendue de la terre. Le bœuf musqué et le bison dans l'Amérique septentrionale, l'autruche magellanique dans l'Amérique méridionale, égalent par la taille les espèces analogues de l'ancien continent ; l'élan ou le cerf de la Nouvelle-Californie atteint même une taille gigantesque ; tous les autres quadrupèdes, tels que le lama, le guanaco, le jaguar, l'anti, le cèdent en grandeur et en force à leurs semblables dans l'Asie et l'Afrique.

La vie végétale montre, au contraire, une extrême force en Amérique. Les pins de la Colombie, dont la tige s'élève perpendiculairement à une hauteur de 95 mètres, méritent d'être considérés comme les géants du règne végétal. On peut citer après eux les platanes et les tulipiers de l'Ohio, qui ont jusqu'à 15 mètres de circonférence. Les terres basses de l'une et l'autre Amérique se couvrent de forêts immenses.

Un grand nombre d'animaux et de végétaux américains diffèrent de ceux de l'ancien monde. A l'exception des ours, des renards, des rennes, des phoques et des cétacés, les animaux des deux Amériques paraissent former des espèces particulières. Le bison et le bœuf musqué, le cougouar et le jaguar, l'anti ou le tapir, le pécari et le patira, le cabiai, l'agouti, le paca et d'autres espèces rapprochées du lapin, les fourmilliers, les tamanduas, les tamanoirs, le paresseux et faible aï, l'utile lama, la vigogne, le sapajou, les perruches, le colibri, tous diffèrent de ceux même parmi les animaux de l'ancien continent desquels ils se rapprochent le plus. Tous ces animaux particuliers à l'Amérique forment un ensemble à part et évidemment originaire de la terre qu'ils habitent.

Après avoir admis une création animale particulière à l'Amérique, devons-nous reconnaître dans les Américains une race humaine distincte d'origine? Le fait est que la race américaine forme, par ses caractères physiques comme par ses idiomes, une classe essentiellement différente des autres portions du genre humain. Les naturels de cette partie du globe sont en général grands, d'une charpente forte, bien proportionnée et sans vices de conformation. Ils ont le teint bronzé ou d'un rouge cuivré ; la chevelure noire, longue, grossière, luisante et peu fournie ; la barbe rare, le front court, les yeux allongés, les sourcils éminents, les pommettes avancées, le nez un peu camus, mais prononcé, les lèvres étendues, les dents serrées et aiguës ; dans la bouche, une expression de douceur qui contraste avec un regard sombre et sévère ; la tête carrée, la face large sans être plate ; la poitrine haute, les cuisses grosses, les jambes arquées, le pied grand, tout le corps trapu.

Tels sont les caractères généraux et distinctifs de toutes les nations américaines, à l'exception peut-être de celles qui occupent les régions polaires aux deux extrémités.

C'est dans les langues de l'Amérique qu'on a cru trouver les seules preuves positives d'une émigration des nations asiatiques, à laquelle le Nouveau-Monde devrait sa population.

Le grand nombre d'idiomes prouve que la plupart des tribus américaines ont longtemps vécu dans un isolement sauvage. Mais quelques-unes de leurs langues présentent une composition si artificielle, si ingénieuse, que la pensée en rapporte nécessairement l'invention à une nation anciennement civilisée.

Si l'histoire des langues américaines ne nous conduit qu'à des conjectures vagues, les traditions, les monuments, les mœurs, les usages ne fournissent pas de lumières plus positives.

CHAPITRE DEUXIÈME.

Limites septentrionales.

Les extrémités de l'Amérique vers le nord, le nord-ouest et le nord-est, qu'on pourrait appeler la Sibérie américaine, restent encore en partie inconnues. Le Spitzberg a été de nouveau exploré en 1858; on y a vu d'immenses glaciers, des forêts de pins rabougris. Des squelettes de baleine trouvés fort avant dans les terres et à une grande hauteur font penser que ce pays est sorti, à une époque peu reculée, du sein de la mer. Le voyageur Kane a visité en 1854 et 1855 le Groënland et en a découvert de nouvelles parties vers le nord-ouest, telles que la terre de Washington, diverses parties des détroits de Kennedy et de Smith, etc. Cette possession danoise est divisée en deux inspectorats : celui du sud, ayant pour chef-lieu Julianes-haab, le plus important de tous les établissements dans ces régions arctiques ; et celui du nord, dont le chef-lieu est Godhavn, dans l'île de Disko.

Le 143° 40' de longitude occidentale, limite entre l'Amérique russe et l'Amérique anglaise, a été dépassé de 9° par le capitaine Franklin. Ce célèbre navigateur a laissé sa vie dans ces régions glacées et les débris de son expédition ont été retrouvés en 1859 par le capitaine Mac-Clintock. Dès 1853, le capitaine Mac-Clure avait découvert le fameux passage du nord-ouest, depuis si longtemps cherché en vain; mais cette découverte est jusqu'à présent stérile pour le commerce, à cause des glaces qui s'opposent à la navigation. De ce côté on a découvert de nombreuses terres, notamment celle de Baring jointe à celle de Banks, l'estuaire du fleuve Back et les terres Grinnell, dont l'une est la région la plus septentrionale d'Amérique et renferme le mont Parry, à 82° 30' de latitude, le point le plus boréal du Nouveau-Monde. Dans ces parages on a vu avec saisissement une mer entièrement libre de glaces. Elle a reçu le nom du capitaine Kane qui l'a découverte et se nomme *mer polaire de Kane*.

La *région du nord-ouest de l'Amérique* commence probablement avec la terre Liaikhof, surnommée la Nouvelle-Sibérie ; mais, comme cela n'est pas encore démontré, bornons-nous à passer dans l'*Amérique russe*, par le détroit de Behring et par la chaîne des *îles Aléoutiennes*.

On divise ces îles en plusieurs groupes ; mais l'usage a prévalu de les comprendre toutes sous le nom d'*îles Aléoutiennes*. En effet, elles présentent une seule et unique chaîne ; elles décrivent, entre le Kamtchatka en Asie et le promontoire d'Alaska en Amérique, un arc de cercle qui joint presque ces deux terres ensemble. On en distingue 12 principales, accompagnées d'un très-grand nombre d'autres petites îles et de rochers. L'île de *Cuivre* et celle de *Behring* se trouvent un peu détachées des autres et rapprochées de la presqu'île de Kamtchatka.

La population de toutes ces îles réunies n'excède pas 2000 âmes. Ces peuples étaient autrefois beaucoup plus nombreux ; ils avaient des chefs, un gouvernement particulier et une religion nationale ; mais les Russes ont anéanti leur population avec leurs mœurs, leurs coutumes et leur liberté.

L'île qui paraît posséder le plus grand nombre d'habitants est *Ounalaschka*, et ensuite *Sithanak*, qui en est voisine. Ces insulaires sont d'une taille médiocre ; leur teint est brun. Ils ont le visage rond, le nez petit, les yeux noirs. Leurs cheveux, également noirs, sont rudes et très-forts. En général ils se percent la lèvre inférieure, ainsi que le cartilage qui sépare les narines, et y portent, comme ornements, des petits os façonnés, ou de la verroterie. Les femmes ont des formes arrondies sans être jolies; elles se tatouent le menton, les bras, les joues; douces et industrieuses, elles fabriquent avec beaucoup d'art des nattes et des corbeilles. Les baidares ou pirogues d'Ounalaschka sont travaillées avec art; leurs formes sont pittoresques : à travers la peau transparente dont elles sont couvertes, on aperçoit les rameurs et tous leurs mouvements. La langue des Aléoutiens paraît avoir quelque analogie avec les idiomes de Iesso et des îles Kouriles. Le climat est plus désagréable par l'humidité que par la rigueur du froid. La neige, très-abondante, ne disparaît qu'au mois de mai. Presque toutes ces îles présentent des montagnes très-élevées. L'île de *Tanaga* a des lacs d'eau douce. Il y a des volcans, les uns éteints, les autres en activité. Ces derniers se trouvent dans les îles Takawangha, Kanaghi, Atchan et Oumanak. Cette dernière île, celle de Kanaghi et celle d'Ounalaschka voient jaillir de leur sol glacé des sources bouillantes, dans lesquelles on fait cuire la viande et les poissons.

Les seuls quadrupèdes de ces îles sont les renards et les souris; parmi les oiseaux, on remarque des canards, des perdrix, des sarcelles, des cormorans, des mouettes et des aigles. Les îles les plus rapprochées de l'Amérique produisent quelques pins, mélèzes et chênes. Les îles occidentales n'ont que des saules rabougris.

L'île de *Kodiak* est montueuse et entrecoupée de vallées. Ses habitants, qui s'appellent *Kaniaghes*, sont au nombre de 3,000, sans compter les Russes, qui ont fixé ici leur principal établissement. Les productions végétales de l'île sont le sureau, une immense quantité de framboisiers et de groseilliers, beaucoup de racines qui, avec le poisson, servent à la nourriture des habitants; dans l'intérieur de l'île les pins forment de très-grandes forêts, et fournissent d'excellent bois de construction.

La partie du continent comprise sous le nom d'*Amérique russe* présente de toutes parts les aspects les plus sauvages et les plus sombres. Au-dessus d'une rangée de collines, couvertes de pins et de bouleaux, s'élèvent des montagnes nues, couronnées d'énormes masses de glaces, qui souvent s'en détachent et roulent avec un fracas épouvantable vers les vallées qu'elles remplissent, ou jusque dans les rivières et baies. Entre le pied de ces montagnes et la mer s'étend une lisière de terres basses; leur sol est presque partout une terre noire et marécageuse. Ce terrain n'est propre à produire que des mousses grossières, mais très-variées. Les pins grandissent pourtant sur ces sombres rochers. Après les pins, l'espèce la plus répandue est celle des aunes. En beaucoup d'endroits l'on ne voit que des arbres nains et des arbrisseaux.

Les habitants de la côte du détroit de Behring paraissent de la même race que les Tchonkotches, sur la côte opposée d'Asie. Leurs hameaux sont situés le long des rivages de la mer jusqu'au golfe *Kamtchatskien*, auquel le capitaine Cook avait donné le nom de *baie de Bristol*. Les *Konia* habitent la partie orientale de la péninsule d'Alaska, presque séparée du continent par le lac *Schelekow*. Ils paraissent de la même race que les Aléoutiens, ainsi que les *Kenaïtze*, leurs voisins à l'orient. Plus à l'est, demeurent les *Tchougatches*, peuplade d'une taille avantageuse. Une rivière sépare cette tribu de celle des *Ougalachmiouts*, voisins du célèbre mont *Saint-Elie*. Ce fut aux environs de cette montagne que Behring aborda dans la baie qui porte son nom.

Les belliqueux et féroces *Kolougis*, *Kolioujes* ou *Kalougiens* habitent cette côte. Ce fut dans le territoire des Kalougiens que l'infortuné La Pérouse découvrit le *Port des Français*, immortalisé par le noble et malheureux courage des frères Laborde. Les voyageurs français rendent le compte le plus avantageux de l'esprit actif et industrieux des indigènes. Mais la fureur du vol, l'indifférence entre parents et époux, la malpropreté des cabanes, et la coutume de porter dans la lèvre fendue un morceau de bois, les rapprochent de leurs sauvages voisins.

Les pelleteries que les Russes tirent de ces contrées proviennent principalement des loups marins et des autres animaux du genre des phoques. Les factoreries semées sur les côtes du continent et dans les îles sont des amas de cabanes, entourés d'une palissade en bois.

Les contrées qui s'étendent au sud de l'Amérique russe, jusque vers la Californic, paraissent former une longue suite de plateaux ou de bassins très-élevés, circonscrits à l'est et à l'ouest par *deux* chaînes de montagnes ; la plus occidentale est celle que les Anglais ont nommée *Stoney-Mountains* ou *Montagnes Rocheuses ;* c'est à ses pieds que naissent les plus grands fleuves de l'Amérique septentrionale, le Missouri, qui coule au sud-est, le *Sachachawin* ou fleuve Bourbon, qui se dirige à l'est, et l'*Oungigah* ou fleuve de la Paix, qui se perd vers le nord. L'autre escarpement du plateau du nord-ouest forme la grande chaîne parallèle aux côtes maritimes, et constamment voisine de l'Océan Pacifique.

La *Nouvelle-Géorgie* est située entre le 45e et le 50e degré de latitude boréale. Le *golfe de Géorgie* est très-considérable; il communique avec l'Océan Pacifique, au sud par le détroit *Claaset*, qu'on suppose être celui de *Jean Fuca*, et au nord par le détroit de la Reine-Charlotte. La *rivière de Colombie* traverse la partie méridionale et l'intérieur de cette division.

L'île *Quadra* et *Vancouver*, plus connue sous le nom de *Noutka*, est située devant la Nouvelle-Géorgie. Les Anglais ont un établissement dans la baie de Noutka.

La *Nouvelle-Hanovre* s'étend du 50e au 54e parallèle. Devant ses côtes sont situées les îles *de Fleuricu*. Il y a au nord deux bras de mer qui pénètrent fort avant dans les terres ; c'est le canal Hinchinbrook et le canal Gardner. La grande île de la Reine-Charlotte est séparée des côtes de la Nouvelle-Hanovre par un large canal ou bras de l'Océan.

Le *Nouveau-Cornouailles* s'étend du 54e au 57e parallèle. Il comprend quantité d'îles désignées sous le nom d'*archipel Pitt*, et *archipel du prince de Galles*. La côte est entièrement coupée par des canaux qui entrent très-avant dans les terres, surtout le *canal de Portland*.

Le *Nouveau-Norfolk* s'élève jusqu'au 60e parallèle. Au sud, il comprend l'île *de l'Amirauté* et l'*archipel du Roi Georges*.

La *Nouvelle-Géorgie* offre des rivages d'une élévation moyenne et agréablement diversifiés par des collines, des prairies, des petits bois et des ruisseaux d'eau douce. Mais derrière ces bords s'élèvent des montagnes couvertes de neiges éternelles. Le mont *Rainier* et le mont *Olympe* dominent au loin les autres sommets. Des minerais de fer très-riches paraissent y abonder. Une végétation vigoureuse indique la fertilité du sol.

Les quadrupèdes n'offrent rien de particulier ; on a vu des ours, des daims de Virginie, des renards, mais point de bisons ni bœufs à musc. Parmi les oiseaux de mer on reconnut entr'autres des pies noires.

Parmi les îles de la Nouvelle-Géorgie, celle de *Noutka* seule mérite notre attention. On y trouve du granit noir, du mica, du grès à remouleurs, des hématites. On est agréablement surpris de trouver ici un climat plus doux que sur la côte orientale de l'Amérique à la même latitude.

Les parties de la *Nouvelle-Hanovre* qui avoisinent la mer ouverte, ressemblent pour la configuration du sol et pour les végétaux à la Nouvelle-Géorgie. Près le *détroit de Fitzhughes*, les côtes consistent en rochers taillés à pic, divisés par des crevasses, dans lesquelles on trouve une tourbe très-inflammable et des pins d'une grosseur médiocre. La grande rivière de *Tacoutché-Tessé* descend des Montagnes-Pierreuses, et coule souvent entre des murailles de rochers perpendiculaires ; son cours est rapide. Les montagnes sont couvertes de neiges. Elles descendent brusquement vers l'Océan-Pacifique, et il n'en sort à l'ouest que des rivières d'un cours peu considérable. Il y a beaucoup de petits lacs ; c'est ici presque le même luxe végétal que dans la Nouvelle-Géorgie. Les rivières fournissent des truites, des carpes, des saumons.

Le *Nouveau-Cornouailles* éprouve un froid beaucoup plus rigoureux que les deux contrées précédentes. A 53 d. 30 m. sur le *canal de Gardner*, on voit des montagnes couvertes de glaces et de neiges qui ne paraissent jamais se fondre. Plus près de la mer, le climat, plus doux, permet aux forêts de pins de revêtir les rochers. Les framboisiers, les cornouillers, les groseilliers, la plante dite *thé de Labrador* y abondent. On y a découvert des sources chaudes et une île entière d'ardoise. Le bois flottant se trouve en grande abondance sur plusieurs parties de cette côte.

Dans les îles que Vancouver désigne sous les noms d'*Archipel de Georges III* et île de l'*Amirauté*, le sol, quoique rocailleux, présente plusieurs crevasses, lisières et petites plaines, où s'élèvent de superbes forêts de pins et d'autres arbres de haute futaie ; on n'y voit nulle part des glaces éternelles.

C'est surtout dans les environs de Noutka que les voyageurs ont pu observer les habitants indigènes. Ces sauvages s'appellent eux-mêmes *Wakash*. Leur taille est au-dessus de la taille ordinaire, mais ils ont le corps musculeux; ils ont le front bas, les yeux petits et noirs, les lèvres larges, épaisses et arrondies. Leur équipage de guerre est bizarre. Ils s'affublent la tête de morceaux de bois sculptés qui représentent des têtes d'aigles, de loups, de marsouins. Plusieurs familles demeurent ensemble dans une même cabane ; des demi-cloisons en bois donnent à ces huttes l'air d'une écurie. Quelques-unes de leurs étoffes de laine, quoique fabriquées sans le secours d'un métier, sont très-bonnes et ornées de figures d'un coloris éclatant. Ils sculptent en bois des statues grossières.

Les tribus qui habitent la Nouvelle-Géorgie diffèrent en taille, mœurs et manières de vivre ; mais pour les principaux traits, elles se rapprochent cependant toutes des habitants de Noutka-Sound.

Quelques tribus de la *Nouvelle-Hanovre* offrent plusieurs traits qui rappellent les insulaires de Taïti et de Tongatabou.

Les Indiens *Sloud-Couss* habitent l'endroit où la haute chaîne de montagnes qui borde la mer commence à s'abaisser vers le bassin de la rivière *Tacoutche-Tessé*. Ces Indiens ont la physionomie agréable ; les femmes chez eux ne sont point maltraitées.

Les Indiens nommés *Nanscoud* ou de la Cascade, les *Nagailers* et les *Atnahs* habitent sur le haut de Tacoutche-Tessé.

Les habitants de la baie de *Tchinkitané*, appelée par les Anglais baie de *Norfolk*, dans l'archipel du Roi-Georges, qui appartient aux Russes, ressemblent, pour la taille et la figure, aux habitants de Noutka ; mais leurs cheveux rudes les rapprochent des tribus plus septentrionales et de la race des Esquimaux.

Ces peuples montrent beaucoup d'adresse dans leur manière de faire le commerce et beaucoup de courage dans leur pêche de la baleine ; leur tannerie, sculpture, peinture et autres arts les présentent comme un peuple intelligent et industrieux.

Les émigrants américains ont fondé là divers établissements, entre autres le fort Astoria, sur l'Orégon, où se fait un important commerce de pelleteries.

CHAPITRE TROISIÈME.

Région du Nord. — Baie d'Hudson. — Labrador. — Groenland. Islande. — Spitzberg.

Franchissons les Montagnes Rocheuses. Nous voyons s'incliner vers la baie d'Hudson et vers les mers glaciales inconnues un immense pays entrecoupé de lacs, de marais et de rivières plus qu'aucune autre région connue du globe. Peu de montagnes s'élèvent au-dessus de cette plaine sauvage et glaciale. Les nombreuses eaux de ces contrées peuvent se réduire à deux classes. Les unes s'écoulent vers les mers du nord, les autres portent leur tribut à la baie d'Hudson. Parmi les premières, on remarque la rivière d'*Athapescow* ou de l'*Elan*, et celle d'*Oungigan* ou *de la Paix*. La première vient du sud et se perd dans le lac des Montagnes ou d'Athapeskow ; l'autre descend du plateau du nord-ouest. Le fleuve réuni porte le nom du fleuve de l'*Esclave* et se jette dans le lac de l'*Esclave*, d'où sort la rivière de *Mackenzie*, qui coule vers une mer septentrionale, encore peu connue. Ce lac, qui a plus de 400 kilomètres de long, est semé d'îles couvertes de grands arbres semblables à des mûriers.

La rivière de la *Mine de cuivre* coule aussi vers le nord ; mais elle n'est pas considérable. Parmi un amas de lacs très-voisins de la baie d'Hudson, on remarque celui de *Dobaunt*.

La rivière *Mississipi* ou de *Churchill* se jette dans la baie d'Hudson , mais communique, par des lacs, avec le fleuve Athapeskow. Deux rivières considérables, qui viennent des pieds des montagnes occidentales, forment le *Saschaschawan*, fleuve qui, après avoir formé un grand *rapide* (chute d'eau longue et à pente douce), descend dans le lac *Ouinipeg*. Ses bords s'ombragent d'érables à sucre, de peupliers ; ils présentent des plaines fertiles où croît le riz de Canada. Ce lac, qui reçoit encore la grande rivière des *Assiniboils* ou *Assinibonis*, unie à la rivière Rouge, se décharge dans la baie d'Hudson par les fleuves *Nelson* et *Severn*. Plusieurs forts en ruine attestent encore le commencement de souveraineté que la France avait acquis sur ces immenses contrées, susceptibles en partie de diverses cultures.

L'extrême rigueur des hivers se fait sentir jusque sous le 57ᵉ parallèle de latitude : la glace sur les rivières y a 2 mètres 80 centimètres d'épaisseur, et l'eau-de-vie y gèle.

La température y est sujette aux plus capricieuses variations.

Rien n'est plus affreux que les environs de la baie d'Hudson. De tous côtés on n'aperçoit que des terres incapables de recevoir aucune sorte de culture. La mer n'est libre dans cette baie que depuis le commencement de juillet jusqu'à la fin de septembre ; encore y rencontre-t-on alors assez souvent des glaçons.

La mer d'Hudson nourrit une petite quantité de poissons, et c'est sans succès qu'on y a tenté la pêche de la baleine. Mais les lacs abondent en poissons excellents, tels que brochets, esturgeons, truites. Leurs bords sont peuplés d'oiseaux aquatiques, parmi lesquels on remarque plusieurs espèces de cygnes, d'oies et de canards.

Les principaux quadrupèdes sont le buffle, l'élan, le bœuf musqué, le daim, le castor, le loup, les renards de différentes couleurs, le lynx ou chat sauvage, l'ours blanc, l'ours noir, l'ours brun,

l'hermine, le rat musqué, le porc-épic, le lièvre, le lapin, l'écureuil, etc.

Sur les bords de la rivière de Churchill, viennent principalement plusieurs arbustes à baies, le groseillier, trois espèces d'airelles, le cassis, le fraisier, etc., et plusieurs sortes de plantes graminées et de pois. Les arbres n'offrent que peu d'espèces. Ce sont le pin, le mélèze nain, le peuplier, le saule et le bouleau nain. Les bords de la Rivière-Rouge, de l'Assiniboïl et du Saschaschawan paraissent susceptibles de plusieurs genres de culture ; l'orge et le seigle y ont mûri ; le chanvre y devient très-beau.

Ce n'est que momentanément que l'appât du gain attire ici les Européens. Le commerce des pelleteries avait enrichi les Canadiens sous la domination française. Les Anglais y ont formé deux compagnies, celle d'Hudson et celle du nord-ouest, aujourd'hui fondues en une seule.

Au sud, la baie de James se prolonge à 400 kilomètres dans les terres. C'est dans le voisinage de cette baie que sont les plus importants établissements, tels que le fort *Albany*, le fort du *Moose* et la factorerie d'*Est-Main*. Plus au sud, et sur les confins du Haut-Canada, on trouve le comptoir *Brunswick*, le comptoir *Frédérick* et quelques autres.

Trois nations indigènes se partagent ces tristes régions. Les *Esquimaux* habitent depuis le golfe Welcome jusqu'au fleuve Mackenzie, et probablement jusqu'au détroit de Behring ; ils s'étendent au sud jusqu'au lac de l'Esclave ; au nord, ils s'arrêtent sur les bords d'une mer glaciale si elle existe, ou prolongent leurs courses dans un désert glacé. Petits, trapus et faibles, ces hommes polaires ont le teint moins cuivré que d'un jaune rougeâtre et sale. Leurs huttes, de forme circulaire, sont couvertes de peaux de daim ; on n'y entre qu'en grimpant sur le ventre. Les canots, formés de peaux de veau marin, naviguent avec vitesse.

Les *Chipiouans*, qu'on nomme aussi *Chippaways* et *Chépéouyans*, **ont** été observés par Mackenzie entre le lac de l'Esclave et le lac Athapescow; ils paraissent s'étendre jusqu'aux montagnes Rocheuses à l'ouest et jusqu'aux sources du Missouri au sud-ouest. Les *Indiens-Serpents*, les *Cattanachowes* et d'autres tribus en semblent des démembrements. Une branche des Chippaways est répanduc dans le territoire des Etats-Unis. Quoiqu'un peu moins cuivrés et un peu moins barbus que les peuples voisins, les Chipiouans n'ont pas le teint mongol.

Très-pacifiques entre eux, ces Indiens sont continuellement en guerre avec les Esquimaux, sur lesquels la supériorité du nombre leur donne un considérable avantage.

La contrée que les Chipiouans appellent leur pays ne produit presque pas de bois ni d'herbe. Ce qu'on y trouve en quantité, c'est de la mousse que paissent les daims. Une autre mousse croît sur les rochers et sert d'aliment aux hommes. On la fait bouillir dans de l'eau, et en se dissolvant elle forme une substance glutineuse assez nourrissante. Le poisson abonde dans les lacs des Chipiouans, et des troupeaux de daims couvrent leurs collines.

On peut considérer comme une branche des Chipiouans les tribus désignées sous le nom d'Indiens du nord, entre la rivière de Cuivre et la baie d'Hudson jusqu'à la rivière de Churchill.

Les *Knistenaux* parcourent ou habitent tout le pays au sud du lac des Montagnes jusqu'aux lacs de Canada, et depuis la baie d'Hudson jusqu'au lac Ouinipeg.

Les côtes orientales de la baie d'Hudson font partie de la péninsule de *Labrador*. Cette terre, de forme presque triangulaire, projette une autre de ses faces sur le bras de mer appelé *Détroit de Davis*, et s'appuie avec le troisième côté sur le Canada et le golfe Saint-Laurent. C'est un pays aussi glacial que ceux de l'ouest de la baie d'Hudson. Tout ce que l'on connaît du Labrador est un amas de montagnes et de rochers, entrecoupé de lacs et de rivières sans nombre. Le lac *Aschkunipi* paraît verser ses eaux à la fois dans la baie d'Hudson et le golfe Saint-Laurent. Toutes les eaux sont extrêmement poissonneuses. Les ours se réunissent en grandes troupes auprès des cataractes pour y prendre le saumon qui y remonte en très-grand nombre, et dont ils sont très-friands. Les castors y fourmillent, ainsi que les rennes. L'air est plus doux dans l'intérieur des terres, où l'on aperçoit quelques vestiges de fertilité.

Les Esquimaux ont peuplé toutes les côtes septentrionales et orientales de cette contrée ; ils vivent de pêche. C'est parmi eux que les frères Moraves ont fondé les trois colonies de *Nain*, d'*Okkak* et de *Hoffenthal*.

Au nord-est de la baie d'Hudson, quelques bras de mer, presque éternellement glacés, nous dérobent un archipel de plusieurs grandes îles, parmi lesquelles on distingue celles dites *James, Barren, Northmain, Southampton* et *Mont-Raleigh*. Au sud, le détroit d'Hudson sépare ces îles du Labrador ; à l'est, le passage de Davis les isole du Groenland ; au sud-ouest, elles sont baignées par le golfe nommé *Welcome* par les Anglais et *Mare-Christianeum* par le Danois Munk.

RÉGION DE NORD-EST.

Les établissements danois au Groenland consistent dans une vingtaine de factoreries semées le long des côtes, et divisées en deux inspectorats. Le poste le plus avancé vers le pôle est *Upernavick*, 72 deg. 10 min. lat. ; puis viennent *Umanak, Godhavn*, sur l'île de Disco, *Jacobshavn, Holsteinborg, Sukkertoppen, Gothaab*, la principale et la plus ancienne de ces colonies, à 64 deg. 10 min., avec un excellent port ; *Friderikshaab* et *Julianeshaab*. La population est d'environ 20,000 âmes.

Cette terre n'est véritablement qu'un amas de rochers entremêlés d'immenses blocs de glace. Une chaîne continue parcourt la partie connue du Groenland. Il y a des golfes sans nombre, mais aucun d'eux ne s'avance vers la côte orientale. Pendant les courts instants de l'été, l'air, très-pur sur la terre ferme, est dans les îles obscurci par des brouillards. Les clartés vagabondes de l'aurore boréale adoucissent un peu la sombre horreur des nuits polaires.

Il y a quelques terres labourables. Les montagnes sont couvertes de mousse du côté du nord ; les parties exposés au midi produisent de très-bonnes herbes, des groseilles et d'autres baies en abondance, et quelques petits saules et bouleaux. On cultive les choux et les navets près des colonies danoises.

Le règne animal offre de gros lièvres, dont la chair est excellente, et qui donnent une bonne fourrure ; des rennes, des ours blancs, des renards, de grands chiens qui hurlent au lieu d'aboyer, et dont le Groenlandais attelle ses traîneaux. Une immense quantité d'oiseaux aquatiques demeure près des rivières, qui abondent en saumons. Les cabillauds, les turbots, les petits harengs fourmillent dans la mer. Les indigènes du sud s'en tiennent à la chasse du chien-marin. La chair de cet animal est leur nourriture principale ; la peau leur fournit des vêtements, et en même temps ils en construisent leurs bateaux ; les nerfs deviennent du fil, les vessies des bouteilles ; la graisse remplace tantôt le beurre et tantôt le suif ; le sang même paraît, aux Groenlandais, excellent pour faire du bouillon.

Les naturels ont la taille courte, les cheveux longs et noirs, les yeux petits, le visage aplati et la peau d'un jaune brun ; on reconnaît en eux une branche des Esquimaux ou Samoyèdes d'Amérique. Cette parenté est surtout prouvée par leur idiome, d'ailleurs remarquable par la richesse de ses formes grammaticales.

L'ISLANDE.

L'Islande, c'est-à-dire le pays des glaces, n'est qu'une chaîne de rochers immenses, dont le sommet est toujours couvert de neige, quoique le feu couve dans leurs flancs ; son étendue est de 18,000 kilomètres carrés. L'île renferme une dizaine de volcans. Le plus fameux est le mont *Hécla*, situé dans la partie méridionale. On estime son élévation à 1,600 mètres au-dessus du niveau de la mer.

Les sources chaudes, autre curiosité de cette île, n'ont pas toutes le même degré de chaleur. Celles dont les eaux tièdes sortent aussi paisiblement que des sources ordinaires, s'appellent *laugar*, c'est-à-dire, bains. Les autres, qui lancent à grand bruit des eaux bouillantes, sont nommées *chaudières*. La plus remarquable de ces sources est le *Geyser*, près de *Skalholt*, au milieu d'une plaine où il y a 40 autres sources moins considérables. Les Islandais tirent parti de ces sources chaudes, qui jadis ont servi à baptiser leurs ancêtres païens ; ils y font cuire leurs légumes, viandes, œufs, etc.; mais il faut avoir soin de couvrir le pot

suspendu dans ces eaux fumantes, afin que l'odeur volcanique ne gâte pas les mets. Les habitants y lavent aussi leur linge, et ils y font courber plusieurs instruments de bois. Les sources moins chaudes servent à se baigner. Les vaches qui boivent de leurs eaux, donnent une quantité de lait extraordinaire.

Outre ces magnifiques jets d'eau, l'Islande a encore des sources minérales, que les habitants appellent sources de *bière*.

Une des productions les plus singulières de l'Islande est cette masse noirâtre, pesante, nommée en islandais *surturbrand* ; c'est un bois fossile qui brûle avec flamme. Une autre espèce de bois minéralisé brûle sans flamme.

Les montagnes centrales de l'île renferment du fer et du cuivre, du marbre, de la chaux, du plâtre, de la terre à porcelaine, des onyx, des agates, du jaspe et autres pierres.

On y trouve du soufre, tant pur qu'impur. Les mines de Krisevig et de Husavig sont les plus considérables. Les collines de soufre présentent un phénomène plus effrayant, peut-être, que le Geyser ; on voit à leurs pieds l'argile dans une ébullition continuelle; on entend les eaux bouillonner et siffler dans l'intérieur de la montagne ; une vapeur chaude couvre ce terrain, d'où souvent s'élancent des colonnes d'eau boueuse. Le soufre qui forme la croûte de ces couches d'argile est très-chaud, et s'y présente dans les cristallisations les plus magnifiques.

L'île ne produit pas de sel ; mais la mer qui l'avoisine a les eaux aussi salées que la Méditerranée. Le sel qu'on en tire donne au poisson une teinte bleuâtre.

Le ciel de l'Islande a aussi ses prodiges. A travers un air rempli de particules glacées, le soleil et la lune paraissent doubles ou prennent des formes extraordinaires ; l'aurore boréale se joue en mille reflets ; partout le mirage crée des rivages et des mers imaginaires. Le climat est assez tempéré pour la culture des blés, qui autrefois était suffisante aux besoins d'une population beaucoup plus considérable. Mais lorsque les glaces flottantes s'arrêtent entre les promontoires septentrionaux de cette île, tout espoir de culture cesse pour une ou deux années ; un froid effroyable se répand ; les vents apportent des colonnes de particules glacées ; la végétation s'éteint ; la faim et le désespoir semblent s'asseoir sur ces montages qu'échauffent en vain les feux des abîmes souterrains.

Le *melur* est une espèce de blé sauvage, qui donne une bonne farine ; l'orge est la céréale qui réussit le mieux. Le *lichen* d'Islande et plusieurs autres sortes de lichens servent à la nourriture, ainsi qu'un grand nombre de racines antiscorbutiques, et même plusieurs sortes d'herbes marines. L'Islande produit, comme la Norwége, une immense quantité de baies sauvages d'un goût excellent.

Les chevaux sont de même espèce que ceux de la Norwége, et on les emploie à porter des fardeaux comme les ânes. Les bœufs et les vaches sont pour la plupart sans cornes. Les moutons en ont deux et quelquefois trois, ils sont très-grands, et leur laine est plus longue que celle des moutons danois.

On a transporté en Islande des rennes, qui s'y multiplient ; cet animal n'y était point indigène, quoique la mousse des rennes y vienne en abondance. Les renards d'Islande fournissent de belles pelisses : c'est le seul quatrupède sauvage de l'Islande. Les ours blancs y arrivent sur les îles flottantes de glaces. Parmi les oiseaux, l'édredon est renommé par son duvet délicat.

La mer et les rivières offrent aux Islandais des avantages. Les saumons, truites, brochets et autres excellents poissons fourmillent dans les rivières. Les anguilles sont en abondance.

La population de l'Islande est d'environ 55,000 ames. L'île est divisée en quatre quartiers, nommés d'après les quatre points cardinaux. La ville de *Reikiavik* compte une centaine de maisons ; c'est la capitale. *Bessestadr* est le siége d'un bon gymnase, avec une bibliothèque, sans doute une des plus septentrionales du monde.

Le commerce de l'Islande est aujourd'hui libre. On exporte du poisson, de l'huile de poisson, des viandes, du suif, du beurre, des cuirs, de l'édredon, du soufre, de la laine, de grosse étoffe de laine, des gants, des bas. L'importation consiste en blé, grains, eaux-de-vie, tabac, marchandises coloniales, étoffes fines, quincaillerie.

Les Islandais sont d'une taille moyenne, bien conformés ; mais une nourriture peu abondante leur donne peu de vigueur. Les mariages ne sont pas féconds. Probes, bienveillants, peu industrieux, mais fidèles et obligeants, ces insulaires exercent l'hospitalité, autant que leurs moyens le permettent. Leurs principales occupations consistent dans la pêche et le soin de leurs troupeaux. Sur les côtes, les hommes vont à la pêche en été et en hiver. Les femmes apprêtent le poisson, s'occupent à coudre et à filer. Les hommes préparent les cuirs et exercent les arts mécaniques ; quelques-uns travaillent l'or et l'argent : ils manufacturent une sorte d'étoffe grossière.

Au nord-est de l'Islande s'étendent des côtes mal connues qui appartiennent soit au Groenland, soit à un archipel glacé. L'île de *Jean de Mayen*, souvent visitée, n'est qu'un amas de rochers noirâtres, mais sans traces volcaniques.

Le groupe de trois grandes îles, et d'un nombre considérable de petites qui portent le nom de *Spitzberg*, termine, dans l'état actuel des connaissances, cette chaîne de terres glaciales dépendantes du Groenland, et par conséquent de l'Amérique septentrionale. La grande île du Spitzberg proprement dite est séparée, par des canaux étroits, de l'*Ile du Sud-Est* et de celle de *Nord-Est*. La presqu'île orientale de la grande île a reçu le nom de *Nouvelle-Frislande*. Vers la pointe nord-ouest sont les restes de l'établissement des baleiniers hollandais, nommé *Smeerenborg*. Couronnées de neiges perpétuelles et flanquées de glaciers, les montagnes du Spitzberg jettent un éclat semblable à celui de la pleine lune. Leur élévation les fait apercevoir à une grande distance. Le silence solennel qui règne dans cette terre déserte accroît la mystérieuse horreur qu'éprouve le navigateur en y abordant. Un jour de cinq mois tient lieu d'été ; le lever et le coucher du soleil marquent les bornes de la saison vivante : mais ce n'est que vers le milieu de cette saison ou vers le midi de ce jour que la chaleur pénètre un peu avant dans la terre glacée ; le goudron des vaisseaux fond aux rayons du soleil, et cependant on ne voit éclore qu'un petit nombre de plantes. Les golfes et baies se remplissent de fucus et d'algues d'une dimension gigantesque ; il en est qui ont jusqu'à 67 mètres de long. Dans ces forêts marines les phoques et les cétacés aiment à rouler leurs corps énormes. Tantôt porté sur un îlot de glace, tantôt nageant au sein des flots, l'ours polaire poursuit tout ce qui respire, dévore tout ce qu'il rencontre. Le renne broute la mousse qui couvre tous les rochers.

Des troupes de renards, d'innombrables essaims d'oiseaux de mer viennent encore, pendant quelques moments, peupler ces îles solitaires; mais dès que finit le jour polaire, ces animaux se retirent à travers des terres inconnues, soit en Amérique, soit en Asie.

Les animaux marins du Spitzberg présentent à la cupidité européenne un appât qui fait oublier les dangers de ces mers inhospitalières. La pêche de la baleine a souvent occupé jusqu'à 400 gros bâtiments de toutes les nations. Ces animaux paraissent fréquenter aujourd'hui les parages du Spitzberg en nombre moins considérable; ils sont cependant moins utiles à l'homme que le hareng, dont la mer Glaciale semble être la patrie ou l'asile.

Une dernière curiosité, c'est l'extrême abondance de bois flottant que la mer amène sur les côtes du Labrador, du Groenland, et plus encore sur celles de l'Islande, du Spitzberg et des terres arctiques entre ces deux îles. Il est des années où les Islandais en recueillent assez pour leur chauffage. Il se compose de troncs de mélèzes, de pins, de cèdres sibériens, de sapins, de bois de Fernambouc et de Campêche. Ces troncs paraissent avoir été entraînés par les grands fleuves d'Asie et d'Amérique; les uns sont apportés du golfe du Mexique par le fameux courant de Bahama; les autres sont poussés par le courant qui, au nord de la Sibérie, porte habituellement de l'est à l'ouest.

CHAPITRE QUATRIÈME.

Canada. — Nouvelle-Écosse. — Terre-Neuve.

En remontant le fleuve Saint-Laurent, on voit se développer les majestueuses forêts du *Canada* autour des plus vastes amas d'eau douce qu'il y ait au monde. Le fleuve Saint-Laurent n'est qu'un long *détroit*, par lequel s'écoulent les eaux des grands lacs du Canada. La plus reculée de ces mers d'eau douce, comme les premiers voyageurs les appelèrent, se nomme le lac *Supérieur;* il a 2000 kilomètres de circonférence; ses eaux limpides, nourries par 40 rivières, se balancent dans un bassin de rochers, et forment des lames presque égales à celles de l'Océan Atlantique. Le lac *Huron*, qui a 1200 kilomètres de circonférence, reçoit les eaux du précédent par une suite de descentes rapides connues sous le nom des *Sauts-de-Sainte-Marie*. On ne donne que 600 kilomètres de pourtour au lac *Michigan*, dont les fertiles bords appartiennent aux États-Unis. Ses eaux se joignent, par un large détroit, à celles du lac Huron. Un autre détroit, ou plutôt le fleuve rapide de *Saint-Clair*, sert d'écoulement au lac Huron, et forme, en s'élargissant, le petit lac de Saint-Clair. Un canal plus tranquille, nommé le *Détroit*, unit ce bassin au lac *Erié*, qui a plus de 270 kilomètres de longueur sur 60 à 90 de largeur, mais qui, peu profond et bordé de terres d'une élévation inégale, éprouve des coups de vent redoutables aux navigateurs. Ce lac se décharge par la rivière de *Niagara* et par ses célèbres cataractes. Le principal saut est du côté du Canada. Dans cet endroit la rivière a 200 mètres de large, et la chute est de 48 mètres. Entre les chutes est une petite île. Le saut du côté des États-Unis a 120 mètres de large et 55 mètres de haut. Cette cataracte est enveloppée d'un nuage qu'on aperçoit de très-loin; les flots écumeux semblent couler dans les cieux. De temps à autre le nuage, en s'ouvrant, laisse entrevoir les rochers et les forêts. L'aspect le plus étonnant se présente l'hiver lorsque les eaux, malgré leur effroyable mouvement, ressentent l'influence des gelées : alors d'énormes colonnes de glace s'élèvent du fond du précipice, tandis que d'autres pendent d'en haut comme autant de tuyaux d'orgue.

C'est par ce pompeux vestibule que les eaux du Niagara descendent vers le tranquille lac *Ontario*, sujet à une espèce de flux et reflux. Il se dégorge, par le charmant lac de *Mille-Iles*, dans le fleuve Saint-Laurent. Ce fleuve prend surtout, près Montréal, un caractère pittoresque. Au-dessous de Québec, son lit s'élargit si considérablement, les rivages s'enfuient dans un lointain si immense, que l'œil y reconnaît plutôt un golfe qu'une rivière.

Le seul fleuve considérable du Canada, après le Saint-Laurent, c'est l'*Outawas*; il porte au grand fleuve ses eaux limpides et verdâtres. Elles forment, parmi d'autres cascades pittoresques, celle de la *Chaudière*. La rivière de *Saguenay*, qui vient aussi du nord, est l'écoulement du lac Saint-Jean. Une rivière remarquable vient en droite ligne du sud; c'est celle de *Sorelle*, débouché du lac Champlain, lac qui forme une communication militaire et commerciale très-importante entre le Canada et les Etats-Unis. Parmi les petites rivières, celle de *Montmorency* est célèbre par sa cataracte pittoresque.

Sans renfermer de véritables chaînes de montagnes, le Canada s'élève par degrés. Les cataractes marquent le changement du niveau des eaux; mais le partage même des eaux entre la mer d'Hudson et le fleuve de Saint-Laurent n'offre qu'une suite de collines et de rochers isolés. Le sol est partout très-élevé au-dessus des lacs. Le froid et le chaud y sont extrêmes; le thermomètre, en juillet et en août, monte à **72** degrés (centigrades), et en hiver le mercure y gèle. La neige commence avec le mois de novembre, et en janvier il est souvent difficile à un Européen de se tenir quelques moments en plein air sans en éprouver des suites fâcheuses. Des intervalles d'un temps plus doux n'y servent qu'à rendre le sentiment du froid plus vif et ses effets plus dangereux. Souvent à Québec, au commencement de l'hiver, la neige roule en grandes masses dans l'air, et couvre les rues jusqu'au niveau des lucarnes des maisons basses. Enfin, en décembre, les vents neigeux cessent; un froid uniforme et un air serein leur succèdent. Tout à coup les glaces arrivent dans le fleuve, et s'accumulent de

manière à remplir tout le bassin; mais la plupart du temps ces glaces ne sont que flottantes, et les habitants de la rive méridionale, animés par l'espoir du gain, les franchissent, en laissant tantôt glisser et tantôt flotter leurs canots. Les glaces disparaissent de même avec une rapidité extrême vers la fin d'avril, ou au plus tard au commencement de mai. Elles se rompent avec un bruit semblable à celui du canon, et sont entraînées à la mer avec une violence épouvantable. Le printemps se confond avec l'été; les chaleurs subites font éclore la végétation à vue d'œil. De tous les mois de l'année, le mois de septembre est le plus agréable.

Le Canada est montagneux et couvert de bois. La culture s'éloigne peu des bords de la grande rivière. Les produits sont : le tabac, les légumes et les grains. La culture du froment a fait des progrès rapides. Les terres deviennent meilleures à mesure qu'on remonte le Saint-Laurent. Les environs de Montréal surpassent autant en fertilité ceux de Québec, que les terres du Haut-Canada surpassent celles de Montréal. Les prairies du Canada, supérieures à celles des contrées américaines plus méridionales, présentent un gazon fin et épais.

Parmi les fruits du Canada, les meilleurs sont, comme en Norwége, les baies, spécialement les fraises et les framboises. On cultive des pommes et des poires aux environs de Montréal. Des vignes, tant sauvages que plantées, donnent de petits raisins d'un goût agréable, quoique aigrelet. On cultive beaucoup de melons; il paraît même que ce végétal est indigène.

Dans la végétation indigène des pays situés au nord du fleuve Saint-Laurent, on remarque un mélange singulier des flores de la Laponie et des Etats-Unis. La grande chaleur de l'été fait que les plantes annuelles et celles que la neige couvre pendant l'hiver y sont pour la plupart les mêmes que dans les pays méridionaux; tandis que les arbres et les arbrisseaux ayant à braver, sans abri, toute la rigueur du climat, appartiennent aux espèces des régions arctiques. Le ginseng et le lys de Canada, semblable à celui de Kamtschatka, indiquent une liaison entre la flore de l'Amérique et celle de l'Asie. Une graminée, qui tient de la nature du riz, croît dans la vase des rivières; elle fournit un aliment aux Indiens errants, comme aux oiseaux de marécage. Quoique le pays soit couvert de nombreuses forêts, les arbres n'y acquièrent jamais cette grosseur et cette surabondance de vie qui les distinguent dans les Etats-Unis. La famille des sapins et des arbres verts y est la plus multipliée : on y distingue le sapin à feuille argentée, le pin de Weymouth, le pin canadien, la sapinette d'Amérique et le cèdre blanc du Canada. Nous nommerons encore l'érable à sucre et l'érable rouge, le bouleau, le tilleul et l'ormeau d'Amérique, le bois de fer et le gaînier du Canada. Les nombreuses espèces de chênes nous sont en général inconnues ; celles de l'Europe ne s'y montrent que sous la forme d'arbrisseaux rabougris : aussi le bois de construction du Canada se tire des provinces de la Nouvelle-Angleterre. On rencontre encore dans les îles du Saint-Laurent le sassafras, le laurier et le mûrier rouge. Le frêne commun, l'if et le frêne des montagnes se rencontrent également dans les contrées septentrionales de l'ancien et du nouveau continent ; mais les forêts du Canada possèdent un ornement caractéristique dans les festons légers de la vigne sauvage et dans les fleurs odorantes de l'asclépiade de Syrie. Les forêts du Canada fournissent principalement des douves et planches de sapin, ainsi que de petits mâts. Les potasses et les cendres perlées sont encore un produit des forêts. Les Canadiens font beaucoup de sucre d'érable.

Les animaux qui habitent les vastes forêts ou qui errent dans les parties incultes de cette contrée, sont le cerf, l'élan d'Amérique, le daim, l'ours, le renard, la martre, le chat sauvage, le furet, la bélette, l'écureuil gris, le lièvre et le lapin. Les parties méridionales recèlent un grand nombre de bisons, de daims, de chevreuils, de chèvres et de loups. Peu de fleuves peuvent se comparer au Saint-Laurent par la variété, l'abondance et l'excellence du poisson. Mais le caïman et le serpent à sonnettes se sont répandus jusqu'ici. Parmi les oiseaux indigènes, les premiers voyageurs distinguèrent déjà le coq d'Inde. Le colibri s'égare, pendant l'été, dans cette région boréale, et vient voltiger comme une fleur ailée parmi les fleurs des jardins de Québec. Des mines de fer ont été découvertes dans plusieurs parties du Canada.

Un superbe bassin, où plusieurs flottes pourraient mouiller en sûreté; une belle et large rivière ; des rivages partout bordés de rochers très-escarpés, parsemés ici de forêts, là surmontés de maisons ; les deux promontoires de la pointe Levis et du Cap-Diamant ; la jolie île d'Orléans et la majestueuse cascade de la rivière de Montmorency, tout concourt à donner à la ville de *Québec*, capitale du Bas-Canada, un aspect imposant et vraiment magnifique. La haute ville est bâtie sur le Cap-Diamant, élevé de 84 mètres, tandis que la ville basse s'étend le long de l'eau au pied de la montagne, dont souvent, dans le froid et le dégel, il se détache des quartiers de roche qui écrasent les maisons et les passants. Les fortifications, considérablement augmentées dans les derniers temps, en font, conjointement avec sa situation naturelle, une place de guerre très-importante. Les habitants, au nombre de 25,000, se dédommagent des froids longs et rigoureux de l'hiver par des parties de traîneaux et par des assemblées de danse.

Montréal, la seconde ville du Bas-Canada, se présente avec éclat sur la côte orientale d'une île considérable formée par le fleuve à sa jonction avec l'Outawas. Des hauteurs boisées, de nombreux vergers, de jolies maisons de campagne, et tout cela renfermé dans une île baignée d'une superbe rivière, où peuvent remonter les gros vaisseaux; tels sont les charmes de cette ville, qui renferme 35,000 âmes. Son commerce consiste surtout en fourrures qui arrivent des environs du lac Winnipeg ou Bourbon. La petite ville des *Trois-Rivières,* entre Québec et Montréal, est devenue remarquable par le concours des naturels qui s'y réunissent en foule. *Sorelle* fut bâtie en 1787 par les loyalistes américains. Elle contient 250 maisons.

En sortant du fleuve Saint-Laurent pour entrer dans le lac Ontario, on traverse le golfe appelé improprement *lac de Mille-Iles.* Sur une de ses anses, s'élève la ville de *Kingston*, munie d'un bon port, où les bâtiments venant du lac Ontario déchargent ordinairement leurs marchandises. La ville d'*York* domine ce dernier lac. La baie de *Burlington*, extrémité occidentale du lac, est bordée de paysages romantiques. On cite encore la ville de *Newark* ou de *Niagara*, à l'embouchure du fleuve de ce nom ; le fort *George*, qui en est la citadelle ; le fort *Erié*, qui commande le fleuve Niagara à sa sortie du lac de ce nom ; la ville de *London*, située dans l'intérieur des terres, et le fort *Malden*, place frontière du côté de la rivière du Détroit.

L'extrémité méridionale du Canada forme une presqu'île, séparée du reste de la province par les rivières Severn et Trent, qui sont liées par une chaîne de petits lacs. Le reste de cette péninsule est baigné par les lacs Huron, Erié et Ontario, les fleuves Saint-Clair, Détroit et Niagara. Il n'y a point d'eau stagnante, mais les rivières sont bourbeuses. Le froment, le trèfle, les poires, les pêches réussissent parfaitement. Le climat, sur les bords du lac Erié, est presque aussi doux qu'à Philadelphie.

Considéré comme position militaire, le Canada forme le principal anneau de cette chaîne de possessions britanniques du nord, qui, depuis l'Acadie et la Terre-Neuve, vient se perdre aux environs du lac Winnipeg, chaîne qui enveloppe les États-Unis par le nord-est et le nord.

Il existe encore quelques restes des anciennes tribus sauvages du Canada. Les *Tummiskamings*, qui parlent la langue algonquine ou knistenane, demeurent au nord des sources de l'Outawas. Les *Algonquins* s'étendent vers la rivière Saint-Maurice. On trouve aux environs de Québec quelques hameaux d'Hurons convertis au christianisme, et qui parlent français. Les *Pikouagamis*, aux environs du lac Saint-Jean, les *Mistissings*, sur le lac du même nom, et les *Papinachois*, au nord de la rivière Saguenai, mènent aujourd'hui une vie paisible, et commencent à se livrer à quelques essais de culture. Ces tribus paraissent de la même origine que les Algonquins et les Knistenaux.

En descendant par le fleuve Saint-Laurent, on voit à droite une contrée très-semblable aux parties les plus montueuses du Canada, c'est le *Gaspé* ou la *Gaspésie*, patrie ancienne d'une tribu indienne, remarquable par ses mœurs policées et par le culte qu'elle rendait au soleil.

En 1857, on évaluait la population du Canada, pour une superficie de 915,860 kilom. carrés, à 2,570,000 âmes, dont 1,220,000 pour le Bas-Canada, et 1,350,000 pour le Haut-Canada. Groupés sur la rive septentrionale du Saint-Laurent, depuis Montréal jusqu'à Québec, les Français forment les 8/9ᵉˢ de la population du Bas-Canada. Dans le Haut-Canada, au contraire, les 17/20ᵉˢ de la population sont d'origine anglaise ou irlandaise ; les Français représentent seulement 1/20ᵉ.

L'agriculture a fait au Canada de grands progrès. Dès 1852, il exportait 5,496,718 minots (38 litres) de froment. Les bois de construction (pins blancs et rouges, ormes, chênes), formant après l'agriculture la principale richesse du pays, donnent lieu à un commerce d'exportation de 75 millions de francs. En 1856, la valeur totale des exportations canadiennes était de 200 millions de fr. et celle des importations de 270 millions. Le 5 juin 1854, un traité de commerce a été conclu entre le Canada et les Etats-Unis ; plus tard les deux pays ont conclu un traité postal.

L'industrie est moins avancée que l'agriculture. Cependant la construction des vaisseaux est très-active ; les bois abondent et les ingénieurs canadiens sont très-habiles. L'exploitation des mines de fer et de cuivre a fait de notables progrès. Le Canada fabrique des locomotives, des machines à vapeur, etc. On y compte environ 1,700 scieries, dont 160 à vapeur exploitant par an 5 millions de madriers et 800 millions de pieds de bois. Les moulins sont au nombre de 1,200.

De magnifiques canaux, pourvus d'immenses écluses, ont amélioré la navigation du Saint-Laurent. Le canal de Welland conduit dans le lac Erié les vaisseaux partis de Québec, en évitant la chute du Niagara. La rivière d'Ottawa a été rendue navigable par de petits canaux ; elle est unie au fleuve Saint-Laurent par le grand canal des Rideaux qui part d'Ottawa et débouche près de Kingstown. Tournant les rapides de Chambly, le canal de même nom complète, par la rivière Richelieu, la navigation entre le Saint-Laurent et le lac Champlain. Un autre canal, portant des navires de 1000 tonneaux, traverse le lac Saint-Pierre.

Le réseau des chemins de fer a été terminé en 1859, et son système principal, appelé *Grand-Tronc*, le fait communiquer avec l'immense réseau des Etats-Unis ; on s'occupe de prolonger les lignes ferrées jusqu'à l'océan Pacifique. Une des merveilles du monde est le pont-tube *Victoria*, qui fait communiquer la ligne de Montréal à Toronto avec celle de Montréal à Québec par-dessus le Saint-Laurent, large en cet endroit de 3 kilom. 63 m. Sous sa charpente de fer les plus grands navires passent à pleines voiles, tandis que les wagons roulent au-dessus.

On compte au Canada 5,479 écoles avec 304,000 écoliers des deux sexes ; il se publie dans le pays 243 journaux tant hebdomadaires que quotidiens.

Quoiqu'il existe entre le Haut et le Bas-Canada une différence complète, ces deux provinces n'ont plus qu'une seule assemblée élective, un seul conseil provincial et un gouverneur général assisté par un conseil exécutif de dix ministres responsables.

Le Nouveau-Brunswick s'étend, d'un côté sur le golfe Saint-Laurent, de l'autre sur la baie de Fundi ; il avoisine les Etats-Unis à l'ouest, et se termine au sud à l'isthme qui conduit dans la Nouvelle-Ecosse. Ce pays, dont la prospérité, la culture et la population s'accroissent dans une progression rapide, est traversé par l'extrémité de la chaîne des Apalaches. La rivière de Saint-Jean est navigable pour des vaisseaux de 50 tonneaux, dans l'espace d'environ 93 kilom., et pour des bateaux, dans celui d'environ 315 kilom. Le flux remonte à peu près à 130 kilom. On y trouve du saumon, des loups de mer et des esturgeons. Les bords, engraissés par des débordements annuels, sont fertiles et unis, et dans beaucoup d'endroits, couverts de grands arbres. Les exportations consistent en bois de charpente, poissons et pelleteries. Le caribon, l'orignal, le chat-lynx, l'ours et les autres animaux sauvages du Canada et des Etats-Unis se montrent encore dans ce pays, mais ne se répandent guère dans la Nouvelle-Écosse. La population peut être évaluée à 120,000 âmes. La capitale est *Frederick's Town*, située sur la rivière de Saint-Jean. Celle de *Sainte-Anne* est presque à l'opposite. Il y a quelques autres établissements près de la baie de Fundi.

L'*Acadie*, définitivement soumise à l'Angleterre depuis 1713, fut divisée, en 1784, après la paix avec les Etats-Unis déclarés indépendants, en deux gouvernements, dont l'un, formé de la péninsule orientale, conserva le nom de *Nouvelle-Ecosse*, que tout le pays portait ancien-

nement chez les Anglais ; la partie occidentale eut le nom de *Nouveau-Brunswick*.

La Nouvelle-Ecosse partage, avec toute cette partie du globe, un climat fort rigoureux en hiver ; cependant les ports n'y gèlent jamais. Les seuls brouillards maritimes rendent l'air sombre et malsain. Lorsqu'ils disparaissent, le printemps offre quelques moments délicieux ; les chaleurs de l'été font rapidement mûrir les récoltes. Ce pays, généralement âpre et montagneux, renferme des coteaux riants et fertiles, notamment autour de la baie de Fundi et sur le bord des rivières qui s'y déchargent : de vastes terrains, autrefois marécageux, ont été rendus à la culture. Les plaines et les éminences présentent une agréable variété de champs plantés en froment, seigle, maïs, pois, haricots, chanvre, lin, et quelques espèces de fruits, tels que les groseilles et les framboises, viennent parfaitement dans les bois qui couronnent les hauteurs et couvrent jusqu'aux trois quarts du pays. Ces forêts renferment des chênes très-propres à la construction navale ; mais elles se composent principalement de pins, de sapins, de bouleaux, qui donnent de la poix, de la térébenthine, du goudron, ou du bois à l'usage des sucreries dans les Antilles. Le menu gibier, ainsi que les volailles, y abondent. Les rivières fourmillent de saumons, et le produit des pêcheries de cabillauds, de harengs, de maquereaux établies dans les différents ports ou sur les côes, fournit à l'exportation pour l'Europe. Plusieurs baies, havres et criques offrent de grands avantages au commerce ; la plupart des rivières sont navigables, et le flot y remonte bien avant dans les terres. La population est évaluée à 150,000 âmes. L'excellent port d'*Halifax* est de la plus haute importance. La ville, passablement fortifiée et peuplée de 30,000 habitants, est la résidence du gouverneur de la province, duquel dépendent également les îles de Saint-Jean et du Cap-Breton, et d'une cour d'amirauté pour toute l'Amérique septentrionale anglaise. *Annapolis*, autre excellent port, ci-devant *Port-Royal*, presqu'à l'opposite d'Halifax, sur la baie de Fundi, n'est plus qu'un hameau ; mais *Shelburne*, à la côte méridioale, sur le port Roseway, compte près de 20,000 âmes.

L'île du *Cap-Breton* ou *Ile-Royale*, séparée de la Nouvelle-Ecosse par le détroit de *Canso*, autrement de *Fronsac*, avait été considérée par les Français comme la clef du Canada. Cependant ses ports ont le désavantage d'être souvent fermés par les glaces. Le sol, en grande partie aride, produit quelques chênes d'un volume énorme, des pins pour la mâture et diverses sortes de bois propres à la charpente. On y récolte aussi un peu de grains, du lin et du chanvre. Les montagnes et les forêts recèlent de la volaille sauvage en quantité, notamment une espèce de grosses perdrix qui ressemblent à des faisans par la beauté du plumage. La terre renferme d'inépuisables mines de houille.

Le port de *Louisbourg*, autrement Port-Anglais, près du Cap-Breton proprement dit, est un des plus beaux de toute l'Amérique.

L'île de *Saint-Jean* ou du *Prince-Edouard*, quoique voisine du Cap-Breton, lui est bien supérieure par la fertilité de son sol et par son aspect riant. Aussi, sous la domination française, elle fut appelée le grenier du Canada, qui en tirait une grande quantité de grains, de bœufs et de porcs. Les rivières sont riches en saumons, truites, anguilles, et la mer adjacente abonde en esturgeons et toutes sortes de coquillages. Les villes de Belfast, de Charlottes-Town et Georges-Town sont les plus importantes. La première a 3,000 habit. Le chef-lieu est Charlottes-Town, avec un excellent port.

La rocailleuse île d'*Anticosti* est couverte de bois, mais dépourvue de ports.

La grande île appelée par les Anglais *Newfoundland* et par les Français *Terre-Neuve*, ferme au nord l'entrée du golfe Saint-Laurent. Elle passe pour stérile, les bords des rivières exceptés. Elle produit cependant diverses sortes de bois employés soit à la construction navale, soit à l'établissement des nombreux échafaudages dressés tout le long de la côte pour la préparation de la morue. Les clairières forment de bons pâturages. Dans l'intérieur s'élève une suite d'éminences considérables, et entrecoupées de fondrières ou de marais qui donnent au pays un aspect sauvage, mais pitto-resque. Les forêts servent de retraite à une quantité d'ours, de loups, d'élans et de renards; les rivières et les lacs abondent en castors, loutres, saumons et d'autres amphibies ou poissons. Mais tous ces avantages ne sont rien, comparés avec la richesse qu'offre la mer voisine. A l'est et au sud de l'île, s'élèvent du fond de l'Océan plusieurs bancs de sable, dont le plus grand s'étend près de 10 degrés du sud au nord. La tranquillité et la douce température y attirent une quantité si énorme de cabillauds, que leur pêche fournit à la consommation de la majeure partie de l'Europe. Ils disparaissent vers la fin de juillet et pendant le mois d'août; la saison de la pêche, qui commence avec le mois de mai, ne se termine qu'à la fin de septembre.

Parmi les animaux de Terre-Neuve, on distingue une race particulière de chiens, remarquables par leur grande taille, leur long poil soyeux, et surtout par la plus grande dimension de la peau entre les doigts du pied, qui les rend propres à nager.

Les villes de *Plaisance* et de *Saint-John*, embellies et agrandies, ont pris un aspect européen. La population de l'île est de 85,000 âmes. Le commerce de bois de construction et de pelleteries occupe un grand nombre de bâtiments.

Les *Bermudes*, groupe d'îlots à moitié chemin entre la Nouvelle-Ecosse et les Antilles, appartiennent à la première sous les rapports politiques, puisqu'elles servent de station d'été à l'escadre dont Halifax est l'hivernage. L'étendue de cet archipel est de 70 kilomètres de long sur 44 de large. Arides et rocailleux, les îlots n'ont d'eau douce que celle qu'on recueille dans des citernes pour l'usage des habitants et des équipages des vaisseaux de guerre. L'air y est très-sain. Les genévriers font la seule richesse des habitants, qui en construisent des bâtiments très-légers, servant au cabotage entre les Etats-Unis, l'Acadie et les Antilles. La ville de *Saint-Georges*, dans l'île du même nom, renferme 300 maisons. On donne encore le nom de ville à *Hamilton*.

CHAPITRE CINQUIÈME

États-Unis. — Généralités.

La république fédérée des Etats-Unis égale en étendue les plus grands empires du monde et s'étend de l'est à l'ouest, de l'Océan Atlantique à l'Océan Pacifique. Elle est bornée au nord par les possessions anglaises, au sud par le golfe du Mexique.

La confédération des Etats-Unis, composée de 33 Etats et de 6 territoires, a une longueur d'environ 4,000 kilomètres de l'est à l'ouest, une largeur de 2,400 du nord au sud, une superficie de 4,348,000 et un développement de frontières de 13,600, dont 6,160 de côtes maritimes et 2,000 de rivages de lacs. Les 6 territoires sont ceux de *New-Mexico*, *Utah*, *Washington*, *Nebraska*, *Kansas*, et *Indian-Territory*.

Le Mississipi partage cet immense pays en deux parties à peu près égales.

POPULATION.

La popul., de 27,648,643 habit. libres et 3,999,853 esclaves, est presque tout entière à l'est du Mississipi, et un cinquième de cette population est concentré dans les états qui formaient la *Nouvelle-Angleterre*.

Les tribus indigènes, repoussées par cette masse de nouveaux habitants, sont aujourd'hui en très-petit nombre entre les monts Alleghany, les lacs et le Mississipi. Mais en remontant ce fleuve, et surtout le Missouri et ses affluents, le nombre des sauvages devient plus considérable. Il est possible qu'il s'élève jusqu'à 500,000 individus.

MONTAGNES ET FLEUVES.

Les deux grands traits qui caractérisent la géographie des Etats-Unis, c'est la majestueuse étendue des fleuves et le peu d'élévation des montagnes.

Les *Monts-Alleghany*, ou *Apalaches*, sont moins une chaîne de montagnes qu'un long plateau couronné de plusieurs chaînes de montagnes ou de collines. A l'est de la rivière d'Hudson, les collines ne présentent qu'un ensemble de petites élévations, sans formes régulières, sans direction marquée. La principale élévation prend dans la Nouvelle-Angleterre le nom de *White-Hills*, collines blanches, et dans le Vermont celui de *Green-Mountains*, montagnes vertes. Dès qu'on a franchi l'Hudson, la structure des montagnes paraît changer; elles se présentent, en Pensylvanie et en Virginie, sous la forme de sillons parallèles entre eux, mais dont la largeur et les intervalles varient. Sur les confins de la Caroline du nord et du Tennessée, les Alleghanys sont, au contraire, des groupes isolés de montagnes, qui se touchent seulement par leur base.

Toute la chaîne orientale porte le nom de *Blue-Ridge*, ou *Blue-Mountains*, montagnes bleues. Elle est coupée par le Sousquehannah, le Potomack et le James ; néanmoins elle conserve une élévation générale plus constante qu'aucune des autres chaînes. Celle qui marque le partage des eaux est très-peu élevée et peu large. Mais dans la chaîne la plus occidentale, chaîne d'ailleurs peu étendue et coupée par la rivière de Kanhawa, quelques montagnes assez rapprochées offrent une élévation supérieure à celle de tout le reste du système. Le *Mont-Laurell* et le *Mont-Gauley* dans l'ouest de la Virginie, la montagne du Grand-Père (*Great-Father-Mountain*), celle de Fer (*Iron Mount*), celle qu'on surnomme la Jaune et la Noire, entre le Tennessée et la Caroline, s'élèvent jusqu'à 2,500 ou 3,000 mètres au-dessus du niveau de la mer Atlantique ; tandis que le pic *Otter*, de la chaîne orientale n'a que 1,334 mètres de hauteur.

Les minéraux et les métaux abondent dans cette zone ; on y a découvert les grenats, l'émeraude, le fer oxydé magnétique, la plombagine, le cuivre gris, le zinc sulfuré, etc.

Les grands lacs qui, au nord des Etats-Unis, forment comme une mer d'eau douce, sont les seuls dignes de figurer dans un tableau général. Parmi les nombreux marais, il suffit de mentionner celui qu'on nomme l'affreux marais, *Dismal Swamp*. Il s'étend dans la partie orientale de la Virginie et dans la Caroline septentrionale ; partout il est couvert d'arbres, de genévriers et de cyprès dans les parties les plus humides ; et dans les plus sèches, de chênes blancs et de rouges, ainsi que de plusieurs espèces de pins. Ces arbres y sont d'une grandeur prodigieuse ; souvent l'espace entre leurs pieds est garni d'épaisses broussailles. Il y croît aussi des roseaux et une herbe épaisse et haute, qui engraisse promptement le bétail. Des troupes d'ours, de loups, de daims et d'autres animaux sauvages abondent dans cette forêt marécageuse. Un marais encore plus étendu occupe une portion des côtes de la Caroline du nord ; on l'appelle le Grand Marais des Caïmans ; il s'étend sur six cents milles carrés, en y comprenant trois lacs considérables. Les plantations de riz ont envahi les bords de cet immense marais.

Parmi les fleuves qui arrosent ces contrées, le Saint-Laurent a déjà fixé nos regards : le *Mississipi* jouit encore d'une plus grande célébrité ; mais le *Missouri* est la branche principale, et c'est à ce dernier fleuve qu'appartiendrait avec plus de raison le glorieux titre de *Père des Eaux*, ou *Mescha-Chébés*, que l'ignorance des sauvages a donné à un de ses affluents. Le *Mississipi* a sa source à 47 degrés de latitude, dans le lac Tortue. Par la chute pittoresque de Saint-Antoine, il descend de son plateau natal dans une vaste plaine : après un cours de 840 kilomètres, ses eaux limpides se perdent dans les flots bourbeux du Missouri ; à ce magnifique confluent chacun de ces fleuves a 2 kilomètres de large.

C'est à l'est du Haut-Mississipi que le *Wisconsin* baigne ses collines escarpées, et l'*Illinois* ses immenses savanes ; tous deux ils ouvrent presque une communication entre le Mississipi et le lac Michigan. Plus au sud, le beau fleuve d'*Ohio* règne sur un grand nombre de rivières tributaires, telles que le *Wabash*, le *Kentucky*, le *Cumberland* et le *Tenessée* ; après avoir coulé à l'ombre des magnolias et des tulipiers, il est englouti par le Bas-Mississipi, qui reçoit encore de l'ouest la rivière des *Arkanzas* et la rivière Rouge.

La manière dont le Mississipi s'écoule dans le golfe du Mexique offre des singularités très-remarquables. Outre une embouchure principale et permanente, il s'y forme des canaux d'écoulement qui changent souvent de direction; car le niveau des eaux du fleuve est, dans la plus grande partie de la Basse-Louisiane, plus élevé que celui de la contrée voisine. Son immense volume d'eau n'est retenu que par de faibles digues de terres légères et friables, de 1 mètre 60 centimètres à 2 mètres de hauteur. Les canaux d'écoulement, dits les bras de *Tchafalaya*, des *Plaquéminiers* et de la *Fourche* à l'ouest, et le bras d'*Iberville* à l'est, existent en tout temps, et embrassent une espèce de Delta.

Les arbres, déracinés par les vents ou tombés de vétusté, s'assemblent de toutes parts sur les eaux du Mississipi. Unis par des lianes, cimentés par des vases, ces débris des forêts deviennent des îles flottantes ; de jeunes arbrisseaux y prennent racine ; le pistia et le nénuphar y étalent leurs roses jaunes ; les serpents, les oiseaux, les caïmans viennent se reposer sur ces radeaux fleuris et verdoyants, qui arrivent quelquefois jusqu'à la mer, où ils s'engloutissent. D'autres fois, ils s'arrêtent et, avec le temps, forment des îles nouvelles.

Le Mississipi n'éprouve point de marées, à cause des nombreuses coudées de son cours ; d'ailleurs les vents n'y sont point constants : il est extrêmement difficile de le remonter, surtout pendant les crues qui ont lieu dans les six premiers mois de l'année ; la force du courant est alors de 4 kilomètres par heure.

Nous indiquerons brièvement les autres rivières des États-Unis. La baie de Maubile reçoit les eaux de l'*Alibama*, qui parcourt le territoire des Creecks, ou des Muscogulges ; l'*Apalachi Cola* descend des monts Apalaches vers la baie du même nom.

L'Océan Atlantique reçoit immédiatemént les rivières de *Altamaha*, de *Savanna* et de *Grande-l'édie*. Leurs embouchures offrent quelques bancs de sables ; cet inconvénient devient plus grand à la rivière du *Cap-Fear*, proprement le *Clarendon ;* et plus au nord, on voit même une chaîne de dunes séparer de l'Océan la grande lagune dite *Pamlico-Sound*, qui se joint presque à l'*Albemarle-Sound*, autre lagune où s'écoule le *Roanoke*. Les passes étroites et environnées de bancs changeants, par lesquelles on entre dans ces lagunes, rendent presque nulle la navigation de la Caroline du nord et d'une partie de la Virginie. Au nord du *Cap-Henry* s'allonge la baie de *Chesapeak*, dans laquelle s'écoulent, par trois larges ouvertures, le *Fluvanna*, autrement dit la rivière de *James ;* le rapide *Patowmak*, ce nourrisson des montagnes Bleues, et qui baigne les remparts de la cité fédérale, et le large *Susquéhanna*, qui entraîne dans son lit la plupart des rivières de la Pensylvanie. La baie de *Delaware* ne reçoit guère que la rivière du même nom. Près de New-York s'écoule le *Hudson*, large fleuve qui baigne des rivages très-pittoresques. A l'extrémité nord-est des États-Unis, on remarque la rivière de *Sainte-Croix*, qui leur sert de limite.

CLIMATOLOGIE.

Le climat de l'Amérique du nord est un des plus inconstants, des plus capricieux du monde ; il passe rapidément des frimas de la Norwége aux chaleurs de l'Afrique, de l'humidité de la Hollande à la sécheresse de la Castille. Un changement de 10 degrés au thermomètre de Réaumur, dans la même journée, compte parmi les choses ordinaires. Les indigènes mêmes se plaignent des variations subites de la température. En passant sur la vaste étendue des glaces du continent, le vent du nord-ouest acquiert un haut degré de froid et de sécheresse ; le sud-est au contraire produit sur la côte de l'Atlantique des effets semblables à ceux du *Sirocco ;* le vent du sud-ouest a le même effet dans les plaines situées à l'est des Apalaches, et lorsqu'il souffle, les chaleurs de l'été deviennent excessives et étouffantes. Cependant vers les montagnes on jouit d'un climat tempéré et salubre, même dans les états méridionaux ; mais sur toutes les côtes qui s'étendent depuis New-York

jusqu'à la Floride, la pâleur des visages rappelle celle qui distingue les créoles des Antilles. Les fièvres malignes règnent sur presque toute cette côte pendant les mois de septembre et d'octobre. Les contrées situées à l'ouest des montagnes sont en général plus tempérées et plus salubres : le vent de sud-ouest y amène la pluie, tandis qu'à l'orient c'est le vent du nord-est. Sur la côte de l'Océan Atlantique, les mêmes parallèles sont soumis à un climat plus froid en Amérique qu'en Europe. Le confluent même de la Delaware est pris des glaces pendant six semaines. Les glaces flottantes du pôle qui arrivent jusque sur le grand banc de Terre-Neuve, sont sans doute les principaux conducteurs du froid dont l'action à l'ouest est rompue par la chaîne des Apalaches. Le vent du nord-est, qui couvre toute la côte atlantique d'épaisses brumes ou de nuages pluvieux, n'apporte qu'un air frais et sec sur les bords de l'Ohio. Dans tous les Etats-Unis, les pluies sont subites et abondantes ; la rosée y est également excessive. Un autre point météorologique sur lequel l'atmosphère de cette partie du globe diffère de celui de l'Europe, c'est la quantité de fluide électrique dont il est imprégné : les orages en fournissent des preuves effrayantes, par la prodigieuse vivacité des éclairs et la violence des coups de tonnerre.

Un climat aussi capricieux a dû être favorable à l'introduction de la *fièvre jaune*, qui a si fréquemment renouvelé ses ravages dans les ports anglo-américains du midi et du centre.

VÉGÉTATION.

Les Etats-Unis, depuis les bords de l'Océan Atlantique jusqu'aux prairies où roule le Wabache, n'offrent qu'une immense forêt, interrompue par les vastes plaines nues et ouvertes que la nature ou les incendies ont formées dans le Kentucky, dans le Ténessée et sur les bords des grands lacs du nord. Les espaces conquis par la culture, quoique de jour en jour plus considérables aux environs des grandes villes et le long des rivières, ne forment pas encore la 15me partie de la totalité du territoire. Les espèces d'arbres les plus répandues sont le chêne à feuilles de saule qui croît dans les marais ;

le chêne marronnier qui, dans les Etats méridionaux, s'élève à une hauteur prodigieuse ; le chêne blanc, le rouge et le noir. Les deux espèces de noyer, le blanc et le noir ou *hicory*, précieux par l'huile de ses noix ; le châtaignier et l'orme d'Europe abondent dans toute l'Amérique-Unie. Le tulipier et le sassafras, plus sensibles au froid que les premiers, rampent en forme d'arbrisseaux rabougris sur les confins du Canada, se montrent comme arbres dans les Etats du centre ; mais c'est sur les brûlants rivages de l'Altamaha qu'ils prennent tout l'accroissement, se parent de toute la beauté dont leur espèce est susceptible. L'érable à sucre, au contraire, ne se rencontre, dans les provinces du midi, que sur les coteaux septentrionaux des montagnes, tandis qu'il est fort multiplié dans les provinces de la Nouvelle-Angleterre, où le climat, plus âpre, le fait parvenir à sa grandeur naturelle. Le liquidambar qui donne la gomme odorante, le bois de fer, le micocoulier, l'orme d'Amérique, le peuplier noir et le *taccamahaca* se trouvent partout où le sol leur convient. Les terrains sablonneux et légers sont peuplés de la précieuse famille des pins. Parmi les arbrisseaux et les arbustes qui se multiplient sur tous les points des Etats-Unis, nous distinguerons, l'arbre à frange, l'érable rouge, le sumac, le chêne vénéneux, le mûrier rouge, le pommier épineux, le lilas de Pensylvanie, le prunier-persimon, le faux acacia et l'acacia à triple épine.

C'est dans la Virginie et dans les Etats du sud et du sud-ouest que la flore américaine étale ses principales merveilles et l'éternelle verdure des savanes : l'imposante magnificence des forêts primitives et la sauvage exubérance des marécages captivent tous les sens par les charmes de la forme, de la couleur et du parfum. Si on longe les rivages de la Caroline, de la Géorgie et de la Floride, des bosquets continuels semblent flotter dans l'eau. A côté des pinières on aperçoit le palétuvier, le seul arbuste qui peut fleurir dans les eaux salées ; le magnifique *lobelia cardinalis* et l'odorant *pancratium* de la Caroline, dont les fleurs ont le blanc de la neige. Les terrains où la marée atteint se font distinguer du terrain sec par les tiges mouvantes et pressées de la canne, par le feuillage léger du *nyssa aquatica*, par le taccamahaca, l'arbre à frange et le cèdre blanc. La grue et l'aigle fixent leur nid sur cette plate-forme aérienne, et les perroquets y sont attirés par les semences huileuses renfermées dans de petits cônes suspendus aux branches. Dans les labyrinthes naturels que présentent ces forêts marécageuses, le voyageur découvre de petits lacs, de petites clairières qui formeraient les retraites les plus délicieuses si l'air malsain, en automne, permettait d'y habiter. On y avance sous une voûte de smilax et de vignes sauvages parmi des faréoles et des lianes rampantes qui enlacent vos pieds d'un filet de fleurs ; mais le sol tremble, les insectes incommodes voltigent autour de vous ; l'énorme chauve-souris étend ses ailes hideuses, le serpent à sonnettes agite les anneaux de sa peau retentissante ; le loup, le carcajou, le chat-tigre remplissent l'air de leurs cris discordants et sauvages.

SAVANES.

On appelle *savanes* les grandes prairies de l'ouest qui déroulent à perte de vue un océan de verdure paraissant monter vers les cieux, et qui ne sont peuplées que d'immenses troupeaux de bisons : on donne aussi ce nom aux plaines qui bordent les rivières, et qui sont inondées pendant la saison pluvieuse. Les arbres qui y croissent appartiennent à l'espèce aquatique.

Les plateaux calcaires qui forment la presque totalité des contrées à l'ouest des Alleghanys, présentent quelques parties entièrement dénuées d'arbres, et nommées *barrens*. Ceux d'entre ces plateaux calcaires qui, élevés de 120 à 130 mètres, bordent les lits des fleuves profondément encaissés, se revêtent des plus riantes forêts de l'univers. L'Ohio coule à l'ombre des platanes et des tulipiers ; quelquefois s'enlaçant d'un arbre à l'autre, les lianes forment, au-dessus d'un bras de rivière, des arches de fleurs et de verdure. En descendant au sud, les orangers sauvages se mêlent avec le laurier odorant et le laurier commun. La colonne droite et argentée du figuier papayer qui s'élève à 7 mètres de haut, et que couronne un dais de feuilles larges et découpées, ne forme pas une des moindres beautés de ce pays enchanteur. Au-dessus de tous ces végétaux domine le grand magnolia ; il s'élance de ce sol calcaire à la hauteur de 50 mètres et au-delà. Par ses fleurs, par son fruit et par sa grandeur, le magnolia surpasse tous ses rivaux.

A ce tableau de la végétation sauvage se mêle le charme d'une agriculture très-avancée. L'exportation des grains et de la fleur de farine augmente chaque année. Parmi les productions des champs, les plus importantes sont les pommes de terre et le maïs, originaires du pays, l'épeautre ou *spelt* d'Allemagne, le froment, le seigle, l'orge, le blé sarrasin, l'avoine, les fèves, les pois, le chanvre et le lin. Le riz des Carolines est célèbre, et le tabac a fait la réputation de la Virginie. Les vergers sont très-soignés, et le cidre qu'ils fournissent est la boisson ordinaire dans les Etats du nord et du centre. On y récolte aussi beaucoup de houblon. La Virginie produit notamment des pavies, d'excellents abricots et des pêches, dont on tire une eau-de-vie fameuse. On distingue parmi les pommes de terre une espèce particulière appelée *ground-nut*, et parmi les fruits d'arbre, la pomme de Newtown, qui abonde auprès de New-York.

ANIMAUX.

Le bison ou bœuf d'Amérique, quoiqu'il ait une éminence ou bosse sur le dos, forme une espèce bien distincte des zébus de l'Inde et de l'Afrique, et des aurochs un peu bossus du nord de l'Europe. Les bœufs d'Amérique ont le cou, les épaules et le dessous du corps chargés d'une laine épaisse ; une longue barbe leur pend sous le menton, et leur queue ne va pas jusqu'aux jarrets : ils diffèrent aussi beaucoup des petits bœufs musqués du nord de ces contrées, qui, par la forme singulière de leurs cornes, se rapprochent des buffles du cap de Bonne-Espérance. Le cerf d'Amérique est plus grand que celui d'Europe. Il y a encore dans les Etats-Unis deux espèces d'ours noirs, dont l'une, surnommée l'ours maraudeur, ainsi que le loup, parcourt toutes les provinces. Mais l'animal carnivore qu'on craint le plus dans les parties septentrionales est le catamount, ou chat des montagnes ; le lynx, l'once, le matgay sont moins redou-

tables et donnent des fourrures, dont aucune cependant n'égale celle du castor, animal aujourd'hui très-rare. Le chat musqué imite en quelque sorte le castor, en construisant sa hutte dans les ruisseaux peu profonds. On remarque encore le renard gris et celui de Virginie, le chat de New-York, le coase, l'urson, espèce de porc-épic ; le manicou, et six variétés d'écureuils ; savoir : l'écureuil strié d'Amérique, celui de la Caroline, le noir qui ravage les plantations, le cendré qui fournit une fourrure estimée, et les deux espèces de la baie d'Hudson, dont l'une est un écureuil volant qui se rapproche de la palatouche. Le lièvre d'Amérique paraît différer de celui de nos contrées. Il y a de même dans la classe des oiseaux plusieurs espèces qui portent des noms européens, quoique le naturaliste découvre des différences essentielles entre eux et les oiseaux de l'ancien continent ; plusieurs espèces d'aigles, de vautours et de chats-huants y occupent le premier rang.

MINES.

Il y a peu à dire sur les mines des Etats-Unis. Le fer et le charbon sont recherchés. Les fonderies du district de Main n'emploient que du minerai limoneux ; on y trouve aussi de la couperose ou du vitriol et du soufre. Les mines de *Franconia*, dans le New-Hampshire, contiennent du fer oxydulé. Le minerai de fer abonde dans le Massachuset, où l'on exploite également des mines de cuivre, de plombagine et d'ardoise alumineuse : une carrière de pierre à chaux y fournit de l'asbeste. Rhode-Island a des mines de fer et de cuivre ; une mine de plomb existe sur les bords du Connecticut. Les montagnes, entre le Hudson et le Connecticut, renferment du fer et un peu d'étain. Philipsbourg, dans le New-York, possède une mine d'argent. Dans le New-Jersey on a longtemps exploité une mine de cuivre où l'on soupçonnait de l'or. Dans la Virginie, auprès des chutes du Raphanor, il a été trouvé des blocs de minerai d'or, apportés sans doute par cette rivière ; il y a aussi dans cette province des mines qui donnent 25 à 40 kil. de métal sur 50 de minerai, ainsi que des mines de cuivre et de plombagine, mais surtout d'abondantes mines de charbon de terre. On trouve également ce précieux combustible sur les bords de la rivière James, vers le Mississipi et l'Ohio; celui de Pitsbourg est d'une qualité supérieure. Outre l'abondance de charbon, la Virginie offre des améthystes et des émeraudes ou cristaux de couleur violette et verts. La Caroline méridionale, riche déjà en pierres de taille, en quartz qu'on a pris pour du diamant, et en fer, a présenté des indices d'argent. Quoique l'Amérique-Unie n'ait offert aucune trace de l'activité des volcans, on a découvert un immense dépôt de soufre natif dans l'intérieur de l'état de New-York, vers les cascades de Clifton.

PARTIE OCCIDENTALE. — DESCRIPTION TOPOGRAPHIQUE ET POLITIQUE.

La *Nouvelle-Angleterre* comprenait les territoires qui appartiennent aujourd'hui aux Etats de *Massachusets* au centre, de *Connecticut* et de *Rhode-Island* au sud, de *Vermont* et *New-Hampshire* au nord, et à l'Etat du *Maine*. Tout ce pays est hérissé de collines granitiques et couvert de forêts; mais l'industrie a su tirer un tel parti de quelques vallées fertiles que cette portion des Etats-Unis est encore aujourd'hui la mieux peuplée, toute proportion gardée. C'est le premier foyer de l'esprit commercial et maritime; c'est le siége de la civilisation la plus généralement répandue; instruit et laborieux, le peuple y sait apprécier et défendre ses droits politiques. La nature accorde à ce peuple une constitution très-saine, très-robuste; les femmes y possèdent au plus haut degré ce teint de roses et cet air de candeur virginale qu'on vante chez les Anglo-Américaines. Élevées avec plus de soin que dans les Etats méridionaux, elles ont la conversation agréable et spirituelle; elles n'en sont pas moins d'excellentes ménagères; elles dirigent avec succès la fabrication domestique des toiles et des étoffes.

L'Etat du *Maine*, le plus septentrional de tous, se peuple continuellement. Il renferme 584,000 âmes. Le pays produit du blé, des grains, du chanvre, mais il exporte surtout du bois de construction et du poisson sec. *Portland*, capitale, sur la baie de Casco, compte 15,000 habitants; elle fait un grand commerce avec les Antilles, la mer des Indes et la Russie. Les Indiens Penobscot vivent aujourd'hui d'une manière très-paisible; ils professent la religion catholique, leur population s'augmente au moment où tant d'autres tribus s'éteignent.

Dans l'Etat de *New-Hampshire*, les productions sont les mêmes que dans le Maine. La population est de 318,000 âmes. Quoique maîtres seulement de 24 kilomètres de côtes, les habitants sont fameux par la construction des navires. *Concord*, la capitale, est une assez jolie petite ville d'environ 4,000 habitants.

Le *Vermont* abonde en pâturages; ses bœufs et ses chevaux sont renommés. Les montagnes se couvrent de pins, de hêtres et de chênes; les collines s'ornent d'érables à sucre; dans les vallées prospèrent les arbres fruitiers. L'élan habite le nord de cet Etat, et les serpents à sonnettes vivent dans le midi; mais ils y sont peu redoutables. Le pigeon-voyageur et l'abeille sont indigènes. Dans la superbe plaine d'*Oxbow*, on voit une source qui change de place d'année en année, et dont les eaux exhalent une odeur de soufre. Les habitants, au nombre de 314,000, commercent beaucoup avec le Canada. La capitale est *Montpellier*.

Boston est la capitale du *Massachusets*, une des républiques les plus considérables, puisqu'elle compte 995,000 habitants. Les sapins, les châtaigniers, les bouleaux blancs, les érables à sucre couvrent une grande partie du sol. Les arbres fruitiers de l'Europe septentrionale prospèrent; le froment redoute les vapeurs salines de l'Océan, et ne vient bien que dans l'intérieur des terres. Le cap *Codd* doit son nom à l'immense quantité de morues qu'on y pêche. Boston, ville de 163,000 âmes, est située sur une péninsule au fond de la baie qui en porte le nom, et qu'on appelle aussi baie de Massachusets. La forme et les rues de cette ville sont irrégulières; mais les maisons, belles, agréables et propres, lui donnent l'aspect d'une ville anglaise. Le port de Boston est sûr et assez spacieux pour contenir 500 vaisseaux à l'ancre. L'entrée a 8 kilomètres de largeur. Un château situé à environ une lieue des murs de Boston ne défend qu'imparfaitement l'entrée du port.

Boston s'honore d'avoir donné naissance au célèbre Franklin, et d'être le siége d'un grand nombre de sociétés savantes, littéraires, bienfaisantes ou pieuses. Les principales manufactures de cette ville sont des distilleries de rhum, des raffineries de sucre, des brasseries, des fabriques de papier de tenture, des corderies, des filatures de coton et de laine, des fabriques de toile et de bougies de spermaceti. Boston est, après New-York, la principale ville des États-Unis pour le commerce maritime ; elle couvre de ses navires toutes les mers du globe.

Solem, à cinq lieues au nord-est de Boston, s'est enrichie par ses pêcheries et son commerce aux Antilles. Elle a 18,000 habitants. Le Massachusets renferme encore *Newburg-Port*, avec 5,000 habitants ; *Plymouth*, avec un port spacieux, et *Cambridge*, siége d'une université. La bourgade de *Lynn* a fabriqué, dans une année, un million de paires de souliers de dames, en cuirs indigènes, apprêtés en marocain. Le pont sur le Merrimak mérite d'être cité comme une des curiosités de cet Etat ; il forme une seule arche de 81 mètres 50 centimètres. Ce pont, qui ne semble appuyé sur rien, n'éprouve aucune secousse, même par le passage des charrettes les plus fortement chargées.

Les îles dites *Nantouket*, petites, mais très-peuplées, et *Martha's-Winyard* (vigne de Marthe), appartiennent encore à cet Etat.

La petite république de *Rhode-Island* a 148,000 habitants. Les produits et les exportations consistent en grains, en bois de charpente, en chevaux, en bétail, en poissons, en fromages, en oignons, en cidre, en liqueurs spiritueuses et en toile soit de chanvre, soit de coton. Il y a encore des forges où l'on fabrique divers ustensiles de fer, et notamment des ancres ; des fabriques de bougies de blanc de baleine, des raffineries et des distilleries. La jolie ville de *Portsmouth* a souvent 150 bâtiments marchands en mer ; elle est située sur le continent. L'île de Rhode ou Rhode-Island, qui donne son nom à tout l'Etat, a 16 kilomètres de longueur du nord au sud, et 6 kilomètres de largeur. Le sol, la salubrité du climat et la situation de cette île l'ont fait considérer comme l'*Eden* de l'Amérique. La principale ville est *Newport*, où l'on compte 8,000 habitants.

Le plus peuplé de tous les Etats-Unis, proportion gardée, c'est celui du *Connecticut* ; le nombre des habitants est de 371,000. Leurs écoles publiques et leur hospitalité méritent des éloges. Le fermier, libre, instruit et heureux, s'habille de bons draps, fabriqués dans sa maison. Partout l'état de la culture et celui des routes annoncent une haute civilisation. Le corps-législatif du Connecticut siége alternativement à *Hartford* et à *New-Haven*. On compte environ 10,000 habitants dans la première de ces villes. Sa position entre Boston et New-York, en la rendant un lieu de passage contribue à sa prospérité. Hartford possède près de 100 navires. Elle a une société de médecine et une banque. Les rues de *New-Haven* sont droites, sablées et plantées d'arbres. Cette ville a été fondée par des Hollandais. *New-London* a le meilleur port du Connecticut, et sa population est de 6,000 âmes.

A l'ouest du Connecticut et de Vermont, s'étend le grand Etat de *New-York*, qu'arrose la belle rivière d'Hudson. Mais la plus grande masse du territoire se prolonge derrière la Pensylvanie jusque aux lacs Ontario et Erié. Le New-York, en approchant du sud, jouit d'un climat plus modéré que la Nouvelle-Angleterre. Il se trouve au nord des montagnes un immense terrain, que l'eau recouvre pendant l'hiver et au printemps, mais qui forme ensuite d'excellents pâturages. Quelques forêts de châtainiers et de chênes garnissent les environs du lac Erié. Les montagnes et les collines de ce canton sont couvertes d'épaisses forêts qui fournissent de beaux bois de construction. Au-delà de l'Alleghany, le pays est uni, et le sol produit des chênes et des sapins de différentes espèces, des pins résineux, des cèdres, des peupliers blancs, des tulipiers, des sumachs, et surtout des forêts d'érables, dont les habitants tirent une grande quantité de sucre et de mélasse. On recueille aussi beaucoup de fruits d'une excellente qualité. Enfin il y a beaucoup de fer et même une mine d'argent dans ce pays. Il s'y trouve aussi des eaux minérales, dont les plus célèbres sont celles de Saratoga.

La population de cet Etat est de 3,090,000 âmes. Il ne reste que peu d'Indiens. Les débris des cinq nations qui formaient autrefois la ligue iroquoise, habitent la partie occidentale de l'Etat de New-York. Les Oneidas, les Onondagas et les Senekas résident près des lacs dont ils portent le nom. Il ne reste plus dans le New-York qu'une seule famille de la puissante tribu des Mohawks. On porte le nombre des Indiens à 6,000 âmes.

Le gouvernement réside à *Albany*, ville de 35,000 âmes, sur la rivière d'Hudson. La ville de *New-York*, est la capitale. Cette grande ville, située dans l'île de *Manhattan*, renferme pourtant plusieurs rues étroites, mal propres et mal saines. Comme tous les ports des Etats-Unis, le port de New-York manque de quais; mais il est partout assez profond pour de grands vaisseaux marchands.

Parmi les édifices destinés au culte, les plus vastes et les plus élégants sont le temple de la Trinité et le temple de Saint-Paul. Le plus beau bâtiment est *Federal-hall*, où le 30 avril 1789, Washington et le congrès jurèrent de maintenir la constitution générale de l'Union. Le collége de Comlombia renferme l'Université, composée de la faculté des arts et de la faculté de médecine. Il y a aussi à New-York un musée d'histoire naturelle.

La population de New-York, est de 450,000 habitants. Depuis longtemps ils se distinguent de ceux des autres villes des Etats-Unis, excepté Charlestown, par leur politesse, par leur gaîté et par leur hospitalité. Beaucoup de familles, d'origine hollandaise, ont conservé en partie les mœurs de leurs ancêtres. Les femmes, dans ces familles, mènent une vie assez retirée, et se livrent entièrement aux soins domestiques. New-York est par son importance la première ville de l'Union.

La troisième *cité* de l'Etat est celle d'*Hudson*, distinguée par une situation pittoresque et des eaux salubres. Parmi 455 bourgades ou *towns* que renferme l'Etat, on remarque *Plattsbourg* sur le lac Champlain, à moitié chemin entre Québec et New-York; *Poughkepsie*, où on a formé des chantiers de marine militaire; *Saratoga*, connue par ses sources incrustables. L'île *Long-Island*, riche en prairies, est peuplée de 60,000 habitants.

L'espèce de péninsule qui forme le *New-Jersey* commence au nord par des montagnes extrêmement riches en minerai de fer; plus bas, des collines, agréablement variées, étalent leurs vergers et leurs pâturages; l'extrémité méridionale n'offre qu'une plaine couverte d'une immense forêt de pins, et dont le sol marécageux et sablonneux renferme en grande quantité de la mine de fer limoneuse. De nombreuses rivières y font mouvoir toutes sortes d'usines et de moulins. La cascade du *Passaïk* est pittoresque, la rivière tombe en une seule nappe de 23 mètres. Cette province ne renferme aucune grande ville. *Trenton* en est la capitale. Le port de *Newark*, situé vis-à-vis de la ville de New-York, est le seul endroit d'où l'on ait tenté des expéditions maritimes. La baie de *Rariton* offre un excellent port. Parmi les habitants de New-Jersey, distingués par leur bravoure et leur constance dans la guerre de la liberté, quelques-uns descendent des Hollandais, qui avaient compris le Jersey oriental avec le New-York, sous le nom de *Novum Belgium*.

La *Pensylvanie*, qui ne le cède à aucun des Etats-Unis pour la richesse du sol, pour l'abondance et la variété des productions, forme la transition entre la zone froide et la zone chaude de l'Amérique septentrionale. Outre les grandes rivières de Delaware, de Susquéhanna et d'Ohio, un nombre considérable d'eaux courantes répandent partout la fertilité, alimentent des moulins et des canaux d'irrigation, ou embellissent le pays par de romantiques cascades. Les *Ohio-Pyles*, ou la chute de la rivière *Youghioghegy*, sont une des plus remarquables. La farine de froment, de qualité excellente; du chanvre, des érables à sucre, de riches mines de charbon sont les productions les plus importantes. La race pensylvanienne se distingue par son activité, ses bonnes mœurs et son courage. Un tiers de la population est composé de quakers et d'Anglais épiscopaux; ils habitent Philadelphie et les comtés de Chester, de Bucks et de Montgomery. Les Irlandais, pour la plupart presbytériens, habitent les contrées de l'ouest et du nord; comme ils sont en général originaires du nord de l'Irlande, peuplé par les Ecossais, on les appelle quelquefois *Ecossais-Irlandais*. Les Allemands, pour la plupart originaires de la Souabe et du Palatinat, forment une population de 200 à 300,000 individus, et demeurent principalement dans les comtés de Lancastre, d'York, de Dauphin et de Northampton, ou sur les premières rampes des montagnes Bleues, où les noms de *Berlin*, *Manheim*, *Strasbourg*, *Heidelberg* et autres rappellent le souvenir de l'Allemagne. La population est de 2.812,000 habitants. Les émigrations des Etats de l'est traversent plutôt la Pensylvanie qu'elles ne s'y arrêtent.

Le grand territoire de *Pensylvanie* ne touche que par ses points extrêmes au lac Erié, ainsi qu'aux baies de Chesapeak et de Delaware. Néanmois la capitale, *Philadelphie*, située entre les rivières de Shulkill et de Delaware, est une grande place de commerce.

La ville de Philadelphie contient 250,000 habitants. Le plan en fut tracé en 1683 par William Penn, fondateur et propriétaire de la colonie, appelée après lui Pensylvanie. Cette ville est construite avec élégance; ses principales rues, pavées de cailloux et de briques sur les trottoirs, ont 33 mètres de large. En général, elles sont en ligne droite, disposition peu pittoresque, mais commode. On admire la propreté des marchés et l'excellente organisation des prisons. Outre plusieurs autres excellentes institutions, il y a une bibliothèque publique fort considérable. Philadelphie possède beaucoup de manufactures. On construit dans ses chantiers de très-beaux vaisseaux en cèdre rouge et chêne vert de Caroline, et en mûrier de Virginie.

Dans l'intérieur de la Pensylvanie, nous remarquerons *Lancaster*, ville de 15,000 habitants, siége du gouvernement de l'Etat; *Carlisle*, avec une académie florissante; *York*, avec 5,000 habitants; *Bethléhem*, chef-lieu des frères Moraves, siége de leur évêque et de plusieurs colléges, fabriques et manufactures; *Ephrata*, résidence d'une autre secte religieuse très-austère, nommée les *Dunkers*, et dans la partie occidentale, sur l'Ohio, *Pittsburg*, entrepôt de commerce entre les Etats atlantiques et ceux de l'intérieur. Les toiles pour voiles, les cordages, les ustensiles en fer, quelques ouvrages en acier, de la potasse, de grosses étoffes de laine, tels sont les principaux objets de l'industrie très-active des Pensylvaniens.

L'agriculture fleurit dans le petit Etat de *Delaware*, qui renferme 90,000 habitants, et qui a pour capitale *Dover*, petite ville de 4,000 hab. Le commerce fait prospérer *Wilmington*, ville agréablement située et peuplée de 8,000 habitants. Les rivages de la baie de Delaware sont très-bas, couverts de forêts, dont la continuité n'est interrompue que par des marécages.

La baie de Chesapeak partage en deux parties le *Maryland*, riche surtout en tabac, en froment et en fer. La population est de 646,183 habitants libres et 35.382 esclaves. Riches par le travail de leurs esclaves, vivant dans des campagnes isolées, les Marylandais ont l'indolence et la paresse d'esprit des autres Anglo-Américains méridionaux, sans avoir leur gaieté hospitalière. La religion catholique compte le plus grand nombre de fidèles.

La petite ville d'*Annapolis*, de 4,000 habitants, est le siége du gouvernement; mais la ville la plus considérable s'appelle *Baltimore*, située sur la rivière de *Patapsco*. Devenue le rendez-vous des hommes de toutes les nations qui cherchent fortune, elle s'est rapidement élevée à l'état florissant où on la voit aujourd'hui. La situation en est un peu basse, mais l'art a réussi à la rendre passablement salubre. Sa population est de 200,000 habitants. Une très-petite lisière du Maryland, qui s'étend dans les montagnes, est à l'abri des fièvres intermittentes et des chaleurs d'un été brûlant. Là fleurit la jolie ville de *Frédérickstown*.

Entre le Maryland et la Virginie s'élève, sur un territoire appartenant à toute l'Union, la cité fédérale qui porte le grand nom de *Washington*. Le siége du gouvernement central y a été transféré en l'année 1801. Cette ville est construite sur les bords du Potowmak et de *l'Estearn-Branch*; c'est une des plus heureuses situations de toute l'Amérique, tant pour la salubrité de l'air et la beauté du pays, que sous le rapport d'une parfaite convenance. Les éminences graduelles y forment une foule de charmantes perspectives, et une pente suffisante pour l'écoulement des eaux pluviales. L'enceinte de la ville renferme un grand nombre de sources excellentes. L'*Eastern-Branch*, rivière qui se jette dans le Potowmak, fournit un des havres les plus sûrs et les plus commodes de l'Amérique; les plus grands vaisseaux y trouvent assez d'eau, et le canal percé le long du rivage contigu à la ville, offre un havre spacieux avec les plus grandes commodités.

Cette capitale, située sur la grande route, également éloignée de l'extrémité septentrionale et de l'extrémité méridionale des États-Unis, au milieu d'un pays abondant en objets de commerce, contient 75,000 habitants. Le plan tracé par un Français, le major Lenfant, réunit dans un très-haut degré la commodité, la régularité, le charme de la perspective, et la libre circulation de l'air. Le Capitole s'élève sur une éminence des plus belles, d'où l'œil plane sur toutes les parties de la ville, et sur la vaste étendue des montagnes circonvoisines. Sur une plate-forme, encore plus élevée, est la maison du président, qui jouit d'une perspective d'eau charmante, et commande la vue du Capitole, ainsi que celles des parties de la ville les plus importantes. Un amiral Anglais, rival d'Hérostrate, a surpris et brûlé cette ville en 1814.

Depuis la baie de Chesapeak jusqu'aux bords de l'Ohio, s'étend le territoire de la *Virginie*. Les Montagnes-Bleues ou les Alleghanys, la partagent en deux portions; celle d'ouest, riche en magnifiques points de vue, ressemble à un vaste parc; le tabac, le riz, le froment enrichissent les cultivateurs de l'autre partie. Dans la première on ne voit guère que des blancs; dans la seconde, les esclaves noirs sont très-nombreux. La religion presbytérienne domine dans les montagnes de l'ouest; la religion anglicane presbytérienne règne dans les plaines orientales. En général les individus qui habitent la partie supérieure de la Virginie jouissent d'une excellente santé. La partie maritime, au contraire, est exposée à des fièvres dangereuses. Les Virginiens riches aiment les courses à cheval, ce qui les a engagés à élever des chevaux excellents. Livrés à des plaisirs champêtres, ils fuient le séjour des villes. *Richmond*, la capitale, a 50,000 habitants. Il y a un collège à *Williamsbourg*, ancienne capitale. *Norfolk*, port de commerce, compte jusqu'à 12,000 habitants. *Pétersbourg*, autre port de commerce voisin, en renferme 10,000. A l'ouest des Montagnes-

Bleues, on trouve *Winchester* avec 16,000 habitants, et *Wheeling* avec 3,000, sur l'Ohio.

Le *Pont-de-Roche* exige une courte description. Une petite rivière, le *Cedar-Creek*, affluent du James, passe au fond d'une vallée qui a de 70 à 90 mètres de profondeur, 16 mètres de diamètre en bas et 30 mètres en haut. Une masse solide de roche calcaire, épaisse de quatorze mètres, recouverte de terreau et de rochers détachés, passe d'un bord de la vallée à l'autre, et forme ainsi une immense arche qui, vue d'en bas, inspire un sentiment mêlé de frayeur et d'admiration. Le phénomène, ne diffère des excavations si fréquentes dans les pays calcaires que par la grandeur des masses et par sa disposition pittoresque.

La population de la Virginie est de 1,097,373 habit. libres et 495,826 esclaves. Les Virginiens, comme les Grecs et Romains, fondent leur liberté politique sur l'existence d'une classe d'esclaves.

La *Caroline* du nord, bordée dans sa partie maritime de sables et de marais, manque d'un port de commerce. *Raleigh* en est la ville capitale; *Wilmington* est la plus commerçante et *Fayetteville* la plus jolie. La plus grande partie du pays est une forêt de pins à goudron; c'est la principale branche d'exploitation : on élève aussi des bêtes à cornes et des porcs dont on exporte la viande aux Antilles. La population est de 780,000 habitants.

Dans la *Caroline* du sud qui a 669,000 habitants, le pays jouit d'un climat tempéré; les côtes éprouvent de très-grandes chaleurs. La végétation commence en février; c'est alors que fleurit l'érable à fleurs rouges; il est bientôt suivi par le saule et le sureau : le prunier et le pêcher étalent ensuite leur parure brillante. Les planteurs sont en activité dans les mois de mars et d'avril; la saison de semer continue jusqu'en juin. Dès-lors les chaleurs augmentent; dans les mois de juillet et d'août, il tombe de fortes pluies, accompagnées d'orages. En septembre, les matinées et les soirées sont froides, mais le soleil est encore ardent au milieu du jour. Le temps est orageux vers l'équinoxe; l'air est d'ordinaire doux et serein en octobre. Vers la fin de ce mois, les gelées blanches se montrent, et les fièvres disparaissent avec les chaleurs. Le froid arrive en décem-

bre ; la végétation s'arrête ; les montagnes se couvrent de neige, mais dans les
plaines elle ne prend pas consistance ;
un rayon de soleil la fait disparaître.
L'hiver y est la saison la plus agréable.
Le froid n'y dure pas trois jours de suite.
Des plantes qui ne peuvent supporter
l'hiver de la Virginie prospèrent dans la
Caroline du sud. Aux environs de Charlestown et sur les îles qui bordent la
côte , les orangers passent l'hiver en
pleine terre, et sont rarement endomma-
gés par les froids ; mais à dix milles de
distance dans l'intérieur, ils gèleraient
tous les ans jusqu'à rase terre, quoique
ces contrées aient une latitude plus méridionale que Malte et Tunis. Ce pays
connaît quelques fléaux. Souvent à trois
mois de sécheresse destructive succèdent
trois semaines ou un mois de pluie. Les
ouragans y sont aussi redoutables.

Les principaux articles de commerce
qu'exporte la Caroline du sud, sont du
riz, de l'indigo, du tabac, des peaux, du
coton, du bœuf, du porc, de la poix, du
goudron, de la thérébenthine, de la cire
végétale, des bois de construction, du
liége , des cuirs et des plantes médicinales.

Le gouvernement siége à *Columbia*,
ville de 5,000 habitants, dans le haut
pays ; mais la principale ville est *Charlestown*, située à la jonction de l'Ashley
et du Cooper, rivières grandes et navigables, et qui forment un vaste confluent.
Quoiqu'elle soit dans une situation basse,
l'air, rafraîchi par des brises de mer, y
est généralement salubre. Sa population
est de 45,000 habitants.

La *Géorgie*, qui contient 615,336 hab.
libres et 467,471 esclaves, pour le sol et
le climat ressemble à la Caroline méridionale. Le coton y est d'excellente qualité.
On y essaie la culture de la vigne. *Milled-
gerville*, ville de 2,500 hab. est le siège
du gouvernement. *Savannah* passe pour
être la meilleure ville de commerce, quoiqu'elle n'ait pas 30,000 hab.

Passons les Monts-Alleghanys, et par-
courons rapidement du nord au sud le
fameux *territoire d'ouest*, ou la contrée
située entre ces montagnes et le Mississipi.

Le territoire de *Michigan*, péninsule
environnée des lacs Saint-Clair, Huron
et Michigan, compte 120,000 habitants.
Détroit, la principale ville, environnée

de riants vergers, fait un commerce actif.

Plus au sud, derrière la Pensylvanie,
s'est formé l'*État de l'Ohio*. A partir de
Pittsburgh, l'Ohio coule entre deux chaînes de hautes collines. Entre le pied de
ces collines et le bord de la rivière, on
trouve des terrains plats et couverts de
bois, appelés en Amérique *flats-bottom*
ou *rivers bottoms*. Le sol de ces terrains
est d'une fertilité étonnante ; c'est un
véritable humus végétal produit par la
couche épaisse de feuilles dont la terre
se charge tous les ans.

Aucune partie de l'Amérique septentrionale ne peut être comparée à celle-ci
pour la force végétative des forêts. Le
platane et les tulipiers y acquièrent une
énorme circonférence. Les autres arbres
des forêts sont le hêtre, le *magnolia*, le
micocoulier, l'acacia , l'érable à sucre,
l'érable rouge, le peuplier noir et plusieurs espèces de noyers. Les eaux limpides de l'Ohio sont ombragées de saules
que surmontent des érables et des frênes, dominés à leur tour par des tulipiers et des platanes. Les cerfs et les
ours abondent dans les forêts. La culture du maïs produit un très-grand bénéfice. L'État de l'Ohio a 336 kilom. de
longueur sur 300 de largeur et compte
300,000 habitants.

Le pêcher est le principal arbre à fruit
cultivé dans ce pays. Il pousse avec tant
de vigueur, qu'il rapporte dès la troisième année. Dans l'Ohio, on trouve en
abondance une espèce de *mulette* dont
la nacre est fort épaisse et très-belle.

Le chef-lieu est *Colombus*, mais la ville
principale est *Cincinnati* de 180,000 h.

La partie septentrionale de l'État
d'Ohio, bordée par le lac Érié, porte le
nom particulier de *Nouveau-Connecticut*;
elle s'est peuplée rapidement par des
émigrés de l'ancien État de ce nom, et
ces colons, actifs, sobres et religieux,
y ont créé de riantes bourgades. L'État
d'Ohio n'admet pas d'esclaves.

Un ancien peuple civilisé et belliqueux
a dû habiter ces régions dans un temps
antérieur à l'histoire ; on découvre continuellement des camps retranchés ou
plutôt des forts, des restes de forges et
des ruines de villes, construites en pierres et sur un plan régulier. Du milieu de
ces vieux murs, on voit s'élever des arbres
dont la grosseur atteste un age de plusieurs siècles. A côté de ces monuments

de l'homme, on rencontre ceux de la nature ; des ossements fossiles apprennent l'existence d'animaux inconnus.

L'Etat d'Illinois a une longueur de 580 kilomètres sur 220 de largeur et compte 852,000 habitants ; celui d'Indiana a 270 kilomètres sur 240, et 989,000 habitants.

Tous les deux, par la douceur du climat et la fertilité du sol, égalent, s'ils ne surpassent pas, l'Etat d'Ohio ; on y élève une quantité considérable de porcs, et la farine du froment y est excellente. Tous les établissements primitifs de ce pays étaient dus à des Français du Canada, dont les descendants se distinguent encore par leur gaieté et leur insouciance. Des Suisses du pays de Vaud ont fondé sur les bords de l'Ohio une colonie appelée *Nouvelle-Suisse* ; le village central se nomme *Vevay*. Ces industrieux colons ont planté des vignes qui leur ont fourni deux espèces de vin, l'un comparable au bordeaux, l'autre au madère. Les Français avaient infructueusement essayé de changer en vin le jus des raisins indigènes qui croissent en abondance.

Les *Shawanèses*, les *Illinois* et les *Potaonatanes*, tribus indigènes de cette belle contrée, ne peuvent se déterminer à une vie sédentaire et agricole.

Au sud de l'Etat d'Ohio et du gouvernement d'Indiana, se trouve le *Kentuckey*, Etat démembré de la Virginie. Il a reçu son nom de la principale rivière qui se jette dans l'Ohio. Le sol calcaire engloutit, pendant l'été, les eaux courantes dans des fentes et des cavités souterraines. Les *Barrens* ou plaines dépourvues d'arbres qui se trouvent au sud-ouest du Kentuckey, sont remplis de trous en forme d'entonnoir, qui probablement doivent leur origine à des éboulements fréquents. Le climat est salubre et agréable ; mais les froids commencent de bonne heure, et le cotonnier ne réussit pas. Il gèle souvent de cinq à six degrés pendant plusieurs jours de suite. La qualité bonne ou mauvaise des terres se distingue d'après l'espèce des arbres qu'elles produisent. Les terres les plus fertiles sont celles où les forêts sont composées de cerisiers de Virginie, de noyers blancs, de frênes blancs, noirs et bleus, etc. Dans les parties fraîches et montueuses, on voit s'élever des troncs énormes de platanes, de tulipiers, de *magnolia*, ainsi que

de *quercus macrocarpa*, dont les glands sont de la grosseur d'un œuf de poule. La population est de 980,077 hab. libres et 225,400 esclaves. La capitale est Francfort, avec 5,000 habitants ; les villes principales sont Lexington et Louisville.

Derrière la Caroline du nord s'étend l'État de *Tennessée*. La nature le partage en deux. Le Tennessée d'ouest est situé sur la rivière de *Cumberland*, et en porte le nom dans le langage ordinaire. Le Tennessée d'est est arrosé par les rivières d'Holston et de Clinches, qui, par leur réunion, forment celle de Tennessée; ce district porte généralement le nom d'*Holston*. Les parties les plus occidentales de l'Etat de Tennessée sont abandonnées aux sauvages. Le Holston est un pays élevé, sain, riche en pâturages. *Knoxville* en est le chef-lieu. La culture du coton réussit supérieurement dans le Cumberland, où l'on trouve le bourg de *Nashviller*.

La population de cet Etat est de 959,528 habitants, dont 287,112 esclaves.

Entre le Tennessée, la Géorgie et le territoire de Mississipi, demeure la nation indienne des *Chéroquées*, jadis fameuse dans la guerre, mais que les soins bienfaisants du gouvernement fédéral ont réussi à civiliser.

L'Etat de *Mississipi* a 600 kilomètres sur 250, et compte 407,051 habitants libres et 279,607 esclaves. Le chef-lieu est *Jackson*.

L'Etat de la Floride a 470 kilomètres sur 200 et compte 84,000 habitants, dont 35,000 blancs et 49,000 naturels ou esclaves. La capitale est Tallashée.

Les premiers navigateurs étendirent sur toute la contrée, au midi des monts Apalaches, le nom de *Floridas* ou *Pâques-Fleuries*, donné d'abord au cap sud-est et à la péninsule, que les indigènes appelaient *Tegesta*. Ce promontoire fut découvert en 1512, par Ponce de Léon, navigateur espagnol, allant à la recherche d'une miraculeuse fontaine de Jouvence dont l'existence se fondait sur une tradition conservée par les Caraïbes des Antilles. Quelques Français s'étant fixés dans ce pays négligé par les autres puissances, qui alors ne cherchaient que des mines d'or, Philippe II, roi d'Espagne, jaloux de la possession exclusive de toute l'Amérique, y envoya une flotte chargée de détruire ce nouvel établissement. Par une barbarie digne de ce temps, les colons qui avaient échappé au massacre furent pendus à des arbres portant l'écriteau : *Non pas comme Français, mais comme hérétiques.* Dominique de Gourgues, marin gascon, indigné du meurtre de ses compatriotes, vendit ses terres, construisit quelques vaisseaux, s'associa une élite d'aventuriers chevaleresques, cingla vers la Floride, surprit, battit, écrasa les coupables, fit sauter leur fort, et pendit à son tour les prisonniers, avec l'écriteau : *Non pas comme Espagnols, mais comme assassins.* Après avoir ainsi vengé l'affront national, il s'en retourna en Europe ; et, réclamé par l'Espagne; il fut heureux d'être oublié. Longtemps on donna le nom de *Floride* à tout le pays situé à l'ouest du Mississipi. Sur ce vaste espace vivaient six nations dont l'ensemble compose la famille *Mobile-Natchez* ou *Floridienne*, savoir les *Natchez*, les *Criks supérieurs*, les *Criks inférieurs* ou *Seminoles*, les *Tchikkasah*, les *Chaktas* ou *Têtes-Plates* et les *Yazoux*.

La Floride n'est qu'une continuation de pays plat de la Géorgie et de la Caroline du sud.

L'hiver y est si doux, que les végétaux les plus délicats des Antilles, les orangers, les bananiers, les goyaviers y éprouvent rarement la moindre atteinte de la saison. Les brouillards y sont inconnus. Aux équinoxes, et surtout en automne, les pluies tombent abondamment chaque jour depuis onze heures du matin jusqu'à quatre après midi, pendant quelques semaines de suite.

Les productions des latitudes septentrionales et méridionales y fleurissent les unes à côté des autres. Les pins rouges et blancs, les sapins, les chênes toujours verts, le châtaignier, l'acajou, le cerisier, l'érable, le bois de campêche, le sassafras couvrent ici un sol très-varié, tantôt riche en terreau, et tantôt composé de sable et de gravier, le plus souvent marécageux. On voit des forêts entières de mûriers blancs et rouges,

plus beaux que dans aucune autre partie de l'Amérique. Tous les arbres fruitiers de l'Europe y ont été naturalisés. L'orange y est plus grosse, plus aromatique et plus succulente qu'en Portugal.

Les bords du *Coza*, autrement *Mobile*, rivière considérable, forment l'une des plus belles et des plus fertiles parties de la province. Les prunes y viennent naturellement, et d'une qualité supérieure à celles qu'on recueille dans les vergers d'Espagne. La vigne sauvage serpente à terre ou grimpe au haut des arbres.

Le myrte à cire vient dans tous les terrains, et en si grande quantité, que la plus grande partie de la récolte est souvent perdue, faute de bras pour la recueillir. L'indigo et la cochenille entraient, sous l'administration anglaise, dans les exportations. Les collines rocheuses qui paraissent former le noyau de la Floride orientale, ont présenté des indices de fer, de cuivre, de plomb et de vif-argent. Les animaux domestiques de l'Europe ne trouvent pas ici les pâturages convenables. L'ours, descendu des monts Apalaches, supporte très-bien les chaleurs du climat, et y devient même très-gras. De nombreux essaims d'oiseaux des contrées septentrionales viennent y passer l'hiver. Dans les forêts de la Floride, une grande araignée jaune, dont le ventre est plus gros qu'un œuf de pigeon, suspend ses toiles, semblables à de la soie jaune, et assez fortes pour arrêter de petits oiseaux dont cet insecte se nourrit. Il y a aussi une grande variété d'innocents lézards en partie très-beaux, et dont quelques-uns changent de couleur comme les caméléons.

La péninsule ou la Floride orientale renferme plusieurs lacs, parmi lesquels on distingue ceux de *Mayaco* et de *Saint-Georges ;* la rivière de *Saint-Jean* sert d'écoulement à ce dernier. Beaucoup de petits entonnoirs ou enfoncements coniques contiennent de l'eau douce.

CHAPITRE SIXIÈME.

Territoire des États-Unis à l'ouest du Mississipi, ou Louisiane et Missouri. — Considérations générales sur la république américaine.

L'Etat de la *Louisiane* a 2,200 kilom sur 1,350 et une population de 600,000 habitants dont un quart d'esclaves. Dans cet Etat est compris le Delta du Mississipi, composé d'un terreau léger, limoneux ou sablonneux, sans pierres ni roches quelconques ; il est, en beaucoup d'endroits, d'un niveau inférieur à celui de la rivière, dont une faible digue le sépare : circonstance qui semblerait le menacer, à chaque crue des eaux, d'une destruction inévitable ; mais ayant en même temps une pente continuelle, quoique insensible, vers la mer, les eaux du fleuve, après avoir franchi leurs barrières, trouvent de toutes parts un écoulement facile. Les nombreux canaux que le fleuve se creuse à travers un terrain couvert de mille arbustes, varient d'année en année, et forment un labyrinthe d'eau et de bosquets. Mais au milieu de ces *bayoux*, le bras d'Iberville à l'est, le grand bras de la Nouvelle-Orléans au milieu, avec l'embranchement de Barataria au sud, enfin le bras réuni de Tchafalaya et de la Fourche à l'est, paraissent aujourd'hui avoir acquis une existence invariable. Dans toutes les embouchures, le lit du fleuve a beaucoup moins de profondeur que dans la partie supérieure de son cours. On croit que le Mississipi doit à cette circonstance d'être exempt de toute influence des marées. Les lacs de *Pont-Chartrain*, de *Barataria* et beaucoup d'autres, sont renfermés dans ce Delta.

Le Delta du Mississipi, destiné par la nature à être une immense région, a reçu la culture du sucre, à laquelle le climat inconstant et le froid des hivers, souvent assez sensible, paraissaient s'opposer. La canne à sucre brave ici les intempéries et les frimas ; mais ici comme sur les bords de la mer Caspienne, le suc de la canne, moins élaboré que sous le ciel des Antilles, contient moins de parties cristallines. Le coton, l'indigo, la vigne, le chanvre et le lin réussissent sur les terres plus élevées et moins humides des districts d'*Atacapas* et d'*Opelousas*. Les environs de *Nachitoches* produisent de l'excellent tabac. Les forêts se composent de mêmes arbres que dans la Floride et le Kentuckey. Les pinières s'étendent depuis la mer jusqu'au-delà de la rivière *Ouachita*. L'ours, le yagouar, le chat-tigre se font moins redouter que les serpents, les moustiques et les insectes venimeux ou incommodes de toutes espèces. La race commune des chevaux n'est pas belle. D'immenses troupeaux de bœufs errent, en partie sans maîtres, dans les prairies d'Atacapas et d'Opelousas. Beaucoup d'habitants ne doivent leur aisance qu'à ce genre de propriété, qui paraît d'un revenu plus sûr qu'aucun autre.

Le chef-lieu était la *Nouvelle-Orléans* à laquelle on substitua en 1847 *Bâton-Rouge*, point plus central.

La *Haute-Lousiane* comprend l'établissement d'*Arcansas*, la ville de la *Nouvelle-Madrid*, située sur un terrain élevé que les inondations du Mississipi n'atteignent pas, et où les arbres forestiers prennent une croissance extraordinaire ; *Sainte-Geneviève*, qui domine une vue aussi étendue que pittoresque, et où l'on apprête les produits des mines de plomb, extrêmement abondantes, qui en sont voisines ; *Saint-Louis*, ville considérable, siége d'un commerce de pelleteries très-important ; enfin l'établissement de *Saint-Charles* sur les bords du Missouri.

Nous allons quitter les derniers confins de la civilisation, et nous élancer au milieu des tribus qui subsistent encore dans ce pays.

La puissante nation des *Sioux* est la terreur de toutes les peuplades sauvages, depuis le pays des Indiens-Serpents et la rivière du Corbeau au nord, jusqu'au confluent du Missouri et du Mississipi ; elle se divise en plusieurs tribus. Les *Minoa-Kantong*, ou gens du lac, s'étendent de la prairie des Chiens à la prairie des Français, et sont subdivisés en quatre tribus qui obéissent à différents chefs. Ils passent pour les plus braves de tous les Sioux, et sont beaucoup plus civilisés que les autres ; eux seuls font usage des canots. Ils construisent des cabanes de troncs d'arbres, et s'adonnent à la culture de la terre ; mais quoiqu'ils récoltent un peu de maïs et de fèves, l'avoine sauvage, que la nature fournit à presque tout le nord-ouest de ce continent, leur sert principalement en guise de pain. Cette bande est généralement pourvue d'armes à feu. La bande des *Waspetongs*, ou « gens de feuilles, » erre dans le pays compris entre la prairie des Français et la rivière Saint-Pierre. Les *Sassitongs*, divisés en deux tribus, chassent sur le Mississipi depuis la rivière Saint-Pierre jusqu'à celle du Corbeau. La bande vagabonde des *Yanetongs* du nord et du sud maintient son indépendance dans les vastes solitudes qui s'étendent entre la rivière Rouge et le Missouri ; elle s'y confond en quelque sorte avec celle des *Titons*, également divisée en branche du nord et du sud, et dispersée sur les deux rives du Missouri, depuis la rivière du Chien jusqu'au pays des Mahas et des Minetares. Le bison fournit à ces deux bandes la nourriture, le vêtement et l'habitation, ainsi que les selles et les brides de leurs chevaux, dont elles possèdent des troupeaux innombrables. La bande des *Waschpecontes*, la plus petite enfin, fait la chasse vers la source de la rivière des Moines. Elle fournit aux Yanetongs du nord et aux Titons le peu de fer dont ils ont besoin ; du reste, ils paraissent être les plus indolents et les plus stupides de toute la nation.

Les Sioux sont les plus belliqueux et les plus indépendants des Indiens établis sur le territoire des États-Unis. La guerre est même leur passion dominante. Ils connaissent l'art de faire des retranchements en terre pour y mettre leurs femmes et leurs enfants à l'abri des flèches et des balles, lorsqu'ils craignent une attaque subite de l'ennemi. Les objets qu'ils vendent aux Américains sont des peaux de tigres, de daims, d'élans, de castors, de loutres, de martres, de renards blancs, noirs et gris, de rats musqués et de ratons. Leur prononciation gutturale, leurs pommettes saillantes et tout l'ensemble de leurs traits, leurs mœurs et leurs traditions confirmées par le témoignage des nations voisines, tout porte à faire croire qu'ils ont émigré de la partie nord-ouest de l'Amérique. Ils écrivent en hiéroglyphes comme les Mexicains.

Les *Chipiways* habitent dans l'ouest et le sud du lac Supérieur, sur les lacs de Sable, Sangsue, des Pluies et Rouge, ainsi qu'aux sources des rivières Chipiway, Sainte-Croix, Rouge, Mississipi et Corbeau ; ils se divisent comme les Sioux, en plusieurs bandes. Ceux qui résident sur les lacs de Sable et Sangsue sont désignés sous le nom de *Sauteurs* ; mais ceux des rivières Chipiway et Sainte-Croix s'appellent les *Folle-Avoine-Sauteurs*. Les *Cries* résident sur le lac Rouge. Les *Oloways* habitent la côte nord-ouest du lac Michigan et les bords du lac Huron. Les *Muscononges*, sur les bords de la rivière Rouge, près du Winnepeg, par conséquent hors du territoire américain, restent en liaison intime avec les autres Chipiways, et n'en sont pas encore le dernier chaînon.

Pendant deux siècles, les Chipiways et les Sioux se sont fait une guerre acharnée, jusqu'en 1805, où M. Pike les réconcilia. Les Chipiways ont plus de douceur dans le caractère et plus de docilité que les Sioux, plus de sang-froid et de résolution dans les combats. Les Sioux attaquent avec impétuosité ; les Chipiways, protégés d'ailleurs par un pays entrecoupé de lacs, de ruisseaux et de marais impénétrables, se défendent avec adresse et prudence. Ils ont, au surplus, l'avantage de posséder tous des armes à feu ; tandis que la moitié des Sioux n'est armée que de flèches, dont le coup n'est point sûr dans les bois. Les Chipiways ont un penchant invincible pour les liqueurs fortes, entretenu par les marchands, qui encouragent en eux ce goût funeste, afin d'obtenir leurs fourrures à plus vil prix. Des hiéroglyphes sculptés en bois de pin ou de cèdre remplacent également chez eux le langage écrit.

Les beaux traits des *Ménomènes*, que les Français appelaient *Folle-Avoine*, ont charmé tous les voyageurs. Leur physionomie respire à la fois la douceur et une noble indépendance ; ils ont le teint plus clair que celui des autres indigènes, des yeux grands et expressifs, de belles dents, la stature moyenne et proportionnée, la taille bien prise, beaucoup d'intelligence et des mœurs patriarcales. Ils demeurent sous des huttes fort spacieuses et construites avec des nattes de jonc, à la manière des Illinois ; ils couchent sur des peaux d'ours et d'autres bêtes qu'ils ont tués à la chasse. Le sirop d'érable forme leur boisson aux repas. Quoique peu nombreux, ils sont respectés de leurs voisins, notamment des Sioux et des Chipiways ; les blancs les estiment comme des protecteurs et des amis. Les limites incertaines de leur terrain de chasse s'étendent jusqu'au Mississipi ; mais leurs villages sont situés sur la rivière *Ménomène* et sur la *baie Verte*, golfe du lac Michigan. Ils parlent entre eux un langage particulier qu'aucun blanc n'a jamais pu apprendre, mais tous comprennent l'algonquin.

Les *Winebaiges* ou *Puants* résident sur les rivières Wisconsin , des Rochers, des Renards et sur la baie Verte : leurs villages sont très-concentrés. Ils parlent le même langage que les Otos de la rivière Plate, et descendent, selon leurs propres traditions, d'une peuplade qui a émigré du Mexique pour se soustraire à l'oppression des Espagnols. Ils passent pour braves, mais leur valeur tient de la férocité. Depuis cent cinquante ans environ, ils se sont mis sous la protection des Sioux, pour lesquels ils se piquent de fidélité en les regardant comme des frères.

Les *Ottogamys* ou *Renards*, chassés par les Français du Wisconsin , se sont réfugiés sur le Mississipi, où ils habitent trois villages ; ils étendent leurs chasses jusqu'à la rivière qui porte leur nom. Ils vivent dans une alliance étroite avec les Saques, et s'adonnent à la culture des grains, des fèves, des melons, mais surtout à celle du maïs, dont ils peuvent vendre plusieurs centaines d'hectolitres par an. Éloignés de leurs villages, ils se logent, ainsi que les Saques, les Puants et les Ménomènes, dans des cabanes de forme elliptique, couvertes de nattes de jonc.

Les *Saques*, établis sur le Mississipi au-dessus de Saint-Louis, y chassent depuis la rivière des Illinois jusqu'à celle des Ayonas, et dans les vastes plaines à l'occident qui confinent avec le Missouri. Ils récoltent une quantité considérable de maïs, de fèves et de melons. Naturellement inquiets, remuants et dissimulés, ils emploient plus la ruse que la force ouverte.

Les *Ayonas*, étroitement liés avec les Saques et les Ottogamys, demeurent sur les rivières des Moines et d'Ayona, loin de la grande route du commerce. Moins civilisés et moins dépravés que les autres, ils cultivent un peu de maïs, et poussent leur chasse jusqu'à l'ouest du Missouri.

Nous allons remonter l'immense cours du Missouri, et donner une idée de ce vaste pays, qu'on pourrait désigner sous le nom de *Missourie*.

Quoique dépourvu de hautes montagnes, le sol de la Missourie s'élève considérablement vers l'ouest, où il forme la base de la chaîne des Montagnes Rocheuses et du grand plateau Mexicain.

Le premier objet qui mérite notre attention, c'est le *Missouri*. Au lieu d'embarquement, cette rivière a près de 800 mètres de large ; son courant rapide entraîne une quantité énorme de sable, qui s'amasse de distance en distance, et forme des bancs mobiles très-dangereux pour les navigateurs ; il charie aussi beaucoup de bois, dont une partie reste au fond de son lit ; ses bords, minés par les eaux, s'enfoncent souvent et lui font prendre une autre direction.

Un grand nombre de larges rivières viennent du sud et de l'ouest se réunir au Missouri. Une des plus grandes est la rivière *Plate*, qui, étant sortie des chaînes des Montagnes Rocailleuses vers le 112e degré de longitude, coule, vers l'est, jusqu'au 97e degré de longitude, où elle joint le Missouri. La rivière Plate a 550 mètres de largeur à son embouchure, mais sa profondeur ne paraît pas excéder 2 mètres ; ses sources avoisinent les frontières des possessions espagnoles, ainsi que le Rio-del-Norte, qui, après avoir traversé le Nouveau-Mexique, va se jeter dans le golfe mexicain. Sa rapidité et la quantité de sable qu'elle charie empêchent d'y naviguer : ce n'est que dans de petits canots de cuir que les Indiens la traversent.

Cette abondance de sable apportée au Missouri est un phénomène remarquable. Ces rivières, quoique peu sujettes aux débordements, battent sans cesse des terres légères ou peu tenaces, en détachent des portions considérables, et changent toujours de rivages. Les sinuosités du Missouri viennent de la même cause.

De petites tribus isolées d'Indiens habitent les deux rives du Missouri.

Les *Mandanes* habitent les bords du Missouri, au-delà des Ricaras. Ce peuple croit à un grand esprit qui préside à ses destinées, et qui possède en même temps l'art de guérir; car chez ce peuple, grand esprit et grand médecin sont synonymes, le dernier étant un nom qu'ils appliquent généralement à tout ce qu'ils ne comprennent pas. Chacun se choisit un objet de dévotion, qu'il appelle *la Médecine :* c'est ou quelque être invisible, ou plus souvent quelque animal qui devient son protecteur et son médiateur auprès du grand esprit, et il n'y a rien qu'on néglige pour le rendre propice. « J'étais, il n'y a pas longtemps, possesseur de dix-sept chevaux, dit un Mandane, mais je les ai tous sacrifiés à *ma médecine*, et je suis maintenant pauvre. » Il avait, en effet, conduit tous ses chevaux dans la plaine, et il leur avait donné la liberté en les abandonnant à *sa médecine*. L'idée d'associer tout pouvoir inconnu à celui d'une médecine, le plus frappant à leurs yeux, paraît être générale parmi les tribus indiennes de cette partie de l'Amérique. Les nations qui habitent à l'ouest des Montagnes Rocailleuses ont un langage tout différent, et ne paraissent avoir que peu de relations avec les Indiens de l'est; cependant ils se servent de la même métaphore, et, semblables à quelques philosophes de l'ancien continent, ils sont très-fiers d'avoir expliqué un fait physique à l'aide d'une expression figurée.

Les Mandanes croient à une existence future, et cette croyance se lie à la tradition de leur origine. Toute la nation, dis nt-ils, demeurait dans un grand village sous terre, auprès d'un lac souterrain ; une vigne étendait ses racines depuis la surface de la terre jusqu'à leur demeure, et leur laissait apercevoir le jour à travers quelques fentes. Quelques-uns des plus hardis grimpèrent au haut de la vigne, et furent charmés de voir une terre riche en fruits de toute espèce et couverte de buffles. De retour dans leur souterrain, ils firent goûter à leurs camarades les grappes qu'ils avaient apportées, et tout le monde en fut si enchanté, qu'on résolut unanimement de quitter cette sombre demeure pour la belle contrée d'en haut. Hommes, femmes, enfants, tous montèrent le long du cep ; mais quand la moitié de la peuplade fut arrivée sur la terre, une grosse femme, en voulant monter, cassa le cep par son poids, et se priva, ainsi que le reste de la nation, pour toujours de la clarté du soleil. Quand les Mandanes meurent, ils espèrent retourner à l'ancien établissement de leurs ancêtres, où les bons arrivent en traversant un lac, tandis que les méchants s'y noient, accablés par le fardeau de leurs péchés.

Le Missouri qui, depuis son embouchure jusqu'au territoire des Mandanes, coule dans une direction nord-nord-ouest, suit, plus haut, une ligne est et ouest, ligne qui incline même un peu vers le sud. Dans cette nouvelle région, il traverse également un terrain d'alluvion et des terres basses, sur lesquelles paissent des élans, des buffles et des antilopes. L'antilope, cet animal doux et léger qui semble plutôt voler que courir, est très-commun dans les pâturages du Missouri. Sa curiosité cause, dit-on, très-souvent son malheur. A la première vue du chasseur, il s'enfuit avec beaucoup de légèreté ; mais si le chasseur se cache à terre, en tenant en l'air son chapeau ou un autre objet, l'antilope revient au petit trot pour le voir, et approche quelquefois au point de se mettre à la portée du fusil.

On rencontre aussi des animaux dangereux, surtout l'ours blanc et l'ours brun. Les Indiens, qui les craignent beaucoup, ne les attaquent jamais qu'étant au nombre de six à huit, et alors même ils ont souvent le dessous, et laissent un ou plusieurs des leurs sur la place. Le danger n'est pas le même pour des chasseurs habiles et armés de fusils. Cependant l'ours est toujours un animal formidable.

Une circonstance particulière dans l'histoire naturelle de cette contrée, c'est que la rosée y est très-rare, même auprès d'une aussi grande rivière que le Missouri. Les rochers se composent d'une pierre tendre, traversée par des blocs d'une substance noire, semblable au trapp, et plus encore au basalte. Des paysages très-pittoresques s'offrent à la vue de part et d'autre. On voit s'élever des pans de murs si extraordinaires, qu'on croirait y apercevoir un ouvrage de l'art. Ces murs montent perpendiculairement sur le rivage, quelquefois à la hauteur de 30 à 32 mètres ; leur épaisseur varie d'un à 4 mètres, mais ils sont aussi larges en haut qu'en bas. Ils se composent de pierres noires et dures, de la forme des polygones irréguliers ; une rangée est posée sur l'autre, de manière que chaque pierre de dessus remplit les interstices entre les deux pierres inférieures.

Ces murs ne sont en réalité qu'un assemblage de colonnes basaltiques couchées horizontalement. Ces polyèdres, tournés vers la rivière, sont les extrémités des colonnes, telles qu'on les voit dans l'île de Mull sur la côte d'Écosse, ou dans la fameuse chaussée des Géants, en Irlande. La position horizontale des colonnes ou prismes basaltiques se retrouve dans les îles Feroë.

Après avoir passé entre ces murs de basalte on arrive auprès du 112e degré de longitude et au 47e 20' de latitude, et on se trouve arrêté par un confluent de deux rivières. A deux milles du confluent on entend le bruit d'une chute d'eau, et en avançant, on remarque une rosée fixe qui, poussée par un vent du sud-ouest, traverse la plaine comme une colonne de vapeurs. A mesure qu'on approche, le bruit augmente et on reconnaît la grande chute du Missouri. Au bout de sept milles, on parvient, à travers des rochers de 70 mètres de haut, à jouir du spectacle magnifique des plus belles cataractes du monde.

Ces chutes s'étendent à une distance d'environ douze milles, et la largeur moyenne de la rivière varie de 300 à 550 mètres. La principale chute, qui se présente une des premières lorsqu'on remonte le courant, a 27 mètres de hauteur perpendiculaire et 250 mètres de large. Des rochers d'environ 35 mètres de haut s'élèvent sur les deux côtés ; à gauche, l'eau se précipite dans un abîme au bas du roc : le reste de la cataracte, hérissé de blocs saillants, ne tombe pas en masse, mais il n'en est pas moins beau : c'est une masse d'écume de 150 mètres de large sur 70 de haut, qui se forme et se disperse sans cesse de nouveau, et

qui, frappée des rayons du soleil, reflète toutes les couleurs brillantes de l'arc-en-ciel.

En remontant le courant, on rencontre une autre cascade d'environ 16 mètres ; enfin, la dernière n'en a que 9 ; mais entre ces trois chutes principales, il s'en élève beaucoup d'autres plus petites, ainsi que des pentes très-rapides qui dominent successivement les unes sur les autres, en sorte que toute la pente de la rivière, depuis la dernière cascade jusqu'à la première, est de 127 mètres. Précisément au-dessous des cascades, une petite île couverte de bois s'élève dans la rivière. La rivière est parfaitement calme au-delà des cataractes, et de nombreux troupeaux de buffles paissent sur les bords dans des plaines qui s'étendent de part et d'autre, et ressemblent au fond d'un ancien lac dont l'issue est maintenant minée par les eaux.

Après soixante milles géographiques, la rivière sort de la première chaîne des Montagnes Rocailleuses. Ce passage est à 46° 46' 50'' de latitude. L'aspect de ce passage a encore quelque chose de majestueux. Qu'on se figure deux murs noirs de l'énorme hauteur de 400 mètres, qui bordent la rivière dans l'espace de 4 kilomètres, et se penchent même sur les eaux, comme s'ils allaient écraser le navigateur assez téméraire pour oser franchir ce sombre défilé, qui a 300 mètres de largeur. La rivière s'est frayé toute seule cette route ; elle l'occupe entièrement. Dans les premiers trois milles, on ne saurait trouver un lieu où se placer entre la rivière et les rochers, et elle est très-profonde sur les bords.

La violence avec laquelle elle s'est frayé ce passage doit avoir été terrible ; des blocs de rocher qu'on voit disséminés à sa sortie sur les bords de l'eau, et qui ont été détachés de la chaîne, servent pour ainsi dire de trophées de la victoire qu'elle y a remportée. Malgré sa longueur et sa profondeur, le défilé a partout la même largeur. Au-dessus du défilé, les rochers perpendiculaires disparaissent, les collines s'éloignent des bords de la rivière, et les vallées s'étendent considérablement. Ici nous avons, pour la seconde fois, des traces d'un ancien lac. Aujourd'hui, ce sol produit le cotonnier à feuille étroite, le tremble et le pin : le gibier y abonde. Un ornement de ces champs, comme des autres campagnes du Missouri, c'est le poirier épineux, dont le fruit fait le désespoir des voyageurs.

Le sol, dans l'espace de cent à deux cents milles, au sud-ouest de la Louisiane, à partir du Mississipi, présente des prairies, des bois et des collines. Les cascades et les *rapides* continuent ensuite à marquer les changements successifs de niveau peu considérables, jusqu'à une distance de sept cents à huit cents milles, où de très-grands escarpements offrent l'apparence d'une chaîne de montagnes, ou plutôt le talus d'un grand plateau sur lequel les bisons et les chevaux sauvages errent en troupes innombrables. Les cotonniers dominent dans les bois. Le terrain qui sépare la Rivière Rouge de l'Arkansas est couvert d'efflorescences salines; plusieurs ruisseaux y roulent une eau rougeâtre, imprégnée de sel : la végétation ne consiste qu'en plantes grasses et salines. Il paraît que ce plateau salin continue jusqu'aux premières chaînes des montagnes du Nouveau-Mexique.

Nous parlerons ici de quelques tribus indiennes établies dans cette partie du Mississipi. L'analogie de langage, de mœurs et de coutumes entre les Osages, les Kansés, les Missouris, les Mahaws et les Otos, indique une origine commune : tous paraissent avoir émigré des régions du nord-ouest, et s'être séparés par le besoin de pourvoir à leur subsistance, en poursuivant le gibier dans des contrées lointaines et moins peuplées.

Les *Kansès* et les *Osages* se sont trouvés en collision avec les Ayonas, les Saques, les Potowatomys, les Schawanays, même avec les Chikasas et les Chactas.

Le gouvernement de ces nations forme une espèce d'oligarchie républicaine, présidée par des chefs, la plupart héréditaires, mais qui souvent sont éclipsés par des guerriers illustres. Toute affaire importante est soumise à l'assemblée des guerriers, qui décident à la majorité des voix. Le peuple est divisé en trois classes. Le gros de la nation se compose de guerriers ou chasseurs; les jongleurs et les cuisiniers forment les deux autres castes. Les jongleurs, qui sont en même temps prêtres et magiciens, ont une grande influence sur les affaires publiques par leurs divinations, leurs sortiléges, et par l'interprétation des rêves.

Quoi qu'il en soit, ils se montrent assez bon jongleurs ; ils s'enfoncent de larges couteaux dans la gorge en répandant le sang à gros bouillons ; ils insèrent des bâtons aigus dans leur nez, ou ils rejettent par les narines des os qu'ils ont avalés auparavant; d'autres percent leur langue d'un bâton, et se la font couper pour rejoindre ensuite les morceaux, sans qu'il reste aucune trace de l'operation. Les cuisiniers sont au service du public, ou attachés à quelque personnage marquant : ce sont quelquefois d'anciens guerriers qui, se trouvant affaiblis par l'âge ou accablés d'infirmités, et ayant perdu toute leur famille, se voient obligés d'embrasser cette profession : chargés en même temps des fonctions de crieurs publics, ils convoquent les chefs aux conseils ou aux festins.

Les mets ordinaires des Osages sont des épis verts de maïs préparés avec de la graisse de bison, des citrouilles bouillies et des viandes. Ils sont hospitaliers par ostentation. Lorsqu'un Américain des Etats-Unis entre dans un village, l'usage veut qu'il se présente d'abord à la cabane du chef, qui lui sert un repas où son hôte mange le premier, à la manière des anciens patriarches. Ensuite tous les personnages les plus importants du village invitent l'étranger, et ce serait leur faire une insulte que de ne point obéir à l'appel; en sorte que dans une même après-dînée, on peut recevoir douze à quinze invitations ; c'est le cuisinier qui les fait, en criant : « Venez et mangez, un tel donne un festin ; venez et jouissez de sa libéralité. »

Les cabanes, dans les villages, sont dressées sans ordre, et quelquefois si rapprochées, qu'elles obstruent le passage. Pour surcroît d'embarras, les chevaux parquent la nuit au milieu des rues, lorsqu'on a lieu de craindre que l'ennemi ne rôde dans le voisinage. Du reste, leurs habitations sont fraîches et très-propres.

La nation des Osages proprement dits se divise en trois villages.

Les Osages sont redoutés comme une nation brave et belliqueuse, par les peuplades au sud et à l'ouest de leur territoire ; mais ils ne sauraient lutter avec les guerriers des nations septentrionales, munis de bons fusils rayés, et envers lesquels ils jouent sagement les rôles des quakers du désert, en continuant de faire une guerre implacable aux sauvages de l'occident, nus et sans défense, ou seulement armés de flèches et de lances. Il faut croire cependant que par la suite ils sauront mieux résister à leurs voisins du nord, s'il est vrai qu'ils possèdent aujourd'hui quatre pierriers provenant d'un fort espagnol, et deux canons de bronze donnés par le gouvernement des États-Unis, qui paraît vouloir les amener promptement à une civilisation européenne.

Les *Kansès*, sur la rivière de leur nom, quoique beaucoup moins nombreux que les Osages, sont plus redoutables par leur courage, et font quelquefois trembler jusqu'aux Panis. Du reste, ils reconnaissent, comme les Osages, la protection des États-Unis.

Les *Li-Panis*, autrefois établis près de la mer, errent depuis le Rio-Grande jusque dans l'intérieur de la province de Texas et vivent en paix avec les Espagnols ; mais ils font la guerre aux Tetaus et aux Apaches. Ils ont les cheveux blonds et sont généralement de beaux hommes, formant environ huit cents guerriers, divisés en trois bandes. Ils donnent la chasse aux chevaux sauvages et les domptent pour les vendre ensuite aux Espagnols. La lance, l'arc et les flèches sont leurs seules armes.

Les *Panis*, appelés *Padoucas* par les Espagnols, forment une nation nombreuse, disséminée sur les bords des rivières Plate et Kansès, et divisée en trois branches principales, savoir : les *grands Panis*, les *Panis républicains* et les *Panis loups*, qui, quelquefois, se font la guerre. Ils ont la stature haute et élancée, les os des joues fort proéminents et la prononciation gutturale. Leur langage a plus de rapport avec celui des Sioux qu'avec l'idiome des Osages. Leur gouvernement a la forme d'une aristocratie héréditaire, comme chez les Osages ; mais ils sont moins policés.

La chasse du bison, qui abonde dans leur territoire, ne les empêche pas de s'appliquer à la culture des champs, ni de penser à l'avenir, en faisant des provisions pour l'hiver. Ils coupent des citrouilles en tranches fort minces, qu'ils font sécher au soleil, afin d'avoir de quoi donner à leur soupe quelque consistance pendant toute l'année. Ils ont des troupeaux d'excellents chevaux, dont ils prennent le plus grand soin : cependant ils font la guerre à pied, en cherchant des positions où ils puissent se servir avec avantage de leurs armes à feu.

Les maisons sont de forme ronde avec une saillie vers la porte : chaque membre de la famille a sa chambre particulière. Ils aiment les jeux d'exercice, auxquels ils se livrent sur des places publiques préparées exprès de chaque côté du village.

Les *Tetaus*, établis sur le bord de la haute rivière Rouge de l'Arkansas, et près de Rio del Norte, étendent leurs courses vers le sud jusqu'à la basse rivière Rouge, vers l'est au territoire des Panis et des Osages, vers le nord dans des pays occupés par les Yutas, les Kiaways et d'autres nations encore peu connues ; et vers l'ouest, elles ne se bornent pas toujours aux frontières du Nouveau-Mexique. C'est la seule nation limitrophe dont les Espagnols reconnaissent l'indépendance : ils les désignent sous le nom de *Camanches* ou *Cumanches*. Les Tetaus sont armés d'arcs, de flèches, de lances, de frondes, de boucliers, et sont très-bons cavaliers : souvent ils ont appris aux Espagnols à trembler devant eux, en laissant des traces effrayantes de leurs incursions.

Les *Kiaways* et les *Yutas* parlent la même langue que les Tetaus, mais ils sont souvent en guerre avec eux, ainsi qu'avec les Panis et les Sioux, quelquefois même avec les Espagnols. Ils sont armés de lances, d'arcs et de flèches, et font la chasse au bison. Les Kiaways, qu'on estime à mille guerriers, errent autour des sources de la rivière Plate. Les Yutas, plus nombreux et un peu plus policés à cause de leurs liaisons avec les Espagnols, fréquentent les sources du Rio del Norte.

Les *Tancards*, armés de lances, d'arcs et de flèches, comptent six cents guerriers et parcourent les bords de la rivière Rouge en poursuivant les bisons et les chevaux sauvages. Ils sont presque tous grands et beaux. Une sorte de gloussement est particulier à leur langage, dont la pauvreté les force d'ailleurs de recourir souvent aux signes. Ils trafiquent avec les Espagnols du Texas ; ils possèdent de grands troupeaux de chevaux ; mais leur civilisation n'avance pas, quoiqu'ils soient, après les Apaches, les Indiens les plus indépendants de ces contrées.

SITUATION ACTUELLE DES ÉTATS-UNIS.

De 13, les Etats de l'Union se sont rapidement élevés au nombre de 33. En annexant, à des périodes rapprochées, d'immenses territoires défrichés.

A l'heure où nous écrivons, la division, amenée par des dissentiments sur la question de l'esclavage, a commencé, parmi ce peuple de 34 millions d'âmes ; elle poursuit son chemin à pas rapides. L'Union américaine n'existe plus. La Caroline du sud s'est séparée. Le Mississipi, la Caroline du sud, la Géorgie, l'Alabama, la Louisiane, le Texas et la Floride se sont réunis en confédération à Montgomery (Alabama), à l'effet de former une nouvelle confédération. Comme nous l'avons dit, 33 Etats composaient naguère l'Union américaine, divisée en deux grandes sections : le nord, avec 18 Etats libres ; le sud, avec 15 Etats à esclaves. Les premiers s'étendent sur une superficie d'à peu près 700,000 milles carrés ; les seconds sur 900,000 milles carrés.

En cas de séparation amiable, la confédération du nord se composerait des 18 Etats libres : le Massachusetts, New-York, le New-Hampshire, le New-Jersey, le Connecticut, le Rhode-Island, la Pensylvanie, le Vermont, l'Ohio, l'Indiana, l'Illinois, le Maine, le Michigan, le Wisconsin, l'Iowa, la Californie, le Minnesota, l'Orégon, plus le Kansas, qui serait immédiatement élevé au rang d'Etat. A ces Etats, il faut joindre le Missouri, le Delaware et le Maryland, qui seraient conquis par le nord, s'ils ne se joignaient pas à lui spontanément. Le Missouri n'a que 115,619 esclaves et 1,085,595 habitants libres, et la principale ville, Saint-Louis, est républicaine ; le Delaware a 1,805 esclaves sur 110,542 habitants. Le Maryland a 646,183 habitants, dont 35,382 esclaves. La confédération du Nord conserverait la capitale de l'Union, où se trouvent le Capitole, la Maison Blanche, les principaux établissements fédéraux et les archives ; elle aurait 22 millions d'habitants au lieu de 19 millions 46,173 qu'elle compte aujourd'hui. Elle aurait 3 grands ports sur l'océan Atlantique : New-York, Boston, Portland et le seul port important de l'Amérique du Nord sur l'océan Pacifique, San-Francisco. Toutes les villes, même les moins peuplées, sont reliées entre elles par 33,509 kilomètres de voies ferrées ; 6,488 kilomètres de canaux sont d'un secours inestimable pour le transport des marchandises, et la navigation intérieure a à sa disposition plusieurs fleuves et cinq lacs immenses qui forment une mer sillonnée par des milliers de navires.

Douée de beaucoup d'activité et d'énergie, la population du Nord possède une propriété mobilière et immobilière de 55 milliards de francs. Les banques tiennent à la disposition du commerce, de l'industrie et de l'agriculture un capital de 1,690,130,285 fr. Les produits qui se mesurent au décalitre, tels que le blé, le maïs, le seigle, etc., récoltés en 1855, étaient estimés à 2 milliards 400 millions de francs. Ce chiffre avait presque doublé en 1860. Le foin, le lin, le houblon, le sucre d'érable, tous les produits qui se vendent au kilogramme, étaient estimés 1 milliard 800 millions de francs. Les fruits et le jardinage avaient produit, en 1855, 340 millions. Par le travail libre, on obtient, dans Massachusetts, une moyenne de 17 décalitres de blé par acre ; le Connecticut produit 40 décalitres de maïs par acre. Indépendamment des produits agricoles, la terre fournit en abandance l'or en Californie et au Pike's Peak, le cuivre dans le Michigan, le plomb dans l'Illinois, le fer dans la Pensylvanie et le Missouri, les marbres dans la Nouvelle-Angleterre, la houille partout. La Californie a expédié à New-York, de 1855 à 1860, pour 1,185,974,000 francs en poudre d'or.

Les Etats du sud sont au nombre de 15 : la Virginie, la Caroline du Nord, la Caroline du Sud, la Géorgie, le Kentucky, le Tennessée, la Louisiane, le Mississipi, l'Alabama, l'Arkansas, la Floride, le Texas, le Missouri, le Delaware et le Maryland. Ils comprennent une superficie d'un million de milles carrés, sans compter la portion du territoire commun à laquelle la séparation leur donnera droit. Ils s'étendent sur le littoral de l'océan depuis la baie de Chesapeake jusqu'au golfe du Mexique, dans lequel vient se jeter le Mississipi, après un parcours de 4,100 milles à travers la Louisiane, le Mississipi, le Tennessee, le Kentucky, le

Missouri et l'Arkansas, offrant le seul moyen économique et normal de transport des produits d'une grande partie des Etats de l'ouest. Leur population, livrée tout entière à la grande agriculture, s'élève à plus de 12 millions d'habitants. Ses pricipales productions, outre les bois de construction très-recherchés dans le nord des Etats-Unis, en Europe même, sont le tabac, le sucre, le riz et le coton.

La récolte de coton donne, année commune, 4 millions 500 mille balles, représentant une somme de fr. 900,000.000

Riz	25,000,000
Tabac	100,000.000
Sucre	75,000,000
Denrées alimentaires et munitions de guerre. . .	30,000,000

Fr. 1,130,000,000

Une grande portion de ces produits figure aujourd'hui dans l'exportation des ports de New-York, Boston et Philadelphie, où ils font une étape avant de traverser l'Atlantique.

L'importation des Etats du sud n'est pas moindre de 830 millions de francs, en confondant l'importation européenne et l'importation provenant des ports du nord des Etats-Unis, qui manufacturent une énorme quantité de coton.

La nature a prodigué à cet immense pays toutes les faveurs; le climat est doux et l'insalubrité de certaines villes est due principalement à l'incurie des habitants; il a des forêts superbes; des fleuves et des rivières navigables coulent dans toutes les directions; il possède trois ports sur l'océan Atlantique : Norfolk, Charleston, Savannah, et trois sur le golfe du Mexique : la Nouvelle-Orléans, la Mobile et Galveston, sans compter de nombreux ports de moindre importance. Mais la population, indolente, ennemie du progrès, manque surtout d'homogenéité. Elle se compose de négociants pour la plupart étrangers, d'une basse classe pauvre, ignorante, sans initiative, de propriétaires d'esclaves, arrogants et imbus de préjugés. On compte 186,551 propriétaires d'esclaves et 158,974 personnes qui louent des nègres, mais n'en possèdent pas.

Dans la Lousiane, l'un des Etats les plus riches, le seul où la canne à sucre arrive presque à maturité, 1,308 plantations, exploitées par 130,000 esclaves, ont produit, en 1860, 110,920.000 kilos de sucre et 17,858,100 gallons de mélasse. Le sucre, vendu à 12 *cents* le kilog (le *cent* vaut 6 centimes) , a rendu 69,877,920 fr., et la mélasse, vendue à 40 *cents* le gallon, a rapporté 20,127,507 fr. Les autres produits, le maïs, le jardinage, les fruits, etc. ont été évalués à 14,000,000 de francs.

On estime l'entretien d'un esclave à 400 fr. par an, soit pour les 130,000 esclaves, 52 millions de francs. Les 130,000 esclaves, jeunes et vieux, hommes et femmes, représentent, à 5,000 fr. par tête, un capital de 650 millions de francs. Tandis que le travail libre donne 17 décalitres de blé par acre, le travail esclave n'en fournit que 7.

En résumé, dans la situation actuelle, les Etats du sud ont pour eux l'étendue, un climat doux et salubre, à l'exception du delta du Mississipi; des terres fertiles baignées par des rivières navigables et couvertes de vastes forêts, des mines de houille et de fer et d'excellents ports sur l'Atlantique. Le Nord, moins favorisé par la nature, l'emporte par le nombre et l'énergie de sa population. Tandis que dans le Sud la population blanche oscille entre 8 et 9 millions, et la population noire entre 3 à 4 millions, elle est dans la section rivale de plus de 19 millions, blancs et noirs également libres.

La liberté de conscience est complète aux États-Unis. Le nombre des églises et chapelles est de 36,015 appartenant à plus de 30 cultes différents. La religion catholique romaine possède 1,112 églises; mais le culte prédominant est celui des méthodistes, qui possède à lui seul 12,467 églises. Le *Church Journal* (Journal de l'Église), de New-York, a tenté de dresser la liste *à peu près* complète des différentes sectes religieuses (protestantes seulement qui existent à New-York. Nous la reproduisons comme un document qui ne manque pas d'originalité : « Anabaptistes, baptistes, nouveaux baptistes, baptistes libres, baptistes séparés, baptistes rigoureux, baptistes libéraux, baptistes paisibles, baptistes-petits-enfants, baptistes-gloire, alleluyah, baptistes-chrétiens, baptistes au bras de fer, baptistes généraux, baptistes particuliers, baptistes du septième jour, baptistes écossais, baptistes de la nouvelle communion générale, baptistes nègres, indépendants ou puritains, caméroniens, crispites (frisés), daleites, cambellites ou réformés, dunkers ou tunkers libres penseurs, haldaniles, huntingdonians, irvingiens, inghanites, sauteurs, chrétiens bibliques, glassites ou sandominians, anciens presbytériens, nouveaux presbytériens, écossais, congrégationalistes, quakers ou amis, trembleurs, unitairiens, sociniens, moraves ou frères de l'unité, méthodistes, wesleyens, méthodistes primitifs, wesleyens réformés, calvinistes méthodistes français, originaux connexistes, nouveaux connexistes, swedenbourgeois, frères de Plymouth, chrétiens rebaptisés, mormons, kellytes, muggletoniens, romaniens perfectionnalistes, méthodistes, rogessiens, seeklers, universalistes, marcheurs, whitfieldites, disciples amis libres ou agapémonites, luthériens, protestants français, réformés allemands, protestants allemands réformés, catholiques allemands ou disciples de Rongo, nouveaux illuminés, anglicans anglais, anglicans allemands, anglicans français. » Le *Church Journal* assure qu'il a dû commettre des oublis!

Sur les dernières pentes du versant occidental des montagnes de Timpanagos, il existe une colonie d'environ 14,000 habitants qui s'appellent *Mormons*. Ce sont les disciples d'un sectaire nommé Joseph Smith, qui fonda en 1831 la congrégation des Saints du dernier jour. Ses disciples s'accrurent rapidement ; on en compte aujourd'hui près de 30,000 en Angleterre et environ 150,000 aux États-Unis. La cité des Mormons est située près de la rivière qui unit le lac Salé au lac Utah, à 5 milles de ce dernier et à environ 22 milles de l'autre. La ville a une population de 7,000 âmes, tandis que celle de la Vallée s'élève à 12,000. Les Mormons sont gouvernés par un prophète ou président, par 12 apôtres et par un conseil dit des soixante-dix. Ils ont le droit de prendre autant d'épouses qu'ils en peuvent entretenir, et les mariages doivent tous se faire suivant les dispositions de la loi.

Le gouvernement des États-Unis n'accorde aucune subvention aux cultes et à leurs ministres ; il laisse aux fidèles le soin d'élever les églises, de les entretenir et de pourvoir aux besoins de leurs directeurs spirituels.

Aux États-Unis tout le monde sait lire. On compte 129 collèges avec 15,000 étudiants, 37 écoles de théologie, 16 écoles de droit, 37 écoles de médecine. Les écoles publiques de toutes les catégories sont fréquentées par 3,150,000 élèves, et l'instruction y est donnée par 15,000 professeurs. Les bibliothèques publiques renferment plus de 4,250,000 volumes.

On estime le nombre des journaux et organes de la presse périodique américaine à 3,750, ainsi répartis : dans l'État de New-York, 613 ; en Pensylvanie, 418; dans l'Illinois, 221 ; dans l'Ohio, 393 ; dans le Massachussetts, 228 ; dans la Virginie, 138 ; dans le Missouri, 103; dans la Californie, 100, etc. Le nombre des libraires-éditeurs est d'environ 600 ; la maison Harper frères, de New-York, fait chaque année pour près de 11 millions d'affaires.

En 1852, on évaluait à 50 millions d'hectares la superficie des terres cultivées, et à 25,375,000,000 de francs le capital engagé dans cette immense exploitation agricole. Le froment seul figure dans le produit des récoltes pour 700 millions de francs, et le coton pour 1,080 millions de francs. Le coton, dont la culture en grand ne date que de l'indépendance, est la cause et le thermomètre de la prospérité de l'Union; il entre pour plus de la moitié dans ses exportations et fournit plus de la moitié de leur fret aux marines du monde entier. Le coton qui se file, se tisse, se teint et s'imprime chaque année, arrive à une valeur de quatre milliards! Que l'Union soit une année sans vendre du coton à l'Angleterre, elle fait une faillite universelle ; de son côté, l'Angleterre vit bien plus de coton que de pain. La récolte totale du coton aux États-Unis a été, en 1858, de 3,113,962 balles, ou de 563,628,122 kilogrammes, chaque balle pesant en moyenne 181 kil. De cette récolte totale, l'Angleterre a importé 1,809,966 balles, près des deux tiers, la France seulement 384,002, et l'Union n'en a gardé pour sa consommation intérieure que 595,562. Pour le coton qu'elle lui a ainsi acheté en 1858, l'Angleterre a payé aux États-Unis 425,600,000 francs.

On évalue à 46,000 kilom. l'étendue des chemins de fer de la Confédération livrés à la circulation, et à 20,000 celle des chemins en construction. Des lignes conduisent directement les voyageurs, à partir de l'Etat du Maine jusque dans les Etats de l'extrême sud ou aux confins des vastes régions inhabitées de l'ouest et du nord-ouest; c'est un parcours de 3,000 kilom. n'ayant d'autre interruption que la traversée des villes. La télégraphie électrique dépasse 70,000 kilom. Les canaux, au nombre de 35, représentent une longueur totale de 6,200 kilom. Le plus grand est le canal Erié, qui réunit le lac du même nom à la rivière Hudson et dont le développement est de 520 kilom.

La marine marchande de l'Union est la première du monde; le nombre de ses bâtiments surpasse celui de la marine marchande de l'Angleterre, qui s'élève à 24,406 navires à voiles et 18,013 bateaux à vapeur. Soumis à des perfectionnements incessants, les navires américains possèdent les qualités les plus précieuses. La marine militaire des Etats-Unis est loin d'égaler celle de la Grande-Bretagne et celle de la France. La flotte est pourtant assez forte pour protéger efficacement, au besoin, les intérêts commerciaux de l'Union, et pour faire respecter l'honneur national. Les Etats-Unis ne possèdent pas d'armée régulière, mais seulement un noyau d'armée, autour duquel viendraient se grouper, le cas échéant, les milices de la nation. Cependant, dans ces dernières années, en raison de l'accroissement territorial de l'Union, il a fallu porter à 20,000 hommes l'armée fédérale afin de protéger contre les sauvages les habitants qui servent d'avant-garde à la civilisation en défrichant les déserts de l'ouest. Cette guerre d'escarmouches ne finira sans doute que par la destruction complète des Indiens, qui refusent obstinément de s'assimiler à la race conquérante.

Les emigrés n'arrivent pas en Amérique, ainsi qu'on est assez disposé à le croire, dans un état voisin de la misère. Leur nombre s'est élevé pendant les dix dernières années à 2,131,437; ils ont emporté d'Europe en numéraire, pour faire face à leurs frais de premier établissement, une somme totale de 650 millions de francs, et il résulte d'observations nombreuses que les familles d'émigrants qui se rendent immédiatement dans le Nord-Ouest, centuplent leur petit capital en dix ans, si elles le confient à la terre.

La Californie voit, par cette cause, s'accroître sa population. En un mois seulement il est arrivé à San-Francisco 25,000 émigrants. Cette ville, qui tend à devenir une grande capitale, prend des proportions considérables et voit chaque jour s'élever quelque édifice nouveau. Elle a maintenant une Bourse de commerce et un théâtre. Les mines continuent à être productives; mais il ne faut plus parler de ces fortunes colossales qu'on y faisait en peu de temps. S'il est encore possible d'acquérir de la richesse en Californie, ce n'est qu'à force de travail. Dans les placers, l'homme habitué au travail manuel gagne de 15 à 18 fr. par jour. Les ouvriers laborieux et intelligents des différents corps d'état gagnent au moins autant que les mineurs. On commence à s'occuper de l'agriculture et de l'industrie jusqu'à présent négligées. Là est encore l'avenir et un bel avenir, quand les filons aurifères seront épuisés.

Le sol, soumis à une culture éclairée, promet une grande fécondité; mais les céréales sont dévorées par des nuées de cigales. Le fléau de l'incendie, contre lequel on n'a pu encore organiser de mesures répressives, continue à exercer de grands ravages. La ville du Sacramento a été plusieurs fois presque entièrement détruite par les flammes. Il en est de même de la ville de Ghasta et de Rough and Reudy, l'une des localités les plus florissantes. Les armateurs pourront pendant longtemps continuer leurs expéditions pour la Californie. Un immense mouvement, un courant d'hommes et de marchandises s'établit par mer et à travers les plaines. De nouveaux débouchés, de nouvelles facilités pour l'écoulement des produits se présentent d'une manière inattendue. Un service hebdomadaire de bateaux à vapeur entre San-Francisco et Panama est en pleine activité. En quatre mois le mouvement de la navigation française à San-Francisco s'est élevé à 18 navires et à 6,000 tonneaux.

Les Etats suivants n'ont point été mentionnés : Alabama (716,000 h.), Arkansas (200,000 h.), Texar-Californie (600,000 h.), Jowa (150,000 h.), Wisconsin 250,000 h.

CHAPITRE SEPTIÈME.

Ancienne Amérique espagnole. — Confédération mexicaine. — États de l'Amérique centrale.

Avant d'aller plus loin, pour qu'il soit possible de se reconnaître dans les pays que nous allons traverser, nous croyons devoir donner le tableau statistique des divisions politiques de l'Amérique avant 1783 et en 1860 :

AMÉRIQUE INDÉPENDANTE.

AMÉRIQUE CI-DEVANT ANGLAISE, FRANÇAISE ET ESPAGNOLE.

Etats-Unis, ou l'*Union*, ou encore *Confédération anglo-américaine* (les treize provinces anglaises de l'Amérique du Nord, la Floride, la Louisiane, etc.)
Superficie : 4,348,000 kilomètres carrés. — Population : 31,648,496.

AMÉRIQUE CI-DEVANT ESPAGNOLE.

Confédération mexicaine ou *Etats-Unis du Mexique* (la vice-royauté du Mexique).
Superficie : 1,613,127 kilom. carrés. — Population : 8,250,000.

Anciens Etats-Unis de l'Amérique centrale, formant maintenant cinq Etats indépendants : *Guatimala, San-Salvador, Honduras, Nicaragua* et *Costa-Rica* (capitainerie générale de Guatimala).
Superficie : 400,000 kilom. carrés — Population : 2,500,000.

Ancienne *République fédérale de Colombie*, formant aujourd'hui trois Etats indépendants : la *Nouvelle-Grenade, Venezuela* et la *République de l'Equateur* (la vice-royauté de la Nouvelle-Grenade, et la capitainerie générale de Caracas).
Superficie : 2,968,344 kilom. — Population : 5,315,000.

République du Pérou ou *du Bas-Pérou* (la vice-royauté du Pérou).
Superficie : 1,499,868 kilom. carrés. — Population : 2,200,000.

République de Bolivia (le Haut-Pérou, partie de la vice-royauté de la Plata).
Superficie : 801,540 kilom. carrés. — Population : 2,500,000.

République du Chili (la capitainerie générale du Chili et l'Archipel de Chiloë).
Superficie : 362,240 kilom. carrés. — Population : 1,600,000.

Anciens *Etats-Unis du Rio de la Plata* ou *Confédération Argentine* (la plus grande partie de la vice-royauté de la Plata).
Superficie : 1,997,413 kilom. carrés. — Population : 1,200,000.

Etat oriental de l'Uruguay (la Banda-Orientale, partie de la vice-royauté de la Plata, et plus tard de la province cisplatine de l'empire du Brésil).
Superficie : 290,000 kilom. carrés. — Population : 178,000.

République du Paraguay (partie de la vice-royauté de la Plata).
Superficie : 197,640 kilom. carrés. — Population : 650,000.

AMÉRIQUE CI-DEVANT PORTUGAISE.

Empire du Brésil.
Superficie : 7,516, 840 kilom. carrés. — Population : 8,500,000.

AMÉRIQUE CI-DEVANT FRANÇAISE ET ESPAGNOLE.

République d'Haïti (île de Saint-Domingue ; partie française et partie espagnole).
Superficie : 66,800 kilom. carrés. — Population : 1,000,000.

AMÉRIQUE INDIGÈNE INDÉPENDANTE.

Les pays occupés par les *Araucans*, les *Puelches*, les *Chiquitos*, les *Botocudos*, les *Guaycaras*, les *Caribes*, les *Guahiva*, les *Mosquitos*, les *Casas-Grandes*, les *Moquis*, les *Apaches*, les *Arrapahoes*, les *Ietans*, les *Sioux*, les *Osages*, les *Creek*, les *Chikkasah*, les *Chaktahs*, les *Tchirokis*, les *Algonquins*, les *Cheppewyans*, les *Wokash*, les *Koluches*, les *Esquimos* et autres nations.
Superficie : 1,996,000 kilom. carrés. — Population : 1,300,000.

AMÉRIQUE COLONIALE.

AMÉRIQUE ANGLAISE.

Canada , Nouvelle-Ecosse , Nouveau-Bruns-

wick, la Jamaïque, la Barbade, Saint-Christophe, Antigoa, la Trinité, partie de la Guyane, etc.
Superficie : 6.500,000 kilom. carrés. —Population : 2,500,000.

AMÉRIQUE ESPAGNOLE.

Les îles Cuba et Porto-Rico.
Superficie : 101,200 kilom. carrés. — Population : 2,100,000.

AMÉRIQUE FRANÇAISE.

Partie de la Guyane, les îles Martinique, Guadeloupe, les Saintes, Marie-Galante, et partie de Saint-Martin.
Superficie : 91,000 kilom. carrés. — Population 400,000.

AMÉRIQUE NÉERLANDAISE.

Partie de la Guyane, les îles Saint-Eustache, Saba, Curaçao, etc., etc.
Superficie : 91,000 kilom. carrés. — Population : 200,000.

AMÉRIQUE DANOISE.

Le groupe de Groënland, Islande, Sainte-Croix, Saint-Thomas et Saint-Jean.
Superficie : 972,000 kilom. carrés. — Population : 200,000.

AMÉRIQUE RUSSE.

L'extrémité nord-ouest de l'Amérique, les îles Aléutiennes, les îles Kadiak, Sitka et autres sur la côte du nord-ouest.
Superficie : 101,000 kilom. carrés. — Population : 110,000.

AMÉRIQUE SUÉDOISE.

L'île Saint-Barthélemy, dans les Petites-Antilles.
Superficie : 135 kilom. carrés.—Population : 22,000.

Nous allons parcourir successivement les anciennes possessions de la nation espagnole dans les deux Amériques, possessions qui, comprises entre le 43e degré 34 minutes de latitude australe, et le 57e degré 48 minutes de latitude boréale, égalaient toute l'Afrique en longueur, et surpassaient en étendue les vastes contrées que la Russie et la Grande-Bretagne possèdent en Asie. La mission de San-Francisco sur la côte de la Nouvelle-Californie en formait le point le plus septentrional, et le point le plus méridional, habité par les Espagnols, était le Fort-Maullin, sur la côte du Chili vis-à-vis Chiloé. La langue espagnole était donc répandue en Amérique sur une étendue de plus de 4,000 kilomètres de longueur, et tous ces pays, peuplés de 13,000,000 d'habitants, communiquaient entre eux par un établissement régulier de postes, depuis le Paraguay jusqu'à la côte nord-ouest de l'Amérique septentrionale.

La déclaration de l'indépendance des États-Unis (1776), la révolution de Saint-Domingue qui créa un État nouveau et indépendant (Haïti), avaient ébranlé en Amérique la puissance des Européens. L'invasion de l'Espagne par les armées de Napoléon fournit aux Américains du sud une occasion de s'affranchir. Quelques mouvements convulsifs précédèrent la révolution qui éclata à Carracas, le 19 avril 1810, et le 5 juillet suivant, un congrès proclama l'indépendance de Venezula. Rétabli sur le trône d'Espagne, Ferdinand VII envoya en Amérique le général Morillo avec 16,000 vieux soldats. Déjà la Nouvelle-Grenade était rentrée presque tout entière dans l'obéissance, quand l'Amérique du sud trouva aussi son Washington. Simon Bolivar parut en 1818 et battit Morillo à Malabozo, ce qui permit aux capitaineries de Venezuela et de Santa-Fé de Bogota de se constituer en une république qui prit le nom de *Colombie*, mais tomba plus tard en dissolution. En attendant, le Mexique, soulevé par le prêtre Hidalgo, avait aussi fait sa révolution, comprimée d'abord, mais ranimée par Xavier Mina et soutenue par le colonel Augustin Iturbide, soldat heureux que ses compatriotes élevèrent au trône impérial pour le sacrifier ensuite à l'esprit républicain. Plus tard, Guatimala se détacha du Mexique pour former un État à part. L'Espagne perdit encore le Pérou, le Chili, le Rio de la Plata et, en général, toutes ses possessions de l'Amérique du sud. Seuls Cuba et Porto-Rico restèrent fidèles à sa domination. La révolution du Portugal ayant appelé en Europe le roi Jean VI, le Brésil ne tarda pas à participer au mouvement dont l'Amérique était travaillée. Le 18 septembre 1822, don Pédro, fils aîné du roi, fut déclaré empereur indépendent du Brésil ; bientôt après, il fut reconnu en cette qualité par son père et par les autres puissances. Dès le 8 mars de cette année, les États-Unis avaient aussi reconnu tous les nouveaux États de l'Amérique méridionale. Cet exemple fut suivi, le 1er janvier 1825, par la Grande-Bretagne.

Passons maintenant en revue les différents États de l'Amérique du sud :

En embrassant d'un coup d'œil général toute la surface du Mexique, nous voyons que les deux tiers sont situés sous la zone tempérée, et que l'autre tiers appartient à la zone torride.

La chaîne de montagnes qui forme le plateau du Mexique, paraît, au seul aspect d'une carte géographique, la même que celle qui, sous le nom des Andes, traverse toute l'Amérique méridionale; cependant, examinée sous les rapports de la géographie physique, la structure de cette chaîne diffère beaucoup au sud et au nord de l'équateur. Dans l'hémisphère austral, la Cordillière est partout déchirée et interrompue par des crevasses qui ressemblent à des filons ouverts, qui n'ont pu être remplis de substances hétérogènes. S'il y existe des plaines élevées, comme dans l'ancien royaume de Quito, ce sont plutôt de hautes vallées longitudinales limitées par deux branches de la grande Cordillière des Andes. Au Mexique, c'est le dos même des montagnes qui forme le plateau. Au Pérou, les cimes les plus élevées constituent la tête des Andes ; au Mexique, ces mêmes cimes, moins colossales, mais toutefois hautes de quatre mille neuf cents à cinq mille quatre cents mètres, sont ou dispersées sur le plateau, ou rangées d'après des lignes qui n'ont aucun rapport de parallélisme avec la direction de la Cordillière.

La longueur du plateau compris entre les 18 et les 40° de latitude, est égale à la distance qu'il y a depuis Lyon jusqu'au tropique du Cancer, qui traverse le grand désert africain. Ce plateau extraordinaire paraît s'incliner insensiblement vers le nord, surtout depuis la ville de Durango, située dans la Nouvelle-Biscaye, à 560 kilomètres de Mexico.

Parmi les quatre plateaux situés autour de la capitale du Mexique, le premier, qui comprend la vallée de Toluca, a deux mille six cents mètres ; le second, ou la vallée de Tenochtitlan, deux mille deux cent soixante-quatorze ; le troisième, ou la vallée d'Actopan, mille neuf cent soixante-six mètres ; et le quatrième, ou la vallée d'Istla, neuf cent quatre-vingt-un mètres de hauteur. Ces quatre bassins diffèrent autant par le climat que par leur élévation au-dessus du niveau de l'Océan ; chacun d'eux offre une culture différente : le dernier, et le moins élevé, est propre à la culture de la canne à sucre ; le troisième à celle du coton; le second à la culture du blé d'Europe, et le premier à des plantations d'agaves, que l'on peut considérer comme les vignobles des Indiens-Aztèques.

La Cordillière des Andes qui traverse l'isthme de Darien, se trouve tantôt rapprochée de l'Océan-Pacifique, tantôt des côtes du golfe du Mexique. Dans le Guatimala, la crête de ces montagnes, hérissée de cônes volcaniques, longe la côte occidentale depuis le lac de Ricaragua jusqu'à la baie de Tehuantepec ; mais dans la province d'Oaxaca, entre les sources des rivières Chimalapa et Quatarnaleo, elle occupe le centre de l'isthme mexicain. C'est dans cette partie du grand plateau d'Anahuac, entre la capitale de Mexico et les petites villes de Cordoba et de Xalappa, que paraît un groupe de montagnes volcaniques, rivalisant avec les cimes les plus élevées du continent. Le *Popoca-Tepetl*, c'est-à-dire Montagne-Fumante, nommée par les Espagnols le *Grand-Volcan*, a 5,400 mètres ; l'*Iztacci-Huatl*, ou Femme-Blanche, la *Sierra-Nevada* des Espagnols, 4,786 ; le *Citlal-Tepetl*, ou Montagne-Étoilée, autrement nommée le *Pic d'Orizaba*, 5,295 ; le *Nevado de Toluca*, 4,728, et le *Nauhcampa-Tepetl*, ou *Cofre de Perote*, 4,088.

Le *Cofre de Perote* est une montagne qui représente un sarcophage antique surmonté, à une de ses extrémités, d'une pyramide. Les basaltes de la Regla, dont les colonnes prismatiques, de trente mètres d'élévation, ont un noyau plus dur que le reste, forment la décoration d'une cascade très pittoresque.

Les habitants du Mexique considèrent à peine les volcans comme une curiosité, tant ils sont familiers avec les effets de ces colosses ignivomes. Presque tous les sommets des Cordillières américaines offrent des cratères. Celui du mont Popoca a 2 kilom. de circonférence. L'*Orizava* est également un volcan qui, en 1545, fit une éruption, et continua de brûler pendant vingt années ; cette montagne est nommée par les Indiens *Citlal-Tepetl*, ou Montagne-Étoilée, à cause des exhalaisons lumineuses qui sortent de son cratère, et jouent autour de son sommet, couvert de neiges éternelles.

Les flancs de ces colosses coniques, ornés de belles forêts de cèdres et de pins, ne sont plus bouleversés par des éruptions, ni sillonnés par des torrents de lave enflammée; il paraît même que les coulées de laves proprement dites n'abondent pas au Mexique. Cependant, en 1759, les plaines de Jorullo, sur les bords de l'Océan-Pacifique, furent le théâtre d'une des catastrophes les plus grandes qu'ait jamais essuyées le globe : dans une seule nuit, il sortit de la terre un volcan de 498 mètres d'élévation, entouré de plus de deux mille bouches qui fument encore aujourd'hui. Humboldt et Bonpland descendirent dans le cratère embrasé du grand volcan, jusqu'à 86 mètres de profondeur perpendiculaire, sautant sur des crevasses qui exhalaient l'hydrogène sulfuré enflammé; ils parvinrent après beaucoup de dangers, à cause de la fragilité des laves, presque jusqu'au fond du cratère, où l'air était surchargé d'acide carbonique.

Les montagnes granitiques d'Oaxaca ne renferment aucun volcan connu; mais, plus au sud, Guatimala redoutait le voisinage de deux montagnes, dont l'une vomit du feu et l'autre de l'eau, et qui ont fini par engloutir cette grande ville.

Les volcans continuent jusqu'à Nicaragua; près de cette ville est celui de Momantombo. L'Omo-Tepetl élance son sommet enflammé du sein du lac de Nicaragua; d'autres montagnes ignivomes bordent les golfes de l'Océan-Pacifique. Costa-Rica renferme également des volcans, entre autres celui de Varu, dans la chaîne de Boruca.

. L'or se trouve en paillettes ou en grains dans les terrains d'alluvion de la Sonora et de la Haute-Pimerie; il existe aussi en filons dans les montagnes d'Oaxaca. L'argent semble affecter le plateau d'Anahuac et de Mechoacan.

Au Pérou, les mines d'argent les plus considérables se trouvent à d'immenses élévations très-près de la limite des neiges éternelles. Pour les exploiter, il faut amener de loin les hommes, les vivres et les bestiaux. Des villes situées sur des plateaux où l'eau gèle pendant toute l'année, et où les arbres ne peuvent point végéter, ne sont pas faites pour offrir un séjour attrayant. Il n'y a que l'espoir de s'enrichir qui peut déterminer l'homme libre à abandonner le climat délicieux des vallées, pour s'isoler sur le dos des Andes. Au Mexique, au contraire, les filons d'argent les plus riches, comme ceux de *Guanaxuato*, de *Zacatecas*, de *Tasco* et de *Real-del-Monte*, se trouvent à des hauteurs moyennes de 1,700 à 2,000 mètres. Les mines y sont entourées de champs labourés, de villes et de villages; des forêts y couronnent les collines voisines; tout y facilite l'exploitation des richesses souterraines.

Au milieu de ses nombreuses montagnes, le Mexique souffre en général d'un manque d'eau et de rivières navigables. Le grand fleuve Rio-Bravo-del-Norte et le Rio-Colorado sont les seules rivières qui peuvent fixer l'attention, tant à cause de la longueur de leur cours qu'à cause de la grande masse d'eau qu'ils portent à l'Océan. Dans toute la partie équinoxiale du Mexique, on ne trouve que de petites rivières dont les embouchures sont considérablement larges. La forme étroite du continent y empêche la réunion d'une grande masse d'eau, et la pente rapide de la Cordillière donne plutôt naissance à des torrents qu'à des fleuves.

Les lacs dont le Mexique abonde, et dont la plupart diminuent annuellement, ne sont que des restes de ces immenses bassins d'eau qui paraissent avoir existé jadis dans les grandes et hautes plaines de la Cordillière. Nous citerons le grand lac de Chapala, qui a près de 640 kilom. carrés; les lacs de la vallée de Mexico, qui occupent le quart de la surface de cette vallée; le lac de Pazcuaco, dans l'intendance de Valladolid, un des sites les plus pittoresques du globe de Mextitlan, et celui de Parras.

Le lac de *Nicaragua* mérite une attention particulière par ses marées et par sa position entre les deux Océans. L'isthme de Tchuantepec, au sud d'Oaxaca, présente les deux rivières de Huasacualco et de Chimilapa, qui, réunies par un canal de 28 à 32 kilomètres, feraient communiquer les deux Océans. La rivière Atrato, qui tombe dans le golfe de Darien, au sud-est de l'isthme de Panama, est déjà réunie par un petit canal navigable, dans la saison des pluies, pour des bateaux, au *Rio-San-Juan*, ruisseau qui s'écoule dans l'Océan-Pacifique.

Les vents du nord-ouest, appelés *los Nortes*, soufflent dans le golfe du Mexique depuis l'équinoxe d'automne jusqu'à l'époque du printemps ; ils sont généralement faibles aux mois de septembre et d'octobre ; leur plus grande force est dans le mois de mars. Sur les côtes occidentales, la navigation est très-dangereuse dans les mois de juillet et d'août : des ouragans terribles y soufflent alors du sud-ouest. Dans ces temps, et jusqu'en septembre et en octobre, les atterrages de San-Blas, d'Acapulco et de tous les ports du Guatimala, sont des plus difficiles. Pendant la belle saison, depuis le mois d'octobre jusqu'au mois de mai, la tranquillité de l'Océan est encore interrompue dans ces parages par des vents impétueux du nord-est et du nord-ouest, connus sous les noms de *Papagayo* et de *Tehuantepec*.

Les côtes de cette région jouissent presque seules d'un climat chaud et propre à fournir les productions qui sont l'objet du commerce des Antilles. L'Etat de Vera-Cruz, à l'exception du plateau qui s'étend de Pérote au pic d'Orizava, le Yucatan, les côtes d'Oaxaca, le Texas, les côtes de la Californie, la partie occidentale de la Sonora, etc., sont des terrains bas et entrecoupés de collines peu considérables. La température moyenne de ces plaines, ainsi que celle des ravins situés sous les tropiques, et dont l'élévation au-dessus de l'Océan ne surpasse pas 300 mètres, est de 25 à 26 degrés du thermomètre centigrade, c'est-à-dire de 8 à 9 degrés plus grande que la chaleur moyenne de Naples. Ces régions fertiles, que les indigènes nomment *Tierras-Calientes*, c'est-à-dire pays chauds, produisent du sucre, de l'indigo, du coton et des bananes en abondance ; mais ces mêmes contrées deviennent le séjour de la fièvre jaune. Le port d'Acapulco, les vallées de Papagayo et du Peregrino, appartiennent aux endroits de la terre où l'air est constamment le plus chaud et le plus malsain. Sur les côtes orientales, les grandes chaleurs sont interrompues pendant quelque temps, lorsque les vents du nord amènent des couches d'air froid de la baie de Hudson, vers le parallèle de la Havane et de Vera-Cruz. Ces vents impétueux soufflent depuis le mois d'octobre jusqu'au mois de mars ; souvent ils refroidissent l'air à tel point, que le thermomètre centigrade descend, près de la Havane, jusqu'à zéro, et, à Vera-Cruz, à 16 degrés, abaissement bien frappant pour des pays situés sous la zone torride.

Sur la pente de la Cordillière, à la hauteur de 1,200 à 1,500 mètres, il règne perpétuellement une température de printemps, qui ne varie que de 4 à 5° : de fortes chaleurs et un froid excessif y sont également inconnus. C'est la région que les indigènes appellent *Terras Templadas*, ou pays tempérés, dans laquelle la chaleur moyenne de toute l'année est de 20 à 21 degrés. C'est le beau climat de Xalappa, de Tasco et de Chilpaningo, trois villes célèbres par l'extrême salubrité de leur climat, et par l'abondance des arbres fruitiers qu'on cultive dans leurs environs.

La troisième zone, désignée par la dénomination de *Tierras-Frias*, ou pays froids, comprend les plateaux qui sont élevés de plus de 2,200 mètres au-dessus du niveau de l'Océan, et dont la température moyenne est de 17 degrés et au-dessous. Dans la capitale du Mexique, on a vu le thermomètre centigrade descendre jusqu'à quelques degrés au-dessous du point de la glace ; mais ce phénomène est très-rare. Les hivers, le plus souvent, y sont aussi doux qu'à Naples. La température moyenne, la plus fréquente sur tout le grand plateau du Mexique, est de 17 degrés ; elle est égale à la température de Rome, et l'olivier y est cultivé avec succès. Cependant ce même plateau, d'après la classification des indigènes, appartient aux *Tierras-Frias* ; aussi les expressions de froid et de chaud n'ont pas de valeur absolue.

Les régions appelées froides jouissent d'une température moyenne de 11 à 13°, égale à celle de la France et de la Lombardie : cependant la végétation y est beaucoup moins vigoureuse, et les plantes de l'Europe n'y croissent pas avec la même rapidité que dans leur sol natal.

Dans la région équinoxiale du Mexique, et même jusqu'au 28ᵉ degré de latitude boréale, on ne connaît que deux saisons : la saison des pluies, qui commence au mois de juin ou de juillet, et finit au mois de septembre ou d'octobre, et celle des sécheresses, qui dure huit mois, depuis octobre jusqu'à la fin de mai.

En France, et dans la plus grande partie de l'Europe, l'emploi du territoire et les divisions agricoles dépendent particulièrement de la latitude géographique :

la configuration du terrain, la proximité de l'Océan, ou d'autres circonstances locales, n'y influent que faiblement sur la température. Dans les régions équinoxiales de l'Amérique, au contraire, le climat, la nature des productions, l'aspect, la physionomie du pays sont presque uniquement modifiés par l'élévation du sol au-dessus du niveau de la mer. Sur les 19 et 22° de latitude, le sucre, le coton, surtout le cacao et l'indigo ne viennent abondamment que jusqu'à six ou huit cents mètres de hauteur. Le froment d'Europe occupe une zone qui, sur la pente des montagnes, commence généralement à quatorze cents mètres, et finit à trois mille. Le bananier, plante bienfaisante qui constitue la nourriture principale de tous les habitants des tropiques, ne donne presque plus de fruits au-dessus de quinze cent cinquante mètres. Les chênes du Mexique ne végètent qu'entre huit cents et trois mille cent mètres. Les pins ne descendent vers les côtes de Vera-Cruz que jusqu'à dix-huit cent cinquante mètres ; mais aussi ces pins ne s'élèvent près de la limite des neiges perpétuelles que jusqu'à quatre mille mètres de hauteur.

L'aridité du plateau central et le manque d'arbres, très-nuisible à l'exploitation des mines, ont sensiblement augmenté depuis l'arrivée des Européens au Mexique.

Heureusement cette aridité du sol ne règne que dans les plaines les plus élevées. Une grande partie de cette vaste région appartient aux pays les plus fertiles de la terre.

La végétation varie comme la température, depuis les rivages brûlants de l'Océan jusqu'aux sommets glacés des Cordillières. Dans la région chaude jusqu'à 400 mètres, les palmiers à éventails, les palmiers *miraguana* et *pumos*, le céphalanthe à feuilles de saule, le calébassier pinné, la bignonie à feuilles d'osier, la sauge occidentale, le campêche rayé, le courbaril émoussé, la swietenie mexicaine, la malpighie à feuilles de sumac, etc., dominent dans la végétation spontanée. Cultivés sur les confins de la zone tempérée et de la zone chaude, la canne à sucre, le cotonnier, le cacaotier, l'indigotier, le dépassent guère le niveau de 600 à 800 mètres ; cependant la canne prospère dans les vallées abritées à un niveau de 2,000 mètres. Le

bananier s'étend des bords de la mer jusqu'au niveau de 1,450 mètres. La région tempérée, depuis 400 jusqu'à 2,200 mètres, présente le liquidambar styrax, le poivrier à longue cosse, la quenouille de Pazcuar, le *tagetes* à feuilles minces, le liseron arborescent, la véronique de Xalapa, la globulaire mexicaine, la sauge mexicaine, le gatilier mou, l'arbousier à fleurs épaisses, le laurier de Cervantès, le daphné à feuilles de saule, la fritillaire à barbe, l'*yucca* épineux, la cobée grimpante, la sauge jaune, quatre variétés de chênes mexicains, l'if des montagnes, la banisterie ridée. Dans la région froide, depuis 2,200 jusqu'à 4,700 mètres, on remarque le chêne à tronc épais, la rose mexicaine, l'aune, la valériane à feuilles cornues, la *datura superba*, la sauge cardinale, la potentille naine, l'arbousier à feuilles de myrte, l'alisier denté, le fraisier mexicain. Les sapins, qui commencent dans la zone tempérée à 1,900 mètres d'élévation, ne finissent dans la froide qu'à 4,100.

Parmi les végétaux mexicains qui fournissent une abondante substance alimentaire, le bananier tient le premier rang. Un seul *régime* de bananes contient souvent cent soixante à cent quatre-vingts fruits, et pèse 30 à 40 kilos. Un terrain de cent mètres carrés de surface produit aisément 2,000 kilos pesant de fruit. Le manive occupe la même région que le bananier. La culture du maïs est plus étendue ; ce végétal indigène réussit sur la côte de la mer et dans les vallées de Toluca à 2,800 mètres au-dessus de l'Océan. Le maïs produit généralement cent cinquante pour un ; il forme la principale nourriture des hommes et des animaux. Le froment, le seigle et les autres céréales de l'Europe ne sont cultivés que sur le plateau dans la région tempérée. Le froment donne en général de vingt-cinq à trente pour un. Dans la région la plus froide, on cultive la pomme de terre originaire de l'Amérique méridionale, une nouvelle espèce de capucine, et le *chenopodium quinoa*, dont la graine est un aliment aussi agréable que sain. La région tempérée et la froide possèdent encore l'oca ; la patate et l'igname sont cultivées dans la région chaude.

Le Mexique produit des espèces indigènes de cerisiers, des pommiers, des noyers des mûriers, des fraisiers ; il a fait l'acquisition de la plupart des fruits de l'Europe et de ceux de la zone torride. Le *maguey*, variété de l'agave, fournit la boisson nommée *pulque*, et que les habitants du Mexique consomment en très-grande quantité. Les fibres du maguey fournissent du chanvre et du papier ; les épines servent d'épingles et de clous.

La culture du sucre s'accroît, quoiqu'elle soit en général bornée à la région tempérée. La canne est ici cultivée et exploitée par des mains libres.

L'État de Guatimala voit naître, sous son climat ardent le meilleur indigo et le meilleur cacao.

L'État d'Oaxaca est aujourd'hui le seul où l'on cultive en masse le *nopal* ou le *cactus cochenilifer*, sur lequel aime à se nourrir l'insecte qui produit la cochenille. Parmi les autres végétaux utiles, nous distinguerons le jalap, qui croît naturellement dans le canton de Xalapa, au nord-ouest de la Vera-Cruz ; l'*épidendrum vanilla;* deux arbres qui donnent une résine odorante, connue dans le commerce sous le nom de *baume de capivi* et *de tolu*.

Les rives des baies d'Honduras et de Campêche sont célèbres par leurs riches et immenses forêts de bois d'acajou et de campêche. Une espèce d'acacia donne une excellente teinture en noir. Le gaïac, le sassafras, le tamarin ornent et enrichissent ces contrées fertiles. On trouve dans les bois l'ananas sauvage : tous les terrains rocailleux et bas sont chargés des diverses espèces d'aloës et d'euphorbes.

Parmi les espèces animales indigènes, sont le *coëndou*, espèce de porc-épic ; l'apaxa ou le cerf mexicain, la couepalt ; l'écureuil dit du Mexique, et une autre espèce d'écureuil strié ; le caïopolin et le loup mexicain habitent les forêts et les montagnes. Le *techichi* est une espèce de chien muet, que les Mexicains mangeaient. Cet aliment était si nécessaire aux Espagnols mêmes, avant l'introduction des bestiaux, que peu à peu toute la race en fut détruite. Le bison et le bœuf musqué errent en grands troupeaux dans le Nouveau-Mexique et la Nouvelle-Californie. Le *jaguar* et le *cougouar*, qui, dans le nouveau monde, représentent le tigre et le lion de l'ancien continent, se montrent dans tout l'État de Guatimala et dans la partie basse et chaude du Mexique. L'ours mexicain est le même que celui de la Louisiane et du Canada.

Les animaux domestiques de l'Europe, transportés au Mexique, y ont prospéré et se sont extrêmement multipliés. Les chevaux sauvages qui parcourent en bandes immenses les plaines du Nouveau-Mexique, descendent tous de ceux qu'ont amenés les Espagnols. La race en est belle et vigoureuse. Celle des mulets ne l'est pas moins. Les moutons sont d'une espèce grossière et mal soignée. L'entretien des bœufs est important. On voit encore des familles qui possèdent des troupeaux de quarante à cinquante mille têtes de bœufs et de chevaux.

CHAPITRE HUITIÈME.

Description générale physique et ethnographique du Mexique.

L'espèce humaine présente, dans le Mexique, quatre grandes divisions, qui forment huit castes, savoir : 1° Indiens aborigènes. 2° Espagnols originaires, nés en Europe ; créoles, nés en Amérique. 3° Nègres africains, esclaves ; descendants de nègres. 4° Castes mixtes : métis, issus d'un mélange de blancs et d'Indiens ; mulâtres, issus de blancs et de nègres ; zambos, issus d'Indiens et de nègres.

Quelques Malais et Chinois, qui sont venus des Philippines se fixer au Mexique, ne peuvent entrer en considération. Le nombre des Indiens cuivrés de race pure, principalement concentrés dans la partie méridionale du plateau d'Anahuac, excède deux millions et demi.

Loin de s'éteindre, la population des indigènes va en augmentant, et il paraît qu'*au total* ces pays sont plus peuplés aujourd'hui qu'ils ne l'étaient avant l'arrivée des Européens. Le royaume de Montézuma n'égalait pas, en surface, le tiers du Mexique actuel.

A une grande force musculaire, les indigènes à teint cuivré joignent l'avantage de n'être presque sujets à aucune difformité. Les Indiens du Mexique, et surtout les femmes, atteignent généralement un âge assez avancé. Leur tête ne grisonne jamais, et ils conservent toutes leurs forces jusqu'à la mort.

Dans son état actuel, l'Indien mexicain est grave, mélancolique, taciturne, aussi longtemps que les liqueurs enivrantes n'ont pas agi sur lui : cette gravité est surtout remarquable dans les enfants des Indiens, qui, à l'âge de quatre ou cinq ans, montrent beaucoup plus d'intelligence et de développement que les enfants des blancs. Il aime à mettre du mystérieux dans ses actions les plus indifférentes ; aucune passion ne se peint dans ses traits. Toujours sombre, il présente quelque chose d'effrayant lorsqu'il passe tout à coup du repos absolu à une agitation violente et effrénée. L'énergie de son caractère, qui ne connaît aucune douceur, dégénère habituellement en dureté.

Les Mexicains ont conservé un goût particulier pour la peinture et pour l'art de sculpter en pierre et en bois ; on est étonné de voir ce qu'ils exécutent avec un mauvais couteau et sur les bois les plus durs. Ils montrent beaucoup d'aptitude pour l'exercice des arts d'imitation ; ils en déploient une plus grande encore pour les arts purement mécaniques.

La musique et la danse des indigènes se ressentent du manque de gaieté qui les caractérise. Leur chant est lugubre. Les femmes déploient plus de vivacité que les hommes ; mais elles partagent les malheurs de l'asservissement auquel le sexe est condamné chez la plupart des peuples où la civilisation est encore imparfaite. Les femmes ne prennent point part à la danse ; elles y assistent pour présenter aux danseurs des boissons fermentées qu'elles ont préparées de leurs mains.

Les Indiens mexicains ont aussi conservé le même goût pour les fleurs que Cortez leur trouvait de son temps : on est étonné de trouver ce goût, qui indique sans doute le sentiment du beau chez une nation dans laquelle un culte sanguinaire et la fréquence des sacrifices paraissaient avoir éteint tout ce qui tient à la sensibilité de l'âme et à la douceur des affections. Au grand marché de Mexico, le natif ne vend pas de pêches, pas d'ananas, pas de légumes, pas de liqueur fermentée sans que sa boutique soit ornée de fleurs qui se renouvellent tous les jours : le marchand indien paraît assis dans un retranchement de verdure, et tout y est de la dernière élégance.

Les Espagnols tiennent le premier rang dans la population de ces contrées. On les divise en blancs nés en Europe, et en descendants d'Européens, nés dans les colonies espagnoles de l'Amérique et dans les îles asiatiques. Les premiers portent le nom de *Chapetons* ou de *Gachupinos*, les seconds ; celui de *Criollos*.

Les *castes de sang mêlé* provenant du mélange des races pures constituent une masse presque aussi considérable que les indigènes. Le fils d'un blanc, né Européen ou Créole, et d'une indigène à teint cuivré, est appelé *Métis* ou *Mestizo*. Si une Métis s'allie à un blanc, la seconde génération qui en résulte ne diffère presque plus de la race européenne. Les Métis composent vraisemblablement les sept huitièmes de la totalité des castes. Ils sont réputés d'un caractère plus doux que les *Mulâtres* ou *Maluttos*, fils de blancs et de négresses, qui se distinguent par la vigueur et l'énergie de leurs couleurs, par la violence de leurs passions et par une singulière volubilité de langue. Les descendants de nègres et d'Indiennes portent, à Mexico, à Lima, et même à la Havane, le nom bizarre de *Chino*, Chinois. Sur la côte de Caraccas et dans la Nouvelle-Espagne même, on les appelle aussi *Zambos*. Aujourd'hui cette dernière dénomination est principalement restreinte aux descendants d'un nègre et d'une mulâtresse, ou d'un nègre et d'une China. On distingue de ces Zambos communs les *Zambos-Prietos*, qui naissent d'un nègre et d'une Zamba. Les castes du sang indien ou africain conservent l'odeur qui est propre à la transpiration cutanée de ces deux races primitives. Du mélange d'un blanc avec une mulâtresse provient la caste des *Quarterons*. Lorsqu'une Quarteronne épouse un Européen ou un Créole, ses enfants portent le nom de *Quinterons* : une nouvelle alliance avec la race blanche fait tellement perdre le reste de couleur, que l'enfant d'un blanc et d'une Quinteronne est blanc aussi. Les mélanges dans lesquels la couleur des enfants devient plus foncée que n'était celle de leur mère, s'appellent *Salta-Atras*, ou sauts en arrière.

Le plus ou moins de sang européen et la peau plus ou moins claire décident de la considération dont l'homme doit jouir dans la société, et de l'opinion qu'il a de lui-même. Un blanc qui monte pieds nus à cheval, s'imagine appartenir à la noblesse du pays : la couleur établit même une certaine égalité entre des hommes qui, comme partout où la civilisation est ou peu avancée ou dans un mouvement rétrograde, se plaisent à raffiner sur les prérogatives de race et d'origine. Lorsqu'un homme du peuple se dispute avec un des seigneurs titrés du pays, il n'est pas rare d'entendre dire au premier : « Serait-il possible que vous crussiez être plus blanc que moi? » Parmi les *Métis* et les *Mulâtres* il y a beaucoup d'individus qui, par leur couleur, leur physionomie et leur intelligence, pourraient se confondre avec les Espagnols ; mais la loi les tient dans l'avilissement et le mépris. Doués d'un caractère énergique et ardent, ces hommes de couleur vivent dans un état constant d'irritation contre les blancs, et le ressentiment les porte fréquemment à la vengeance. Souvent il arrive aussi que des familles qui sont soupçonnées d'être de sang mêlé demandent à la haute cour de justice qu'on les déclare appartenir aux blancs. On voit ainsi des Mulâtres très-basanés qui ont eu l'adresse de se faire *blanchir*, selon l'expression populaire. Quand le jugement des sens est trop contraire aux vœux du sollicitant, il faut qu'il se contente de termes un peu problématiques : la sentence dit alors simplement que « tels ou tels individus peuvent *se tenir pour blancs.* »

Au Mexique, il y a fort peu de nègres. On parcourt toute la ville de Mexico sans rencontrer un visage noir : le service d'aucune maison ne s'y fait avec des esclaves.

Les langues parlées dans la vaste étendue du Mexique sont au nombre de plus de vingt, et ne sont en partie connues que de nom. Les Créoles et la plus grande partie des races mixtes n'ont pas adopté ici, comme dans le Pérou, un dialecte indigène, mais se servent de la langue espagnole, tant dans la conversation que dans les écrits. Parmi les dialectes indigènes, la langue *aztèque* ou mexicaine est la plus répandue ; elle s'étend aujourd'hui depuis le parallèle de 37 degrés jusque vers le lac Nicaragua ; mais les domaines de plusieurs autres langues sont comme enclavés dans le sien.

CHAPITRE NEUVIÈME.

Description des États de la Confédération mexicaine.

A la suite de sa déclaration d'indépendance, le Mexique s'était constitué en une confédération de 21 Etats, 3 territoires et un district fédéral. Voici cette nomenclature : DISTRICT FÉDÉRAL, chef-lieu *Mexico*. Etats de MEXICO, ch.-lieu : *Toluca ;* de GUERRERO : *Chilpanzingo ;* de QUERETARO : *Queretaro ;* de GUANAXUATO, *Guanaxuato ;* de MECHOACAN, *Valladolid ;* de XALISCO : *Guadalaxara ;* de ZACATECAS : *Zacatecas ;* SONORA : *Villa-del-Fuerte ;* CINULOA : *Culiacan ;* CHIHUAHUA : *Chihuahua ;* DURANGO : *Durango ;* COAHUILA : *Cohahuila ;* NUEVO-LEON : *Monterey ;* TAMANLIPAS : *Aguayo ;* VERA-CRUZ : *Xalapa ;* SAN-LUIS-DE-POTOSI : *San-Luis-de-Potosi ;* PUEBLA : *Puebla de los Angelos ;* OAXACA : *Oaxaca ;* CHIAPA : *Chiapa ;* TABASCO : *Santiago-de-Tabasco ;* YUCATAN : *Merida.* Territoires de TLASCALA : *Tlascala ;* de COLIMA : *Colima ;* de la VIEILLE-CALIFORNIE : *Loreto.*

La *Vieille-Californie*, ou la péninsule de Californie proprement dite, est entourée par l'Océan du sud à l'ouest, et par le golfe de Californie, appelé aussi *Mer-Vermeille*, à l'ouest. Elle dépasse le tropique, et se termine dans la zone torride par le *Cap-St-Lucar*. Sa largeur varie depuis 40 kilom. jusqu'à 160 d'une mer à l'autre ; son climat est très-chaud et très-sec. Le ciel, d'un bleu foncé, ne se couvre presque jamais de nuages ; mais ce beau ciel s'étend sur une terre aride, sablonneuse, où des cactus, s'élevant dans les fentes des rochers, interrompent presque seuls le tableau de la stérilité. Dans les endroits rares où il se trouve de l'eau et de la terre végétale, les fruits et les blés se multiplient d'une manière étonnante ; la vigne y donne un vin généreux, semblable à celui des Canaries. On remarque une espèce de mouton extrêmement gros, très-délicat et excellent à manger ; sa laine est très-facile à filer. On nomme beaucoup d'autres quadrupèdes sauvages, ainsi qu'une grande variété d'oiseaux. Les perles qu'on pêche sur les côtes de Californie ont l'eau très-belle, mais la figure irrégulière. *Loreto*, chef-lieu de la Californie, est une ville avec **un** *presidio;* les habitants, tant Espagnols que Métis et Indiens, peuvent monter à 4,000 individus. La *Nouvelle-Californie* fait aujourd'hui partie des Etats-Unis.

A l'est du golfe de Californie s'étendent des contrées fertiles, agréables et salubres, comprises dans l'Etat de Sonora.

La *Pimeria*, partie septentrionale de la Sonora, est la contrée habitée par les Pimas ; les missionnaires ont soumis et civilisé cette tribu, dont le pays abonde en or de lavage. Les *Seris*, dont le nom rappelle une nation fameuse d'Asie, résistent au joug européen. Il y a des mines très-riches ; celles de Sonora donnent de l'or. Le pays est très-fertile et bien arrosé par des rivières considérables ; celle de Hiaqui en est la principale. Le chef-lieu de la Sonora, *Villa del Fuerte*, compte 9,000 habitants.

L'Etat de *Sinaloa*, mieux peuplé, mieux cultivé que les précédents, renferme des villes importantes, telles que Sinaloa même, avec 12,000 habitants ; *Hostimuri* et *Alamos*, avec des mines riches. *Culiacan*, capitale du Sinaloa, siége d'une ancienne monarchie, compte 13,000 habitants. Sur les côtes, les forêts de goyaviers, de limoniers et d'orangers commencent à devenir communes ; les palmiers y viennent également ; mais dans l'intérieur il s'élève des montagnes froides et arides.

La grande chaîne qui fait le dos de tout le Mexique traverse dans toute leur longueur les Etats de Chihuahua et de Durango. Des cratères de volcans et une masse de fer semblable aux pierres tombées du ciel y appellent les regards du naturaliste. Les mines d'argent sont nombreuses et riches. La plus grande partie du pays présente un plateau stérile et sablonneux : plusieurs rivières, ne trouvant pas une pente favorable pour s'écouler, s'y répandent et forment des lacs. Les hivers, souvent rigoureux, sont suivis de chaleurs étouffantes. On cite comme un fléau les scorpions, dont la morsure donne la mort en peu d'heures.

Durango est la capitale de l'Etat de ce nom ; elle compte 28,000 habitants. On en donne presque autant à *Chihuahua*, capitale de l'Etat de Chihuahua. Cette ville est ornée de quelques édifices magnifiques. *Batopilas* et *Cosigirachui*, villes de mines, comptent 10 à 12,000 habitants. Les Espagnols de Chihuahua, toujours armés contre les Indiens, ont un caractère entreprenant et belliqueux. Les *Cumanches*, les plus redoutables des indigènes, égalent les Tartares dans la rapidité de leurs courses à cheval : ils se servent des chiens comme de bêtes de somme.

L'Etat de *Cohahuila*, qui éprouve quelquefois des vents brûlants, abonde en blé, en vin et en bestiaux. La capitale, *Cohahuila, Montelovez* ou *Monclova*, est une ville élégante, et *Santa-Rosa* possède de riches mines d'argent.

L'Etat de *Nouveau-Léon* ou *Nuevo-Leon* a pour capitale Monterey avec 13,000 habitants.

L'Etat de *San-Luis-de-Potosi* renferme la ville du même nom, peuplée de 22,000 habitants. La mine d'argent du *Réal-de-Catorce*, découverte en 1773, produisait annuellement pour dix-huit à vingt millions de francs.

Au sud-ouest des États précédents s'étendent les deux Etats de *Zacatecas* et de *Xalisco*, qui forment ensemble le royaume de la *Nouvelle-Gallice*. Le nom indigène du pays était *Xalisco* ; il était habité par une race belliqueuse, qui sacrifiait des hommes à une idole de la forme d'un serpent, et qui même, à ce que prétendaient les premiers conquérants espagnols, dévoraient ces malheureuses victimes après les avoir fait périr dans les flammes. Ce royaume, deux fois plus grand que le Portugal, n'avait pas la population de la Norwége. *Zacatecas*, pays très-élevé et très-montagneux, renferme la capitale du même nom, peuplée de 40,000 habitants. Non loin sont neuf lacs, qui se couvrent d'une efflorescence de muriate et de carbonate de soude. Les montagnes, composées de siénite, contiennent quelques-uns des plus riches filons du monde.

Guadalaxara peut compter 40,000 habitants, sans les Indiens. Le *Rio-San-Juan*, nommé aussi *Tololotlan* et *Barania*, en sortant du lac Chapala, forme une cataracte très-pittoresque.

Compostella est dans un territoire abondant en maïs, en cocotiers et en bétail. *Tonala* fabrique de la faïence. On remarque encore la *Purification*, ville considérable où la cochenille et le sucre sont les principales productions. A quelque distance à l'ouest est le cap *Corrientes*, pointe très-saillante ; les vents et les courants paraissent changer à partir de ce promontoire célèbre.

Le port de *San-Blas*, presque inhabitable à cause de l'insalubrité et de la chaleur extrême de l'air, est environné de belles forêts dont les bois servent à la marine.

Les deux intendances de *Guanaxuato* et de *Mechoacan* forment l'ancien royaume de *Mechoacan*, qui fut indépendant de l'empire mexicain. Cet ancien royaume, dont le nom signifie *pays poissonneux*, renferme des volcans, des eaux chaudes, des soufrières, des mines, des pics toujours blanchis de neige ; et cependant c'est une des contrées les plus riantes et les plus fertiles. De nombreux lacs, des forêts et des cascades en varient les sites. Les montagnes, couvertes de forêts, laissent de l'espace aux champs et aux prairies. L'air est sain, excepté sur la côte, où les Indiens seuls résistent à la chaleur humide et étouffante. Les naturels du pays étaient les plus adroits tireurs de flèches de l'Amérique. Les rois de Mechoacan recevaient leurs principaux revenus en *plumes rouges*; il en faisaient fabriquer des tapis et autres articles.

Valladolid, l'ancienne Mechoacan, ville très-jolie, animée par un grand commerce, jouit d'un climat délicieux et renferme une population de 25,000 âmes. *Tzinzontzan*, sur les rivages pittoresques du lac de Pazcuaro, était la résidence des anciens rois de Méchoacan.

Guanaxuato, grande ville de 75,000 âmes, fleurit principalement par ses mines d'argent, les plus riches du Mexique. La ville de *San-Miguel-el-grande* fait un grand commerce de bétail, de peaux, de toile de coton, d'armes blanches, de couteaux et autres ouvrages d'acier très-fin. *Celaya* a un territoire fertile en deux espèces de poivre.

L'intendance de *Mexico*, principale province de l'empire de Montezuma, occupait le territoire qui comprend aujourd'hui l'Etat de Mexico, l'Etat de Guerrero, le district fédéral et l'Etat de Queritaro ; elle s'étendait autrefois d'une mer à l'autre. La partie orientale est située sur le plateau ; elle offre plusieurs bassins de figure ronde, au centre desquels se trouvent des lacs, aujourd'hui rétrécis, mais dont les eaux paraissent avoir rempli autrefois ces bassins. La température n'y est pas aussi chaude qu'en Espagne ; c'est un printemps perpétuel. Les montagnes qui l'entourent sont fertiles en cèdres et autres arbres de haute futaie, en gommes, drogues, sels, productions métalliques, marbres et pierres précieuses. Le plat pays est couvert toute l'année de fruits délicats et exquis, de lin, de chanvre, coton, tabac, anis, sucre et cochenille, dont on fait un grand commerce.

Outre les nombreux volcans dont nous avons déjà parlé, on rencontre quelques curiosités naturelles : l'une des plus remarquables est le *Ponte-Dios*, ou le Pont-Dieu ; c'est un rocher sous lequel l'eau s'est creusé un canal ; il est à environ cent milles au sud-est de Mexico, près du village de Molcaxac, sur la profonde rivière appelée Aquetoyaque; on y passe comme sur un grand chemin. Plusieurs cataractes offrent des aspects romantiques. La grande caverne de Dante, traversée par une rivière ; les orgues porphyritiques d'Actopan, et beaucoup d'autres objets singuliers, frappent le voyageur dans cette région montagneuse, où l'on traverse les rivières écumeuses sur des ponts formés des fruits de la *crescentia pinnata*, liés ensemble avec des cordes d'agave.

Sur le dos même du grand plateau mexicain, une chaine de montagnes porphyritiques enferme un bassin ovale, dont le fond est généralement élevé de 2,175 mètres au-dessus du niveau de l'Océan. Cinq lacs remplissent le milieu de ce bassin. Au nord des lacs unis de Xochimilco et de Chalco, dans la partie orientale de celui de Tezcuco, s'élevait l'ancienne ville de *Mexico*, à laquelle on arrivait par des chaussées construites sur des bas-fonds.

La nouvelle ville, quoique située à la même place, se trouve en terre ferme, et considérablement éloignée des lacs dont les eaux se sont retirées. La ville est traversée par de nombreux canaux; les édifices sont construits sur pilotis. Le desséchement des lacs se continue par le canal d'écoulement qu'on a ouvert à travers les montagnes de Sincoq, afin de garantir la ville des inondations. Le sol est encore mouvant dans plusieurs endroits, et quelques bâtiments, comme celui de la cathédrale, se sont enfoncés de 2 mètres. Les rues sont larges et droites, mais mal pavées. Les maisons présentent une apparence magnifique, étant construites en porphyre et amygdaloïde : plusieurs palais et hôtels offrent une ordonnance majestueuse. Les églises brillent par leurs richesses métalliques; la cathédrale surpasse, dans ce genre, toutes les églises du monde ; la balustrade qui entoure le maître-autel est d'argent massif; on y voit une lampe de même métal, si vaste, que trois hommes entrent dedans quand il faut la nettoyer; elle est en outre enrichie de têtes de lions et d'autres ornements d'or pur. Les statues de la Vierge et des saints sont ou d'argent massif, ou recouvertes d'or, et ornées de pierres précieuses. Des palais, des hôtels, de belles fontaines, de grandes places, ornent l'intérieur de la ville. Au nord, près des faubourgs, est la principale promenade publique, ou l'*Alaméda*. Quoique la ville de Mexico soit dans l'intérieur des terres, elle est le centre d'un vaste commerce entre Vera-Cruz à l'est et Acapulco à l'ouest. Cette superbe ville, peuplée de 170,000 âmes, se distingue aussi par de grands établissements scientifiques, le *jardin botanique*, l'*école des mines*, l'*académie des beaux-arts*, qui a formé d'excellents dessinateurs, peintres et sculpteurs, etc. Les bals et les jeux de hasard sont suivis avec fureur, tandis que les jouissances plus nobles de l'art dramatique sont moins généralement goûtées. L'Espagnol mexicain joint à des passions vives un grand fonds de stoïcisme; il entre dans une maison de jeu, perd tout son argent sur une carte, puis il tire son *cigare* de derrière ses oreilles, et fume comme si rien n'était arrivé.

Les jardins flottants, ou *chinampas*, espèces de radeaux sur lesquels on cultive des fleurs et des légumes, donnent un aspect unique aux lacs mexicains; mais leur nombre diminue de jour en jour. Mexico conserve peu de monuments antiques : les ruines des aqueducs, la pierre dite *des sacrifices*, la pierre calandaire, exposée sur la grande place de la ville ; des manuscrits ou tableaux hiéroglyphiques conservés dans les archives du palais des vice-rois ; enfin, la statue colossale de la déesse *Teo-Yaomiqui*, dans une des galeries de l'Université, voilà tout ce qui reste de plus remarquable. Mais au nord-est de la ville et du lac de Tezcaco, sur les collines de *Teotihuacan*, on voit les reste imposants de deux pyramides consacrées au soleil et à la lune, et construites, dit-on, par les *Olmèques*, nation ancienne venue au Mexique de l'est, c'est-à-dire de quelques contrées situées sur l'Océan Atlantique. Ces monuments paraissent avoir servi de modèle aux *téocallis* ou maisons des dieux, construites par les Mexicains ; mais les pyramides sont recouvertes d'un mur de pierre. Elles supportaient des statues couvertes en lames d'or très-minces. De petites pyramides en grand nombre environnent les deux grandes ; elles paraissant avoir été dédiées aux étoiles. Un autre monument ancien, digne d'attention, c'est le retranchement militaire de Xochoalco, non loin de la ville de Cuernavaca; c'est encore une pyramide tronquée, à cinq assises, entourée de fossés, et recouverte de roches de porphyre, sur lesquelles, parmi d'autres sculptures, on distingue des hommes assis, jambes croisées, à la manière asiatique. Toutes ces pyramides sont orientées selon les quatre coins du monde.

Dans l'État de *Quérétaro*, situé au nord-est de celui de Mexico, on remarque la capitale, *Quérétaro*, peuplée de 45,000 habitants, et qui égale les plus belles cités de l'Europe par l'architecture de ses édifices. Elle s'enrichit par la manufacture des draps et des maroquins.

La côte de l'Océan-Pacifique présente, sous un ciel brûlant, les deux ports de *Zacatula* et d'*Acapulco*. Une coupe de montagnes, en donnant accès aux vents du nord, a diminué l'insalubrité du dernier de ces ports, un des plus beaux du monde.

L'État de *Puebla*, dans lequel est enclavé le territoire de *Tlascala*, était autrefois une république qui se maintenait indépendante des despotes mexicains. Les territoires de cette république et de celle de *Cholula* renferment des monuments d'une ancienne civilisation. *Puebla de los Angelos*, capitale de l'Etat de Puebla, est une grande et belle ville de 75,000 âmes, très-manufacturière.

On y fabrique des armes blanches et du verre. La ville de *Tlascala* était une espèce de république fédérative; chacune des quatre collines sur lesquelles elle était bâtie avait son *cacique* ou chef de guerre; mais ils dépendaient tous d'un *sénat* choisi par la nation entière. On portait le nombre des sujets de la république à 150,000 familles.

L'Etat de *Vera-Cruz* formait autrefois, avec celui de Tabasco, l'intendance de Vera-Cruz, qui embrassait une lisière de districts maritimes, dont la partie la plus basse, presque déserte, ne renferme que des marais et des sables sous un ciel ardent.

La ville de Vera-Cruz est bâtie en demi-cercle, dont le grand diamètre est le bord de la mer. Elle est ceinte d'un mur ou parapet surmonté d'une palissade. Ce mur est flanqué, de distance à autre, de six bastions ou tours carrées bien terrassées. Sur les bords de la mer, au sud-est et au nord-ouest de la ville, sont deux redoutes ou, pour mieux dire, des bastions terrassés. L'entrée du port se trouve parfaitement couverte par ces deux bastions. Toute la ville est bâtie en pierre, à chaux et à sable, d'une excellente maçonnerie, le moellon que les Mexicains y emploient étant des madrepores tirés de la mer. Quant à la pierre de taille, on la tire de Campêche. Les rues sont vastes et bien percées; elles sont alignées, parfaitement pavées en cailloux, bien nivelées et bien entretenues, ce qui contribue à leur propreté et leur donne une meilleure grâce. En face de Vera-Cruz, à une distance de 800 mètres, est un îlot sur lequel est bâti le château de Saint-Jean-d'Ulloa, qui la couvre et la défend parfaitement bien par le feu de ses batteries. Les Français s'emparèrent de ce fort en 1838. Les riches habitants vont fréquemment chercher la fraîcheur et tous les charmes de la belle nature à *Xalapa*, la ville capitale, ville considérable, sur une des terrasses par lesquelles le plateau central s'abaisse sur le golfe mexicain. La forteresse de Pérote, une des clefs du Mexique, est située dans les environs de Xalapa.

L'Etat de *Tabasco* est rempli de forêts où croissent des bois de teinture, et où rugissent les tigres mexicains. Dans les endroits cultivés, très-clair-semés, on récolte du maïs, du cacao, du tabac et du poivre.

L'Etat d'*Oaxaca*, nommé aussi *Guaxaca*, d'après une ville indienne, renferme les deux anciens pays des *Miztèques* et des *Zapotèques*. Cette fertile et salubre contrée abonde en mûriers pour les vers à soie; elle produit aussi beaucoup de sucre, de coton, de blé, de cacao et d'autres fruits; mais la cochenille est sa principale richesse. Ses montagnes granitiques recèlent des mines d'or, d'argent et de plomb; plusieurs rivières charrient du sable d'or: on y recueille aussi du cristal de roche. *Oaxaca,* la capitale, est une ville de 37,000 habitants, située dans la délicieuse vallée que Charles-Quint donna aux descendants de Cortez, sous le titre de marquisat de Valle. On y recueille une laine très-fine; des chevaux excellents y peuplent les riches pâturages qu'arrose une belle rivière, et que rafraîchit une atmosphère tempérée et humide.

Tehuantepec a, sur l'océan Pacifique, un port qui, malgré ses désavantages naturels, acquiert de l'importance comme entrepôt entre le Mexique et Guatemala. Les ruines des édifices, à *Mitla*, annoncent une civilisation très-avancée; les murs du palais sont décorés de mosaïques, dont le dessin rappelle les vases étrusques. Six colonnes informes, mais d'une masse imposante, trouvées ici, sont les seules qu'on ait découvertes parmi les monuments de l'Amérique.

L'Etat d'*Yucatan* est formé de l'ancienne intendance de Mérida.

Le pays, très-plat, est traversé par une chaîne de collines peu élevées. Le climat est chaud, mais sec et salubre. Le pays abonde en miel, cire, coton, dont on fait beaucoup de toiles peintes, en cochenille et bois de campêche. Ce bois est le principal objet de commerce. Les côtes donnent beaucoup d'ambre gris.

Mérida, capitale, est une ville de 12,000 âmes. La ville de *Campêche* fait du commerce avec le sel qu'on tire de ses salines, des toiles de coton et du bois de campêche. L'île de *Cozumel*, ou *Acuçemil*, était célèbre par un oracle où se rendaient en foule les peuples du continent. On y adorait, avant l'arrivée des Espagnols, une croix en bois dont on ignorait l'origine; elle était invoquée pour obtenir de la pluie, premier besoin de cette île aride.

L'Etat de *Chiapa* est situé au milieu des terres. Les Indiens de Chiapa formaient un Etat indépendant des empereurs de Mexico; cette république se distinguait surtout par son industrie manufacturière. Ce peuple se défendit avec courage contre les Espagnols, et obtint de ces conquérants un capitulation honorable. *Chiapa des Indiens* comptait 4,000 familles; ses manufactures en laine, son commerce en cochenille, ses *naumachies* ou combats simulés sur la rivière, en faisaient une ville animée et riante. *Chiapa des Espagnols* a le rang de capitale.

L'Etat de *Tamaulipas*, sur la lisière maritime du golfe du Mexique, a pour capitale *Aguayo*, ville de 8,000 âmes.

Les documents officiels publiés en 1856 portent les revenus du Mexique à 8 millions 500,000 piastres (la piastre vaut 5 fr. 30 c.), et ses dépenses à 13,126,000. En 1857, le mouvement commercial du port de Tampico était (entrée et sortie) de 242 navires jaugeant 23,938 tonneaux. Les importations représentaient une valeur de 1,233,400 piastres, et les exportations une valeur de 5,047,000. Les ex-

portations ont été depuis en augmentant, grâce à la faculté que le gouvernement mexicain a accordée aux capitaines de vaisseaux de faire escale dans les différents ports de la république. Les principaux articles d'exportation sont la salsepareille, le jalap, la laine, les cuirs, les bois de teinture, le cuivre, le cacao, le café, la gomme arabique, etc. Depuis 1860, le commerce avec la France a pris un grand développement.

En septembre 1857, le gouvernement mexicain a signé un traité avec une compagnie de la Nouvelle-Orléans, connue sous le nom de *Louisiania Tehuantepec Compagnie*, pour établir une communication inter-océanique à travers l'isthme de Tehuantepec. La compagnie s'est engagée à construire, chaque année, au moins 42 kilomètres de chemins de fer; elle a pour soixante ans la jouissance du privilége exclusif de toutes les entreprises qui peuvent se rattacher à une pareille œuvre. Le parcours de la ligne sera ouvert à toutes les nations; mais celles qui n'en auront pas garanti la neutralité par un traité avec le Mexique paieront 25 p. 100 de plus que les autres pour le transport de leurs produits. Le principal dépôt de la compagnie est dans la petite ville de *Suchil*, sur la rivière de *Guazacoallo*.

CHAPITRE DIXIÈME.

AMÉRIQUE CENTRALE. — Républiques de Guatemala, — San-Salvador, — Honduras, — Nicaragua, — Costa-Rica.

Les cinq Etats qui viennent d'être nommés, et qui constituent l'Amérique centrale, formaient autrefois une confédération, dont le territoire, situé entre 4° et 18° lat. N., 83° et 95° long. O. sur la mer du Mexique et sur la mer Pacifique, était borné à l'E. par la mer des Antilles, à l'O. par le grand Océan, au N. par le Mexique, et au S. par l'isthme de Panama et l'Etat de Colombie. Les Espagnols abordèrent pour la première fois dans cette contrée en 1502, et soumirent les tribus qui l'habitaient, quoiqu'elles eussent victorieusement résisté aux em-

pereurs du Mexique. Ils donnèrent au pays le titre de royaume de Guatemala, et le divisèrent en quinze provinces. En 1821, le Guatemala se déclara indépendant, et se constitua d'abord en provinces unies, puis en république fédérale. En 1831, une insurrection sépara l'Etat de Honduras de la confédération, et, peu de temps après, les quatre autres Etats effectuèrent aussi leur séparation.

L'Etat de *Guatemala* a une étendue de 19,456 kilomètres carrés. En 1852, la population était de 970,450 habitants. En 1857, ses revenus étaient de 1,040,000 piastres (5 fr. 40 c.) et ses dépenses de 1,024,000 piastres. Les principaux articles d'exportation sont l'indigo, la cochenille, les cuirs, la salsepareille, etc. Le commerce se fait surtout avec la Grande-Bretagne. En 1858, l'importation de l'Angleterre s'est élevée à 536,580 piastres; celle de la France, à 245,050; celle de la Belgique, à 30,240; celle des États-Unis, à 34,605; celle du Chili, à 40,000. Le total des importations a été de 1 million 543,475 piastres; celui des exportations, de 2,024,500.

Le climat est en général chaud et humide; les plaines sont fertiles en fruits, d'un excellent goût, tant d'Amérique que d'Europe. Le maïs y produit 300 p. 1; ainsi que le cacao. L'indigo y est d'une qualité supérieure. On y cultive le rocou. Les côtes abondent en poissons, mais la pêche est suivie avec peu d'ardeur. On néglige aussi les mines d'argent, qu'on dit abondantes; mais on recueille le soufre, qui flotte à la surface de plusieurs lacs. Toute la contrée, remplie de volcans, est très-sujette aux tremblements de terre.

Guatemala, ou la Nouvelle-Guatemala, est la capitale. L'ancienne ville fut détruite, le 7 juin 1777, par un tremblement de terre des plus effroyables. Dès le 3 juin, la mer agitée sortait de son lit; les deux volcans, voisins de la ville, semblaient bouillonner; l'un lançait des torrents d'eau, l'autre des torrents de lave enflammée; la terre montrait partout des crevasses, et, après cinq jours d'angoisse, l'abîme s'ouvrit, et la ville, avec ses richesses et huit mille familles, s'enfonça dans la terre; des courants de boue et de soufre, en se précipitant par-dessus les ruines, les cachèrent à jamais aux regards des humains; un désert affreux en prit la place. La nouvelle ville est bâtie à 16 kilomètres de l'emplacement de l'ancienne.

L'État de *Honduras* a une superficie de 60,400 kilomètres carrés et une population de 400,000 âmes. La république, dont la capitale est Comayagua, avec 25,000 habitants, est divisée en sept départements : *Camayagua, Tegucigalpa, Gracias, Santa Barbara, Choluteca, Olancho, Joro.* Le climat est sain et tempéré dans l'intérieur, mais chaud et insalubre sur la côte septentrionale. Baigné à la fois par les deux océans,

sur lesquels il possède d'excellents ports, le Honduras est susceptible d'un grand développement agricole et commercial. Il abonde en bois magnifiques d'ébénisterie et de constructions navales, en bois de teinture, etc. La salsepareille, l'indigotier, le cotonnier y donnent d'excellents produits; ses cuirs, ses écailles de tortue, ses coquilles de nacre sont recherchés par le commerce. Les bestiaux y sont nombreux, et on trouve dans ce sol fécond des mines d'or, d'argent, de cuivre, de fer et des gisements d'opale d'une grande richesse, mais peu exploités. Les exportations représentent une valeur de 1,050,000 piastres (5 millions 250,000 fr.), et les importations une valeur de un million de piastres. On construit un chemin de fer inter-océanique qui, partant du port Caballos, sur l'Atlantique, traversera le pays dans toute son étendue pour aboutir à la baie de Fonseca, sur l'océan Pacifique. Par un traité avec le Honduras, du 12 mars 1856, la France a garanti la neutralité de cette voie ferrée; cette neutralité a été également garantie par l'Angleterre.

Les îles de la baie de Honduras forment un archipel; les principales sont : *Roatan, Guanaja* ou *Bonacca, Utila, Barbareta, Elena* et *Morat.* Malgré les réclamations continuelles du Honduras, auquel naturellement elles appartiennent, ces îles sont toujours occupées par les Anglais, qui s'en emparèrent sans motif en 1838.

L'État de *San Salvador* a une superficie de 31,900 kilomètres carrés et une population de 600,000 habitants. La capitale est *San Salvador*, avec 35,000 habitants, qui a donné son nom à l'État et à l'un des huit départements dont il est composé. Les sept autres départements sont : *Santa Anna, Cuscatlan, Sansonate, San Miguel, La Paz, San Vicente* et *Chalatenonga.* La république ne possède que trois ports : *Fonseca, Libertad* et *Acajutla* ou *Sansonate*, situés sur le Pacifique. Le premier est magnifique; les deux autres ne sont guère que des rades foraines. Le pays, dont le climat est un peu chaud, mais salubre, est d'une remarquable fertilité. Les principaux produits sont l'indigo, le baume du Pérou, le sucre brut, des bois de teinture jaune, du cuivre argentifère et des cuirs. L'importation s'est élevée, en 1858, à 1 million 085,421 piastres (5 fr. 33 c.), et l'exportation à 1,236,666 piastres. Il était entré la même année, dans les ports de San Salvador, 69 navires jaugeant 18,994 tonneaux. En octobre 1859, un traité de commerce et de navigation fut conclu entre la France et la république de San-Salvador.

L'Etat de *Nicaragua* a une superficie de 119,462 kilom. carrés et une population de 250,000 habitants. Ses revenus s'élèvent à 105,000 piastres. Les importations et les exportations représentent une valeur approximative de 2 millions de piastres (10,000,000 fr.). Le Nicaragua abonde en bestiaux, et son sol fertile produit du coton, du sucre, du cacao, de l'indigo, du café, du tabac, de la salsepareille, etc. Il renferme des mines d'or très-riches, mais peu exploitées. On a essayé, pendant ces dernières années, d'y ouvrir un canal interocéanique. La configuration du pays semble au premier abord rendre facile l'exécution de ce projet. L'isthme qui joint les deux Amériques présente, sur beaucoup de points, une largeur bien moindre entre les deux Océans; mais le Nicaragua possède un lac magnifique, long de 160 kilom., large de 70, et qui s'écoule dans l'Atlantique par la rivière déjà navigable de San-Juan, dont le cours est de 175 kilom. et à l'embouchure de laquelle s'élève la petite ville de Greytown ou San-Juan-del-Norte. Pour établir une communication, il suffirait donc de couper la lisière étroite (22 à 30 kilom.) qui sépare le lac de Nicaragua de l'Océan-Pacifique. Le projet n'a pas réussi, peut-être faute d'études suffisantes, mais il est probable qu'il sera repris et mené à bonne fin.

Parmi les nombreux volcans de ce pays, celui de *Masaya* paraît le plus considérable; son cratère, qui a 2 kilom. de circonférence, ne rejette ni cendres ni fumée; la matière enflammée qui y bouillonne répand une clarté visible à plus de 80 kilom.; elle ressemble tellement à de l'or en fusion que les premiers Espagnols la prirent pour ce métal, objet de leurs vœux, et que leur téméraire avidité essaya de saisir avec des crochets de fer une partie de cette lave singulière.

Léon, la capitale, est située aux bords d'un lac qui se jette dans celui de Nicaragua. Ses habitants ne tirent que faiblement parti de l'excellent port de *Réalejo*, formé par une baie de la mer du Sud. La ville de *Nicaragua*, non loin du golfe *Papagaio*, celle de *Granada*, sur le lac de Nicaragua, et celle de *Xerès*, près du golfe de *Fonseca*, rempli d'îles bien boisées, sont des villes considérables.

Les indigènes de Nicaragua parlent cinq langues différentes. La *chorotèque* paraît être celle de la principale tribu indigène. Les Chorotèques ne connaissaient pas l'écriture; ils comptaient dix-huit mois et autant de grandes fêtes; leurs idoles, différentes de celles des Aztèques, étaient honorées par un culte aussi sanguinaire que celui de Mexico, et les hommes mangeaient de même une partie de la chair des femmes, des enfants et des esclaves immolés par les prêtres. Quoique sujettes à être offertes en sacrifice, les femmes exerçaient un grand pouvoir. Les Espagnols trouvèrent des palais et des temples spacieux, environnés de maisons commodes pour les nobles; mais la multitude vivait misérablement, et n'avait, dans plusieurs endroits, d'autre asile que des espèces de nids placés sur les arbres. Des lois ou coutumes non écrites réglaient la peine du vol et de l'adultère, ainsi que la vente des terres. Les guerriers se rasaient la tête, à l'exception d'une touffe de cheveux laissée sur le sommet. Les orfévres travaillaient habilement en or moulu. Les vieilles exerçaient la médecine; elles prenaient dans leur bouche la décoction de certaines herbes et la soufflaient, à travers un bout de canne à sucre, dans la bouche du malade. Les jeunes mariées étaient souvent livrées aux seigneurs ou caciques avant la consommation du mariage, et l'époux se trouvait honoré par ce sacrifice.

L'Etat de *Costa-Rica* a une superficie de 12,000 kilom. carrés et 250,000 habitants, dont 10,000 Indiens et 500 noirs. La capitale, *San-Jose*, compte 30,000 habitants. La république est divisée en 5 provinces : *San-Jose, Cartago, Heredia, Alajuela* et *Moracia*. Ses recettes, qui s'élèvent à 450,000 piastres environ, surpassent constamment ses dépenses, et cette heureuse république, ne connaissant pas le déficit, n'a pas à supporter les charges d'une dette publique. Ses exportations annuelles, consistant surtout en excellents cafés, sont de 1,500,000 piastres et ses importations de 1,250,000.

Le mouvement annuel des affaires est évalué à 20,000 tonneaux, et il acquerra une importance infiniment plus considérable quand les richesses naturelles du pays, telles que les mines d'or, d'argent et de cuivre, seront livrées à une exploitation régulière.

CHAPITRE ONZIÈME.

Description physique générale de l'Amérique méridionale.

Nous entrons dans la plus riche, la plus fertile, la plus salubre, la plus pittoresque de toutes les péninsules du monde, et dans celle qui, sans l'Afrique, serait aussi la plus étendue. La superficie de cette grande péninsule est évaluée à 380,000 kilom. carrés. Près des trois quarts se trouvent dans la zone torride. La plus grande largeur entre le cap *Saint-Augustin*, au Brésil, et le cap *Blanc*, au Pérou, est de 6,400 kilomètres. La longueur de la péninsule, prise de la pointe *Gallianas*, voisine du cap Vela, dans la Nouvelle-Grenade, est de 4,950 kilom. jusqu'au cap Froward, en Patagonie, mais l'on ne peut guère se refuser de l'étendre à 200 kilom. plus au sud, jusqu'au cap Horn, dans la terre de Feu, à 56 deg. de latit., car les îles qui composent la terre de Feu sont pour ainsi dire adhérentes à l'Amérique.

Un plateau généralement élevé de 4,000 mètres, couronné par des chaînes et des pics isolés, forme toute la partie occidentale de l'Amérique méridionale : à l'est de cette *terre haute,* une étendue deux ou trois fois plus large de plaines marécageuses ou sablonneuses est sillonnée par trois fleuves immenses et par de nombreuses rivières ; enfin à l'est une autre *terre haute* de moins d'élévation et de moins d'étendue que le plateau occidentale, voile toute la péninsule.

Les fleuves de l'Amérique méridionale effacent, par la longueur de leur cours et la largeur de leur lit, tous ceux de l'ancien monde. L'*Amazone* revendique le premier rang. Cette rivière est formée dans les Andes par le concours de plusieurs branches, qui elles-mêmes sont des rivières considérables.

Depuis San-Joaquin-d'Omaguas, l'Ucayal et le Haut-Maranon roulent leurs ondes réunies à travers une immense plaine, où de toutes parts les rivières tributaires apportent leurs eaux. Le Napo, le Yupura, le Parana, le Cuchivara, le Yutay, le Puruz seraient partout ailleurs des rivières considérables ; ici elles ne sont qu'au troisième et quatrième rang. Le *Rio-Negro*, qui vient de la terre ferme, et qui mérite le nom de grand fleuve, est englouti dans le vaste courant de l'Amazone.

Jusqu'au confluent du *Rio-Negro* et de l'Amazone, les Portugais appellent cette dernière *Rio des Solimoens*, ou rivière des Poissons ; elle ne prend qu'ensuite le nom de rivière des Amazones, auquel plusieurs auteurs, à l'exemple des Espagnols, substituent la dénomination de Maranon ou d'*Orellana*.

La rivière *Madéra* ou des bois est le plus grand de tous les affluents de l'Amazone ; elle en est en quelque sorte une branche principale ; elle vient d'aussi loin que l'Ucayal, étant formée par le concours de la Mamore, dont le principal bras, nommé *Guapihi*, vient de *Cochabamba*, et de la rivière des Chiquitos, nommée rivière de *Santa-Madalena* ou *Guaporé*. Les grandes rivières de *Topayos* et de *Xingu* viennent du même côté que la Madéra ; elles se jettent dans l'Amazone ; mais quant à la rivière de *Tocantins* ou de *Para*, qui se grossit de l'*Araguay*, on doit regarder son embouchure comme indépendante, quoique réunie à l'Amazone par un bras de communication.

La largeur de l'Amazone varie de 2 à 4 kilom. dans la partie inférieure de son cours ; sa profondeur surpasse 150 mètres ; mais depuis le confluent de Xingu, et près de l'embouchure, elle devient semblable à une mer ; l'œil peut à peine découvrir ses deux rivages à la fois. La marée s'y fait sentir à une distance de 1,000 kilom. de la mer.

Le second rang appartient au fleuve nommé *Rio de la Plata*, ou rivière d'argent ; il est formé par le concours de plusieurs grands courants, parmi lesquels la *Parana* est regardée comme le bras principal. La Parana vient des environs de Villa-del-Carmen, au nord de Rio-Janeiro ; grossie d'une foule de rivières, elle coule à travers une contrée montagneuse. Ce qu'on appelle la grande cataracte de la Parana, non loin de la ville de Guayra, est un long *rapide* où le fleuve, pendant l'espace de 48 kilom., se presse à travers des rochers taillés à pic et déchirés par des crevasses effroyables. Arrivée dans les grandes plaines, la Parana reçoit du nord le *Paraguay*, rivière très-considérable, qui prend sa source sur le plateau dit *Campos Paresis*, et qui, dans la saison pluvieuse, forme, par ses débordements, le grand lac de *Xarayes*, lequel par conséquent n'a qu'une existence temporaire. Le Paraguay, avant de se jeter dans la Parana, reçoit le Pilcomayo, grande rivière qui vient des environs de Potosi, et qui sert à la navigation intérieure et au transport des mines. La rivière de la Plata reçoit encore le Vermejo et le Salado du côté des Andes, et l'Uruguay du côté du Brésil. Son cours majestueux égale en largeur celui de l'Amazone ; son immense embouchure pourrait même être considérée comme un golfe, puisqu'elle approche de la Manche en largeur.

On compte pour le troisième grand fleuve de l'Amérique méridionale l'*Orénoco* ou *Orénoque ;* mais il est loin d'égaler les deux autres, soit par la longueur, soit par la largeur de son cours. Il prend sa source dans le petit lac d'Ypava ; de là, par un détour en forme de spirale, il entre dans le lac *Parima*, qui peut-être doit son origine à des débordements temporaires. Après être sorti de ce lac, il reçoit le Guyavari et plusieurs autres rivières, et entre dans l'Océan à travers un large delta, après un cours de 1,200 kilom. A son embouchure il paraît comme un lac sans bords, et ses eaux douces couvrent au loin l'Océan. Ses ondes verdâtres, ses vagues d'un blanc de lait au-dessus des écueils, contrastent avec le bleu foncé de la mer,

qui les coupe par une ligne bien tranchée. Le courant formé par l'Orénoque, entre le continent de l'Amérique du Sud et l'île de la Trinité, est d'une telle force que les navires, favorisés par un vent frais de l'ouest, peuvent à peine le refouler. Cet endroit, solitaire et redouté, s'appelle le *golfe Triste*. L'entrée en est formée par la *Bouche du Dragon*. C'est là que, du milieu des flots furieux, s'élèvent d'énormes rochers isolés, reste de la digue antique, renversée par le courant, qui joignit jadis l'île de la Trinité à la côte de Paria. Ce fut à l'aspect de ces lieux que Colomb fut convaincu, pour la première fois, de l'existence du continent de l'Amérique. « Une quantité si prodigieuse d'eau douce, pensait-il, n'a pu être rassemblée que par un fleuve d'un cours très-prolongé. La terre qui donne cette eau doit être un continent, et non pas une île. » Mais ignorant la ressemblance de physionomie qu'ont entre elles toutes les productions du climat des palmes, Colomb pensa que le nouveau continent était la prolongation de la côte orientale de l'Asie. La douce fraîcheur de l'air du soir, la pureté éthérée du firmament, les émanations balsamiques des fleurs que la brise de terre lui apportait, tout lui fit conjecturer qu'il ne devait pas être éloigné du jardin d'Eden, ce séjour sacré des premiers humains. L'Orénoque lui parut un des quatre fleuves qui sortaient du paradis terrestre.

L'Orénoque a plusieurs cataractes, parmi lesquelles on distingue celles de *Maypures* et d'*Astures*. L'une et l'autre sont de peu d'élévation et doivent leur naissance à un archipel d'îlots et de rochers. Ces rapides ou *raudal's*, comme les Espagnols les appellent, présentent des aspects très-pittoresques. Les communications entre l'Orénoque et l'Amazone sont un des phénomènes les plus étonnants de la géographie physique. Les Portugais annoncèrent ce fait il y a 80 ans ; mais les géographes à système se liguèrent pour prouver que de telles conjonctions de fleuves étaient impossibles. De Humboldt a navigué sur ces rivières, il a constaté cette singulière disposition du terrain. Il est certain que l'Orénoque et le Rio-Negro errent sur un plateau qui, dans cette partie, n'a aucune pente décidée ; une vallée se présente, leurs eaux s'y écoulent et s'y réunissent; voilà le fameux bras de Casiquiare, au moyen duquel de Humboldt et Bompland ont passé du Rio-Negro dans l'Orénoque. On croit qu'il existe encore plusieurs autres communications entre le Rio-Negro et divers affluents de l'Amazone.

Quoique d'ailleurs si bien arrosée, l'Amérique méridionale renferme plusieurs rivières et fleuves sans écoulement. Tel est le *lac Titicaca*, qui se décharge à la vérité dans le lac dit *das Aullagas*; mais ni l'un ni l'autre de ces lacs ne s'écoule dans la mer. Dans le Tucuman, et au sud-ouest de Buénos-Ayres, une immense plaine tout à fait horizontale est sillonnée par des cours d'eau et des chaînes de petits lacs qui se perdent dans les sables ou dans des lagunes. Tels sont les grands détails de l'hydrographie de l'Amérique méridionale. Passons à la description de la chaîne des Andes.

Les *Andes*, du mot péruvien *Anti*, cuivre, donné primitivement à une chaîne voisine de Cuzco, forment un long rempart dirigé du nord au sud et couronné de chaînes de montagnes, tantôt placées dans le sens de la grande chaîne, tantôt dans une direction tranversale ou oblique, renfermant des vallées ou s'étendant en plateaux. Cette terre haute suit les côtes de l'Océan-Pacifique, à travers le Chili et le Pérou; rarement elle s'en éloigne de plus de 40 à 48 kilom. Etroite vers l'extrémité méridionale, elle s'élargit tout à coup au nord du Chili. Près de *Potosi* et du lac *Titicaca*, elle a sa plus grande largeur, qui est de 240 kilom.; près de *Quito*, sous l'équateur, se trouvent les plus hauts sommets de cette chaîne, qui sont en même temps les points culminants de l'Amérique. A *Popayan*, la grande digue ou terre haute se termine et se divise en plusieurs chaînes; deux en sont les plus remarquables : l'une court vers l'isthme, dont elle forme le dos; l'autre s'approche de la mer des Caribes; elle en suit les côtes, et paraît, par un chaînon sous-marin, se continuer jusque dans l'île de la Trinité.

La chaîne qui borde les côtes septentrionales de l'Amérique méridionale a 12 à 1600 mètres au-dessus de la mer. Il y a des sommets isolés qui s'élancent à une hauteur très-grande; la *Sierra Nevada de Merida* atteint 4,700 mètres, et

le *Silla de Caracas* 4,632. Ces cimes sont couvertes de neiges éternelles; il en sort souvent des torrents de matières bouillantes; les tremblements de terre n'y sont pas rares. La chaîne est plus escarpée au nord qu'au midi; il y a dans le Silla de Caracas un précipice effroyable de plus de 2,600 mètres. On donne à ce système de montagnes le nom de *chaîne de Caracas*.

La chaîne granitique qui se dirige à travers l'isthme de Panama, mais qui en mérite à peine le nom, n'a que 100 à 300 mètres d'élévation, et semble interrompue entre les sources du Rio-Atrato et du Rio-San-Juan.

Dans la Nouvelle-Grenade, depuis les 2° 30' jusqu'au 5° 15' de latitude boréale, la Cordillière des Andes est divisée en trois chaînes parallèles. La *chaîne orientale* sépare la vallée de la rivière de la Madeleine des plaines de Rio-Meta. Ses plus hautes cimes sont le *Paramo* de *la Summapaz*, celui de *Chingaza*, et les *Cerro's* de *San-Fernando* et de *Tuquillo*. Aucune d'elles ne s'élève jusqu'à la région des neiges éternelles. Leur hauteur moyenne est de 4,000 mètres, par conséquent de 560 mètres plus grande que la montagne la plus élevée des Pyrénées. La *chaîne centrale* partage les eaux entre le bassin de la rivière de la Madeleine et celui du Rio-Cauca. Elle atteint souvent la limite des neiges perpétuelles; elle la dépasse de beaucoup dans les cimes colossales du *Guanacas*, du *Buragan* et du *Quindiu*, qui sont toutes élevées de 5,000 à 5,600 mètres au-dessus du niveau de l'Océan. Au lever et au coucher du soleil, cette chaîne centrale présente un spectacle magnifique aux habitants de Santa-Fé, et elle rappelle, avec des dimensions plus imposantes, la vue des Alpes de la Suisse. La *chaîne occidentale* des Andes sépare la vallée de Cauca de la province de Choco et des côtes de la mer du Sud. Son élévation est à peine de 1,500 m.

Ces trois chaînes de montagnes se confondent de nouveau vers le nord, sous le parallèle de Menzo et d'Antoquia, par le 6° et 7° de latitude boréale.

Les passages par lesquels on traverse ces chaînes méritent l'attention. Santa-Fé de Bogota, capitale de la Nouvelle-Grenade, est située à l'ouest du *Paramo de Chingaza*, sur un plateau de 2,600 m. de hauteur, et qui se prolonge sur le dos de la *Cordillière orientale*. Pour parvenir de cette ville à Popayan et aux rives de Cauca, il faut descendre la *chaîne orientale*, traverser la vallée de la Madeleine, et passer la *chaîne centrale*. Le passage le plus fréquenté est celui du *Paramo de Guanacas*; vient ensuite celui de la *montagne de Quindiu* ou *Quindio*, entre les villes d'Ibagua et de Carthago. On s'enfonce dans une forêt épaisse, que, dans la plus belle saison, on ne traverse qu'en dix ou douze jours, et où l'on ne trouve aucune cabane, aucun moyen de subsistance. Le sentier par lequel on passe la Cordillière, le plus souvent réduit à la largeur de 30 à 50 centimètres, ressemble, en grande partie, à une galerie creusée à ciel ouvert. Dans cette partie des Andes, comme presque partout ailleurs, le roc est couvert d'une croûte épaisse d'argile. Les filets d'eau qui descendent de la montagne y ont creusé des ravins. On marche en frémissant dans ces crevasses, qui sont remplies de boue, et dont l'obscurité est augmentée par la végétation épaisse qui en couvre l'ouverture.

En avançant de Popayan vers le sud, on voit, sur le plateau aride de la province de *los Pastos*, les trois chaînons des Andes se confondre dans un même groupe qui se prolonge bien au-delà de l'équateur. Ce groupe, dans la république de l'*Equateur*, offre un aspect particulier depuis la rivière de Chota, qui serpente dans des montagnes de roche basaltique, jusqu'au *Paramo de l'Ossuay*, sur lequel on observe de mémorables restes de l'architecture péruvienne. Les sommets les plus élevés sont rangés en deux files, qui forment comme une double crête de la Cordillière. Leur disposition symétrique sur deux lignes dirigées du nord au sud les a fait considérer comme deux chaînons de montagnes séparées par une vallée longitudinale : cette vallée est le dos même des Andes; c'est un plateau dont la hauteur absolue est de 2,700 à 2,900 mètres. C'est sur ces plateaux que se trouve concentrée la population de ce pays merveilleux; c'est là que sont placées des villes qui comptent 30 à 50,000 habitants.

Les Andes de Quito forment la partie la plus élevée de tout le système, particulièrement entre l'équateur et le premier degré 45 minutes de latitude australe. Ce

n'est que dans ce petit espace du globe que l'on a mesuré exactement des montagnes qui surpassent la hauteur de 6,000 mètres. Aussi n'y en a-t-il que trois cimes : le Chimborazo, qui excéderait la hauteur de l'Etna placé sur le sommet du Canigou, ou celle du Saint-Gothard placé sur la cime du pic de Ténériffe : le Cayambé et l'Antisana.

En pénétrant dans le Pérou, nous voyons les chaînes des Andes se multiplier, s'étendre en largeur, et en même temps perdre leur élévation.

Le Chimborazo, comme le Mont-Blanc, forme l'extrémité d'un groupe colossal. Depuis le Chimborazo jusqu'à 480 kilomètres au sud, aucune cime n'entre dans la neige perpétuelle. La crête des Andes n'y a que 3,100 à 4,500 mètres d'élévation. Depuis le 8° de latitude australe, les cimes neigées deviennent plus fréquentes, surtout vers Cuzco et la Paz, où s'élancent les pics d'*Ilimani* et de *Cururana*. Partout, dans cette région, les Andes proprement dites sont bordées à l'orient par plusieurs chaînes inférieures.

Les Andes du Chili ne paraissent pas le céder en hauteur à celles du Pérou; mais leur nature est moins connue. Les volcans y paraissent encore plus fréquents. Les chaînes latérales disparaissent, et la Cordillière elle-même paraît n'offrir qu'une seule crête. Sur le continent, le cône neigé de Culptana s'y élève environ à deux mille neuf cents mètres ; mais plus au sud, vers le cap Pilar, les montagnes granitiques s'abaissent jusqu'à quatre cents mètres, et même jusqu'à de moindres hauteurs. On a tour à tour attribué le titre de point culminant de l'Amérique au Chimborazo dans la république de l'Equateur, au pic d'Illimani, dans la Bolivie, au volcan d'Aconcagua, dans le Chili. La prééminence paraît acquise à ce dernier, qui, d'après les mesures récentes, a une latitude de 6,797 mètres.

Les richesses métalliques de la chaîne des Andes paraissent surpasser celles de la Cordillière mexicaine ; mais, placées à une élévation plus grande dans la région des neiges, loin des forêts et des terrains cultivés, les mines jusqu'ici découvertes ne sont pas d'un aussi grand produit.

Les Andes, peu abondantes en roches calcaires, offrent très-peu de pétrifications. Dans la chaîne de côtes des Caracas, M. de Humboldt trouva une grande quantité de coquillages pétrifiés, qui ressemblaient à ceux de la mer voisine. Dans la plaine de l'Orénoque l'on trouve des arbres pétrifiés. Il existe aussi des coquillages pétrifiés à Micuipampa et à Huancavelica. à 4,000 et 4,400 mètres d'élévation. D'autres monuments d'un ancien monde se montrent à un niveau inférieur. Près de Santa-Fé se trouve, à 2,300 mètres de hauteur, une immensité d'os fossiles d'éléphants, tant de l'espèce d'Afrique que de l'espèce carnivore découverte près de l'Ohio. On en a aussi découvert au sud de Quito et dans le Chili; de manière qu'on peut prouver l'existence et la destruction de ces éléphants gigantesques depuis l'Ohio jusqu'aux Patagons.

La température offre ici des contrastes semblables à ceux du Mexique. La limite inférieure des neiges perpétuelles, sous l'équateur, est à 4,830 mètres d'élévation.

Les trois zones de température qui naissent en Amérique de l'énorme différence de niveau entre les divers sols, ne sauraient être comparées aux zones qui résultent d'une différence de latitude. La variété des saisons manque aux régions qu'on distingue ici sous les dénominations de *froide*, de *tempérée* et de *chaude*. Dans la zone froide, ce n'est pas l'intensité, mais la continuité du froid, l'absence de toute chaleur un peu vive, la constante humidité d'un air brumeux qui arrête la croissance des grands végétaux, et qui, chez l'homme, perpétue les maladies nées de la transpiration interceptée. La zone chaude n'éprouve pas des ardeurs excessives; mais la perpétuité de la chaleur, jointe aux exhalaisons d'un sol marécageux, aux miasmes d'un immense amas de pourriture végétale, et aux effets d'une extrême humidité, fait naître des fièvres pernicieuses et répand dans tout le règne animal et végétal l'agitation d'une vie surabondante et désordonnée. La zone tempérée, en offrant une chaleur modérée et constante comme celle d'une serre chaude, exclut de ses limites et les animaux et les végétaux qui aiment les extrêmes ; elle nourrit ses plantes particulières, qui ne peuvent ni s'élever au-dessus de ses bornes, ni descendre au-dessous. Sa température, qui ne saurait pas endurcir la constitution de ses habitants constants, agit comme le printemps sur les maladies de la région chaude, et comme

l'été sur celles de la zone froide. Aussi un simple voyage du sommet des Andes jusqu'au niveau de la mer ou dans le sens inverse est une véritable cure médicale qui suffit pour opérer les changements les plus étonnants dans le corps humain. Mais l'habitation constante dans l'une ou l'autre de ces zones doit énerver les sens et l'âme par l'effet d'une tranquillité monotone.

Depuis les bords de l'Océan jusqu'à la hauteur de mille mètres, végètent les magnifiques palmiers, les liliacées les plus odoriférantes, le baume de Tolu, le quinquina de Carony. Le jasmin à large fleur et la datura en arbre exhalent le soir leurs doux parfums à l'entour de Lima, et tressés dans les cheveux des créoles, reçoivent un nouveau charme en relevant leurs atttraits. Sur les bords arides de l'Océan, à l'ombre des cocotiers, se nourrissent les mangliers, les cactus et diverses plantes salines. Un seul palmier, le *ceroxylon andicola*, fait divorce avec le reste de la famille et habite les hauteurs de la Cordillière.

Au-dessus de la région des palmiers, commence celle des fougères arborescentes et du *chinchona* ou quinquina. La substance fébrifuge qui rend si précieuse l'écorce du quinquina, se rencontre dans plusieurs arbres d'espèces différentes, et dont quelques-uns croissent à un niveau très-bas, même sur les bords de la mer ; mais le vrai *chinchona*, ne croissant pas au-dessous de 706 mètres, n'a pu dépasser l'isthme de Panama. Dans la région tempérée des chinchona, croissent quelques liliacées. Le sol y est couvert, dans les endroits humides, de mousses toujours vertes, qui forment des pelouses éclatantes. Au-delà de deux mille deux cents mètres, la fraîcheur de l'air rend les *mimoses* moins sensibles, et leurs feuilles irritables ne se ferment plus au contact.

Les chênes ne commencent dans les régions équatoriales qu'au-dessus de dix-sept cents mètres d'élévation. Ces arbres seuls présentent quelquefois, sous l'équateur, le tableau du réveil de la nature au printemps : ils perdent toutes leurs feuilles, et on les voit alors en pousser d'autres, dont la jeune verdure se mêle à celle des *epidendrum*, qui croissent sur leurs branches. Dans la région équatoriale les grands arbres ne s'élèvent pas au-delà du niveau de 2,700 mètres. Depuis le niveau de la ville de Quito, les arbres sont moins grands et leur élévation n'est pas comparable à celle que les mêmes espèces atteignent dans les climats les plus tempérés. A 3,500 mètres de hauteur cesse presque toute végétation en arbres ; mais à cette élévation les arbustes deviennent d'autant plus communs. C'est la région des *berberis*, des *duranta* et des *barnadesia*. Le climat froid mais constamment humide de ces hauteurs, que les indigènes nomment *Paramos*, produit des arbrisseaux dont le tronc, court et carbonisé, se divise en une infinité de branches couvertes de feuilles coriaces et d'une verdure luisante. Quelques arbres de quinquina orangé, des *embothrium* et des *melastoma* à fleurs violettes presque pourprées s'élèvent à ces hauteurs. L'*alstonia*, dont la feuille séchée est un thé salutaire, la *wintera* grenadienne et l'*escallonia tubar*, qui étend ses branches en forme de parasol, y forment des groupes épars.

Une large zone de 2,000 à 4,000 mètres présente la région des plantes alpines. A la hauteur de 4,000 mètres, les plantes alpines font place aux graminées, dont la région s'étend à 6 ou 800 mètres plus haut. La neige tombe de temps en temps sur cette région des graminées. C'est à 4,600 mètres que disparaissent entièrement les plantes phanérogames. Depuis cette limite jusqu'à la neige perpétuelle, les plantes licheneuses seules couvrent les rochers ; quelques-unes paraissent même se cacher sous les glaces éternelles.

Les plantes cultivées ont des zones moins étroites et moins rigoureusement limitées. Dans la région des palmiers, les indigènes cultivent le bananier, le jatropha, le maïs et le cacaoyer. Les Européens y ont introduit la culture du sucre et de l'indigo. Dès qu'on passe le niveau de 1,000 mètres, toutes ces plantes deviennent rares et ne prospèrent que dans des localités particulières ; c'est ainsi que là canne réussit même à 2,500 mètres. Le café et le coton s'étendent à travers l'une et l'autre région. La culture du blé commence à 1,000 mètres, mais elle n'est assurée qu'à 500 mètres plus haut. Le froment croît le plus vigoureusement depuis 1,600 jusqu'à 2,000 mètres d'élévation. Il y produit, année commune, plus de vingt-cinq à trente graines pour une. Au-dessus de 1,800 mètres le bananier donne difficilement des fruits mûrs ; mais la plante se traîne languissante encore à 800 mètres plus haut. La région comprise entre 1,600 et 1,800 mètres est aussi celle dans laquelle abonde le *cocca* ou l'*erythroxylum peruvianum*, dont quelques feuilles nourrissent l'Indien péruvien dans ses courses les plus longues dans la Cordillière. C'est de 2 à 3,000 mètres que règne principalement la culture des divers blés de l'Europe, culture favorisée par les grands plateaux que présente la Cordillière des Andes, et dont le sol uni et facile à labourer ressemble à des fonds d'anciens lacs. A 3,000 ou 3,400 mètres de hauteur, les gelées et la grêle font souvent manquer les récoltes du blé. Le maïs ne se cultive presque plus au-delà de 2,400 mètres. La pomme de terre se cultive 600 mètres plus haut et cesse à 4,200 mètres. Vers 3,400 mètres le froment ne vient plus ; on n'y sème que de l'orge, et même elle y souffre beaucoup du manque de chaleur. Au-dessus de 3,600 mètres cesse toute culture. Les hommes y vivent au milieu de nombreux troupeaux de *lamas*, de brebis et de bœufs, qui, en s'égarant, se perdent quelquefois dans la région des neiges perpétuelles.

Parlons maintenant des animaux. Depuis le niveau de la mer jusqu'à 1,000 mètres, dans la région des palmiers et des scitaminées, on découvre l'aï, les boas et les crocodiles ; les perroquets confondent l'éclat de leur plumage avec l'éclat des fleurs et des feuilles. Les forêts de ces régions brûlantes retentissent des hurlements des alouates et d'autres singes sapajous. Le *jaguar*, le *felis concolor* et le tigre noir de l'Orénoque y chassent le petit cerf, les *cavia* et les fourmilliers, dont la langue est fixée au bout du sternum. L'air de ces basses régions, surtout dans les bois et sur les bords du fleuve, est rempli de cette innombrable quantité de maringouins (*mosquitos*) qui rendent presque inhabitable une grande et belle partie du globe. Aux *mosquitos* se joignent l'*œstrus humanus*, qui dépose ses œufs dans la peau de l'homme et y cause des enflures douloureuses ; les *acari*, qui sillonnent la peau, les araignées venimeuses, les fourmis et les termes, dont la redoutable industrie détruit les travaux des habitants. Plus haut, de 1,000 à 2,000 mètres, dans les régions des fougères arborescentes, presque plus de *jaguars*, plus de boas, plus de crocodiles ni de lamantins, peu de singes, mais abondance de tapirs, de *sus tajassu* et de *felis pardalis*. L'homme, le singe et le chien y sont incommodés par une infinité de chiques, qui sont moins abondantes dans les plaines. Depuis 2 jusqu'à 3,000 mètres, dans la région supérieure des quinquinas, plus de singes, plus de cerf mexicain ; mais on voit paraître le chattigre, les ours et le grand cerf des Andes. Depuis 3 jusqu'à 4,000 mètres, se trouvent la petite espèce de lion que l'on désigne par le nom de *pouma* dans la langue quichoa, le petit ours à front blanc, et quelques viverres. On a vu souvent avec étonnement des colibris à la hauteur du pic de Ténériffe. La région des graminées, depuis 4 jusqu'à 5,000 mètres de hauteur, est habitée par des bandes de vigognes, de *guanacos* et d'*alpacas* dans le Pérou, et de *chili-huèques* dans le Chili. Ces quadrupèdes, qui représentent ici le genre chameau de l'ancien continent, n'ont pu se répandre ni au Brésil ni au Mexique, parce que, sur la route, ils auraient dû descendre dans des régions trop chaudes. Les *lamas* ne se trouvent qu'en état de domesticité. La vigogne préfère les endroits où la neige tombe de temps en temps. On en voit encore des bandes de trois à quatre cents, surtout dans les provinces de Pasco, aux sources de la rivière des Amazones, dans celles de Guailas et de Caxatambo près de Gorgor. Cet animal abonde aussi près de Huancavelica aux environs de Cusco, et dans la province de Cochabamba, vers la vallée de Rio-Cocatages. On l'y trouve partout où le sommet des Andes s'élève au-dessus de la hauteur du Mont-Blanc. La limite inférieure de la neige perpétuelle est la limite supérieure des êtres organisés. Quelques plantes licheneuses végètent encore sous les neiges ; mais le condor est le seul animal qui habite ces vastes solitudes. M. de Humboldt l'a vu planer à plus de 6,500 mètres de hauteur. Quelques sphinx et des mouches, observés à 5,900 mètres, ont paru portés dans ces régions par des courants d'air ascendants.

A cette distribution du règne animal, d'après l'élévation du sol, on pourrait joindre un aperçu des limites purement géographiques que certains animaux ne franchissent pas. C'est un phénomène très-frappant que de voir les *alpacas*, les *vigognes* et les *guanacos* suivre toute la chaîne des Andes, depuis le Chili jusqu'au neuvième degré de latitude australe, et de ne plus en observer depuis ce point au nord, ni dans la république de l'Equateur ni dans les Andes de la Nouvelle-Grenade. Les écrivains du pays attribuent ce fait à l'herbe *ichos*, que ces animaux préfèrent à toute autre nourriture, et qu'ils ne trouvent pas hors les limites marquées. L'autruche de Buénos-Ayres présente un phénomène analogue. Ce grand oiseau ne se trouve pas dans les vastes plaines des Parexis, où cependant la végétation paraît devoir ressembler à celle des Pampas.

CHAPITRE DOUZIÈME.

Etats de l'Amérique du Sud (Ancienne Colombie). — République de Venezuela. — Confédération Grenadine (Nouvelle Grenade). — République de l'Equateur.

Ainsi nommée en l'honneur de Christophe Colomb, l'ancienne *république fédérale de Colombie* était formée de la ci-devant *vice-royauté de la Nouvelle-Grenade* et de la ci-devant *capitainerie de Caracas* ou *Venezuela*. Primitivement les Espagnols désignaient cette contrée sous le nom de *Terre-Ferme*, par opposition aux îles qu'ils avaient découvertes auparavant. Composée de provinces enlevées à l'Espagne, la Colombie dut surtout son indépendance aux efforts de Bolivar. La république se constitua au congrès d'Angostora, le 17 décembre 1819 ; mais dès 1831, le nom de Colombie cessa d'exister ; les 12 départements qui la composaient se séparèrent pour former les 3 républiques de la *Nouvelle-Grenade,* de *Venezuela,* et de l'*Equateur,* lesquelles, quoique indépendantes, furent cependant réunies d'abord sous le nom de *Confédération des Etats-Unis de l'Amérique du sud.*

RÉPUBLIQUE DE VENEZUELA.

Les villages indiens bâtis sur pilotis dans les îles du lac Maracaïbo ont fait donner à tout le pays le nom de *Venezuela* (Petite-Venise). La superficie de cet Etat est de 1,114,184 kilom. carrés, et sa population de 1,565,000 habitants. Avec son climat doux, ses fleuves immenses, tels que l'Orénoque et la Meta, ses riches produits, le café, le cacao, l'indigo, le tabac, etc., le Venezuela est susceptible d'un développement rapide. La consommation de marchandises étrangères, en 1855, s'est élevée à 6,242,686 piastres fortes (5 fr. 44 c.). De 1850 à 1855, les exportations ont donné un total de 28,170,986 piastres. Le Venezuela est le berceau de Bolivar, de Sucre et de Miranda.

La chaîne de montagnes de la mer des Caraïbes et du bassin de l'Orénoque, étant peu élevée, admet presque partout l'industrie du cultivateur. D'après la différence du niveau, on y jouit, dans quelques endroits, de la fraîcheur d'un printemps continuel; et dans d'autres, l'influence de la latitude se fait pleinement sentir. L'hiver et l'été, c'est-à-dire les pluies et la sécheresse, se partagent l'année; les premières commencent en novembre et finissent en avril. Pendant les six autres mois, les pluies sont moins fréquentes, quelquefois même rares. Les orages se font moins souvent sentir depuis 1792 qu'avant cette époque; mais les tremblements de terre ont fait des ravages terribles; la ville même de Caracas a été détruite. La pêche des perles le long des côtes, jadis importante, est aujourd'hui abandonnée. La côte nord de la province de Venezuela produit beaucoup de sel très-blanc. Les eaux minérales et thermales, assez abondantes, sont peu fréquentées. Les forêts qui couvrent les montagnes de Caracas fourniraient, pendant des siècles, aux chantiers les plus considérables; mais la nature du terrain rend difficile l'exploitation des bois. Elles produisent aussi beaucoup de bois de marqueterie et de teinture. On y recueille des drogues médicinales, telles que la salsepareille et le quinquina. Le lac de Maracaïbo fournit de la poix minérale et du pissasphalte, qui, mêlé avec du suif, sert à goudronner les bâtiments. Les vapeurs bitumineuses qui planent sur le lac s'enflamment souvent spontanément, surtout dans les grandes chaleurs. Ce lac, qui a 200 kilom. de long et 120 de large, communique avec la mer; mais ses eaux sont habituellement douces. La navigation y est facile, même pour des bâtiments d'une grande capacité. La marée s'y fait sentir plus fortement que sur les côtes voisines. Le lac de Valencia, que les Indiens appelaient *Tacarigoa*, offre un coup d'œil plus attrayant; ses bords, ornés d'une végétation féconde, jouissent d'une température agréable; long de 54 kilom. sur une largeur de 16, il reçoit une vingtaine de rivières, et n'a lui-même aucune issue, étant séparé de la mer par un espace de 24 kilom., rempli de montagnes. Le pays est très-riche en rivières : celles qui serpentent dans la chaîne des montagnes se déchargent dans la mer et courent du sud au nord; celles qui prennent leur source dans le revers méridional de la montagne parcourent toute la plaine, et vont se perdre dans l'Orénoque. Les premières sont assez encaissées, et ont une pente suffisante pour ne déborder que rarement et pour que ces débordements ne soient ni longs ni nuisibles; les secondes, qui ont leur cours dans des lits moins profonds et sur un terrain plus uni, confondent leurs eaux une grande partie de l'année, et ressemblent alors plutôt à une mer qu'à des rivières débordées. Les marées, peu sensibles sur toute la côte du nord, depuis le cap de la Vela jusqu'au cap Paria, deviennent très-fortes depuis ce dernier cap jusqu'à la Guyane hollandaise. Un grand inconvénient, commun à tous les ports des provinces du Venezuela, est d'être continuellement exposé aux ras de marées, à ces lames houleuses qui ne paraissent nullement occasionnées par les vents, mais qui ne sont pas moins incommodes ni souvent moins dangereuses.

Les vallées septentrionales sont les

parties les plus productives, parce que c'est là que la chaleur et l'humidité sont plus également combinées. Les plaines méridionales, trop exposées à l'ardeur du soleil, ne donnent que des pâturages où l'on élève des bœufs, des mulets, des chevaux. Le cacao qu'elles produisent est, après celui de Sonocusco, dans le Guatimala, le plus estimé dans le commerce. On l'exporte, en grande partie, pour le Mexique. Les plantations de cacaoyers se trouvent toutes au nord de la chaîne des montagnes qui côtoie la mer. Dans l'intérieur, on cultive le coton, le café, l'indigo. Les sucreries sont en assez grand nombre, mais leurs produits se consomment dans le pays; car les Vénézuéliens aiment passionnément les confitures et tous les aliments qui admettent du sucre. Le tabac est excellent.

La capitale de la république est *Caracas*. Bâtie dans une vallée et sur un terrain très-inégal, baignée par quatre petites rivières, elle a cependant des rues bien alignées et des maisons très-belles. Détruite le 26 mars 1812, par un tremblement de terre, elle se relève de ses ruines. La température de cette ville ne répond pas à sa latitude. On y jouit d'un printemps presque continuel : elle doit cet avantage à son élévation, qui est de 920 m. au-dessus du niveau de la mer. Caracas a pour port *la Guayra*, qui en est à 20 kil. La mer n'y est pas moins houleuse que l'air n'est chaud et insalubre. On distingue encore *Porto-Cavello*, ville de commerce sur le bord de la mer, au milieu de marais qui en rendent l'air malsain; *Valencia*, cité florissante, à 2 kil. du lac du même nom, et au milieu d'une plaine fertile et salubre; *Coro*, près de la mer, dans une plaine aride et sablonneuse; *Cumana*, ville de 10,000 habitants, sur une plage sablonneuse et aride, où l'air est sain, quoique brûlant; mais où l'on n'ose élever aucun édifice, à cause des tremblements de terre; *Barcelona*, au milieu d'un pays inculte, mais dont le sol est excellent. *Macaraïbo* est bâtie dans un terrain sablonneux, sur la rive gauche du lac du même nom, à 24 kil. de la mer. L'air y est excessivement chaud ; le séjour n'en est cependant pas malsain. Ses habitants sont bons marins et bons soldats : ceux qui ne suivent pas la carrière de la mer s'occupent de l'éducation des bestiaux, dont son territoire est couvert; ils ont leurs maisons de campagne à *Gibraltar*, de l'autre côté du lac. On trouve, au-dessus de ce lac, *Merida*, petite ville dont les habitants, actifs et industrieux, possèdent le territoire le mieux cultivé et le plus productif; *Truxillo*, ville jadis magnifique, mais ravagée par les flibustiers; *Varinas*, où l'on récolte le tabac le plus renommé.

La partie de *la Guyane* qui dépend de l'État de Venezuela a plus de 1,600 kil. de long, depuis les bouches de l'Orénoque jusqu'aux limites du Brésil. Sa largeur va, en plusieurs endroits, jusqu'à 1,000 kil. Sur cette surface immense, on ne compte qu'environ 50,000 habitants connus et soumis, dont 20,000 Indiens, sous la conduite des missionnaires. Les terres de la Guyane, excellentes surtout pour la culture du tabac, ne présentent qu'un petit nombre d'habitations mal travaillées, où les propriétaires font un peu de coton, de sucre et de vivres du pays. On exporte une assez grande quantité de bétail. Cette province, destinée, par sa fertilité et par sa position, à acquérir une grande importance, la devra surtout à l'Orénoque. Les rivières que reçoit ce fleuve, et dont le nombre dépasse 300, sont autant de canaux qui porteraient à la Guyane toutes les richesses que l'intérieur pourrait produire.

Dans la partie supérieure du domaine de ce fleuve, la nature a plusieurs fois répété le phénomène singulier des eaux noires. L'*Atabapo*, le *Temi*, le *Tuamini* et le *Guainia*, ont des eaux couleur de café. A l'ombre des massifs de palmier, leur couleur passe au noir foncé ; mais, dans des vaisseaux transparents, elles sont d'un jaune doré. L'image des constellations australes s'y reflète avec un éclat singulier. L'absence de crocodiles et de poissons, une fraîcheur plus grande, un moindre nombre de moustiques, et un air plus salubre, distinguent la région des fleuves noirs. Ils doivent probablement leur couleur à une dissolution de carbure d'hydrogène, résultat de la multitude de plantes dont est couvert le sol qu'ils traversent.

La Guyane colombienne comprend une partie de ces déserts arides connus sous le nom de *Llanos*. En quittant les bords humides de l'Orénoque et les vallées de Caracas, lieux où la nature prodigue la vie organique, le voyageur, frappé d'étonnement, entre dans un désert dénué de végétation. Pas une colline, pas un rocher ne s'élève au milieu de ce vide immense. Le sol brûlant, sur une surface de plus de 8,000 kilomètres carrés, n'offre que quelques centim. de différence de niveau. Le sable, semblable à une vaste mer, offre de curieux phénomènes de réfraction et de soulèvement ou mirage. Les voyageurs s'y dirigent par le cours des astres ou par quelques tronc épars du palmier que l'on découvre à de grandes distances. La terre présente, çà et là des couches horizontales fracturées qui couvrent souvent un espace de 400 kilomètres, et sont plus élevées que ce qui les entoure. Deux fois chaque année l'aspect de ces plaines change : tantôt elles sont nues comme la mer de sable de Lybie, tantôt couvertes d'un tapis de verdure, comme les *steppes* élevées de l'Asie-Moyenne. A l'arrivée des premiers colons, on les trouva presque inhabitées. Pour faciliter les relations entre la côte et la Guyane, on a formé des établissements sur le bord des rivières, et on a commencé à élever des bestiaux dans les parties encore plus reculées de cet espace immense. Ils s'y sont prodigieusement multipliés, malgré les nombreux dangers auxquels ils sont exposés dans la saison de la sécheresse et dans celle des pluies, suivie de l'inondation. Au sud, la plaine est entourée par une solitude sauvage et effrayante. Des forêts d'une épaisseur impénétrable remplissent la contrée humide située entre l'Orénoque et le fleuve des Amazones ; des masses immenses de granit rétrécissent le lit des fleuves ; les montagnes et les forêts retentissent sans cesse du fracas des cataractes, du rugissement des bêtes féroces et des hurlements sourds du singe barbu, qui annoncent la pluie. Le crocodile, étendu sur un banc de sable, et le boa, cachant dans la vase ses énormes replis, attendent leur proie, ou se reposent du carnage.

Dans les forêts, dans les plaines, vivent encore des débris de peuples de races et de civilisation diverses. Quelques-uns, séparés par des langages dont la dissemblance est étonnante, sont nomades, étrangers à l'agriculture, se nourrissent de **fourmis**, de gomme et de terre. tels sont les *Otomaques* et les *Jarures*. La terre que les Otomaques mangent, est une glaise grasse et onctueuse, véritable argile de potier, jaune-grisâtre, colorée par un peu d'oxide de fer. Ils la choisissent avec soin, et la recueillent dans des bancs particuliers, sur les rives de l'Orénoque et du Meta. Ils distinguent au goût une espèce de terre d'une autre ; car toutes n'ont pas le même agrément pour leur palais. Ils pétrissent cette terre en boulettes, de 12 à 18 cent. de diamètre, et la font cuire à petit feu, jusqu'à ce que la surface devienne rougeâtre. Lorsque l'on veut manger cette boulette, on l'humecte de nouveau. Ces hommes, féroces et sauvages, se nourrissent de poissons, de lézards, ou de racine de fougère, lorsqu'ils peuvent s'en procurer ; mais ils sont si friands de terre glaise, qu'ils en mangent tous les jours un peu, après le repas, pour se régaler, dans la saison où ils ont d'autres aliments. Les missionnaires, qui, parmi les tribus à l'ouest de l'Orénoque, ont converti les *Betoys* et les *Maïpoures*, ont reconnu dans leur langue, ainsi que dans celle des *Yaruras*, une syntaxe régulière et très-compliquée. Les *Achaguas* parlent un dialecte du Maipoure. Les *Guaicas*, race d'hommes très-blanche, très-petite, mais très-belliqueuse, habitent le pays à l'est de Passimoni. Les *Guajaribes*, très-cuivrés, féroces, antropophages même, empêchent les voyageurs de pénétrer jusqu'aux sources de l'Orénoque. Les moustiques, et mille autres insectes venimeux, peuplent les forêts. Les rivières sont remplies de crocodiles et de petits poissons *caribes*, dont la férocité est à redouter. D'autres tribus de la partie orientale, comme les *Maquiritains* et les *Makos*, ont des demeures fixes, vivent des fruits qu'ils ont cultivés, ont de l'intelligence et des mœurs plus douces. La nation dominante le long de la côte, depuis Surinam jusqu'au cap de la Vela, était jadis celle des *Caraïbes*, en partie exterminée par les Européens. Les Caraïbes se distinguent par leur activité et leur bravoure. Ils habitent des villages gouvernés par un chef électif. Pour aller au combat, ils se rassemblent au son d'une conque ou coquille de mer. Les Caraïbes sont peut-être les hommes les plus robustes après les Patagons. Il paraît certain qu'ils mangent leurs ennemis. La langue caraïbe, une des plus sonores et des plus douces du monde, compte près de 30 dialectes. Elle paraît même poétique, à en juger seulement d'après les noms de quelques tribus; une d'elles s'appelle *la Fille du Palmier*, l'autre *la Sœur de l'Ours*. Les langues des tribus de l'intérieur paraissent plus rudes à l'oreille. La langue des *Achaguas* est la seule dans l'intérieur qui soit harmonieuse. De vastes espaces, entre le Cassiquiare et l'Atabapo, ne sont habités que par des singes réunis en société, et par des tapirs. Des figures gravées sur des rochers prouvent que jadis cette solitude a été le séjour d'un peuple parvenu à un certain degré de civilisation. Dans une plaine boisée, entourée par les quatre rivières de l'Orénoque, de l'Atapabo, du Rio-Négro et du Cassiquiare, l'on observe des rochers, couverts de figures symboliques colossales, représentant des crocodiles, des tigres, des ustensiles de ménage, et les images du soleil et de la lune. Les peuplades voisines se composent de sauvages, menant une vie errante, et bien éloignés de pouvoir graver le moindre hiéroglyphe sur les rochers. Des monuments semblables existent près de Caïcara et d'Urnana. Peut-être y reconnaîtra-t-on un jour l'ouvrage des Indiens-Muyscas.

NOUVELLE GRENADE OU CONFÉDÉRATION GRENADINE.

La Nouvelle-Grenade est une des contrées que le ciel a le plus généreusement dotées. Sa position topographique est admirable : un pied sur l'Atlantique et l'autre sur le Pacifique, elle se montre fière de ses deux isthmes, Panama et Darien. Malgré de constantes révoltes, mouvements naturels accompagnant le développement des nationalités, la Nouvelle-Grenade a progressé d'année en année. L'instruction primaire y est très répandue et toutes les branches de la littérature y sont cultivées avec fruit. Les étrangers jouissent des mêmes droits civils que les nationaux et peuvent se faire naturaliser citoyens dès le jour qui suit leur arrivée sur le territoire de la Confédération. Toutes les libertés sont garanties, tous les droits individuels reconnus. L'église est séparée de l'État, l'armée permanente n'atteint pas 500 hommes. On a adopté le système métrique décimal.

La superficie de la Nouvelle-Grenade es' de 1,010.160 kilomètres carrés, et sa population de 2.700.000 habitants. Elle se divise en 8 États : *Cundi-Marca* (317,003 habitants et 174.000 piastres de revenu annuel); *Boyaca* (379,000 habitants; 72,000 piastres); *Santander* (378.000 habitants; 165,000 piastres); *Cauca* (330,000 habitants; 135,000 piastres); *Antioquia* (244,000 habitants; 123,000 piastres) · *Bolivar* (182,000 habitants; 133,000 piastres); *Panama* (138 000 habitants; 236,000 piastres); *Magdalena* (73,000 habitants, 50,000 piastres), (la piastre est de 5 f. 40).

Le commerce d'importation est de 3,245,843 piastres, et celui d'exportation de 7,064,584. Dans ce calcul ne figurent point les chiffres du commerce fait à travers l'isthme de Panama. Les principaux articles d'exportation sont l'or, l'argent, le platine, le cuivre, les émeraudes, le tabac, le quinquina, le café, le cacao, le bois du Brésil, le caoutchouc, les résines, les gommes, les chapeaux, etc. Les mines d'or d'Antioquia produisent à elles seules 5 millions de piastres par an. La fabrication des chapeaux de paille dit *Panamas* se fait sur une grande échelle. Le café est supérieur à celui du Brésil. Du 1ᵉʳ janvier 1855 au 31 décembre 1858, le chemin de fer de Panama a reçu 122,000 passagers, a transporté 200 millions de piastres, 55,000 sacs de correspondance et 2,000,000 de tonneaux de marchandises. La 10ᵉ partie de ce qui a passé par cet isthme appartenait au commerce de la Californie; le surplus au reste de l'Amérique, à l'Europe et à l'Asie.

La Nouvelle-Grenade offre une extrême diversité de climats. Tempéré, froid même et glacé, mais très-sain sur les plateaux élevés, l'air est brûlant, étouffé, pestilentiel sur les bords de la mer et dans quelques vallées profondes de l'intérieur. A Carthagène, la fièvre jaune est endémique. La ville de Honda, quoique élevée de 300 mètres au-dessus du niveau de la mer, éprouve, par la réverbération des roches, une telle chaleur que l'on n'oserait poser la main sur une pierre, et que les eaux du fleuve de Magdalena acquièrent la température d'un bain tiède. Les pluies y sont continuelles pendant l'hiver. Quelques endroits y jouissent d'un printemps perpétuel. La crête des Andes s'enveloppe souvent de brouillards épais; la baie de Choco est tourmentée par de continuels orages. Les deux rivières de la Magdalena et de Cauca, dont le cours se dirige droit du sud au nord, ont leur source et leur embouchure dans la Nouvelle-Grenade : elles coulent chacune au fond d'une vallée profonde des Andes, et se réunissent sous le 9e degré de latitude boréale. Le cours du Cauca est embarrassé par des rochers et des rapides. La Magdelena est navigable jusqu'à Honda, d'où l'on ne parvient à Santa-Fé que par des chemins affreux, à travers des forêts de chênes, et de quinquinas. La fixité de la température dans chaque zone, l'absence de la succession des saisons, peut-être aussi les grandes catastrophes volcaniques auxquelles le haut pays est exposé, y ont diminué le nombre des espèces. A Quito, à Santa-Fé, la végétation est moins variée que dans d'autres régions également élevées au-dessus de l'Océan. On trouve dans les Andes de Quindiu, et dans les forêts tempérées de Loxa, des cyprès, des sapins et des genévriers : les pyramides neigées s'y élèvent au milieu de styrax de passiflores en arbres, de bambusas et de palmiers à cire. On y récolte beaucoup de sucre, et on y fait avec le suc exprimé du fruit de l'uvilla (*cestrum tinctorium*), une encre bleue plus indestructible que la meilleure encre de l'Europe

Les productions minérales sont riches et variées. On voit, dans la vallée de Bogota, des couches de charbon de terre à 2,500 mètres de hauteur au-dessus du niveau de l'Océan.

Tout l'or que fournit la Nouvelle-Grenade est le produit des lavages établis dans des terrains de rapports. On connaît des filons d'or dans les montagnes de Guamoer et d'Antioquia, mais les plus grandes richesses en or de lavage sont déposées à l'ouest de la Cordillière centrale, dans les Etats d'Antioquia et de Cauca, et sur les côtes du grand Océan, dans le district de Barbacoas.

L'Etat d'Antioquia présente des filons d'or. Le morceau d'or le plus grand qui ait été trouvé au Choco, pesait 13 kilos. Tout l'or est ramassé par des nègres esclaves.

La Nouvelle-Grenade a des filons d'argent extrêmement riches. Ceux de Marquetones surpasseraient le Potosi, mais ils ne sont pas exploités. La rivière des emeraudes coule depuis les Andes jusqu'au nord de Quito. C'est à Muzo, dans la vallée de *Tunca*, près de Santa-Fé de Bogota, que sont les principales exploitations d'émeraudes.

Les émeraudes qu'on trouve dans les sépulcres indiens sont façonnées en rond, en cylindres, en cônes et autres figures, et percées avec beaucoup de précision. Les mines d'or d'Antioquia et de Guaimoco contiennent des petits diamants. On connaît aussi du mercure sulfuré, ou cinabre dans la province d'Antioquia, à l'est du Rio-Cauca, dans la montagne de Quindiu, au passage de la Cordillière australe ; enfin, près de Cuença, dans la république de l'Equateur.

Santa-Fé di Bogota est la capitale. L'air y est tempéré. Le froment d'Europe et le sésame d'Asie y donnent des récoltes continuelles. Le plateau sur lequel est située la ville de Santa-Fé-de-Bogota offre plusieurs traits de ressemblance avec celui qui renferme les lacs mexicains : l'un et l'autre sont plus élevés que le couvent de Saint-Bernard ; le premier a 2,720 mètres, le second 2,336 au-dessus du niveau de la mer. La vallée de Mexico, entourée d'un mur circulaire de montagnes porphyritiques, est encore couverte d'eau dans son centre. Le plateau de Bogota est également entouré de montagnes élevées : le niveau parfait de son sol, sa constitution géologique, la forme des rochers de Suba et de Facatativa, qui s'élèvent comme des îlots au milieu des savanes, tout y semble indiquer l'existence d'un ancien lac. La rivière de Funzha, ou *Rio-de-Bogota*, après avoir réuni les eaux de la vallée, se précipite, par une ouverture étroite, dans une crevasse qui descend vers le bassin de la rivière de la Magdalena, et forme la célèbre cataracte de *Téquendama*. Il existe à peine une seconde cascade qui, à une hauteur aussi considérable, réunisse une telle masse d'eau. Le Rio-de-Bogota conserve encore, un peu au-dessus du *Salto*, une largeur de 90 mètres. La rivière se rétrécit beaucoup près de la cascade même où la crevasse, qui paraît formée par un tremblement de terre, n'a que 10 à 14 mètres d'ouverture. A l'époque des grandes sécheresses, le volume d'eau qui, en deux bonds, se précipite à une profondeur de 178 mètres, présente encore un profil de 42 mètres carrés. L'énorme masse de vapeurs qui s'élève de la cascade, et qui est précipitée par le contact de l'air froid, contribue beaucoup à la grande fertilité de cette partie du plateau de Bogota.

La vallée d'Icononzo, ou de Pandi, est bordée de rochers de forme extraordinaire, et qui paraissent comme taillés de main d'homme. Leurs sommets nus et arides offrent le contraste le plus pittoresque avec les touffes d'arbres et de plantes herbacées qui couvrent les bords de la crevasse. Le petit torrent qui s'est frayé un passage à travers la vallée d'Icononzo, porte le nom de *Rio de la Summa-Paz*. Ce torrent, encaissé dans un lit presque inaccessible, ne pourrait être franchi qu'avec beaucoup de difficulté, si la nature même n'y avait formé deux ponts de rochers. La crevasse profonde à travers laquelle se précipite le torrent de la Summa-Paz, occupe le centre de la vallée; près du pont, elle conserve, sur plus de 4,000 m. de longueur, la direction de l'est à l'ouest. La rivière forme deux belles cascades au point où elle entre dans la crevasse et au point où elle en sort. Il est très-probable que cette crevasse a été formée par un tremblement de terre. Le banc de roc qui sert de pont pour traverser d'une partie de la vallée à l'autre a 15 m. de longueur sur 12 de largeur; son épaisseur, au centre, est de 2 m.; la hauteur du pont supérieur au-dessus du niveau des eaux du torrent est de 99 m. A 4 mètres au-dessous de ce premier pont naturel s'en trouve un autre auquel on est conduit par un sentier étroit qui descend sur le bord de la crevasse. Trois énormes masses de rocher sont tombées de manière à se soutenir mutuellement. Celle du milieu forme la clef de la voûte.

Au milieu du second pont d'Icononzo se trouve un trou de 100 m. carrés, par lequel on voit le fond de l'abîme. Le torrent paraît couler dans une caverne obscure. Le bruit lugubre que l'on entend est dû à une infinité d'oiseaux nocturnes qui habitent la crevasse. Les Indiens assurent que ces oiseaux ont la grosseur d'une poule, des yeux de hibou et le bec recourbé. Il est impossible de s'en procurer, à cause de la profondeur de la vallée.

Les villes de *Panama* sur la mer du Nord et de *Porto-Bello* sur l'Océan-Pacifique florissaient autrefois par le commerce des métaux précieux qui, du Pérou, passaient par l'isthme de Panama pour être envoyés en Europe. Aujourd'hui Buénos-Ayres en est l'entrepôt. L'Etat de Panama produit du cacao, du tabac, du coton. Le sol y est montueux, mais on y trouve des plaines fertiles. La végétation y est partout d'une force surprenante. Les rivières y sont nombreuses, et quelques-unes charrient de l'or. L'isthme de Panama n'a que 32 kil. de large dans l'endroit le plus étroit.

Carthagène ou *Cartagena*, capitale d'une province, a un port sûr et profond, défendu par plusieurs forts. Sa population est de 25,000 habitants.

Pour éviter les chaleurs excessives et les maladies qui règnent pendant l'été à Carthagène des Indes, les Européens non acclimatés se réfugient dans l'intérieur des terres, au village de *Turbaco*, sur une colline, à l'entrée d'une forêt majestueuse qui s'étend jusqu'à Magdalena. Les maisons sont en grande partie construites de bambous et couvertes de feuilles de palmiers. Des sources limpides jaillissent d'un roc qui renferme de nombreux débris de coraux pétrifiés; elles sont ombragées par le feuillage lustré de l'*anacardium caracoli*, arbre de grandeur colossale, auquel les indigènes attribuent la propriété d'attirer de très-loin les vapeurs répandues dans l'atmosphère. Le terrain de Turbaco étant élevé de plus de 300 m. au-dessus du niveau de l'Océan, on y jouit, surtout pendant la nuit, d'une fraîcheur délicieuse. Les environs présentent un phénomène très-curieux. Les *Volcancitos* sont situés à 6,000 m. à l'est du village du Turbaco, dans une forêt épaisse qui abonde en *baumiers de tolu*, en *gustavia* à fleurs de nymphæa et en *cavanillesia mocundo*, dont les fruits nombreux et transparents ressemblent à des lanternes suspendues à l'extrémité des branches. Au centre d'une vaste plaine bordée de bromelia karatas s'élèvent 18 à 20 petits cônes dont la hauteur n'est que de 7 à 8 m. Ces cônes sont formés d'une argile gris-noirâtre; à leur sommet se trouve une ouverture remplie d'eau. Lorsqu'on approche de ces petits cratères, on entend, par intervalle, un bruit sourd et assez fort, qui précède de 17 à 18 secondes le dégagement d'une grande quantité d'air. La force avec laquelle cet air s'élève au-dessus de la surface de l'eau fait supposer que, dans l'intérieur de la terre, il éprouve une grande pression. Souvent ce phénomène est accompagné d'une éjection boueuse.

Santa-Marta, dans une situation salubre, a un port sûr, spacieux et bien défendu. Le pays est très-fertile, a des mines d'or et d'argent, des salines abondantes, ainsi que des fabriques de coton et de vaisselle de terre.

Rio de la Hacha, sur le bord de la mer, dans un terrain fertile, s'enrichissait autrefois par la pêche des perles.

Au sud-est de Santa-Fé de Bogota et dans l'intérieur du pays, se trouve le territoire de San-Juan de los Llanos, aux plaines brûlantes et stériles. Vers le sud sont des terres plus fertiles et quelques villes plus considérables. *Popayan* fleurit par son commerce d'entrepôt avec Quito et Carthagène; elle est placée dans une situation pittoresque, sur la rivière Cauca, au pied des volcans de Suroce et de Sotara, couverts de neiges. *Pasto*, petite ville, est située au pied d'un volcan terrible et entourée de forêts épaisses, placées entre des marais où les mules enfoncent à mi-corps. On n'y arrive qu'à travers des ravins profonds et étroits comme les galeries d'une mine. Toute cette contrée est un plateau gelé presque au-dessus du point où la végétation peut durer, et entouré de volcans et de soufrières qui dégagent des tourbillons de fumée.

Le territoire de *Choco* serait moins riche par ses mines que par la fertilité de ses coteaux et l'excellente qualité de son cacao, si un climat à la fois nébuleux et brûlant n'en éloignait l'industrie humaine. L'île de *Gorgone*, dans la *baie de Choco*, de même que l'archipel des *Iles aux Perles*, dans la *baie de Panama* sont plus habitables que le continent voisin. Dans l'intérieur de la province de Choco, le ravin de Raspadura unit les sources voisines du Rio-Nanama, appelé aussi *Rio San-Juan*, et de la petite rivière de Guito. Cette dernière, réunie aux deux autres, forme le Rio-Atrato, qui se jette dans la mer des Antilles, tandis que le Rio-San-Juan tombe dans le grand Océan. Dans cette république, 6 principales communications interocéaniques se présentent, soit exécutées, soit en projet : 1° le chemin de fer de Panama à Aspinwall, encore imparfaitement construit, mais déjà très-fréquenté; 2° un canal projeté du port Escoces par l'Atlantique au golfe San-Miguel, dans le grand Océan; 3° le canal projeté du golfe du Darien du nord au golfe du Darien du sud, le même que le golfe San-Miguel; 4° un canal qui suivrait le Truando, affluent de l'Atrato; 5° un canal qui prendrait le Napipi, autre affluent de l'Atrato, et aboutirait à la baie de Cupica; 6° le canal de Raspadura entre la rivière Quito et la rivière de San-Juan près la baie de Choco.

RÉPUBLIQUE DE L'ÉQUATEUR.

Le territoire de cette république occupe une superficie de 844.000 kil. carrés; sa population est de 700,000 hab. L'industrie et le commerce y ont acquis un développement remarquable. Les principaux articles d'exportation sont l'or et l'argent monnayés, les *bayetas*, étoffes à longs poils fabriquées dans le pays, les bois de construction et d'ébénisterie, le cacao, le caoutchouc, les chapeaux dits *panamas*, les cuirs, le quinquina, la salsepareille, le tabac. De tous ces articles, les plus recherchés à l'étranger sont le cacao et les panamas. En 1856, les ports de Guayaquil et de Manta ont reçu des importations pour 2,486,706 piastres de 8 décimes; leurs exportations ont été de 2,033,241 piastres.

La république de l'Equateur possède un code civil particulier, une université, 6 collèges nationaux pour les jeunes gens, 4 pour les jeunes filles, 4 séminaires, 290 écoles fréquentées par 10,768 garçons et 43 fréquentées par 1,789 filles; 2 écoles de musique, 6 de dessin et de peinture, 3 de sculpture, une d'architecture; enfin, 6 écoles gratuites pour les adultes.

Dans le cours de 1859, deux révolutions ont éclaté dans la république de l'Equateur. Un incendie a détruit une grande partie de la ville de Guayaquil, et, le 22 mai, un tremblement de terre, attribué à une éruption du Pichincha, a fait de la belle ville de Quito un monceau de ruines.

La république se divise en 7 provinces: *Pichincha, Imbabura, Chimborazo, Manabi, Guayaquil, Cuença* et *Loxa*. La province de Pichincha renferme *Quito*, capitale de la république, construite sur le flanc de la montagne, à près de 3,000 mètres. La population est de 70.000 âmes. Les tremblements de terre y sont presque continuels. Malgré les horreurs et les dangers dont la nature les a environnés, les habitants de Quito, gais, vifs, aimables, ne respirent que la volupté et le luxe; nulle part peut être il ne règne un goût plus décidé et plus général pour les plaisirs.

Guayaquil, peuplé de 20,000 âmes, est un port de mer et un atelier de construction très-commode, à cause des forêts qui en sont rapprochées. Il s'y fait un grand commerce d'échange entre les ports du Mexique et ceux du Pérou et du Chili. La végétation des environs est d'une majesté au-dessus de toute description. Dans la province de Guayaquil on trouve une espèce de bois fort et solide, qu'on préfère pour la construction des petits vaisseaux, spécialement pour la quille et les courbes, parce qu'il est incorruptible et qu'il résiste aux vers plus que tout autre; il est très-facile à travailler. Sa couleur est foncée; on le nomme *guachapeli* et *guarango*.

L'ancienne province de *Quixos* et de *Macas* doit à sa position sur la pente orientale des Andes, les singularités de sa température. Quoiqu'elle ne soit éloignée que de deux degrés au sud de l'équateur, l'hiver y commence en avril, et y dure jusqu'en septembre, époque du printemps sur le plateau. Le climat est chaud et humide. La principale production est le tabac.

L'ancienne province de *Maynas* s'étend sur la rivière des Amazones. Les *Maynas* et les *Omaguas* sont les principales nations indigènes. Un petit nombre s'est fixé près des missions. La plus grande partie erre dans les forêts, vivant de la chasse et de la pêche. Le pays produit de la cire blanche et noire, ainsi que du cacao.

Ce ne serait pas avoir décrit la république de l'Equateur que de passer sous silence les redoutables volcans qui, tant de fois, en ont bouleversé le sol et englouti les cités. Le majestueux *Chimborazo* n'est probablement qu'un volcan éteint; la neige séculaire qui couvre sa cime colossale fondra peut-être un jour, et les feux enchaînés dans ses flancs reprendront leur activité destructive.

Le *Pichincha* est un des volcans les plus grands de la terre; son cratère, creusé dans des porphyres basaltiques, a été comparé au chaos des poëtes. De l'enceinte du cratère sortent, en s'élançant pour ainsi dire de l'abîme, trois pics, trois rochers qui ne sont pas couverts de neige, parce que les vapeurs qu'exhale la bouche du volcan les y fondent sans cesse. L'imagination ne saurait se figurer quelque chose de plus triste, de plus lugubre, de plus effrayant. La bouche du volcan forme un trou circulaire de près de 4 kilom. de circonférence, dont les bords, taillés à pic, sont couverts de neige par en haut; l'intérieur est d'un noir foncé, mais le gouffre est si immense que l'on distingue la cime de plusieurs montagnes qui y sont placées ; leur sommet semble être à 5 ou 600 mètres au-dessous, que l'on juge où doit se trouver leur base. Le fond du cratère est sans doute de niveau avec la ville de Quito.

Le *Cotopaxi* est le plus élevé de ces volcans des Andes qui, à des époques récentes, ont eu des éruptions. Sa hauteur absolue est de 4,200 mètres. Elle surpasserait par conséquent de plus de 800 mètres la hauteur du Vésuve, placé sur le sommet du pic de Ténériffe. Le Cotopaxi est aussi le plus redouté de tous les volcans de l'Equateur; c'est celui dont les explosions ont été les plus fréquentes et les plus dévastatrices. Les scories et les quartiers de rochers lancés par ce volcan couvrent les vallées environnantes sur une étendue de plusieurs kilomètres carrés.

On doit rattacher à la description de ces contrées celle des *îles Gallapagos*. Cet archipel, situé sous l'équateur, à 880 kilom. à l'ouest du continent américain, renferme des pics volcaniques dans les îles les plus orientales. Les cactus et les aloës y couvrent les flancs des rochers. Dans les îles occidentales, une terre noire et profonde nourrit de gros arbres. Les flamingos et les tourterelles peuplent les airs ; la plage est couverte de tortues énormes. Il existe des sources et même des rivières dans quelques-unes de ces îles dont les noms particuliers espagnols ont cédé la place à des noms anglais. Les plus grandes parmi les vingt-deux connues sont celles d'*Albemarle* et de *Narborough*.

L'ancienne Colombie renferme encore un nombre considérable de tribus indiennes, dont plusieurs jouissent de leur indépendance, et qui presque toutes ont conservé leur langage et leur manière de vivre. Les *Guaïras* ou *Guagniros* qui occupent une partie des provinces de Maracaïbo, de Rio de la Hacha et de Santa-Martha, donnent la main aux *Motilones*, qui possèdent les terres baignées par le Michuchies et le Saint-Faustin, jusqu'à la vallée de Cucuta : ils interceptent les routes des montagnes ; le pillage, l'incendie et le meurtre signalent leurs incursions dans les plaines. Les *Chilimes* et une autre bande de Guaïras infestent les bords de la Magdalena. Dans la province de Darien, les *Urabas*, les *Zitaras* et les *Oromisas* formaient trois petits Etats indépendants, l'un sous un prince nommé le *Playon*, et les deux autres sous un gouvernement républicain. Les *Cunacunas*, qui habitent les montagnes de Choco et de Novita, exerçaient leurs ravages jusqu'à Panama, et attaquaient même sur mer les barques chargées de vivres. Les nations anciennes de Quito paraissent avoir eu, comme les tribus sauvages de l'Afrique, un nombre infini d'idiomes ; les missionnaires en ont spécifié jusqu'à cent dix-sept ; mais la langue des *Quitos* peut avoir dominé sur le plateau, et celle des *Scires* sur la côte. Les *Scires*, qu'on est étonné de trouver homonymes avec une ancienne horde de l'Europe, fameuse par ses courses guerrières, firent, en l'an 1000, la conquête du haut pays et y introduisirent leur langue. Les Espagnols y trouvèrent établies la langue et la domination péruviennes. Les *Cofanes*, une des 117 tribus de Quito, étaient encore, en 1600, au nombre de plus de 15,000 ; ils parlaient une langue particulière, usitée également dans le pays d'*Anga-Marca* et dans laquelle un jésuite a écrit un abrégé des doctrines chrétiennes. Parmi les 52 tribus de Popayan, celle de *Guasinca*, celle de *Cocanuca* et celle des *Paos* avaient trois langues distinctes, conservées par les écrits des missionnaires. Les *Xibaros*, les *Macas* et les *Quixos*, tribus puissantes, occupaient les pentes orientales des Andes de Quito. Plus bas, le vaste gouvernement de Maynas renferme les restes d'innombrables tribus dont les missionnaires ont classé les idiomes dans l'ordre suivant : 1° 16 langues-mères, parmi lesquelles l'*andoa* a 9, le *campa* 7, et le *mayna* 4 dialectes ; 2° 16 dialectes épars, qui ne se rapportent à aucune langue mère connue ; 3° 22 tribus dont la langue est éteinte, quoique plusieurs de ces tribus subsistent encore ; 4° 10 langues inconnues. Dans ce nombre n'est pas comprise la grande nation des *Omagnas*, répandue sur tout le cours du Maranon ou de l'Amazone, et dont la langue est un dialecte de la langue *guarani* du Brésil, mais plus simple dans ses formes grammaticales et plus riche en mots ; circonstances qui indiquent une plus longue civilisation chez les Omagnas. Les migrations de ce peuple navigateur ne sont pas suffisamment connues ; l'opinion la plus probable les a fait arriver du Brésil.

Un ancien centre de civilisation au milieu de ces nations nomades ou sauvages est un phénomène digne d'attention. Le plateau de Santa-Fé de Bogota rivalise avec Cuzco, la ville du soleil, comme foyer des institutions et des idées religieuse et politiques.

CHAPITRE TREIZIÈME.

Ancien Empire du Pérou. — Républiques du Pérou et de Bolivie.

Longtemps, sous le nom du *Pérou*, on désigna une vaste région de l'Amérique du sud qui s'étendait le long de l'Océan Pacifique et était comprise presque tout entière entre l'équateur et le tropique du Capricorne. Après avoir formé, sous les Incas, un empire indépendant, ce pays immense tomba au pouvoir des Espagnols, qui y établirent une vice-royauté et le partagèrent en trois audiences, *los Reyes*, *Quito* et *Charcas* ou *la Plata*. L'indépendance de cette colonie ne date que de 1821. Une armée chilienne la proclama, après s'être emparée de *Lima*, sous les ordres du général de Buenos-Ayres, Saint-Martin et sous la protection de Bolivar. La victoire de ce dernier à *Junin* (1824) et celle du général Sucre à *Ayacucho* (10 décembre 1824) consolidèrent la liberté du Pérou; mais bientôt la discorde éclata dans la nouvelle république et une scission violente sépara le Haut-Pérou, protégé par Bolivar et qui prit le nom de *Bolivie*, et le Bas-Pérou, qui conserva le nom de *République du Pérou*. A la suite d'une longue anarchie, ces deux États ont fini par vivre en paix.

Nous allons décrire d'abord d'une manière générale le territoire de l'ancien empire du Pérou.

Les Andes, qui traversent le Pérou du sud au nord, forment généralement deux chaînes à peu près parallèles : l'une, la grande Cordillière des Andes, constitue le noyau central du Pérou ; l'autre, beaucoup plus basse, est appelée Cordillière de la côte. Entre celle-ci et la mer, se prolonge le *Bas-Pérou*, formant un plan incliné, large de 40 à 80 kilomètres et connu dans le pays sous le nom de *Valles*. Il est composé en partie de déserts sablonneux. Cette stérilité provient de l'aridité naturelle du sol et du manque absolu de pluies ; car en aucune saison, il ne pleut ni ne tonne dans cette partie du Pérou ; il n'y a de fertiles que les bords des rivières et les terrains susceptibles d'être arrosés artificiellement. Dans ces lieux privilégiés, la terre ne cesse de se revêtir de la parure réunie du printemps et de l'automne. Le climat se fait encore remarquer par la douceur constante de la température.

Le pays compris entre les deux Cordillières est appelé *la Sierra*. Ce ne sont que des montagnes et des rochers nus, entrecoupés de quelques vallées fertiles et cultivées. Mais ces montagnes renferment les plus riches mines d'argent que l'on connaisse ; et les veines les plus abondantes se trouvent ordinairement dans les montagnes les plus arides. Le climat de la Sierra est l'un des plus salubres qui existent, si l'on peut en juger par la longévité de ses habitants.

Derrière la chaîne principale des Andes s'étend, vers les bords de l'Ucayal et du Maranon, une immense plaine inclinée à l'est, traversée par plusieurs chaînes de montagnes détachées, qu'on appelle au Pérou *la Montanna-Real*. Sous un ciel pluvieux, souvent sillonné d'éclairs, l'éternelle verdure des forêts primordiales charme les yeux du voyageur, tandis que les inondations, les marais, les serpents énormes et d'innombrables insectes arrêtent sa marche.

Le sol du Pérou est comme imprégné de métaux précieux. L'or n'est pas le plus recherché ; il abonde, mais dans des lieux peu accessibles, ou dans une *gangue* trop dure et trop dispendieuse à fondre. Près de *la Paz* il s'écroula une partie saillante de la montagne d'*Ilimani*; on y trouva des morceaux d'or d'un à 25 kilos ; on y trouve encore des morceaux de 35 à 40 grammes. La plupart des fleuves et rivières roulent de l'or. La mine d'or la plus productive est celle de Santiago de Catagoita, distante d'environ 30 kilomètres au sud de Potosi dans la république de Bolivie. Les mines d'argent, beaucoup plus nombreuses, et d'une exploitation bien plus facile, ont absorbé l'attention. La célèbre montagne du Potosi a offert, pendant deux siècles et demi, des trésors d'argent inépuisables : cette montagne, de forme conique, a environ 17 kilomètres de circonférence et est percée de plus de trois cents puits. Dans l'ancienne province de Carangas on trouvait, en creusant le sable, des masses d'argent détachées, qu'on appelle *papas* ou pommes de terre, à cause de leur forme. Dans une autre mine près de Puno, on découpait l'argent pur avec un ciseau, tant l'abondance du métal rendait toute industrie superflue.

Les mines les plus intéressantes sont celles des *Hualgayos* ou *Cheta*, et celle de Lauricocha, près de la ville de Pasco. Dans le premier endroit, l'argent se trouve en grandes masses à 4,000 mètres au-dessus de la mer. Quelques filons métallifères contiennent des coquilles pétrifiées.

Tandis que le Mexique se procure du mercure de l'Europe, le Pérou en produit naturellement à Huanca-Velica, à peu de distance au sud-ouest de Lima. Le cinabre a été employé par les Péruviens pour la peinture. Le mercure fut découvert par les Espagnols, pour la première fois, en 1567. L'étain se trouve à Chayanza et à Paryas en Bolivie ; il y a aussi plusieurs mines de cuivre et de plomb. La principale mine de cuivre est à Aroa. Parmi les autres minéraux on peut citer la pierre de *galinazo*, ainsi appelée par sa couleur noire ; c'est un verre volcanique dont on se sert pour faire des miroirs.

Du temps des Incas, les émeraudes étaient très-communes, surtout sur la côte de Manta et dans le gouvernement d'Atacames.

RÉPUBLIQUE DU PÉROU (BAS-PÉROU).

La superficie de cet État est de 1,499,868 kilomètres ; il compte 2,607,000 habitants. De 1850 à 1859, les revenus ordinaires ont produit 54 millions de piastres ; le revenu extraordinaire du guano en a donné 144 millions de 1840 à 1859. En 1853, l'effectif de la marine marchande se composait de 187 navires ; depuis lors elle a pris un accroissement considérable, de même que la marine de guerre. Les principaux produits qu'exporte le Pérou sont d'abord le guano, qu'on extrait des îles de *Chincha*, puis le minerai de cuivre, l'or et l'argent monnayés et en lingots, le coton, la laine, le nitrate de soude, l'étain brut, etc. Une exposition semblable à celles qui ont eu lieu en Europe a été ouverte à Lima ; elle a présenté de curieux échantillons de l'agriculture indigène, au premier rang desquels il faut placer le coton dont la culture, récemment introduite, semble appelée à de grands développements dans cette partie de l'Amérique du sud.

La république du Pérou se divise en 11 départements : *Libertad, Amazonas, Ancash, Junin, Lima, Huanca-Velica, Ayacucho, Cuzco, Puno, Arequipa et Moquegua* ; ces départements forment 63 provinces, subdivisées en districts et paroisses. Nous allons décrire les villes principales, sans suivre l'ordre des provinces, mais en observant celui de la distribution sur le sol.

Lima, jadis *Ciudad de los Reyes* ; puis *Rima,* capitale de la république, sur la rivière de Rimac, doit sa fondation à Pizarre. Il choisit pour son emplacement une plaine spacieuse ; aussi les rues y sont droites, bien pavées et presque toutes arrosées par de petits canaux qu'on y a conduits de la rivière. Les maisons, quoique basses à cause des fréquents tremblements de terre, ont une apparence splendide ; la plupart ont des jardins et sont richement meublées. Les diamants, l'or et l'argent éclatent de toutes parts dans les églises, qui sont en grand nombre. La population est de 90,000 âmes. Un chemin de fer unit Lima à la petite ville de *Callao,* à l'embouchure de la Rimac. La vivacité, l'esprit et la pénétration des habitants du Pérou, ainsi que leur goût pour l'étude, leur assignent un rang distingué parmi les nations civilisées. Les établissements scientifiques de Lima forment un centre de lumières qui se répandent sur tout le pays. Les sciences, généralement cultivées, y ont fait de grands progrès. On y connaît et on y suit toutes les découvertes faites en Europe. Le bon goût, l'urbanité, beaucoup de qualités sociales semblent héréditaires aux Péruviens. On admire l'imagination et la sensibilité des femmes. Elles aiment avec passion les fleurs et les parfums.

Mais chaque instant peut devenir le dernier pour les riches habitants de cette superbe capitale. En 1747, un terrible tremblement de terre détruisit les trois quarts de la ville, après avoir démoli entièrement le port de Callao. Jamais il n'y eut de destruction plus complète, puisque, de trois mille habitants, il n'en resta qu'un seul pour porter à Lima la nouvelle de cet événement désastreux, et il échappa par le hasard le plus extraordinaire. Cet homme était dans un bastion qui a vue sur tout le port ; il aperçut, en moins d'une minute, tous les habitants sortir de leurs maisons dans la plus grande terreur et la plus grande confusion : la mer, après s'être retirée à une distance considérable, revint en montagnes écumantes par la violence de l'agitation, et ensevelit les habitants dans son sein. D'autres tremblements de terre ont eu lieu en 1764 et 1828. Ce dernier a renversé presque toute la ville, qui n'avait déjà que trop souffert de la guerre de l'indépendance.

Cuzco, autrefois capitale de l'empire des Incas, et aujourd'hui chef-lieu du département de ce nom, et éloignée de 736 kilomètres de Lima, compte 20,000 habitants. Presque aussi étendue que Lima, elle conserve encore beaucoup de monuments de son ancienne grandeur, parmi lesquels se trouve la forteresse des Incas. Les pierres qui y ont été employées sont si énormes, si irrégulièrement taillées, et cependant si bien jointes, qu'il n'est pas facile de comprendre comment on les y a placées ; le fer, l'acier et les machines étaient alors inconnus. Il s'y trouve des bains fournis par deux fontaines, l'une d'eau chaude et l'autre d'eau froide. L'église des Dominicains y a pour murs ceux mêmes du temple du Soleil, et le Saint-Sacrement est placé à l'endroit où se trouvait la figure en or de cet astre. Un couvent de religieuse occupe l'emplacement des vierges du Soleil. Le principal commerce est en sucre, étoffes, draps communs, toiles ordinaires, galons d'or et d'argent, cuirs, maroquins et parchemin. Ses habitants, très-ingénieux, se distinguent particulièrement dans l'art de broder et de peindre.

Dans la partie de la république du Pérou située le long de la côte du grand Océan, *Piura* se distingue comme la plus ancienne ville de la contrée. Bâtie par les Espagnols, elle est sur une petite rivière qui fertilise le terrain, mais qui disparaît entièrement dans la saison sèche. Ses habitants, au nombre de 10,000, commercent en cire, salpêtre, fil d'aloès, cascarille et autres objets. *Truxillo*, jolie ville de 15,000, âmes fut bâtie en 1535, par François Pizarre, qui lui donna le nom de sa ville natale. Elle est à 2 kilomètres de la mer, dans une contrée agréable et fertile. On voit à quelque distance les ruines d'anciens monuments péruviens, où l'on a trouvé des trésors considérables. Dans le département de Lima, le port de *Canete* fait avec la capitale un grand commerce de grains, de légumes, d'oiseaux domestiques, de poissons et de fruits. On trouve beaucoup de salpêtre près d'un village des environs. *Ica*, sur une petite rivière près de la mer, possède plusieurs verreries. Ce territoire produit des vins que l'on transporte dans l'intérieur du Pérou, à Guayaquil et à Panama. On y voit aussi beaucoup d'oliviers. Dans la partie maritime on distingue *Arica*, petite ville avec un port assez bon. L'air en est chaud et malsain; elle a été presque entièrement détruite en 1834 par un tremblement de terre. Quelques cantons des environs produisent d'excellentes olives, qui sont remarquables par leur grosseur. Il y a dans le voisinage un volcan qui lance des jets d'une eau infecte et chaude. Ce pays est rempli de déserts sablonneux, entremêlés de lisières extrêmement fertiles. On y cultive la vigne. On y exploite quelques mines d'or et de cuivre et des mines d'argent très-riches. C'est par le port d'Arica que les anciennes provinces de la Paz, d'Oruco, de Charcas et de Potosi communiquaient avec le grand Océan. *Tacna*, sur le premier degré des montagnes, a eu aussi à souffrir des tremblements de terre, mais son excellente situation lui a permis de recouvrer une certaine prospérité.

Dans l'ancienne intendance de Truxillo, la ville de *Caxamarca* renferme des restes du palais de l'inca Atahualpa, habités par un de ses descendants. Cette ville, peuplée de 18,000 âmes, est dans un climat tempéré, au milieu d'une plaine fertile. A 4 kilom. sont des sources d'eau chaude, appelées le *Bain des Incas*. Les habitants fabriquent de grossières étoffes de laine, ainsi que des toiles de lin et de coton. La matière première de ces articles se trouve dans le district, dont le sol, en partie inégal et montueux, réunit, dans un espace peu étendu, les températures et les productions les plus différentes. Caxamarca est à 2,800 mètres du niveau de la mer. On doit nommer *Chacapoyas*, ville rustique, dans une contrée isolée et délicieuse, *Huanuco*, renfermant des ruines remarquables d'anciens édifices péruviens, et *Tarma*, dans un climat agréable. L'ancienne province de Tarma contient la ville de *Pasco*, dans un pays âpre et sauvage, appelé plaines de Bombon, où il ne croît aucune espèce de blé. Malgré ces désavantages, la ville est une des plus peuplées, des plus commerçantes et des plus importantes du pays par le voisinage des riches mines d'argent qui portent son nom. *Ocapa* et *Jauja*, qui comptent chacune 12 à 14,000 habitants, occupent la vallée de Jauja, la plus florissante et une des plus peuplées du Pérou, parce que la facilité des communications lui donne la possibilité d'envoyer aux mines de Pasco le maïs et les autres denrées qu'elle produit. *Huanca-Velica*, à 120 kilom. de Huamanga, bâtie dans une crevasse des Andes, est célèbre par sa riche mine de mercure, qui se trouve à la distance de 6 kilom., à l'élévation de 4,300 mètres au-dessus du niveau de la mer. Les sources chaudes de Huanca-Velica sont chargées de tuf calcaire. On peut dire que les habitants de ce canton construisent leurs maisons avec de l'eau, car ils laissent refroidir les eaux imprégnées de matières calcaires; le sédiment qu'elles déposent est reçu dans des vases, et y prend la figure et la consistance d'une pierre.

Huamanga, ville de 32,000 habitants, bâtie sur le penchant de plusieurs collines, est le siége d'une université. Les maisons sont construites en pierre de taille. Les habitants, polis, intelligents et adonnés aux sciences, font aussi un grand commerce en cuirs, en grains et en fruits. La situation centrale entre Lima et Cuzco rend cette ville intéressante, et en ferait peut-être la capitale, si le climat n'était pas un peu froid. Le département de Cuzco renferme beaucoup de petites villes. Le district de *Canes* et *Canches* tire son nom de deux tribus dont les restes y demeurent encore ; les premiers, robustes, taciturnes et orgueilleux, s'habillent de noir et vont à cheval ; les autres, d'une taille moindre, inconstants et gais, n'ont pour vêtement que des peaux. Leur langue diffère autant que leurs mœurs ; ils vivaient sous deux princes ou *curacas* indépendants jusqu'à ce que les Incas les soumirent.

Les tremblements de terre et le volcan *Guayna-Putena* ont engagé les habitants d'*Arequipa* à changer l'emplacement de leur cité. Cette ville, fondée par Pizarre, est aujourd'hui sur un terrain uni, à 80 kilom. de la mer. Les maisons y sont en pierre ; le climat y est très-doux et l'air très-sain. Le nom d'Arequipa signifie *Eh bien, restez-y*. En voici l'origine : les troupes victorieuses de l'Inca venaient de conquérir cette contrée ; charmés de la beauté du pays, les soldats témoignèrent quelques regrets de retourner chez eux ; l'Inca, qui s'en aperçut, leur dit : Eh bien, restez-y ; et ils y restèrent. Arequipa renferme 30,000 habitants.

Le voyageur s'arrête avec intérêt aux bords du lac *Titicaca*, si fameux dans l'histoire des Incas. Le bassin dont ce lac occupe le fond a 520 kilom. de long sur une largeur de 200 à 240 ; entouré de montagnes, il ne montre aucun écoulement visible de ses eaux abondantes. Le lac de Titicaca, long de 280 kilom., mais d'une largeur qui varie beacoup, a les eaux légèrement saumâtres et très-amères ; sa profondeur est de 100 à 120 mètres ; il en sort une rivière qui se perd dans le lac salé nommé le *Desaguadero*, lequel reçoit du sud les eaux d'une autre rivière, sortant également d'un lac. Ce fut dans la célèbre île de *Titicaca*, d'où le lac tire son nom, que Manco Capac prétendit avoir reçu sa vocation divine pour être le législateur du Pérou. Un temple couvert d'or ornait cette place consacrée. Ce fut encore dans ce lac que, selon la tradition, les Indiens jetèrent la plupart de leurs trésors, et surtout la grande chaîne d'or de l'Inca Huaïna-Capac, qui avait 300 mètres de long.

RÉPUBLIQUE DE BOLIVIE (HAUT-PÉROU).

Le territoire de la Bolivie n'a pas moins de 801,540 kilom. ; sa population est de 2,330,000 habitants, dont 1,650,000 appartiennent à la race blanche. La capitale est *Chuquisaca*, nommée aussi *Charcas* et *la Plata*. La Bolivie est divisée en 6 départements : *Chuquisaca, la Paz d'Ayacucho, Oruro, Potosi, Cochabamba, Santa-Cruz de la Sierra*, plus les provinces d'*Otequis, Tarija* et *Lamar*. Dans le département de Santa-Cruz sont les vastes territoires des *Moxos* et des *Chiquitos*, qui forment 2 provinces et 23 missions.

La Plata ou *Chuquisaca*, capitale de la Bolivie, reçut son premier nom d'une fameuse mine d'argent située dans la montagne de Porco, d'où les Incas tiraient d'immenses richesses. Cette ville est peuplée de 15,000 âmes et bâtie sur une branche du Pilcomayo. Il y fut conclu, en 1834, un traité de commerce entre la France et la Bolivie. *La Paz*, ville épiscopale de 40,000 habitants, grande, bien bâtie, ornée de fontaines et d'édifices publics, est assise sur un terrain très-égal, quoique environnée de collines de toutes parts, excepté du côté de la rivière. Quand les eaux de celle-ci s'enflent, soit par les pluies, soit par les fortes neiges, elles entraînent des rochers prodigieux et roulent des paillettes d'or, que l'on recueille dès qu'elles sont retirées. La température des environs est froide ; mais dans les vallées le sol est fertile, et l'on y cultive même la canne à sucre, dont les plantations, à *Tomina*, durent 30 ans.

Potosi, avec 15,000 habitants, est située sur la pente méridionale d'une montagne, dans un pays froid et stérile, où il y a plusieurs sources thermales. Elle doit sa célébrité à la montagne ou *cerro de Potosi*, qui, depuis sa découverte en 1545 jusqu'à nos jours, a fourni une énorme quantité d'argent. La couche de porphyre qui la couronne lui donne la forme d'un pain de sucre ou d'une colline basaltique, élevée de 1,380 mètres au-dessus du plateau voisin. La ville de Potosi jouit de l'avantage d'être voisine d'une branche de la rivière de Pilcomayo qui se jette dans le Paraguay, ce qui la rend le centre d'un grand commerce, et facilite ses communications avec Buénos-Ayres.

On remarque encore en Bolivie les villes suivantes : *Oropesa*, dans le département de *Cochabamba*, que l'on appelle le grenier du Pérou ; *Tarija*, capitale de l'ancienne province de *Chicas*, qui abonde en blé, en fruits et en bons vins ; *San-Francisco d'Atacama*, qui confine au nord avec le territoire d'Arica, au sud avec le Chili, et dont la partie maritime n'offre qu'un désert effroyable, mais qui, dans l'intérieur, renferme quelques terrains fertiles, ainsi que des métaux et des eaux chaudes.

Santa-Cruz de la Sierra, ville de 8,000 habitants, s'élève au milieu d'une contrée légèrement ondulée par de petites montagnes, au-delà desquelles s'étendent les immenses plaines sablonneuses des *Chiquitos*, qui joignent au nord les plaines boisées du territoire des *Moxos*.

Vaguement conservée par des traditions orales, ou par ces nœuds symboliques appelés *quipous*, l'histoire des Péruviens est infiniment plus obscure que celle des Mexicains. Elle remonte à deux ou trois siècles avant la découverte de l'Amérique par Colomb ; car les règnes de douze Incas n'ont guère pu avoir une durée commune de plus de vingt ans.

Les tribus du Pérou vivaient dans une barbarie complète. Nomades, elles se nourrissaient des produits de la chasse et de la pêche. Les vainqueurs déchiraient tout vivants les prisonniers de guerre. Quelques-uns d'entre eux, par l'instinct de la reconnaissance, adoraient la nature ; les montagnes, mères des fleuves ; les fleuves mêmes et les fontaines qui arrosaient la terre et la fertilisaient ; les arbres, qui donnaient du bois à leurs foyers ; les animaux, dont la chair était leur pâture ; la mer abondante en poissons et qu'ils appelaient leur nourrice : un temple très ancien était même consacré à un dieu inconnu et suprême. Mais le culte de la terreur était celui du plus grand nombre. Ils s'étaient fait des dieux

de tout ce qu'il y avait de plus hideux, de plus horrible ; ils vouaient un respect superstitieux au couguar, au jaguar, au condor, aux grandes couleuvres ; ils adoraient les orages, les vents, la foudre, les cavernes, les précipices ; ils se prosternaient devant les torrents, devant les forêts ténébreuses, au pied de ces volcans terribles qui bouleversaient les entrailles de la terre. A peine rendaient-ils une ombre de culte à ces affreuses divinités ; ils paraissent les avoir considérées sous le même jour que l'Africain voit ses fétiches. Cependant, l'un se perçait le sein en se déchirant les entrailles ; l'autre, plus forcené, arrachait ses enfants de la mamelle de leur mère, pour les égorger sur l'autel. L'orgueil national s'était allié à la superstition. Les uns, comme ceux de Cuba, de Quinvala et de Tacma, fiers de se croire issus du lion, qu'adoraient leurs pères, se présentaient, vêtus de la dépouille de leur dieu, le front couvert de sa crinière et portant dans les yeux sa férocité menaçante. D'autres, comme ceux de Sulla, de Vilca, d'Hanco, d'Urimarca, se vantaient d'être nés, ceux-là d'une montagne, ceux-ci d'une caverne, ou d'un lac, ou d'un fleuve, à qui leurs pères immolaient les premiers nés de leurs enfants.

Enfin parurent le sage et vertueux Manco et la belle Oello, sa sœur et son épouse. D'où était venu ce couple bienfaisant ? On les crut descendus du ciel. Les sauvages se rassemblèrent à leur voix. Manco apprit aux hommes à labourer la terre, à la semer, à diriger le cours des eaux pour l'arroser ; Oello instruisit les femmes à filer, à ourdir la laine, à se vêtir de ses tissus, à bien élever leurs enfants, à servir leurs époux avec zèle. Aux dons des arts ces fondateurs ajoutèrent le don des lois. Le culte du soleil, leur père, ce culte fondé sur la reconnaissance, fut la première de ces lois et l'âme de toutes les institutions. La voix d'une religion bienfaisante rassemble de toutes parts ces peuplades barbares. Ils apprennent à s'aimer, à s'entr'aider ; ils renversent les autels sanglants élevés aux lions et aux tigres ; ils quittent la vie errante. La terre, labourée par ses habitants, ouvre son sein fécond et se revêt de riches moissons. Mais les lois qui établissaient le partage des terres, le travail en commun, l'amour fraternel entre toutes les familles, ordonnaient aussi le dévouement absolu aux volontés de l'Inca ; elles enchaînaient l'essor de l'industrie en retenant constamment le fils dans la carrière du père ; elles empêchaient le développement des facultés intellectuelles. L'autorité des Incas n'était, après tout, qu'un «despotisme « paternel. » Ils avaient un nombreux sérail. Leurs sujets ne les approchaient que des tributs à la main et n'osaient jamais regarder leur visage. A un seul signe de l'Inca, la population d'une province entière se laissait mettre à mort ; enfin, le peuple, mal vêtu, mal logé, mangeait les viandes crues et mêlait de la terre glaise à ses aliments. Des milliers de victimes humaines étaient immolées sur le tombeau du monarque. On voyait encore un remarquable exemple de fanatisme dans cette loi terrible qui regardait la violation du vœu des vierges du soleil : pour expier un amour sacrilége, pour apaiser un dieu jaloux, non-seulement l'infidèle prêtresse était ensevelie vivante, et le séducteur dévoué aux supplices les plus affreux, mais la loi enveloppait dans le crime la famille des criminels : pères, mères, frères et sœurs, jusqu'aux enfants à la mamelle, tout devait périr dans les flammes ; le lieu même de la naissance des deux impies devait être à jamais désert. Les conquêtes des Incas n'étaient pas aussi pacifiques qu'on a voulu les représenter ; on coupait le nez, on arrachait les dents à tous les individus d'une tribu insurgée.

Depuis la ville de Quito le voyageur retrouve les vestiges de l'ancienne civilisation péruvienne.

La route de Quito à Cuzco, et par-delà, avait 2,000 kilomètres. Une autre, de la même étendue, régnait dans le plat pays, et plusieurs autres traversaient l'empire du centre aux extrémités. C'étaient des levées de terre de 14 mètres de largeur, qui comblaient les vallées jusqu'au niveau des collines. Le long de cette route on voyait se succéder les arsenaux, les hospices ouverts aux voyageurs, les forteresses et les temples, les canaux qui faisaient circuler l'eau des fleuves ; mais les routes des Incas n'avaient pas, dans toutes leurs parties, une grande solidité. Les canaux étaient faits sans art ; les murs des palais et des forteresses surpassaient rarement la hauteur de 4 mètres. L'or était très-commun chez les Pé-

ruviens. On en a trouvé pour des millions de piastres dans les anciens monuments.

Les Péruviens indigènes actuels n'ont que des facultés bornées, un caractère mélancolique, timide, abattu par l'oppression. Craignant beaucoup les Espagnols, ils se montrent dociles et soumis à leurs ordres ; mais ils les détestent en secret, évitent leur société, et les haïssent seulement un peu moins que les nègres et les mulâtres. Ils sont d'un naturel méfiant, ils croient qu'on ne peut leur faire aucune honnêteté sans avoir l'intention de les tromper. Trapus, robustes, et capables d'endurer le travail, ils croupissent dans l'indolence et la malpropreté : ils vivent sans aucune prévoyance. Leurs habitations ne sont que de méchantes huttes mal construites, incommodes, et d'une malpropreté dégoûtante. Leur habillement est pauvre et mesquin, leur nourriture misérable ; mais ils sont très-portés aux liqueurs fortes, et ils sacrifient tout pour s'en procurer. Quoique leur religion soit entachée de la superstition de leur ancêtres, ils sont grands observateurs des cérémonies de l'Eglise, et ils font des dépenses considérables en processions et en messes.

Le système d'administration actuellement adopté à l'égard des Indiens, est favorable au libre développement de leurs facultés. Dans certaines provinces leur industrie s'est élevée à un certain degré de splendeur. A *Lambayèque*, ils se sont appliqués à la culture des champs, aux manufactures et au commerce, avec tant d'assiduité, qu'ils y surpassent de beaucoup les Espagnols.

Le nombre des Indiens a diminué depuis la conquête, mais on a singulièrement exagéré cette diminution.

Parmi les causes qui ont contribué à diminuer d'une manière si effrayante le nombre des Indiens, il faut noter l'abus des liqueurs fortes ; il fait plus de ravages en une année que le travail des mines, lorsque les indigènes y étaient assujetis, n'en faisait dans l'espace d'un demi-siècle. Les Indiens du pays haut (*la Sierra*) se livrent à cette boisson avec tant de fureur, que souvent on les trouve morts, le matin dans les champs, par suite de l'ivresse du soir.

Les Indiens, aussi bien que les Créoles, parviennent généralement à un âge fort avancé, et conservent leurs facultés jusqu'à la fin de leur carrière. Dans la province de Caxamarca, qui à peine renferme sept mille habitants, on comptait, en 1792, huit personnes âgées depuis 114 jusqu'à 147 ans ; et dans la même province il mourut, en 1763, un Espagnol âgé de 144 ans 7 mois et 5 jours, laissant une descendance directe de 800 personnes.

Les Indiens de l'Ucayal, de Huallaga et de la *Pampa del Sacramento*, ont le teint plus blanc, la taille plus forte et les traits plus expressifs que les Péruviens. Quelques tribus, par exemple les *Conibos*, ne le céderaient guère en blancheur aux Espagnols, sans les huiles dont ils s'enduisent tout le corps, et si ce n'étaient les piqûres de moustiques, auxquelles ce moyen même ne saurait les soustraire. Les *Carapachos*, sur la rivière Pachitéa, ont presque la blancheur des Flamands ; ils ont de plus une barbe touffue. On a comparé leurs femmes, pour la beauté, aux Circassiennes et aux Géorgiennes. Il n'est pas étonnant que parmi ces peuples les difformités soient presque inconnues : ils prennent des précautions cruelles contre les erreurs de la nature ; tout enfant qui paraît d'une constitution faible ou d'une mauvaise conformation, est voué à la mort. Pendant l'adolescence ils emploient un moyen plus innocent pour conserver la beauté de la race ; il consiste à serrer par des ficelles de chanvre toutes les parties du corps, de manière à leur donner une forme convenue. Les *Omaguas*, qui demeuraient anciennement dans la Pampa, avaient la coutume de serrer la tête de leurs enfants entre deux planches de bois, qui, en aplatissant le front et l'occiput, rendaient la face plus large, et lui donnaient de la ressemblance avec la pleine lune. Cet usage n'est pas tout-à-fait aboli parmi les habitants actuels de ces contrées. Les missionnaires attribuent à cette opération violente la faiblesse d'entendement et de jugement qui, selon eux, est générale parmi ces peuples. La petite vérole et diverses autres causes ont singulièrement diminué la force de ces tribus, autrefois très-populeuses. Il y en a qui ne comptent que cinq cents âmes.

Les idiomes de ces Indiens semblent varier de village en village, tant chaque tribu met de soin à conserver certaines inflexions de voix, certains sifflements et hurlements qui probablement tiennent lieu de mots d'ordre en temps de guerre. Il est vraisemblable que ces idiomes se réduisent à un très-petit nombre de langues-mères. Cependant il y a des différences primitives ; les *Cocamas*, par exemple, en parlent une qui n'a aucun rapport avec celle de leurs voisins, les *Yurimaguas*, qui habitent sur le Huallaga. La langue des *Moxos* et celle des *Chiquitos* sont très-répandues et la dernière se distingue par une syntaxe remplie d'artifices qu'on ne chercherait pas parmi des sauvages. Les *Panos* cachent aux yeux des étrangers quelques livres écrits en hiéroglyphes.

Toutes ces peuplades vivent sous des *caciques* ou princes ; il y en a qui ont deux caciques à la fois. La polygamie est en horreur parmi ces peuples. Il n'est permis qu'aux caciques d'avoir deux épouses. Dans la plupart de ces tribus, les mariages sont conclus entre les chefs des deux familles et les jeunes gens élevés ensemble depuis la plus tendre enfance. Il n'est pas rare de voir des couples qui s'aiment jusqu'à la mort ; plus d'une *Artémise* sauvage a donné aux cendres de son mari ses propres entrailles pour tombeau. Mais les mariages ne sont point indissolubles : les époux peuvent se séparer d'un mutuel consentement.

La croyance de ces peuples est conforme à leur civilisation imparfaite. Ils se représentent l'Être-Suprême sous la figure d'un vieillard qui, après avoir construit les montagnes et les plaines de notre terre, a choisi le ciel pour sa demeure. Ils l'appellent notre père, mais ils ne lui consacrent ni temples ni autels. Les tremblements de terre viennent, selon eux, de sa présence sur notre globe ; ce sont les pas de Dieu irrité qui font tressaillir les montagnes ; pour lui montrer leur respect, aussitôt qu'ils sentent une secousse de tremblement de terre, ils sortent tous de leurs cabanes ; ils dansent, sautent, trépignent et s'écrient : *Nous voici ! nous voici !* Plusieurs tribus adorent la lune. Tous ces Indiens croient à un mauvais principe, à une espèce de diable qui, selon eux, réside sous la terre, et cherche à faire du mal à tous les êtres vivants. Des individus, nommés Mohanes, passent pour avoir des communications avec le diable, et pour savoir détourner sa maligne influence. Ce sont là les seuls prêtres qu'aient ces peuples ; on les consulte sur la guerre et sur la paix, sur les moissons, sur la santé publique, etc. Le métier de ces prêtres, ou plutôt de ces sorciers, est très-périlleux ; si leurs artifices magiques ne sont pas suivis de succès la vengeance de leurs dupes s'assouvit dans leur sang. Les *piripiris* sont des talismans composés de diverses plantes dans le but de faire réussir la chasse, d'assurer les moissons, de donner naissance à la pluie et de disperser des armées ennemies.

Les tribus établies sur la rivière des Amazones, du côté de Maynas, croient que l'âme continue à exister dans un autre monde, sous la forme humaine.

Quoique cette idée soit commune à tous les Indiens, il paraît que les habitants des bords de l'Ucayal y joignent la croyance de la *métempsycose*.

Les funérailles sont accompagnées de complaintes et de lamentations étranges. Les uns imitent le hurlement du tigre, les autres le cri nazal des singes ; ceux-ci coassent commme les grenouilles.

La complainte finie, on détruit tout ce qui appartenait au défunt, et on brûle sa cabane. Le corps est mis dans un grand vase de terre, qui sert de bière ; il est inhumé dans quelque endroit isolé. Ces Indiens ont grand soin d'applanir le terrain où ils ont creusé une fosse, afin qu'on n'en retrouve pas la place : tout le monde évite les endroits qui servent de cimetière ; et il est défendu de faire la moindre mention du défunt, et même d'en rappeler indirectement la mémoire.

Les *Roa-Mainas* ont une coutume différente. Ils déterrent les cadavres après un certain laps de temps ; et lorsqu'ils croient que les chairs se sont dissoutes, ils nettoient le corps, le placent dans une bière d'argille, chargée d'hiéroglyphes semblables à ceux d'Égypte, l'exposent dans leurs cabanes à la vénération des survivants, et lui font à la fin de secondes funérailles. Les *Gapanaguas*, sur les bords de la rivière Magni, dévorent les chairs rôties des morts.

Plusieurs tribus ont la réputation de manger leurs prisonniers de guerre. Les *Guagas*, qu'on cite dans ce nombre, ont toute la férocité des Giagas d'Afrique dont ils sont peut-être une branche. Ils se resserrent le milieu du corps de ma-

nière à se donner une taille extraordinairement svelte.

Les missionnaires qui ont soumis à la couronne d'Espagne la vaste province de Maynas, limitrophe de la Pampa del Sacramento, ont trouvé plus d'obstacles à mesure qu'ils pénétraient vers l'Ucayal, et surtout lorsqu'ils ont voulu passer au-delà de cette rivière. Il y a eu, dans le dix-septième siècle et au commencement du dix-huitième, des missions florissantes établies sur les bords de la rivière Manoa. Elles ont été détruites ; et la perte de cette position qui domine le cours de l'Ucayal, a contribué au succès de la révolte des peuplades du Grand-Pajonal, qui paraissent s'être maintenues indépendantes depuis un demi-siècle. Les missions des Chiquitos et des Moxos languissent depuis la destruction de leurs fondateurs, les jésuites.

Les contrées à l'est des Andes ont deux saisons ; l'une sèche, qui dure de juin en décembre ; l'autre pluvieuse. Pendant la saison des pluies, toutes les plaines se transforment en un lac immense ; les forêts, les arbustes, les lianes, semblent flotter dans l'eau ; les quadrupèdes se réfugient vers les sommets, tandis que les crabes et les huîtres s'attachent aux branches inférieures. Le froid vent d'est vient-il dessécher l'atmosphère ? aussitôt les eaux commencent à diminuer : les coteaux qui bordent les rivières se montrent de nouveau ; les îles et les bancs même reparaissent au milieu des fleuves. L'humidité extrême de ce climat, et la chaleur, quoique tempérée, qui y règne, exigent, de la part des Européens, beaucoup de prudence pour y conserver leur vigueur.

Les collines à l'est des Andes renferment des mines d'or ; on y trouve aussi des filons de sel gemme. La plaine, tous les ans inondée par le débordement des fleuves, promet une grande fertilité. Dans leur état sauvage, toutes les contrées à l'est de la Cordillière des Andes sont couvertes de forêts. Sur les montagnes on trouve beaucoup de bois incorruptibles ; dans les plaines, on erre parmi des taillis de cacaoyers et de palmiers. Les espèces les plus recherchées de *cinchona*, ou l'arbre à quinquina, se trouvent dans les vallées de Huallaga, du côté de Chicoplaya, et probablement en beaucoup d'autres endroits. Le cirier des Andes croît le long de la partie inférieure du Huallaga. Plusieurs arbres fournissent pes gommes et des baumes ; il y en a beaucoup d'autres qui, par l'éclat et le parfum de leurs fleurs, réjouissent à la fois l'odorat et la vue.

CHAPITRE QUATORZIÈME.

République du Chili.

La Chili a une étendue d'environ 362,340 kilomètres carrés ; la population est de 1,559,000 habitants. Dans les colléges soutenus par l'Etat on élève 2140 jeunes gens ; il y a 50 colléges particuliers, 26 pour les garçons, 24 pour les filles ; les premiers reçoivent 3,580 élèves; les autres, 1843. Dans les 577 écoles fiscales établies dans toute la République, on donne l'éducation élémentaire à 22,340 enfants des deux sexes ; les écoles municipales, au nombre de 84, sont fréquentées par 4,574 enfants des deux sexes.

L'extraction de l'argent et de l'or fin s'est élevée en 1857 à 1,080,000 piastres. Les articles d'exportation sont assez considérables au Chili. En 1re ligne, figurent les céréales, les bois de construction, le cuivre et l'argent tant monnayé qu'en lingots. En 1838, on a exporté 320,678 quintaux de cuivre en essieux, 189,669 quintaux de cuivre en barres, 891,296 quintaux de minérai de cuivre, 10,326 quintaux de minérai d'argent, 101,918 quintaux d'argent en lingots, 27,248 quintaux de guano. Un chemin de fer de Valparaiso à Santiago se construit avec une grande activité sous la direction d'un ingénieur français. Déjà la ligne atteint *Rancagua*. Une ligne télégraphique est établie entre *Valparaiso, Santiago* et *Talea*. Un réseau électrique s'étendra bientôt sur tout le territoire. La république Chilienne possède une bonne université et d'autres établissements remarquables où d'habiles professeurs enseignent la littérature et la science. On a recruté en Europe des professeurs d'exploitation des mines, d'économie politique, de science naturelle et des ingénieurs civils. En 1860, le système décimal a été établi pour les mesures de longueur et de capacité. Des traités d'amitié, de navigation et de commerce ont été conclus avec la France, la Belgique et l'Autriche.

C'est le 10 septembre 1810 que le Chili commença à lutter contre le joug de l'Espagne et ce n'est que le 1er janvier 1844 qu'il proclama son indépendance. Des divisions instestines permirent en 1818 au vice-roi de Lima de soumettre de nouveau ce pays et de déporter dans l'île déserte de *Juan-Fernandez* les principaux chefs de l'indépendance. Mais les débris de l'armée chilienne s'étant réfugiés au delà des Andes, à *Mendoza*, province du *Cajo*, sous la protection de la république de Buénos-Ayres, celle-ci vint au secours des insurgés et envoya une petite armée qui, sous les ordres de San-Martin, battit complétement les Espagnols, à *Chacabuco*, le 17 février 1817. Les Espagnols perdirent encore une bataille décisive, le 5 avril 1818 à *Marpo* ; enfin, après un second combat livré en 1819 près de *Santa-Fé*, ils abandonnèrent définitivement le Chili par se retirer dans l'Auraucanie.

Le Chili se divise en 7 provinces : *Santiago, Aconcagua, Coquimbo, Colchagua, Maule, Concepcion, Valdivia*, plus l'archipal de *Chilöé*. Les villes principales sont *Santiago, Valparaiso, San-Felipe, Coquimbo, San-Fernando, Cauquenes, Concepcion, Valdivia,* et *San Carlos*.

C'est à travers des montagnes stériles, des neiges éternelles et d'affreux précipices, que l'on pénètre du Pérou dans le *Chili*. La nature avait isolé du monde entier cette pittoresque, fertile et salubre contrée. La puissance des Incas y avait cependant pénétré avant les armes espagnoles; mais ni l'une ni les autres n'avaient pu entièrement soumettre cette terre de liberté. La température fraîche et les saisons régulières y entretiennent, dans la nature animale, la vigueur et la santé.

Le printemps règne de septembre en décembre, alors commence l'été de l'hémisphère austral. Les vents soufflent du nord depuis le milieu de mai jusqu'à la fin de septembre ; c'est la saison plu vieuse. Le reste de l'année les vents viennent du sud, ils sont secs. Ils se font sentir à 240 ou 320 kilomètres de la côte. Quant au sol de ce pays, la côte ne présente qu'une plage étroite, derrière laquelle s'élèvent brusquement plusieurs rangs de montagnes : le dos de ces montagnes offre une plaine fertile, arrosée de petites rivières ; et, dans les endroits cultivés, couverte de vergers, de vignobles et de pâturages. Les sommets des Andes, où brûlent, parmi la neige, quatorze grands volcans, couronnent cette intéressante perspective. L'or et le cuivre abondent dans les montagnes ; il existe dans les Andes des montagnes entières d'aimant ; les rivages sont couverts d'un sable ferrugineux ; malgré cette nature métallique du sol, la végétation montre la plus étonnante énergie. Les forêts nourrissent des arbres énormes, les uns précieux à cause de leur bois incorruptible, les autres utiles par leurs résines et leurs gommes ; la plaine, ornée d'arbustes aromatiques et salins, se prête à toutes les cultures européennes ; c'est le seul pays du Nouveau-Monde où l'on ait réussi à faire du vin. Les lamas, les vigognes, les viscaques se multiplient en liberté. Les cygnes du Chili ont la tête noire ; trait qui les rapproche de ceux de la Nouvelle-Hollande.

Les Andes nourrissent des forêts immenses, des arbres d'une grandeur démesurée. Deux arbres, semblables au myrte, parviennent ici à une élévation de 15 mètres. Les oliviers ont jusqu'à 1 mètre de diamètre. Les herbes cachent le bétail dans les prairies. Plusieurs abrisseaux et plantes abondent en matière colorante d'un noir très-foncé. La *puya*, arbre peu élevé, mais très-épais, se couvre d'une espèce d'écailles.

En venant du nord, nous rencontrons en premier lieu la province et la ville de *Copiapo*, d'où l'on exporte du nitre, du soufre et du cuivre, *Coquimbo*, ville ombragée de myrtes, et décorée de belles maisons, possède un port d'où l'en exporte du cuivre, des chevaux, de l'huile, excellente. Près de Coquimbo et Guasco la terre semble comme imprégnée de substances métalliques. Le cuivre est d'excellente qualité. Le district de *Quillota* donne son nom à des pommes très-grosses. Mais le principal port de commerce est Valparaiso à 120 kilomètres de Santiago, capitale de Chili. On exporte, pour Lima, du froment, de la farine, une quantité considérable de petits cordages, du poisson salé sec, des pommes, poires, pêches, et autres fruits. Valparaiso reçoit en échange du sucre, du tabac, de l'indigo et des liqueurs spiritueuses.

Santiago, capitale de la république, a plus de 4 kilomètres de circonférence ; les rues se coupent à angles droits ; il y en a qui ont un kilomètre de long ; elles sont larges. La population est de 100,000 âmes. La grande place est ornée d'une belle fontaine ; la rivière *Mapucho*, qui traverse la ville, et qui autrefois l'inondait assez souvent, est contenue par une superbe digue. Quelques édifices de Santiago méritent d'être cités à cause de leur magnificence. On distingue l'hôtel de la monnaie, le palais du gouvernement, la cathédrale, et d'autres églises : il y a de très-belles maisons particulières.

Dans cette ville, la manière de vivre porte une empreinte de gaieté, d'hospitalité et d'amabilité. Le sang y est très-beau. Les femmes sont des brunes piquantes ; mais un habillement gothique les défigure un peu. La danse et la musique sont ici, comme dans toute l'Amérique, des occupations favorites. Le luxe des habits et des équipages est porté très-loin.

Les principales mines d'or sont à l'est de Santioga, à Petorca. Comme celles du Pérou, elles sont reléguées dans la région des neiges. La montagne d'Upsallata offre des minérais très-riches.

Le district de *Maule*, dont le chef-lieu se nomme *Talca*, abonde en vin, tabac, grains et troupeaux de chèvres. Dans la province de la *Conception*, un sol riche et un climat régulier, permettent au blé de donner soixante pour un ; la vigne y croît dans la même abondance ; les campagnes sont couvertes de troupeaux.

La ville de la Conception ayant été engloutie par la mer dans un tremblement de terre, on a bâti une nouvelle ville à quelque distance du rivage ; elle s'appelle indistinctement *la Mocha* ou *la Nouvelle-Conception*. Les habitants y sont au nombre de 13,000. *Talcaguana*, petite ville située sur ia *baie de la Concept'on*, est une des plus grandes et des plus commodes places de relâche qu'on trouve sur la côte du Chili.

Les forteresses d'*Araucos*, de *Tucapel* et autres, étaient destinées à former une barrière contre les incursions des Indiens, aujourd'hui soumis et tranquilles.

La ville de *Valdivia* possède un port bien défendu et bon. La contrée fournit d'excellent bois pour la construction.

La grande île de *Chiloé* est la principale de l'archipel de Chonos, composé de 47 îles, dont 30 sont peuplées et cultivées. Elle produit du blé, de l'orge, du lin, des sangliers, dont on fait d'excellents jambons et de superbes bois de construction. Peuplée de 30,000 habitants, Espagnols et indigènes, elle possède le beau port de *San Carlos de Charcao*. Les indigènes parlent une langue particulière, appelée *veliché*. Le climat est sain, mais froid et pluvieux. A une distance de 640 kilomètres dans la mer, s'élèvent les deux îles de *Juan-Fernandez*, devenues célèbres par le mouillage que la plus grande offre aux navigateurs. La grande île est surnommée *Mas-à-Tierra*, c'est-à-dire la plus rapprochée du continent ; la petite est appelée *Mas-à-fuero*, c'est-à-dire la plus au-dehors. Les rochers et les bois pittoresques de celle-ci n'ont pour habitants que des chèvres sauvages. Il croît, dans ces îles, des cèdres, du bois de sandal et des poivriers.

CHAPITRE QUINZIÈME.

Région de la Plata (Ancienne vice-royauté de Buenos-Ayres). — Confédération Argentine. — Républiques du Paraguay et de l'Uruguay.

Selon notre habitude, nous allons décrire d'abord, sans nous préoccuper de ses divisions politiques actuelles, cette vaste contrée de l'Amérique méridionale, formant en grande partie le bassin de Parana, contrée connue encore au commencement de ce siècle sous le nom de *vice-royauté de Buénos-Ayres* et à laquelle on donne généralement aujourd'hui celui de *la Plata*. Nous nous occuperons ensuite des Etats entre lesquels elle est maintenant partagée.

Si de la capitale du Chili nous voulons diriger notre course vers le Paraguay, il faut traverser les Andes, où souvent le voyageur est assailli par d'effroyables orages. On passe par *Mendoza*, anciennement chef-lieu de la grande province de *Cuyo*. Cette contrée, qu'on nommait aussi *Trasmontano*, par rapport au Chili, est fertile en fruits et en blé ; elle comprend aujourd'hui les Etats de *Mendoza* et de *San-Juan* dans la *Confédération Argentine*. Le vin est transporté à Buenos-Ayres et à Montevideo. Ce vin a la couleur d'une potion de rhubarbe et de séné ; son goût en approche assez. Il prend peut-être ce goût des peaux de bouc goudronnées dans lesquelles on le transporte. On n'en boit guère d'autre dans tout le Paraguay.

Au nord-est de l'ancienne province de Cuyo s'étend le *Tucuman*, contrée peu fréquentée et peu connue, qui forme les Etats de *Rioja, Jujui, Salta, Tucuman, Catamarca, Santiago* et *Cordova*. Les Andes qui étendent leurs branches à travers la partie septentrionale, y rendent le climat très-froid. Le reste n'est qu'une vaste plaine. Le Tucuman est rempli de véritables *plateaux*, car plusieurs rivières n'y trouvant point de débouchés, y forment des lacs sans écoulement. Les deux principaux fleuves du Tucuman sont le *Rio-Salado*, qui se réunit à la rivière de la Plata, et le *Rio-Dolce*, qui se perd dans la lagune de Porongas. La vallée de Palcipas, qui s'étend entre deux branches des Andes, renferme une rivière considérable qui s'écoule dans un lac. Toutes les rivières de la province de Cordova, excepté une, s'écoulent dans des sables.

Avec un hiver sec et des chaleurs d'été aussi fortes que subites, le Tucuman est salubre. Dans les endroits où les rivières fertilisent les campagnes, le pays est rempli de pâturages excellents ; les bœufs, les moutons, les cerfs, les pigeons et les perdrix s'y multiplient. Le maïs, le vin, le coton et l'indigo y sont cultivés avec succès. Les forêts entre le Rio-Dolce et Salado sont peuplées d'une immense quantité d'abeilles. Une espèce d'insecte y étend, sur les arbres appelés *aromos*, de vastes réseaux de fils soyeux et de couleur d'argent. La cochenille sauvage est d'assez bonne qualité. On exploite dans le Tucuman deux mines d'or, une d'argent, deux de cuivre et deux de plomb. On y fabrique beaucoup d'étoffes de laine et de coton, et l'on y a découvert une fort belle mine de sel cristallin.

Les principales villes de cette contrée sont celles qui ont donné leurs noms aux divers États, telles que *San-Felipe* ou Salta de Tucuman ; elle est située dans une vallée très-fertile ; les femmes, d'ailleurs très-belles, ont communément des goîtres vers l'age de vingt-cinq ans ; *Jujui*, près d'un volcan qui lance des torrents d'air et de poussière ; *Rioja, Santiago del Estero, San-Miguel*, et enfin *Cordova*, résidence d'un evêque. Les jésuites y avaient une célèbre université.

La contrée connue sous le nom de *Chaco*, et généralement le pays entre le grand fleuve des Andes, ne sont qu'une plaine imprégnée de sel et de nitre, souvent inondée de sables mouvants ou infectée par des marais dans lesquels les rivières s'écoulent, faute d'une pente qui pût suffire à les conduire dans la mer. Tout change sur la rive orientale de la Plata. Des collines s'élèvent entre ce fleuve et l'Uraguay ; des montagnes escarpées séparent cette dernière rivière de l'Océan. D'épaisses forêts bordent le rapide *Uraguay*, rivière qui surpasse le Rhin ou l'Elbe. A son embouchure, l'œil ne peut qu'avec peine découvrir ses deux rives à la fois ; à 800 kilomètres plus haut, il faut encore une heure pour le traverser. Il est poissonneux ; son lit est parsemé de rochers, et son cours est interrompu par beaucoup de *rapides*. Il est navigable jusqu'à *Salto Chico*, à 360 kilomètres de son embouchure. Près de Buénos-Ayres le bois manque, mais en revanche le terrain est très-propre à l'agriculture. Le sol est sablonneux mêlé d'un terreau noir. Au sud de Buénos-Ayres s'étendent à perte de vue les immenses plaines appelées les *Pampas*, où règnent des vents très-impétueux et où l'œil ne fait qu'errer tristement d'un arbuste rabougri à une touffe de plantes salines.

La propagation étonnante des chevaux et des bœufs européens, soit domestiques, soit devenus sauvages, est un grand trait commun de l'histoire naturelle de ces contrées. C'est de 1530 à 1552 qu'on a importé des chevaux et des bœufs d'Europe en grand nombre. Les chevaux, devenus sauvages, vont par troupes composées de plus de dix mille ; presque tous sont bais-châtains ; ils diffèrent très-peu des chevaux domestiques : on les dompte facilement ; et comme les pâturages ne manquent pas, le plus pauvre journalier a son cheval. Il y a aussi beaucoup d'ânes sauvages qui proviennent de la même source. Les bœufs abondent surtout dans l'ancienne province de Chiquito et dans les champs de Montevideo ; ces animaux sont, pour les Espagnols et les habitants, ce que les rennes et les chameaux sont pour les Lapons et les Arabes ; leur chair est la base de la nourriture ; on exporte leurs peaux, et cette exportation est considérable ; on fait avec leurs cornes des vases, des cuillers, des peignes, des pots, des cruches ; avec leurs cuirs, des cordes, des liens, des matelas, des cabanes ; la graisse supplée l'huile ; de leur suif on fait du savon, de la chandelle ; les os servent au lieu de bois à brûler dans beaucoup d'endroits où il manque, et on les fait flamber par le moyen du suif ; les crânes servent de chaises dans les *estancias* (ou maisons de campagne); on fait avec du lait une quantité de ragoûts, de fromages. La couleur de ces précieux animaux est sombre et rougeatre dans les parties supérieures, et noiratre dans le reste. Le bétail de Montevideo est plus grand que celui de Salamanque, qui est lui-même le plus grand d'Espagne ; cependant les taureaux ne sont pas aussi légers ni aussi féroces qu'en Espagne. Près du Coin-de-la-Lune, à environ 180 kilomètres vers le sud-ouest de la cité de l'Assomption, il est né un taureau sans cornes, qui a propagé sa race. Une autre race qu'on nomme *nata*, a la tête d'un tiers plus courte et le front garni d'un poil crépu. Il existe aussi quelques variétés de taureaux qu'on appelle *chiros*, parce qu'ils ont les cornes droites, verticales, coniques et très-grosses à la racine. Les bœufs sauvages s'apprivoisent facilement. Depuis la latitude méridionale de 27 degrés jusqu'aux îles Malouines, les bêtes à cornes et autres animaux ne sentent pas le besoin de lécher les terres salines et nitreuses, appelées *barréro's*, parce que les eaux et les pâturages contiennent assez de sel. Mais à partir de cette latitude vers l'équateur, le *barréro's* devient d'une nécessité indispensable.

Le *Chaco* est presque entièrement occupé par des tribus indigènes, plus ou moins sauvages. Il en est qui s'éteignent ou changent de nom : telle est la tribu des *Lule*, dont la langue a une grammaire extrêmement simple. Les *Zamucas* parlent une langue-mère très-remarquable. Les *Guaicurus*, les plus féroces de tous les Indiens, se sont éteints, à quelques individus près. Un semblable sort attend les *Lenguas*, hommes féroces, mais qui ont des formes élégantes, à l'exception des oreilles, qui leur tombent jusque sur les épaules. Lorsqu'un d'eux vient à mourir, ils changent tous de nom, afin que la mort ne se ressouvienne pas d'eux sitôt. Les *Guanas* sont les plus civilisés de ces Indiens ; cependant ils n'ont aucune idée positive de religion ni de morale ; leurs femmes enterrent tout vivants la plupart des enfants de leur propre sexe. Les deux tribus des *Enimagas* et des *Guentusé*, liées d'une amitié fraternelle, s'accompagnent toujours dans leurs émigrations. Les *Moyas* font la guerre à tout le monde ; ils s'arrachent le poil des sourcils et des paupières ; ils subsistent de l'agriculture, exercée par leurs esclaves. Les *Mocobis*, fainéants, orgueilleux et voleurs, ont eu des succès dans la guerre ; ils ont jusqu'à mille hommes en état de porter les armes. La plus célèbre de toutes ces peuplades est celle des *Abipons*. Cette tribu guerrière, composée de cinq mille âmes, habitait une partie de la contrée dite *Yapizlaga*, entre le 28ᵉ et le 30ᵉ degré de latitude, sur les bords de la rivière de la Plata. Ils élevaient et dressaient des chevaux sauvages. Leurs armes étaient des lances de 10 à 12 mètres de long et des flèches quelquefois garnies de pointes de fer. Leur esprit guerrier les avait rendus formidables aux Espagnols.

Les missionnaires ont eu peu de succès parmi eux. Une guerre malheureuse les a obligés à demander un asile parmi les Espagnols, où ils se sont presque éteints. Le sang de cette nation est assez beau ; les femmes ne sont pas beaucoup plus basanées que les Espagnoles. Les traits des hommes sont réguliers ; ils ont souvent le nez aquilin. Ils ont l'habitude de s'arracher les cheveux de dessus le front, au point de paraître chauves. La mythologie et le régime politique des *Manacicas* offrent plusieurs traits de ressemblance avec les idées des Taïtiens.

Le *Paraguay* propre doit son nom à la tribu des *Payaguas*, qui vit de la pêche et qui se distingue par son caractère rusé. Leurs femmes fabriquent des couvertures de laine. Ils conservent, contre la coutume des autres Indiens, les objets laissés par un mort. Ils élèvent de petites huttes au-dessus des tombeaux. Le *Paraguay* produit le fameux arbre du Brésil. On y voit presque partout un très-grand nombre de cotonniers arbustes. Les cannes à sucre y naissent sans culture dans les lieux humides. Un arbre qui abonde dans le Paraguay, c'est celui d'où l'on tire la liqueur nommée *sang de dragon*. Il y a diverses autres résines utiles. Il n'est pas rare de trouver dans les bois de la cannelle sauvage. La rhubarbe, la vanille, la cochenille figurent au nombre des productions naturelles. Le thé, ou l'herbe de Paraguay, si célèbre dans l'Amérique méridionale, est la feuille d'une espèce d'*ilex* de la grandeur d'un pommier moyen. La grande récolte de cette herbe se fait près la nouvelle *Villa-Rica*, qui est voisine des montagnes de Maracayu, situées à l'orient du Paraguay, vers les 25 degrés 25 minutes de latitude australe.

On compte au Paraguay trois espèces de singes, le *miriqouina*, le *cay* et le *caraya*. Ce dernier, qui est le plus commun, remplit, à l'aurore et à la fin du jour, les forêts épaisses de ses cris rauques et tristes, semblables au craquement d'un nombre immense de roues de bois non graissées. Le grand tatou creuse ses terriers dans les forêts ; quelques autres espèces vivent dans les champs et sur les lisières des bois. Le tapir est nommé *mborebi* par les Guaranis ; le même peuple comprend sous le nom de *guazou*, assez semblable à celui de gazelle, quatre espèces de cerfs différentes de celles de l'ancien continent. Outre les jaguars et les conguars, on rencontre ici le *chibigouazou*, ou le *felis pardalis*, l'*yagouaroundi* et l'*evra*, espèces du chat-tigre inconnues à l'ancien monde.

La province du Paraguay ne renferme que de petites villes. La capitale est l'*Assomption* ou *Assuncion*, sur la rive droite du Paraguay ; ses rues sont tortueuses et de largeur inégale, serpentant sur un sol sablonneux ; l'air y est sain et tempéré. La population s'élève à 25,000 âmes. Cette province renferme encore d'autres colonies ; mais, à l'exception des jolies villes de *Neemboucou* ou *Villa-del-Pilar*, de *Courrouguati*, de *Villa-Rica* et de *Real de-Conception*, ce que l'on aurait à en dire se réduirait à l'année de leur fondation, au nombre de leurs habitants ou à leur situation géographique.

Les contrées à l'est du grand fleuve Parana formaient autrefois trois petits gouvernements : 1° celui de *Corrientes* et des *Missions*, entre le Parana et l'Uruguay ; 2° celui d'*Uruguay*, entre la rivière de ce nom et le Rio-Négro ; 3° celui de *Monte-Video*, entre le Rio-Négro et la mer. Ils sont aujourd'hui compris dans la république de l'Uruguay. Les productions végétales sont d'un grand intérêt pour l'économie politique ; ce sont des bois de construction, des bois de teinture, des plantes qui donnent un chanvre incorruptible, d'excellent coton, beaucoup de cannes à sucre, et généralement toutes les production du Brésil. Il reste encore dans ce pays des tribus sauvages. Les *Guaranis* y étendent plusieurs de leurs nombreuses ramifications. Les *Guayana*, nommés aussi *Guayagues*, s'y distinguent par leur blancheur ; ils vivent à l'ombre des forêts épaisses, et dès qu'on les en fait sortir, ils languissent et meurent. Les *Charruas* sont la nation la plus belliqueuse ; elle défendit opiniâtrément les rives de la Plata contre les conquérants européens. Leur langage est rempli de sons gutturaux, si difficiles que notre alphabet ne saurait les rendre.

La principale ville est *Monte-Video*, sur la rivière de la Plata, à 80 kilomètres de son embouchure. Cette ville, entourée par l'eau de tous les côtés, excepté de celui du fort, possède un port peu profond et exposé aux mauvais vents. Les rues de Monte-Video, larges et tirées au cor-

deau, manquent de pavé. Sa population est de 35,000 âmes. Le granit compose le sol de cette ville, et domine probablement dans toutes les montagnes voisines. *Maldonado* est bâti sur un terrain uni et sablonneux. Le port est à 4 kilomètres de distance. Très-spacieux, il offre un ancrage excellent, et assez d'eau pour les plus grands bâtiments. *Colonia del Sacramento*, ou simplement *Colonia*, appartenait jadis aux Portugais. Son port est petit et mal abrité.

Les contrées que nous venons de parcourir étaient le principal siége des fameuses *missions des jésuites*, dans lesquelles on a prétendu voir le germe d'un empire.

La république de *Buénos-Ayres* a pour capitale la ville de même nom, fondée en 1635, au milieu d'une plaine, sur la grève de la rivière de la Plata, à 28 kilomètres de son embouchure. Les rues sont larges et tirées au cordeau. C'est une ville très-riche et très-opulente qui renferme plus de 120,000 habitants.

Presque tous les Indiens convertis, plus de la moitié des habitants du Paraguay, ceux des bords de la rivière de la Plata et des villes, s'occupent de la culture ; mais comme cet état est fatigant, il n'est embrassé que par ceux qui n'ont pas le moyen de se faire négociants ou d'acquérir des terres et des troupeaux pour devenir bergers, et enfin par les journaliers qui ne peuvent pas se louer pour la conduite des troupeaux. Les habitations des agriculteurs, situées au milieu des terres en exploitation et assez éloignées les unes des autres, sont en général des baraques ou des chaumières petites et basses, couvertes en paille. Les murs sont formés par des pieux fichés en terre verticalement les uns à côté des autres, et les intervalles sont remplis de mortier de terre.

Les agriculteurs l'emportent beaucoup, par leur caractère moral, par leur civilisation et par leur manière de se vêtir, sur les bergers, appelés aussi *Gauchos*. Ce genre de vie a presque réduit à l'état sauvage les Espagnols qui l'ont embrassé. Les Gauchos sont occupés à garder douze millions de vaches, trois millions de chevaux, avec un nombre considérable de brebis. On ne comprend pas dans cette énumération les animaux sauvages. Tous les troupeaux domestiques sont divisés en autant de troupeaux particuliers qu'il y a de propriétaires. Un pâturage qui n'a que 15 ou 20 kilomètres carrés de surface est regardé comme peu considérable ; à Buénos-Ayres et au Paraguay, il passe pour ordinaire. C'est dans l'intérieur de ces possessions que sont les habitations des Gauchos. Accoutumé dès l'enfance à l'oisiveté et à l'indépendance, le Gaucho ne connaît ni mesure ni règle. Habitué à égorger des animaux, il répand tout aussi facilement le sang de son semblable, mais toujours de sang-froid et sans colère. Le calme du désert semble avoir donné à ces hommes une profonde insensibilité ; ils sont enclins à la défiance et à la ruse. Lorsqu'ils jouent aux cartes, objet de leur plus violente passion, ils s'asseyent, à leur ordinaire, sur leurs talons, tenant sous leurs pieds la bride de leur cheval, de peur qu'il ne leur soit volé, et souvent ils ont à côté d'eux leur poignard ou leur couteau fiché en terre, prêts à percer celui qui oserait manquer de loyauté au jeu. Ils jouent dans un instant tout ce qu'ils possèdent, et toujours de sang-froid. Ils ont d'ailleurs la vertu des sauvages, le goût hospitalier ; et si quelque passant se présente chez eux, ils le logent et le nourrissent, souvent sans lui demander qui il est ni où il va, quand bien même il resterait pendant plusieurs mois. Sans morale, ils sont naturellement portés à voler des chevaux ou d'autres moindres objets ; mais étant aussi sans désirs, ils ne commettent jamais le vol d'argent. Ces Tartares d'Amérique ont beaucoup de répugnance pour toutes les occupations auxquelles ils ne peuvent pas se livrer à cheval. Très-robustes et peu sujets aux maladies, ils font peu de cas de la vie, et bravent pour un rien la mort, qui ordinairement ne les atteint que dans une vieillesse avancée. Les *Gauchos* du Mexique s'emparent des chevaux sauvages en leur lançant leur terrible *lazo* ou lacet, dont le nœud coulant les enlace. Ils ont aussi pour arme redoutable les *bolas*, triple courroie de cuir garnie de boules de plomb. Ils prennent en main une des boules et font tournoyer les deux autres au-dessus de leur tête ; les boules sortent en sifflant et s'enlacent autour des jarrets du cheval lancé à fond de train, qui s'abat aussitôt.

Outre les bergers, il vit dans les plaines beaucoup d'hommes qui ne veulent absolument ni travailler ni servir les autres, à quelque titre et à quelque prix que ce soit. Ces vagabonds, presque tous voleurs, enlèvent même des femmes de Buénos-Ayres : ils vivent souvent avec elles dans une parfaite union ; et quand le ménage éprouve quelque besoin urgent, l'homme part seul, vole des chevaux dans les pâturages espagnols, va les vendre au Brésil, et en rapporte ce qui lui est nécessaire.

Les végétaux et les animaux des plaines immenses qui environnent Buénos-Ayres diffèrent considérablement de ceux du Paraguay. Le *durasno*, fruit semblable au pêcher, et qui paraît n'être qu'une variété transplantée de l'Europe, fournit d'abondantes récoltes. Les blés de l'Europe réussissent. Les jaguars s'y montrent encore, et ils y sont même très-gros ; mais les singes, les tapirs, les caïmans disparaissent, ou deviennent extrêmement rares depuis les 32e et 3oe degrés de latitude. Le chat des Pampas, le *quouya*, espèce de *cavia*, connu aussi dans le Tucuman ; le lièvre-vizcacha, qui habite par nombreuses familles dans des terriers ; le lièvre des Pampas, dont le poil sert à fabriquer des tapis moelleux ; l'autruche magellanique, amie des plantes salines et des plaines battues du vent : voilà les principaux animaux de la région de Buénos-Ayres. On y trouve, outre les chevaux et les bœufs, des chiens d'Europe devenus sauvages, et dont les troupes innombrables sont redoutées des habitants de la campagne.

Nous allons maintenant examiner brièvement chacune des 3 grandes divisions politiques de la Plata.

CONFÉDÉRATION ARGENTINE.

Sur une superficie de 1,997,413 kilomètres, la Confédération Argentine possède une population de 1,200,000 habitants. Elle comprend 14 États indépendents : *Buenos-Ayres, Cordova, Corrientes, Santiago, Tucuman, Salta, Entre-Rios, Catamarca, Jujuy, San-Juan, Mendoza, Santa-Fé, Rioja, San-Luis.*

Le plus important de ces États est la république de BUÉNOS-AYRES. En 1859, elle se sépara et forma pendant 11 mois un État à part ; aujourd'hui elle est rentrée dans la Confédération. Sa superficie est de 493, 760 kilomètres et sa population de 400,000 habitants. Buénos-Ayres a livré au commerce, en 1856, des marchandises pour 62,170,000 fr. importées par 468 vaisseaux (137,527 tonneaux). Les principaux produits d'exportation sont les peaux de moutons, de bœufs et de chevaux, sèches ou salées, les laines ordinaires et fines, les crins, les suifs et les graisses. En 1857, l'Etat comptait 99 écoles, fréquentées par 6,749 enfants. Les conquêtes sur les Indiens ont permis aux explorateurs du gouvernement de pénétrer jusqu'à la *Sierra Ventana*, où il existe, dit-on, de très-riches mines d'or. De beaux ponts ont été construits dans la capitale, *Buénos-Ayres*, cité commerciale et bien bâtie et l'on a édifié des quais solides et spacieux. Le chemin de fer de l'Ouest arrivait en 1860 jusqu'à *Moron* et les travaux continuaient dans la direction de *Puerto-de-Marquez*. Un ingénieur anglais a exploré le Rio-Salado et n'a rencontré aucune difficulté qui puisse s'opposer à sa navigation. Régie par une constitution essentiellement libérale, au point de vue politique et religieux comme à celui du commerce, la république de Buénos-Ayres a constamment progressé.

Les autres Etats de la Confédération ont moins d'importance. Parmi leurs villes les plus remarquables nous citerons : *Parana* (*Bajada*), sur la rivière de ce nom, avec 9,000 habitants; *Gualeguaichu*, où se trouve un noyau considérable de population française, se livrant au commerce des cuirs et des laines ; *Mendoza*, grande et opulente cité manufacturière ; *San-Juan-de-la-Frontera*, renommée par ses vins ; *Rioja*, pittoresquement située au pied des Andes près de la montagne *Famatina*, qui renferme de riches mines d'argent; *San-Fernando-de-Catamarca*, capitale de l'Etat de ce nom, avec un territoire fertile et des mines abondantes dans son voisinage ; *San-Miguel-de-Tucuman*, au milieu de bosquets d'orangers, de grenadiers et de citronniers, célèbre pour avoir réuni en ses murs, le 9 juillet 1816, le congrès général qui déclara l'indépendance absolue du pays ; *Salta*, fameuse par le rôle qu'elle joua dans la guerre de l'indépendance, placée dans la délicieuse vallée de *Lerma*, arrosée par la rivière *Arias*, tributaire du Salado ; *Jujuy*, près d'un

volcan lançant des torrents d'air et de poussière, etc.

RÉPUBLIQUE DU PARAGUAY.

La superficie de cet Etat est de 197,640 kilomètres carrés et sa population de 1,500,000 habitants. Les revenus sont de 5,000,000 de francs. En 1857, les importations se sont élevées à 5,382.845 francs et les exportations à 8,382.870 francs. Les métis abondent dans la ville capitale; dans les autres villes et surtout dans la campagne le type des indigènes prédomine. Les principales voies de communication sont celles qui unissent l'*Assomption*, capitale de la république, et *Villa-Rica*. Le port le plus important est celui de l'Assomption au-dessus du confluent du fleuve *Paraguay* avec le *Parana*. Les principaux produits sont le tabac, le maïs, le manioc, le riz, le *mate* ou thé du Paraguay, dont on exporte annuellement pour environ 2 millions, la canne à sucre, les oranges, la casse, les bois de construction. Le terrain peut produire d'autres richesses, négligées dans le pays, telles que le coton, l'indigo, la cochenille, le caoutchouc, etc. Il existe de bonnes races de bêtes à cornes. L'industrie du pays se borne à la fabrication du sucre, du rhum, de la farine de manioc et la préparation des cuirs et au tissage d'étoffes grossières de laine et de coton. On achève de construire le chemin de fer de Villa-Rica.

Il y a vingt ans ce pays était presque généralement inconnu. On en parlait comme d'une nation peu ou point civilisée ; c'était presque une de ces contrées fermées aux Européens et dont il n'était parfois question que dans les récits plus ou moins vraisemblables des voyageurs et dans les contes de romanciers. La métamorphose de la république paraguayenne tient du prodige. L'instruction répandue sur toutes les classes a ouvert la voie au progrès ; elle a développé le travail industriel et engendré les ressources du commerce. Avec le travail est venu le bien être : les villes ont pris un aspect plus brillant; la capitale s'est couverte de constructions monumentales ; des artères de communication ont réuni les diverses parties de ce pays si richement doué ; les rails ont commencé à le sillonner pour lui donner une nouvelle vitalité. Un arsenal travaille assidûment à sa défense ; une armée nombreuse et bien disciplinée lui assure la paix et ne lui fait pas craindre la guerre. Elle a été organisée sur le modèle de l'armée française, par le général Fr. Solano Lopez. Enfin la presse périodique ouvre hardiment ses colonnes à la libre discussion et vient en aide, par ses lumières et une sage modération, à l'action gouvernementale.

En maintes occasions le Paraguay a su faire valoir son influence, notamment dans le différend entre ce pays et les États-Unis, différend qui a été résolu à son avantage. La réconciliation entre la Plata et la Confédération argentine est son œuvre. Cette réconciliation a été favorable aux intérêts commerciaux et la France et l'Angleterre en ressentirent les bons résultats, leur commerce avec ces pays hispano-américains étant des plus étendus. Ce commerce va prendre un nouvel essor, par l'accroissement des voies de communication avec l'intérieur du Paraguay. Les routes et les chemins vont non pas doubler, mais décupler les échanges. Aussi bien que l'Angleterre la France y déversera les produits de ses fabriques, et le Paraguay fera écouler les siens : les cotons, les cuivres, les tabacs, ces derniers surtout, qui sont supérieurs à bien d'autres, et dont jusqu'à présent la difficulté du transport diminuait l'exportation.

La république du Paraguay se divise en 8 départements et 28 municipalités. La seule ville importante est l'*Assomption* dont nous avons parlé plus haut. On peut citer encore *Itapua*, sur le Parana ; *Nembuca*, unique port ouvert aux étrangers ; *Santa-Maria-de la-Fe*, autrefois mission florissante ; *Tevego*, fondée par le savant Bompland dans des solitudes boréales ; *Villa-Rica*, au milieu de belles plantations de tabac et de maté, etc.

Les *Guaranis*, tribu indienne, autrefois terrible, maintenant inoffensive, étendent dans ce pays, comme en Bolivie, au Brésil et dans la Confédération argentine plusieurs de leurs ramifications ; ils forment la nation indigène la plus considérable de l'Amérique méridionale, puisque leur nombre est évalué à 200,000. On en compte 20,000 dans le Paraguay ; la plupart sont convertis au christianisme.

RÉPUBLIQUE DE L'URUGUAY.

Le plus petit de tous les États de l'Amérique (290,000 kilomètres carrés ; 250.000 habitants), l'Uruguay, faisait autrefois partie de la vice-royauté de Buénos-Ayres, sous le nom de *Banda-Orientale* que lui avait fait donner sa position au bord du fleuve Uruguay. En 1814, il s'affranchit de la domination espagnole, et deux ans après, il tomba aux mains du Brésil, qui en fit une province appelée *Cisplatine*, laquelle lui donnait la possession de l'embouchure de la Plata. Menacée dans la jouissance exclusive de ce cours d'eau, la république Argentine déclara la guerre au Brésil pour s'emparer de cette province que les Brésiliens, en 1822, constituèrent en État indépendant avec le titre de *République-Cisplatine*. En 1828, un traité intervenu entre les deux gouvernements reconnut d'une manière définitive l'indépendance de la Banda-Orientale, qui prit le nom de *République de l'Uruguay*.

Cet État est borné au nord par le Brésil ; à l'est par un territoire neutre entre le lac Merin et l'Atlantique ; au sud par le fleuve de la Plata et à l'ouest par celui de l'Uruguay. En 1857, les marchandises importées dans l'Uruguay ont atteint 30,773,000 francs, et celles exportées 103,549,000. Les articles d'exportation sont à peu près les mêmes que ceux du Paraguay. Le commerce de la France avec l'Uruguay s'est élevé en 1857 à 22,885,000 francs ; les envois de France consistaient principalement en laines, soieries et vins.

La république est divisée en 9 départements : *Montevideo, Maldonado, Canelones, San-José, Colonia, Soriano, Paysandu, Durazno* et *Serro-Largo*. La capitale est *Montevideo*, ville pittoresque bâtie en amphithéâtre sur le bord du fleuve, avec un bon port. Citons encore *Maldonado*, à l'embouchure de la Plata ; *Colonia*, sur la rive gauche du même fleuve, avec un bon mouillage ; *Sordano* et *Paysandu*, sur la rive gauche de l'Uruguay. De ce côté habitent quelques débris de la puissante nation indigène des *Charruas*.

En 1860, un nouveau traité conclu avec le Brésil a ratifié les conventions de 1828 et assuré l'indépendance de l'Uruguay.

CHAPITRE SEIZIÈME.

Amérique indépendante. — Patagonie ou Terre magellanique. Terre-de-Feu.

Nous avons parcouru tous les pays américains qui constituaient autrefois l'ensemble des possessions espagnoles. Pour compléter ce tableau, il nous reste à décrire l'extrémité de l'Amérique méridionale, sur laquelle l'Espagne étendait fictivement sa domination et que l'on connaît généralement sous le nom d'*Amérique indépendante*. Quand il sera question des Antilles, nous parlerons des pays du nouveau monde restés sous la domination espagnole : *Cuba* et *Porto-Rico*.

Au sud du Chili et de la Confédération argentine, par 65°-75° long. O. et 33°-54° lat. S., s'étend la contrée la plus méridionale de l'Amérique, bornée par l'Océan-Atlantique à l'est, le grand Océan à l'ouest et le Rio-Negro au nord ; au sud, le détroit de Magellan la sépare de la Terre-de-Feu. C'est la *Patagonie* ou *Terre magellanique*. Ce pays froid et montagneux a pour habitants au nord les *Araucans* et les *Puelches* ; au sud les *Tehuelhets* ou *Patagons*, dont la taille moyenne dépasse de quelques centimètres celle des Européens et atteint 2 m. ou 2 m. 35 c. Ce pays fut découvert en 1519 pour l'Espagne par Magellan. Le gouvernement de Buénos-Ayres prétend à sa souveraineté ; mais jamais, en réalité, aucune puissance européenne n'en a pris possession.

Nous avons déjà parlé de l'île de Chiloé et de l'archipel volcanisé des îles Chonos. Plus au sud vient la grande presqu'île de *Tres-Montes*, et ensuite le *golfe de Pennas*. Les peuples indigènes de cette côte paraissent tous appartenir à la race des *Moluches*, à laquelle les Espagnols ont donné le nom d'*Araucanos*. Les Moluches propres habitent la fertile et riante contrée entre la rivière de Biobio et celle de Valdivia. La riche qualité du sol, des eaux abondantes et salubres, un climat tempéré, concourent à rendre cette région au moins l'égale des plus belles parties du Chili propre. Les *Cunchi* demeurent depuis Valdivia jusqu'au golfe de Guayateca. Les *Huiliches* habitent depuis l'archipel de Chonos jusque vers le golfe de Pennas : selon quelques relations, ils étendent même leurs courses jusque vers l'entrée du détroit de Magellan. Ces deux tribus sont alliées des Moluches propres. La taille de ces peuples est grande dans la partie montagneuse, moyenne vers les côtes. Leurs traits sont assez réguliers, et leur teint n'est pas très-basané. Ces peuples exercent un peu d'agriculture ; ils récoltent quelques fruits et font une espèce de cidre ; mais leurs richesses consistent dans leurs troupeaux : ils possèdent quantité de chevaux, de bœufs, de guanacos et de vigognes. Les bœufs et les guanacos leur fournissent une nourriture abondante : la laine de la vigogne sert à fabriquer des *ponchos* ou manteaux.

Les Araucans adorent le grand Esprit de l'univers : ils adressent des hommages aux astres. Les morts sont enterrés dans des fosses carrées, le corps assis ; on met à côté les armes et les vases à boire ; on place à l'entour les squelettes des chevaux immolés en l'honneur du mort : chaque année une vieille matrone ouvre les tombeaux pour nettoyer et habiller les squelettes. Le code national permet la polygamie, mais la soumet à de sages règlements. Les propriétés et les actions de la vie civile sont aussi bien réglées que parmi nos nations européennes. Ils ont quelques notions de géométrie et d'astronomie ; ils distinguent les étoiles par des noms particuliers, et raisonnent même sur la pluralité des mondes. Leur année solaire, divisée en douze mois de trente jours, avec cinq jours intercalaires, est marquée par les solstices, qu'ils observent avec soin. Ils divisent le jour et la nuit en douze heures, dont une répond à deux des nôtres. Amateurs d'une poésie remplie de grandes images, ils se donnent des noms aussi pompeux et aussi harmonieux que ceux des anciens Grecs ; l'un se nommait *Cavi-Lémon*, c'est-à-dire vert bosquet ; l'autre, *Meli-Antou*, c'est-à-dire quatre soleils.

Passons les Andes, et considérons les régions qui s'étendent au sud de Buénos-Ayres. La contrée appelée *Tuyu*, située entre la rivière Saladillo et la rivière Hucuque, est remplie de petits lacs et d'étangs. Le mont *Casuhati*, quoique éloigné des bords de la mer, se fait apercevoir à 80 kil. du rivage ; mais les caps sont peu élevés. Il y a beaucoup de bœufs.

Les *Puelches*, dits Serranos ou de la montagne, habitaient près du mont Casuhati ; leurs débris se sont réfugiés dans les Andes.

Les *Pampas* ou plaines sablonneuses, ces véritables *steppes* de l'Amérique, s'étendent depuis le Tucuman jusqu'au 40e degré de latitude. Les deux rivières nommées Colorado et Négro parcourent ces plaines vastes et peu connues ; toutes les deux elles prennent naissance au pied des Andes du Chili. Dans la région de leurs sources, une suite de lacs et de petits canaux s'étend parallèlement aux Andes, et fait communiquer ensemble les deux fleuves. Quelques tribus sauvages errent dans les Pampas ; on les distingue en Puelches à pied et Puelches à cheval.

Plus au sud, les cartes espagnoles indiquent la *Comarca desierta*, c'est-à-dire province déserte, qui s'étend du 40e au 45e degré de latitude. La côte seule a été examinée en détail. Les baies *Anégada*, *Camarones*, *Saint-Georges* et autres offrent de bons mouillages, mais ni bois, ni eau douce, ni trace d'habitants : les oiseaux aquatiques et les loups marins règnent sans rivaux sur ces tristes rivages.

Près du cap *Blanc* la terre se couvre de quelques buissons : il y a des plaines immenses couvertes de sel. C'est vers les sources de la rivière de Camarones (et probablement à peu de distance des sources de la rivière de Callégo), entre le 43e et le 44e degré de latitude, qu'on doit chercher la demeure de la nation des *Arguèles* ou des *Césares*. « Ce pays, dit le père Feuillée, est extrêmement fertile et agréable : il est fermé au couchant par une rivière grande et rapide, qui paraît le séparer des Araucans. Les Cordillières, qui embrassent cette contrée, en rendent également l'accès difficile. Les Césares sont, du moins en grande partie, les descendants des équipages de trois vaisseaux espagnols qui, ennuyés des fatigues d'un long voyage, se révoltèrent, à ce qu'il paraît, et se réfugièrent dans cette vallée isolée. Ils ne permettent à qui que ce soit d'entrer dans leur pays. »

Les *Tehuels* ou *Tehuelhets* demeurent dans l'intérieur du pays, entre la Comarca déserte et les Andes. C'est, selon Falkner, une tribu de Puelches ; et comme ils ont généralement 2 m. de haut et quelquefois jusqu'à 2 m. 35 c., il a paru naturel à ce missionnaire et à tous les auteurs modernes de supposer que les Tehuels font des excursions à cheval jusqu'au détroit de Magellan, et que ce sont eux que les voyageurs ont désignés sous le nom de Patagons. Les Tehuels, peuple paisible et humain, enterrent leurs morts d'une manière particulière : on dessèche leurs os ; ensuite on les transporte sur les rivages de la mer, dans le désert ; on les y place dans des cabanes, entourés des squelettes de leurs chevaux.

Ce n'est, à proprement parler, que l'extrémité de l'Amérique méridionale, au sud du 46° parallèle, qu'on nomme *Patagonie*, d'après ce peuple de haute taille, qui en occupe l'intérieur.

Les Patagons, sur lesquels on a débité beaucoup de fables, ont les membres gros et nerveux, la face large, le teint extrêmement basané, le front épais, le nez écrasé et épaté, les joues larges, la bouche grande, les dents très-blanches et bien fournies, les cheveux noirs, et sont plus robustes que nos Européens de même taille. Ils sont vêtus de peaux de guanacos, de vigognes et autres, cousues ensemble en manière de manteaux carrés qui leur descendent jusqu'au-dessous du mollet, près de la cheville du pied. Ces manteaux sont peints sur le côté opposé à la laine, en figures bleues et rouges, qui semblent approcher des caractères chinois, mais presque toutes semblables, et séparées par des lignes droites qui forment des espèces de carrés et de losanges. Ils portent des toques ornées de plumes.

Les chevaux des sauvages paraissent très-faibles ; mais ils les manient avec beaucoup d'adresse. Avec leurs frondes ils atteignent et tuent les animaux jusqu'à quatre cents pas de distance. Les femmes ont un teint beaucoup moins basané : elles sont assez blanches, d'une taille proportionnée à celle des hommes, habillées de même d'un manteau, de brodequins et d'une espèce de petit tablier, qui ne descend que jusqu'à la moitié de la cuisse. Elles s'arrachent sans doute les sourcils, car elles n'en ont point.

Il semble prouvé que les Patagons, depuis trois siècles et demi, conservent une taille plus grande que celle d'aucune race humaine. D'autres contrées du monde ont peut-être renfermé anciennement des tribus d'une taille non moins élevée ; la civilisation et le luxe les auront fait dégénérer, tandis que les Patagons, isolés, même au milieu du pays le plus isolé du monde, ont conservé leurs mœurs simples, leur nourriture grossière et leur immense stature.

L'extrémité du continent américain, et le terrain continental le plus austral qu'il y ait sur le globe, mérite sans doute le nom de pays froid, sauvage et stérile. Mais les vents impétueux et les changements subits de température ne sont pas des désagréments particuliers à la Patagonie ; ce sont des caractères inhérents aux climats des *promontoires* ou des *extrémités* d'un continent quelconque. Seulement en Patagonie toutes les circonstances qui y peuvent contribuer se trouvent réunies à un très-haut degré. Trois vastes océans isolent cette terre de tout l'univers ; des vents et des courants opposés s'y rencontrent presqu'en toutes les saisons ; une haute et large chaîne de montagnes la parcourt et la remplit à moitié ; nulle terre cultivée ou tempérée ne l'avoisine. On a observé que les plaines, ou la partie orientale, différaient essentiellement des montagnes qui forment la partie occidentale. La première, nue, aride, sablonneuse, dépourvue de toute espèce d'arbre, jouit d'un air assez sec et pur ; la chaleur de l'été est de 5 à 9 degrés Réaumur. La seconde, formée de rochers primitifs, arrosée de rivières et de cascades, couverte de forêts, éprouve des

pluies presque perpétuelles ; la chaleur n'y est que de 3 à 7 degrés. Parmi les arbres communs sur la côte élevée, une espèce de bouleau, *betula antarctica*, a une grosseur énorme et fournit du bois excellent. Une espèce de palmier ou de fougère arborescente s'est égarée jusqu'au détroit de Magellan. Les guanacos, une espèce de perroquet vert, le lièvre-pampa, le vizcache et beaucoup d'autres animaux du Chili et de Buénos-Ayres se sont multipliés dans la Patagonie. Autour du Port-Désiré, baie sûre et profonde, les rochers sont composés de marbres veinés de noir, de blanc et de vert, de silex et de talc brillant et semblable à des cristaux. Les végétaux y sont peu abondants ; on a vu cependant des troupes de taureaux sauvages dans l'intérieur. Les coquillages fossiles forment sur toutes ces côtes de très-grands bancs, et ils y sont d'une rare beauté. Près du port Saint-Julien on aperçut des animaux semblables aux tigres. Il s'y trouve de grandes lagunes salantes.

Le détroit de Magellan a perdu son importance nautique depuis que la découverte du cap *Horn* a ouvert aux navigateurs une entrée plus facile dans l Océan Pacifique. De nombreux courants et beaucoup de sinuosités y rendent la navigation très-difficile. La longueur est de 720 kilomètres ; la largeur varie de plus de 60 kilom. à 8 kilom. A l'est, deux goulets étroits resserrent le canal ; les rochers, très-escarpés, paraissent calcaires. Au centre se présente un vaste bassin, sur lequel est situé le *port Famine*, où les Espagnols avaient bâti et fondé une colonie sous le nom de *la Ciudad réal de Félipe* ; des mesures imprévoyantes firent périr de faim les colons. La contrée autour du port Famine mériterait de porter un nom moins effrayant. On y voit abonder des perroquets, des pluviers, des bécassines, des oies, des canards ; il y croît des poivriers, de l'écorce de winter et des groseilliers. A quelque distance, dans la *Freshwaterbaye*, on a trouvé des hêtres et des bouleaux très-gros. Les extrémités des Andes, vers le cap *Froward*, sont chargées de neige, mais leurs flancs nourrissent des forêts. Le *Rio-Gallego* et les autres rivières roulent vers la mer ou vers le détroit de très-gros arbres.

La côte qui borde au nord-est la sortie occidentale du détroit forme un archipel très-considérable. Plus au nord est l'archipel de Tolède ou de *la Sainte-Trinité*. La grande île de la *Madre de Dios* (de la mère de Dieu) en fait partie.

Parvenus à ces extrémités du continent, nous ferons une petite excursion maritime pour prendre une idée des îles voisines, dont quelques-unes, à la vérité, n'ont eu aucune communication avec l'Amérique, mais qui néanmoins sont moins éloignées de ce continent que d'aucun autre.

Immédiatement au sud de la Patagonie s'étend un amas d'îles montagneuses, froides, stériles, où les flammes de plusieurs volcans éclairent, sans les fondre, des neiges éternelles ; la mer y pénètre par des canaux innombrables ; mais les passages sont si étroits, les courants si violents, les vents si impétueux, que le navigateur n'ose se hasarder dans ce labyrinthe de la désolation ; rien d'ailleurs ne l'y invite ; des laves, des granits, des basaltes jetés en désordre forment d'énormes falaises suspendues sur les flots mugissants. Quelquefois une magnifique cascade interrompt le silence du désert, des phoques de toutes les formes se jouent dans les baies, ou reposent leurs lourdes masses sur les grèves ; des pingouins, des nigauds, et autres oiseaux de l'Océan-Antarctique, y poursuivent leur proie ; le navigateur y trouve des plantes antiscorbutiques, du céléri et du cresson.

Telle est la côte méridionale et occidentale de l'archipel appelé *Terre de Feu*. Le capitaine Cook y a découvert le port de *Christmass*, port d'une grande utilité pour les navigateurs qui doublent le cap Horn. La *Terre des Etats*, découverte par *Lemaire*, est une île détachée qui doit être considérée comme faisant partie de l'archipel de la Terre de Feu.

Les côtes septentrionales et orientales sont beaucoup moins disgraciées de la nature ; les montagnes s'y abaissent plus doucement vers l'Océan-Atlantique ; une assez belle verdure y pare les vallées ; on y trouve du bois, des pâturages, des lièvres, des renards et même des chevaux. Les Pecherais, habitants indigènes de cet archipel, et dont le véritable nom paraît être *Yacanacus*, sont de taille moyenne, avec de larges faces, des joues proéminentes et le nez plat. Leurs vêtements consistent en peaux de phoques. Leurs misérables cabanes, en forme de cône,

sont toujours remplies d'exhalaisons suffocantes ; ils vivent de poissons et de coquillages. Ceux qui habitent près de la *baie du Succès* sont un peu plus civilisés.

L'île principale de l'archipel magellanique, ou *Terre de Feu* proprement dite (*King's-Charles Southland*), située à l'est des autres, est remarquable par son étendue. On y distingue le mont *Sarmiento* et un volcan qui lui a donné son nom. Ensuite viennent les îles occidentales (*South-Desolation*), *Clarence*, des *Etats* et *Horn* que termine au sud le cap Horn. Les capitaines Weddel et King ont récemment exploré cet archipel où les Anglais ont formé un établissement.

Les *îles Malouines*, que les Anglais nomment îles *Falkland*, se trouvent à 304 kil. nord-est de la Terre des Etats, et à 440 kil. est du détroit de Magellan. Les deux grandes îles sont séparées par un large canal nommé canal de Falkland. Les îles Malouines appartiennent aux Anglais.

Les montagnes ont peu d'élévation. Le sol, sur les hauteurs voisines de la mer, est un terreau noir formé des détritus des végétaux ; en beaucoup d'endroits on trouve une bonne tourbe. En fouillant un peu la terre on a rencontré du quartz, des pyrites cuivreuses, de l'ocre jaune et rouge. Point d'arbres ; les Espagnols ont essayé d'en planter ; ils ont poussé leurs soins jusqu'à apporter de la terre de Buénos-Ayres ; tout a été inutile ; les jeunes arbres périssaient dans la première année. Partout s'élèvent des glaïeuls qui, dans le lointain, offrent l'image illusoire de bosquets verdoyants. L'herbe abonde dans ces îles, et y vient à une grande hauteur. On y a trouvé du céleri, du cresson et deux ou trois plantes d'Europe. Les autres végétaux offrent quelque ressemblance avec ceux du Canada ; mais les résineux, qui forment des mottes très-élevées et des arbrisseaux semblables au romarin, rappellent la végétation du Chili. Toutes les espèces de phoques, auxquels le vulgaire applique les noms de lions, de veaux et de loups marins, viennent se reposer entre les glaïeuls qui couvrent ces îles. Les pingouins se promènent à coté de ces lourds et paisibles amphibies. Il n'y a été trouvé aucun quadrupède.

Les Espagnols, en 1780, ont transporté

aux îles Malouines huit cents têtes de bétail, bœufs et vaches; ils se sont tellement multipliés, que dès 1795 leur nombre dépassait huit mille. On ne leur donne ni abri ni nourriture; l'hiver est assez doux pour qu'ils puissent le passer en plein air; ils ont appris à fouiller la neige pour découvrir le pâturage qu'elle couvre.

L'île *Saint-Pierre*, nommée *Géorgie méridionale* par les Anglais, et appelée aussi *île du roi Georges* ou *île Roche*, a été découverte par La Roche en 1675; le capitaine Cook, en 1775, n'a fait que la visiter une seconde fois. Cette île, située à 1680 kilom. à l'est du cap Horn, par 55 degrés de latitude, est un amas de rochers couverts de glaces et composés d'ardoises noirâtres. Aucun arbrisseau ne perce la neige éternelle des vallées;

on aperçoit quelques touffes d'une herbe dure, des pimprenelles et des lichens. Le seul oiseau de terre est l'alouette; les pingouins et les phoques ou veaux marins se partagent tranquillement l'empire de ce désert.

Les terres couvertes d'une masse de glaces, que le capitaine Cook découvrit à 600 kilom. au sud-est de l'île Saint-Pierre, par 59 degrés de latitude, forment l'archipel de *Sandwich*. D'autres chaînes d'îles s'étendent vers le pôle austral, et donnent naissance à ces variations des courants et des glaces flottantes, qui souvent déroutent le navigateur assez hardi pour pénétrer dans une mer si redoutable. Nous parlerons de ces îles et de l'archipel de Sandwich dans une autre partie.

CHAPITRE DIX-SEPTIÈME.

Empire du Brésil (ancienne Amérique portugaise.)

L'une des plus vastes contrées du monde, le Brésil s'étend sur une superficie de 7,516,840 kilom. carrés; il est quinze fois environ plus grand que la France; mais sa population n'est pas en rapport avec cette immense étendue, car elle ne dépasse guère 8,500,000 individus, dont 5,500,000 libres, blancs, métis, mulâtres ou noirs; 2,500,000 esclaves, et 500,000 sauvages. Il est situé entre la Venezuela et les Guyanes anglaise, hollandaise et portugaise au nord; les Provinces unies du Rio de la Plata, l'Uruguay, le Paraguay, la Bolivie au sud, le Pérou et la Nouvelle-Grenade à l'ouest, l'Océan atlantique à l'est.

Découvert en 1500 par le portugais Cabrales, le Brésil ne fut d'abord pour le Portugal qu'un lieu de déportation. La colonisation ne commença qu'en 1731. Peu à peu les Hollandais conquirent tout le Brésil (1624-40), mais les indigènes les en chassèrent en 1654, et les Portugais prirent la place. En 1822, le Brésil se déclara indépendant et nomma pour empereur don Pèdre Ier, fils de Jean VI. Quand la mort de ce dernier, en 1826, laissa les deux trônes à don Pedro, il céda à sa fille, dona Maria, celui de

Portugal. Le mariage du prince de Joinville avec une sœur de l'empereur du Brésil, en 1843, avait resserré les liens entre la France et ce pays.

Le portugais est la seule langue parlée d'une frontière à l'autre de l'empire. Cependant cette communauté de langage n'efface pas les différences notables qu'on remarque entre les divers éléments de la société brésilienne. Au sud de Rio de Janeiro, on rencontre dans les provinces de Rio-Grande et de San-Paulo des populations qui ont quelque peu hérité de l'esprit belliqueux des premiers colons européens. Ces populations passent pour les plus remuantes du Brésil. Au nord de la capitale, les habitants de la province de Minas rappellent les races courageuses de Rio Grande; énergiques et robustes, ils se consacrent à l'élève du bétail. Les Pernambucains sont d'humeur très-mobile, doux, obligeants et serviables, mais susceptibles à l'excès sur le point d'honneur; l'esprit révolutionnaire les domine et les égare trop souvent. Chez les peuples de Bahia et de Maranham, plus voisins de la ligne équinoxiale, l'indolence du créole est compensée par d'heureuses facultés d'application qu'attestent des progrès lents, mais sûrs, dans l'ordre des travaux intellectuels. A Rio, toutes les nuances se mêlent, se confondent un peu, et le caractère national y prévaut sur les différences provinciales.

Sauf quelques villes, quelques villages, quelques vastes plantations clair-semées sur cet immense territoire, on n'y découvre sans cesse que des bois vierges, des montagnes colossales, des cascades gigantesques, toute la grandeur enfin et parfois toute la sauvagerie d'une nature puissante qui, dans son désordre primitif, semble sortir des mains du Créateur. Cependant des routes commencent à sillonner en tous sens ces riches contrées; mais ces routes, pratiquées sur un sol léger, d'une fertilité exubérante, constamment détrempé par d'abondantes pluies d'orages, se dégradent continuellement et sont bientôt envahies par une inextricable végétation.

Des routes macadamisées, en construction, doivent relier le rivage à l'intérieur, et six lignes de chemins de fer ont été concédées. Trois sont en voie d'exécution. La première (375 kil.), de Recife, dans la province de Fernambouc, à Agua-Preta, a été livrée à la circulation sur un parcours de 60 kilom. Il en est de même de celle de Rio de Janeiro aux provinces de Minas et de San-Paulo, dont la longueur sera de 200 kilom. pour les deux embranchements. La troisième est celle de Bahia à Joazeiro (325 kilom.). Les trois autres lignes sont : celle qui, de Santos, dans la province de San-Paulo, doit se diriger vers l'intérieur du pays (125 kil.); celle de Rio de Janei o à Campos (200 kil.) et celle de Porto das Caixas, dans la province de Rio-Janeiro à Cantagallo (125 kil.). Il existe enfin, de Mana, près de la capitale, à Patropolis (15 kil.) un chemin de fer livré depuis plusieurs années à la circulation. En 1858, les recettes de l'Etat ont été de 135 millions de francs, et les dépenses de près de 128 millions. Dans l'exercice 1856-1857, les importations représentaient une valeur d'environ 372 millions, et les exportations une valeur de 344 millions.

DESCRIPTION PHYSIQUE GÉNÉRALE.

Le système des montagnes du Brésil correspond par sa forme et par sa position aux Andes du Chili et du Pérou. La chaîne du littoral, désignée sous le nom de *Serra do Mar*, s'étend à peu près parallèlement à la côte au nord-est de Rio-Janeiro; on la voit s'abaisser beaucoup vers le Rio-Doce, et elle se perd à peu près complétement à Bahia. La chaîne de *Marcella* lie les cordillières maritimes à celles de l'intérieur.

Dans le centre même de l'Amérique méridionale, s'étend le *plateau des Parexis*, formé d'une longue suite de collines de sable et de terre légère. Il projette à l'ouest les collines escarpées du même nom, qui, après avoir couru 800 kil. vers le nord-nord-ouest, se terminent à 60 ou 80 kil. du Guapoure. Une autre chaîne de montagnes, qui en part vers le sud, prolonge la rive orientale du Paraguay. De ce plateau aride descendent, dans diverses directions, le Madeira, le Topayos, le Xingu (Chingou), affluents de l'Amazone, et le Paraguay avec le Jaura, le Sypotuba et le Cuiaba, ses affluents supérieurs. La plupart de ces affluents sont aurifères, et la source même du Paraguay baigne un gîte de diamants.

Entre le Paraguay et le Parana s'étend, du nord au sud, une chaîne considérable de montagnes appelée *Amarbay*, et terminée au sud de la rivière Igoatimy par un revers qui court est et ouest, et qu'on nomme *Maracaer*. De ces montagnes naissent toutes les rivières qui coulent dans le Paraguay au sud du Taquari, ainsi que beaucoup d'autres qui, prenant une direction opposée, débouchent dans le Parana, et dont la plus méridionale est l'Igoatimy; elle a son embouchure un peu au-dessus des *Sept-Chutes*. Cette cataracte offre à l'œil un spectacle des plus sublimes. Six arcs-en-ciel y brillent, l'un au-dessus de l'autre, dans les nuages vaporeux qui, s'élevant de l'eau réduite en poussière par la violence du choc, enveloppent tout l'horizon.

Les côtes septentrionales du Brésil, depuis Maranhao jusqu'à Olinda, sont bordées d'un récif sur lequel les vagues de l'Océan se brisent, et qui, en plusieurs endroits, ressemble à une chaussée ou à une digue. Il consiste sans doute en roc de corail. Les habitants d'Olinda et de Parayba s'en servent pour construire leurs maisons.

Toutes les côtes voisines de l'embouchure de l'Amazone et du Tocantin sont des terrains bas, marécageux ou vaseux, formés par les alluvions réunies de la mer et des fleuves. Aucun récif n'arrête la violence des flots et des marées ; des bancs de sable, des îles basses et même à moitié noyées, resserrent cependant les embouchures. Le concours de tant de grands fleuves qui s'écoulent en sens comtraire de la marche générale des courants et des marées (de l'est à l'ouest), produit une espèce de marée extraordinaire.

La côte, depuis Para jusqu'à Fernambouc, n'offre aucune rivière de long cours ; et cependant le *Maranhao*, le *Rio-Grande* et le *Parayba* ont de larges embouchures dans un terrain meuble : dans la saison pluvieuse, ce sont des torrents qui inondent toute la contrée ; dans la saison sèche, ils ont à peine un filet d'eau, comme si le sol des montagnes intérieures les absorbait ; souvent même leurs lits, absolument desséchés, servent de chemins aux Indiens.

Depuis le Cap-Frio jusqu'au 30e parallèle de latitude sud, la côte très-élevée ne verse dans l'Océan aucune rivière considérable. Toutes les eaux se dirigent vers l'intérieur, et s'écoulent vers la Parana ou vers l'Uruguay, qui ont leurs sources dans ces montagnes. Le *Rio-Grande de San-Pedro* n'est pas d'un long cours, mais il a une très-large embouchure sur une côte basse et bordée de dunes.

La vaste étendue du Brésil indique assez que le climat et l'ordre des saisons n'y peuvent pas être partout les mêmes. L'humidité continuelle qui règne sur les bords marécageux de l'Amazone y rend les chaleurs moins intenses. Les tempêtes sont aussi dangereuses sur ce fleuve qu'en pleine mer. En remontant la Madera, le Xingu, le Tocantin, le San-Francisco, on trouve des plaines élevées ou des montagnes ; le climat y offre plus de fraîcheur. La température des environs de Saint-Paul permet aux fruits de l'Europe d'y venir ; les cerises, surtout y abondent.

Le tableau des productions du Brésil commence nécessairement par le diamant. L'enveloppe de ces pierres précieuses est une terre ferrugineuse, mêlée de cailloux agglutinés. On les trouve généralement à jour dans le lit des rivières et le long de leurs bords. Les diamants ne sont pas même exclusivement propres aux lits des rivières ou aux ravins profonds ; on en a trouvé dans des excavations et dans des courants d'eau, sur les sommités des plus hautes montagnes. Les diamants du Brésil ont l'eau moins belle que ceux des Indes orientales.

Le *Cerro-do-Frio* est un assemblage de montagnes âpres, courant au nord et au sud, qui passent pour les plus hautes du Brésil. Le territoire des diamants, proprement dit, comprend environ 64 kil. du sud au nord et 32 de l'est à l'ouest. Il fut premièrement exploré par quelques mineurs entreprenants de Villa-do-Principe, qui, uniquement occupés de l'or, dédaignèrent longtemps les diamants, comme des cristaux sans valeur. Enfin on en présenta un choix au gouverneur de Villa-do-Principe, qui ne les connaissant pas davantage, s'en servit comme de jetons au jeu. Apportés par hasard à Lisbonne, on en remit à l'ambassadeur de Hollande, afin qu'il les fît examiner dans son pays, alors principal marché de pierres précieuses. Les lapidaires d'Amsterdam les reconnurent pour de beaux diamants. L'ambassadeur, en informant le gouvernement portugais de la découverte, conclut en même temps un traité pour le commerce de ces pierres, et Cerro-do-Frio devint un district à part. L'énorme quantité de diamants exportés dans les vingt premières années en diminua promptement le prix en Europe, et on les envoya par la suite dans l'Inde, où ils avaient plus de valeur, et qui, auparavant, les avait fournis exclusivement. Du reste, le Cerro-do-Frio se présente sous un aspect particulier. Déjà, autour de Villa-do-Principe, la contrée est découverte et débarrassée de ces forêts impénétrables qui occupent généralement les autres parties de la province. En avançant vers Tejuco, l'herbe même disparaît quelquefois, et l'on ne voit presque plus que du gros sable et des cailloux. Partout la monotone aridité d'un plateau granitique semble dire au voyageur attristé : « Vous êtes dans le district des diamants ! » Il y a d'ailleurs des mines de diamants, ou pour mieux dire des lavages dans la rivière Tibigi, qui arrose la plaine de Corritiva, dans les plaines de Cuyaba et dans beaucoup d'autres endroits.

Le volume des diamants varie infiniment : il y en a de si petits, qu'il en faut quatre ou cinq pour faire le poids d'un grain, par conséquent seize ou vingt pour un karat. Rarement on en trouve, dans le courant d'une année, plus de deux ou trois de dix-sept à vingt karats, et il peut se passer deux ans sans qu'on en rencontre un de trente karats. Lorsqu'un des journaliers nègres employés au lavage trouve un diamant d'un *octavo* ou de dix-sept karats et demi, il est couronné de fleurs et conduit en procession chez l'administrateur qui l'habille à neuf et lui achète sa liberté.

Les topazes du Brésil paraissent être de plusieurs variétés. La couleur ordinaire est le jaune. Dans les ruisseaux de *Minas-Novas*, au nord-est de Tejuco, on trouve des topazes blanches, bleues et des aigues-marines.

Tout le plateau central, depuis les environs de Saint-Paul et de Villarica jusqu'aux bords de la rivière d'Ytènes, paraît renfermer des mines d'or; mais quelques-unes seulement sont exploitées, et presque tout l'or que le Brésil a envoyé en Europe est provenu des lavages établis le long des rivières qui sortent de ces montagnes. Le Brésil possède en outre des mines de fer et de cuivre. Les métaux précieux pourraient devenir une immense source de richesse pour l'empire avec une exploitation mieux dirigée et une main-d'œuvre moins chère. Les mines de Congo-Socco et de Cata-Branca, concédées à des compagnies anglaises, ont offert jusqu'à ce jour des résultats satisfaisants. Il en eût été de même, sans doute, de la mine de diamants du Sincora, découverte en 1844 par un nègre qui gardait son troupeau, si l'on avait su y puiser avec modération; mais les 4 à 500,000 karats qu'elle a fournis en peu d'années en ont tellement diminué la valeur qu'on a vu ces diamants se vendre moins cher en Europe qu'aux lieux mêmes de l'exploitation.

A l'instar de l'Afrique, ce royaume de l'or et des diamants manque de sel, et la cherté de cette substance nécessaire empêche les habitants de saler les viandes d'une quantité innombrable de bœufs et d'autres animaux que l'on tue pour en avoir la peau, et qui deviennent la proie des bêtes féroces.

Le règne végétal est au Brésil d'une extrême richesse. Les côtes maritimes sont couvertes de palétuviers rouges : à peu de distance commencent les nombreuses espèces de palmiers, parmi lesquelles on distingue le cocotier brasilien, plus gros et plus élevé que celui des Indes : on tire de ses fruits un excellent beurre. Les *crotons* forment presque tous les taillis qui couvrent les pittoresques montagnes dont la rade de Rio-Janeiro est environnée. Le myrte brésilien brille par son écorce argentée. La *bignonia leucoxylon*, nommée dans le pays *guira-pariba*, fleurit plusieurs fois dans l'année et sa floraison annonce ordinairement les pluies; cet arbre, tout couvert de belles fleurs jaunes, ne formant alors qu'un seul bouquet, éclate aux yeux à une très-grande distance. L'*icica-heptaphylla*, la *copayfera officinalis*, et plusieurs autres, donnent des résines précieuses. Les forêts du Brésil sont embarrassées par des broussailles et des arbrisseaux, entre autres une espèce d'aloës épineux ; elles sont en quelque sorte étouffées par des arbustes sarmenteux, et des lianes qui montent jusqu'au sommet des arbres les plus élevés. Quelques-unes de ces lianes, comme la *passiflora-laurifolia*, étalent des fleurs magnifiques.

Aucun pays ne renferme des bois aussi précieux pour la construction que le Brésil. Tous les ingénieurs-constructeurs connaissent la qualité supérieure du tapinhoam, de la peroba, du pin du Brésil, du cerisier, du cèdre, du cannellier sauvage, de la guerrana, de la jequetiba, etc. quelques-unes de ces espèces de bois résistent mieux à l'influence de l'eau, d'autres à celui de l'air. L'olivier et le pin du Brésil sont particulièrement propres à la mâture. Quelques-uns de ces beaux arbres parviennent à une hauteur extraordinaire.

Les bois de teinture du Brésil sont très-connus, celui surtout qui porte le nom du pays même, chez quelques nations européennes, et chez d'autres celui de bois de Fernambouc. Cet arbre est de la hauteur de nos chênes : il est chargé de branches, mais en général d'une vilaine apparence; les fleurs, très-semblables pour la forme à celles du muguet, sont d'un très-beau rouge ; la feuille est semblable à celle du buis ; l'écorce de l'arbre est d'une épaisseur considérable. Cet arbre croît dans les rochers et les terrains arides.

Le manioc est ici, comme dans toute l'Amérique, la principale ressource pour la nourriture de l'homme. Les ignames, le riz, le maïs, et depuis 1770, le froment, sont cultivés avec soin. La pistache de terre paraît indigène ; on en tire surtout une huile excellente Les melons, les citrouilles, les bananes abondent dans toutes les parties basses. Les citronniers, les pamplemouses, les orangers, les goyaviers, sont communs sur la côte. Les figuiers de Surinam viennent surtout parmi les ronces dans les champs abandonnés. L'arbre mangaba ne croît que dans les environs de Bahia : on tire de ses fruits une espèce de vin. Les pommes de pin abondent surtout sur les côtes de la province de Saint-Vincent et dans l'intérieur, vers les frontières du Paraguay. L'ibipitanga donne un fruit qui ressemble aux cerises. La province de Rio-Grande produit tous les fruits européens d'une bonne qualité, et en abondance.

La culture du sucre, du café, du coton et de l'indigo a pris des accroissements considérables. Le fameux tabac du Brésil n'est cultivé au Brésil que dans le terriroire de Cachoeira, à 60 kilom. de Bahia ; mais ce district est très-vaste : cette culture est très-lucrative, mais n'est pas comparable à celle du coton. Le cacaoyer forme des forêts immenses dans la province de Para, le long de la Madera, du Xingu et du Tocantin. Dans ces mêmes forêts, le vanillier, au moyen de ses vrilles, s'attache, comme le lierre, au tronc des arbres.

Le Brésil nourrit plusieurs espèces de poivre, le cannellier sauvage et la cassie brésilienne. Le *caopia* des Brésiliens est l'*hypericum guyanense*, qui donne, par incision, une résine semblable à la gomme-gutte. Parmi les plantes médicinales, on distingue le *cauccica* ou herbe à serpent, l'*arapabaca*, l'*ipécacuanha*, le jalap, le gayac et l'espèce d'*amyris* qui produit la gomme élémi.

La plupart des animaux du Pérou, de la Guyane et du Paraguay se retrouvent aussi au Brésil ; tels sont les jaguars, les couguars, les tapirs, les pecaris et les coatis. Mais ce pays offre aussi des particularités. Les bœufs et les chevaux ne prospèrent pas dans la plus grande partie du Brésil : ils restent généralement faibles. La peau des bœufs sauvages est employée à faire des bateaux. Les animaux particuliers au Brésil appartiennent, pour la plupart, au genre des singes et à des genres qui en sont rapprochés.

Les chauves-souris sont très-grandes et très-nombreuses ; on distingue le vampire et la chauve-souris musaraigne. Deux espèces de paresseux se traînent sur les arbres du Brésil, l'*aï* et l'*unau*.

On trouve aussi au Brésil des fourmilliers et des tatous, comme dans les autres parties de l'Amérique. Le *tatou-bolla* paraît être une espèce de hérisson. Le tapeti, ou lièvre brésilien, n'a point de queue.

Les oiseaux du Brésil sont ceux qui se distinguent le plus par l'éclat de leur plumage. Le toucan est poursuivi à cause de ses plumes, qui sont en partie couleur de citron, en partie rouge incarnat, et en partie noires par bandes transversales d'une aile à l'autre. Un de nos plus jolis oiseaux du Brésil est celui qu'on nomme, dans le pays, *guranthé engera*. C'est, comme le nom brésilien l'indique, une fleur ailée. Toutes les variétés de colibris fourmillent ici. Les bois sont peuplés de plus de dix espèces d'abeilles, les unes logées dans la terre, les autres dans les arbres, la plupart ennemies de la vie sociale, mais dont plusieurs composent du miel aromatique.

Les reptiles sont très-communs au Brésil. Le caïman, connu dans le pays sous le nom de jacaré, présente deux formes distinctes dans le nord et dans le sud. Cet animal, qui n'atteint guère qu'une longueur de 1 mètre 60 à 2 mètres, n'est pas très-redoutable. Le *jacaré de papo amarello*, caïman à gorge jaune, passe néanmoins pour être plus dangereux que l'autre espèce. Une multitude de lézards fort innocents se montrent jusque dans les maisons ; et la grosse espèce, connue sous le nom de *tiú*, offre un gibier excellent. On se procure au Brésil diverses espèces de tortues ; leurs œufs offrent souvent une nourriture abondante au voyageur, puisqu'on en trouve dans chaque trou dix, douze, et jusqu'à vingt douzaines pondus en une seule fois. On a en général des idées exagérées sur le danger qu'offrent les serpents du Brésil, et ce préjugé est entretenu par les habitants du pays, qui les regardent comme étant presque tous vénimeux. La vipère verte et le *jararàca*, du genre *trigonocephalus*, sont à craindre ; on regarde comme plus redoutable encore le serpent à sonnettes, que les Brésiliens désignent sous le nom de *cobra cascavel*, et qui se trouve en général dans les contrées hautes et sèches ; le surucucu, qui parvient à 2 mètres 35 ou 2 mètres 70 de longueur. Le sucuriú, connu sous le nom de *sucuriúba* dans l'intérieur, est le plus gros serpent du Brésil ; c'est un amphibie dans toute l'acception du mot, et il vit habituellement dans l'eau ; il parvient à une longueur de 7 à 10 mètres et même plus. Le véritable boa constrictor se trouve partout au Brésil, et il y est connu sous le nom de *giboya*.

Le Brésil se divise en 18 provinces, administrées chacune par un président: *Rio-de-Janeiro* (chef-lieu : Rio-de-Janeiro), *San-Paulo* (San-Paulo), *Santa-Catarina* (Nossa-Senhora-do-Desterro), *San-Pedro* (Portalègre), *Matto Grosso* (Matto-Grosso ou Villa-Bella), *Goyaz* (Goyaz ou Villa-Boa), *Minas Geraes* (Ouro-Preto ou Villa-Rica), *Espirito-Santo* (Victoria), *Bahia* (Bahia ou San-Salvador), *Sergipe* (Sergipe), *Alagoas* (Alagoas), *Pernambuco* (Pernambuco), *Parahiba* (Parahiba), *Rio-Grande* (Natal), *Ceara* (Ceara ou Fortalezza), *Piauhy* (Oeyras), *Maranhao* (Maranhao ou San-Luiz), *Para* (Para ou Belem).

Nous commençons notre topographie par la province de *Rio-Janeiro*, qui renferme la capitale du même nom. La forteresse, bâtie sur une langue de terre, s'appelle *Saint-Sébastien*, nom que plusieurs auteurs rendent commun à toute la ville. Les collines et les rochers sont, à une grande distance, couverts de maisons, de couvents et d'églises. Le port, vaste et excellent, est défendu par le château de Santa-Cruz, bâti sur un rocher de granit. L'entrée du golfe qui forme le port est resserrée par plusieurs îles et rochers de granit d'un aspect trèspittoresque. Quelques magasins et chantiers sont aussi établis sur des îles. Peu de sites dans le monde égalent la beauté de ce vaste bassin, dont les eaux tranquilles reflètent de toutes parts un mélange de rochers élancés, de forêts épaisses, de maisons et de temples. Parmi les édifices, on distingue le ci-devant collège de jésuites. L'eau est conduite dans la ville par un magnifique aqueduc. Il y a des manufactures de sucre, de rhum et de cochenille. On compte 150,000 habitants dont 112.000 noirs. Les vivres , quoique abondants, sont chers. A l'extérieur, la capitale du Brésil est une ville d'assez majestueuse apparence, bien que d'architecture un peu lourde. Les églises, en assez grand nombre, n'affectent pas, comme la plupart de celles d'Amérique, les gracieuses formes de la renaissance : c'est le style *borrominesque*, c'est-à-dire le style des plus mauvais temps de la décadence italienne, qui les marque presque toutes de sa froide et prétentieuse empreinte. En somme, les édifices de Rio n'offrent, au point de vue de l'art, qu'un médiocre intérêt. Sans parler du jardin botanique, un des plus riches du monde, et d'un très beau musée de curiosités naturelles, Rio-de-Janeiro possède trois bibliothèques. La bibliothèque du couvent des bénédictins est fort riche en textes anciens et en ouvrages de théologie; celle de l'empereur se distingue par ses éditions modernes ; enfin, la bibliothèque nationale est un des plus précieux dépôts de livres du Nouveau-Monde. Située dans l'ancien hôpital des Carmélites, cette bibliothèque communique avec le palais du chef de l'Etat.

La province de *San-Pedro*, la plus méridionale de toutes, est arrosée par plusieurs rivières dont les bords se trouvent bien garnis de bois, et sur lesquelles on a récemment entrepris d'établir des lavages d'or. Près du chef-lieu, on exploite du charbon de terre. Le gros bétail, dont la race est ici extrêmement belle, forme la principale occupation des habitants. Il y a d'excellents chevaux. La vente du suif, de la viande séchée et des peaux, est une grande source de richesse pour le pays.

Le chef-lieu est *Portalègre*, jolie ville de 35,000 habitants; on peut citer encore *Rio Grande*, l'ancienne capitale de la Capitainerie de ce nom, avec 8,000 habitants, *San Francisco-de-Paula* et *Alegrete*.

La province de *Santa-Catarina* doit son nom à l'île de Santa-Catarina, qui en fait partie. Les rochers coniques de cette île, qui s'élèvent rapidement du fond de la mer, forment un ensemble pittoresque avec les hautes montagnes du continent voisin, dont les cîmes, couronnées de bois, se confondent dans le lointain avec l'azur des cieux. L'île même, séparée du continent par un canal étroit, offre une variété de montagnes et de plaines; quelques endroits sont marécageux. Le chef-lieu, *Nossa Senhora do Desterro*, ou *Santa-Catarina*, est une assez belle ville de 7,200 habitants.

La province de *San-Faulo* a 80 kilom. de superficie; elle est située au N. des provinces de San-Pedro et Santa-Catarina, et s'étend depuis l'Atlantique à l'E. jusqu'au Parana à l'O. Elle est bornée au N. par le Rio-Pardo et le Rio Grande, affluents du Parana. Son sol est très-fertile, mais l'élève des bestiaux est la principale industrie.

La ville de *San-Paulo*, capitale, est située sur une éminence agréable, environnée de trois côtés par des prairies basses, et baignée de petits ruisseaux très-clairs qui en forment presque une île dans la saison pluvieuse, et vont se réunir dans la jolie rivière de *Tietis*. Le climat est l'un des plus sains de toute l'Amérique méridionale. La population est d'environ 25,000 âmes. Ce n'est qu'après l'épuisement de leurs lavages d'or, autrefois fameux, que les habitants ont dérogé jusqu'à s'occuper de travaux utiles et champêtres. Il y a beaucoup de luxe et de mollesse à Saint-Paul; la civilisation y est plus avancée que dans les autres villes, et les dames sont renommées dans tout le Brésil à cause de leur beauté, leur amabilité et la noblesse de leurs manières. La ville possède une université, une école de droit et une bibliothèque. On y trouve une espèce de coqs qui se distinguent par un cri très-fort, en prolongeant la dernière note une ou deux minutes; ils sont recherchés, comme une curiosité, dans tout le Brésil.

Le territoire qui formait autrefois les trois petits gouvernements d'*Espirito-Santo*, de *Porto-Seguro* et des *Ilheos* offre peu d'objets remarquables. La ville de *Victoria*, chef-lieu de la province d'Espirito-Santo ne compte que 8,000 habitants. La ville de *Porto-Seguro* est bâtie sur le sommet d'un rocher, à l'embouchure d'une rivière. Elle est ainsi nommée à cause de l'excellence de son port, abrité par des rochers de corail qui s'élèvent à pic.

A l'ouest des provinces de Rio-Janeiro, d'Espirito-Santo et de Bahia s'étend la vaste province de *Minas-Geraes*, abondante en richesses métalliques. La culture et l'industrie y sont peu florissantes. A 4 kilomètres de l'endroit où se trouve la plus fine terre à porcelaine, il n'y a qu'une mauvaise fabrique de poterie. Tous les fruits et les grains d'Europe, le chanvre et le lin y réussissent, mais on en néglige la culture; le raisin y donne de très-bon vin, mais on aime mieux boire de l'eau auprès des plus riches mines d'or et de diamants que de cultiver la vigne avec le soin convenable. Les bêtes à cornes, obligées de chercher elles-mêmes leur nourriture dans les champs, y périssent souvent de faim ou de chaleur. Quelques écorces d'arbres servent à teindre en jaune, rouge, noir, ou à tanner et à préparer des cuirs et des peaux. Une espèce de lichen, qui croît sur les vieux troncs d'arbres, donne une superbe couleur cramoisie. La gomme adragante s'y trouve en grande abondance et de très-bonne qualité. La canne à sucre s'y élève souvent à plus de 10 mètres, en formant des arcades au-dessus des chemins. Le district de *San-Joao-del-Rey* est le mieux cultivé; on l'appelle le grenier du pays : le chef-lieu compte 7 à 8,000 habitants. L'état actuel de *Ouro-Preto* ou *Villa-Rica*, la capitale de la province, dément le faste de son nom : les environs sont incultes. Bâtie sur le flanc d'une haute montagne, elle a des rues irrégulières, escarpées et mal pavées ; mais variées par de charmants jardins en terrasse, et remplies de jolies fontaines qui conduisent l'eau dans presque toutes les maisons. Le climat est fort doux, grâce à sa situation élevée. La population, autrefois plus considérable, ne dépasse pas 15,000 habitants dont une partie sont des noirs. A 12 kilomètres de Villa-Rica, sur les bords du *Rio-del Carmen*, est *Mariana*, jolie petite ville, de six à sept mille habitants, en grande partie mineurs. La *Villa do Principe*, sur les confins du *Cerro do Frio* ou district des diamants, a une population de 7 à 8,000 habitants. Les extrêmes se touchent à *Tijuco*, résidence de l'intendant général des mines de diamants. Les habitants de cette ville, située dans un terrain aride, sont obligés de tirer de loin les vivres nécessaires et vivent dans une sorte d'indigence. Les magasins, au contraire, étalent les plus belles productions de fabrique anglaise ; tout l'or et tous les diamants trouvés dans les différentes exploitations du district sont accumulés chaque mois dans le trésor de la province, et les employés du gouvernement, richement salariés, forment la plus brillante société du Brésil.

A l'ouest de Minas-Géraes, s'étend la province de *Goyaz*, la plus centrale de tout le Brésil ; elle touche au nord à celle de Para ; et à l'ouest à celle de Matogrosso. C'est un beau pays, arrosé par un grand nombre de rivières poissonneuses, qui traversent des forêts remplies de superbes oiseaux ; du reste, mal connu et mal peuplé. Il y a plusieurs mines d'or fin, des diamants gros et très-brillants, mais d'une eau qui n'est pas toujours pure ; et près des frontières, quelques plantations de coton, dont le produit s'exporte à Rio-Janeiro. Cette province communique aussi avec San-Paulo, Matogrosso et Para, au moyen de rivières navigables , quoique fréquemment interrompues par des chutes. *Goyaz* ou *Villa-Boa*, le chef-lieu, est une ville de 8,000 habitants.

Reprenons la côte maritime. La province de *Bahia* est située à l'endroit où la côte, longtemps dirigée du sud au nord commence à former une vaste saillie vers le nord-est et à s'approcher de l'Afrique. Cette province reçoit son nom du *Bahia de todos os Santos*, Baie de tous les Saints. Le sol, formé d'un terreau végétal et arrosé de plusieurs courants d'eau, est singulièrement propre à la culture de la canne. Aussi le port de Bahia seul exporte plus de sucre que tout le reste du Brésil ; il est, en général, de fort bonne qualité. Une seconde production particulière à cette province est le tabac, recherché non-seulement dans le Portugal, mais encore en Espagne et dans toute la Barbarie. Le coton de Bahia, dont la culture augmente chaque année, entre en concurrence avec celui de Fernambouc. Ses autres productions sont le café, moins estimé que celui de Rio-Janeiro ; le riz, de qualité supérieure, et le bois de teinture, connu dans le commerce sous le nom de *Brésil*. L'indigo de cette province ne soutient pas la comparaison avec celui qui vient de l'Inde.

La ville de *Bahia* ou *San-Salvador*, consiste en deux parties, l'une bâtie sur un terrain bas le long du rivage, l'autre située sur une éminence élevée de 200 mètres au-dessus du niveau de la mer. La cité haute est la demeure des gens aisés : la population est de 180,000 âmes. Les maisons sont belles, garnies de balcons et de jalousies. Les églises et les édifices publics se font remarquer par un grand style d'architecture. Elle a une école de médecine. Le port est assez bien défendu. Un arsenal et de nombreux magasins prolongent le rivage.

La ville de *Sergipe*, chef-lieu d'une petite province au N. de Bahia, portait originairement le nom de *Serjii*, elle est séparée par le cours inférieur du San-Francisco de la province peu importante d'*Alagoas*.

La province de *Pernambuco* (Fernambouc) produit d'excellent bois de teinture, de la vanille, du cacao, du riz et une quantité considérable de sucre ; mais le coton forme l'article le plus important de son commerce ; autrefois il passait pour le meilleur du monde. Le chef-lieu est, en quelque sorte, une ville double ; le port et la ville basse, situés dans deux îles, portent en particulier le nom de *Récif* ou de *Pernambuco*. A peu de distance, sur des collines riantes, s'élève la cité proprement dite, et à laquelle on a donné le nom d'*Olinda*. Les habitants des deux villes réunies s'élèvent à 90,000 âmes.

Parahiba, chef-lieu d'une province de second ordre, a été nommé par les Hollandais *Frédéricstad*. L'entrée de la baie, qui lui sert de rade, est difficile. La contrée est riche en bois de teinture, et il y a des mines d'argent dans un endroit nommé *Tayciba*. On trouve du cristal de roche dans les environs de *Céara*, chef-lieu de la province de ce nom, dans laquelle s'étendent les contrées montagneuses de la province de *Piauhy* et de celle de *Rio-Grande-do-Norte*.

Malgré la petite étendue de son territoire, la province de *Maranhao* ou *Maranham* s'est rendue remarquable par l'importance de ses productions. Le capsicum, le piment, le gingembre et toutes sortes de fruits s'y trouvent en quantité. *Maranhao* ou *San-Luiz*, la capitale, bâtie sur une île, contenant 30,000 âmes, n'est pas malsaine, malgré sa position voisine de l'équateur : l'ombre des forêts et les brises de mer modèrent la chaleur. Plusieurs rivières, dont les bords sont bien peuplés, débouchent dans la baie, et offrent des facilités au commerce. Cette ville a été fondée par des Français en 1612.

La province de *Para* ou *Gran-Para* comprend la partie inférieure du bassin de l'Amazone, sur la droite; c'est un pays marécageux, couvert de bois impénétrables, où les habitations éparses de l'homme forment comme des îlots dans un océan. Le chef-lieu, *Para* ou *Belem,* est une ville de 12,000 habitants.

La province de *Rio-Negro,* qui confine avec la Guyane française, avec la Nouvelle-Grenade, la République de l'Equateur et le Pérou, présente une solitude encore plus sauvage que celle de *Para.*

La province de *Matto-Grosso* embrasse les sources des principaux affluents qui versent leurs eaux d'un côté dans le Parana, de l'autre dans l'Amazone. Les bords des rivières se couvrent spontanément de forêts de cacaoyers et d'autres arbres communs dans la région basse du Brésil; les hauteurs, composées de sable, n'offrent qu'une herbe dure et grossière. Les rivières roulent des paillettes d'or; le même métal abonde dans plusieurs vallées, redoutées à cause de leur insalubrité extrême. Il y a aussi des carrières de diamants. *Matto-Grosso* ou *Villa-Bella,* chef-lieu, compte 8,000 habitants. La ville de *Cuyaba,* en a 10,000. L'établissement de *Saint-Pedro-del-Rey,* à 80 kilomètres de Cuyaba, compte 4,000 habitants.

Les naturels du Brésil ont le teint cuivré, le visage court et rond, le nez large, la chevelure noire et lisse, le corps trapu, et bien conformé. Ils habitent dans les forêts, et paraissent y mener une vie fort misérable, n'ayant pour subsister que des racines, des fruits sauvages, et le produit de leur chasse. Ils avalent les viandes à peu près crues, sans se donner seulement la peine de plumer ou de vider la volaille. Ils aiment avec passion les liqueurs spiritueuses. Du reste, ils ne montrent aucune humeur farouche; mais ils ont une grande aversion pour la culture des champs. Rarement on en voit un d'eux servir en qualité de domestique, ou se livrer à un travail salarié. L'or et les pierres précieuses, dont le pays abonde, n'ont aucun attrait pour eux, et ils n'en ont jamais fait la recherche. Les *Botocoudos* sont établis dans les montagnes orientales de Minas-Geraes. Quoique souvent défaits et cruellement punis par les Pau-

listes, qui, les premiers, pénétrèrent chez eux il y a plus d'un siècle, ils défendent avec opiniâtreté leur indépendance et leur sol natal.

Les *Pourys* demeurent à côté des Botocoudos. Les *Tupis,* qui occupaient toute la province de San-Paulo, se trouvent réduits à quelques bandes errantes sur les confins de l'Uruguay. Ces sauvages, très-féroces, parlent un dialecte de la langue guarani, répandue dans toutes les contrées intérieures et méridionales du Brésil. Les *Carigais,* les plus paisibles indigènes, demeurent au sud des Tupis. Les *Tupinaques* s'étendaient depuis le fleuve Guirican jusqu'à la rivière Camama. Les *Topinambous* habitaient la côte depuis le fleuve Camama jusqu'à celui de Saint-François-du-Nord; mais ces deux tribus et quelques autres, leurs voisines ou leurs alliées, paraissent éteintes. Les *Petivares,* au nord-est du Brésil, sont hospitaliers et cultivateurs. Les *Mologagos,* sur le fleuve Parayba du Nord, ressemblent aux Allemands par leur haute stature. Les *Tapuyes* demeurent dans l'intérieur de la province de Maranhao, et jusque vers Goyaz. Sur l'Amazone on trouve les *Pauxis,* les *Urubaquis,* les *Aycuaris,* les *Yomanais,* et une foule d'autres. Les *Cuyabas* et les *Buyazas* occupent les parties centrales de la chaîne Matto-Grosso.

Les *Parexis,* dans la capitainerie de Matto-Grosso, donnent leur nom au plateau central de l'Amérique méridionale. Les *Barbados,* établis sur les rives du Sypotuba, premier affluent occidental du Paraguay, se distinguent des autres naturels du nouveau continent, par leur grande barbe. Près d'eux se tiennent les *Pararionés,* et plus bas, les *Boriras-Araviras,* formés d'une réunion de deux peuplades. Quelques-unes des nombreuses tribus concentrées jadis sur les bords fertiles du Paraguay, ont été dispersées ou anéanties par les Espagnols et les Paulistes portugais. D'autres, à l'approche des usurpateurs étrangers, se sont retirées dans des contrées moins favorisées par la nature. Plusieurs milliers de naturels ont été rassemblés, ou transférés par les jésuites dans leurs établissements sur l'Uruguay et le Parana; d'autres, enfin, se sont alliés aux Portugais et aux Espagnols; en sorte qu'on ne trouve guère de ceux-ci sur les frontières, dont la figure ne représente des indices d'un mélange de sang indien. Parmi les indigènes primitifs qui se sont maintenus sur le Paraguay, les vaillants *Guaycoros*, ou Indiens-cavaliers, tiennent le premier rang. Ils occupent les deux rives du fleuve depuis le Taquari et les montagnes d'Albuquerque dans l'espace de 400 kilom. Armés de lances extrêmement longues, d'arcs et de flèches, ils ont souvent fait la guerre aux Espagnols et aux Portugais, sans avoir jamais été vaincus. Ils font de longues excursions dans les pays limitrophes, et s'y procurent des chevaux en échange de fortes toiles de coton, qu'ils fabriquent eux-mêmes.

Les Indiens du Brésil estiment principalement la force du corps et la férocité : au moment même d'être égorgés et dévorés par leurs ennemis, ils les insultent et leur expriment leur mépris; ils cherchent à prouver, par ces bravades, qu'on peut bien leur ôter la vie, mais non pas le courage.

La langue indigène la plus généralement répandue dans le Brésil est celle des Guaranis; parlée dans divers dialectes par les Tupis, les Tapuyes, les Omaguas et les Topinanbous, elle est même habituellement désignée sous le nom de langue brésilienne.

CHAPITRE DIX-HUITIÈME.

Guyanes française, hollandaise et anglaise.

Le nom de *Guyanc* ou *Guayane*, qui paraît appartenir en propre à une petite rivière tributaire de l'Orénoque, a été donné, par extension, à cette espèce d'île environnée, au sud, à l'ouest et au nord, des eaux de l'Amazone, du Rio Negro, du Casiquiari et de l'Orénoque, et baignée au nord et au nord-ouest par l'Océan-Atlantique. Les côtes sont partout peu élevées, et même, dans la plus grande partie, si basses que la haute mer les couvre pendant l'espace de plusieurs kilomètres. Les caps ou promontoires ne se font apercevoir qu'à une petite distance. Les eaux de la mer, jusqu'à une distance de 40 à 48 kilom., sont troubles à cause de la quantité de limon que les rivières y portent.

Parmi les *terres basses*, celles où les eaux de la mer restent stagnantes se couvrent de palétuviers; les autres, inondées seulement par les eaux douces, portent des joncs, et servent d'asile aux caïmans, aux poissons, et à toutes sortes de gibier aquatique. Ces dernières s'appellent savanes noyées; les savanes sèches produisent d'excellentes herbes de pâturage.

Quelques tertres isolés qui s'élèvent au milieu des terres basses, paraissent avoir été anciennement des îles; les alluvions successives les ont enveloppés et réunis au continent. Mais à 16 et surtout à 40 kilom. de la mer, on rencontre des montagnes primitives. Les montagnes dans l'intérieur n'ont pas, dans leur plus hautes cîmes, plus de 600 mètres d'élévation au-dessus du niveau de la mer.

Les principales rivières, telles que l'*Oyapok*, le *Maroni*, le *Surinam*, et l'*Essequibo*, ont l'embouchure très-large et peu profonde. Leurs cataractes offrent ra:ement un aspect majestueux. L'Oyapok en compte huit dans l'espace de 80 kilom.; le Maroni les a moins nombreuses mais plus grandes; l'Essequibo n'en a pas moins de 39 dans un assez petit espace. Les mêmes traits peuvent s'appliquer aux autres rivières : la Demerari, la Berbice, le Corentin, le Sinamari, l'Aprouague et l'Arouaï.

La saison sèche, ou le grand été, dure, à Cayenne, depuis la fin de juillet jusqu'en novembre. La saison pluvieuse règne surtout dans les mois qui correspondent à l'hiver d'Europe; cependant les pluies sont plus fortes en janvier et février.

Considéré sous le rapport de la salubrité, le climat a été trop calomnié. Il a les doubles inconvénients attachés à tout pays en friche, couvert de bois ou de marais, et à toute contrée chaude et humide.

Les inondations de la Guyane présentent au voyageur un tableau curieux. Grossies par des pluies continuelles, toutes les rivières débordent; toutes les forêts, avec leurs immenses troncs, leurs labyrinthes d'arbustes, leurs guirlandes de lianes, flottent dans l'eau. La mer joint ses flots aux eaux courantes; elle y apporte un limon jaunâtre; les poissons de mer, les oiseaux aquatiques et les caïmans se répandent partout; les quadrupèdes sont obligés de se réfugier sur le haut des arbres, et à côté des singes qui gambadent et se suspendent aux branches, on voit courir les énormes lézards, les *agoutis*, les *pecaris*, qui ont quitté leurs tanières inondées; à côté d'eux, les oiseaux palmipèdes, qui, par leur conformation, semblent condamnés à rester sur la terre ou dans l'eau, s'élancent ici sur les arbres pour éviter les caïmans et les serpents, qui partout se jouent dans l'eau ou se vautrent dans la fange. Les poissons abandonnent leur élément, et mangent les fruits et les baies des arbustes parmi lesquels ils nagent. La crabe s'attache aux arbres, l'huître croît dans les forêts. L'Indien qui, dans son bateau, parcourt ce nouveau chaos, ce mélange de terre et de mer, ne trouve pas un coin de terre pour se reposer; il suspend son hamac aux branches les plus élevées de deux arbres, et dort tranquillement dans ce lit aérien, que les vents balancent au-dessus des flots.

Toute l'année a ses récoltes de fruits, cependant les arbres n'en portent en abondance qu'en certains temps fixes : tels sont les orangers, les limoniers, les poiriers-avocats dont le fruit est surnommé *moelle végétale*, les sapotilliers, les corossols et plusieurs autres qui ne viennent que dans les endroits cultivés. Ceux qui croissent naturellement dans les forêts ne produisent qu'une fois par an, et la plupart dans les mois qui correspondent au printemps d'Europe. Tels sont les fruits de palmiers; ceux du *mari-tembour*, du *prunier-mombain*, et autres. Parmi les arbres fruitiers transportés de l'Europe, il n'y en a que trois qui aient réussi généralement; la *vigne*, dont les raisins pourrissent dans le temps des pluies, et sont dévorés, en été, par les insectes; le *grenadier*, et surtout le *figuier*. Les arbres fruitiers des Indes orientales, tels que les manguiers et les jambosiers viennent in-

finiment mieux. Avant l'arrivée des Européens, la Guyane possédait trois espèces de caféiers; mais on y a introduit le caféier arabique. Les girofliers, les cannelliers, les muscadiers y ont été transportés avec beaucoup de succès. Il y a plusieurs espèces de poivriers. Le cacaoyer vient spontanément à l'est de l'Oyapok. L'indigo et la vanille y sont indigènes. Parmi les plantes alimentaires du pays, le manioc amer et le ca-manioc tiennent le premier rang; les ignames, les patates, les tayoves, deux espèces de mil offrent encore une nourriture abondante.

La Guyane a donné à la médecine le précieux quassia ou bois de Surinam. Beaucoup d'autres végétaux produisent des sucs amers et astringents d'une grande utilité médicale, tels que le baume de copahu, produit par le copayer. Mais à côté de ces arbustes salutaires, les forêts cachent les poisons les plus terribles. La *duncane* est un petit arbrisseau qui donne à l'instant la mort aux bestiaux qui en mangent. Les ravages du poison végétal nommé *wourara* sont tels, qu'un enfant mourut sur-le-champ pour avoir sucé la mamelle de sa mère un instant après qu'elle eut été frappée d'une flèche qui en avait été enduite. Parmi les arbres forestiers, les uns, mous et spongieux, comme les bananiers, les palétuviers, ne servent que de combustible; les autres, extrêmement durs, incorruptibles et susceptibles du plus beau poli, ont l'inconvénient de résister à la scie et aux autres outils; tels sont le ouatapa, le balata, l'angelin. Quelques autres espèces, en se rapprochant de ceux-ci, donnent plus de prise aux outils. On distingue le *licaria* ou bois de rose, deux espèces d'*icica* qu'on décore du titre de cèdre noir et blanc; le bagassier, le couri-mari et l'acajou. L'aspect des forêts de la Guyane est imposant et varié. Des arbres ont jusqu'à 35 mètres de hauteur, d'autres exhalent une odeur balsamique. Les lianes et les arbrisseaux grimpants, en décorant ces forêts, les rendent souvent impénétrables. On voit des grappes de fleurs pendre de tous les côtés sur l'arbre, dont le feuillage véritable disparaît presque sous des ornements étrangers.

Les quadrupèdes de la Guyane sont des mêmes espèces que ceux du Brésil et du Paraguay. Après le tapir, les ours fourmiliers comptent parmi les grands quadrupèdes. Le *chien crabier* vit sur les bords de la mer ; il se sert de ses pattes, presque comme un homme de ses mains, pour tirer les crabes de leur trou. Parmi les familles des singes, extrêmement nombreuses, on distingue les coïata, qui se suspendent aux branches par leur longue queue tournée en spirale, le joli *saki-winski*, le *kisi-kisi*, et beaucoup d'autres. Parmi trois espèces de biches, le cariacou se rapproche, pour la grandeur et pour la forme, du chevreuil d'Europe. L'agouti est le gibier le plus commun et le meilleur ; cependant la chair du paca est encore préférée : le cabiai habite les bords des rivières et des lacs : ses soies et ses défenses lui donnent l'air d'un porc.

La Guyane possède plusieurs espèces de tatous et de didelphes ou sarigues. Parmi les chauves-souris, le vampire est redouté ; il y en a qui ont de 60 centimètres à 1 mètre d'envergure. Le serpent *boa* est appelé à Surinam aboma ; il y devient quelquefois long de 14 mètres, et d'une circonférence de 1 mètre 30 ; il engloutit des sangliers, des cerfs, des tigres entiers. Quelques coups de fusil bien dirigés donnent la mort à ce nouveau python ; les nègres lui enlacent une corde autour du cou, le suspendent à un fort arbre, et l'écorchent tout vivant pour avoir sa graisse, qui est excellente. Les deux serpents venimeux les plus connus sont celui à sonnettes et celui nommé grage : ce dernier, habitant des forêts de l'intérieur, est le plus méchant ; son venin n'est pas aussi actif, mais la courbure et la disposition particulière de ses incisives rendent ses morsures terribles.

La Guyane nourrit la plupart des oiseaux indigènes et particuliers au *nouveau continent*. Trois oiseaux de la Guyane ressemblent extérieurement au faisan ; l'un d'eux, le *parraqua*, a le cri extrêmement fort. La Guyane abonde en crapauds, lézards et caïmans. Parmi les poissons d'eau douce, le *pacou* et l'*aymara* offrent au voyageur une nourriture délicieuse. Le *warapper* est pris parmi les arbres où il vient s'engraisser pendant l'inondation, et où il reste embarrassé parmi les branches lors de la baisse des eaux.

Les colonies ci-devant hollandaises d'*Essequibo*, de *Demerari* et de *Berbice*, forment aujourd'hui la *Guyane anglaise*, peuplée, sur une superficie de 240,000 kilomètres carrés, de 160,000 habitants dont les 5⁄6ᵐᵉˢ appartiennent à la race noire. Les indiens sauvages sont au nombre de 7 à 8,000. *Georgetown* ou *Démerari*, la capitale, avec 25,000 habitants, est renommée pour son opulence. La *Nouvelle-Amsterdam*, dans le district de Berbice, a 5,000 habitants. Le bourg et le port d'*Essequibo* sont fort bien situés sur le bord des deux rivières de Courna et d'Essequibo.

La superbe colonie de *Surinam* reste aux Hollandais : située entre la Guyane anglaise et la Guyane française, elle a une superficie de 155,008 kilomètres carrés, avec 54,341 habitants (1855), dont 15,617 libres et 38,724 esclaves. La population s'est élevée jusqu'à 80,000 habitants ; mais elle a été réduite par l'abolition de la traite et l'excédant des décès sur les naissances. Les revenus de la colonie se sont élevés en 1857 à 1,128,096 florins (2 francs 10 centimes). Les exportations étaient de 5,412,369 florins en sucre, mélasse, rhum, cacao et coton. Aucune des Antilles ne présente une culture aussi étendue et aussi lucrative. La capitale est *Paramaribo*, avec 20,000 habitants, sur la belle rivière de Surinam. Les maisons en général, sont élégamment ornées et lambrissées de bois précieux.

L'aspect des colonies hollandaises et anglaises a quelque chose d'extraordinaire, d'unique, même pour ceux qui ont vu la Hollande ou le Bas-Holstein. Une vaste plaine, absolument horizontale, couverte de plantations florissantes, émaillées d'un vert tendre, aboutit d'un côté à un rideau noirâtre de forêts impénétrables, et est baignée, de l'autre côté, par les flots azurés de l'Océan. Ce jardin, conquis sur la mer et sur le désert, est divisé en un grand nombre de canaux, environnés de digues, séparés par de larges routes et par des canaux navigables. Chaque habitation semble un petit village à part, et le tout ensemble réunit, dans un étroit espace, les charmes de la culture la plus soignée aux attraits de la nature la plus sauvage.

Les nègres révoltés ont établi, dans l'intérieur, plusieurs petites républiques. Ces nègres vont nus, mais ils vivent dans l'abondance. Ils font du beurre avec la graisse clarifiée des vers-palmistes ; ils tirent une très-bonne huile des pistaches de terre. Au moyen de trappes artistement pratiquées et des hautes marées, ils prennent du gibier et du poisson, qu'ils font sécher à la fumée pour les conserver. Leurs champs sont couverts de riz, de manioc, d'ignames, de plantaniers. Ils tirent du sel des cendres du palmier, ou bien ils y suppléent avec du poivre rouge. Ils ont en abondance le vin de palmier, qu'ils se procurent par une incision dans le tronc, dont ils reçoivent le jus dans un vase. Le latanier ou pineau leur fournit tous les matériaux pour construire leurs maisons. Le calebassier leur donne des coupes ou des gourdes. Le *mauricia* renferme des filaments dont ils font leurs hamacs, et même il croît sur les palmiers des espèces de bonnets d'un tissu naturel, comme le *sustillo* du Pérou. Les lianes leur servent de cordes. Pour avoir du bois, ils n'ont qu'à le couper. Ils allument du feu en frottant l'un contre l'autre deux morceaux de bois qu'ils nomment by-by. Ce bois étant élastique, leur procure aussi d'excellents bouchons. Avec la graisse et l'huile, qu'ils ont en abondance, ils peuvent faire des chandelles, des lampes : les abeilles sauvages leur donnent de la cire et du miel.

La colonie française est toujours restée dans un état de langueur. *Cayenne* en est le chef-lieu. Cette ville, bien fortifiée du côté de la mer, est presque inaccessible du coté de la terre, où des marais et des bois remplissent l'île dans laquelle elle est située. La population de Cayenne est de 3,000 habitants; celle de toute la colonie, sans les Indiens, est de 22,000 habitants, dont 2,000 blancs. Parmi les cultures, celle du giroflier a donné jusqu'à 5,000,000 de kilogrammes. Le rocou et l'indigo réussissent parfaitement. La valeur des exportations en France ne dépasse pas 1,200,000 francs, et cependant la nature n'a pas traité Cayenne avec moins de faveur que Surinam. Mais la puissance combinée de la routine et de l'intrigue ont toujours enchaîné les hommes éclairés et entreprenants qui ont proposé les vrais moyens pour faire sortir cette colonie de sa trop longue enfance. En vertu d'un décret de 1852, une colonie pénitentiaire, destinée à remplacer le système des bagnes, a été établie à la Guyane française. C'est dans les îles du *Salut*, à 48 kilomètres de Cayenne, qu'on dépose les condamnés, à l'arrivée, des convois. De là ils sont dirigés sur les pénitenciers de la terre ferme. Le plus important est celui de *Saint-Laurent-du-Maroni*, qui compte 800 condamnés et un nombre de femmes également condamnées. En 1855, une mine d'or a été découverte sur les bords de l'Aprouague, mais son rendement est peu important.

L'intérieur de la Guyane nourrit quelques restes de peuplades sauvages. Les *Galibis* sont la principale et la plus nombreuse tribu de la Guyane française, celle dont le langage est le plus universellement entendu de toutes les autres. Ceux qui demeurent près de Cayenne, sont entassés dans leurs cabanes à la manière des animaux. Il y en a où l'on compte quelquefois jusqu'à 20 et 30 ménages. Leur nombre est d'environ 10,000 âmes : ils occupent principalement le pays entre le Courou et le Maroni, pays dont la côte, bordée d'un récif presque inaccessible, prend le nom de *Côte du Diable*.

Les *Kirikotsos* et les *Parabuyanes*, sur le Haut-Maroni, étaient aussi des tribus puissantes. On distingue encore les *Palicours*, les *Roucougènes*, les *Poupourouis* et dix ou douze autres petites tribus.

CHAPITRE DIX-NEUVIÈME.

Archipel Colombien. — Description générale.

Entre les deux continents de l'Amérique dont nous venons d'achever la description, s'étend en arc de cercle une chaîne d'îles, à laquelle on a donné le nom d'*Antilles*, et le nom inexact d'*Indes-Occidentales*, mais que la raison et la reconnaissance doivent nommer l'*Archipel Colombien*. L'extrémité méridionale de cet archipel se rattache au cap Paria, dans l'Amérique méridionale, tandis que son extrémité septentrionale se lie à la Floride par les îles Bahama, et la pointe occidentale de Cuba correspond à la partie la plus avancée de l'Yucatan. Ainsi les Antilles tiennent doublement au continent de l'Amérique septentrionale.

On divise ces îles en *grandes et petites Antilles*. Les grandes sont : *Cuba, la Jamaïque, Haïti et Porto-Rico*. Les Anglais, les Français, les Espagnols donnent des sens très-différents aux termes d'îles du Vent et d'îles sous le Vent. L'acception de ce terme de marine dépend de la position du navire et de la route qu'on se propose de suivre.

L'étendue de mer qui se trouve entre les Antilles, l'Amérique méridionale et les côtes de Mosquitos, de Costa-Rica et de Darien, s'appelle *Mer des Caraïbes*. Cette mer, une des plus fréquentées du globe, présente plusieurs phénomènes dignes d'attention. Le premier est ce mouvement des eaux dit *courant du golfe*. On doit le considérer comme l'effet du mouvement doux, mais universel, de toute la masse des eaux de l'Océan, portées par le grand courant équatorial de l'est à l'ouest, et poussées à travers les ouvertures de la chaîne des petites Antilles contre le continent américain. Ce mouvement uniforme n'empêche pas les eaux de l'Océan, depuis les îles Canaries jusqu'à l'embouchure de l'Orénoque, d'être d'une si parfaite tranquillité, qu'un canot pourrait, sans danger, traverser cet espace auquel les Espagnols ont donné le surnom de *Mer des Dames*. Tranquille, ce mouvement n'en est pas moins fort; il accélère la marche des navires des Canaries à l'Amérique méridionale; il rend presque impossible la traversée en ligne directe de Carthagène à Cumana, ou de la Trinité à Cayenne. Le nouveau continent, à partir de l'isthme de Panama jusqu'à la partie septentrionale du Mexique, forme une digue qui arrête le mouvement de la mer vers l'occident. Depuis Veragua, le courant est forcé de changer sa direction pour suivre celle du nord, et de se plier aux sinuosités des côtes de Costa-Rica, de Mosquitos, de Campêche et de Tabasco. Les eaux qui entrent dans le golfe du Mexique par l'ouverture située entre l'Yucatan et l'île de Cuba, après avoir éprouvé un grand remous partiel entre la Vera-Cruz et la Louisiane, retournent dans l'Océan par le canal de

Bahama. Elles y forment ce que les marins appellent proprement le *courant du golfe* (*gulf-stream*), sorte de torrent d'eaux chaudes, partant du golfe de la Floride avec une grande vitesse et s'éloignant insensiblement de la côte de l'Amérique septentrionale, dans une direction diagonale. Depuis le 41e parallèle, ce long courant d'eaux chaudes se dirige vers l'est, en diminuant peu à peu de température et de vitesse, et en augmentant de largeur. Avant d'arriver aux plus occidentales des Açores, il se partage en deux bras, dont l'un se porte sur l'Islande et la Norwége, et l'autre sur les îles Canaries et les côtes ouest de l'Afrique. Ce remous de l'Océan-Atlantique explique pourquoi, malgré les vents alizés, des tronc de *cedrella odorata* sont poussés des côtes d'Amérique sur celles de Ténériffe. Dans le voisinage du banc de Terre Neuve, la température du courant du golfe qui charrie avec une grande rapidité les eaux chaudes des parallèles moins élevés, dans des latitudes plus septentrionales, est de deux à trois degrés (Réaumur) plus élevée que celle des eaux voisines qui en forment, pour ainsi dire, les rives, et dont le mouvement est comparativement nul.

La tranquillité de la mer des Caraïbes est, de temps à autre, troublée par des ouragans et des coups de vent qui, se propageant à travers les étroites ouvertures de la chaîne des Antilles, prennent une extrême intensité. En temps ordinaire, les eaux sont si transparentes qu'on distingue les coraux et les poissons à 120 mètres de profondeur; le vaisseau semble planer dans l'air; une sorte de vertige saisit le voyageur dont l'œil plonge à travers le fluide cristallin au milieu des jardins sous-marins, où des coquillages et des poissons dorés brillent parmi les touffes des fucus et des bosquets d'algues marines.

Le canal entre l'Yucatan et l'île de Cuba présente de deux côtés le phénomène des sources d'eau douce jaillissant au sein de l'onde amère. Plus on puise profondément, plus l'eau a de douceur. On y tue souvent des lamentins, animal qui ne se tient pas habituellement dans l'eau salée.

Toutes les îles un peu considérables de cet archipel renferment de hautes montagnes; les plus élevées se trouvent dans la partie occidentale d'Haïti, dans l'est de Cuba et dans le nord de la Jamaïque, là où ces grandes îles se rapprochent le plus. La direction de ces montagnes paraît être du nord-ouest au sud-est; mais il existe un point central d'où les rivières descendent, et où les diverses branches de montagnes paraissent se réunir comme dans un noyau. Dans quelques îles, comme à la Guadeloupe, ce noyau renferme des volcans.

Les rochers de corail sont aussi communs que les pierres-ponces. L'île de Cuba et les îles Bahama sont environnées d'immenses labyrinthes de rochers qui s'élèvent au niveau des flots et se couvrent de palmiers : ce sont les îles basses de l'Océan oriental.

Toutes les Antilles sont à peu près soumises au même climat. Dans la sécheresse, qui dure ordinairement depuis le commencement de janvier jusqu'à la fin de mai, la chaleur du jour serait insupportable, si des brises de mer ne s'élevaient à mesure que le soleil prend de la force. Les pluies, qui caractérisent la saison de l'été, tombent par torrents : ce sont de véritables déluges; les rivières s'enflent en un moment; tout le plat pays est submergé. L'air, imprégné d'humidité, couvre de rouille tous les métaux oxydables. L'humidité souvent continue sous un ciel enflammé, qui fait en quelque sorte vivre les habitants dans un bain de vapeur, contribue à rendre le séjour, dans la partie basse de ces îles, désagréable, malsain, et même dangereux pour un Européen.

Le défaut habituel d'électricité contribue à faire disparaître ces teintes animées qui distinguent l'Européen. Les miasmes des eaux de mer stagnantes et des vases croupissantes deviennent, surtout pour les hommes des pays froids, les germes de la fièvre jaune. La nature a indiqué un moyen de salut : c'est de chercher un air plus frais sur les flancs des montagnes. La zone chaude, où les fièvres putrides menacent l'existence, s'étend depuis le bord de la mer jusqu'au niveau de 400 mètres; là commence la zone tempérée, où le thermomètre de Réaumur ne marque plus que 15 à 18 degrés en plein midi, où nos plantes potagères réussissent le mieux, et où abonde le quinquina-pitou. Cette zone se termine à 800 mètres plus haut, où le thermo-

mètre s'arrête à 14 degrés; les brouillards, élevés des parties basses, s'accumulent sur les montagnes et la pluie devient habituelle. C'est la zone froide des Antilles.

Il ne se trouve d'autres quadrupèdes sauvages que ceux de la plus petite taille : la chauve-souris fer de lance, le mulot volant, le kinkajou, le rat-piloris; les lézards, les scorpions, les serpents sont très-communs; mais parmi les petites Antilles, la Martinique et Sainte-Lucie sont les seules qui renferment de véritables vipères ou des scorpions venimeux. Le scorpion existe à Porto-Rico et dans toutes les grandes Antilles. Le caïman habite les eaux dormantes, et les nègres mêmes ne peuvent se soustraire à sa dent meurtrière. Les tortues les plus délicates se prennent sur les plages voisines de la Jamaïque. Les perroquets et les colibris embellissent les forêts; les oiseaux aquatiques, en troupes innombrables, animent les rivages. On admire l'oiseau-mouche, qu'on appelle aussi *oiseau-murmure*, à cause du bourdonnement produit par le mouvement continuel de ses ailes.

Les magnifiques végétaux que nous avons admirés dans les autres parties du globe situées entre les tropiques égalent ici, en taille, en beauté, leurs frères du continent. Le bananier forme à lui seul, dans le cours des années, un bocage; le tronc creusé du cotonnier sauvage fournit un canot capable de contenir cent hommes; une feuille du palmier à éventail suffit pour garantir huit personnes du soleil ou de la pluie; le chou-palmiste balance sa tête verdoyante sur une colonne quelquefois haute de 75 m. Des rangées d'arbres de Campêche et du Brésil entourent les plantations. Le caroubier joint au bienfait de ses fruits celui de son épais ombrage. L'écorce fibreuse du grand *cecropia* fournit de solides cordages. L'élégant tamarinier, le bois de fer, le cèdre et une espèce de *cordia*, désignée sous le nom d'*ormeau d'Espagne*, sont très-estimés pour les ouvrages de charpente. Rien ne surpasse l'utilité de l'arbre à roue dans la construction des moulins. Les orangers, les citronniers, les figuiers, les grenadiers, à l'entour des habitations, remplissent l'air de parfums, ou offrent leurs fruits délicieux. La pomme, la pêche, le raisin et les meilleurs fruits de l'Europe ne mûrissent que dans les parties montagneuses, tandis que les plaines, où rien ne modère le feu du soleil, se parent de productions indigènes, telles que le cachou, la sapote, la sapotille, la poire d'avocat, la mammée, avec plusieurs fruits des Indes orientales, comme la pomme de rose, la goyave, la mangue, etc.

Dans les savanes on distingue le *serpidium* de Virginie, l'*ocymum americanum*, le *cleome* à cinq feuilles, etc. Le long des coteaux, la sensitive se cache sous le gazon, entre les *sida*, les *dianthea*, les *ruelia*, ombragés par le troëne d'Amérique ou par des acacias de toute espèce, notamment l'acacia de Farnèse, intéressant par la délicatesse de ses feuilles et le parfum de ses petites fleurs jaunes. Sur le penchant des mornes déserts, divers cactiers présentent leurs troncs difformes, hérissés de faisceaux d'épines, tandis que les grands raisiniers décorent les rochers voisins de la mer. Dans les bois, les nombreuses familles des lianes, dont les branches sarmenteuses s'entrelacent au haut des arbres, y forment des dômes de fleurs et des galeries de verdure.

Parmi les autres végétaux, les plus curieux sont les fougères arborescentes; elles sont ici, comme dans toute la zone torride, des plantes vivaces qui acquièrent un grand accroissement. Le *polypodium arboreum* a un tronc élevé de plus de 7 m. et couronné de larges feuilles dentelées qui lui donnent l'air et le port d'un palmier. La médecine réclame encore le *gaïac* ou *lignum vitæ*, la *winteracanella*, etc.

L'élévation du centre de ces îles, la diversité des expositions, la grande différence du climat des montagnes d'avec celui des côtes, et la nature du terrain, tout concourt à jeter dans la végétation une variété infinie, aussi agréable qu'utile.

La plupart des productions commerciales qui font la richesse des Antilles proviennent de végétaux naturalisés et entretenus par la culture. Cependant on trouve la vanille sauvage dans les bois de la Jamaïque et d'Haïti; l'aloës, cultivé à la Barbade, croît spontanément sur le sol pierreux de Cuba, des Lucayes et de plusieurs autres îles. Le *bixa orellana*, d'où l'on tire le rocou, est commun ici comme dans tous les pays chauds de l'Amérique. Le piment est indigène et refuse de se multiplier par la culture. Le *myrtus-pimenta* affectionne les flancs des montagnes qui regardent la mer; il y forme des bocages où l'on jouit d'une promenade d'autant plus commode qu'aucun arbuste ni arbrisseau ne croît sous son délicieux ombrage.

L'igname et la patate, également indigènes, forment le principal aliment des nègres. L'Afrique a fait présent aux Indes occidentales du manioc et de l'arbrisseau à pois d'Angola. Mais les cultures qui subviennent au luxe et aux fabriques de l'Europe absorbent toute l'attention d'un planteur des Antilles; et sans les immenses fournitures en blé qui arrivent du Canada et des États-Unis d'Amérique, la disette affligerait très-souvent ces magnifiques contrées.

La grande marchandise d'étape des Indes occidentales est le *sucre*. La canne à sucre fut transplantée, en 1606, des Canaries à Haïti. La canne d'Otaïti, introduite dans les Antilles, fournit un suc plus abondant que la canne ordinaire ou créole. Un champ de cannes au mois de novembre, époque de leur floraison, offre un coup d'œil ravissant. La hauteur des tiges, de 1 m. à 1 m. 50 et plus, caractérise fortement la différence de sol ou de culture. Au moment de la maturité, le champ déploie un vaste tapis d'or que les rayons du soleil viennent nuancer par de larges bandes du plus beau pourpre. Le sommet des tiges est d'un vert noirâtre; mais à mesure qu'elles se sèchent, soit de maturité ou par l'effet des grandes chaleurs, la couleur change et devient celle d'un jaune-roux; des feuilles larges et étroites pendent du haut des tiges et semblent s'écarter pour laisser jaillir une baguette argentée: la longueur de cette baguette varie de 1 m. 50 à 2 m., et sur son sommet flotte mollement un panache blanc, dont les houppes sont terminées par une frange du lilas le plus tendre. Une plantation de cannes en feu offre, au contraire, les horreurs les plus pittoresques qui puissent s'offrir à l'imagination d'un peintre ou d'un poëte. Il n'y a pas d'incendie aussi alarmant, il n'y a pas de flammes aussi rapides; on ne saurait se figurer la vélocité et la furie avec lesquelles ce feu dévore et se propage.

L'arbrisseau qui fournit le colon, trouve souvent dans ces îles le terrain sec et pierreux qu'il aime ; mais la récolte, qui demande un temps sec, n'est pas assez assurée. Le caféïer, originaire de l'Arabie Heureuse, en fut longtemps une propriété enviée. Les grains, trop vieux, n'ayant pu lever en d'autres pays, on transporta le plant même à Batavia ; ensuite , par multiplication, à Amsterdam et à Surinam, à Paris et à la Martinique. Tantôt cet arbre récompense les soins du cultivateur dès la troisième année, et tantôt seulement à la cinquième ou sixième : quelquefois il ne produit pas un demi-kilo de café, et d'autres fois il en donne jusqu'à 2 kilos. En quelques endroits, il ne dure que 12 ou 15 ans ; et en d'autres, 25 à 30.

Les îles de cet archipel appartiennent à plusieurs nations européennes : la France, l'Angleterre, l'Espagne, le Danemarck, la Hollande et la Suède. Celle d'Haïti est indépendante. Depuis l'émancipation des noirs, les Antilles, par suite du manque de bras, sont moins florissantes. Cuba et Porto-Rico, où l'esclavage s'est maintenu, ont conservé leur splendeur.

GRANDES ANTILLES.

La plus grande et la plus considérable des quatre îles désignées sous le nom de *Grandes-Antilles* est *Cuba*, longue de 720 kilomètres et dont la largeur varie de 80 à 160, étendue qui équivaut presqu'à celle de la Grande-Bretagne. La population, de 1,500,000 habitants, se décompose ainsi : 400,000 créoles blancs, y compris 70,000 Espagnols venus de la metropole ; 100,000 mulatres, 100,000 noirs libres et près de 800,000 esclaves. Une chaîne de montagnes traverse l'île de l'est à l'ouest ; mais les terres près de de la mer sont en général basses et inondées dans les saisons pluvieuses. Cette superbe île passe pour avoir le meilleur sol de toutes les Antilles ; son climat est chaud et sec, mais plus tempéré que celui d'Haïti, grâce aux pluies et aux vents du nord et de l'est qui le rafraîchissent. Il faut en excepter quelques vallées exposées au midi, et brûlées par la réverbération des rochers. Les anciens historiens vantent l'or fin de cette île, et une tradition

affirme que les canons du fort *El-Morro* ont été faits du cuivre indigène. Une mine, exploitée aux environs de Santiago, a produit de l'argent gris, des aimants, des malachites soyeuses, et des cristaux de roche couleur topaze. Dans le district de la Havane on a découvert une mine de très-bonne qualité. On y trouve beaucoup d'eaux chaudes minérales. Ses salines sont abondantes. Mais les richesses de l'île sont ses excellentes et nombreuses sucreries. Elle abonde encore en manioc, maïs, anis ou pastel, coton, cacao, café, et en tabac préférable à tout autre de l'Amérique. On y voit tous les arbres et végétaux des Antilles, particulièrement le beau palmier-royal. L'île fournit aux chantiers de l'Espagne de magnifiques bois de construction. Les abeilles y ont été introduites par des émigrés de la Floride ; on y exporte une quantité considérable de la plus belle cire blanche. Parmi les fruits, l'ananas est singulièrement renommé. On ne trouve , dans toute cette île, aucun animal venimeux ni féroce. Les premiers habitants étaient pacifiques et timides , aujourd'hui les colons sont les plus industrieux, les plus actifs des îles espagnoles.

La *Havane*, avec 150,000 habitants, capitale et principal port de Cuba, est l'entrepôt général du commerce. Cette ville commande les routes commerciales entre l'Ancien et le Nouveau-Monde, ainsi que les voies maritimes et stratégiques ; elle renferme un arsenal, un observatoire, de nombreuses écoles spéciales, et ses chantiers de construction fournissent à la marine espagnole un large contingent de navires. *Puerto-del-Principe*, vers le milieu de la côte septentrionale, compte 32,000 habitants. *Santiago de Cuba*, capitale ecclésiastique de l'île, est batie sur la côte méridionale, au fond d'une belle baie, sur un port sûr et commode. Peuplée d'environ 35,000 âmes, elle fournit au commerce du sucre et du tabac très-renommés.

La richesse productive de Cuba est vraiment sans pareille. Nous nous contenterons de donner le chiffre total des ventes ; extrait du recensement de 1856, qui monte à 199,000,000 de francs. Les importations de 1857, faites des différents ports de l'île de Cuba, sont évaluées à la somme de 279,000,000 de francs, et les exportations à près de 220,000,000 de fr.

Le blé n'est presque pas cultivé à Cuba, et en 1837 le prix du baril de farine était de 225 francs. La différence des droits de douane était de 7 0/0 pour les marchandises apportées par des navires espagnols, et de 7 1/2 0/0 pour les marchandises espagnoles importées par les navires des autres nations. C'est ce qui a donné aux navires espagnols de très-grands avantages et a doublé presque le commerce de l'île de Cuba. Néanmoins, l'effet de ces mesures par trop protectrices a été défavorable aux recettes de la douane.

Le nouveau tarif de Cuba, mis en vigueur depuis le 1er février 1853, ne s'est pas montré plus favorable aux Etats-Unis. Les Américains ont usé de représailles et le commerce fait entre Cuba et les Etats-Unis par des navires espagnols est peu considérable. En 1853, les importations de Cuba aux Etats-Unis, sous pavillon espagnol, ont été de 55,250 francs, et les exportations de 10,645 francs seulement. Le commerce, sous pavillon espagnols, avec l'Europe, a été fait pendant cette même année dans les proportions suivantes :

	Importations	Exportations
Avec la France de...	8,854,654 fr.	1.998,850 fr.
Avec l'Angleterre..	21,726,500	3,194,600
Avec l'Allemagne..	4,563,650	1,583,950
Avec la Belgique...	1,616,500	615,000
Avec le Danemarck.	1,604,350	74,000
Total.....	38,362,650 fr.	7,463,400 fr.

En 1857, 221 navires espagnols, de 128,422 tonnes, sont entrés dans les ports des Etats-Unis, venant de l'île de Cuba, et il n'est reparti de ce nombre que 3 navires seulement de 523 tonnes pour Cuba. Les exportations faites des Etats-Unis se réduisent à quelques menus articles qui ne peuvent être tirés que des Etats-Unis, ou qui ne peuvent être admis par des navires espagnols,

L'île de *la Jamaïque*, par son étendue, est la troisième de l'archipel. L'industrie anglaise l'a élevée au rang des plus florissantes ; toutefois elle n'égala jamais la fertile Haïti.

De l'est à l'ouest, elle a environ 184 kilomètres de long ; et au milieu, environ 80 kilomètres de largeur, en diminuant vers les extrémités à peu près dans la forme d'un œuf. Une chaîne de montagnes escarpées, composées de rochers renversés par de fréquents tremblements de terre, la traverse dans toute sa longueur. Entre les roches nues à leur surface, s'élève une grande variété d'arbres superbes, qui offrent l'aspect d'un printemps perpétuel, et à leur pied jaillit une quantité de ruisseaux limpides, dont les nombreuses cascades, bordées de verdure, forment, avec les hauteurs qui les environnent, un paysage enchanteur. La grande chaîne de montagnes est appuyée par d'autres qui diminuent graduellement ; les coteaux inférieurs sont parés de caféiers ; et plus bas, les riches plantations de sucre s'étendent, à perte de vue, dans les plaines. Les savanes portent un gazon épais et brillant, qui, rappelle les prairies d'Angleterre. Dans les montagnes près de Spanish-Town, il y a des eaux thermales renommées ; dans les prairies se trouvent plusieurs sources de sel : le plomb est le seul métal qu'on ait encore découvert.

L'air de la partie basse de la Jamaïque est presque partout excessivement chaud, et peu favorable à la constitution physique des Européens. Les brises de mer qui arrivent tous les matins le rendent plus supportable. Les montagnes offrent aux malades le bain salutaire d'un air frais et vif. Le sommet le plus élevé a 2,500 mètres au-dessus du niveau de l'Océan. Le sucre est la plus avantageuse production de cette île. Autrefois on y cultivait beaucoup de cacao. Les plantations de café ont été fort étendues dans la Jamaïque, de manière que cette île produit plus des trois quarts du café, et plus de la moitié du sucre que l'Angleterre tire de ses colonies. Les récoltes dans la Jamaïque sont plus certaines et égales que celles des îles du vent et sous le vent, puisque ces îles sont plus sujettes aux accidents des sécheresses et des ouragans. La Jamaïque produit aussi du gingembre et du piment. L'acajou y est de la meilleure qualité. Parmi les autres bois dont elle abonde, citons le savonnier, dont la graine a toutes les qualités du savon ; le mangrove et l'olivier, dont les écorces sont très-utiles aux tanneurs ; le fustic et le bois de campêche. L'indigo y était autrefois très-cultivé, et le cotonnier l'est encore ; l'arbre à pain y a été transplanté d'Otaïti par l'illustre botaniste Joseph Banks. On y récolte une grande quantité de fruits de toutes les espèces connues dans les Antilles. La population est de 420,000 habitants dont 374,000 noirs. Le mouvement annuel du commerce est de 62,000,000 de francs pour l'exportation et pour l'importation.

L'île est divisée en trois comtés, et soumise à un gouvernement représentatif.

Port-Royal, autrefois la capitale de la Jamaïque, était située sur la pointe d'une étroite langue de terre sablonneuse et aride, qui, vers la mer, formait partie de la jetée d'un superbe port capable de contenir mille gros vaisseaux. Les tremblements de terre ont rendu la place déserte. *Kingston*, avec 50,000 habitants, est la capitale actuelle, mais le siége du gouvernement est à *Spanishtown*. A quelque distance de Kingston, se trouve *San-Yago de la Vega*, l'ancienne capitale du temps des Espagnols, et encore le siége du gouvernement et des cours de justice. On y compte 6,000 habitants.

L'île d'*Haïti*, l'ancienne *Saint-Domingue*, se partage aujourd'hui entre deux Etats : la *République d'Haïti*, comprenant le nord-ouest de l'île, a succédé au ridicule empire de Soulouque; elle compte 7 à 800,000 habitants, dont les 9/10ᵉ appartiennent à la pure race africaine. La *République Dominicaine* comprend les deux tiers environ de l'île et ne renferme que 140 à 150,000 âmes. Les Dominicains parlent l'espagnol; noirs pour la plupart, ils n'en prennent pas moins la qualification de *blancs du pays* (*blancos de la tierra*). La contrée est riche en mines d'or, de fer, etc., inexploitées; elle possède d'immenses plaines très-peu cultivées. La coupe des magnifiques bois d'acajou qui couvrent les flancs des montagnes, l'élève des bestiaux et la culture du tabac sont les seules industries de quelque importance. Faute de routes et de débouchés, les habitants ne peuvent tirer qu'un médiocre parti de leurs richesses forestières et de leurs innombrables troupeaux de bœufs.

Au centre de l'île s'élève le *Cibao*, groupe de montagnes qui projette trois chaînes principales, dont la plus longue court vers l'est. Les montagnes, en grande partie susceptibles de culture jusqu'à leur sommet, produisent une variété d'expositions et de climats souvent diamétralement opposés à de très-petites distances. Très-sain sur les hauteurs, le climat des plaines énerve promptement les Euro-

péens. A l'est et au sud de l'île, on ne connaît ni printemps, ni automne. La saison des orages, qu'on appelle hiver, y dure depuis le mois d'avril jusqu'en novembre. Dans le nord, l'hiver commence en août, et finit au mois d'avril.

Port-au-Prince, capitale de la république d'Haïti, située sur la côte occidentale de l'île, au fond du golfe de la Gonave; a un port sûr et spacieux et compte 20,000 habitants.

San-Domingo, la plus ancienne ville européenne d'Amérique, capitale de la République Dominicaine compte 15,000 habitants.

Santiago et la *Vega* sont les deux principales villes de l'intérieur, où souvent le voyageur peut errer pendant des journées au milieu de prairies superbes, sans rencontrer d'autres traces de population que les cabanes des gardiens de troupeaux. Couronnées de magnifiques forêts, les hauteurs présentent souvent des laves noirâtres. La baie de *Samana*, défendue par plusieurs îlots et rochers, offre le plus beau port de l'île; mais les bords de ce vaste bassin ont acquis une réputation d'insalubrité. L'*Youna*, qui se jette dans cette baie, peut être rendue navigable pendant l'espace de 80 kilomètres.

Située à l'est d'Haïti, l'île de *Porto-Rico* offre la continuation de la grande chaîne des Antilles ; mais ses montagnes ont moins d'élévation que celles de Saint-Domingue. Le *Layvonito* domine la partie orientale, et le *Lopello* celle du sud : il y a de vastes savanes dans l'intérieur et sur la côte septentrionale. Les montagnes de l'intérieur, ornées de cascades pittoresques, renferment des vallées très-salubres ; mais, dans les plaines basses, l'air est malsain à quelques endroits dans la saison pluvieuse. Le sol, fertile et profond, est arrosé par un nombre considérable de courants d'eau très-pure. Sa superficie est de 152 kilom. sur 70 et sa population de 500,000 habitants, dont 450,000 noirs ou hommes de couleur, parmi lesquels en compte 100,000 esclaves. La culture est florissante. Le principal produit est le sucre et ses dérivés : rhum, tafias, mélasse, etc. On cultive aussi sur une grande échelle le tabac, le coton et le café. Les bois de teinture, les plantes médicinales et des fruits délicieux complètent cet ensemble de produits. Le chiffre des importations a atteint, en 1856, 35,484,000 francs, et celui des exportations 29,008,000 francs. Le mouvement de la navigation s'est traduit par 1,575 navires jaugeant 184,526 tonneaux reçus à l'entrée, et 1,322 navires, jaugeant 180,307 tonneaux, expédiés à la sortie.

San-Juan de Porto-Rico, la capitale est bâtie sur une petite île de la côte septentrionale, jointe à la grande terre par une chaussée, et formant un excellent port. Elle compte 35,000 habitants. Citons encore l'*Aguadilla,* avec un port ouvert dans la partie du nord-ouest, remarquable par sa salubrité; *San-Germano,* bourg considérable, peuplé des plus anciennes familles de l'île ; les baies de *Guánica* et de *Guayamilla,* situées sur la côte sud et très-propres à de grands établissements ; *Faxardo,* bourg très-agréable sur la côte orientale.

A 20 kilom. du *Cap-Pinero,* pointe orientale de l'île, on aperçoit les hauteurs verdoyantes et bien boisées de l'île de *Biéquen,* inhabitée, mais réclamée par l'Espagne.

ARCHIPEL DE BAHAMA OU ILES LUCAYES.

Les îles *Lucayes* ou *Bahama* s'étendent dans le sud-est de la Floride, dont elles sont séparées par un courant de mer large et rapide, qu'on appelle *golfe de Floride,* ou *nouveau canal de Bahama.* Le vieux canal de Bahama les sépare de l'île de Cuba. Il y en a environ 600, dont quelques-unes ne sont que des roches ; mais il y en a particulièrement 12 grandes et fertiles, dont le sol ne diffère en rien de celui de la Caroline. La population ne s'élève qu'à 17,000 habitants, dont 9,500 noirs, 4,000 blancs, 3,500 hommes de couleur. Le chiffre annuel des exportations et importations est de 4,385,000 fr., fournis surtout par l'exploitation de nombreuses salines. Le chef-lieu est *Nassau.*

On exporte de ces îles un peu de coton, d'indigo et de tamarin, beaucoup de fruits, surtout des citrons, des oranges, des ananas, des bananes, de l'écaille de tortue, de l'ambre gris, du bois d'acajou, de campêche et de fernambouc.

Les îles *Turques* ou *Caïques,* au débouquement de Saint-Domingue, sont occupées par les Anglais.

PETITES ANTILLES.

Anegada, Virgin-Gorda et *Tortola* sont les principales îles que les Anglais possèdent dans le petit archipel des Vierges, à l'est de Porto-Rico. Le sol y est peu fertile, mais le commerce d'interlope est d'une grande importance. Ces îles comptent environ 10,000 âmes Elles n'ont de valeur que par le commerce de contrebande avec Porto-Rico.

Les Danois ne sont entrés dans la carrière du commerce qu'après les Espagnols, les Français, les Anglais et les Hollandais. Trouvant le Nouveau-Monde déjà partagé entre les autres puissances, ils n'ont pu obtenir qu'avec difficulté de petites portions de ce riche butin ; mais ils n'ont rien négligé pour donner à ces faibles possessions une grande valeur.

Les Antilles ne renferment aucune portion de terre mieux cultivée et plus productive que l'île danoise de *Sainte-Croix.* Elle produit de beau sucre et d'excellent rhum. Sainte-Croix a été achetée 720,000 francs à la France; aujourd'hui plusieurs plantations valent le double de cette somme. Le chef-lieu est *Christianstadt,* avec 5,000 habitants, à la pointe orientale. L'île entière renferme 35,000 habitants, dont 30,000 noirs, 3,500 habitants de couleur, et 1,500 blancs. L'île de *Saint-Thomas* est plutôt un poste de commerce. Saint-Thomas, le chef-lieu, avec 12,000 habitants, a un excellent port, capable de contenir cent vaisseaux de ligne. Grâce à sa franchise, ce port est le centre de transactions considérables qui représentent 40 millions de francs dans la balance annuelle du commerce transatlantique. De vastes magasins reçoivent les marchandises de l'Europe ou des Etats-Unis. La petite île de *Saint-Jean,* qui ne compte que 6,000 habitants, a le sol et le climat très-bons ; mais la culture y est encore peu avancée. Il y a un excellent port.

L'île anglaise de *l'Anguille (Anguilla)* est toute plate. Ses habitants, peu nombreux, s'occupent de l'éducation du bétail et de la culture des champs, qui donnent du tabac excellent.

Saint-Martin renferme moins de terrain que sa dimension ne paraît en indiquer, parce que les côtes sont coupées de baies et d'étangs. L'intérieur est montagneux, le sol léger, pierreux et exposé à des sécheresses fréquentes. Un marais salant donne un profit annuel qu'on estime à 400,000 fr. Les habitants sont presque tous d'origine anglaise. La France possède les deux tiers de l'île et la Hollande l'autre tiers.

Gustave III ayant remarqué combien d'avantages commerciaux le Danemark tirerait de ses îles, voulut procurer à la Suède une possession dans les Indes occidentales. En conséquence il obtint de la France, en 1784, l'île de *Saint-Barthélemy*, d'une circonférence de 26 kil., située entre les îles anglaises de Saint-Christophe et de l'Anguille, et l'île hollandaise de Saint-Eustache. Cette position facilite le commerce interlope. Le sol, quoique montagneux, a peu de cours d'eau. Le coton y réussit très-bien. On en exporte aussi de la casse, des tamarins et du bois de sassafras. La végétation est en général beaucoup plus riche et beaucoup plus variée que ne semblerait le permettre la grande sécheresse du sol. Cette île renferme 16,000 habitants, dont 14,000 noirs. *Gustavia*, chef-lieu, dont le port sûr attire un grand nombre de navires, est le centre d'un mouvement d'affaires d'environ trois millions de fr., dont les deux tiers pour l'importation.

Les Hollandais considèrent leurs îles comme des entrepôts de commerce, et surtout de commerce de contrebande avec les sujets des autres puissances; c'est dans la Guyane qu'ils avaient concentré tous leurs établissements de culture.

L'île *Saint-Eustache* (8 kil. de long et 2 de large) est formée de deux montagnes qui laissent entre elles un vallon très-resserré. Le sommet oriental présente un ancien cratère de volcan environné de pierre-ponce ; mais il n'y a point de lave. Quoique l'île manque de rivières et de sources, on y cultive du tabac et du sucre. La population est de 12,000 habitants, dont 10,000 noirs, 1,000 blancs et 1,000 sang-mêlé. Le commerce a une importance annuelle d'un million 500,000 fr. Le petit port de Saint-Eustache reçoit un grand nombre de navires.

L'île de *Saba*, voisine de Saint-Eustache, est un rocher environné d'une mer basse qui ne permet qu'aux chaloupes d'en approcher. Après avoir débarqué sur la plage, il faut gravir le rocher par un chemin très-raide et environné de précipices. Au sommet, s'étend une agréable vallée où des pluies fréquentes font croître des plantes d'un goût exquis et de bon indigo. Un air pur y entretient la santé, et les femmes conservent cette fraîcheur de teint qu'on cherche en vain dans les autres Antilles. Les maisons sont simples et élégantes. Les habitants fabriquent des souliers et des bas de coton, dont la vente, avec le produit de l'indigo fournit à leurs dépenses.

Ici la chaîne des Antilles devient double; la *Barboude* et *Antigoa* forment le chaînon oriental. Antigoa a une forme circulaire et près de 28 kil. d'étendue en tous sens. Cette île, l'une des plus importantes, contient 40,000 habitants, dont 4,000 blancs, 2,000 mulâtres et 34,000 noirs. Depuis l'émancipation des esclaves, la grande culture, faute de bras, a perdu de son importance. Son port, appelé *English-Harbour*, est le chantier le plus sûr et le plus propre au radoub de la marine dans ces mers. Le chef-lieu *John's-Town*, avec 15,000 habitants, est le port qui fait le plus de commerce. Les productions consistent en anis, sucre, gingembre et tabac.

La *Barboude* abonde en bestiaux, chevreuils, porcs et fruits; ses noix de coco sont très-recherchées. Elle produit aussi du coton, du poivre, du tabac, de l'anis, du gingembre, des cannes à sucre.

Passons au chaînon occidental ou intérieur. L'île de *Saint-Christophe*, outre le coton, le gingembre et les fruits des tropiques, produit beaucoup de sucre; son sol, formé d'une marne cendreuse, est singulièrement favorable à la canne. Elle porte chez les Anglais le nom populaire de *Saint-Kitts*, et compte 31,000 habitants, dont 29,000 noirs et 2,000 mulâtres. Depuis l'émancipation, la grande culture y a été abandonnée faute de bras.

Les deux petites îles de *Nevis* et de *Montserrat*, situées entre Saint-Christophe et la Guadeloupe, ont le sol léger, sablonneux, mais fertile en coton, tabac et sucre. Elles appartiennent, comme les trois précédentes, à l'Angleterre.

La Guadeloupe, découverte en même temps que la Martinique par Christophe Colomb, est formée de deux îles presque adjacentes, séparées par un petit bras de mer bordé de palétuviers dont la longueur est de 8 kil., la largeur moyenne de 40 mètres et la profondeur de quelques mètres. Ce détroit s'appelle la rivière Salée. La position géographique de la Guadeloupe est déterminée par les 15° 50'30" et 16° 40' de latitude nord, et les 63° 20' et 64° 9' de longitude ouest du méridien de Paris. La partie de l'île à l'ouest de la rivière Salée est la Guadeloupe proprement dite; elle est traversée au centre par une chaîne de montagnes volcaniques dont la plus élevée, la *Soufrière*, a 1,557 mètres au-dessus du niveau de la mer. Sa plus grande longueur du nord au sud est de 44 kil. et sa largeur moyenne de 20. La partie à l'est de la rivière Salée porte le nom de Grande Terre, elle est triangulaire, plane et peu élevée. Sa plus grande longueur de l'est au nord-ouest est d'environ 48 kil., sa largeur moyenne du nord au sud de 28. Ces mots de Grande-Terre, Basse-Terre, ne doivent pas être pris dans leur acception grammaticale, la première servant à désigner toute portion de terre située au vent, c'est-à-dire à l'est, la seconde s'appliquant à celle qui est sous le vent, ou à l'ouest. C'est ainsi que dans les deux parties dont se compose la Guadeloupe on a donné le nom de Grande-Terre à la plus petite et de Basse-Terre à la plus montagneuse. Le sol de la Guadeloupe est volcanique. Le sommet des mornes, partout où la lave a marqué son passage, est aride et infertile, mais le long de leurs flancs s'épanouissent des forêts impénétrables au soleil. On dirait une gigantesque macédoine d'arbres, d'arbustes, de plantes rampantes et grimpantes enlacés par d'inextricables nœuds et formant de sombres massifs qui verdissent là depuis des siècles.

Sur les plateaux intermédiaires et dans les gorges à mi-côte, s'étendent des pelouses naturelles parsemées de bouquets d'arbres au bois précieux, comme l'acacia, l'acajou, le courbaril, le figuier des Indes, le fromager, le gaïac, le gommier et le campêche, et d'arbres à fruits, tels que le cocotier, le dattier, l'arbre à pain, le bananier, l'oranger, l'avocatier, dont le fruit est un excellent entremets, et des champs entiers de goyaviers nains avec leurs petites pommes vert foncé, dont l'intérieur est une crème excellente. La plaine qui occupe la partie comprise entre la mer et le pied des mornes offre une nappe d'éclatante verdure parsemée de petites houppes blanches que le vent

courbe. Ce sont les fleurs annonçant la prochaine maturité de la canne. De distance en distance, de jolies habitations sont ensevelies dans de massifs catalpas, de sabliers et de mangotiers.

Ce qui frappe en arrivant à la Guadeloupe, c'est la *soufrière*, volcan qui se reconnaît à une grande distance en mer par la fumée blanche de son cratère laissant entrevoir un pic noirâtre taillé en biseau.

Le sol de la Grande-Terre est formé d'une terre grasse et fertile, qui se prête à toute espèce de culture; la sécheresse est son seul inconvénient; elle ne possède que quelques sources et des courants d'eau peu considérables; mais à la suite des grandes pluies de l'hivernage, elle se couvre d'une végétation vigoureuse.

La ville de la *Pointe-à-Pitre*, avec 17,000 âmes, est la capitale commerciale de la Guadeloupe; c'est là que viennent converger toutes les marchandises expédiées de France et les produits de l'intérieur; son port, l'un des plus beaux des Antilles, est une baie de 4,500 mètres de longueur sur une largeur moyenne de 1,200, située à l'embouchure de la rivière Salée, sur la côte sud-ouest de la Grande-Terre. La ville, qui avait été complétement détruite par le tremblement de terre de 1841, a été reconstruite sur l'ancien emplacement; ses rues sont larges, se coupant à angles droits et munies de trottoirs.

La ville de la Basse-Terre, sur la côte occidentale de la Guadeloupe, est le chef-lieu de la colonie et le siège du gouvernement colonial; elle n'a que 18,000 âmes, et le commerce y est très-restreint. Cette ville fut entièrement détruite en 1825 par un des plus terribles coups de vent dont on se souvienne aux Antilles. La mer monta de 10 mètres et envahit les quais. En même temps le volcan lançait des jets de flamme, et un ouragan renversait les maisons.

Plusieurs petites îles, appartenant à la France, sont groupées alentour de la Guadeloupe. La plus considérable, appelée *Marie-Galante* par Christophe Colomb, qui lui donna le nom de son vaisseau, est presque circulaire, et a environ 28 kilom. de circonférence; une chaîne de montagnes couvertes de forêts, où le bois de campêche abonde, la traverse de l'est à l'ouest. Très-fertile, cette île n'est accessible que par un petit havre appelé le petit mouillage du Marigot ; elle possède plusieurs importantes habitations sucrières.

Les *Saintes*, découvertes peu après la Toussaint, reçurent le nom de *Todos-Santos ;* elles se composent de deux îles principales appelées *Terre-de-Haut* et *Terre-de-Bas*, de trois îlots et de quelques rochers. Leur territoire, montagneux et accidenté, n'a ni sources ni courant d'eau ; les habitants emploient pour leur consommation les eaux pluviales qu'ils recueillent dans une citerne et dans des jarres en terre cuite. Dans les grandes sécheresses, ils vont s'approvisionner à la Guadeloupe. Le riz, le manioc, la cassave et les plantes vivrières forment le principal élément de l'agriculture. La canne y croît dans quelques plaines ; les mornes sont couverts d'arbres de toute espèce.

La *Désirade* consiste en une montagne dont les flancs sont d'un côté taillés à pic, et de l'autre vont graduellement en s'abaissant jusqu'à la mer. Son sol est volcanique. Cette île n'a point de rivière, mais quelques sources d'eau excellente ; elle n'est accessible que par une anse passablement abritée. La population de la Guadeloupe et de ses dépendances est de 185,000 habitants, dont environ 100,000 noirs.

La *Dominique*, située entre la Guadeloupe et la Martinique, a le sol maigre et plus propre à la culture du café qu'à celle du sucre : il y a néanmoins plusieurs ruisseaux de fort bonne eau, où l'on pêche d'excellent poisson, et les coteaux dont ils descendent produisent les plus beaux arbres des Indes-Orientales ; il y a aussi une mine de soufre. Elle produit du maïs, un peu de coton, de l'anis, du cacao, du tabac, des perdrix, pigeons, poulets et porcs. La baie du *Prince-Rupert* est une des plus grandes des Antilles. Cette île anglaise forme un gouvernement à part.

La superficie de la Martinique est de 98,782 hectares. Elle est remplie de montagnes escarpées, hérissées de roches et très-élevées. On estime la hauteur du Piton de Carbet à 2,000 mètres au-dessus de sa base, qui est elle-même à 4 ou 600 m. au-dessus du niveau de la mer.

Cette île, dont la population est de 137,000 habitants, a plusieurs ports et baies commodes. Sur l'une de ces baies est bâti le *Fort-de-France* avec la ville de même nom, peuplée de 14,000 hab. Son port, d'ailleurs bon et sûr, a moins d'étendue que celui de Pointe-à-Pître. La ville de *Saint-Pierre*, avec une rade, est la place la plus commerçante de toutes les Petites-Antilles. Elle compte 23,500 hab. En 1856, les importations de la Martinique ont été de 23,833,540 fr. et les exportations de 20,186,613.

L'île, aujourd'hui anglaise, de *Sainte-Lucie* a appartenu à la France. Le sol y est excellent : les montagnes de la partie orientale, ou *Cabesterre*, paraissent avoir été volcanisées. La *Soufrière* est le cratère écroulé d'un volcan éteint, près duquel s'élancent deux pitons semblables à des obélisques verdoyants. L'air de l'île est très-chaud et malsain ; les reptiles venimeux y abondent. Les cultures consistent en sucre, cacao et grain. On y trouve du bois de construction. La population est de 36,000 hab., dont 30,000 noirs, 3,000 mulâtres et 3,000 blancs. Le chiffre des importations et exportations est de 30,000,000 de fr.

Port-Castrie ou le *Carénage*, au nord-ouest, est un bon port où 32 vaisseaux de ligne peuvent se mettre à l'abri.

L'île *Saint-Vincent*, au sud de Sainte-Lucie, est très-fertile. Le sol convient beaucoup à la culture des cannes à sucre et de l'indigo. La côte orientale est peuplée d'une race mixte de Zambos, descendants de Caraïbes et de nègres fugitifs de la Barbade et des autres îles. On les appelle les *Caraïbes noirs*. La population est de 32,000 hab. Le chef-lieu est *Kingston*, avec 9,000 hab.

Au sud de Saint-Vincent sont les petites îles de *Béguia*, de *Petite-Martinique* et autres. Les îlots nommés les *Grenadilles* sont placés sur la même ligne ; *Caracou* en est la principale. Ces îlots sont réunis par des récifs de roches calcaires formées par des polypes.

Cette chaîne d'îlots est terminée par la fertile île anglaise de la *Grenade*, peuplée de 25,000 hab. Le sol est favorable à la culture du sucre, du café, du tabac et de l'indigo. Un lac, sur une montagne au milieu de l'île, lui fournit une multitude de rivières. Il y a autour de l'île plusieurs baies et ports. Cette île a appartenu à la France. Le chef-lieu,

Georges-Town, autrefois *Fort-Royal*, a 8,000 hab.

Ici finit la chaîne des Antilles proprement dites. La Barbade, Tabago et la Trinité, toutes les trois anglaises, forment, plus à l'est, une chaîne particulière.

La *Barbade* est la plus orientale des Antilles. Sa population est de 120,000 noirs, 9,000 blancs et 6,000 mulâtres. Elle fournit une récolte annuelle de 20 millions en sucre, et compte pour 35 millions dans le mouvement général du commerce britannique. La capitale de l'île est *Bridgetown* (20,000 hab.), où réside le gouverneur. C'est le port des Antilles le plus rapproché de l'ancien continent.

L'île de *Tabago* est située au nord-est de celle de la Trinité ; et, de même que celle-ci, elle a pour noyau des montagnes qui semblent une continuation de la chaîne de Cumana, sur le continent de l'Amérique méridionale. Cette chaîne diffère entièrement de celle des Antilles. La position de Tabago devant le détroit qui sépare les Antilles de l'Amérique, lui donne une grande importance en temps de guerre. Son sol riche est très-propre a la culture du sucre, et plus encore à celle du coton ; les figues et les goyaves y sont excellentes, tous les autres fruits des tropiques y réussissent. La population est de 13,500 noirs 150 blancs et 2,500 hommes de couleurs. Les importations s'élèvent à 3 millions, les exportations à 2 millions. Le rhum, la noix de coco et le tabac forment les bases de la production.

L'île de *Trinidad* ou *Trinité* est située entre l'île de Tabago et le continent de l'Amérique espagnole, dont elle est séparée par le golfe de Paria et les deux détroits de la *Bouche-du-Dragon* et de la *Bouche-du-Serpent*. Sa superficie est de 1.280 kilomètres, elle possède 80,000 habitants dont 65,000 noirs et hommes de couleur. Montagneuse vers le nord, elle n'offre, dans le centre et au midi, que des plaines et des collines. Elle abonde en palmiers et cocotiers, qui y croissent sans être cultivés ; elle produit du sucre, du café, du tabac, de l'indigo, du gingembre, de l'anis, de beaux fruits, tels que citrons et oranges, du maïs, du coton et du bois de cèdre. Parmi plusieurs curiosités naturelles, elle renferme un lac rempli de bitume-asphalte. Par la paix signée en 1801 avec la France, l'Angleterre obtint cette île importante par sa fertilité, son étendue, et plus encore par sa position, qui domine l'Orénoque et la fameuse Bouche-du-Dragon. *Spanish-Town*, jadis *Puerto-Espana*, avec 15,000 habitants en est le chef-lieu.

Le meilleur port est celui de *Chagacamus*.

La *Trinité* partage avec Tabago le précieux avantage d'être hors de la portée ordinaire des ouragans, et d'offrir un mouillage où les flottes ne sont point exposées à ces terribles coups de vent qui souvent les brisent dans les ports des îles plus au nord.

Nous avons parlé de l'île *Marguerite*, dépendante de la république de Vénézuéla ; il ne nous reste à décrire, parmi les îles situées sur la côte espagnole du continent, que les trois dont les Hollandais sont en possession. *Curaçao* (120 kilom. carrés) : on y récolte principalement le cacao, la vanille et le quinquina. La population est de 14,500 hab., dont 10,000 noirs, 1,500 métis et 3,000 blancs. Le commerce d'importation est de 3 à 4 millions par an.

Willemstadt, la capitale, (800 habitants), est une très-belle ville. Ses édifices publics ont plus de magnificence, les rues plus de propreté, les maisons une distribution plus commode, et les magasins plus d'étendue que partout ailleurs. Le port de Curaçao, protégé par le fort d'Amsterdam, est spacieux et sûr ; son entrée est étroite.

Bonair et *Arouba*, petites îles voisines, sont employées à élever du bétail. Arouba doit sa prospérité à une mine d'or. Le produit de ses mines est de 5 à 600,000 fr.

OCÉANIE

CHAPITRE PREMIER.

Description générale.

Quittons les continents dont nous avons passé en revue les peuples, les cités et les empires. Un autre monde, ou plutôt les superbes débris d'un monde écroulé, nous attendent au milieu du grand Océan. Au sein des flots, sur une ligne de 12,000 kilomètres, s'étend un labyrinthe d'îles, un immense archipel, au milieu duquel nous distinguons une vingtaine de grandes terres, dont la principale égale presque en étendue l'Europe entière.

De toutes parts ces terres présentent des scènes propres à émouvoir l'imagination la plus froide. Que de nations encore novices! Que de grandes carrières ouvertes à l'activité commerciale! Que de productions précieuses déjà conquises par notre luxe insatiable! Que de trésors encore cachés aux regards de la science! Que de golfes, de ports, de détroits, de hautes montagnes et d'agréables plaines! Quelle magnificence, quelle solitude, quelle originalité et quelle variété! Ici le zoophyte, habitant immobile d'une mer pacifique, crée, par l'accumulation de ses dépouilles, une enceinte de rochers calcaires autour du banc qui le vit naître. Bientôt les oiseaux, les vents y apportent quelques graines de semence; bientôt le jeune palmier balance sa tête verdoyante au-dessus des flots. Chaque bas-fond devient une île, chaque île devient un jardin. Plus loin, c'est un sombre volcan dominant la fertile contrée produite par la lave qu'il a vomie; une rapide et superbe végétation brille à côté d'un amas de cendres et de scories. Des terres plus étendues présentent des scènes plus vastes: tantôt c'est le basalte qui s'élève majestueusement en colonnes prismatiques, ou couvre au loin le rivage solitaire de ses débris pittoresques; tantôt les énormes pics granitiques s'élancent avec audace vers la nue, tandis que, suspendue sur leurs flancs, la sombre forêt de pins nuance tristement l'immense vide de ces déserts. Plus loin, une côte basse, couverte de palétuviers et de mangliers, s'abaissant peu à peu sous la surface des eaux, s'étend au loin en perfides basfonds, au milieu desquels les flots mugissants couvrent les noirs rochers de leur écume cristalline. A ces sublimes horreurs quelle scène ravissante succède tout à coup! Une nouvelle Cythère sort du sein de l'onde enchantée. Un amphithéâtre de verdure s'élève devant nous. Des bosquets touffus mêlent leur feuillage sombre au clair émail des prairies. Un éternel printemps, un automne éternel, y font éclore les fleurs et mûrir les fruits les uns à côté des autres. Un parfum doux et exquis embaume l'atmosphère, constamment rafraîchie par les souffles salubres de la mer. Mille ruisseaux bondissent de coteau en coteau; leur murmure se mêle aux concerts des oiseaux. Sous l'ombre des cocotiers se montrent des cabanes riantes et modestes; la feuille de bananier les couvre, la guirlande de jasmin les enlace. C'est là que les hommes, s'ils pouvaient se dépouiller de leurs vices, mèneraient une vie exempte de troubles et de besoins; le pain leur croît sur ces mêmes arbres qui ombragent leurs gazons, qui protègent leurs danses, qui prêtent un asile à leurs amours. Leurs barques légères se jouent dans ces lagunes protégées par un récif de corail, et qui, semblables à un vaste port, entourent l'île entière ; jamais les vents courroucés n'osent agiter la surface azurée de cette mer prisonnière.

Ce fut ici que l'on chercha longtemps ces *Terres australes*, qu'on crut devoir égaler en étendue l'ancien continent; et lorsque des voyages multipliés eurent dissipé cette illusion, ce fut encore ici que les géographes reconnurent une *cinquième partie du monde*.

La *mer de Chine* sépare l'Asie des terres du grand Océan, comme la Méditerranée sépare l'Afrique de l'Europe. A l'ouest, nous continuons cette limite par le détroit de Malaca, et, tournant ensuite autour de la pointe septentrionale de Sumatra, nous cherchons le point où le 90ᵉ méridien à l'est de Paris coupe l'équateur; dans tout l'hémisphère austral, ce méridien sépare convenablement les parages de la Nouvelle-Hollande de ceux de Madagascar et d'Afrique ; les îles d'Amsterdam et Saint-Paul restent à l'archipel de la mer des Indes. En sortant de la mer de Chine au nord, le canal entre Formose et les Philippines, comme étant le plus large, marque la limite naturelle. De là nous tirons une ligne qui, en suivant la partie de la mer la plus libre d'îlots, circonscrit les parages du Japon à 400 et à 600 kilomètres de distance, et arrive au point d'intersection du 40ᵉ parallèle avec le 150ᵉ méridien. Le 40ᵉ parallèle bornera la nouvelle partie du monde jusqu'au point où il est coupé par le 160ᵉ méridien à l'ouest de Paris. A partir d'ici nous séparons les parages de l'Amérique septentrionale de ceux de l'archipel océanique, par la plus courte ligne du point qu'on vient de nommer au point d'intersection du 110ᵉ méridien et de l'équateur. Ce même méridien servira de limite dans tout l'hémisphère central.

La cinquième partie du monde ainsi déterminée se trouve située tout entière dans le grand Océan, dans l'Océan par excellence. Ce caractère essentiel ne lui est commun avec aucune autre division du globe et donne une physionomie particulière à sa géographie, à son histoire naturelle, à son histoire civile. Il doit donc déterminer le nom de la nouvelle partie du monde. Elle s'appellera *Océanie*.

ses habitants seront nommés *Océaniens*.

Pour étudier les détails de ce vaste tableau, nous allons le décomposer en plusieurs groupes ou divisions. Nous parcourrons d'abord les îles situées entre la mer de l'Inde, la mer de Chine et l'Océan, jusqu'au 130ᵉ méridien à l'est de Paris. Ces îles, qui forment la partie nord-ouest de l'Océanie et qui comprennent les îles de la Sonde, Bornéo, Célèbes, les Moluques et les Philippines, ont reçu dans leur ensemble le nom de *Malaisie*. Des Moluques, nous passerons par un court trajet à cette île immense, semblable à un continent à laquelle le hasard a fait donner le nom de *Nouvelle-Hollande*. Elle est plus connue sous celui d'*Australie*, dénomination donnée aussi par extension aux terres qui l'entourent. Cette division de l'Océanie porte généralement le nom de *Mélanésie*.

Notre troisième section comprendra la partie orientale de l'Océanie ou ces innombrables petites îles qui couvrent l'océan Pacifique, depuis les Mariannes jusqu'à l'île de Pâques et jusqu'à Owaïhi. C'est à ces dernières terres que le savant président de Brosses a appliqué le nom de *Polynésie*, que, deux siècles auparavant, les Portugais, Jean de Barros et Diego Couto avaient donné aux îles Moluques, Philippines et autres, situées à l'est de Java.

La nature a tracé d'une main puissante la physionomie particulière de cette partie du monde. La surface du globe n'est nulle part plus hérissée d'inégalités ; nulle part aussi, excepté en Amérique, les chaînes de montagnes n'ont une direction si marquée du nord au sud, une *polarité* aussi frappante. En même temps ces chaînes offrent généralement, vers leur milieu, une grande courbure dirigée de l'ouest à l'est. La mieux marquée de ces chaînes est celle que forment les îles Mariannes, les îles Carolines, les îles Mulgraves, et qui, probablement, par l'île de Saint-Augustin et quelques autres anneaux isolés, se joint à l'archipel des Navigateurs ou à celui des îles des Amis. La direction générale est du nord-ouest au sud-est. Même dans les îles Carolines où cette chaîne polynésienne se tourne droit à l'est, les chaînons particuliers paraissent se diriger du nord au sud. Une autre grande chaîne se montre dans l'île Luçon, la plus grande des Philippines ; elle passe par l'île Palawan dans celle de Bornéo. La direction de cette branche est du nord-est au sud-ouest. Elle circonscrit d'un côté le bassin de la *Mer de Chine*. Plus à l'est, la régularité de la chaîne semble disparaître, ou, pour parler plus exactement, un grande nombre de chaînes peu étendues s'y réunissent en groupes d'une structure variée. Les chaînes de Célèbes et de Gilolo sont très-marquées, mais une plus longue et plus haute traverse la Nouvelle-Guinée ; elle renferme des sommets couverts de neiges éternelles. Dans la Nouvelle-Galles méridionale, la longue série des *Montagnes Bleues* ne se termine que dans la terre de Diemen, au cap du Sud et au cap Pillar, immenses masses de basaltes, qui donnent une haute idée de cette *Cordilière de l'Océanie centrale*. La quatrième grande chaîne commence aux îles des Andamans et Nicobar ; elle forme ensuite les îles de Sumatra, de Java, de Timor et autres, se dirige en forme d'arc du nord-ouest au sud-est, ensuite droit à l'est ; mais elle passe à la Nouvelle-Hollande, par le cap Diemen, et là, elle ne peut guère avoir une autre direction que celle du nord au sud.

Tous les archipels de l'Océanie orientale sont dirigés du nord au sud ; la Nouvelle-Zélande, la Nouvelle-Calédonie, les Nouvelles-Hebrides forment des chaînes très-marquées. Celle des îles Salomon, courbée du sud-est au nord-ouest, est continuée par la Nouvelle-Irlande et la Nouvelle-Hanovre. Souvent aussi chaque petite chaîne est terminée par une île plus grande que les autres. Ainsi les îles d'Otaïti, d'Owaïti et la Terre du Saint-Esprit, se présentent à la tête d'une suite de moindres îles.

Parmi ces milliers d'îles, les unes s'élancent à une hauteur considérable, en présentant, la plupart du temps, une forme régulièrement conique ; il s'y trouve quantité de basalte, et les centres de ces montagnes présentent souvent de grands entonnoirs, et d'autres fois des lacs ronds que l'on peut prendre pour d'anciens cratères. On connaît, dans l'Océanie, un plus grand nombre de volcans que dans aucune autre partie du monde. Ici, comme dans les îles de Schouten, près la Nouvelle-Guinée, les flammes et la fumée s'élèvent tranquillement au-dessus d'une terre fertile et riante ; là, comme dans la partie nord des îles Mariannes, d'affreux torrents de lave noire attristent le rivage. Le volcan de Gilolo sauta en l'air l'an 1673, avec une telle violence, que toutes les Moluques en tremblèrent ; les cendres furent transportées jusqu'à Magindanas, et les vaisseaux naviguèrent plus lentement dans une mer couverte de scories et de pierres-ponces.

Les îles basses paraissent toutes avoir pour base un récif de rochers de corail, ordinairement disposé en forme circulaire ; l'espace du milieu est souvent rempli par une lagune ; le sable est mêlé de corail brisé et d'autres substances marines. Il paraît donc hors de doute que ces îles ont été formées originairement par ces rochers de corail, dont les polypes sont les habitants, et, selon quelques-uns, les créateurs, ensuite agrandies et élevées par la lente accumulation des matières légères que la mer y a dû rejeter. Mais il est très-remarquable que parmi les îles ainsi constituées, il y en a qui sont presque au niveau de la mer, tandis que d'autres comme Tonga-Tabou, s'élèvent à quelques centaines de mètres. On trouve à leur sommet des rochers de corail aussi troués que ceux qui sont sur le bord de la mer. Or, les madrépores, les millepores, les tubipores, qui élèvent ces édifices sous-marins (car le vrai polype à corail ne s'y trouve pas), naissent au-dessus de la dépouille desséchée et durcie de leurs prédécesseurs morts. Ils ne peuvent vivre au-dessus du niveau de la mer. Cette circonstance semble prouver que la mer a autrefois baigné ces rochers et les a peu à peu laissés à sec.

Les récifs rendent la navigation de cet Océan extrêmement dangereuse. Il y a des parages où quelques-uns de ces édifices atteignent la surface de l'eau, tandis que d'autres restent cachés sous les flots, souvent à la profondeur de quelques centimètres. Malheureux le navigateur qui s'égare au milieu des flèches aiguës de cette cité sous-marine ! Malheureux encore celui que le calme surprend, et dont les courants entraînent le navire au milieu de ces récifs, où les flots se brisent en écume ! Le sage Cook lui-même ne put ni prévoir ni éviter ces sortes de dangers. Par un hasard heureux et unique, la pointe de rocher qui avait pénétré dans son vaisseau, se brisa, et, étant restée comme soudée dans le navire, empêcha les flots d'y entrer.

Les récifs s'étendent souvent d'île en île ; les habitants de l'île Disappointement et ceux du groupe de Duff se rendent des visites en passant sur un très-long récif : on dirait, en les voyant marcher, qu'un régiment défile sur la plaine de l'Océan. On trouve, sur les récifs couverts d'eau, d'immenses réunions de mollusques et de coquillages; les moules de toute espèce, les huîtres à perles, les pinnes-marines, les étoiles de mer, les méduses s'y rassemblent par millions.

Une partie du monde ainsi constituée doit offrir une infinité de détroits. Le *détroit de la Sonde*, proprement de *Sunda*, forme l'entrée principale de la mer de Chine. L'Asie est séparée de l'Océanie, et spécialement de Sumatra, par le long *détroit de Malaca*. Au nord, le large canal entre l'île de Formose et les Philippines reste encore sans nom particulier. A l'est de Java, on distingue, parmi une foule d'autres, le *détroit de Bali* ; il ouvre aux vaisseaux destinés à la Chine une route meilleure que celle de la Sonde. Le *détroit de Macassar* sépare Bornéo de Célèbes. A l'est de cette dernière île, s'ouvre le grand *passage des Moluques*. La navigation a donné quelque célébrité aux détroits voisins de la Nouvelle-Guinée. Ceux de *Dampier* et de *Bougainville* ouvrent des passages très-utiles aux navigateurs. Un détroit plus important sépare la Nouvelle-Guinée de la Nouvelle-Hollande ; il porte le nom de *Torres*, qui en a fait la découverte; le canal le plus méridional, trouvé par Cook, s'appelle *détroit de l'Endeavour*. Au sud de la Nouvelle-Hollande et au nord de la terre de Diemen, le large *détroit de Bass* présente un des passages les plus importants entre le grand Océan et la mer des Indes, qui en est un immense golfe. Le *détroit de Cook* sépare les deux îles de la Nouvelle-Zélande.

Plusieurs parties de l'Océan Pacifique prennent des dénominations particulières, d'après les pays qu'elles baignent : ainsi l'on distingue la *mer de Chine*, véritable méditerranée, la *mer de Célèbes*, le golfe de *Carpentarie*, etc.

Les vents et les courants qui règnent dans ce vaste Océan, peuvent tous se réduire à un seul principe, celui du mouvement général de l'atmosphère et de la mer de l'est à l'ouest, en sens inverse de la rotation du globe. Le vent perpétuel d'est règne généralement ici entre les tropiques et les courants, en suivant la même direction que les eaux. De là ces erreurs de Quiros, de Mendana et d'autres navigateurs, qui crurent avoir fait infiniment moins de chemin qu'ils n'en avaient réellement parcouru. Ce mouvement général prend quelquefois plus de force entre les détroits divers, qui, presque tous, sont dirigés de l'est à l'ouest. Aux environs des Philippines, et près la Nouvelle-Calédonie, la rapidité du courant qui porte à l'ouest devient extrême. Mais les grandes terres, échauffées par le soleil, attirent souvent vers leur centre l'atmosphère maritime environnante, ce qui fait naître des vents opposés au vent alizé. Tels sont les vents d'ouest qui règnent sur les côtes occidentales de la Nouvelle-Hollande. Ces espèces de moussons ne sont pas toutes connues. Chaque île a ses brises de mer et de terre, qui soufflent, celles-ci le jour, et celles-là la nuit. A 40 degrés au nord et au sud de l'équateur, règnent les tempêtes et les vents variables; cependant il paraît que, dans la partie nord de l'Océan, on trouve le plus souvent des vents d'ouest, tandis que dans les mers polaires australes, Cook trouva toujours des vents d'est.

Les grandes terres de l'Océanie éprouvent l'influence d'un soleil vertical. L'Australie a, dans certaines parties, un climat aussi brûlant que l'Afrique. Les côtes marécageuses de quelques îles de la Malaisie, exposées à l'action d'une grande chaleur, produisent un air pestilentiel.

Malgré ces incommodités locales, l'Océanie offre à l'homme industrieux, sain et tempérant, une plus grande variété de climats délicieux qu'aucune autre partie du monde. Les îles hautes et de peu d'étendue paraissent autant de paradis. En changeant de niveau, l'Anglais y retrouverait ses frais gazons, ses arbres couverts de mousses ; l'Italien, ses bosquets d'orangers, et le colon des Antilles, ses plantations de cannes. Le peu d'étendue de chacune de ces îles leur procure un climat semblable à celui de l'Océan lui-même. Jamais la chaleur n'y devient insupportable, même pour des Européens septentrionaux. L'air est sans cesse renouvelé par les petites brises de mer et de terre, qui se partagent les jours et les nuits.

Ce printemps perpétuel n'est que rarement troublé par les ouragans et les tremblements de terre.

Il n'existe que de faibles traits de ressemblance dans la zoologie des diverses terres de l'Océanie. Les didelphes-oppossum, les phalangers, les kangourous-philandres, les casoars et un petit nombre d'autres espèces, paraissent communs à plusieurs régions de cette partie du monde. Si beaucoup de terres de l'Océanie possèdent des animaux particuliers, cette circonstance n'étonnera point dans un monde composé d'îles. Aucune des grandes races de quadrupèdes, de l'Asie, ou de la Nouvelle-Hollande, ne s'est répandue jusque dans les petites îles de la Polynésie. Le porc est le seul qu'on y trouve partout dans l'état de domesticité; il est de la même espèce que dans l'Inde et dans la Chine. Des chiens, des chats, des rats: voilà toute la zoologie de ces îles, avant que le capitaine Cook y portât des chèvres et du bétail.

L'ornithologie offre dans toute l'Océanie un peu plus de variété, et en même temps plusieurs traits de ressemblance. La volaille domestique y abonde; les poules sont plus grandes que les nôtres. On voit aux îles des Amis plusieurs espèces de loris et autres oiseaux communs aux îles Philippines et aux Moluques. A Taïti comme à Amboine, de petits oiseaux fourmillent dans les bocages d'arbres à pain. Leur chant est agréable. De très-petits perroquets, d'un joli bleu de saphir, habitent la cime des cocotiers; d'autres, d'une couleur verdâtre et tachetée de rouge, se montrent parmi les bananes, souvent dans les habitations des naturels, qui les apprivoisent, et qui estiment beaucoup leurs plumes rouges. Ces espèces paraissent répandues entre le 10ᵉ parallèle boréal et le 20ᵉ parallèle austral. Les oiseaux de paradis n'abandonnent leur corps léger et leur plumage aérien qu'aux vents embaumés des côtes de la Nouvelle-Guinée. Les oiseaux de mer sont les mêmes partout. A Amboine comme à Taïti, un martin-pêcheur d'un vert sombre, avec un collier de même couleur sur son cou blanc; un gros coucou et plusieurs sortes de pigeons ou de tourterelles, se juchent d'une branche à l'autre, tandis que les hérons bleuâtres se promènent gravement sur les bords de la mer en mangeant des poissons à coquilles et des vers. L'oiseau tropique habite les cavernes dans les flancs escarpés des rochers; les Taïtiens l'y poursuivent pour avoir les plumes de sa queue. Ils attrapent aussi, dans la même intention, la *frégate*, oiseau de passage. Les manchots du grand Océan diffèrent des pingouins de l'océan Atlantique. Ces oiseaux, presque sans ailes, qu'on rencontre à une distance de 2,000 kilomètres de toute côte connue, habitent la zone froide, et même la zone glaciale. Mais une espèce, l'*aptenodytes papua*, se montre jusque dans la Nouvelle-Guinée et dans les îles des Papous.

Aucune mer n'est aussi poissonneuse que le grand Océan. La Pérouse se vit suivi, depuis l'île de Pâques jusqu'aux îles Sandwich, par d'immenses troupes de poissons, parmi lesquels quelques-uns portant le fer qu'on leur avait lancé, étaient faciles à reconnaître. Des rivages de Bornéo aux côtes de la Nouvelle-Guinée, on voit une peuplade entière vivre dans des bateaux et se nourrir de poissons; ce sont les *Badschous*. Près la Nouvelle-Zélande, des bancs de poissons produisent, par leurs mouvements, une sorte de flux et de reflux. Les espèces sont, pour la plupart, celles de la mer des Indes. Les bonites, les dorades, les thons, les surmulets, les raies, les muges, paraissent abonder sur toutes les côtes. Il y a une centaine de nouvelles espèces. Les phoques du grand Océan diffèrent de ceux de l'Océan atlantique. Toutes les lagunes fourmillent d'écrevisses, d'huîtres communes et d'huîtres à perles, et de coquillages d'une grandeur et d'une beauté extraordinaires. Les crabes deviennent, en plusieurs endroits, d'une grosseur énorme; elles mangent des noix de coco. L'écrevisse des Moluques paraît commune à tout l'Océan.

Le nombre de poissons venimeux semble très-considérable. Quiros faillit se donner la mort en mangeant un *sparus* pêché sur les côtes de la terre du Saint-Esprit; les compagnons de Cook pensèrent s'empoisonner par le même mets. On croit que ce poisson ne devient dangereux que lorsqu'il est nourri de certaines espèces de *méduses*. Mais le *tétrodon* qui, sur la côte de la Nouvelle-Galles, empoisonna Forster, renferme constamment un poison narcotique. A Taïti il y a une anguille de mer très-venimeuse, et surtout une petite écrevisse rouge, qui donne la mort à ceux qui la mangent. L'équipage d'Anson trouva près des îles Marianes tant de ces poissons, qu'il fut résolu de ne plus en manger du tout.

Le règne végétal de l'Océanie reproduit les richesses de l'Inde et de l'Indo-Chine dans un nouvel éclat et à côté d'autres richesses inconnues à l'Asie. Dans les îles de la Sonde, dans les Philippines, les Moluques, le riz remplace le blé. Plus loin, à l'est, dans la Polynésie, croissent spontanément ou sous l'influence de la culture, quatre plantes comestibles d'une grande utilité, la patate, l'igname et deux espèces d'arum, dont on tire une substance douce et farineuse.

Deux genres d'arbres aussi beaux qu'utiles sont répandus dans les îles de l'Océanie. La nombreuse famille des palmiers s'étend dans les îles les plus éloignées. A peine y a-t-il entre les tropiques un rocher, un banc de sable, sur lesquels ne s'élèvent des palmiers. L'utilité de cet arbre majestueux surpasse encore sa beauté. Les couches les plus extérieures du tronc fournissent un bois dur et pesant. On en fait des planches et des pieux. Les spathes des cosses, qui renferment les régimes, acquièrent une épaisseur et une consistance telles que l'on peut en faire des vases à divers usages. Les larges feuilles servent de toit. Le péricarpe fibreux du cocotier, les feuilles et les pétioles dans plusieurs espèces, dans toutes, le tissu filamenteux qui recouvre le tronc, fournissent de la bourre et de la filasse. On en fait des cordages, des câbles, même des toiles à voiles; on s'en sert pour calfeutrer les vaisseaux. Les feuilles du latanier servent d'éventail aux Indiennes; celles du palmier-éventail donnent des parasols qui couvrent une dizaine de personnes. On écrit sur les feuilles de quelques palmiers; la noix du cocotier offre une tasse naturelle. Enfin les palmiers fournissent à eux seuls un nombre d'excellents mets. On mange et apprête de plusieurs façons la chair douce et pulpeuse des uns, le périsperme des semences des autres et le bourgeon terminal du chou-palmiste. L'espèce de lait ou de liqueur contenue dans la vaste cavité de la noix de coco peut être convertie en vin, vinaigre et alcool. On en tire une très-bonne huile.

L'autre arbre nourricier des peuples océaniens, est l'*artocarpus* ou arbre à pain. Ce précieux végétal s'élève à la hauteur de plus de 13 mètres. Son tronc atteint la grosseur du corps d'un homme. Son fruit devient gros comme la tête d'un enfant; récolté avant d'être mûr, et cuit sous la cendre, il donne un aliment très-sain, ayant le goût du pain frais de froment. Pendant huit mois de suite, cet arbre prodigue ses fruits avec une telle largesse, que trois suffisent pour nourrir un homme pendant un an. Ce n'est pas son seul mérite: son écorce intérieure sert à fabriquer une étoffe. Son bois est excellent pour la construction des cabanes et des pirogues. On emploie ses feuilles en guise de nappes; sa sève glutineuse et laiteuse fournit de bon ciment et de la glu.

Les arbres fruitiers de l'Inde abondent dans les îles de la Sonde et autres voisines; ils y ont peut-être été apportés par des colonies, ou du moins perfectionnés par la culture. On y possède le mango sucré, l'odorante eugénie, le *sitodium* et le *cynometra*, distingués par leurs amandes huileuses et farineuses, semblables à celles de la noisette, et renfermées dans des pulpes qui hérissent le tronc de l'arbre. Là s'élèvent les tamariniers, dont le fruit acide éteint les ardeurs de la fièvre. La pomme de grenade et l'orange y étalent toutes leurs variétés. L'oranger est répandu jusque dans les Nouvelles-Hébrides. Le bambou, la canne et le nardus, roseaux indigènes dans l'Inde, s'élèvent encore à une plus grande hauteur dans les marais de Java et de Sumatra, que sur les bords du Gange. La canne à sucre est répandue jusqu'à Taïti; elle diffère essentiellement de celle de l'archipel colombien.

On trouve aussi dans les îles du nord-ouest de l'Océanie le bois de sandal, le précieux calambac ou bois d'aloès, le *melaleuca leucodendron*, qui donne l'huile de cajeput; le canari, dont l'écorce incisée distille la gomme élémi; l'*aunota*, la *cassia*, l'ébénier et plusieurs autres bois à gomme précieuse. Taïti fournit un bois de sandal blanc très-estimé.

Sous un ciel comme celui des îles du grand Océan, doivent éclore en foule ces plantes qui se distinguent par un brillant coloris, par la grâce ou la singularité des formes; mais un grand nombre sont à peine connues hors de nos serres. Tout le monde connaît au contraire ces végétaux dont le goût piquant ou l'odeur aromatique aiguise et varie les jouissances de la table. Dans toutes les îles du nord-ouest de l'Océanie, abondent les deux espèces de poivres, le long et le rond, dont on voit de vastes plantations, et qu'on trouve aussi incultes; les îles de l'Océanie orientale produisent en grande quantité le poivre enivrant, *piper methysticum*, avec lequel on prépare la dangereuse boisson nommée *ava* ou *kava*. Le cannellier, dont l'écorce intérieure fournit une épice piquante et odorante, croît abondamment à Sumatra et dans les îles voisines. Dans les Moluques, la nature a multiplié le *caryophillus aromaticus*, qui se couvre de fleurs dont le calice est connu dans les marchés de l'Europe sous le nom de *clous de girofle;* et le *myristica*, dont le fruit est la noix muscade, et l'écorce intérieure le macis.

Mais si les plus agréables aromates enrichissent cette partie du globe, les poisons les plus redoutables croissent à côté; les mêmes feux d'un soleil vertical exaltent les sucs mortels et les sucs salutaires. L'arbre connu sous le nom de *Bohon oupas*, c'est-à-dire arbre à poison, attriste les forêts de Turate, à Célèbes, et de Balambouang dans l'île de Java. C'est une *euphorbia;* le poison est un suc laiteux qui sort des branches quand on les casse. Cet arbre a été le sujet de beaucoup de rapports exagérés. On assurait qu'aucune plante ne pouvait vivre autour de lui à la distance d'un jet de pierres; que s'il arrivait que des oiseaux se perchassent sur ses branches, aussitôt ils tombaient morts, et que pour s'en procurer la gomme, sans risquer de perdre la vie, on était obligé de se couvrir tout le corps d'une forte toile de coton. Une goutte de son suc récent, appliquée sur la peau, si elle ne causait pas immédiatement la mort, produisait toujours un ulcère très-difficile à guérir. La science a fait justice de ces exagérations. On a cassé des branches de l'oupas sans éprouver aucun mal, et si son suc, mêlé au sang, cause une mort très-prompte, l'alcali volatil appliqué instantanément peut en arrêter les funestes effets.

Après avoir retracé le tableau physique général de l'Océanie, nous devons considérer les races d'hommes qui habitent cette partie du monde. Elles paraissent se rapporter à deux souches très-distinctes, tant par leur physionomie que par leur langage, les *Malais* ou *Océaniens jaunes*, et les *Nègres océaniens* ou *Papouas*.

Les Malais ne sont plus considérés comme originaires de la petite péninsule de Malaca, où ils ne sont même entrés qu'à une époque assez récente. Leurs historiens nationaux tracent leur origine jusqu'à l'île de Sumatra; ils avouent aussi leurs rapports avec les Javanais; mais nous les trouvons actuellement répandus dans un bien plus grand nombre de contrées. Non-seulement tous les habitants des côtes de Bornéo, de Célèbes, de Luçon, des Moluques, sont de race malaise; mais la plupart des tribus insulaires de la Polynésie paraissent en descendre. Quoique les îles Mariannes soient éloignées de l'île de Pâques de 8,000 kil. et qu'une autre ligne presque aussi longue sépare Hawaï de la Nouvelle-Zélande, on peut regarder les peuplades disséminées sur cette vaste région maritime comme ayant une commune origine. Ces insulaires ont la couleur basanée, les cheveux noirs, mous, épais, abondants et frisés; la tête légèrement rétrécie au sommet, le front un peu bombé, les os de la pommette peu saillants; mais la mâchoire supérieure un peu portée en avant, et le nez gros et aplati par le bout, sans être ni épaté ni camus. Ces traits sont ceux des Malais. Les influences combinées du climat, du régime de vie, des croisements, expliquent les variétés qui existent entre les diverses tribus.

L'identité des langues est frappante. Non-seulement toute la Polynésie parle le même langage en différents dialectes, mais cette langue offre une ressemblance singulière avec celle des Malais, surtout de ceux de Sumatra, et, chose plus étonnante, avec la langue de Madagascar, qui en présente le type le plus riche et le plus régulier.

Combien d'autres traits de ressemblance constatent la parenté des peuples Polynésiens! La forme du gouvernement est la même. Dans *Hamao*, une des îles des Amis, *tamalao* signifie un chef. Dans les îles Carolines, l'autorité du gouvernement se partage entre plusieurs familles nobles, dont les chefs s'appellent *tamoles*. Il y a en outre, dans chaque province, un principal *tamole*, auquel tous les autres sont soumis. La même espèce d'aristocratie féodale règne dans la plupart des îles de l'Océan. Selon Cook, les chefs n'abordent le monarque des îles des Amis qu'avec des marques d'un profond respect; ils touchent ses pieds de leurs têtes et de leurs mains. Le père Cantova nous apprend qu'on aborde les *tamoles* des îles *Carolines* avec la même vénération. Lorsqu'un d'eux donne audience, il paraît assis sur une table élevée, les peuples s'inclinent devant lui jusqu'à terre, et du plus loin qu'ils arrivent, ils marchent le dos tout courbé et la tête presque entre les jambes, jusqu'à ce qu'ils soient auprès de sa personne; alors ils s'asseoient à plate terre, et les yeux baissés, ils reçoivent ses ordres avec le plus profond respect. Ses paroles sont autant d'oracles qu'on révère; on rend à ses ordres une obéissance aveugle. Enfin on lui baise les mains et les pieds, quand on lui demande quelque grâce.

Dans les îles des Amis, on honore les chefs et les étrangers par des danses nocturnes, accompagnées de chants et de musique. Dans les îles Carolines, on exécute, le soir, de pareils concerts autour de la maison des chefs. Ils ne s'endorment qu'au bruit d'une musique exécutée par une troupe de jeunes gens. Les danses, dans les îles Palaos, dans les Carolines, les Mariannes, et celles dans l'île de Watiou, au sud-ouest de Taïti, ont ensemble une ressemblance frappante. Le cérémonial, dans plusieurs occasions solennelles, est le même dans les îles très-éloignées les unes des autres. Les habitants des îles *Palaos*, ceux des *Nouvelles-Philippines* et des îles *Carolines*, et ceux de *Mangia*, éloignés d'environ 6,000 kil., saluent de la même manière. Leurs civilités et la marque de leurs respects consistent à prendre la main ou le pied de celui à qui ils veulent faire honneur, et à s'en frotter doucement tout le visage. L'attouchement par le bout du nez est également en usage depuis les îles Sandwich jusque dans la Nouvelle-Zélande. Presque tous les Polynésiens reçoivent les étrangers avec des chants solennels, et leur présentent en signe de paix une branche de bananier. Au contraire, la race noire repousse le plus souvent toute communication avec eux. Les mêmes termes servent à désigner le même genre d'amusement national. Les mots *tanger ifaifil*, aux îles Carolines, signifient *complainte des femmes*, et dénotent une es-

pèce de spectacle public. Aux îles des Amis, la même chose est nommée *tangée véfaine*.

Le capitaine Cook a observé aux îles de la *Société* et à celles des *Amis* trois castes : les chefs, les propriétaires libres, et le bas peuple ou les serfs. On remarque la même division aux îles Mariannes. Dans toute la Polynésie, la noblesse est d'une fierté incroyable, et tient le peuple dans un abaissement qu'on ne pourrait imaginer en Europe. L'état politique de ces îles rappelle les lois, les institutions des Malais et des Madécasses. Il en est de même des idées qui tiennent à la religion. Parmi les Caroliniens, les uns conservent le corps de leurs parents morts, dans un petit édifice de pierre, en dedans de leurs maisons; d'autres les enterrent loin de leurs habitations. Ceci rappelle les *Feiatoukas* des îles des Amis, et la coutume universelle chez toutes ces nations, de laisser dessécher les cadavres à l'air. Les cimetières sont enclos de la même manière. Les naturels des îles de la *Société* déposent autour des endroits où ils enterrent leurs morts, des guirlandes du fruit du palmier et des feuilles de cocotier, ainsi que d'autres objets consacrés aux cérémonies funèbres, et qu'ils placent à peu de distance des provisions et de l'eau : les naturels des îles Mariannes font quelques repas autour du tombeau; car on en élève toujours un sur le lieu où le corps est enterré, ou dans le voisinage; on le charge de fleurs, de branches de palmier, de coquillages, de tout ce qu'il y a de plus précieux. Les Taïtiens n'enterrent pas les crânes des chefs, mais ils les déposent dans des boîtes. On retrouve encore aux îles Mariannes cette coutume bizarre; car les naturels gardent les crânes en leurs maisons, les mettent dans de petites corbeilles, et ces chefs morts sont les *Anitis* auxquels les prêtres adressent des prières. Les opinions de ces nations sur la vie future se ressemblent. Ils sont persuadés de l'immortalité de l'âme, ils reconnaissent même un paradis et un enfer; mais ce n'est point, selon eux, la vertu ni le crime qui y conduisent. Selon les habitants de la Nouvelle-Zélande, l'homme tué et mangé par l'ennemi, est condamné à un feu éternel. Les naturels des îles Mariannes pensent aussi que ceux qui meurent de mort violente ont l'enfer pour partage.

Des rapports si frappants ne peuvent être l'effet du hasard : lorsqu'on les ajoute à l'affinité dans l'idiome des diverses peuplades, on paraît autorisé à conclure que les habitants de toutes ces îles ont tiré leurs usages et leurs opinions d'une source commune. On peut les regarder comme des tribus dispersées d'une même nation, qui se sont séparées à une époque où les idées politiques et religieuses de cette nation étaient fixées.

Comment expliquer cette dissémination de tant de tribus parlant la même langue?

Les grandes îles de Luçon, de Célèbes, de Bornéo, de Java et de Sumatra sont habitées par des nations qui parlent des langues plus ou moins rapprochées de celle des Malais, de sorte qu'on ne saurait leur refuser une origine commune; et cependant quelques-unes de ces langues, telles que la *tagale* et la *bissaye*, aux Philippines, la *balienne*, à l'île de Bali, et celle des Battas, dans l'île de Sumatra, diffèrent assez entre elles pour qu'on soit obligé de les supposer très-anciennement séparées en corps de nations. D'autres branches de la langue malaise se retrouvent à Madagascar, à 4,400 kil. à l'ouest de Sumatra, et aux îles de la Société et même au-delà, à 10,000 kil. à l'est des Moluques; elles s'y retrouvent enrichies de cette harmonie, de ces formes grammaticales qui supposent une civilisation avancée. Le même régime féodal, les mêmes mœurs et probablement la même mythologie se montrent dans ces terres si éloignées les unes des autres. Il a donc fallu que cette langue, ces usages, ces institutions naquissent au sein d'un ancien empire, d'un peuple puissant, d'un peuple navigateur, qui aura disparu du rang des nations.

Quel fut le siége de cette Carthage malaise? Tout nous indique qu'il faut choisir entre Bornéo, Sumatra et Java. Nous croyons que la patrie de la *civilisation* malaise doit être cherchée dans l'île de Java. D'abord les traditions historiques de la colonie malaise de Malaca, indiquent Java comme le siége d'un grand empire, dont cette tribu émigrée avait reçu ses lois et sa religion. La plupart des livres malais sont traduits du javanais. En second lieu, la langue malaise est mêlée de beaucoup de termes hindous ou sanscrits, termes spécialement affectés à des idées religieuses et civiles. Ces termes se rapprochent en particulier du dialecte *calinga* ou *telinga*, parlé dans les territoires indiens de Golconde et d'Orixa. C'est le javanais, et surtout le javanais des habitants des montagnes, qui montre le plus d'affinité avec le sanscrit. C'est aussi à Java, surtout dans l'intérieur, qu'on retrouve les fêtes et cérémonies de la religion brahmanique.

Mais à quelle époque Java fut-elle le siége d'une nation qui, civilisée d'abord elle-même par les Bramines-Telingas, a peuplé de ses colonies les rivages de l'immense Oréan? Ce fut certainement avant l'introduction du mahométisme, car cette religion ne s'est pas répandue au-delà des Moluques; et le porc, cet animal si impur aux yeux des musulmans, a dû accompagner les colons malais jusqu'aux dernières îles de la Polynésie. Ce fut encore très-probablement avant le voyage de Marco-Polo; car il semble parler de ce monde d'îles comme déjà connu et visité. D'un autre côté, les anciens, au siècle de Ptolémée, n'avaient eu connaissance d'aucune nation civilisée au sud des *Sinæ*, ou des Siamois modernes. La chronologie javanaise ne remonte qu'à un roi de Pajajaran, qui a dû régner en l'an 74 après J.-C. Ainsi les probabilités placent la fondation des premières colonies malaises entre le IV et le X siècle de notre ère. Une deuxième migration des peuples malais fut provoquée par le fanatisme mahométan; et cette migration, mieux connue, eut lieu dans les XII et XIII siècles. De là les différences si considérables entre les Malais des côtes et ceux de l'intérieur.

La deuxième grande race humaine de l'Océanie est celle que nous avons désignée sous le nom de *Papouas nègres-océaniens*. Elle se distingue par un teint noir ou brun-noirâtre, sans nuances d'incarnat, par l'angle facial très-obtus, le nez épaté, les lèvres épaisses, les cheveux crépus sans être laineux, caractères auxquels, chez la plupart, il faut ajouter celui d'une longueur démesurée des bras, des jambes et des cuisses, qui en même temps sont excessivement grêles. L'extrème misère dans laquelle cette race végète, son éloignement de toute industrie raisonnée, son invincible attachement à la vie des brutes, la placent au dernier degré de l'échelle de l'espèce humaine. Cette race habite la Nouvelle-Hollande, l'île de Diemen ou Tasmanie, la Nouvelle-Calédonie, l'archipel de Salomon, la Nouvelle Bretagne, la Nouvelle-Guinée, où elle porte le nom malais de *Papouas*. Dominante dans tout ce vaste espace, d'où elle a su exclure ou bannir les Malais, la race des *nègres-océaniens* paraît avoir jadis occupé les Moluques et les Philippines ; mais là, elle a été en partie anéantie et en partie repoussée dans l'intérieur par les Malais.

Tout concourt à faire considérer les nègres océaniens comme indigènes de la partie du monde qu'ils habitent. La forme plus carrée de leur tête, la proportion des bras et des jambes, la barbe et les cheveux non laineux, les distinguent de la race des nègres africains. Comme en Afrique et comme partout où l'homme est resté dans le dernier degré de l'état sauvage, chaque tribu, chaque canton a son idiome radicalement different de celui des voisins, et le nombre de ces espèces de langues, ou plutôt de *patois*, fatigue l'observation et le calcul.

CHAPITRE DEUXIÈME.

Malaisie.

L'Océanie occidentale, appelée *Malaisie* ou *Notasie*, comprend : 1° *l'archipel de la Sonde*, qui se subdivise en *Groupe de Sumatra*, *Groupe de Java* et archipel de *Sumbava-Timor* ; 2° *l'archipel des Moluques*, ayant pour subdivisions le *Groupe des Moluques* et le *Groupe de Célèbes* ; 3° le *Groupe de Bornéo* ; 4° *l'archipel des Philippines*. La plus grande partie de la Malaisie appartient aux Hollandais. Une forte portion de *Sumatra*, l'archipel de *Rio*, les îles *Banca* et *Billiton*, *Madura*, *Bali*, *Lombok*, *Sumbava*, *Sumba*, *Florès*, une partie de *Timor*, la moitié de *Bornéo*, presque toute l'île *Célèbes*, presque toutes les *Moluques* constituent ce qu'on appelle quelquefois *l'Océanie hollandaise*. *Java* en est le centre et *Batavia* la capitale générale. La population en 1856 comprenait, comme sujets néerlandais 15,963,019 habitants, dont 24,462 Européens, 201,573 Chinois, 31,923 Arabes et autres étrangers musulmans, et 15,705,059 indigènes. L'esclavage a été aboli dans toutes les colonies hollandaises et l'on a établi entre Singapour et Java une communication électrique. Les *Philippines* appartenant à l'Espagne, sont quelquefois aussi appelées *Océanie espagnole*.

Les Malais forment la race la plus méchante du globe ; mais heureusement ils sont peu braves. Le Malais est aussi mal partagé au physique qu'au moral ; sa stature est généralement au-dessus de la moyenne ; ses membres ramassés décèlent la force ; mais il sont désagréablement conformés ; la couleur de sa peau cuivre-rouge foncé, des cheveux noirs et crépus couvrant un front large et bas, les pommettes des joues saillantes et pointues ; les yeux enfoncés, jaunâtres ; un regard traître et sauvage, donnent à la figure du Malais quelque chose de celle du tigre ; enfin un nez court et aplati, une bouche très-grande, dont les lèvres, naturellement grosses, sont teintes en rouge et tenues constamment mouillées par le jus sanguinolent du bétel mêlé à la salive, donnent à ces hommes une physionomie repoussante que l'on n'a retrouvée chez aucun des peuples, même sauvages, que nous avons visités.

La plante appelée *bétel*, qui donne son nom à la composition formée de trois autres ingrédients, ressemble assez au haricot de nos climats, grimpe de même contre les arbres et les echalas, et préfère les terrains humides ainsi que le voisinage des ruisseaux ; la feuille, que seule on emploie, est vert tendre, d'un goût aromatique et piquant, plus large, surtout à sa base, que celle du haricot et plus pointue à l'extrémité, les bords en sont légèrement dentelés ; cueillie verte, elle sert à envelopper artistement un peu de chaux très-blanche, faite avec des coquilles, plus un morceau de noix d'arèque, produit de l'aréquier, arbre assez grand, d'un feuillage touffu et brillant, dont les noix, pendant par grappes, ressemblent beaucoup au fruit encore vert du noyer d'Europe, sont de la même couleur, d'une grosseur semblable, et également rondes : mais l'intérieur est différent ; celui de la noix d'arèque n'a pas de coquilles et n'offre qu'une substance dure, amère, blanchâtre et noire au milieu. On joint encore au bétel, de la terre du Japon, espèce de gomme noirâtre dont l'amertume est agréable ; elle est extraite des feuilles d'une plante qui, soumises à l'ébullition, donnent à cette substance l'état de sirop ; celle-ci devient dure en refroidissant, coupée alors en petits morceaux, elle est livrée à la consommation ; tout cet amalgame forme une boule de la grosseur du pouce ; il est préparé le matin pour la journée, et toujours présenté au nouvel arrivant en signe d'hospitalité.

L'usage du bétel est répandu, non-seulement dans la presqu'île malaise, mais dans toutes les îles du grand archipel d'Asie. Quelles sont ses propriétés médicinales ? Les voyageurs n'ont pu obtenir une solution satisfaisante à cet égard ; on serait porté à croire que ces peuples mâchent le bétel comme les Européens fument le tabac, par désœuvrement et non par utilité ; que les uns et les autres, surtout les premiers, sacrifient à une fantaisie la conservation de leurs dents, dont ordinairement les Malais sont privés dans un âge peu avancé.

Chez cette nation féroce le sexe le plus faible est réduit à l'esclavage; condamné, dans les rangs élevés, à une réclusion perpétuelle par des hommes jaloux, jusqu'à la fureur, il est chargé, dans les classes inférieures, de tous les travaux les plus pénibles, qui le privent des attraits que la nature ne lui a pas entièrement refusés. Prises très-jeunes, les femmes malaises sont bien faites, avec des traits agréables, mais la bouche défigurée aussi par l'usage du bétel ; leurs yeux ont une expression de douceur et de résignation ; en effet, connaissant le malheur, elles sont compatissantes pour les esclaves, et c'est par leurs soins que plusieurs Européens ont conservé l'existence et recouvré la liberté.

L'habillement des femmes, comme celui des hommes, se compose d'une chemise retombant au-dessous des genoux sur un pantalon large et long, le tout en toile de coton bleue pour les pauvres et blanche pour les classes supérieures ; un bonnet brodé en or ou un simple mouchoir sur la tête ; autour du corps une large ceinture d'étoffe, ordinairement de couleurs éclatantes, et dans laquelle sont placés, et même souvent cachés, deux longs poignards dont les ornements, parfois d'un très-grand prix, complètent le costume d'un Malais de Rangébré. Les grands personnages portent des espèces de babouches à la turque ; le sultan seul peut les garder constamment ; nul ne peut paraître devant lui, même ses enfants, autrement que pieds nus.

Cette population est généralement très-sobre ; elle doit, suivant toute apparence, cette bonne qualité aux principes sévères de la religion de Mahomet, pour les musulmans, et à la nécessité, pour les sectateurs des autres croyances. Tous ne vivent que de riz, de volailles, de poisson et d'eau ; ils ne connaissent que peu ou point les liqueurs fortes.

I. — ARCHIPEL DE LA SONDE. — GROUPE DE SUMATRA.

La première terre que l'Océanie nous présente, en venant de l'Asie, est la grande île de *Sumatra*, vaguement connue de Ptolémée, qui paraît indiquer la pointe d'Achem sous le nom de *Jaba-Diu*, c'est-à-dire *Java-Div*, ou l'île de l'Orge. Les Arabes la connurent sous les dénominations de *Lamery* et de *Saborma*. Marco-Polo en nomme quelques royaumes et cantons; il l'appelle la *Petite-Java*, en opposition avec Bornéo, qui est sa Grande Java.

Cette île, nommée par les indigènes *Andelis*, et peut-être *Samadra*, s'étend du nord-ouest au sud-est. Une chaîne de montagnes la traverse dans sa longueur; elle est accompagnée de chaînes secondaires. Quatre grands lacs, suspendus sur les gradins de ces chaînes, émettent leurs eaux par des torrents rapides ou par des cascades imposantes; celle de *Mansélar* est célèbre. Le mont *Ophir* ou *Gounong Passama*, a 4,500 mètres au-dessus du niveau de la mer. Il y a beaucoup de volcans ; celui d'*Ayer-Raya* est élevé de 500 mètres au-dessus de la mer.

Séparée de la péninsule de Malaca, par le détroit de Malaca, *Sumatra*, l'île la plus occidentale de la Malaisie, est située entre 5° latitude nord et 5° latitude sud; elle a 700 kilomètres sur 390 dans sa plus grande largeur; sa superficie est de 470,000 kilomètres carrés et sa population de 6,000,000 d'habitants. Elle se divise en *partie indépendante*, où l'on distingue le royaume d'*Achem*, celui de *Siak*, le pays des *Battas*; et en *partie hollandaise* au sud-ouest ou *gouvernement de Padang*, avec le ci-devant empire de *Menang-Kabou*, le royaume de *Palembang* et le pays des *Lampongs*. La prospérité de Sumatra est très-ancienne; le royaume d'Achem et l'empire de Menang-Kabou ont été les plus florissants, surtout aux XVI° et XVII° siècles. Établis dans l'île vers 1825, les Hollandais n'y ont eu longtemps que peu de puissance, et, en 1823, se sont trouvés presque expulsés.

L'équateur divise obliquement Sumatra en deux parties égales, et cependant, grâce aux vents frais et aux montagnes élevées de l'île, son climat est généralement plus tempéré que celui de beaucoup de régions situées au-delà des tropiques. De tout temps, Sumatra fut renommée pour l'abondance de l'or qu'elle fournit, et cette source de revenus est loin d'être exploitée aussi utilement qu'elle pourrait l'être par des ingénieurs habiles. Des mines de cuivre, de fer et d'étain ajoutent à sa richesse; le soufre se rencontre en masses dans les environs des volcans que l'île renferme, et le salpêtre, si précieux pour la guerre et les arts, y est très-commun. On extrait surtout ce sel du sol des immenses cavernes où se réfugient, depuis des siècles, les chauves-souris et nombre d'autres oiseaux. La fiente de ces animaux forme sur ce sol une couche épaisse, et y développe comme en France dans les lieux contigus aux écuries et aux étables, une assez grande quantité de salpêtre.

Dans quelques parties de l'île, la végétation est si vigoureuse qu'il suffit de négliger pendant une seule saison le champ le mieux défriché pour qu'il se couvre d'un taillis épais qui donne un abri aux bêtes féroces. Il serait impossible d'énumérer toutes les brillantes productions végétales qui se pressent sur le sol de Sumatra. Il faudrait mentionner les arbres qui donnent le *caoutchouc*, les indigoliers, le mangoust aux fruits si parfumés et si savoureux, et une multitude d'autres plantes. On y trouve des arbres qui donnent un camphre bien supérieur à celui du Japon, du moins au yeux des Chinois qui le paient douze fois plus cher que ce dernier

Les bêtes sauvages et les oiseaux domestiques de Sumatra sont à peu près les mêmes que dans tout l'Orient. Le buffle y remplace le bœuf et seul est employé aux travaux; l'ouvrage qu'il fait est de beaucoup inférieur à ce qu'on devrait attendre de sa taille et de sa force apparente. On n'en trouve guère à l'état sauvage, car le tigre lui ferait une chasse mortelle, et ceux mêmes qui sont élevés et employés par l'homme sont exposés aux attaques de cet animal. On a vu souvent des buffles vigoureux soutenir avec succès le premier coup de sa puissante griffe et vaincre leur audacieux ennemi. Les tigres de Sumatra sont parfois énormes. Les singes qui pullulent dans les forêts de Sumatra leur fournissent une nourriture abondante. Les éléphants sont nombreux à Sumatra; mais à l'exception de ceux qu'on élève pour le roi d'*Achem*, il n'y en a pas dans le pays à l'état de domesticité. Le rhinocéros, si rare aujourd'hui, se rencontre aussi à Sumatra, et on y trouve même des hippopotames.

En 1824, l'équipage d'un vaisseau anglais tua, sur une des côtes de cette île, une espèce d'orang-outang colossal; quand on le découvrit dans les bois, il présentait la figure d'une espèce d'homme couvert d'un poil brun et luisant, marchant sur deux pieds, mais en se tortillant de temps à autre, s'aidant de ses deux mains pour aider sa marche, et même se poussant en avant à l'aide d'une branche d'arbre. Lorsqu'il se vit attaqué, il déploya une force et une agilité surprenantes, et une telle énergie, que ce ne fut qu'après avoir reçu plusieurs blessures faites à coups de fusil, de piques et de pierres, qu'il rendit les derniers soupirs. D'après la description qu'en a donnée un docteur anglais, sa taille était de 7 pieds (anglais); son corps, assez bien proportionné, sa poitrine large, et il était mince de la ceinture. A son menton pendait une barbe en forme de franges; il avait les bras longs, même à proportion de sa stature, et comparativement à ceux de l'homme; mais ses jambes étaient beaucoup plus courtes. A l'état de ses dents, on le jugea jeune encore ; quand on l'apporta sur le pont du bâtiment, on trouva qu'il avait la tête de plus que l'homme le plus grand de l'équipage. Les serpents pullulent à Sumatra, ceux des grosses comme ceux des petites espèces. Beaucoup d'entre eux sont inoffensifs. Ils vivent facilement de grenouilles et d'autres animaux qui fourmillent dans les marécages. Aussi, chaque fois que la pluie menace, c'est un coassement général, un bruit assourdissant dans presque toutes les parties humides et boisées de l'île.

Pour en finir avec cette revue des richesses animales de Sumatra, nous dirons que l'on trouve dans ses eaux le *dugong*, grand animal de l'ordre des mammifères, armé de deux nageoires pectorales, et le seul d'entre eux qui soit connu pour paître au fond de l'eau et sans jambes ; nous passerons sous silence la luciole ou mouche de feu qui lance une lumière si vive qu'on peut presque s'en servir comme d'une veilleuse pour lire, et les grandes fourmis rouges si remarquables par leur tactique et par leur furie dans le combat

Les habitants de Sumatra savent depuis longtemps fabriquer avec beaucoup d'habileté des ouvrages en filigrane d'or et d'argent qui jouissent d'une réputation ancienne et méritée. De grossiers instruments que dédaigneraient nos artisans français et qu'ils ne sauraient pas employer pour la plupart, suffisent aux naturels pour ces travaux. Des débris de quelques vieux cerceaux de fer, une enclume improvisée avec une tête de marteau dans une pièce de bois, un compas fait avec deux clous attachés l'un à l'autre par une de leurs extrémités, un pot à riz pour fondre l'or ; au lieu de soufflet de forge, des ouvriers qui soufflent avec leur bouche par un bambou creux, voilà leurs moyens de fabrication. L'industrie est, au reste peu avancée à Sumatra. Ses habitants savent l'art du forgeron, cet art qui doit en précéder et servir tant d'autres. La peinture et le dessin leur sont à peu près étrangers, et les rares sculpteurs qui ont paru dans l'île n'y ont laissé que des productions grotesques et en dehors de la nature, dont le seul mérite est d'annoncer une certaine puissance d'imagination.

Les Malais dominent dans une partie de Sumatra. En général, la forme du gouvernement des peuples qui habitent près des côtes, gouvernement qui tient du régime féodal et de l'autorité patriarcale, se ressent de l'influence des Européens qui, de fait, y exercent les fonctions de la suzeraineté, au grand avantage des gens du pays.

Autrefois le royaume d'Achem, qui s'étend au-dessus du pays des Battas et dans tout le rayon N-O. de Sumatra, tenait sous sa dépendance diverses autres parties de l'île et même du continent. Dès le commencement du XVIᵉ siècle, une lutte commença entre les rois d'Achem et la puissance portugaise qui venait de fonder sa métropole de Malaca. Ces luttes durèrent jusqu'en 1615, où Peducka-Siri, le plus puissant des rois d'Achem parut en personne devant Malaca avec 500 voiles et 60,000 hommes. Attaqué par la flotte portugaise, il fut obligé de prendre la fuite. En 1628, nouvelle agression suivie de résultats plus désastreux encore : 12,000 Achémiens, coupés de leurs navires, tombèrent au pouvoir de leurs ennemis ; aussi Achem se tint-il tranquille jusqu'en 1640, où Peducka-Siri l'investit, de concert avec les Hollandais, devant qui tomba enfin cette métropole de l'Inde orientale. Toutefois, le seul profit qu'en retirèrent les Achémiens, ce fut de la voir livrée à d'autres Européens. Peducka-Siri mourut l'année même de cette victoire. De 1640 à 1700, on ne voit plus que des dynasties de femmes sous lesquelles la puissance et l'éclat du pays vont dépérissant. Dans cet intervalle, les Hollandais peuplent la côte de comptoirs et viennent camper presque sous les murs d'Achem.

Le Français y paraissent en 1621 sous la conduite de Beaulieu, tandis que, jaloux de neutraliser l'influence néerlandaise les Anglais fondent tour à tour les échelles de Bencoulen, d'Indrapour, de Banal, de Natal, de Tappanouly et arment le fort de Malborough. Ils finissent par jalouser les derniers postes hollandais et la guerre de 1781 leur sert de prétexte pour occuper Padang et les autres factoreries. Seuls les traités de 1815 et de 1824 rétablirent la puissance dépossédée dans ses droits primitifs. Réduit à ses anciennes limites, le royaume d'Achem a jusqu'à présent maintenu son indépendance vis-à-vis des Européens.

Le royaume d'*Achem* renferme une capitale du même nom, ville d'environ 8000 maisons ou cabanes sur pilotis, avec une rade vaste et sûre, à l'extrémité septentrionale de l'île. La population est d'environ 30,000 âmes. Avant l'arrivée des Européens, le port d'*Achem* était fréquenté par les Arabes. Les habitants avaient autrefois une marine assez respectable pour un peuple indien ; ils ont encore plusieurs manufactures en soie et en coton, et des fonderies de canons. Le roi d'Achem exploite aujourd'hui le commerce en monopole ; il vend de l'or très-fin, du benjoin, du poivre, des nids d'oiseaux, et des chevaux petits, mais vifs. *Pedir* et *Dely* fournissent aux Achémiens du riz, mais pas suffisamment pour la consommation.

Le pays des *Battas*, ou plus exactement *Batak*, renferme les montagnes de Deira et Papa, au midi de la plaine d'Achem. Il confine avec le royaume d'Achem, le ci-devant empire de Menang-Kabou et le gouvernement hollandais de Padang ; il se trouve mi-partie sur la côte occidentale et dans l'intérieur des terres. Formée d'une foule de districts, cette espèce de confédération ne compte pas de ville principale ; le territoire est semé de bourgs et de villages qui ne relèvent que de l'autorité locale.

Les Battas, qui parlent une langue remplie de mots inconnus aux Malais de la côte, admettent trois grands dieux, *Battara-Couron*, qui règne aux cieux, *Sorie-Pada*, le dominateur des airs, et *Mangalla-Boulang*, le roi de la terre. Un géant porte la terre sur sa tête. Un jour, fatigué de son fardeau, il secoua la tête ; les continents s'écroulèrent : l'Océan était sans rivage ; le maître du ciel y jeta une montagne qui devint le noyau des nouvelles terres ; une fille céleste vint l'habiter, et de ses trois fils, mariés à leurs trois sœurs, naquit un nouveau genre humain. Les Battas croient à une vie future et à une espèce de purgatoire. Les mariages sont accompagnés de quelques cérémonies singulières. La future se montre dans un bain à son futur, qui contient ensuite du prix auquel il doit l'acheter. Les nouveaux époux goûtent ensemble de deux sortes de riz, et le père de l'épouse étend sur le couple un morceau d'étoffe. Les Battas savent fabriquer la poudre et se servir des armes à feu ; ils

emploient l'or, l'étain et le fer à fabriquer des ustensiles et de grossiers ornements ; il font des étoffes de coton ; et leurs livres sacrés sont écrits de gauche à droite, sur du papier fait avec de l'écorce d'arbre. Ils mangent la chair des criminels, et celle des prisonniers de guerre.

Parmi les chefs-lieux des petits districts de la côte occidentale, nous remarquerons *Barous* et *Tapanouly*, qui exportent du camphre ; cette dernière bourgade a une baie immense et magnifique. Les *Rejangs* vivent sous leurs chefs, nommés *Panjerans*, et dont le pouvoir est très-borné. Ils semblent avoir conservé leurs mœurs et leur caractère primitif en adoptant la civilisation des Malais. Petits et maigres, ils aplatissent le nez et allongent les oreilles ; leurs yeux sont noirs et brillants, et les femmes ressemblent aux Chinoises. Leur peau est plutôt de couleur jaune que basanée ou cuivrée. Dans les parties montagneuses, les habitants sont affligés de larges loupes ou goîtres.

Le royaume de *Siak* occupe la partie moyenne de la côte orientale de Sumatra, que traverse le fleuve de ce nom.

Dans la partie hollandaise de Sumatra, il faut comprendre le gouvernement de *Padang*, et le ci-devant empire de *Menang-Kabou*, le pays des *Lampoungs* et le royaume de *Palembang*. *Padang* est la capitale des possessions hollandaises de Sumatra. Cette ville, ou plutôt cette agglomération de villes, compte 25,000 habitants ; son port a offert en 1857 un mouvement commercial de 32,533,000 francs. Les autres établissements hollandais sont *Natal*, *Bancoulem*, avec 10,000 habitants, le fort *Malborough* et *Pont-chung-Cotchil*, dans la baie de Tappanouly. L'empire de Menang-Kabou est devenu vassal de la Hollande ; elle occupe *Bangsa*, et les villes de *Pandjàrraschung* et de *Menang-Kabou*, les plus considérables après *Bangsa*. Le royaume de *Palembang* relève aussi des Hollandais.

L'empire de *Menang-Kabou* osa jadis s'égaler à la Chine. La capitale s'appelle *Bangsa* ou *Criss* ; les habitants font des travaux très-estimés en filigrane d'or et d'argent ; ils fabriquent des fusils et des poignards très-recherchés.

Le pays des *Lampoungs* se compose de montagnes, couvertes d'impénétrables forêts et de plaines, sujettes à de subites inondations. Ce peuple est hospitalier, et peu belliqueux. Les Lampoungs, semblables aux Chinois par leurs yeux bridés et leur visage en losange, parlent un idiome particulier, rempli de sons gutturaux. Parmi leurs canots, formés d'un seul tronc d'arbre creusé, il y en a qui portent 6,000 kilogrammes.

Le royaume de *Palembang*, ancienne dépendance du *Sousouhounam*, ou empereur de Java, embrasse le sud-est de Sumatra et les deux îles de Banca et de Billiton. Les terres d'alluvion augmentent ici dans une progression rapide. Mal cultivé et couvert de forêts, ce pays exporte, outre les autres produits de Sumatra, du sassafras, du sang-dragon, de beaux bois de construction. Les principales mines d'étain sont à Banca; cependant il s'en trouve dans la grande île. Le climat, quoique sujet à d'étonnantes alternatives de chaud et de froid, n'est pas nuisible à la santé. La ville de Palembang, grande et habitée par des Chinois, des Siamois, des Malais et des Javanais, ne renferme d'autres bâtiments en pierre qu'une mosquée et le palais du sultan. Le despote, sans armée régulière, sans revenu fixe, étale son orgueil et sa mollesse dans un vaste sérail. Les Malais, ici comme dans toute l'île, portent une veste et une espèce de manteau avec une ceinture, dans laquelle ils mettent leurs *criss* ou poignards. Ils portent des caleçons très-courts, les jambes et les pieds restent nus; un beau mouchoir enveloppe leur tête; dans leurs voyages ils mettent un grand chapeau par-dessus. Les deux sexes liment leurs dents et les teignent en noir. Les maisons sont de bois et de bambous, couvertes de feuilles de palmier, élevées sur des piliers; une mauvaise échelle sert d'escalier.

Les anciens royaumes de *Jambi* et d'*Andragiri*, ce dernier sur une grande rivière du même nom, et celui de *Camper*, n'offrent rien de particulier; mais les îles voisines méritent quelques lignes. Parmi celles à l'est, *Banca* est une terre considérable, élevée et boisée. Les navigateurs regardent le climat de ces parages comme un des plus dangereux. Les mines d'étain de cette île ne furent découvertes qu'en 1710 ou 1711; quoiqu'on en ait tiré des quantités considérables de métal, la veine en semble encore inépuisable.

Il y a peu de chose à dire sur l'île de *Lingen*, au nord de Banca. Celle de *Billiton*, à l'est, est renommée par ses mines de fer. Ces deux îles, peuplées d'environ 45,000 habitants, forment la province ou résidence hollandaise de Banca. La capitale, *Mintok*, compte 5 à 6,000 habitants tant Chinois que Malais. C'est par le détroit entre Billiton et Banca que passent les vaisseaux qui vont à la Chine ou qui en reviennent.

Les îles à l'ouest de Sumatra forment une chaîne régulière. Celle de *Nias* ou *Poulo-Nias* est très-peuplée et fertile. Les îles de *Nassau* ou *Poggi* sont coupées de rochers et de montagnes qui semblent bouleversées par quelque révolution violente. Ces montagnes, couvertes de forêts jusqu'à leur sommet, offrent de bons bois de construction. Le sagou y croît en abondance; les habitants ne cultivent pas le riz; mais les cocotiers, les bambous y abondent. On y voit des daims rouges, des porcs, des singes, un petit nombre de tigres, mais ni buffles ni chèvres. Les habitants de ces diverses îles, au nombre de 220,000, d'une taille très-élevée et d'un teint cuivré, ressemblent aux Tahitiens, tant par leurs traits que par la simplicité de leurs mœurs. La polygamie leur est inconnue, mais les liaisons entre les personnes non mariées des deux sexes y sont regardées comme une chose innocente. Ils prétendent descendre du soleil. L'île *Enganno* ou *Trompeuse* passait pour être habitée par une race d'anthropophages; mais elle ne contient que des habitants simples et grossiers. Ils sont d'une structure élevée et d'un teint cuivré; ils vivent dans des huttes de forme circulaire, appuyées sur un pilier de bois de fer. Leur nourriture ne consiste qu'en noix de cocos, pommes de terre douces, cannes à sucre et poisson séché. Ils se nourrissent aussi de lichens croissant sur les rochers.

II. — GROUPE DE JAVA.

Le célèbre détroit de la sonde, proprement de *Sunda*, sépare l'île de Sumatra de celle de Java. Le navigateur qui, en venant de la mer des Indes, a ces deux îles à gauche et à droite, voit bientôt devant lui la grande terre de Bornéo; de là cette dénomination commune d'*îles de la Sonde*, donnée à ces trois contrées. Le nom de *Sunda* paraît venir du sanscrit *sindu*, mer, fleuve, grande eau, et rappelle le *Sund* des Danois et le *Sound* des Anglais.

L'île de *Java*, siége d'un grand et florissant empire indigène, centre de la puissance d'une compagnie de commerce qui dominait sur toutes les mers de l'Orient, mériterait une description bien plus détaillée que n'en admettent les bornes de cet ouvrage. Cetté île domine, par sa position, les principales entrées des mers qui baignent l'Asie orientale. En grandeur elle n'égale ni Bornéo ni même Sumatra, car elle ne s'étend en longueur que l'espace de 1,000 kilomètres; sa largeur varie de 120 à 200, et sa superficie peut aller à 26,800 kilom. carrés. Le nom de *Djava* est malais, et dénote, selon les uns, une grande île, selon les autres, une espèce de grain indigène. Les Arabes et les Persans l'appelaient *Djezyret al Maha-Radje*, l'île du grand roi.

Java est traversé de l'est à l'ouest par une chaîne de montagnes, plus rapprochée de la côte méridionale, et qui, se doublant en plusieurs endroits, embrasse des plateaux élevés, entre autres ceux où sont situées les provinces de Préanger et de Sourakarta. La partie la plus occidentale présente une terrasse inférieure. Les premières hautes montagnes commencent au sud de Batavia; elles portent le nom de *Pangerangen* ou *Montagnes Bleues*; c'est entre les provinces de Chéribon et de Sourakarta, dans la partie la plus étroite de l'île, que s'accumulent les plus hautes montagnes, le *Gonnong-Kandang*, le *Tourenterga*, le *Tagal*, le *Keddo*; plus à l'est, les *Deux Frères* ou *Soudara-Soudara*, les monts *Louvon, Domong, Djapan* et autres, continuent la chaîne jnsqu'à la pointe orientale. Les plaines de la côte consistent en une argile rougeâtre, peu fertile, une argile noire très-riche et une marne jaune entièrement stérile. A 4 kilom. de la mer commencent les terres d'alluvions, formées de sables, de boue et de coquillages. Les montagnes, couvertes de bois et de plantes, enrichies de diverses cultures, offrent le coup-d'œil le plus agréable. Parmi les nombreux volcans de cette île figure celui de *Gété*, élevé de 2,700 mètres au-dessus de la mer.

Les côtes septentrionales de Java passent pour très-malsaines. Cependant la chaleur y paraît très-supportable : à Sourabaya, le thermomètre s'élève à 34 degrés centigrades pendant la saison sèche; mais la température varie de 10 à 12 degrés de minuit à midi. Si donc le climat local de Batavia, de Samarang et d'autres places, est dangereux pour les Européens, les marais, les eaux stagnantes des innombrables canaux, les arbres trop multipliés, la malpropreté, semblent y contribuer.

A 48 kilom. dans l'intérieur il y a des collines d'une hauteur considérable, où l'air est sain et frais. Les végétaux d'Europe, et particulièrement les fraises, y croissent fort bien; les habitants y sont vigoureux; leur teint annonce la santé. Les médecins y envoient aussi les malades, qui s'y guérissent en peu de temps. Tout l'intérieur jouit des mêmes avantages. Près de Sourakarta, autrefois résidence de l'empereur de Java, le voyageur respire un air pur, frais, embaumé. De limpides ruisseaux roulent partout une onde salutaire.

Les circonstances qui rendent Batavia et ses environs malsains, les rendent aussi le meilleur pays de la terre pour la végétation. Le riz de deux espèces y croît en abondance, ainsi que le blé d'Inde ou le *maïs*; on y récolte beaucoup d'espèces de haricots, des lentilles, du millet, du sorgho jaune, des ignames fondantes et d'autres sans suc, des patates douces, des pommes de terre d'Europe, qui sont très-bonnes : on trouve dans les jardins une abondance d'excellents légumes, tels que les raves blanches de la Chine, le fruit de la plante appelée *plante aux œufs*, le pois d'Angole, et en outre toutes les plantes culinaires d'Europe. On y recueille encore, avec bien peu de culture, une quantité très-considérable des plus belles et des plus grosses cannes à sucre : elles donnent beaucoup plus que celles de l'Amérique. On exporte une grande quantité de poivre et de bétel. Parmi les plantes aromatiques qui servent à la consommation des habitants, on remarque le gingembre sauvage, l'arek, le schétante, le curcuma, le poivre d'Espagne, etc., etc.

Les arbres fruitiers sont le bananier de paradis, le bananier nain, qui produit un fruit très-délicat et très-sain, l'ananas, la goyave, l'iambos de Malaca, le catappa ou badamier de Malabar, le jacquier des

Indes. Le fruit nommé *corossel* provient de *l'anona squammosa*. Les mangoustans, les melons d'eau, les pamplemousses, se trouvent aussi dans cette île. Les citrons y sont un peu rares, et les raisins ne sont pas très-bons. La médecine emploie avec succès deux espèces de casse, *cassia javanica* et *cassia fistula* ; les fruits pendent à l'arbre comme de longs bâtons. L'île de Java produit aussi deux espèces de coton : l'un, le fromager pentandrique, arbre très-élevé ; l'autre, qui n'est qu'un simple arbuste, le *gossypium indicum*. La rose de la Chine, le marsan ou murraie des Indes, les nyctantes, les corallodendrum, étalent leurs fleurs parmi les buissons. A Batavia, l'on vend des fleurs dans les rues, tous les soirs, au coucher du soleil. Plusieurs arbres forment de belles allées et procurent des ombrages nécessaires ; tels sont le mimusop élengi, la nauclée d'Orient, le canari des Moluques, la guettarde de l'Inde, et le grand filaos à feuille de prêle.

Les Javanais, en faisant de nombreuses entailles au tronc de *l'hybiscus tiliaceus*, dans la saison des pluies, parviennent à lui faire produire, sur toute sa longueur, des branches qui couvrent la terre. L'arbre de teck ou téak forme de très-grandes forêts, à l'ombre desquelles croît abondamment le pancrais d'Amboine et plusieurs belles espèces d'uvaires, d'hélictères, de bauhinies, ainsi que l'agave vivipare, avec lequel les habitants font des étoffes ; le muscadier uviforme porte un fruit qui n'est pas aromatique.

Les buffles sont petits, de couleur grisâtre. On les apprivoise et on leur fait traîner de très-grands chariots. Les moutons sont rares ; ils ont des poils au lieu de laine et les oreilles pendantes. Les chevaux sont petits, mais vifs et vigoureux. Les sangliers pullulent dans les bois. On y trouve deux espèces de rhinocéros. Parmi les singes de Java, les naturalistes nomment le *semnopithèque* et le *simia aygula* ou l'aigrette. On trouve aussi dans les bois l'écureuil bicolore et l'écureuil volant. Le paon est commun dans les forêts. Les coqs sauvages ont le plumage très-brillant et la crête blanche, mêlée d'une teinte légère de violet. Dans les marais habitent de redoutables serpents, notamment le *boa constrictor*. Il ne manque pas non plus de crocodiles

énormes, mais ils sont, à ce qu'on assure, d'une douceur remarquable, notamment dans la province de *Passarokang*, où les habitants se baignent sans danger dans le lac Ranou, peuplé de ces animaux, tandis que les étrangers ne pourraient le faire impunément. Les dragons volants, espèce de lézards dont la peau des flancs s'étale en deux larges voiles, tendues sur leurs côtes horizontalement allongées comme des vergues, voltigent aux environs de la ville pendant la plus grande chaleur du jour, comme les chauves-souris en Europe, et on les attrape facilement et impunément. La cigale musicale se perche sur les arbres et fait entendre un cri très-perçant, semblable au son d'une trompette ; la blatte kakerlaque et de petites fourmis rouges s'insinuent partout, mangent et détruisent tout.

Java produit en abondance ces fameux nids d'oiseaux que recherche la gourmandise des Chinois et des Japonais, espérant en vain y trouver de nouveaux aiguillons de volupté. On assure que ces oiseaux avalent l'écume de la mer ; M. Poivre a observé que cette écume consiste en frai de poisson, délayé de manière à former une espèce de colle.

L'île de Java est divisée en 20 résidences ou provinces : *Batavia*, *Bantam*, *Buitenzoorg*, *Préangers*, *Krawang*, *Chéribon*, *Tagal*, *Pekkalongang*, *Kadou*, *Samarang*, *Japara*, *Rembang*, *Grissé*, *Sourabaya*, *Passarouang*, *Bemkie*, *Baniouwangui*, *Sourakarta*, *Djockakarta*, *Madura-Sumanap*. Les 6 premières provinces forment la partie occidentale de l'île, les 14 autres la partie orientale. L'île entière compte 9,500,000 habitants, dont 500,000 Chinois, 80,000 Européens, le reste Javanais. Un tiers seulement de ces derniers vit indépendant ; les autres sont soumis à la domination hollandaise, sous laquelle se trouve tout entière la partie ouest, séparée de la partie orientale par la célèbre forêt de *Dayou-Loukhour*, d'une longueur de 65 kilom., tellement épaisse que le soleil n'y pénètre pas et qu'on ne peut la traverser qu'en s'éclairant avec des torches. Dans la partie orientale de Java qu'occupaient autrefois de puissants princes indigènes, plusieurs territoires obéissent encore à des princes malais, vassaux et tributaires du gouvernement hollandais.

Capitale de l'île de Java et de tous les

établissements hollandais dans l'Océanie, Batavia, située sur la côte N. par 104° 34' long. E., 6° 12' lat. S., compte 55,000 habitants. Elle a un port vaste mais peu profond et une superbe rade, de beaux canaux, des monuments nombreux, un hôtel de ville remarquable, d'immenses magasins pour la marine. On y remarque l'hôtel du gouverneur général, l'hôpital militaire, le théâtre, etc. Elle renferme une société des arts et des sciences et des écoles diverses. Fondée en 1619 par les Hollandais sur l'emplacement de la célèbre ville de *Jacatra*, capitale de l'ancien royaume de ce nom, Batavia a longtemps été le séjour le plus malsain du monde. Au commencement du dix-neuvième siècle, le général Dœndels voulut l'abandonner pour Sourabaya, et sa destruction fut presque complète. Mais Van der Capellen la fit renaître en y plaçant le siége du gouvernement et en desséchant les canaux d'eaux stagnantes, principale source d'insalubrité. Les canaux conservés pour le transport des marchandises ont été nettoyés ; on a élargi les rues ; les demeures des Européens ont été plus éloignées de la côte. Presque toutes les habitations sont entourées de jardins et les principales rues sont de belles avenues plantées d'arbres, assez semblables aux boulevards de Paris. Les habitants de race indigène et asiatique occupent des quartiers séparés qui forment les faubourgs de la ville.

A l'ouest de Batavia on trouve la ville de *Bantam*, capitale de l'ancien Etat de ce nom, gouverné par un sultan dont la garde se composait exclusivement de femmes. Cette ville déchue et à moitié en ruines était devenue un foyer de miasmes délétères, ce qui a engagé les Hollandais à prendre pour chef-lieu de la province la petite ville de *Céram*. A *Buitenzoorg* on remarque un beau château et un superbe jardin botanique.

Le chef-lieu de la province de Préangers, *Tjanjou*, n'est guère qu'un gros bourg, uniquement habité par les Javanais. Ses rues plantées d'arbres et bordées de haies de bambous, ses maisons ensevelies sous des arbustes fleuris, offrent l'aspect le plus pittoresque.

Cheribon, chef-lieu de la province de nom, n'est plus qu'une petite ville, mais c'était autrefois une cité considérable, capitale d'un royaume dont le souverain prenait le titre de sultan. A 6 kilomètres de Chéribon, les mahométans vénèrent le tombeau d'*Ibn Cheyk Mollanah*, le premier apôtre de l'islam à l'île de Java. Cinq terrasses, adossées à une montagne, présentent des parapets ornés de beaux pots de fleurs, offerts par les chefs musulmans de toutes les îles voisines ; le tombeau est ombragé de palmiers.

Dans la partie de la *Côte-Orientale* de Java, on remarque, en allant de l'ouest à l'est, les villes suivantes : *Tagal*, avec 10,000 habitants ; *Samarang*, grande ville bâtie à l'européenne et très-commerçante, comptant environ 45,000 âmes ; *Japara*, habitée par des Chinois, anciennement le chef-lieu de la côte ; *Javana, Rembang*, le grand marché pour les bois de teck ; *Sourabaya*, ville fortifiée, très-salubre, munie d'une rade où l'on peut entrer et sortir par tous les vents ; elle a pris une grande importance commerciale et ne compte pas moins de 50,000 habitants. *Panouracan* et *Baniouwangui* sont situées dans l'ancien Etat de *Balambonung*, dont la capitale du même nom a été détruite par les ravages de la guerre. Les parties intérieures et méridionales de la moitié orientale de l'île formaient autrefois le royaume de *Mataram*, dont le souverain prenait le titre de sousou-honam et d'*empereur de Java*. Des guerres civiles, fomentées par la Hollande, ont permis à celle-ci de partager cet empire, déjà très-diminué, entre deux princes, dont l'un réside à *Sourakarta* avec le titre d'empereur, et l'autre à *Djokjokarta* avec le titre de sultan. Des voyageurs ont dépeint le pays sous des couleurs très-favorables. L'air pur et frais est embaumé par mille fleurs odorantes. Tantôt on erre dans de vastes plaines, couvertes de riz, de coton, de café, de végétaux de toute espèce ; tantôt, monté sur les collines, on voit les limpides ruisseaux former de petites cascades à l'ombre de forêts épaisses. Des grottes naturelles présentent la fraîcheur la plus délicieuse. La vue plane, dans le lointain, sur la mer, les rochers et les volcans dont la fumée nuance l'azur d'un ciel tranquille.

Les Javanais indigènes paraissent une race malaise, anciennement établie dans l'île, mais qui, civilisée par une colonie des Hindous, et spécialement de Télingas, en a reçu un grand nombre de mots et plusieurs institutions.

Les Javanais, en général, sont d'une taille médiocre ; ils ont le teint basané, les cheveux longs, le nez un peu épaté. Fidèles à leurs engagements, crédules comme tous les peuples ignorants, amateurs du merveilleux, indolents par caractère, patients dans l'adversité, extrêmement respectueux envers leurs parents, attachés à leurs enfants, ils préfèrent une vie pauvre et tranquille à des richesses qu'ils ne sauraient garder ; ils ignorent le tumulte et l'agitation d'une vie industrieuse. A l'exception de quelques ouvriers qui travaillent grossièrement les métaux, tous les Javanais se contentent de cultiver leurs champs ; le reste du temps se passe à fumer l'opium et à mâcher le siri. Les femmes filent du coton et fabriquent la toile qui sert à habiller la famille ; mais dans ces climats brûlants , on ne s'habille que par décence.

Les hommes se contentent de s'attacher autour des reins une toile qui tombe jusqu'aux genoux. Les Bantamois se distinguent des autres Javanais en se couvrant la tête d'un bonnet en forme de casque. Les femmes portent en outre une petite camisole de toile bleue qui leur couvre les épaules et la poitrine. Les enfants restent nus jusqu'à l'âge de sept ans.

Leur manière de vivre est aussi frugale que leur habillement est simple : le riz et les ignames, assaisonnés de piment, forment la base de leur nourriture. Ils construisent leurs maisons de bambous, et les couvrent avec des feuilles de palmier ou avec du chaume ; ces maisons sont ordinairement partagées en deux parties, la première où se fait le ménage, et la seconde où se retire la famille pour se coucher. La négligence avec laquelle ils traitent le feu les expose souvent à voir leurs habitations devenir la proie des flammes ; mais dès qu'un Javanais a sauvé le coffre de bois qui renferme tout son avoir, il voit tranquillement brûler la maison qui lui coûte si peu à construire. Les chefs font quelquefois bâtir des maisons en pierre, mais sur le même modèle que celles du pays ; les fenêtres en sont petites, le toit est bas ; on y étouffe : aussi demeurent-ils pendant le jour sous des espèces de galeries isolées, où l'air circule aisément, et où le soleil ne saurait pénétrer. La polygamie, quoique admise par la religion, n'est guère en usage que parmi les grands. Partout les femmes sont traitées avec égards.

Les Javanais, convertis au mahométisme dans le commencement du xve siècle, professaient auparavant une religion idolâtrique dérivée du brahmanisme, ou du moins de la même source où les Hindous ont puisé. Les habitants des montagnes s'abstiennent encore de toute nourriture animale et croient à la transmigration de l'âme. Ils prétendent descendre d'une espèce de singe nommé le *Wouwou*. Il paraît aussi que l'île a reçu anciennement une colonie venue de la Chine, ou peut-être de l'Indo-Chine. La couleur jaune réservée pour les habits de l'empereur, comme dans la Chine, plusieurs temples chinois dans la partie orientale de l'île, enfin une tradition que les voyageurs du xvie siècle avaient recueillie, semblent mettre hors de doute cet événement dont on ne saurait fixer l'époque. Les Javanais parlent divers dialectes qui tous se rapprochent du malais. Le dialecte de *Sunda* règne dans le royaume de Bantam et sur la côte opposée de Sumatra. Le *bas-javanais* paraît dominer dans tout le reste de l'île ; mais à la cour de l'empereur et des princes, on parle le *haut-javanais*, qui est rempli de mots sanscrits. Les caractères sont dérivés de ceux des Arabes.

Les poésies des Javanais ne peignent que l'amour et les jouissances : leur langue est faite pour l'harmonie, mais leur musique n'y répond pas ; elle est monotone et traînante ; ils psalmodient plutôt qu'ils ne chantent.

Ils connaissent aussi l'apologue ; mais la comédie est encore chez eux dans sa première enfance ; ce n'est, à proprement parler, qu'une pantomime dont on lit en même temps l'explication. Une espèce de hangar, ouvert de tous côtés, sert de théâtre ; les spectateurs sont rangés autour ; et le lecteur ou souffleur, armé d'un bâton, comme un maître d'orchestre, fait mouvoir tous les acteurs à leur tour et lit la pièce.

Parmi les amusements, il n'en est aucun qui soit plus généralement suivi que la danse appelée *tandack*. Sitôt que la nuit commence, on entend retentir partout le son bruyant de la musique. Une tente dressée à la hâte, éclairée par plusieurs lampes, abrite les acteurs et une partie des spectateurs : trois ou quatre femmes, demi-nues, la tête ornée de fleurs, dansent au son des instruments, en s'accompagnant de la voix. Cette danse s'exécute par le mouvement successif de toutes les parties du corps ; les bras, les jambes, les mains, la tête, les yeux, tout est en action. Quelque charme qu'ait ce spectacle pour un Javanais, ce n'est, aux yeux d'un Européen, qu'une suite de contorsions. Les femmes qui se livrent à ce spectacle sont appelées *ronguin* ; ce sont les courtisanes du pays. Les gens du peuple aiment avec fureur le combat du coq : ils y passent des journées entières : ils excitent les combatants du geste et de la voix : l'espoir et la crainte se peignent tour à tour sur la figure des parieurs ; et, pour que la victoire reste moins longtemps indécise, ils arment les éperons de leurs coqs d'un fer tranchant qui termine bientôt le combat.

Les Javanais, très-patients et très-flegmatiques, ne se querellent guère ; mais ils se battent par plaisir. Ce jeu, qu'on appelle *anclon*, consiste à s'appliquer des coups de baguette en cadence, jusqu'à ce qu'un des deux s'avoue vaincu et se retire : ils frappent indifféremment partout ; mais, pour ne pas se blesser à la tête, ils l'enveloppent d'une pièce de toile qui ne laisse que les yeux à découvert.

Si le peuple a ses combats de coqs, les chefs ont leurs combats de tigres ; ils en nourrissent toujours dans le voisinage de leur palais. Il y a différentes manières de faire battre cet animal ; on lui donne pour adversaires tantôt des buffles et tantôt des hommes. Quelquefois le buffle, attaquant le premier, écrase le tigre avec ses cornes contre les barreaux qui forment l'enceinte. Le combat du tigre contre des hommes est tantôt un spectacle et tantôt un supplice. Lorsqu'on ne veut qu'un amusement, on lâche un tigre au milieu d'un bataillon carré, formé d'un triple rang d'hommes armés de longues piques : aussitôt que l'animal se voit en liberté, son premier mouvement est de chercher à fuir ; mais comme il trouve tous les côtés hérissés de pointes, il s'agite en tous sens, revient sur ses pas, hésite, et s'élance enfin pour franchir les rangs ; mais il se précipite lui-même sur les piques et meurt percé de mille coups. Il arrive cependant quelquefois qu'il parvient à se faire jour à travers les rangs mal serrés, et qu'il s'échappe. Cet accident n'a rien de bien dangereux, parce que son instinct le porte à se cacher dans le premier endroit obscur qu'il rencontre, et qu'on l'y tue facilement.

Lorsque, sur l'avis de son conseil, le sultan a condamné un homme à se battre contre un tigre, on dresse sur la place publique un enclos circulaire de 8 ou 10 mètres, formé de poutres de bois assez serrées entre elles pour que le tigre ne puisse s'échapper, mais assez distantes pour qu'on puisse aisément voir tout ce qui se passe dans l'intérieur. On ménage dans cette enceinte deux ouvertures : l'une pour le tigre, l'autre en face pour son adversaire, qui entre le premier ; il est, suivant l'usage du pays, nu jusqu'à la ceinture ; il a la tête ornée de guirlandes de fleurs, comme une victime qu'on conduit à l'autel ; il tient dans la main droite un poignard, et de l'autre un morceau de bois garni de pommeaux aux deux extrémités ; au moyen de cette arme défensive, il peut fourrer impunément le bras dans la gueule de l'animal, qui ne peut la refermer. Mais, quelle que soit la force qu'il mette à repousser l'animal, il ne peut jamais l'empêcher de l'atteindre de ses griffes et de lui faire de profondes blessures. Si cependant il parvient à se dégager de l'animal expirant, il est ordinairement sauvé ; mais si, au lieu de porter au tigre un coup mortel, il n'a fait que le blesser, il est mis en pièces sur-le-champ. Ce supplice, comme tous les autres dans le pays, n'entraîne aucune idée d'infamie ; on a, au contraire, une espèce d'admiration pour un homme qui a su résister à un tigre, et, loin de chercher à cacher ses cicatrices, il affecte de les montrer comme un trophée.

Les princes de Java, quoique tous plus ou moins dépendants de la Compagnie hollandaise et du gouvernement de Batavia, continuent à étaler tout le faste du despotisme oriental. La cour du *Sousouhounam* mérite une attention particulière comme ayant quelques usages d'autrefois. Les titres les plus magnifiques désignent tous les emplois ; les officiers civils et militaires sont des *soleils de bravoure* ou des *lunes de prudence*. La résidence, dominée par un petit fort hollandais, porte le nom de *Sourakarta*, qui paraît signifier demeure du soleil. Le palais du *Sousouhounam*, c'est-à-dire « de l'*Auguste*, » était habité et gardé par 10,000 femmes.

L'enceinte intérieure du palais s'appelle le *thalm*. Les statues des héros javanais ornent une cour circulaire de 3 kilomètres de circonférence. C'est là qu'on donne les fêtes et les combats du tigre. Deux tamariniers offrent sous leur ombrage un asile inviolable à tout Javanais qui veut adresser des supplications à l'empereur.

Deux îles voisines de Java en dépendent sous le rapport physique et politique. Celle de *Madura*, fertile en riz et peuplée de 60,000 âmes, forme une des 20 provinces ou résidences; elle est partagée entre trois petits princes indigènes gouvernant sous le bon plaisir des Hollandais, et qui habitent les petites villes de *Sumanap*, de *Pomakassam* et de *Bankhalan*.

L'île de *Bali*, séparée de celle de Java par un détroit du même nom, a reçu de quelques auteurs le nom de *Petite-Java*. Une chaîne de hautes montagnes, couvertes de forêts impénétrables, la traverse du nord-ouest au sud-est; elles renferment des minerais d'or, de fer et de cuivre. Cette île, avec celle de *Lombock*, plus à l'est, forme une résidence hollandaise, dont la population est de près d'un million d'habitants. Bali est partagée en 8 princes indigènes, vassaux du gouvernement de Batavia. *Bali-Badong*, sur la côte sud, avec une rade ouverte, est la ville principale. Les habitants de Bali, plus blancs et mieux faits que les Javanais, réunissent beaucoup d'intelligence à beaucoup de courage. Les femmes se brûlent avec leurs époux, persuadées qu'elles renaîtront à une nouvelle vie. Vêtus d'un costume léger, un bouclier suspendu au bras gauche, les hommes exécutent des danses guerrières, en brandissant leurs *criss* avec des accents sauvages. Le *détroit de Bali* offre une route sûre aux vaisseaux qui retournent en Europe pendant la mousson d'ouest, et qui alors ne peuvent que difficilement passer par le détroit de Sunda. Ici les courants très-forts les entraînent même avec un vent contraire.

III. ARCHIPEL DE SUMBAVA-TIMOR.

A l'est de Java et sur une ligne qui s'étend de l'ouest à l'est, se trouve une série d'îles formant l'archipel de *Sumbava-Timor*. La principale, à l'ouest, est *Sum-* bava; la principale, à l'est, est *Timor*; entre ces deux sont *Florès*, *Solor*, *Sabrao*. On comprend encore dans cet archipel les îles *Wetter*, *Moa*, *Key*, *Timor-Laout*, et le groupe des îles *Arrou*.

Sumbava, l'île la plus occidentale, a 280 kilomètres de longueur sur 100 de largeur, et compte 50,000 habitants. Les villes principales sont *Sumbava*, sur la côte nord, et *Bima*. L'île est coupée en 3 péninsules. Dans celle du centre s'élève le terrible volcan de *Tomboro*. Le sol est très-fertile; on y récolte de la poudre d'or; sur les côtes, on recueille des nids de salangane, mets favori des Chinois, et on pêche des huîtres à perles. La population est composée de Malais, Macassars et Ouadjous. L'île est partagée entre plusieurs roitelets ou rajahs, dont le plus puissant est celui de Bima, duquel dépend l'île de *Comoro* ou *Mangaray*, à l'est de Sumbava.

Aussi grande que Sumbava, l'île de *Florès*, nommée aussi *Endè*, est traversée par une chaîne de montagnes dans laquelle se trouvent plusieurs volcans. Les Portugais y ont eu un établissement. La côte méridionale, qui a un beau port, est occupée par une colonie de Bouguis. Les habitants de l'île de *Solor*, montagneuse et stérile, sont bons navigateurs et se livrent à la pêche de la baleine. Elle est peuplée de Malais, ainsi que les deux îles voisines de *Sobrao* ou *Adira* et de *Lomblem*. Dans les îles de *Pantar* et d'*Ombay* on trouve une race guerrière assez rapprochée des nègres océaniens. *Wetter* a peu d'importance. Au sud de ces îles on en rencontre une autre chaîne formant une ligne un peu courbe, dont l'extrémité occidentale est occupée par *Sumba* et l'extrémité orientale par *Timor*. *Somba* ou *Samba* a 125 kilomètres de longueur sur 50 de largeur. Elle produit du coton et surtout du bois de sandal, d'où le nom de *Forêt de sandal* (*Sandal-Bosch*) que lui donnent les Hollandais. Les deux petites îles de *Savou* sont très-fertiles; les habitants de celle de *Dao* sont renommés pour le travail de l'or et la taille des pierres précieuses; l'île de *Rotti* est fertile en riz et sucre de palmier ou *jaggari*; *Kambing* a deux sources d'eaux sulfureuses, et *Simao* offre un refuge aux navires chassés de la rade de Coupang dans l'île de Timor par la mousson du nord-ouest.

L'île de *Timor*, au sud des Moluques,

a 450 kilomètres de longueur sur 110 de largeur, et compte 2,000,000 d'habitants, Malais, Papous, Portugais, Hollandais et Chinois. Elle est traversée par une longue chaîne de montagnes boisées, et arrosée par beaucoup de rivières; mais son climat est malsain et sujet à de fréquentes variations de température. Plusieurs rivières charrient de l'or. Le sol est fertile; l'île produit des épices, du bois de santal, des bambous, etc. On y trouve des singes en grande quantité, des buffles, des chevaux, etc.; des reptiles, une multitude d'abeilles sauvages donnant d'excellent miel. La plus grande partie de l'île est soumise à des princes indigènes. Les Hollandais et les Portugais se partagent les côtes. Le fort *Concordia*, au sud, sur la rade de Coupang, est le principal établissement des premiers; *Dielly*, à l'est, est la ville principale des seconds.

Une double chaîne est formée par les îles situées à l'est de Timor et de Wetter; la partie méridionale se compose des îles *Letti*, *Moa*, *Lakar*, *Sermatta*, *Baber*, *Timor-Laout* et *Larat*. La chaîne méridionale comprend les îles *Roma*, *Dammar*, *Teuw*, *Nila*, *Mose* et le groupe des îles *Key*. Fertiles en orangers, limoniers et cocotiers, ces îles sont habitées par une tribu assez semblable aux Malais par le teint et les cheveux. La double chaîne se termine à l'est par le groupe des îles *Arrou* ou *Arrow*, composé de 4 grandes îles : *Waham*, *Kabesoal*, *Maykor* et *Tramaï*, et par plusieurs autres petites. La plupart de toutes ces îles reconnaissent la suzeraineté des Hollandais, qui ont dans quelques-unes des établissements.

IV. GROUPE DE BORNÉO.

Au nord de Java et au sud-ouest des îles Philippines, s'étend la grande terre de *Bornéo*. C'est la plus considérable des îles connues, après la Nouvelle-Hollande. Elle a 1,280 kilomètres de longueur sur 1,200 de largeur, et compte 3,000,000 d'habitants. Sa grande largeur a empêché les Européens de pénétrer dans les parties centrales; l'insalubrité de l'air les a éloignés des côtes. Ainsi, la géographie de Bornéo est restée bien incomplète. Le centre de l'île, ou la région des sources, est un plateau marécageux, inondé dans la saison pluvieuse. La principale chaîne de montagnes se dirige du nord au sud, et s'approche très-près de la côte orientale. Les Hollandais lui donnent le nom de *Monts Crisallins*, à cause des nombreux cristaux qu'on y trouve. Un des principaux sommets s'appelle, chez les indigènes, *Kini-Ballo*. Des volcans et des tremblements de terre bouleversent souvent cette île.

L'île de Bornéo se divise en partie dépendante des Européens et en partie indépendante. La partie dépendante, appartenant aux Hollandais, forme deux provinces ou résidences dites *Résidence de la côte occidentale de Bornéo et Résidence de la côte orientale ;* dans la première province sont compris les Etats ou territoires de *Sambas*, *Munipawa*, *Pontianak*, *Landak*, *Sangou*, *Simpang*, *Matan* (ancien empire de *Succadana*) et *Kandaouagan*; dans la seconde, le pays de *Komaay*, *Pambouan*, *Mandouax*, *Grand-Dayak*, *Petit-Dayak*, *Banjer*, la presqu'île de *Tanah-Laout*, les districts intérieurs de *Tatas*, *Martapoura*, *Kurang-Jutang*, etc. La partie indépendante contient plusieurs royaumes dont les principaux sont ceux de *Bornéo*, *Passir*, *Cotti*, *Soulom* et le territoire des *Biadjous*. L'île de Bornéo fut découverte en 1521 par les Portugais, qui tentèrent vainement de s'y établir; les Hollandais y ont pris pied en 1604 et s'y sont toujours maintenus.

Les côtes, sur une largeur de 20 à 80 kilomètres, n'offrent que des terrains marécageux et en partie noyés et mouvants. On n'y peut avancer qu'en naviguant sur les fleuves, qui y forment un grand nombre de branches et de canaux. Les plus considérables sont le *Sambas*, le *Landak*, le *Ponthianak* et le *Bandjer-Massing*. Le lac *Kini-Ballo* est la plus grande nappe d'eau de l'Océanie. Quoique située sous la ligne équinoxiale, l'île de Bornéo n'éprouve point des chaleurs insupportables. Les brises de mer, celles des montagnes, et, depuis novembre jusqu'en mai, des pluies continuelles, y rafraîchissent l'atmosphère.

Les diamants et l'or se trouvent dans des terrains meubles, à une petite profondeur. Les principaux lieux d'exploitation sont Ambauwang, Landak et Banjer-Massing. On cultive le riz, les ignames, le *betel* et toutes sortes d'arbres fruitiers des Indes. Les choux-palmistes servent de nourriture. ... forêts contiennent des arbres d'une hauteur prodigieuse ; il y en a qui fournissent d'excellent bois de construction, d'autres donnent la gomme appelée *sang-dragon*. Dans quelques montagnes, au sud-ouest de l'île, on trouve des bosquets de muscadiers et de girofliers. Une production plus précieuse est le camphrier, qui croît dans toute sa perfection. Le camphre de Bornéo est plus estimé que celui du Japon. Le *benjoin* est la résine odoriférante d'une espèce de sapin. Les *rotangs* abondent ; l'on exporte une grande quantité de ces joncs précieux. Le poivre, le gingembre, le coton, croissent à Bornéo, et la culture des muscadiers et des girofliers y a réussi.

C'est à Bornéo qu'on trouve les plus grandes espèces de singes, le pongo, qui a la taille de l'homme, et le *simia satyrus* ou orang-outang, qui ressemble encore plus à l'homme par son aspect, ses manières et son allure. Le babiroussa, que les Bornéens appellent *cerf d'eau*, se tient ordinairement dans les marais. Cette île possède encore deux espèces de bœufs sauvages de très-grande taille, des sangliers, des tigres et des éléphants. Les espèces d'oiseaux sont innombrables, et pour la plupart très-différentes de celles de l'Europe. On y trouve en abondance l'hirondelle salangane dont on mange les nids. Les abeilles sont en si grand nombre que la cire est un article très-considérable d'exportation.

Les côtes sont occupées par des *Malais*, des *Javanais*, des *Bouguis* ou natifs de *Célèbes*, quelques descendants d'*Arabes* et beaucoup de *Chinois*. Le mahométisme est la religion dominante.

Le royaume de Banjer-Massing, qui occupe la partie méridionale de l'île, appartient en partie aux Hollandais, en partie à un prince leur vassal. La grande rivière de Banjer le traverse ; *Martapoura* et *Banjer-Massing* en sont les villes principales ; près de la ville de Banjer-Massing est le fort de *Tatas*.

La côte occidentale renferme les royaumes de *Landak* et de *Succadana* ; le roi de Bantam, dans l'île de Java, en était suzerain, il a cédé ses droits à la compagnie hollandaise, en 1778, qui a établi un poste à *Pontiana*. Le sultan de *Sambas* est le prince le plus puissant sur cette côte, où demeurent divers chefs de pirates.

Bornéo, ville de 3,000 maisons et 10,000 habitants, sur la côte septentrionale, est la résidence d'un sultan qui régnait autrefois sur toute l'île. Les maisons ici comme sur toute la côte, sont souvent bâties sur des espèces de radeaux amarrés au rivage ; ainsi elles changent de niveau avec le flux et reflux.

La côte nord-est appartenait aux rois ou sultans de *Soulo* ou *Jolo*. *Passir*, sur la côte sud-est, est le principal rendez-vous de commerce pour les habitants de l'île de Célèbes.

Les Malais des côtes dont nous venons d'indiquer les principaux États, sont des colonies venues de Java et de Sumatra. L'intérieur est peuplé d'une race également malaise, mais plus anciennement établie dans l'île. On les appelle les *Biadjous*, ou proprement les *Viadhjas*, nom évidemment sanscrit, et synonime avec ceux de Battas, Wedas et Vyadhias ou *sauvages* de Sumatra, de Ceylan et de l'Indoustan. On en appelle quelques tribus *Malem*, nom qui, en indoustan, signifie montagnards. Enfin les échantillons qu'on a recueillis de leur langue renferment beaucoup de mots communs au malais et au sanscrit, circonstance qui met dans un nouveau jour l'ancienne parenté de toutes ces nations. Les indigènes de Bornéo s'appellent eux-mêmes *Dayaks* ou *Eidahans*. Ils sont d'un teint plus clair que les Malais, d'une haute stature, d'une construction robuste et d'un caractère extrêmement féroce et sanguinaire. Les principaux d'entre eux s'arrachent une ou plusieurs dents de devant, pour en substituer d'or. Ils se peignent le corps de diverses figures, ne portent qu'une ceinture pour tout vêtement. Les habitations, vastes huttes en planches, sans aucune cloison, contiennent quelquefois jusqu'à cent personnes. Les Biadjous suspendent au-dessus de l'entrée de leurs huttes les crânes de leurs ennemis ; les jeunes gens ne peuvent se marier avant d'avoir coupé la tête d'un ennemi. Entre eux ils observent des lois sévères. Les femmes sont traitées avec douceur ; elles se couvrent d'une écharpe et d'un énorme bonnet ou parasol de feuilles de palmier. Quelques-unes d'elles se distinguent par leur talent pour la danse pantomimique. Une tribu d'Eidahans, nommés les *Badchous*, vit de la pêche ; ses villages sont à moitié bâtis dans l'eau. Les *Tedongs*, sur la côte nord-ouest, paraissent être venus des Philippines; ils se font redouter par leurs pirateries.

Les *Alfourous*, peuplade de l'intérieur, ne paraissent guère différer des Eidahans que par un teint plus bronzé et par l'extrême longueur des oreilles. Les danseuses de cette tribu, recherchées par les Européens, font admirer leur docile souplesse dans des pantomimes généralement licencieuses. Il faut citer encore une tribu de *Negrillos* ou noirs, qui habite les forêts, inaccessibles même aux Eidahans. Ce sont de vrais nègres, comme les Papous de la Nouvelle-Guinée.

Quelques petites îles, telles que celles de *Poulo-Laout, Solomba, Maratouba, Balamboang, Cagayan, Natoura, Caremald, Anambas*, etc., se rattachent géographiquement à Bornéo. Les Anglais avaient formé dans l'île de Balamboang, située au nord, un établissement que les indigènes ont détruit. Ils exercent une sorte d'influence sur le royaume de *Sarouak*, dirigé par un chef d'origine britannique et ils ont joint à leurs colonies, il y a peu d'années, les îles des *Cocos* au S. de Sumatra et au S.-O. de Java.

V. — ARCHIPEL DES MOLUQUES. — GROUPE DE CÉLÈBES.

La grande île de *Célèbes* a 800 kil. de longueur sur 240 de largeur environ et compte 2,000,000 d'habitants; elle est séparée à l'ouest de Bornéo par le détroit de Macassar, et à l'est des îles Moluques, par un passage qui prend le nom de ces îles. L'étendue de mer qui, au nord, sépare l'île de Célèbes de celle de Mindanao, porte indistinctement le nom de l'une et de l'autre. La figure de Célèbes est extrêmement irrégulière. Les baies de *Boni*, de *Tolo*, et surtout celle de *Tomini* ou de *Gunong-Tellu*, la découpent en plusieurs presqu'îles, unies par des isthmes étroits. Cette île a la forme d'un squelette. Grâce à ses nombreux golfes, les chaleurs y sont tempérées par les pluies abondantes et par des vents frais. La mousson d'est dure de mai en novembre; la mousson opposée règne le reste de l'année. Les marées sont très-irrégulières. Célèbes renferme plusieurs volcans en éruption. La vue des côtes élevées, coupées et verdoyantes, offre des tableaux enchanteurs. Des rivières nombreuses, se précipitant au pied d'immenses rocs, viennent tomber avec fracas au milieu des groupes majestueux des arbres les plus pittoresques. Cette belle île produit les plantes les plus vénéneuses que l'on connaisse, notamment le fameux *upas*, dans le suc duquel les Macassars trempent leurs poignards. A côté de ces arbres de mort, la nature a placé les girofliers et les muscadiers que les Hollandais font arracher, l'ébénier, le sandal, le calambac, dont on exporte les bois précieux, le sagoutier, dont la moelle nourrit tant de nations, l'arbre à pain et d'autres arbres fruitiers. Le riz et le coton abondent. On ne voit dans les forêts ni tigres ni éléphants, mais beaucoup de cerfs, de sangliers, et un nombre infini de singes très-forts et très-méchants; mais il y a une grande espèce de serpents qui en dévore une quantité. Les petits bœufs de Célèbes ont une bosse sur le dos. L'île nourrit encore des buffles, des chèvres et des moutons.

Les minéraux de cette île paraissent mériter attention. La partie méridionale en est dépourvue, mais la péninsule septentrionale depuis l'isthme jusqu'au-delà du district de Boulan, est remplie de mines d'or; celles dans le district d'Ankahoulou, non loin de l'établissement hollandais de Gorontala, donnent de l'or à 21 karats; celui des autres est à 18. Le minerai est accompagné de cuivre. Quelques montagnes donnent du cristal, d'autres du fer. Au nord-est, dans le territoire de Mongendo et de Menado, des terrains remplis d'une immense quantité de soufre sont bouleversés par de fréquents tremblements de terre.

Les habitants de Célèbes, que l'on distingue en *Bonis* ou *Bouguis* et *Macassars*, sont les plus braves de toutes ces îles. Leur premier choc est furieux; mais une résistance de deux heures fait succéder un abattement total à une si étrange impétuosité. Sans doute qu'alors l'ivresse de l'opium se dissipe après avoir épuisé leurs forces par des transports frénétiques. Leur arme favorite est le *criss*. Il a la forme d'un poignard, dont la lame s'allonge en serpentant, ayant à peu près 40 centimètres de long. Une éducation austère rend les habitants de Célèbes agiles, industrieux et robustes. A toutes les heures du jour les mères frottent leurs enfants avec de l'huile ou de l'eau. Ces onctions répétées aident la nature dans ses développements. A l'âge de cinq ou six ans les enfants mâles de condition sont mis comme en dépôt chez un ami, de peur que leur courage ne soit amolli par les caresses des parents et par l'habitude d'une tendresse réciproque. Ils ne retournent dans leur famille qu'à l'âge où la loi leur permet de se marier.

Les peuples de Célèbes ne reconnaissaient autrefois de dieux que le soleil et la lune. On ne leur offrait de sacrifice que dans les places publiques, parce qu'on ne trouvait pas de matière assez précieuse pour leur élever des temples. Le mahométisme s'est répandu dans cette île. Les prêtres y exercent une très-grande influence.

Les Portugais s'établirent à Macassar en 1525. Ils s'y maintinrent même après avoir été chassés des Moluques. La raison qui les y retenait et qui y attirait aussi les Anglais, était la facilité de se procurer des épiceries. Les Hollandais, que cette concurrence empêchait de s'approprier le commerce exclusif du girofle et de la muscade, entreprirent, en 1660, d'arrêter ce trafic. Ils employèrent contre leurs concurrents la force et la perfidie, et parvinrent à les chasser entièrement de l'île. Les princes qui en partageaient la souveraineté furent réunis en une espèce de confédération. Ils s'assemblent de temps en temps pour les affaires qui concernent l'intérêt général. Le gouverneur de la colonie hollandaise préside cette diète. Les Chinois, seuls étrangers reçus à Célèbes, y apportent du tabac, du fil d'or, des porcelaines et des soies écrues. Les Hollandais y vendent de l'opium, des liqueurs, de la gomme laque, des toiles fines et grossières. On en tire un peu d'or, beaucoup de riz, de la cire, des esclaves et du *trepan*, espèce de mollusque.

Les possessions des Hollandais à Célèbes se divisent : 1° en *possessions immédiates* ou *gouvernement de Macassar*, comprenant le district de *Macassar*, et les résidences de *Bouthain, Maros* et *Manado*, cette dernière la plus importante de toutes et relevant directement du gouverneur des Moluques; 2° *possessions médiates*, comprenant la plus grande partie de l'île et subdivisées en une foule de petits États protégés ou vassaux dont les principaux sont *Boni, Ouajou* ou *Waju, Louhou, Macassar, Mandhar*, etc. Le royaume de Macassar a joui autrefois d'une certaine célébrité; celui de Boni, le plus puissant, a tenté en 1859 de se soustraire à la suzeraineté hollandaise; une expédition dirigée contre lui l'a replacé sous le joug.

Au nord-est, une chaîne d'îles part de Célèbes et s'étend presque vers la pointe sud-est de Mindanao ; la principale s'appelle *Sanghir;* elle est fertile, bien peuplée et gardée par un poste hollandais, L'île *Siauw* et le groupe des îles *Talautse* forment une chaîne avec Sanghir. Riches en sagou et huile de coco, ces îles renferment deux ou trois redoutables volcans. Au sud, se trouvent les îles *Salayer* et l'île de *Bouton*. Cette dernière forme un royaume ou sultanie à part. La ville de Bouton est fortifiée. Les habitants font des étoffes de coton et de fil d'*agave*. Les perroquets et les kakatoës abondent dans les vastes forêts, où se trouve entre autres le muscadier uviforme. Les rotangs s'y élèvent sur un arbre, descendent à terre, remontent sur un autre arbre et forment ainsi des tiges de plusieurs centaines de mètres de longueur. Les fruits du fromager (*bombax ceyba*) fournissent une abondante nourriture au singe-pithèque.

VI. — GROUPE DES MOLUQUES.

Le groupe des Moluques se subdivise en 3 groupes : celui des *Moluques* proprement dites, celui de *Banda* et celui d'*Amboine*.

Les *Moluques*, originairement et proprement appelées, sont cinq petites îles à l'ouest de Gilolo, *Ternate, Tidor, Motir, Makian* et *Bakian* ou *Batchian*; mais les souverains des Moluques ont eu des possessions dans Gilolo, Céram et autres îles voisines, qu'on appelle les *Grandes Moluques*. Ce nom paraît venir de l'arabe, et signifie *îles royales*, parce que les souverains des îles voisines y avaient établi leur résidence.

L'archipel des Moluques porte les caractères les plus évidents d'une terre bouleversée par quelque révolution violente ; partout on y voit des îles singulièrement coupées et rompues, des pics énormes qui s'élancent tout à coup d'une mer profonde, des rochers entassés à des hauteurs immenses, enfin un grand nombre de volcans, soit en activité soit éteints. Les tremblements de terre, fréquents et terribles dans ces parages, en rendent la navigation périlleuse. Ils font disparaître tous les ans des bancs de sable dans ces mers, et tous les ans ils en forment de nouveaux.

La chaleur, l'humidité excessive, suivie de longues sécheresses, et la nature du terrain, rocailleux ou spongieux, interdisent la culture de tous les grains. La moelle du sagou sert de pain aux naturels. L'arbre à pain, le cocotier et toutes sortes d'arbres fruitiers de l'Inde y réussissent. Les arbres à épices ont surtout attiré l'attention des Européens.

Le giroflier y croît à la hauteur de 10 à 17 mètres, et étend au loin ses branches garnies de longues feuilles pointues ressemblant un peu à celles du laurier. Les boutons à fleurs constituent l'épice connue sous le nom de *clou de girofle*. La principale récolte se fait depuis novembre jusqu'en février. Le muscadier est de la grandeur du poivrier, ses feuilles ressemblent à celles du laurier; il donne des fruits depuis l'âge de dix ans jusqu'à cent. Quand la noix muscade est mûre, elle est aussi belle que curieuse à voir; elle est à peu près de la grosseur d'un abricot et d'une couleur peu différente; elle a de même une sorte de sillon creux à l'entour; elle ressemble un peu à une poire pour la forme : parfaitement mûre, l'écorce s'ouvre d'elle-même et laisse voir le macis, d'un rouge foncé, couvrant en partie la mince cosse de la noix, qui est noire. On trouve à Amboine un giroflier sauvage, qui diffère de l'autre par son tronc plus élevé et ses feuilles plus longues. Les îles Banda fournissent aussi cinq ou six espèces de muscadiers sauvages.

Les animaux les plus remarquables sont le *babiroussa*, l'*opossum* ou didelphe, le phalanger, le tarsier, le petit chevrotain, *moschus pygmæus*; mais les animaux domestiques ne sont pas en grand nombre. On y admire une foule d'oiseaux magnifiques, tels que les oiseaux de paradis, les martins-pêcheurs, les perroquets, les kakatoës et autres. Le règne minéral y est encore peu connu.

Les indigènes des Moluques ignoraient le prix de ces richesses végétales, qui ont rendu leur pays si célèbre et si malheureux. Les Chinois ayant abordé par hasard aux Moluques, dans le moyen-âge, y découvrirent le girofle et la muscade. Le goût en fut bientôt répandu aux Indes, d'où il passa en Perse et en Europe. Les Arabes, qui tenaient alors dans leurs mains tout le commerce de l'univers, n'en négligèrent pas une si riche portion. Ils se jetèrent en foule vers ces îles, et ils s'en étaient approprié les productions lorsque les Portugais, qui les poursuivaient partout, vinrent leur arracher cette branche de leur industrie.

Les Hollandais, après en avoir chassé les Portugais, prirent le parti de détruire les arbres d'épiceries dans toutes ces îles, en ne les laissant subsister que sur quelques-unes petites et faciles à garder. Par ce règlement, tandis que la cannelle ne se récoltait que sur Ceylan, le girofle à Amboine et dans les îlots voisins, les îles Banda étaient les seules consacrées à la culture de la muscade, sans qu'il fût permis d'avoir du girofle à Banda, ni de la muscade à Amboine. Mais un tremblement de terre, en 1778, ayant beaucoup endommagé les plantations de Banda, la compagnie autorisa la culture du muscadier à Amboine. Les Anglais s'emparèrent, en 1796, des îles Moluques, au nom du *stathouder*; l'île de Ternate seule ne se rendit qu'en 1801.

L'île de *Gilolo*, la plus considérable par sa forme irrégulière, présente un Célèbes en miniature; et de même qu'à Célèbes, les invasions de l'Océan ou les grands golfes prennent origine *à l'est*. L'intérieur renferme des pics très-élevés. Cette île abonde en buffles, chèvres, daims, sangliers; mais les brebis y sont en petit nombre. Il y a quantité d'arbres à pain et de sagoutiers; on y trouve aussi des girofliers et des muscadiers. Ses villes principales sont *Gilolo*, *Galela* et *Satanag*, situées sur un petit promontoire de la partie orientale, et qui n'est accessible qu'avec des échelles. Les chefs de ce pays reconnaissent la suzeraineté des Hollandais.

Un canal étroit sépare de la partie septentrionale de Gilolo la belle île de *Mortay*, peu habitée, quoique couverte d'arbres de sagoutiers, que les habitants de Gilolo viennent couper.

Les Moluques propres forment une

chaîne à l'ouest de Gilolo et parallèle à cette île. La plus septentrionale et la plus importante est *Ternate*, quoiqu'elle ait à peine 40 kilom. de tour. Elle consiste principalement en terres élevées et abondantes en sources ; les sommets des montagnes vont se perdre dans les nuages. Il y a un volcan qui éprouva une éruption violente en 1693. Les oiseaux sont d'une rare beauté, principalement le martin-pêcheur, coloré de rouge et de bleu d'azur, appelé par les naturels *déesse*. Malgré sa dépendance des Hollandais, le sultan de Ternate est un prince très-puissant.

L'île de *Tidor* ressemble à la précédente, mais elle est un peu moins grande. *Motir*, dit un ancien écrivain, était jadis l'asile de la volupté. L'île de *Makian* ou *Matchan* renferme un volcan redoutable. *Batchian* est la plus grande des Moluques proprement dites. Elle est gouvernée par un sultan qui possède également Ouby, Céram et Goram ; mais il est plus dépendant des Hollandais que les princes de Motir et de Makian. Sur les côtes comme dans la plupart des îles de cet archipel il y a des rocs de corail d'une beauté et d'une variété infinies. Entre Gilolo et Céram, nous distinguerons l'île d'*Oubi* qui abondait originairement en girofliers ; les Hollandais y ont un petit fort sur la côte occidentale. Les habitants sont en grande partie des esclaves échappés de Ternate. A *Misol*, île voisine de la Nouvelle-Guinée, les villages sont bâtis dans l'eau sur des piliers ; les bois recèlent de charmants oiseaux de paradis.

Les trois îles *Xulla* ou *Xoula*, surnommées *Taliabo*, *Mangola* et *Bessi*, forment un groupe intermédiaire entre les Moluques et les Célèbes. Riches en sagou et bois d'ébène, elles ont des habitants perfides et cruels.

L'île de *Bouro* s'élève tout à coup d'une mer profonde et semble entourée d'une muraille. On l'aperçoit à une distance de 112 kilom. Dans l'intérieur, les Alforèses, sauvages doux et timides, habitent autour d'un lac de figure ronde, qui paraît croître et diminuer à la manière de celui de Cirknitz. Un îlot paraît et disparaît au milieu de ce lac. L'air de l'intérieur de Bouro est très-humide. La mousse y étouffe les arbres et forme comme de petits autels de verdure autour des fontaines. L'île nourrit des buffles,

des cerfs, des babiroussas ; on compte parmi ses arbres un ébénier vert, une espèce de bois de fer et le teck. *Cayeli*, qu'on nomme aussi *Bouro*, est un joli bourg avec une bonne rade.

L'île de *Céram* a 268 kilom. de long sur 52 à 56 de large. Il y a de grandes forêts de sagoutiers qui forment un objet considérable d'exportation. Cette grande île est traversée de l'est à l'ouest par plusieurs chaînes de montagnes parallèles, dont une paraît s'élever au-dessus du niveau de la mer à 2,700 mètres environ. Les oiseaux, entre autres le casoar, fourmillent dans les profondes forêts.

Parmi les habitants de Céram, les indigènes ou les *Alforèses* méritent le plus d'attention. Les hommes ne se couvrent que d'une ceinture roulée autour des reins ; mais sur la tête, les épaules et les genoux, ils attachent des bouquets de feuilles de palmier et de fleurs ; leur bouclier carré est orné avec beaucoup de goût. Pour surprendre les victimes, les jeunes gens se placent en embuscade dans les bois, se couvrent de mousse et prennent dans les mains des branches d'arbres qu'ils agitent d'une manière si naturelle, qu'on croirait voir des arbres véritables ; ils laissent passer l'ennemi, l'assassinent par derrière et s'enfuient rapidement en emportant les têtes coupées. Leur village les reçoit avec tout l'éclat d'un triomphe barbare. Ils ont la vue singulièrement perçante et prennent le porc sauvage à la course. Les rats et les serpents font partie de leur nourriture ; ils ne prennent qu'une femme et ignorent les désordres du libertinage. La plus grande partie de Céram est soumise à un sultan vassal des Hollandais.

Au sud de Céram, la petite mais importante île d'*Amboine* réclame toute notre attention. Elle a 80 kil. de long. Une très-grande baie la divise en deux péninsules et lui donne presque la figure d'un fer à cheval. Des montagnes de moyenne élévation couvrent l'île, principalement dans sa partie orientale ; différents ruisseaux arrosent ses campagnes, animées par de nombreux hameaux et embellies par de précieuses cultures. Le giroflier est la principale plante qu'on y cultive ; on recueille du café en petite quantité. La plupart des endroits marécageux sont employés à la culture du sagoutier, dont on fait du sagou, du vin, du sucre et des cordes. Parmi les meilleurs fruits on doit nommer plusieurs espèces de *litchi*, au nombre desquelles on trouve le ramboutan des Malais, diverses espèces de bananiers, des orangers, des goyaviers, des papayers, le beau laurier *culilaban*, ornement des rivages, et qui donne, par la distillation, une huile aromatique fort recherchée. L'arbre le plus élevé des forêts est le *canarium* commun ; malgré l'ombrage des arbres voisins, l'*eleocarpus monogynus* est couvert, jusque dans ses branches inférieures de belles fleurs élégamment découpées. Dans ces forêts solitaires, dont le soleil perce difficilement l'épais feuillage, on remarque la vivacité des couleurs de plusieurs espèces de plantes parasites, de la famille des orchidées, fixées pour la plupart sur de gros troncs d'arbres. On voit s'élever, des endroits les moins fourrés, l'arbre désigné sous le nom de *cussonia thyrsiflora*, qui orne ces lieux de ses larges feuilles palmées. Parmi les arbres ou arbrisseaux les plus communs, on remarque le henné, dont l'usage est le même qu'en Egypte, en Turquie, en Arabie et dans tout l'Orient ; c'est-à-dire de servir à la toilette particulière des femmes, le *chalcas paniculata*, le *champac*, plusieurs espèces d'uvaires et les jasmins d'Arabie, qui, s'élevant parmi ces arbres charmants, mêlent une odeur suave à leurs parfums délicieux. Les bords des ruissseaux et les lieux marécageux produisent des *jussiœa tenella*, des mangliers, l'acanthe à feuilles entière. C'est du faux aloës que les naturels retirent le fil dont ils ont besoin. Plusieurs jardins sont ornés par le buis de la Chine, qui forme de très-belles allées ; la carmantine panachée et le tournesol bigarré y étalent la beauté de leurs fleurs et de leurs feuillages. Sur la pente des rochers de grès escarpés qui s'élèvent au-dessus des eaux de l'Océan, croît le *pandanus odoratissimus ;* il penche vers la mer ses gros fruits sphériques, qui tombent et en couvrent la surface lorsqu'ils sont parvenus à leur maturité. Pour ajouter encore à la beauté de ces lieux enchanteurs, on y voit briller les fleurs d'un rouge éclatant des *erythrina corallodendra*. La mer est peuplée de coquillages brillants, de poissons bizarres ; ses rivages sont couverts de crabes et d'écrevisses sans nombre.

La ville d'*Amboine*, capitale de l'île, est située à l'extrémité sud-ouest. Les rues régulières, les canaux et les ponts donnent à cette ville le caractère national de la Hollande.

Les indigènes, qui descendent de la même souche que les Malais et les Javanais, ont adopté l'usage de porter des gilets et des culottes. Ils aiment le bain et se frottent le corps d'huiles odorantes. Les femmes se chargent d'un très-grand nombre de bracelets d'or, ornés de cristaux et taillés dans des formes singulièrement variées. A la couleur près, leurs charmes personnels, l'élégance de leurs manières et l'éclat de leurs vêtements flottants rappellent les anciennes Grecques. Leurs danses sont animées par des chants, qui retracent souvent les événements historiques de leur pays.

Parmi les îles voisines de Céram et d'Amboine, nous devons encore distinguer les suivantes : *Noussa-Laout*, dont les habitants étaient jadis anthropophages, et recherchaient surtout les joues et les paumes des mains comme le morceau le plus délicat ; *Honimoa*, avec un fort hollandais, île très-fertile, ainsi qu'*Oma*, riche en sources chaudes ; ces trois îles sont à l'est d'Amboine. On trouve à l'ouest de Céram celles de *Manipa*, de *Kelang* et de *Bonoa*, couvertes de cocotiers, d'ébéniers et de rizières. Bonoa est proprement un groupe de plusieurs îlots autour d'un bon port. A Manipa, la fontaine des serments, *Ayer Sampou*, est censée donner une maladie de peau aux parjures qui oseraient boire de son eau.

Au sud-est de l'île d'Amboine s'élève isolément un petit groupe volcanique qui porte le nom de *Banda*, d'après l'île principale, laquelle s'appelle aussi *Lantor*. On cultive principalement le muscadier dans Nera, Gonong, Ay ou Way, et Lantor ou Lontor. Le muscadier prospère non-seulement dans un terreau noir, mais encore au milieu des laves de Gonong, l'île la plus élevée, son sommet étant de 630 mètres au-dessus de la mer. Quand les Anglais s'emparèrent de ces îles en 1796, le produit annuel était d'environ 82,000 kilog. de muscade, et de 23,000 kilog. de macis. Cette colonie est la seule où les Européens aient exclusivement la propriété des terres. La Compagnie hollandaise trouvant les habitants de Banda trop impatients du joug qu'elle imposait, prit le parti de les exterminer.

Sur l'île de Poulo-Ay il tombe souvent des aérolithes ou pierres de tonnerre. La fréquence de ce phénomène dans les Moluques peut favoriser l'opinion qui cherche dans les volcans l'origine de ces corps.

Après avoir ainsi décrit les îles remarquables de cet intéressant archipel des épices, jetons un regard sur la *mer des Moluques*. Comme toutes les parties de l'Océan voisines de l'équateur, elle est peuplée de zoophytes, semée de récifs de corail, soumise aux vents périodiques et constants ; elle ressemble encore aux autres mers voisines par le grand nombre de volcans qui en hérissent et en bouleversent le bassin. Mais un phénomène particulier à cette mer, c'est l'arrivée périodique d'un courant d'eau blanche comme du lait qu'on appelle la *mer de lait*, et qui vient régulièrement, au mois de juin et aux mois d'août et de septembre, couvrir la surface du bassin où les îles de Banda sont situées. Cette eau se montre d'abord du côté des îles Key et Timor-Laout, se répand ensuite jusqu'aux rivages d'Amboine et de Céram au nord, et jusqu'à ceux de Timor et d'Ombo à l'ouest; plus loin, elle se perd entre Florès et Célèbes. Elle répand la nuit une clarté qui la fait confondre avec l'horizon; elle est dangereuse pour les vaisseaux, car la mer semble bouillonner et éprouver une agitation intérieure partout où elle passe; les poissons disparaissent tant que dure ce phénomène. Cette eau blanche semble venir des rivages de la Nouvelle-Guinée et du golfe de Carpentarie.

VII. — ARCHIPEL DES PHILIPPINES.

Au nord de Bornéo, on aperçoit le grand archipel des *îles Philippines*, découvertes en 1521 par Magellan, qui leur donna le nom d'*Archipel de Saint-Lazare*. Cependant les Portugais paraissent, dès l'an 1511, avoir connu l'île de Luçon. Les Espagnols, qui s'y établirent définitivement en 1560, n'imposèrent proprement qu'à l'archipel septentrional le nom de leur monarque Philippe. La partie centrale est souvent désignée à part sous le nom d'*îles Bissayas*. Les chaînes de montagnes qui traversent ces îles dans tous les sens sont remplies de volcans. Près de l'île Mindoro et de l'île Sangai, le soufre se montre en masses inépuisables.

Le terrain des îles Philippines est non-seulement coupé par d'innombrables torrents et par beaucoup de détroits, comme tous les archipels montagneux, mais il offre encore le phénomène particulier d'un grand nombre de marais, de tourbières, de lacs. On y trouve peu de terres fermes. Dans les sécheresses, ce sol bourbeux et spongieux se gerce de toutes parts. Les tremblements de terre y causent les ravages les plus épouvantables. Les pluies les plus violentes inondent ces îles. Les ouragans y sont fréquents. Ceux que l'on ressent à Manille ne sont rien en comparaison de ceux que l'on éprouve sur la côte de Cagayan.

On éprouve ici à peu près la même variété de saisons que sur les côtes de Coromandel et de Malabar, variété qui vient de la même cause; car la principale chaîne de montagnes court du nord au sud comme les Gattes. Dans la partie de l'ouest, les pluies règnent pendant les mois de juin, juillet, août et une partie de septembre ; c'est le temps des vents d'ouest et d'aval. Ces vents soulèvent les mers; les terres sont submergées, les campagnes changées en lacs. Dans la partie de l'est et du nord, on a alors le beau temps. Mais pendant le mois d'octobre et les suivants, les vents du nord soufflent le long des côtes avec la même furie, accompagnés de la même abondance de pluie; les mêmes débordements s'ensuivent, de sorte que quand le temps est sec dans un canton, on a de la pluie dans l'autre.

C'est cette humidité qui rend les Philippines si fertiles. Les prairies, les campagnes, les montagnes même jouissent presque toute l'année d'une verdure et d'une fraîcheur perpétuelles. Les arbres n'y sont jamais privés de feuilles; les campagnes sont presque toujours émaillées de fleurs, et souvent le même arbre porte, dans le même temps, des fleurs et des fruits. La principale nourriture de ces îles est le riz. Les Espagnols y ont introduit le froment. Le cacao, qui y réussit très-bien, n'y a été porté que vers 1670. La canne à sucre est commune, le tabac est excellent. Mindanao possède le cannellier.

Quant aux *arbres fruitiers*, tous ceux d'Europe n'y donnent que très-peu de fruits. Les orangers et les citronniers abondent, et les fruits en sont excellents.

L'oranger en pleine terre s'élève jusqu'à la hauteur de 10 mètres.

Parmi les végétaux indigènes on distingue le cotonnier, le bambou, le bananier, le manguier, l'ananas, le gingembre, le poivre, le cassier. Il y a de nombreux troupeaux de bœufs. La graisse de porc supplée au beurre, dont on ne fait aucun usage, parce que le soin d'une vache et la peine de la traire sont un travail au-dessus du parresseux Manillois. Les forêts recèlent une grande quantité de cerfs et de daims. L'abondance des poissons est telle qu'il semble que la mer, les lacs, les rivières du globe entier se soient rendus tributaires de ces îles. Mais les caïmans infestent les rivières. Le serpent appelé ours de rizière (*damonpalay*) porte sous ses dents un venin qui tue dans l'instant. Les fourmis blanches dévorent souvent dans une nuit un magasin entier.

La tradition dit que des peuples noirs étaient anciennement les possesseurs de toutes ces îles, et surtout de Luçon. Lorsque les nations voisines y passèrent pour s'en emparer, ces noirs s'enfuirent et se retirèrent dans les montagnes, qu'ils habitent encore. La principale tribu s'appelle *Ygolotes* ou *Ygorottes* ; d'autres sont nommées *Finguianes, Calingas* et *Italones*.

Ces sauvages font le commerce avec les Espagnols, qui jadis leur payaient un tribut. Ils vivent de miel, de racines et de la chair des animaux sauvages. Leur vêtement est fait d'écorces d'arbres ; leurs cabanes placées à l'ombre des palmiers les garantissent à peine de la pluie ; quelques couteaux sont leurs seuls ustensiles.

La population totale des Philippines est de 6,000,000 d'individus, dont 3,000 Espagnols d'Europe ; 4,000 Espagnols natifs ; 2,000 étrangers européens ; 20,140 hommes de troupes ; 14,336 Chinois ; 210,177 métis chinois ; 5,072,790 Indiens ; 248,000 Indiens mahométans dans l'île Mindanao ; 427,000 Indiens sauvages. La colonie se divise en 4 groupes principaux : 1° *Luçon* ; 2° les *Bissayas* ; 3° *Mindanao* ; 4° les *Calamianes* et l'île de *Palaouan* ou *Paragua*.

La race malaise, qui occupe les côtes, se livre à l'agriculture et au commerce. Les principales tribus sont les *Tagals* dans l'île de Luçon, et les *Bissayas* dans les îles centrales. Les divers dialectes que parlent ces nations ont des rapports avec le malais, et peut-être aussi avec le chinois. Les Tagals se croient eux-mêmes une colonie des Malais de Bornéo.

La plus grande des îles Philippines, *Luçon*, en est en même temps la plus septentrionale. Elle est coupée par deux golfes, celui de *Cavite* ou de Manille à l'ouest, celui de *Lampon* à l'est. Une grande partie du terrain que ces deux golfes resserrent est occupée par le grand lac nommé *Bay*, qui se décharge dans le golfe de Cavite. La plus grande rivière est celle de *Tagayo* ou *Cagayan*, qui coule droit au nord. L'île produit de l'or, du cuivre et du fer ; l'or est recueilli en paillettes. On exporte encore divers bois de construction et de mature, des cordages faits avec les filaments d'un palmier, du sucre, du coton, des rotins de la cire, des gommes et des résines. L'île de Luçon, qui compte 3,388,000 habitants, est la seule qui soit presque entièrement soumise à la domination européenne.

Manille, chef-lieu des Philippines, est une ville de 150,000 âmes. Elle est située au fond de la baie de même nom. La petite île du *Corrégidor*, armée de batteries, coupe son entrée en deux parties à peu près égales. Manille est divisée par le fleuve *Passique* en deux villes : la ville militaire, résidence des autorités supérieures, place d'armes de Luçon, séjour des nobles espagnols, remplie d'églises et de couvents et ne comptant que 10,000 habitants ; la ville marchande, ou *Bidondo*, avec 140,000 habitants, est le centre du commerce et des affaires. Le commerce des Philippines, pour l'année 1856, était représenté par une valeur de 9,133,316 piastres fortes à l'importation et de 6,959,254 piastres fortes à l'exportation. Les principales marchandises d'exportation sont le sucre, l'*abaca*, soie végétale, le tabac, le riz, le café, l'indigo, le sibucao ou bois de sapan, les holoturies, et les *medrinaques*, sorte de toile de coton. Les importations et exportations ont donné lieu en 1856 à un mouvement de 503 navires jaugeant 286,064 tonneaux et portant 10,207 hommes d'équipage. *Cavite* est le port de Manille ; on y construit des vaisseaux de guerre. *Nueva-Segovia* et *Nueva-Caceres* sont des villes épiscopales.

Les Tagals de Luçon vivent dans une abondance, une tranquillité et une innocence qui rappellent l'âge d'or. Leur charité mutuelle permet aux paresseux de s'abstenir de toute espèce de travail. Il est assez ordinaire qu'un homme un peu aisé ait chez lui toute sa famille même de branches différentes. Tous vivent en bonne intelligence et mangent au même plat. Des familles aussi nombreuses, y compris même les étrangers, dorment dans une même chambre, sur des nattes étendues à terre. Enfin le bon caractère des Indiens s'étend jusque chez les riches Espagnols. Il n'y a point de maisons opulentes où l'on n'élève deux ou trois *créansas*. On appelle ainsi de pauvres enfants qui sont nourris et vêtus, sans aucune distinction, comme les enfants de la maison.

Les autres îles Philippines offrent peu de traits caractéristiques. La nature et les hommes y sont à peu près les mêmes que dans l'île de Luçon. La dénomination d'*îles Bissayes* s'étend à toutes les îles situées entre Luçon et Mindanao. L'île *Cebu* est très-peuplée et très-fertile en riz; *Guiyan* en est la ville principale. C'est dans la petite île de *Mactan* que périt le célèbre Magellan. L'île *Buglas* est aussi appelée *île des Nègres*, parce qu'il demeure, dans l'intérieur de l'île, une race qui a de la ressemblance avec les nègres.

Samar est une des îles principales; elle est située au sud-est de Luçon. Le sol y est très-fertile et d'une culture aisée, rendant au moins 40 pour un. On en exporte une grande quantité de riz. Les forêts abondent en oiseaux sauvages. Les tourterelles y sont de trois espèces. Les loris y sont fort multipliés, aussi bien que de jolies perruches de la grosseur du linot. Les quadrupèdes n'y sont pas moins nombreux. Les bois sont remplis de singes très-gros, de buffles sauvages et de chevreuils. Les abeilles sauvages suspendent leurs innombrables ruches aux branches des arbres. A côté, les vents balancent le nid de l'oiseau-mouche. L'île *Panay* est riche en gibier, surtout en cerfs, sangliers et porcs sauvages. Rien n'est si facile, dans cette île et dans celles du voisinage, que de s'habiller et de se nourrir, du moins quant aux Indiens. Il y a une espèce de figuier-bananier, dont l'écorce est composée de fibres : elles s'en séparent aisément lorsqu'on les fait pourrir. En les ajoutant les unes aux autres, on en fait une toile très-fine, qui d'abord est peu souple, mais qui le devient lors-

qu'elle est apprêtée avec de la chaux. Ce fil se nomme *abaca*.

Les îles de *Mindoro* et de *Palawan* ou *Paragoa* ont entre elles le groupe des *îles Calamianes* ou îles aux cannes, appartenant aux Espagnols; la chaîne que forment ces îles se détache au sud-ouest de l'île de Luçon; elle est très-élevée et assez étroite. Les productions sont du riz, du bois d'ébène, des cannes, de la cire, plusieurs gommes, des perles, une infinité de poissons de mer et de tortues. Une partie des habitants vit constamment sur la mer.

La seconde des îles Philippines, pour la grandeur et l'importance, est *Mindanao*, la plus méridionale. Le nom de Mindanao ou Magindanao signifie, en langue du pays, peuples unis de la lagune. Mindanao peut avoir environ 1,200 kilom. de tour; mais il y a peu de terrain propre à la culture. Partout ce ne sont que golfes et presqu'îles. A chaque pas on trouve un ruisseau ou une fontaine. On y connaît plus de vingt rivières navigables. Ces rivières abondent en poissons. Les principales plantes nutritives sont le riz, les patates, le sagou. La cannelle est aussi fort commune, mais moins estimée que celle de Ceylan. La vigne n'y vient qu'en treille, et ne souffre aucune autre espèce de culture. On y trouve des mines d'or. Le talc abonde. Les Espagnols exportent des pierres meulières. On trouve, surtout près de Mindanao, quantité de grottes et de cavernes qui servent de retraites aux chauve-souris. L'espèce en est plus grosse qu'une poule. On les voit, vers le coucher du soleil, sortir par milliers de leurs cavernes, où elles déposent leur excréments, qui fournissent une grande quantité de salpêtre.

L'île a ses propres rois et princes ou *sultans* et *rayahs*. Ces peuples possèdent, dans leurs marais et leurs forêts, une barrière insurmontable contre les entreprises des Espagnols. On distingue, d'après les dialectes, trois tribus, les *Luta*, les *Subani* et les *Nègres* proprement dits. Les habitants des bords de la mer ont beaucoup de ressemblance avec les Bornéens, les Macassars et les habitants des Moluques. Quoique ayant une langue propre, ils parlent également le malais. Ils sont tous mahométans, et dans leurs écoles un iman apprend à lire et à écrire aux enfants. Le sultan de Mindanao est le prince le plus puissant de l'île ; mais il y a beaucoup de petits sultans indépendants. Les Mindanois exercent volontiers la piraterie. Leurs bâtiments portent du petit canon et 70 à 80 hommes d'équipage.

Les Espagnols n'ont dans cette île que quelques districts formant 3 provinces.

Le groupe de *Soulou* est formé d'environ 60 îles, dont Soulou est la principale. Quoique petite, c'est l'une des plus intéressantes de cette partie du monde. Elle est située au sud-ouest de Mindanao ; elle a de beaux fruits, des éléphants et de petits cerfs. La mer voisine rejette beaucoup d'ambre gris. Avant l'arrivée des Espagnols, les naturels en faisaient des torches pour s'éclairer dans les pêches de nuit. La mer apporte cette substance sur les côtes de Soulou vers la fin des moussons ou vents périodiques d'ouest. L'île de Soulou s'enrichit encore par la pêche des perles : elle se fait à la fin des moussons d'ouest. Il règne alors pendant quelque temps un calme parfait ; la mer est si tranquille, que la vue y perce à une profondeur de 10 à 20 mètres. Les naturels de Soulou sont d'excellents plongeurs. Les perles de Soulou se ternissent en peu d'années. La ville principale est *Bewan*, au nord-ouest de l'île ; elle a 7,000 habitants.

Avant de terminer l'article des Philippines, disons quelques mots sur les combats de coqs à Manille et sur le singulier mode d'incubation des canards dans l'île de Luçon.

C'est surtout dans leur amour effréné pour les jeux de hasard et les paris que les Tagals découvrent une violence de passions dont leur figure grave aurait pu faire douter. Voyez ce Tagal, portant sous le bras un superbe coq qui ne le quitte jamais et reçoit constamment ses caresses ; il le préfère certainement à sa femme et même à ses enfants ; mais aussi c'est de la force du courageux animal qu'il attend le gain de ses nombreux paris et une abondance momentanée. Les combats de coqs sont pour les habitants de Manille ce que les courses de taureaux sont pour les Espagnols, une distraction qu'ils aiment avec fureur. Les deux gouvernements les ont également soumis à leur autorisation, non pour rendre plus rares ces spectacles qui entretiennent chez le peuple le goût du sang, mais pour les soumettre à de forts droits et faire servir cette passion populaire à l'augmentation de leurs revenus.

Il y a dans la ville, les faubourgs, et même les provinces, des endroits désignés par l'autorité pour les combats de coqs ; c'est là que ces intrépides animaux viennent défendre, au prix de leur sang et souvent de leur vie, les intérêts de leurs maîtres. Avant le combat, les arbitres, tirés de la foule des spectateurs qui entourent une petite arène couverte de sable fin, décident, après bien des discussions, si les combattants sont égaux en force et surtout en pesanteur. La question résolue, de petites lames d'acier, longues, étroites, et d'une excellente trempe, arment la patte gauche de chacun des gladiateurs, que les caresses et les exhortations intéressées de leurs propriétaires excitent au combat. Pendant ce temps, les paris ont lieu, l'argent est prudemment opposé à l'argent ; enfin le signal est donné, les deux coqs se précipitent à la rencontre l'un de l'autre, leurs yeux brillent, les plumes de leur tête sont hérissées et éprouvent un frémissement que partage une belle crête écarlate ; c'est alors que l'animal le mieux dressé oppose l'adresse à la force et au courage aveugle de son ennemi ; ils dédaignent les coups de bec, ils savent combien est dangereux l'acier dont leurs pattes sont armées ; aussi les portent-ils toujours en avant, en s'élançant au-dessus du sol. Rarement le combat dure longtemps ; un des champions tombe, le corps ouvert ordinairement par une large blessure ; il expire sur le sable et devient la proie du maître de son vainqueur ; celui-ci, le plus souvent blessé lui-même, ne chante pas sa victoire ; emporté loin de l'arène, il est comblé de soins, et reparaît au combat quelques jours après, plus fier encore qu'auparavant, jusqu'à ce que le fatal coup d'éperon d'un heureux rival vienne terminer sa vie glorieuse et ruiner les espérances de son maître. Si parfois les combattants tiennent la victoire en suspens et s'arrêtent pour reprendre haleine, le vin chaud aromatisé leur est prodigué ; alors avec quelle avide et inquiète curiosité chaque parti compte leurs blessures. Après quelques courts instants de repos, le combat recommence avec une nouvelle fureur, et ne finit que par la mort d'un des champions. Comme la pesanteur du combattant peut fort bien ne pas être, malgré l'usage qui l'a décidé, en juste rapport avec son courage, il arrive quelquefois que, craignant la mort ou reconnaissant la supériorité de son adversaire, il abandonne le champ de bataille, après quelques efforts. Si, ramené deux fois au combat, les cris, les encouragements de son maître ne peuvent ranimer son courage, les paris sont perdus, et le coq, déshonoré, va le plus souvent expier sa lâcheté sous l'ignominieux couteau de cuisine d'une maîtresse doublement irritée.

Voici maintenant la manière dont les habitants de Luçon couvent les œufs de canards; c'est un voyageur qui parle :

«Près du rivage, de nombreuses bandes de canards sillonnaient le courant dans tous les sens; la quantité de ces oiseaux domestiques, paraissant tous de la même force et de la même grosseur, excita ma curiosité : elle fut bientôt satisfaite, et j'appris, à mon grand étonnement, que tous ces canards provenaient d'œufs couvés par des hommes qui, pour un modique salaire, ont la patience, ou pour mieux dire la paresse, de rester couchés constamment sur les futurs canetons, arrimés les uns après les autres dans de la cendre, de manière à former une surface plane, garantie par quelques légères traverses recouvertes d'une épaisse couverture en laine ou en coton. Tout l'appareil est contenu dans une espèce de grabat très-peu élevé au-dessus du sol de la case bien fermée où il est placé; et telle est la grande habitude de ces *couveurs* de nouveau genre, qu'ils savent reconnaître parfaitement le moment où les œufs sont près d'éclore; ils les brisent avec beaucoup d'adresse, et les nouveau-nés de courir à la rivière, pour rentrer chaque soir, à la suite d'un guide plus expérimenté, dans les cages flottantes dont le petit pont-levis, abattu chaque matin sur le rivage, est relevé le soir quand le troupeau est rentré. C'est dans les villages sur le bord du lac, et surtout dans celui de *los Banos*, que ce singulier procédé est employé; de même que celui des fours, usité chez les Chinois, il est né de la nécessité et de l'économie. En effet, les femelles de canards, fussent-elles à Luçon en nombre deux fois plus grand, ne pourraient jamais suffire à l'énorme consommation que les habitants font de leur progéniture, pour laquelle, à l'exclusion des poules, ils ont un goût national. »

En 1858, les Espagnols ont occupé l'île de *Balabac*, la partie méridionale de l'île *Palaouars* ou *Paragua* et augmenté leurs forces de terre et de mer dans le sud de Mindanao, mesures qui influeront d'une manière efficace sur la réduction complète des Philippines. Le gouvernement local a puissamment contribué à extirper la piraterie des mers environnantes. Un service bi-mensuel entre Hong-Kong et Manille a été organisé par une compagnie anglaise. Les communications entre les îles se font au moyen de cinq vapeurs de guerre et de la marine marchande des Philippines, composée de 35 navires de plus de 200 tonneaux chacun; de 100 navires de 80 à 200 tonneaux; de 4,235 bâtiments de moins de 20 tonneaux, et de 100,000 barques ou canots qui parcourent les fleuves, les rivières et les détroits de l'archipel. Les voies de communication terrestres ont reçu des développements considérables.

En résumé, la Hollande a la plus grande partie de la Malaisie, à l'ouest de la Nouvelle-Guinée; l'Angleterre y possède l'île de Labouan, les îles des Cocos ou *Keeling*, et exerce une influence sur le royaume de Sarouak, dans le groupe de Bornéo; l'Espagne, a, dans la Malaisie, la plus grande partie des Philippines.

CHAPITRE TROISIÈME.

Mélanésie.

Le nom de *Mélanésie* (îles noires) a été donné à la partie occidentale de l'Océanie habitée par des indigènes de race noire. Elle comprend l'*Australie propre,* dite aussi *continent austral* ou *Nouvelle-Hollande,* le groupe de la *Papouasie,* les archipels de la *Louisiade,* de la *Nouvelle-Bretagne,* de *Salomon,* de *Lapérouse,* de *Quiros*; les groupes de la *Nouvelle-Calédonie,* de *Norfolk,* et de la *Tasmanie* ou *Diémenie.*

I.—AUSTRALIE OU NOUVELLE-HOLLANDE.

L'Australie est la plus grande île de l'Océanie ; elle s'étend de 11° à 39° lat. sud, et de 111° à 152° long. est. Elle est séparée de la Papouasie au nord par le détroit de *Torrès,* de la Tasmanie au sud par le détroit de *Bass,* de la Nouvelle-Calédonie à l'est par un canal de 1,300 kilom. ; elle est baignée à l'ouest par l'océan Indien. La surface de l'Australie a 4,500 kilom. de l'ouest à l'est, et 2,500 du nord au sud ; son étendue peut être évaluée aux quatre cinquièmes de celle de l'Europe. Cette contrée est devenue aujourd'hui dans toutes ses parties une possession anglaise. L'intérieur est encore inconnu, mais les côtes ont été explorées ; elles sont découpées d'un grand nombre de baies et de havres, bordés de récifs de coraux et d'îlots pour la plupart arides. La côte orientale, désignée sous le nom de *Nouvelle-Galles méridionale,* est la plus fréquentée ; on y trouve *Botany-Bay,* le port *Jackson* ou *Sydney,* la baie *Jervis,* le port *Macquarie,* etc. La côte méridionale a été divisée en *Terres de Nuyts,* de *Flinders,* de *Freycinet* et de *Grant* ; on y voit la grande baie du *Roi-Georges,* le port *Philippe,* celui de *Western,* dans l'île des *Kangourous.* Sur la côte occidentale on remarque les terres de *Lewin, Edels, Endracht* ; les ports y sont plus rares ; on y trouve cependant la baie du *Géographe* et celle des *Chiens-Marins.* Au nord s'é-tend l'immense golfe de *Carpentarie,* qui baigne les terres de *Witt* et d'*Arnheim.* C'est sur la côte orientale que se trouvent les plus grandes rivières, l'*Hawkesbury,* le *Macquarie* et le *Lachlan.*

Les colonies anglaises de l'Australie sont divisées en cinq parties : 1° la *Nouvelle Galles méridionale*; 2° la *province de Victoria,* comprenant la belle région qu'on avait d'abord appelée Australie heureuse ; 3° l'*Australie du sud*; 4° l'*Australie de l'ouest*; 5° l'*Australie du nord.*

La *Nouvelle-Galles méridionale* ou la côte orientale de la Nouvelle-Hollande commence par le *cap York,* à 10 degrés et demi latitude sud, et se termine par la *pointe Hick,* à 38 degrés environ également sud ; ainsi cette côte est longue de 2,700 kilomètres.

Une chaîne de montagnes court parallèlement à cette côte, mais dans un éloignement de 80 à 120 kilomètres dans l'intérieur. La côte elle-même est élevée, mais non pas montagneuse, et est en partie ombragée par de grands arbres. Vers le sud-est des taillis couvrent une grande étendue de côtes, où il y a aussi beaucoup de marécages. Aux environs de Botany-Bay le sol est noir, gras et très-fertile en plantes ; c'est de là que vient le nom qui a été donné à cette contrée. La partie nord-est paraît plus basse. La côte, couverte de mangliers et de palétuviers, est bordée par une immense chaîne de récifs, de rochers et d'îlots ; mais partout une chaîne de montagnes dirigées du sud au nord termine l'horizon, et quoiqu'elle ne s'élève pas à la ligne des neiges perpétuelles, ses terrasses multipliées sont semblables aux Alleghanys et à l'Atlas. Aux environs de Port-Jackson, les premières terrasses commencent à 10 et 20 milles anglais.

Ces montagnes, qu'on a nommées *Bleues,* paraissent renfermer toutes sortes de roches primitives et secondaires. Dans les promontoires on voit souvent des colonnes de basalte. Dans l'île Howe, elles s'élèvent à une telle hauteur. qu'on les aperçoit à la distance de 48 kilom. On trouve dans ces montagnes de l'alun, de la houille, beaucoup de fer et de très-riches gisements d'or découverts en 1851.

Par une conséquence de sa position au midi de l'équateur, l'Australie a des saisons qui répondent à celles de la partie méridionale de l'Afrique et de l'Amérique ; elles sont l'inverse de celles d'Europe. L'été correspond à notre hiver, et le printemps à notre automne. La température de l'air, très-chaude au mois de décembre, fait monter le thermomètre centigrade à 46 degrés ; on a vu les forêts et les herbes prendre feu ; le vent de nord-est. semblable au *chamsyn* de l'Egypte, brûle la terre et la ré luit en poudre ; souvent une pluie violente qui tombe sur les montagnes, enfle subitement les rivières, dont les eaux, aussi prodigieusement accrues que rapidement écoulées, déposent un limon fertile. Quelquefois des grêlons d'une dimension énorme dévastent toutes les cultures. Malgré ces inconvénients, le climat est très-salubre et très-favorable à la multiplication de l'espèce humaine.

L'Australie, surtout dans sa partie méridionale, récolte de très-beaux blés. La culture de la vigne a pris un grand accroissement et l'Australie méridionale exporte du vin. Les principaux districts où sont situés les vignobles sont *Brighton*, *Burnside*, *Echunga*, *Noorlunga*, *Onkoparinga*, *Para-Nirra*, *Wert-Torrens*, le mont *Crawfort*, etc. Dans la Nouvelle-Galles on cite les vins de *Camden* et d'*Irrawang*. La prune de Reine-Claude, la poire, la pêche, y acquièrent un goût exquis ; il y a quantité d'oranges et d'ananas. Parmi les végétaux indigènes comestibles on distingue les racines d'arum, le palmier sagoutier, le chou palmiste, une espèce de pisang sauvage et le gigantesque baobab, dont le fruit est à la fois nourrissant et rafraîchissant. On cultive avec succès le coton. L'*eucalyptus peperita* donne une huile très-efficace contre les coliques. Dans les forêts dominent certaines familles, telles que les *Protéacées*, les *pacridées*, les *Myrtacées* au feuillage raide, étroit et foncé, quoique toujours vert. Un caractère botanique qui donne aux forêts australiennes un cachet spécial, c'est que les feuilles des *eucalyptus* et des *acacias* sont situées verticalement,

c'est-à-dire présentent également les deux faces à la lumière. L'*eucalyptus globatus* s'élève jusqu'à 50 mètres et mesure, près de sa base, une circonférence de 10 à 12 mètres. Les graminées, qui partout ailleurs sont des plantes tendres et flexibles, participent ici de la rigidité des autres végétaux, et les feuilles d'une *festuca* ressemblent à des aiguilles.

Parmi les quadrupèdes de l'Australie, le plus grand est le kangourou, qui a quelquefois 1 mètre 70 centim. de long, et qui tue un chien de chasse d'un coup de sa queue. On y trouve encore le *kangourou-rat* ou le *potorou*, qui n'est pas plus grand que l'animal dont le nom sert à le désigner. Quelques kangourous sont d'une forme élégante. Le *wombat*, espèce d'opossum ou didelphe, a quelque chose de l'ours. Le phascatomys ou souris à bourse et l'écureuil volant sont des exemples de la tendance de toutes les races animales de ce pays à se rapprocher du genre des didelphes, par cette espèce de bourse que forme la peau de leur bas-ventre. Le *tachyclossus* a la figure du hérisson d'Afrique et la manière de vivre de l'ours fourmilier d'Amérique. Les chiens naturels sont de l'espèce du chacal ; ils n'aboient jamais ; quelques-uns sont très-beaux.

On remarque le singulier animal appelé *ornithorinque* dans la conformation duquel la nature semble s'être plu à s'écarter de ses lois ordinaires, la mâchoire d'un quadrupède se trouvant allongée comme le bec d'un canard, et ses pieds réunissant des nageoires à des griffes. La femelle pond des œufs et allaite ses petits quand il sont éclos. Cet animal habite dans les lacs d'eau douce.

Les oiseaux sont ici très-abondants en espèces et en individus. Parmi ceux qui ressemblent à des oiseaux asiatiques, on compte l'aigle brun, plusieurs faucons, un grand nombre de beaux perroquets, des corbeaux, des corneilles, et une grande espèce de martin-pêcheur : on voit aussi des outardes, des perdrix et des pigeons. Mais la Nouvelle-Galles méridionale possède des oiseaux qui lui sont propres. Le plus grand est une espèce de casoar qui a quelquefois 2 m. de longueur ; sa chair a le goût de celle du bœuf. Cet oiseau tient le milieu entre le casoar des Moluques et le toucan d'Amérique. Autant le casoar se distingue par sa grandeur, autant le ménure éclate par sa beauté. Cet oiseau, assez rapproché du faisan et du paon, porte une queue en forme de lyre, toute brillante de teintes d'orange et d'argent. Parmi les oiseaux aquatiques on trouve le héron, une sorte d'ibis ou courlis et des pélicans gigantesques. Il y a aussi des canards et des oies d'une espèce particulière. Le cygne noir est une production rare de ce continent : il est supérieur au blanc pour la grandeur ; le bec est d'un riche écarlate, avec une petite tache jaune au bout ; tout le plumage est d'un très-beau noir, hors les plumes primaires et secondaires qui sont blanches ; les yeux sont noirs et les pieds d'un brun obscur : on le trouve dans la rivière de Hawkesbury et autres eaux fraîches, près de Brokenbay ; il a tous les mouvements gracieux de l'espèce blanche. Les laines australiennes sont les plus estimées du monde; la quantité exportée dans la Grande-Bretagne en 1858, a été de 22,997,000 kilog. Les bœufs et les chevaux ont réussi comme les moutons.

Les tortues vertes abondent dans les îles de Norfolk et de How; elles se montrent aussi sur les côtes de la Nouvelle-Hollande. Il y a plusieurs lézards et serpents. Le *crabe bleu* est d'une rare beauté. Les papillons brillent des plus belles couleurs. Parmi les cétacés on remarque des dauphins et des marsouins. On trouve aussi une espèce singulière de poissons qui, laissés par le reflux sur la grève, y sautent comme des grenouilles, à l'aide de fortes nageoires. Ainsi dans ces régions étranges les caprices de la nature ont non-seulement confondu les oiseaux avec les quadrupèdes, mais ils ont en quelque sorte permis aux poissons d'envahir la terre.

L'Australie est le pays des merveilles et des contrastes. L'été s'y trouve quand on a l'hiver en Europe ; le baromètre s'y élève à l'approche des orages et descend pour annoncer le beau temps; le vent du nord apporte la chaleur, et le vent du sud le froid. La plus chétive cabane est construite en cèdre (*cedrela toona*); les barrières des champs sont en acajou (*eucalyptus robusta*); le myrte sert de combustible. Les cygnes sont noirs et les aigles sont blancs; il y a un animal intermédiaire entre l'écureuil et le daim sautant avec sa queue (le *kangourou*); une taupe qui pond des œufs et a un bec de canard (l'*ornithorinque*); un oiseau (*melliphaga*) chez qui la langue est remplacée par un pinceau de poils; un poisson appartenant moitié au genre raie et moitié au genre *squale*; des poires (*xylomalum pyriforme*) qui ne sont que du bois, et dont la queue s'attache au gros bout du fruit ; des cerises (*exocarpus cupressiformis*) qui ont le noyau à l'extérieur, etc.

Malgré la prospérité des colonies anglaises de la Nouvelle-Hollande, les indigènes continuent à demeurer dans le plus complet abrutissement. On ne trouve nulle part des coutumes plus incroyables, des superstitions plus grossières. Là, les *mulgarradocks*, à la fois jongleurs, médecins, prêtres et sorciers, sont regardés comme possédant le pouvoir d'écarter le vent ou la pluie, et de faire tomber la foudre ou les maladies sur l'objet de leur haine. La main du mulgarradock passe pour avoir la faculté de conférer la force ou la dextérité. Quand il veut éloigner un orage, il se tient debout, en plein air, agitant les bras, secouant ses vêtements, et faisant des gestes rapides. Les naturels de la côte n'ont guère d'autres ressources que le poisson; leur principale occupation est de le prendre : les hommes emploient le harpon, les femmes la ligne et l'hameçon. C'est pour cela que celles-ci sont assujetties à une opération non moins bizarre que cruelle. Quand elles sont encore très-jeunes, on leur coupe les deux phalanges du petit doigt de la main gauche, sous prétexte que ces phalanges les gêneraient pour rouler leur ligne de pêche autour de la main. Les naturels qui vivent dans les bois sont forcés à des exercices très-durs pour se procurer des aliments; ils grimpent sur les arbres pour surprendre des oiseaux, et prennent les animaux au piége. Ils font une pâte avec de la racine de fougère et des fourmis écrasées ensemble, et dans la saison y ajoutent des œufs de ces insectes. Ils dévorent tout ce qui leur tombe sous la main, et même les vers, les chenilles et la vermine. Hommes et femmes se frottent la peau d'huile de poisson, qui les garantit de l'atteinte des moustiques, mais leur communique en même temps une puanteur insupportable. Souvent ils se barbouillent de terre rouge ou blanche, et se garnissent les cheveux d'os de poisson ou d'oiseaux, de plumes, de morceaux de bois, de dents de kangarou. On voit de ces sauvages qui ont tout à fait l'apparence de prêtres. Tout barbouillés de noir, ils tracent un large cercle blanc autour de chaque œil, et des lignes de la même couleur sur les bras, les cuisses et les jambes; quelquefois même ils se font des plaies profondes avec des coquilles, et plus tard ces plaies en se cicatrisant figurent sur leur corps des échelons, des coutures qui sont considérées comme des ornements très-distingués.

A l'âge de douze ou quinze ans, les garçons subissent l'opération qu'ils appellent *gna-goung* : on leur perce la cloison du nez pour recevoir un morceau d'os ou de roseau, ce qui est à leurs yeux un ornement. C'est aussi au même âge qu'ils sont admis au rang d'hommes, en se soumettant à la perte d'une des dents de devant. Voici comment a été décrite cette opération par un témoin occulaire : Les sauvages d'une tribu voisine de Sydney, armés de casse-têtes, de boucliers, de lances, et ornés de leurs plus beaux atours, se réunirent en grand nombre dans un enclos formant un ovale d'environ 10 mètres. Dans cet enclos, qu'ils appellent *You-Lang*, quinze enfants se trouvaient rangés l'un à côté de l'autre. L'opération fut précédée de diverses cérémonies. D'abord les hommes armés s'avancèrent en chantant, ou plutôt en poussant un cri propre à la circonstance et ajustant leurs boucliers et leurs lances, tandis que de leurs pieds ils faisaient jaillir la poussière de manière à en couvrir ceux qui les environnaient. Au moment où ils arrivèrent près des enfants, un des hommes armés, se détachant de la troupe, s'avança de quelques pas, et, saisissant un garçon, l'emmena comme de force vers ses collègues, qui, poussant un cri, se mirent en devoir de protéger l'enfant. C'est de la même manière que chacun des quinze garçons présents fut tour à tour saisi et porté à l'autre extrémité du You-Lang, où ils restèrent assis, les jambes croisées sous leur corps, la tête baissée et les mains jointes. Quelque pénible que fût cette position, on assura que de toute la nuit ils ne devaient point en bouger ni lever les yeux en l'air, et que jusqu'à la fin de la cérémonie on ne leur donnait aucune nourriture.

Les Kerredais exécutèrent ensuite quelques-uns de leurs rites mystérieux. Tout à coup l'un d'eux tomba par terre, s'y roula en prenant toutes sortes d'attitudes forcées, comme s'il eût été tourmenté par des douleurs inouïes, et parut à la fin délivré d'un os qui devait servir pour la cérémonie suivante. Durant tout ce temps il était entouré d'une foule de naturels qui dansaient autour de lui en chantant à grands cris, tandis que quelques-uns le frappaient sur le dos jusqu'à ce qu'il eût produit l'os merveilleux; puis il était délivré de toute souffrance. Celui-ci ne se fut pas plutôt relevé, épuisé de fatigue et baigné de sueur, qu'un autre à son tour recommença la même cérémonie, qui se termina également par l'exhibition d'un os dont il s'était prudemment pourvu d'avance. Cette farce grossière a pour but de convaincre les jeunes gens que l'opération qu'ils ont à subir ne leur causera qu'une faible douleur, car plus les Kerredais auront souffert, moins ils auront eux-mêmes de mal à éprouver.

Le moment de l'opération était venu, les sauvages allaient faire sauter les dents des enfants. Le premier qu'ils prirent fut assis sur les épaules d'un autre naturel qui resta assis sur le gazon. On représenta d'abord l'os que l'on prétendait avoir extrait de l'estomac d'un des naturels, la veille au soir. On avait eu soin de l'aiguiser par le bout afin de couper la gencive, car, sans cette précaution, il leur serait impossible de faire sauter la dent sans briser la mâchoire entière. On s'occupa ensuite de couper un womera (espèce de dard), à 25 ou 30 centimètres du bout, et pour cela il faut de grandes cérémonies. Le bâton est posé sur un arbre, et l'on essaie trois fois avant de frapper dessus. Le bois étant très-dur et l'instrument coupant très-mal, il fallut plusieurs coups pour en venir à bout; cependant on fit constamment trois feintes avant que chaque coup fût donné. Quand la gencive fut convenablement préparée avec l'os aigu, le petit bout du bâton fut posé sur sa dent aussi haut que le permit la gencive, tandis que l'opérateur se prépara à abattre la dent avec une grosse pierre qu'il avait à la main. Cette première opération dura dix minutes entières, car, malheureusement pour le pauvre enfant, la dent tenait fort dans la gencive. Enfin, elle sauta, et le patient fut emmené à une petite distance, où sa gencive fut raffermie par des amis, et il fut bientôt revêtu, grâce à leurs soins, du costume qu'il devait garder pendant quelques jours. On lui passa autour du corps une ceinture où tenait une épée de bois; sa tête fut entourée d'un bandeau surmonté de bandelettes de xanthorrhæa qui, par la blancheur de leur couleur, produisaient un effet curieux et qui n'était point désagréable. Le patient avait la main gauche posée sur la bouche, qui devait rester fermée : il lui était défendu de parler et de manger de tout le jour. Tous les enfants furent traités de la même manière, excepté un seul joli petit garçon de huit à neuf ans, qui, après s'être laissé couper la gencive, ne voulut pas supporter plus d'un coup de la pierre, et, se sauvant d'entre les mains des opérateurs, réussit à s'échapper. Durant toute l'opération, les spectateurs firent aux oreilles des patients un bruit épouvantable, en criant de toutes leurs forces et sans relâche, afin de distraire leur attention et d'étouffer toutes leurs plaintes; mais ceux-ci se faisaient un point d'honneur de supporter la douleur sans pousser un soupir.

Du reste, il n'est pas inutile de faire remarquer qu'on n'essuya point le sang qui sortait de la gencive déchirée; mais on le laissa couler le long de la poitrine de chaque enfant, et tomber sur la tête du naturel sur lequel il était assis, et dont le nom fut ensuite ajouté au sien. Ce sang desséché resta sur la tête des hommes et la poitrine des enfants durant quelques jours. Les garçons furent ensuite désignés par le titre *kebarra*, nom qui par son étymologie a rapport à l'un des instruments employés dans cette cérémonie, car *kebah*, dans leur langue, signifie une pierre ou un rocher. Après l'opération, les garçons sont placés autour d'un tronc d'arbre, et on applique contre la gencive de ceux qui ont beaucoup souffert un poisson grillé, afin de calmer la douleur. Tout à coup, à un signal donné, les patients se levèrent et se précipitèrent vers la ville, chassant devant eux les hommes, les femmes et les enfants, qui se hâtèrent de s'écarter de leur chemin. A dater de ce moment, ils étaient admis au rang d'hommes; ils avaient le droit de se servir de la lance et du casse-tête, du womera, et de figurer dans les combats; ils pouvaient aussi enlever les filles qui leur plaisaient pour en faire leurs fem-

mes. S'étant soumis à l'opération, et ayant perdu une dent de devant, ils avaient acquis un titre qu'ils étaient en droit d'exercer dès que leur âge et leur force leur permettraient de le faire. Quelques médecins qui ont vu quelques-unes de ces dents arrachées par ces sauvages, au moyen d'une pierre et d'un morceau de bois, ont déclaré qu'elles n'auraient pas été mieux arrachées par un dentiste pourvu des instruments nécessaires.

Nous ne pouvons donner ici le récit d'une foule d'événements bizarres dont nous avons été témoin, événements produits par le sentiment de la vengeance et par les idées d'honneur que les sauvages se sont formées; ni des cérémonies usitées lorsque les femmes sont prises du mal d'enfant, ni celles qui accompagnent les jugements publics ou les funérailles : ces détails nous mèneraient trop loin. Nous nous contenterons de dire la manière dont se contractent les mariages. Dans la plus grande partie de la Nouvelle-Hollande, rien n'égale la conduite brutale des indigènes envers le sexe le plus faible. Pour obtenir la main d'une femme, ils épient sa retraite, et, la jetant à terre par des coups multipliés de bâton ou d'une épée de bois, ils la conduisent, baignée de sang, à leur maison, où la cérémonie nuptiale s'achève.

L'Angleterre avait depuis longtemps l'habitude de se défaire des mauvais citoyens d'une manière à la fois philanthropique et politique; on les envoyait cultiver et peupler quelques terres lointaines. C'est ainsi que se sont peuplés les bords du Potowmak et de la Delaware. Après la guerre d'Amérique, on ne savait dans quelle contrée envoyer les criminels condamnés à l'exil par les lois. La Nouvelle-Galles méridionale obtint la préférence. Le premier vaisseau chargé de colons y arriva le 20 janvier 1788. Botany Bay n'ayant pas répondu aux espérances qu'on s'en était formées, le gouverneur Philips résolut de transférer la colonie dans un autre port excellent, à 12 milles plus haut vers le nord, appelé le *Port Jackson*, et qui est un des plus beaux du monde; il s'étend environ 12 milles en longueur, avec de nombreuses criques ou baies. *Broken-Bay* est une autre baie plus vaste, où la rivière *Hawkesbury* et d'autres ont leurs embouchures, tandis que le port Jackson ne reçoit que deux ou trois petites rivières. La Nouvelle-Galles a depuis refusé d'admettre des déportés et maintenant l'Australie de l'ouest est la seule région où on les envoie.

La topographie de la Nouvelle-Galles méridionale n'offre qu'une stérile nomenclature. Le *Cap York*, qui en est l'extrémité septentrionale, se projette sur le détroit de l'*Endeavour*, qui n'est qu'une partie du détroit des *Terres*. Ce passage large, mais obstrué de rescifs et d'îlots, sépare la Nouvelle-Galles de la Nouvelle-Guinée, et fait communiquer le grand Océan avec la mer des Moluques. La côte, environnée d'un amas de rescifs, court d'abord sud-est jusqu'au *Cap Flattery*; ensuite tournant au sud, elle nous présente la petite rivière d'*Endeavour*, où le capitaine Cook vit des caïmans et des huîtres d'une grandeur énorme. Les sauvages cuisaient leur pain dans des fourneaux creusés dans la terre, comme à Taïti. Leurs canots ressemblent à ceux des Phéniciens. Le *Cap Tribulation* faillit être funeste à ce navigateur infatigable. L'*île Magnétique*, près de la *baie Halifax*, semble exercer une grande influence sur l'aiguille qui dirige la course des vaisseaux. Ici, la côte tourne de nouveau au sud-est, jusqu'à la grande *baie des Passages*, où de nombreuses coupures semblent indiquer soit des détroits, soit des rivières. La direction orientale de la côte finit à la *baie d'Hervey* que termine le long *Cap de Sable*. Autour de cette baie, les cabanes des sauvages sont bâties avec quelque solidité et couvertes de l'écorce de l'arbre à thé. En allant presque droit au sud, on trouve la *rivière des Pierres-Ponces*. Plusieurs larges rivières se déchargent dans la *baie des Verreries*, où l'on trouve aussi des pierres ponces. Aux environs du *Port Stephans*, il y a de grandes veines de charbon de terre.

Au midi de la chaîne anglaise, la côte se dirige au sud jusqu'au *Cap Howe*; là, elle prend une direction sud-ouest, et, en présentant des plaines étendues, va se terminer au *Promontoire de Wilson*, pointe méridionale de tout le continent.

La *Nouvelle-Galles méridionale* compte environ 320,000 habitants. Sa capitale *Sydney* est une ville de 80,000 âmes. Elle possède tous les établissements de crédit, toutes les institutions philanthropiques,

scientifiques et littéraires d'une capitale beaucoup plus considérable. Un chemin de fer l'unit à *Paramatta*, qui à son tour est relié à *Liverpool* par une autre voie ferrée. — Détachée de cette province, celle de *Victoria* s'étend sur la côte sud depuis le cap *Howe* jusque vers le cap *Northumberland*. Elle est séparée de la Nouvelle-Galles par le cours du *Murray* et par une ligne idéale qui, partant du cap Howe, va rejoindre la source de ce fleuve. Une chaîne de montagnes, qui forme la prolongation de celle de la Nouvelle-Galles, traverse toute son étendue à peu près parallèlement à la côte. La découverte que l'on fit en 1851, dans les Alpes australiennes, au mont *Baalarat* et au mont *Alexander*, de riches mines d'or a porté de ce côté des flots d'émigrants ; de là, quantité de villes, de villages, l'exploitation du sol par l'agriculture, la multiplication des troupeaux, etc. La province de Victoria compte 500,000 habitants. Le chef-lieu est *Melbourne*, sur le beau port *Philippe*, ville qui a tout le luxe et l'animation des grandes cités d'Europe. Elle renferme plus de 100,000 âmes; quelques-uns de ses édifices sont magnifiques. Plusieurs chemins de fer circulent dans cette colonie : le principal est celui de Melbourne à *Grenelg*, autre ville maritime. Les mines d'or de la seule province de Victoria ont produit, en 1857, 2,606,040 onces anglaises représentant 260,604,000 fr. — L'*Australie de l'ouest* a pour chef-lieu *Perth*, à laquelle *Freemantle*, à l'embouchure de la rivière des *Cygnes*, sert de port, et forme un point de relâche pour les bâtiments qui d'Europe se rendent à Melbourne et à Sydney. La petite ville d'Albany s'élève au bord du magnifique port du *Roi-Georges*. — L'*Australie du sud* s'étend du cap *Northumberland* au cap des *Adieux*. Sa direction générale est du sud-est au nord-ouest, mais elle présente de grandes échancrures. La partie la plus orientale de cette côte fut explorée pour la première fois par le navigateur français Baudin, qui lui donna le nom de *Terre-Napoléon*. Il avait appelé *Joséphine* le golfe Saint-Vincent, *Cambacérès* la grande péninsule d'York, *Berthier* le cap Spencer, *Decrès* l'île des Kangourous, *Bonaparte* le golfe Spencer, *Champagny* le port Lincoln, *Fleurieu* la presqu'île dont l'extrémité forme le cap de *Jarvis*.

On trouve encore le long de la côte le cap *Lannes*, la baie de *Rivoli*, celle de *Guiche*, le cap *Bernouilli*, la baie *Lacépède*, le cap *Morard de Galles* et la grande baie *Mollien*, plus connue sous le nom de baie de l'*Encounter*. — Enfin plusieurs groupes de petites îles portent encore le nom d'*Archipel Bonaparte*.

L'Australie du sud, qui renferme plus de 100,000 colons, la plupart Allemands, a pour capitale la florissante ville d'*Adélaïde*. — L'*Australie du nord*, la province où l'on remarque le moins de progrès, a pour chef-lieu *Victoria*, ville restée à l'État d'ébauche, malgré l'excellence du port *Essington* sur lequel on l'a élevée. Sydney, Melbourne et Adélaïde sont reliées par un télégraphe électrique. Trois grandes lignes de bateaux à vapeur mettent l'Europe en communication avec l'Australie, la première par le Cap, la seconde par Alexandrie et Suez, la troisième par Panama. Il y a un transport de malles régulier entre Sidney et la Nouvelle-Zélande.

II. — TASMANIE OU DIÉMÉNIE (TERRE DE VAN-DIEMEN).

Au sud de l'Australie, dont la sépare le détroit de Bass, s'étend l'île de Van-Diemen, qui a 280 kilomètres de long sur 40 de large, et renferme 7,500 Européens. Elle fut découverte en 1642 par le Hollandais Tasman, qui lui donna le nom d'Antoine Van-Diemen, gouverneur de Batavia. Cook en visita, en 1776, la côte méridionale, et, en 1784, le chirurgien Bass, après avoir découvert le détroit qui porte son nom, constata que cette terre était une île. Les Anglais s'y établirent en 1804 et ne tardèrent pas à y fonder les villes de *Hobart-Town* au sud et de *Georges-Town* ou *Port-Dalrymple*. Ils ont divisé toute la Diéménie en 9 districts, dont la capitale est Hobart-Town.

La Tasmanie a été entièrement purgée des redoutables indigènes qui l'habitaient et dont les dernières peuplades ont été transportées aux îles Fourneaux dans le détroit de Bass. C'est une très-florissante colonie, dont on a également chassé les *convicts* ou déportés. Des mines ont été trouvées sur divers points de l'île. En 1860, on a fait l'exploration du mont *Arrowsmith* pour y chercher le précieux métal ; on n'en a pas découvert, mais on a vu des territoires offrant des pâturages admirables et une végétation excessivement riche. Un observatoire magnétique est établi à Hobart-Town.

Les terres de la Tasmanie sont élevées, diversifiées par des montagnes, des bois, des vallées ; les eaux et l'ombrage y entretiennent une verdure agréable. Leurs sommets les plus élevés se couvrent de neige dans le mois de mai : il y a beaucoup de ruisseaux et plusieurs lacs sur le flanc des montagnes. La montagne la plus haute est celle de *la Table*, près de Hobart-Town, elle a 1,300 mètres ; viennent ensuite les pics septentrionaux *Ben-Lomond* et *Tasman* et la chaîne très-élevée des montagnes occidentales (*Western-Mountains*).

Le fleuve le plus important est le Tamar au nord, formé par la réunion des rivières de *Macquarie* et de *Lake* venant du sud; des rivières *South-Esk* et *North-Esk* venant de l'est, et de *Western-River* ou rivière occidentale venant de l'ouest.

Au nord, la terre de Van-Diemen présente une côte aride et inhospitalière. Cependant les environs de Georges-Town sont couverts de beaux arbres et de gazons délicieux. Au sud et à l'est la végétation très-forte des arbres indique un sol très-fertile.

Les forêts très-épaisses sont d'un accès difficile ; elles offrent un très-grand nombre d'arbres très-élevés, et d'autres de grandeur médiocre, qui croissent avec vigueur, malgré l'ombrage que leur portent des pieds énormes d'*eucalyptus globosus*. La famille des myrtes et celle des composées y dominent. On distingue des *leptospermum*, qui, ordinairement arbrisseaux, sont ici de grands arbres ; l'*eucalyptus resinifera*, qui donne une gomme fine et rougeâtre ; l'*exocarpus cupressiformis*, nouveau genre de la famille des térébinthacées ; des *thesium* à feuilles étroites, qui forment de très-jolis bosquets. Cette île a fourni beaucoup d'autres nouveautés à la botanique. Telles sont plusieurs espèces singulières de *limodorum*; une belle espèce de *glycine*, remarquable par ses fleurs d'un rouge éclatant ; la *richea glauca*, plante composée qui forme un nouveau genre, et rappelle la mémoire d'une des nombreuses victimes des sciences ; diverses sensitives nouvelles ; plusieurs espèces d'*ancistrum*, qui croissent au sud de l'Amérique, sur les bords de la mer ; deux arbustes qui forment le nouveau genre des *correa* ; au milieu des dunes, le *plantago tricuspidata*, bon à manger en salade. Mais une des plus utiles que cette terre fournisse dans la profondeur des bois, est une nouvelle espèce de ficoïde, dont les habitants mangent le fruit. Parmi les animaux on voit le kangourou, qui se retire dans des terriers comme les lapins ; le veau marin de l'espèce appelée *phoca-monachus* ; une nouvelle espèce de perruche du cap Diemen ; une autre de *mérops*. Le climat, sensiblement plus froid que celui du continent voisin, admet la neige et la gelée. Cependant les vents du nord-ouest apportent l'air brûlant de l'intérieur de la Nouvelle-Hollande.

En résumé, la Tasmanie est placée dans une zone tempérée et son climat est un des plus beaux et des plus sains qu'on connaisse. Ses sites sont variés, mais l'aspect général du pays est montagneux ; vers le sud des pointes de rocher s'élèvent çà et là dominant des collines ombragées : on dirait d'impénétrables forêts couronnées par le ciel ; la scène change peu à peu, les formes austères se modifient, des plaines immenses sont arrosées par des fleuves, et en s'avançant vers le nord, le paysage n'offre plus qu'un heureux mélange de collines et de vallées, de bois et de prairies ; le sol est fertile, il contient d'excellents herbages, et présente presque toutes les productions de l'Europe. De nombreuses baies entourent ses côtes ; le port de *Sulliran* près d'Hobart-Town est un des plus sûrs qu'on connaisse. Le sommet de la montagne de la Table ou Wellington est couvert de neiges durant les deux tiers de l'année, mais l'atmosphère de la terre de Van-Diemen est si pure, qu'il est rare que des nuages obscurcissent ses points même les plus élevés.

L'été commence au mois de décembre : sa température moyenne est de 70 degrès. L'automne est là comme ailleurs la plus agréable des saisons, la chaleur est modérée, les nuits sont très-fraîches. Juin, juillet et août sont les mois d'hiver, mais cette époque est marquée seulement par des pluies douces et salutaires, et n'a rien de commun avec le temps froid et désagréable auquel nous donnons le même nom.

Le pays est riche en minéraux, es mines de fer y sont abondantes, et l'on a découvert des échantillons de cuivre, de plomb, d'argent et d'or. On y trouve aussi du charbon et de la pierre de taille. Quoique la Tasmanie eût été découverte en 1642, ce ne fut qu'en 1803 qu'on y établit des condamnés de Botany-Bay. Les premiers temps de l'existence de cette colonie furent pénibles, la pénurie y fut quelquefois portée à un tel point, que la chair de kangourou se vendait 92 francs le demi-kilo, et qu'on recherchait avec avidité les plantes marines et toutes les substances qui pouvaient servir d'aliment. Bientôt on y transporta du bétail qui prospéra, le nombre des habitants s'accrut par degré, mais toute communication continua à être interdite, excepté avec la Nouvelle-Galles et l'Angleterre, jusqu'en 1813, que la colonie fut placée sur le même pied commercial que la première de ces contrées. Tout prit dès ce moment un essor plus rapide, et en 1818 on commença à s'occuper de la terre de Van-Diemen et à la désigner à l'attention de ceux qui étaient obligés de quitter leur patrie. L'émigration prit en effet cette direction, et fit vivifier la colonie naissante, le commerce se régularisa, des brasseries furent établies, une banque fut formée, et Hobart-Town s'embellit de l'église Saint-David. Le recensement général fait en 1821 constatait déjà 7,185 habitants, 14,940 acres cultivées, 170,000 moutons, 35,000 bœufs, 340 chevaux.

Quatre ans plus tard la terre de Van-Diemen, qui était restée sous la dépendance de la Nouvelle-Galles, fut émancipée, elle eut son conseil d'État, une cour de justice dont les membres sont nommés par le roi d'Angleterre, et une compagnie se forma sous la sanction du gouvernement pour diriger l'agriculture.

Les cultivateurs furent pendant quelque temps troublés par la terreur qu'inspiraient les *Bush-Rangers* ; on appelait ainsi des condamnés qui, ayant réussi à s'échapper, s'étaient réunis dans les bois d'où ils sortaient pour se livrer au pillage, et quelquefois au meurtre. Des mesures de rigueur délivrèrent la colonie de ce fléau, mais il fut remplacé par un autre : les sauvages originaires de l'île parvinrent, malgré leur petit nombre, à se rendre redoutables, et, en 1830, ils dévastèrent plusieurs fermes.

Lors de l'expédition de d'Entrecasteaux, les habitants de Van-Diemen ne s'enfuirent point à l'approche des Français, et se montrèrent doux et affables. Mais les Anglais, en prenant possession de l'île, tirèrent sans motif sur une troupe de ces naturels et depuis ce moment ils nourrissent contre les colons une haine furieuse. Ils n'ont cessé de les attaquer et de chercher à les massacrer. Les hommes et les femmes vont également nus ou couverts d'une peau de kangourou; ils ont les cheveux laineux, et se laissent croître la barbe; la mâchoire supérieure s'avance, dans les enfants, beaucoup au-delà de l'inférieure; mais, s'affaiblissant avec l'âge, elle se trouve dans l'adulte à peu près sur la même ligne; leur crâne est d'une dureté tout à fait extraordinaire; leur peau n'est pas d'un noir très-foncé, mais pour la faire paraître plus qu'elle ne l'est en effet, ils se couvrent de poussière de charbon, principalement les parties supérieures du corps; l'usage de s'arracher deux des incisives supérieures ne paraît pas s'être introduit chez toutes leurs tribus. Ils mangent surtout des moules, des huîtres, des lépas, des homards et des crabes. Ils ne paraissent pas avoir de chefs, chaque famille semble vivre dans une parfaite indépendance; mais les enfants témoignent une grande subordination pour ceux qui leur ont donné le jour, et les femmes en agissent de même envers leurs maris. Ils paraissent tous ignorer l'usage de l'arc. Ceux de la baie de l'Aventure ont le corps tatoué, et leurs cheveux sont saupoudrés d'ocre; ils ont deux dents de moins. Comme nous l'avons dit, tout ce qui restait de ces indigènes a été transporté dans les îles des Fourneaux.

Hobart Town, capitale de la colonie, est située dans le comté de Queensborough, à l'embouchure du Derwent; elle a un port magnifique. Sa situation est charmante; elle s'étend entre deux collines boisées et elle est arrosée par une petite rivière limpide descendant de la montagne de la Table. Les rues sont larges et droites, les maisons bien construites. On remarque plusieurs édifices. La population est de 14,000 habitants. La seconde ville, *Georges-Town*, s'élève sur la côte nord, à l'embouchure du Tamar,

dans la superbe baie appelée Port-Dalrympe; elle compte 7,000 habitants. La troisième ville est *Lanceston*, à 40 kil. plus au sud au confluent du North-Esk avec le Tamar. Parmi les autres villes de quelque importance, on peut citer *Brighton*, *Elisabeth-Town*, *Macquarie-Town*, *Sorell-Town*, *Campbell-Town*, *Norfolk-Town*, *Ross et Perth*.

Sur la côte orientale de la Tasmanie se trouve l'île de *Schouten*, qui en est séparée par un étroit canal. Plus loin, l'île *Maria* présente de toutes parts des rochers granitiques hauts de 140 à 160 mètres, remplis de vastes cavernes dans lesquelles les vagues se précipitent avec le bruit de la foudre. Non loin de là on remarque les sinuosités et les découpures de la grande péninsule de Tasman, au sud-ouest de cette presqu'île, longue, irrégulière, que les Anglais ont nommée *Pitt* et les Français *Bruny*. Elle court parallèlement à la Tasmanie et forme l'un des côtés du grand canal d'*Entrecasteaux*. Plus loin s'ouvre la baie de la *Recherche*, avec deux bons havres, et le *South-Cape* ou *Cap-Sud*, formant la pointe méridionale de l'île. Très-escarpée, la côte occidentale de la Tasmanie laisse voir une haute chaîne de montagnes à l'intérieur. On y distingue le port *Duvey*, le havre de *Bathurs* et le havre de *Macquarie*, où se trouve un large bassin recevant les deux rivières *King* et *Gordon*.

Parmi les îles du détroit de Bass on distingue le groupe *Hunter*, dont les îles principales sont *Barrew*, les trois îlots *Hummock*, l'île *Low-Sandy*. Plus au nord-ouest est l'île de *King*, pleine de rochers et couverte de forêts. A l'extrémité nord-ouest est le groupe des îles *Fourneaux*, où les restes des tribus indigènes vivent aux frais de la colonie. Le détroit de *Banks* sépare les îles Fourneaux de la Diéménie.

La côte occidentale de la Nouvelle-Zélande fut découverte en 1642 par Tasman, qui représente les habitants ayant une couleur tirant entre le brun et le jaune, avec de longs cheveux noirs, et ressemblant aux Japonais. La découverte de Tasman resta longtemps sans suite. Un navigateur français, M. de Surville, doubla le cap Nord et découvrit sur la côte orientale la baie de Lauriston; il eût pu enlever à Cook la gloire d'en achever la découverte. L'infortuné Marion détermina le pic Mascarin plus exactement que le grand navigateur anglais. Le célèbre Cook visita ces régions en 1779, et découvrit un détroit qui divise le pays en deux grandes îles. La méridionale était appelée par les naturels *Tavi Poënammou*, et la septentrionale *Eahéianomawe*. La Nouvelle-Zélande, qui appartient entièrement aux Anglais, est aujourd'hui composée de trois îles : *Ikanamaoui* ou *New-Ulster* ou la *Grande île du Nord*; *Tavaï-Ponamou* ou *New-Munster* ou la *Grande île du Sud*, et *Stuart, Stewart*, ou *Panioura* ou *New-Linster* ou la *Petite île du Sud*, la plus méridionale des trois.

Le climat du littoral de la Nouvelle-Zélande, de l'île Stuart au cap Nord, est un des plus variables qu'il y ait au monde, et cependant des plus tempérés. Entre ces deux points, c'est-à-dire sur une étendue de 800 milles, les accalmées, les pluies, les vents, les nuages, font varier la hauteur du thermomètre de Fahrenheit de 40 à 70 degrés en vingt-quatre heures. Cette singularité du climat de la Nouvelle-Zélande se produit par suite de l'état montagneux d'une grande partie du pays et en raison du voisinage de la mer tout à l'entour. On s'est attaché à déterminer la moyenne de température des contrées, et pour l'Italie et la Nouvelle-Zélande on a trouvé les mêmes chiffres. Rien n'est cependant plus différent que le climat de ces deux pays. Ainsi, en Italie, il règne d'extrêmes chaleurs, interdisant pendant la journée la sortie des bestiaux et celle des travailleurs. Dans la Nouvelle-Zélande, jamais on n'éprouve rien de semblable. C'est l'opinion des voyageurs que les Anglo-Saxons peuvent travailler exposés aux rigueurs du climat de la Nouvelle-Zélande, sans en souffrir jamais, quoique en prolongeant les journées. Le nord de la Nouvelle-Zélande jouit de la chaleur qu'il fait en été à Paris, Bruxelles et Amsterdam ; son hiver est celui de Rome ; les îles du centre ont l'été de Jersey et l'hiver de Montpellier. La différence entre la moyenne de chaleur et celle de froid est d'environ 20 degrés ; à Rome, elle est de 27 degrés ; à Montpellier, de 33 ; à Milan, de 38 ; à Jersey, de 28 degrés. Dans l'île du Nord, le sommet du Ruapalm seul se couvre de neige. C'est la plus haute montagne de l'île. La grande chaîne de l'île du centre est également couverte de neige.

On voit quelquefois de la glace d'une extrémité à l'autre de la Nouvelle-Zélande ; mais le froid est comparativement modéré au sud d'Auckland, quoique le cap Nord soit couvert parfois de gelée blanche.

Il pleut davantage en Nouvelle-Zélande qu'à Londres, mais beaucoup moins que sur les côtes occidentales d'Angleterre. Le vent est très-fort, et bien certainement dans aucune contrée de l'Europe l'atmosphère n'est aussi fréquemment agitée qu'en Nouvelle-Zélande. La vitesse des vents les plus forts dont on ait tenu compte à Auckland est de 84 milles 1/2 à l'heure, et la pression qu'ils exercent est de 35 livres 1/4 sur un pied carré. Une tempête est annoncée par une vitesse de 50 milles à l'heure.

A mesure que l'on descend au sud d'Auckland, les vents ont une vitesse plus grande. Les détroits de *Cook*, de *Foveaux*, sont célèbres par leurs tempêtes. A *Nelson*, situé au fond de la baie de Tasman, quatorze tempêtes en moyenne se déchaînent annuellement. Il souffle aussi le long des côtes orientales une sorte de sirocco qui fond la neige des montagnes et élève le thermomètre à 20 et même 30 degrés ; il est généralement précurseur de la pluie.

En onze ans, on a constaté à Nelson deux éclipses de soleil, deux éclipses de lune, cinq marées extraordinaires et cinquante-cinq tremblements de terre. La région où le tremblement de terre se fait surtout sentir comprend 350 milles ; elle s'étend vers le 37° 30' de latiude dans *White-Island*, et le 43° 46' de latitude dans *Banks-Peninsula*, avec le détroit de Cook pour centre. L'amosphère de la Nouvelle-Zélande n'est pas troublée par des orages accompagnés de tonnerre ; mais dans le voisinage des hautes montagnes ce phénomène est très-fréquent. A Nelson, en onze ans, douze orages de ce genre ont éclaté annuellement, et à New-Plymouth la moyenne a été de sept. Les brouillards s'élèvent rarement dans les régions septentrionales de la Nouvelle-Zélande ; mais ils sont fréquents et très-épais dans le sud. Il fait des ouragans mêlés de grêle. L'aurore australe se voit de *Middle-Island*.

La mortalité des troupes dans la colonie est d'un tiers moins grande que dans le royaume-uni ; mais les suicides sont nombreux : la moyenne en est annuellement de 10 pour 10,000 hommes. Ils sont sans doute produits par la nostalgie. Les fièvres, sauf celles intermittentes, sont à peu près inconnues dans le pays. Quelques fièvres billieuses sont produites par l'intempérance et les chaleurs. La petite vérole n'a jamais paru dans les îles; la rougeole s'y est introduite en 1845, et a emporté 4,000 aborigènes. Quelques cas de fièvres scarlatines se sont simultanément déclarés. Les troupes jouissent d'une immunité relative des maladies pulmonaires, et, quoique ces maladies aient sévi très-cruellement en 1853, aucun soldat n'a succombé à l'épidémie. Les maladies du foie sont beaucoup moins fréquentes qu'en Angleterre, et si les organes digestifs sont plus souvent atteints, ils le sont moins gravement. Dans la Nouvelle-Zélande, il n'y a pas de saison moins salubre que les autres.

Le dernier recensement a fait connaître que la population européenne de la Nouvelle-Zélande était de 48,193 âmes y compris 2,653 militaires. Le nombre des hommes était de 27,418, et celui des femmes de 20,775. En 1855, la population était seulement de 37,192 âmes. La province de *Canterbury* en compte 6,160; l'*Otago* 3,796; l'*Auckland*, 15,335; le *New-Plymouth*, 2,488; le *Wellington*, 10,852; le *Nelson*, 7,509. L'immigration dans la colonie, en 1856, a été de 4,851 âmes, et l'émigration de 2,326. Il y a eu 1,722 naissances (904 garçons et 818 filles). Il a été enregistré 406 décès et 404 mariages. De ces mariages, 15 ont été célébrés selon les rites des presbytériens d'Ecosse, 50 selon les rites romains, 75 selon les rites de l'église franche d'Ecosse, 48 selon les rites des wesleyan méthodists, 12 selon les rites des congrégational indépendants, 2 selon les rites des baptists, 14 selon les rites de la société méthodiste primitive, 4 selon les rites luthériens, etc. La statistique de l'instruction fait connaître que 11,309 habitants ne savent pas lire. Les importations consistent en draperie, armes, munitions, chandelles, lin, moutons, cristaux, métaux, instruments agricoles, vin, tabac. Les principaux articles exportés sont : la gomme, les métaux précieux, le blé, le cuivre, l'huile, les pommes de terre, le bois, la laine. La quantité de terre en culture est, dans Auckland, de

73,069 acres et demi; dans le New-Plymouth, de 9,603 acres; en Wellington, d'environ 15,000 acres; en Nelson, de 13,869 acres; en Canterbury, de 8,606 acres et demi; en Otago, de 5,022 acres. Le total du revenu est d'environ 189,000 livres sterling.

La province d'Aukland est la plus importante, et renferme près des deux tiers de la population indigène; *Auckland*, chef-lieu et siége du gouvernement, est une jolie petite ville placée sur un isthme étroit entre deux magnifiques ports. — La province de New-Plymouth ou *Taranaki*, a été surnommée, à cause de ses sittes pittoresques et de sa fertilité, le jardin de la Nouvelle-Zélande. — La province de Wellington a pour chef-lieu la ville de même nom, vers le centre de la Nouvelle-Zélande, sur le détroit de Cook, avec un superbe port. Cette contrée est affligée par de fréquents tremblements de terre. — La province de Hawke-Bay, sur la côte orientale de l'île du Nord, a un climat délicieux et nourrit de nombreux troupeaux; le chef-lieu est *Napier*. — La province de Nelson, dans le nord de l'île de Tavaï-Pounamou, est moins fertile que la précédente, mais riche en mines de cuivre et de charbon de terre; on y a aussi récemment découvert des mines d'or. Son climat est très-doux et son chef-lieu est situé sur une admirable baie. — La province de Cantorbury, située aussi dans Tavaï-Pounamou, abonde surtout en pâturages. La province d'Otago, la plus méridionale, est particulièrement occupée par des Ecossais. L'île Stuart n'est pas encore colonisée.

Les naturels de la Nouvelle-Zélande, connus sous le nom de *Maoris*, étaient anthropophages, et seuls parmi les cannibales, avaient la coutume de conserver les têtes de leurs ennemis comme des trophées de la victoire et comme des objets de leurs mépris. On retrouve cette coutume parmi quelques tribus d'Afrique. Les premiers objets qui frappèrent notre attention, dit à ce sujet le capitaine Tuckey, dans le récit de sa visite à la rivière Zaïre, furent quatre crânes humains suspendus à un arbre. On nous dit que ces crânes appartenaient à des chefs ennemis, faits prisonniers dans le dernier combat. Ces victimes, ajoute le capitaine Tuckey, nous parurent avoir reçu le coup de grace avant que la tête eût été sépa-

III. 18

rée du corps. » Les naturels de la Nouvelle-Zélande conservent quelquefois aussi les têtes de leurs amis ; mais c'est dans l'intention de payer à la mémoire des morts un tribut de respect et d'admiration, de montrer ces restes vénérés aux parents et aux amis absents au moment de la mort, et de pouvoir, à certaines époques de l'année, célébrer, en l'honneur du défunt, des cérémonies funéraires.

Non-seulement le mode de préparation, usité par les naturels de la Nouvelle-Zélande, prévient la décomposition avec le plus grand succès, mais encore les traits du visage demeurent dans un état parfait de conservation. Quand la tête a été séparée du corps, on brise avec un bâton ou une pierre la partie supérieure du crâne ; on vide entièrement la cervelle, et on lave la cavité du crâne à diverses fois, jusqu'à ce qu'elle soit bien nettoyée. On plonge alors la tête dans de l'eau bouillante pendant quelques minutes ; ce qui fait disparaître tout l'épiderme. On a soin, pendant cette opération, de ne point toucher à la chevelure ; car elle tomberait aussitôt. Quand cette chevelure est refroidie, elle demeure fixée à la tête avec plus de force qu'auparavant. De petites planchettes sont placées des deux côtés du nez, afin de lui conserver sa forme naturelle ; un autre petit morceau de bois est posé sur le nez pour empêcher qu'il ne se déforme, et l'on a soin de bourrer les narines avec des tampons de lin. On arrache les yeux, si ce sont ceux d'un chef, et on les mange ; mais on les jette dans tout autre cas. On coud la bouche et les paupières pour qu'elles conservent leur forme. On a d'avance creusé dans la terre une espèce de four qu'on remplit de pierres que rougit bientôt le feu. Ce four, qui est fermé de tous côtés, n'a qu'une ouverture pratiquée au sommet, et à laquelle la partie supérieure de la tête s'adapte parfaitement. Les pierres sont arrosées d'eau aussi souvent que cela est jugé nécessaire. Il en résulte un nuage de vapeur et de fumée, qu'augmentent encore des feuilles imbibées d'eau et qu'on a introduites dans le four. La vapeur et la fumée pénètrent ainsi dans l'intérieur de la tête, dont la base est placée, comme nous l'avons dit, à l'ouverture du four. Pour entretenir la chaleur et la fumée, on a soin de renouveler souvent l'eau et

les pierres. Le naturel qui est chargé de cette préparation, doit veiller à ce qu'il ne se forme point de rides sur le visage, et il passe souvent la main sur la peau, afin de prévenir toute altération dans les traits. Ce procédé exige de vingt-quatre à trente heures. Quand la tête a été exposée au feu et à la fumée le temps nécessaire, on la retire du four, on la fixe sur un bâton et on l'expose au soleil. On a coutume d'oindre fréquemment ces têtes avec de l'huile ; cette dernière opération n'est pas jugée indispensable ; mais on l'emploie pour donner aux têtes une plus brillante apparence.

L'adoption de cette méthode, aussi simple qu'efficace, mettrait à même de faire de bien précieuses collections de toutes les races d'hommes qui existent sur la surface du globe. Les naturels montrent ces têtes avec orgueil dans leurs danses guerrières ; et quand ils vont au combat, ils les étalent aux yeux de leurs ennemis, et les menacent du même sort. Les vainqueurs les apportent à leurs femmes et à leurs enfants, et les offrent à leurs idoles, en témoignage de reconnaissance pour la victoire qu'ils ont remportée. Les têtes des chefs qui sont conservées par la méthode que nous venons de décrire, ne sont jamais vendues par leurs familles, pour qui elles sont des objets de respect et de vénération ; on ne cède aux étrangers que celles des ennemis. Voici comment s'exprime à ce sujet un voyageur anglais qui visita les îles de la Nouvelle-Zélande en 1829 : « Je fis emplette, à la rivière Tamise, d'une tête de sauvage conservée ; et ce qui est très-rare, je pus, en cette occasion, avoir connaissance du nom, de la dignité et de l'âge de l'individu à qui elle avait appartenu. Ces détails me furent fournis par celui qui l'avait tué. Cet individu était âgé de dix-huit ans environ ; il était tatoué depuis peu, et bien moins que les chefs de tribus ne le sont ordinairement. Il passait pour un guerrier fort distingué pour son âge ; il était d'un caractère hardi et entreprenant ; le premier au combat, c'était toujours lui qui immolait le premier homme : fait d'armes qui chez les sauvages est beaucoup admiré. Dans un engagement, ce chef blessé à l'abdomen par un autre guerrier célèbre, tomba, et avant de pouvoir se relever, il fut achevé par un coup de tomahawk asséné sur le crâne. En examinant ce crâne avec attention, il est aisé, dit notre voyageur, de voir la cicatrice, qui est de quelque étendue. »

La férocité des naturels s'est adoucie sous l'influence du christianisme et de la civilisation. Le dernier acte de cannibalisme remonte à 1843. Réduit au nombre d'environ 70,000, les *Maoris* s'occupent avec succès de travaux agricoles.

La Nouvelle-Zélande produit beaucoup de pommes de terre. En 1855, elle en expédia aux placers de l'Australie, 9,235 tonneaux, représentant 91,508 livres sterling. Un autre article d'exportation est le bois, dont on compte plus de 120 sortes d'essences, parmi lesquelles le *kauri* sert à la mâture. On admire le *laurier-karaka*, dont le feuillage renvoie les lumières et dont le fruit pend en grappes dorées. Un produit spécial, le lin (*phormium tenax*), peut devenir une source d'inestimables richesses si on réussit à le débarrasser d'une gomme résineuse qui nuit à son emploi.

IV. — NOUVELLE CALÉDONIE.

L'île *Norfolk* est située au nord-ouest de la Nouvelle-Zélande, presque à moitié chemin de la Nouvelle-Calédonie. Les Anglais y ont placé une colonie de condamnés nombreuse et florissante. Cette île a 20 ou 24 kilomètres de circuit; les récifs de corail s'étendent au sud jusqu'à 28 kilomètres. Des pierres de craie jaunâtre, commune à la Nouvelle-Zélande, forment la base de l'île; un terreau noir les recouvre à une grande profondeur. La végétation est forte et abondante; le lin de la Zélande y vient beaucoup plus beau que dans la grande terre; les pins ont le bois moins léger qu'à la Nouvelle-Calédonie, et moins dur qu'à la Nouvelle-Zélande. Le chou-palmiste, l'oseille sauvage, le fenouil marin, y abondent. Les colons anglais y ont porté les blés et les animaux domestiques de l'Europe.

En naviguant au nord de l'île Norfolk, nous trouverons la *Nouvelle-Calédonie*, île assez considérable, puisque sa longueur est de 320 à 360 kilomètres, sur 72 à 80 de large. Mais le navigateur doit éviter la côte du sud et de l'ouest, qui présente une chaîne effrayante de récifs, prolongée au-delà de cette île pendant un

espace de 400 kilomètres, du sud-est au nord-ouest. La Nouvelle-Calédonie est traversée par une chaîne de montagnes qui s'étendent dans toute sa longueur : elles s'élèvent graduellement, vers l'est-sud-est, à 1,200 mètres environ au-dessus du niveau de la mer. Il est probable que les montagnes de la Nouvelle-Calédonie contiennent de riches veines métalliques.

L'arbre à pain diffère peu ici de celui des îles Polynésiennes. Le bananier cultivé forme de belles allées. L'on cultive encore la canne à sucre et l'*arum*. Le cocotier couvre les flancs de quelques vallées. Parmi les autres végétaux, on remarque l'arbre nommé *commersonia echinata*, qui croît abondamment aux Moluques; l'*hibiscus tiliaceus*, dont les habitants mâchent les jeunes pousses; le *dolichos tuberosus*, dont ils mangent les racines après les avoir fait griller sur des charbons; le *diacophyllum verticillatum*, nouveau genre qui a beaucoup de rapport avec le *dragonnier*, et qui croît sur le sommet des montagnes. L'*hipoxis*, dont les Calédoniens mangent aussi les racines, vient spontanément dans les forêts. L'*antholoma* est un des plus beaux arbustes; il croît sur les hauteurs; il a 7 à 8 mètres de haut.

Les chiens et les cochons même étaient inconnus ici avant l'arrivée des Européens. Les oiseaux les plus communs sont une espèce nouvelle de pie, de très-gros pigeons, des corbeaux calédoniens. L'araignée *nouqui* forme des filets assez forts pour qu'en les déchirant on éprouve une sorte de résistance. Elle sert à la nourriture des indigènes. Parmi les mouillages de l'île, nous remarquerons le *Havre de Balade* et le *Havre Trompeur*.

Un voyageur naturaliste a trouvé une singulière conformité entre la figure des habitants des îles de Van-Diémen et de Calédonie. Ils ont les cheveux presque laineux et la peau fort grasse. Quelques-uns ont les lèvres épaisses des nègres d'Afrique. Lestes et agiles, ils montent sur les arbres comme s'ils marchaient sur un plan horizontal. Cook vante la douceur de leur caractère et la chasteté des femmes. D'Entrecasteaux et Labillardière les peignent comme aussi cruels, aussi perfides, aussi enclins au vol que les autres insulaires du grand Océan. Les femmes se vendaient pour un clou, et la grandeur du clou variait selon la beauté de la personne. Ignorant l'usage de l'arc, ils s'arment de zagaies et de massues, qu'ils fabriquent avec beaucoup de soin; ils se servent aussi de la fronde. Des observations exactes ont prouvé qu'ils étaient anthropophages par goût; ils tâtaient, avec un air de gourmandise, les parties les plus musculeuses du corps humain. Ils se nourrissent ordinairement de coquillages, de poissons, de racines, et mangent, outre l'araignée *nouqui*, une terre verdâtre et friable. Les femmes n'ont d'autre vêtement qu'une ceinture de filament d'écorce; plusieurs, parmi les hommes, ont la tête entourée d'un filet à mailles ou d'une coiffure faite avec des feuilles et le poil de la chauve-souris *vampire*. Ils élèvent sur les montagnes de petits murs les uns au-dessus des autres, pour arrêter l'éboulement des terrains, en général stériles. Les maisons ont la forme d'une ruche, et des portes à battants sculptés. Leur idiome, rauque et dur, semble différer entièrement de ceux de la Polynésie.

Le 24 septembre 1853, la France a pris possession de la Nouvelle-Calédonie. Cette île et ses dépendances forment une nouvelle colonie française réunie aux autres possessions de l'Océanie. Cette prise de possession a eu pour but d'assurer à la France, dans l'océan Pacifique, la position que réclamaient les intérêts de sa marine militaire et commerciale, et les vues du gouvernement pour le régime pénitentiaire, position que ne lui donnaient ni l'occupation du petit archipel des Marquises, ni le protectorat des îles de la Société. Les Marquises, que la loi du 8 juin 1850 a désignées comme lieu de déportation politique, n'ont ni l'étendue, ni la fertilité, ni la situation géographique qui constituent les conditions indispensables à la création sérieuse d'un grand établissement maritime et colonial. A Taïti, ces conditions ne se rencontrent que très-incomplétement, malgré les avantages incontestables du port et du climat, et on sait, d'ailleurs, que la France n'exerce pas sur cette île les droits de la souveraineté.

Aujourd'hui que la Nouvelle-Calédonie appartient à la France, et lui fournit, pour un prochain avenir, un excellent point d'appui et une large base d'opérations dans des mers déjà devenues une route commerciale très-fréquentée par tous les pavillons, on a dû prendre des mesures qui sont la conséquence de l'annexion de cette terre au domaine colonial de l'empire, et régler, d'après la situation nouvelle, le mode de commandement des possessions françaises actuelles en Océanie, afin d'y constituer dès le début une direction simple et une action efficace. Ces possessions se composent maintenant de trois groupes fort distants entre eux. La Nouvelle-Calédonie est à 3,200 kilomètres de Taïti et des Marquises. Taïti et les Marquises sont séparés par un intervalle de 800 kilomètres. Les îles Pomotou auxquelles s'étend le protectorat de Taïti, sont à environ 400 kilomètres de cette dernière île. Cependant ces distances, dans les immenses régions de l'océan Pacifique, ne constituent pas un éloignement comparable à celui qu'elles formeraient dans d'autres mers. L'espacement de nos possessions dans ces mers ne s'opposait donc pas à ce que le gouvernement des trois établissements fût organisé avec l'unité que réclamaient la similitude de leur position et l'analogie des intérêts que nous avons à y développer. Seulement, pour réaliser sérieusement cette concentration de l'autorité et de l'action dans les mains d'un seul chef, il fallait que ce chef n'eût, provisoirement, de résidence fixe dans aucun des trois groupes; qu'il fût représenté dans chacun d'eux par un chef secondaire, et qu'il eût à la fois, comme commandant supérieur, l'autorité à terre et la disposition des forces maritimes destinées à la protection des établissements. L'empereur a décidé que la Nouvelle-Calédonie, Taïti avec ses dépendances et les Marquises, seraient placés sous l'autorité d'un gouverneur commandant la station de l'Océanie, et ayant sous ses ordres, dans chacun de ces établissements, des commandants particuliers. Ces commandements ont été confiés à des officiers de marine. Les missionnaires maristes, qui avaient déjà prêché l'Évangile aux sauvages de la Nouvelle-Calédonie, longtemps avant que la France en prît possession, aideront puissamment au développement de cette nouvelle colonie.

En 1857, le capitaine Pannetrat a traversé entièrement la Nouvelle-Calédonie. Nous allons citer quelques fragments de son intéressante correspondance:

« ... Vous n'ignorez point que je suis, dans la Nouvelle-Calédonie, possesseur d'une belle habitation connue sous le nom le Mont-de-l'Impératrice ; vous savez également que j'ai pu, sans périr, traverser cette grande île peuplée de cannibales, et que je suis le premier blanc coupable de cette témérité. Vous dire à quel chiffre s'élève sa population totale me semble téméraire, puisque cette appréciation ne s'appuierait que sur l'exploration imprudente que j'ai heureusement opérée. Je crois toutefois pouvoir l'évaluer à 60,000 habitants, divisés en 45 tribus, parlant différentes langues et presque toujours en guerre. Ce petit peuple, séquestré du reste du monde, est bien plus étrange qu'on pourrait le supposer. Il diffère entièrement des peuplades grossières qui habitent les autres îles de l'Océanie, et j'ai rencontré chez lui plus d'un vestige des civilisations antiques. Cette race est douée de traits distinctifs qui, à eux seuls, donnent beaucoup à réfléchir ; les hommes sont beaux, ont le nez droit, effilé, les lèvres minces, et portent généralement un collier de barbe ; les femmes ont également les traits fins, sont presque toutes jolies, douces et riantes ; leurs mains et leurs pieds sont petits. Le cercle de *Kanala* compte à lui seul six tribus, commandées chacune par un chef décoré du titre d'*aliki*. Le cercle tout entier est sous les ordres d'un grand chef ou roi que l'on appelle *alik-kaï*. Ce dernier jouit d'une autorité pour ainsi dire absolue. Plusieurs petites tribus, campées dans la partie sud de l'île, dépendent du même cercle. Le port de Kanala est le plus beau de l'île, et les navires d'un grand tonnage peuvent y mouiller à l'aise ; dans sa propre enceinte il compte plusieurs baies dont la circonférence n'est pas au-dessous de 2 à 3 milles ; l'ancrage est près de terre, et les sandaliers peuvent en toute saison s'y approvisionner d'eau, avec la plus grande facilité, d'un côté comme de l'autre.

« C'est dans ces parages, qu'en revenant de Sydney avec une compagnie de blancs formée par mes soins, j'ai jeté les fondements de ma récente habitation.

«... Mais venons aux détails de ma traversée d'une île inconnue, peuplée d'anthropophages qui n'avaient jamais vu de blancs, et avec lesquels les sauvages de la côte n'entretenaient pour ainsi dire aucun rapport, quoique cannibales eux-mêmes. J'ai fait le trajet de Kanala au Port-de-France en quelques jours, allant et revenant par deux routes différentes.

« La première difficulté était d'obtenir des interprètes parmi mes nouveaux amis, les Indiens de Kanala. J'eus toutes les peines du monde à gagner le grand chef Ali-Kaï, tant il redoutait que ses hommes ne fussent pris, rôtis et dévorés ; ce ne fut qu'après avoir touché la corde sensible de tout cœur humain, cannibale ou non, c'est-à-dire la question d'intérêt, que je parvins à le rassurer un peu ; les présents se trouvèrent plus éloquents que mes arguments ; j'obtins trois hommes et un chef chargé de parlementer comme d'offrir les cadeaux à la limite de chaque frontière. Tout ambitieux qu'au premier abord puisse vous paraître de nom de frontière, son emploi se trouve justifié en quelque sorte par l'application sérieuse, rigoureuse même, de l'idée qu'il exprime, telle que la pratiquent les diverses grandes tribus de l'île.

« Le premier jour, nous traversâmes de belles vallées bien boisées et une immense plaine couverte de myaoly. A peine étions-nous engagés dans les gorges de la première chaîne de montagnes qu'un cri perçant se fit entendre. Mes Indiens, immobiles et silencieux, me désignèrent du doigt à quelque distance un poteau planté en terre, auquel pendait un morceau de *tapa*, espèce d'étoffe faite d'écorce d'arbre. Ce poteau demeurant aussi muet que mes Indiens, je ne savais trop quel oracle consulter lorsque tout à coup 30 sauvages, débouchant d'un bois voisin, marchèrent à nous dans un bel ordre, la lance en arrêt, comme pour nous disputer le passage ; dès qu'ils furent à dix pas de nous, le chef kanalien qui accompagnait mes autres Indiens s'avança de leur côté. Planter son plumet de guerre en terre, déposer à côté un morceau de tapa comme symbole d'offrande, coucher sa lance par-dessus, garder ensuite une attitude grave et silencieuse, tel fut le cérémonial à l'aide duquel il essaya de conjurer les trente lances qui nous menaçaient. Tout cela nous prit environ dix minutes, et je me sentais peu rassuré en pensant au sort qui nous attendait tous les six dans le cas où ces conférences viendraient à s'embrouiller, comme il arrive parfois à celles que dirigent les plus grands diplomates. J'en étais là de mes tristes réflexions, lorsque je vis l'un des Indiens qui nous faisaient face approcher du trophée et ramasser la lance couchée sur le tapa, ce qui, dans la langue diplomatique de ces messieurs, voulait dire que les provinciaux de l'intérieur acceptaient l'offrande des gens de la côte, et que ces derniers pouvaient franchir la frontière. Nous nous engageâmes aussitôt plus avant. Me croirez-vous si je vous dis qu'à chaque frontière il fallait renouveler la même cérémonie? Que de douanes, de corps d'observation, de cordons sanitaires ou autres, et cela pour la sauvegarde de si petites nations!... Nous avons traversé des tribus qui n'avaient jamais vu de blancs. L'étonnement et la joie que ressentaient ces pauvres sauvages en me voyant tenaient presque du délire ; ils venaient me regarder sous le nez en riant aux éclats, puis ils se tapaient les cuisses avec leurs mains qu'ils glissaient aussitôt jusqu'à l'extrémité de leurs pieds en signe de bonheur et de surprise. Ils touchaient du doigt mes habits, mes armes, et me contemplaient de nouveau en éclatant de rire. Je ne me serais jamais douté que je pusse être aussi comique et aussi récréatif. Quant à mes Indiens, comme ils ignoraient le langage de leurs cousins, ils se tenaient à l'écart, dissimulant avec peine leur effroi, craignant de faire les frais du souper, maudisssant ma folie aventureuse. »

Le capitaine Pannetrat donne ensuite les détails d'un festin que lui donne un chef de tribu, festin dont les sauterelles sèches et les gros vers blancs du bois pourri préparés à la brochette formèrent le principal régal. Le repas fut suivi d'une fête nocturne avec danses guerrières, éclairées par des feux et des torches. Le matin, la tribu tout entière servit d'escorte aux voyageurs et les présenta à la nation voisine, comme l'on présente un nouvel ami à un ami plus ancien.

« J'ai traversé, continue le capitaine, des forêts magnifiques et tellement épaisses que les rayons du soleil n'y sauraient pénétrer ; rien de beau comme ces immenses voûtes de verdure portées en divers endroits par des arbres dont la hauteur varie de 20 à 30 mètres. Parmi ces arbres-colonnes, il en est qui ont la forme du palmier, une écorce couleur marron, douce au toucher comme du velours, et des feuilles de 3 ou 4 mètres de long. Durant ce parcours dans l'intérieur de l'île, j'ai eu également l'occasion de remarquer une espèce de mousse verte qui a 30 centimètres de long ; son éclat et sa forme gothique en font une merveille, et elle ornerait admirablement le chapeau de nos coquettes les plus élégantes. Nous rencontrions beaucoup de cocotiers, de palmiers, une espèce de figuier, dont le fruit a le velouté de la pêche, et dont la feuille ressemble à celle du magnolia ; de distance en distance, nous devinions l'approche des maisons par le cri des coqs que les naturels élèvent pour avoir des plumets de guerre et que leurs principes religieux leur défendent de manger. En revanche, les poules me semblèrent à bon marché ; j'en obtenais une moyennant une de ces pipes qui coûtent 75 centimes la grosse. Presque tous les grands arbres portent à leurs sommets un bouquet de fleurs admirables. Quant au règne animal, grand genre, n'en parlons pas ; il n'y a pas ici d'animaux proprement dits, à part ceux qui nous ressemblent ; les écrevisses y sont des lions ; et c'est sans doute à cette absence des autres genres que nous devons attribuer la singulière habitude qu'ont messieurs les Néo-Calédoniens de se dévorer entre eux; car, de tout temps, comme vous le savez, tout animal éprouva le besoin d'en manger un autre ; cette tendance fâcheuse paraît s'être développée en Nouvelle-Calédonie plus que partout ailleurs. J'eus lieu de m'en apercevoir durant ce trajet de frontières à frontières. Lorsque le soir, accablé de fatigue, je me reposais près de mon feu, ou que pendant le jour je me baignais dans une rivière, ces messieurs s'approchaient doucement de moi et venaient toucher mes mollets en disant : *Lélékakaï!* (bon à manger) *Lélékakaï*, c'est le morceau ordinaire du chef. Les membres de l'une de ces tribus de l'intérieur sont non-seulement anthropophages, mais réduits à l'état le plus sauvage. Ils se tiennent habituellement sur les arbres des forêts, n'habitent que sous des hangars et sont très-féroces; ils paraissaient inspirer beaucoup d'effroi à nos Indiens, qui nous recommandaient expressément le silence. »

La Nouvelle-Calédonie n'est que la plus grande des îles qui forment les dépendances françaises de ce côté. Elle commande l'archipel d'*Entrecasteaux*, l'île de la *Reconnaissance*, l'île *Jandé*, l'île *Balabea*, que sépare de la grande île le détroit *Devareune*; l'île *Neba*, l'île *Pomu*, les îles *des Contrariétés*, en regard d'une large baie située au milieu de la côte ouest; les îles *de la baie Saint-Vincent*, qui forment ce mouillage; l'île *Evon*, à l'entrée de Port-de-France, très-boisée et renfermant de beaux pâturages sur lesquels prospère le bétail qu'on y importe; au sud, l'île *Unu-aé*, séparée de la terre ferme par le canal *Woodin;* à l'est, plusieurs petits archipels; enfin, à la pointe la plus méridionale l'*île des Pins*, très-vaste et qui doit son nom aux arbres qui la couvrent.

V. — NOUVELLES HÉBRIDES OU ARCHIPEL DE QUIROS.

Au nord et à l'est de la Nouvelle-Calédonie se présente un archipel important par l'étendue et la fertilité des îles qui le composent. Fernandès de Quiros, qui en découvrit, en 1606, la terre principale, lui donna le nom d'*Australia del Espiritu Santo.* 162 ans plus tard, Bougainville y ajouta quelques îles qu'il nomma les *Grandes-Cyclades*. Cook vint six ans après achever la découverte des principales îles, et leur donna le nom de *Nouvelles-Hébrides.*

Le groupe le plus méridional de cet archipel est détaché du reste de la chaîne; il comprend cinq îles qui, à l'exception de celle d'*Immer*, sont élevées et sans récifs de corail. Celle de *Tanna* présente un volcan très-actif. Il paraît agité de convulsions, et les cendres qu'il vomit avec le feu obscurcissent l'air. La pluie qui tombe dans les éruptions, était un composé d'eau, de sable et de terre, de telle sorte qu'on pouvait l'appeler une ondée de vase. Ces feux souterains semblent contribuer beaucoup à cette richesse de végétation qui distingue cette île. Plusieurs plantes y prennent deux fois la hauteur qu'elles ont dans les autres contrées, leurs feuilles sont plus larges et leurs parfums plus forts. Plusieurs terrains exhalent des vapeurs sulfuriques. Des sources chaudes s'y élancent. Tanna présente aussi des couches d'argile mêlées de terre alumineuse, de blocs de craie et de tripoli. Le soufre y abonde, et l'on trouve quelques indices de cuivre. Les sites de Tanna ont quelque chose de plus doux et de plus élégant que ceux de Taïti, parce que les montagnes ne s'élancent pas brusquement du milieu d'une plaine étroite, mais sont précédées de plusieurs rangées de collines entrecoupées de larges vallées. On y trouve des bananiers, des cannes à sucre, des patates et plusieurs sortes d'arbres fruitiers. Les voyageurs anglais y virent le pigeon qui, aux Moluques, dissémine les muscades véritables; dans le jabot d'un de ces oiseaux ils trouvèrent une noix de muscade oblongue; les naturels leur en firent voir plusieurs encore entourées de leur macis. Il croît donc une variété de muscadier dans ces îles.

Les naturels ressemblent davantage à ceux de la Nouvelle-Hollande qu'aux insulaires des îles des Amis. Les hommes ont le teint d'un noir qui tire sur le brun; ils sont d'une taille moyenne, mais musculeux et vigoureux; leur barbe forte, noire et bouclée; leur chevelure noire, épaisse et arrangée à la *porc-épic*; les traits du visage prononcés et ouverts; tout enfin leur donne un air mâle et guerrier. La singularité de leurs ornements, le petit bâton qui traverse le bout du nez, la *pagne* qui couvre l'abdomen; enfin, l'usage d'un fard grossier, tiré des terres ocreuses et calcaires, indique clairement la parenté de ces insulaires avec ceux de la Nouvelle-Calédonie, de la Nouvelle-Guinée et de l'archipel Salomon. D'un autre côté leurs arts paraissent avoir eu une origine commune avec ceux répandus chez les Polynésiens. Leurs arcs, faits du plus beau bois élastique, leurs frondes, leurs massues, leur dards, avec lesquels ils percent une planche de bois de 10 centimètres d'épaisseur, rappellent souvent les armes usitées aux îles des Amis. La langue de Tanna et celle d'Erromango diffèrent entre elles; l'une et l'autre n'ont guère de ressemblance avec la langue générale de la Polynésie. L'île d'Erromango est assez grande et a des forêts de bois de sandal. Les indigènes sont noirs et anthropophages. Les femmes des Nouvelles-Hébrides, réduites à l'état d'esclavage, perdent bientôt le peu d'attraits que la nature daigne leur accorder. Elles sont faibles et petites Plusieurs jeunes filles; dit Forster, avaient des traits fort agréables, et un sourire qui devint plus touchant à mesure que leur frayeur se dissipa. Elles avaient les formes sveltes, les bras d'une délicatesse particulière, et elles n'étaient couvertes que jusqu'aux genoux. Leurs cheveux bouclés flottaient sur leur tête ou étaient retenus par une tresse, et la feuille de banane verte qu'elles y portaient ordinairement, montrait avec un certain avantage leur couleur noire.

L'île de *Sandwich*, découverte par Cook, a 100 kil. de tour, et présente le même aspect de fertilité que les précédentes. De fraîches teintes de verdure parent ses bosquets entremêlés de beaucoup de cocotiers : les montagnes s'élèvent fort avant dans l'intérieur des terres, et on trouve à leurs pieds plusieurs cantons couverts de bois et entremêlés de champs cultivés qui offrent la couleur dorée de nos guérets. L'île *Api* est fertile ; *Paoum* est un rocher volcanique stérile ; *Ambrym* se fait remarquer par un volcan qui lance des colonnes d'une fumée blanchâtre. Elle est fertile et cultivée. L'île *Pentecôte* a beaucoup de plantations, et est très-peuplée. L'île *Aurore*, plus majestueuse, est ornée de forêts pittoresques où jaillissent des cascades. Le nom d'*île des Lépreux*, donné à une petite île voisine, n'est fondé sur aucune circonstance particulière : une sorte de lèpre blanche est répandue dans toute l'Océanie.

Les deux grandes îles de *Mallicolo* et du *Saint-Esprit* constituent une chaîne particulière et plus occidentale que celle que nous venons de suivre. *Mallicolo* a 72 kilom. de long. Bien arrosée et bien boisée, elle possède un sol fertile. Les cochons et les volailles étaient les seuls animaux domestiques lorsque Quiros la découvrit: Cook y ajouta des chiens. Les habitants de *Mallicolo* sont très-hideux, et diffèrent beaucoup des autres nations de cette partie du monde. Ces hommes sont d'une couleur bronzée ; en général, leur hauteur n'excède pas 1 m. 60 cent.; leurs membres manquent souvent de proportions; ils ont les jambes et les bras longs et grêles, la tête longue, le visage aplati et la mine des singes, un large nez plat, les os des joues proéminents, et l'os frontal très-étroit et comprimé en arrière, comme chez les animaux. Leurs cheveux sont crépus, sans être aussi laineux que ceux d'un nègre de l'Afrique. Cette peuplade ressemble singulièrement aux sauvages que Flinders observa dans la Nouvelle-Galles, aux environs de la baie de

Moreton. Leur dialecte offre ces sifflements, ces battements de langue, ces combinaisons bizarres de consonnes qui, dans les idiomes d'Afrique, bravent les organes européens. Dans leur costume, on remarque la ceinture, qui, très-serrée, leur donne l'air de grosses fourmis. La *pagne*, indécemment pudique, les fait ressembler au dieu des jardins. Ils ont des flèches empoisonnées, dont la blessure donne une mort prompte.

L'île du *Saint-Esprit*, la plus grande et la plus occidentale de tout l'archipel, a 88 kil. de long sur une largeur de 48, et plus de 240 de circuit. Les côtes, surtout celles de l'occident, sont d'une hauteur extraordinaire, et forment une chaîne suivie de montagnes qui, en quelques endroits, s'élèvent directement des bords de la mer. Mais en général, l'île est bordée de belles collines bien boisées, de vallées ouvertes et de diverses plantations. Les îles qui gisent le long des côtes méridionales et orientales forment des baies et des ports aussi bien abrités que la grande baie de *Saint-Jacques et Saint-Philippe*, qui se trouve à l'est ; c'est là qu'ont mouillé Quiros et Cook, dans le port de *Vera-Cruz*, non loin de la rivière *Jourdain*. Le pieux navigateur espagnol voulut y fonder la ville de la *Nouvelle-Jérusalem* ; mais avant qu'il eût pu en élever la première cabane, une discussion sanglante avec les indigènes et le manque de vivres l'obligèrent à s'en retourner en Amérique. Les habitants, plus forts et mieux faits que ceux de Mallicolo, étaient de couleur noire, et leurs cheveux paraissaient lainés, ou du moins très-bouclés. Ils prononçaient quelques mots de la langue des îles des Amis et de la Société. Au nord-est de l'île du Saint-Esprit se trouve le groupe des îles de *Banks*; l'île *Barwell*, autrefois *Ticopia*, est petite, mais peuplée de naturels fort doux. Les îles *Pandore* ou *San-Marco, Chevry* ou *Vergel, Mitre, Bligh* et autres ne méritent pas de nous arrêter.

VI. — ARCHIPELS DE SANTA-CRUZ ET DES
ILES SALOMON.

Le navigateur espagnol *Mendana*, envoyé à la découverte de la Terre-Australe, découvrit, en 1568, une suite d'îles qu'il nomma *Islas de Salomon* ; il les plaça entre 5 et 9 degrés de latitude sud ; mais ses observations de longitude furent si vagues et si inexactes, que lui-même ni aucun autre navigateur ne put de long-temps retrouver ces terres. Dans un second voyage, Mendaña, ayant en vain cherché les îles Salomon, découvrit l'île de *Santa-Cruz* et quelques autres. C'est l'île *Egmont* et les autres îles de la Reine-Charlotte, retrouvées, par le capitaine Carteret. Carteret descendit sur l'île *Santa-Cruz*, où il eut à soutenir un combat sanglant contre les habitants. Les Anglais avaient été reçus et régalés dans une maison d'assemblée semblable, pour la forme et l'ameublement, à celles de Taïti. Les naturels étaient d'un teint noir peu foncé ; l'un d'eux, qui fut fait prisonnier, avait les cheveux laineux, mais les traits réguliers. Vigoureux et brave, ce peuple défendit avec opiniâtreté son île, qui est fertile, bien boisée et bordée de gros villages.

La *baie Trévanion* est le port le plus remarquable de la grande île de l'archipel Santa-Cruz. Les montagnes sont peu élevées. Les habitants sont olivâtres, et leur physionomie a beaucoup de rapport avec celle des Moluquois ; seulement on en remarque quelques-uns qui ont la peau noire, et qui paraissent être d'une race bien différente : ceux-là ont aussi les lèvres grosses, le nez large et aplati ; mais tous ont les cheveux crépus et le front très-large. Ils s'épilent par tout le corps, et ils aiment à porter des cheveux blonds, qu'il parviennent, à ce qu'il paraît, à rendre tels par le moyen de la chaux, comme aux îles des Amis. Cette couleur constraste singulièrement avec le noir de leur peau, rendu plus foncé par le tatouage.

Surville, navigateur français, retrouva le premier les îles Salomon, qu'il appela *Terres Arsacides*. Les habitants montrèrent un caractère perfide et sanguinaire, ce qui les fit comparer aux fameux Assassins, faussement nommés Arsacides, de la Perse ou de la Syrie. Ils avaient le teint noir, les cheveux laineux, le nez épaté, les lèvres grosses ; ils se poudraient avec de la chaux ; ils portaient des bracelets de coquillages, et des ceintures de dents d'hommes ; de leur nez percé pendaient des bouquets de fleurs ; leurs pirogues légères étaient enduites de mastic. Surville observa plusieurs tri-bus qui ne parlaient pas la même langue. Le gouvernement paraît despotique à l'extrême ; les pêcheurs et les cultivateurs sont obligés d'offrir au roi tous les produits de leur travail ; il retient ce que bon lui semble. Si un sujet marche dans l'ombre du roi, il est puni de mort. Les sculptures qui ornent leurs bateaux de guerre sont des chefs-d'œuvre d'élégance. Ils en ont de 15 à 20 mètres de long. On ne doit pas mépriser leurs armes, surtout leurs arcs très-élastiques.

Les îles *du Massacre*, que le capitaine américain Morrell, commandant le brick *l'Antarctique*, prétend avoir découvertes, le 24 mai 1830, ne sont sans doute que les îles Surville ou les îles Carteret. Voici un passage de la très-curieuse relation de Morrell : « Le navire était à peine assuré sur ses ancres, que les naturels, à peu près aussi noirs de peau que les Africains, commencèrent à se réunir autour de lui, demeurant toutefois à distance respectueuse dans leurs petits canots, et témoignant, par leurs signes, de la curiosité, de l'étonnement et de la crainte. Ils s'avancèrent jusqu'à un mille du vaisseau, et alors il tinrent leurs rames immobiles, comme n'osant avancer davantage. A cette vue le capitaine Morrell déploya un drapeau blanc en signe d'amitié, et leur montra plusieurs colliers de grains de verre et d'autres objets brillant au soleil. On les décida ainsi à s'approcher tout à fait du navire ; mais lorsqu'ils eurent examiné les cordages, les agrès, ils parurent avoir tellement peur, qu'ils ne purent, pendant quelque temps, se déterminer à venir à bord. « J'en distinguai bientôt dans le nombre un, écrit le capitane ; je le reconnus pour le chef de la peuplade, et, je l'appelai *Néron*. Sa taille était athlétique, son regard plein de majesté et de noblesse ; il était très-splendidement ou plutôt très-bizarrement orné de coquillages et de fleurs qu'il portait à la tête, au cou et à la ceinture, tandis que ses bras et ses jambes étaient décorés d'anneaux et de bracelets de la plus belle écaille de tortue. Après un long temps, je parvins à lui persuader de venir à bord avec quelques-uns des siens ; mais ce fut après beaucoup de doute et d'hésitation. Qui pourrait dépeindre leur étonnement lorsqu'ils se virent sur le pont ! ils semblaient être devenus muets et stupides, et ne firent pas le moindre mouvement avant que j'eusse pris Néron par le bras et l'eusse fait promener. »

« Un peu rassuré par la cordialité de la réception, Néron commença à revenir de sa surprise, et à témoigner une extrême curiosité ; il examina rapidement les mâts, les voiles, le pont, les câbles, les ancres, passant d'un objet à un autre, les palpant avec ses deux mains, demandant l'usage de chaque chose, mais n'attendant jamais de réponse, et mettant aussitôt les doigts sur un autre objet. Enfin, il se mit à sauter comme un fou, alternativement riant poussant des exclamations de surprise ; lorsqu'une chose le frappait, il s'écriait : *rett-stiller*, beau ! Ses compagnons n'osaient pas exprimer leurs sensations en présence de leur chef. Le capitaine Morrell invita Néron à descendre avec lui dans la cabine ; mais il refusa jusqu'à ce que trois de ses gens eussent tenté cette terrible entreprise, et qu'il leur eût donné l'ordre en conséquence, ordre qu'ils écoutèrent avec une répugnance évidente. Ils eurent à peine mis le pied dans la cabine, que la frayeur fit chez eux place à la surprise et à l'admiration, lorsqu'ils virent le grand nombre de fusils, de pistolets et de sabres brillants qui la décoraient ; ils couvraient de leurs mains leurs yeux éblouis, et ils criaient : *rett-stiller*, cri que répétaient aussitôt leurs compagnons restés sur le pont. On leur montra ensuite une glace, dont la vue les frappa d'abord de terreur ; ils restèrent plusieurs minutes abrutis d'étonnement, se regardant les uns les autres, puis fixant l'image réfléchie par le miroir : mais aussitôt qu'ils y reconnurent leur visage noir, ils s'embrassèrent, firent les plus grotesques grimaces, rirent à gorge déployée et hurlèrent de joie.

« Néron, dès qu'il les entendit, ne put résister plus longtemps à son désir de descendre aussi. En un saut il fut dans la cabine, et tandis qu'il la parcourait des yeux, ses exclamations de surprise et de bonheur dépassaient toutes les bornes. Bientôt on aperçut autour du vaisseau un plus grand nombre de barques, remplies de naturels également noirs et nus, venant des autres îles ; ils paraissaient incrédules aux merveilleuses histoires que racontaient ceux de leurs amis qui étaient à bord : mais ils se convainquirent par eux-mêmes de la vérité. Le

capitaine Morrell se rendit ensuite à terre, à l'invitation du roi et au grand contentement des naturels. Après que leur joie se fut un peu calmée, écrit-il, leur curiosité se porta sur ma personne même. Nul d'entre eux cependant, à l'exception du roi Néron, n'osa me toucher, encore n'exécuta-t-il cette prouesse que d'une main tremblante. Quand il se fut bien convaincu que j'étais de chair et d'os comme lui et ses semblables, et que rien ne pouvait faire disparaître la couleur blanche dont il croyait ma peau noire recouverte, il se tourna vers ses conseillers d'un air fort surpris, et les harangua quelque temps à propos de ce merveilleux phénomène. Toute l'assistance l'écouta avec moins de respect que d'étonnement, restant immobile, les yeux fixes et la bouche béante. Néron me pria alors d'ouvrir ma veste et ma chemise pour qu'il fît le même essai sur la couleur de mon corps ; le résultat fut un accroissement de surprise. Chacun des hommes s'approcha, et se convainquit que ma peau n'était ni une étoffe blanche bien tendue sur mon corps, ni sa couleur l'effet de moyens artificiels. Quand leur curiosité fut satisfaite sur ce point, les femmes m'offrirent plusieurs beaux colliers de coquillages qu'elle détachèrent de leur cou, de leurs bras et de leurs jambes, et dont elles me parèrent. Cette politesse fut imitée par les chefs, qui ôtèrent et m'offrirent leurs bonnets ou guirlandes de plumes ingénieusement travaillés et ornés avec goût de corail rouge. Cependant nous avions été joints par environ 400 naturels ; tout à coup, fut entonnée une chanson qu'ils chantèrent en chœur, vieux et jeunes, hommes, femmes et enfants. A en juger par leurs gestes, elle s'adressait évidemment à moi, et avait pour but de témoigner leur reconnaissance des présents qu'ils avaient reçus. Alors je cherchai par signes et par gestes, à force de révérences et de sourires, à les remercier d'une telle politesse. Ce concert terminé, je fis entendre à Néron que je désirais examiner l'île, et le priai de me faire l'honneur de m'accompagner, ce à quoi il consentit avec plaisir, prenant avec lui plusieurs gens de sa suite. Six hommes, par ordre de leur chef, marchèrent devant nous, servant de guides et nous frayant le passage. J'étais sans armes, m'imaginant que la meilleure garantie de ma sûreté personnelle était la confiance que je semblais mettre en mes conducteurs, qui, de fait, paraissaient les gens les plus doux, les meilleurs et les plus inoffensifs que j'eusse jamais vus. Tandis que nous traversions la forêt, tous cherchaient à m'amuser, jouant, sautant, courant, cabriolant comme des gamins qui sortent de l'école. Tous les objets qui me tombèrent sous les yeux pendant cette excursion avaient un air de jeunesse et de fraîcheur, comme si toute l'île était de création récente, les arbres étaient fort jeunes ; en passant au milieu des bois, je vis quelques plantes couvertes à profusion de belles fleurs rouges, que Néron me dit être cultivées par eux exclusivement pour leur parure. Vers le centre de l'île, mon attention fut arrêtée par de petits morceaux de corail, empilés régulièrement, et seulement séparés les uns des autres par des sentiers dont l'approche était défendue par des pieux fichés en terre. Néron m'apprit que c'était le cimetière royal, et que les morceaux de corail étaient autant de tombes. Ils n'y enterraient que les chefs et les guerriers de distinction, qui seuls avaient la permission de franchir la palissade : les corps des gens du peuple étaient jetés à la mer. »

Voici comment M. A. Mazuy dépeint les naturels des îles Massacre :

« Ils sont grands de 2 mètres, bien proportionnés, droits et larges de poitrine ; aussi sont-ils forts, nerveux, vigoureux et un peu gros, mais extrêmement agiles ; leurs bras et leurs jambes sont bien taillés ; et comme la plupart des insulaires de l'Océan Pacifique, leurs mains et leurs pieds sont petits en proportion des autres parties du corps. La forme de leur tête est extrêmement gracieuse, et toute différente de celle des Africains ; la peau des hommes et des femmes est douce et délicate au toucher ; leurs cheveux sont un peu crépus, mais doux et soyeux. Leurs yeux sont grands, naturellement unis et bien proportionnés ; leur nez est élégant, et leurs lèvres le sont aussi, car elles sont peu épaisses, et s'ouvrent assez pour laisser voir leurs dents blanches comme du lait, toutes égales et pareilles, admirablement disposées entre des lèvres dont l'incarnat ne le cède en rien à l'éclat du corail qui environne leurs îles. Mais l'expression de leur physionomie, lorsqu'elle n'est pas adoucie par le plaisir, est sau-

vage, féroce, en même temps qu'elle indique la fermeté et la résolution. Ils se tatouent, avec extravagance, bras, jambes, poitrine, épaules et figure, et souvent d'une si effrayante manière, que leur air féroce en devient hideux. Les femmes sont presque aussi corpulentes que les hommes, ont également le teint noir, et ne sont pas moins bien faites, avec le dos étroit, le sein saillant, la taille mince, les hanches peu marquées ; elles ont les jambes et les bras bien proportionnés, de grands yeux noirs, de petites figures rondes, le cou mince et de fort belles dents. Nous ne dirons presque rien de leur vêtement, et pour cause. Quelques-unes portent bien des nattes faites avec la seconde écorce du cocotier, qu'elles attachent comme un jupon autour de leur ceinture, et qui tombent jusqu'à mi-genoux ; mais la plupart, hommes et femmes, vont entièrement nus, si nous exceptons leurs ornements qui consistent en larges feuilles, en coquillages, en os et en dents de poissons, qu'ils portent à la tête, aux oreilles, au nez, au cou, aux bras, aux reins, aux cuisses, aux jambes et aux chevilles. Les chefs se distinguent par des bonnets à plumes qui ondulent gracieusement au souffle du vent. Leurs instruments de guerre sont assez nombreux pour se convaincre qu'ils seraient, en cas d'hostilité, de très-formidables ennemis. Leurs armes consistent en arcs, flèches, lances, massues et haches. Les arcs ont 2 m. 80 c. de longueur, et sont faits de bois de palmier ; ils sont légers, forts et très-élastiques ; l'écorce intérieure du même arbre leur fournit les cordes. Les flèches sont de petits roseaux très-droits, qui poussent en abondance dans une des îles ; elles sont longues de 1 mètre 60 c., et la pointe est faite d'un bois extrêmement dur. Leurs lances sont du même bois que leurs arcs, hautes de 5 mètres 30 c., également ciselées au milieu, et polies avec tant de soin, travaillées avec tant de goût, qu'elles semblent être d'ivoire. Leurs massues sont aussi de palmier ; elles ont 1 mètre 35 c. de long, avec une lame plate à l'un des bouts, large de 20 cent. et bien aiguisée ; l'autre bout, qui est le manche, est presque rond et gros de manière à être tenu dans la main ; il se termine par une espèce de boule assez semblable au pommeau d'une épée, sur laquelle sont sculptés la tête, la figure et les traits d'un nègre féroce. Leurs haches sont longues de 75 centimètres, avec un bout aminci, pour servir de poignée, tandis que de l'autre est une tête grossièrement sculptée, de la grosseur d'un coco, représentant un guerrier tatoué et peint pour le combat. »

Les principales îles de l'archipel de Salomon sont, en allant du sud au nord : *San Christoval*, qui a près d'elle *Santa-Anna* et *Santa-Catalina*, de Mendana, et *l'île des Contrariétés*, de Surville; *Guadalcanal*, séparée par un détroit de *Santa-Isabella*, la plus grande de tout l'archipel avec un pic semblable à celui de Ténériffe; devant ces deux îles, celles de *Carteret* et de *Simpson*, qui doivent correspondre à celles de *Buenavista* et de *Florida*, de Mendana.

Après le détroit de Bougainville, viennent les îles *de la Trésorerie*, celle de *Bougainville* et celle de *Bouka*. Les îles Salomon sont entourées de récifs et de bancs de corail formés par des polypes, comme ceux de la Calédonie, ce qui en rend la navigation très-dangereuse : elles présentent un aspect fertile et un coup d'œil enchanteur. Tout le sol y est ombragé par des arbres jusqu'aux sommités les plus élevées.

L'île de *Bouka* est très-peuplée. Les habitants sont d'une taille moyenne et d'un noir peu foncé; ils vont entièrement nus; leurs muscles très-prononcés annoncent une grande force; leur figure est laide, mais expressive; ils ont la tête fort grosse, le front large, de même que toute la face, qui est très-aplatie, particulièrement au-dessous du nez, le menton épais, les joues un peu saillantes, le nez épaté, la bouche fort large et les lèvres assez minces. Ils épilent toutes les parties de leur corps. Ils mettent beaucoup d'industrie dans la fabrication de leurs arcs; la flèche est armée d'un dard de la raie-pastenague. Ils se servent de ces armes avec beaucoup d'adresse. Leurs pirogues sont sculptées et d'une forme élégante.

Les îles de Salomon paraissent très-fertiles. Parmi leurs productions végétales, les anciens voyageurs nomment le giroflier et le caféyer, le gingembre, une espèce de citronnier et beaucoup d'arbres résineux ou qui donnaient une gomme odorante et aromatique : l'arbre à pain et le palmier-éventail y abondent. On a vu beaucoup de volailles; le chien et le cochon y paraissent connus; les forêts, peuplées de magnifiques perroquets, nourrissent des serpents, des crapauds munis d'une crête sur le dos, des araignées très-longues et de grosses fourmis. Un peu d'or et quelques perles que trouva Mendana, paraissent avoir donné lieu aux idées extravagantes que plusieurs écrivains espagnols se sont formées des trésors de ce nouvel Ophir.

Les îles *Hunter*, *Pitt* et *Bellone*, situées au sud-ouest de San-Christoval, dépendent de l'archipel Salomon, ainsi que les groupes des îles *Stewart* et *Lord Howe*.

VII. — ARCHIPELS DE LA LOUISIADE ET DE LA NOUVELLE-GRENADE.

Entre les îles Solomon et la Nouvelle-Guinée on rencontre deux archipels importants. Celui de la *Louisiade*, au sud-ouest de la Nouvelle-Guinée, a été découvert par Bougainville. D'Entrecasteaux, qui visita ces terres du côté du nord, nomma les îles *Rossel*, *Saint-Aignan*, *d'Entrecasteaux* et *Trobriand*. Toute la Louisiade est une chaîne d'îles entourée d'écueils et de récifs; elle paraît très-peuplée; les habitants vont nus, et sont d'une couleur noire peu foncée; leurs cheveux laineux sont entourés de touffes de plumes : il y en a cependant d'aussi noirs que les nègres de Mozambique; ils ont, comme eux, la lèvre supérieure qui surpasse de beaucoup l'inférieure; ce sont deux races distinctes.Ces naturels n'entendent pas le malais; leurs cabanes sont construites comme celles des Papous. Ils portent un bouclier au bras gauche, arme défensive qui n'est pas commune parmi les sauvages de cette partie du monde. Leurs haches sont de serpentine. On admire leur habileté à naviguer. Ils construisent des filets pour pêcher; ils aiment beaucoup les odeurs, et parfument la plupart des objets dont ils se servent.

En 1852, la Louisiade a été le théâtre d'un terrible événement. Le navire *le Saint-Paul* s'y est perdu sur l'île *Adèle*, en se rendant en Australie, et plus de 300 infortunés, les uns Français, les autres Chinois, ont été massacrés et dévorés par les peuples anthropophages de cette région.

L'archipel de la Nouvelle-Bretagne, longtemps confondu avec la Nouvelle-

Guinée, en est séparé par le *détroit de Dampier*. Lemaire et Abel Tasman avaient cotoyé une partie de cet archipel.

Dampier nous apprit le premier que cette masse de terre était séparée de la Nouvelle-Guinée ; bientôt Carteret, en découvrant le canal de *Saint-Georges*, détacha de la Nouvelle-Bretagne l'île qu'il nomma *Nouvelle-Irlande ;* il reconnut aussi l'île de la *Nouvelle-Hanovre* et les *îles de l'Amirauté*. D'Entrecasteaux découvrit les îles *Françaises* et les îles *Willaumez*. L'extrémité orientale de la Nouvelle-Bretagne fut reconnue comme formant une île à part.

La nature du sol et le caractère des habitants rappellent les contrées voisines que nous venons de décrire. Dampier, qui séjourna principalement dans une baie de la Nouvelle-Bretagne, appelée *Port-Montagu*, trouva le pays montagneux et couvert de bois, mais entrecoupé de vallées fertiles et de superbes rivières ; il lui parut très-peuplé ; les naturels ressemblaient aux Papous et conduisaient leurs canots avec une adresse infinie. La principale production paraissait être le cocotier ; mais on y trouvait aussi beaucoup de racines, particulièrement du gingembre, plusieurs espèces d'aloës, de rotangs, des bambous. Il y avait une foule d'oiseaux et d'insectes. On crut voir des chiens ou quelque animal qui y ressemblait. La mer et les fleuves fourmillaient de poissons. Dans la principale terre et dans les îles voisines il y a plusieurs volcans. La Nouvelle-Bretagne a offert à d'Entrecasteaux des indices d'une très-grande population ; les cabanes des habitants y sont élevées sur des pieux comme celles des Papous.

Le capitaine Carteret trouva les naturels de la *Nouvelle-Irlande* très-guerriers ; ils portent des lances armées de cailloux pointus ; leur visage est barbouillé de blanc, et leurs cheveux couverts d'une poudre de la même couleur : c'est un trait caractéristique de toutes ces nations. Ils sont noirs, leurs cheveux sont laineux et crépus ; mais ils n'ont ni les lèvres épaisses, ni le nez plat des nègres. Quelques canots de la Nouvelle-Irlande ont 30 mètres de long, et sont faits d'un seul arbre. Près du *havre de Carteret*, l'île offre des montagnes escarpées, qui présentent sur leurs flancs des débris de corps marins dont elles sont en

partie composées. Il y en a dans l'intérieur qui paraissent s'élever à plus de 2,500 mètres au-dessus du niveau de la mer, et elles sont couvertes de grands arbres jusqu'à leur sommet. Il y a beaucoup de scorpions et de scolopendres ; les cavités des rochers recèlent l'énorme chauve-souris-vampire. On y trouve l'arbre à pain : le *poivier-cubèbe* croît à l'ombre des forêts.

La petite îles *des Cocos*, qui se trouve auprès, est entièrement calcaire. Il y croît beaucoup plus de figuiers que de cocos. On y trouve une nouvelle espèce de *palmier-aréca* qui s'élève à près de 50 mètres : la tige est extrêmement mince, mais le bois très-dur. Il y croît un très-grand arbre du genre des *solanum* ; les arbres de teck et les gommiers sont communs. On voit dans les bas-fonds l'utile sagoutier. Dans la partie occidentale croît une espèce de muscadier.

La petite île *du duc d'York*, dans le canal de Saint-Georges, parut au capitaine Hunter un grand jardin, tant les plantations étaient soignées et rapprochées. Les habitants apportaient des fruits qu'ils entassaient en pyramides ; au sommet ils plaçaient de jeunes chiens qui avaient les pattes liées ; ils chantaient des hymnes de paix au son d'une grande conque ; mais la défiance et la férocité de leur caractère percèrent à travers ces démonstrations que leur arrachait la crainte.

Au nord-ouest de l'île de la Nouvelle-Irlande est une autre île assez grande, mais peu connue, nommée la *Nouvelle-Hanovre* ; elle est séparée de la première par un canal fermé par des récifs dont l'entrée est encore obstruée par des îlots. Parmi les petites îles qui forment une chaîne à l'est de la Nouvelle-Irlande, nous remarquerons celle de *Garrit-Denis*, ou plutôt de *Gérard de Nys*. Les habitants ressemblent à ceux de la grande terre ; ils portent un petit bâton fixé à travers le nez.

En se dirigeant à l'ouest vers la Nouvelle-Guinée, on rencontre une suite de petits archipels, entre autres les îles *Portland*, les îles de *l'Amirauté*, les îles des *Ermites* et de l'*Échiquier*. Tous présentent une île principale qui occupe le centre d'un groupe dont les contours sont formés par un grand nombre d'îlots aplatis, liés par des récifs. Dans l'archipel des îles *de l'Amirauté*, les insulaires ont la peau d'un noir peu foncé; leur physionomie est agréable, et par son ovale régulier elle diffère peu de celle des Européens ; ils ont les formes du corps très-belles. Les chefs paraissent avoir une grande autorité : quelques individus étaient armés de zagaies faites d'un verre volcanique. Ils attachent à l'extrémité de leurs parties naturelles la coquille *bulla ovum*; le reste du corps est entièrement nu. Les femmes seules ont un vêtement à l'entour de la ceinture. Leurs cheveux sont crépus et de couleur noire; ils les rougissent quelquefois avec de l'ocre mêlée d'huile. Dans quelques-unes de ces îles, le bout des lances était armé d'un morceau de verre volcanique. L'archipel des *Ermites* produit des pommes de cythère et plusieurs fruits de différentes espèces d'*eugenia*, tous bon à manger. Les naturels paraissent plus doux et plus pacifiques que ceux de l'Amirauté, quoiqu'ils semblent plus robustes.

VIII. Nouvelle-Guinée ou Papouasie.

La *Nouvelle-Guinée*, cette grande et belle île, la plus vaste du monde de l'Australie n'est pas rangée parmi les îles; elle se présente comme l'anneau qui lie les îles Moluques à la Nouvelle-Hollande d'un côté et aux archipels polynésiens de l'autre. Ce pays a pu servir de communication aux habitants, et même aux animaux et végétaux de diverses parties de l'Océanie. La partie occidentale est la mieux examinée. Le golfe *Mac-Clare*, pénétrant à l'ouest, forme une péninsule circulaire où sont situés le cap *Blanc de Bonne-Espérance* et le *havre Dory*. La grande baie de *Geelvink*, en pénétrant du nord au sud, sur une profondeur de 280 kil., produit un nouvel isthme et une nouvelle péninsule. Devant ce golfe sont situées les îles *Schouten* ou *Misory*, *Djobie* et autres; on les avait longtemps prises pour des côtes de la grande-terre. Le reste de la partie septentrionale offre une côte non interrompue, précédée par une longue chaîne d'îles.

Le grand golfe entre le *cap Walsch* et les îles Arrow est tracé de plusieurs manières contradictoires. C'est au fond de ce golfe que les cartes hollandaises placent la rivière *des Assassins* et celle qu'elles nomment *Keervcer*, c'est-à-dire, *Retourne*.

Le détroit de Torres, au sud, sépare la Nouvelle-Guinée de la Nouvelle-Hollande; le détroit de Dampier en détache la Nouvelle-Bretagne. On nomme souvent cette contrée *Papouasie* ou *terre de Papous* ou de *Papouas*, d'après le nom que les Malais donnent aux habitants. La Papouasie a environ 1,920 kil. du N.-O. au S.-E.; sa largeur varie de 48 à 640 kilom. Les côtes sont généralement élevées : dans l'intérieur, des montagnes semblent entassées sur des montagnes. Il y a des cataractes dont on aperçoit à plusieurs lieues de distance les flots écumeux. Déjà dans la péninsule occidentale, le mont *Arfak* a près de 3,000 mètres d'élévation. Les cartes hollandaises placent au nord-est des îles Arrou une montagne couverte de neige. Les montagnes de la côte sont richement garnies de bois. Les rivages sont couverts de cocotiers ; tous les navigateurs ont été frappés d'étonnement à la vue d'un si beau pays, digne de posséder des peuples plus industrieux et plus civilisés. Le capitaine *Forrest*, qui ne visita que le havre *Dory*, trouva beaucoup de muscadiers dans quelques petits îles ; et il est probable que la grande terre n'est pas dépourvue des mêmes productions. On exporte en grande quantité une écorce aromatique nommée *massoy*; l'arbre qui la donne paraît être un laurier. Les Hollandais y ont trouvé le bois de fer, l'ébène, le canari, le *lingoa* et le muscadier uniforme ; la mer rejette de gros morceaux d'ambre gris. On trouve de belles perles. Les porcs fourmillent sur les côtes; dans les forêts, le babiroussa des Moluques.

L'ornithologie est merveilleuse. La Nouvelle-Guinée est la résidence favorite des superbes et singuliers oiseaux de paradis, dont l'on compte dix ou douze espèces. Celui qu'on appelle le *roi* a deux plumes détachées de la queue, et qui se terminent par une volute élégante, avec un bouquet. Le *magnifique* porte aussi deux plumes détachées, d'une longueur égale à celle de son corps, très-minces, et qui se terminent en aigrette. Trois plumes longues et droites sortent de chaque côté de la tête de *la gorge dorée*. Tous les oiseaux de paradis sont revêtus de couleurs brillantes. On les prend surtout dans des îles voisines d'Arrou. On les tire avec des flèches émoussées, ou bien on les prend avec de la glu ou des lacets. Séchés au moyen de la fumée et du soufre, ils sont échangés contre des clous ou des morceaux de fer, et portés à Banda. Ce pays nourrit aussi de beaux perroquets et des loris. La *goura* porte une espèce de couronne, ou plutôt une crête de longues plumes rangées au-dessus de sa tête. Les pigeons blancs et les ramiers cuivrés vivent de noix muscades.

La Nouvelle-Guinée paraît peuplée de plusieurs races d'hommes. Les Badchous de Bornéo et les Malais des Moluques étendent leurs courses sur toute la côte occidentale ; il est naturel que plusieurs d'entre eux s'y fixent. Il y a dans l'intérieur une race d'hommes appelés *Haraforas*, ou *Alfourous*, qui vivent dans les creux des arbres, sur lesquels ils montent au moyen d'un morceau de bois entaillé, qu'ils tirent après eux crainte de surprise. La grande masse d'habitants paraît composée de vrais nègres océaniens. Robustes, d'une grande taille, d'un noir luisant, ils ont la peau âpre au toucher, les yeux grands, la bouche extrêmement fendue, le nez écrasé, et les cheveux crépus, mais rudes, d'un noir brillant. Les femmes ont les mamelles énormes et pendantes. Les habitations sont construites dans l'eau, sur un échafaudage ; elles ressemblent, sous ce rapport, à celles des Bornéens et autres nations des îles asiatiques. Les femmes paraissent industrieuses ; elles font des nattes et des pots de terre, qu'elles cuisent avec de l'herbe sèche ou des broussailles ; elles manient même la hache, tandis que leurs indolents époux les regardent et se préparent à la chasse du sanglier. L'aspect de ces peuples et effrayant et hideux ; leur peau est souvent défigurée par des marques semblables à celles de la lèpre. Ils ramassent les cheveux sur leur tête en touffes énormes, qui quelquefois ont 1 mètre de tour ; les moindres ont 70 à 80 cent. ; quelquefois ils l'ornent de plumes d'oiseaux de paradis, tandis qu'un grand nombre de défenses de sanglier pendent à leur cou, comme un objet de luxe. Les dogmes religieux des Papous sont très-peu connus. Ils font des tombeaux de roche dure de corail, qu'ils ornent quelquefois de sculptures. Leur principal commerce se fait avec les Chinois et les Hollandais, à qui ils achètent leurs instruments et leurs

ustensiles, et les grossières toiles de l'Inde qui servent de vêtement aux femmes. Ils donnent en retour du *massoy*, de l'ambre gris, des holothuries, des écailles de tortues, de petites perles, des oiseaux de paradis, des loris et autres oiseaux, qu'ils dessèchent avec la plus grande adresse. On exporte aussi quelques esclaves, sans doute quelques prisonniers de guerre. Armés de hassagaies, d'arcs et de flèches, et même d'épées de cuivre, les habitants des côtes occidentales ont repoussé les détachements hollandais envoyés dans leur pays. Le capitaine Cook vit près le cap Valsch des sauvages armés d'un tube d'où il sortait de la fumée et du feu ; mais cette explosion ne causait aucun bruit. On ignore quelle peut être cette espèce d'arme. Le savant navigateur Dampier admire la légèreté des pirogues ou *proas*, dont ces peuples se servent avec beaucoup d'habileté, et qu'ils savent orner de sculptures élégantes. Le Nouvelle-Guinée est le siége d'une colonie hollandaise qui s'accroît tous les jours.

Quelques petites îles voisines doivent être citées. Parmi les îles de l'archipel *Schouten*, quatre avaient des volcans enflammés lorsque les Hollandais y passèrent ; elles ne laissent pas d'être fertiles. Les îles de *Moa*, d'*Arimoa* et autres, ont l'aspect d'un jardin de palmiers et de cocotiers. Toutes les îles de le côte septentrionale paraissent très-peuplées.

Au nord-ouest, on voit *Waigiou* ou *Wadjou*, île d'une grandeur considérable, avec 100,000 habitants. Les terres sont élevées, et il s'y trouve des montagnes très-hautes. Au nord sont les deux ports excellents de *Piapis* et d'*Offak*. Cette île, nommée par les naturels *Ouarido*, est couverte de très-grands arbres. Les habitants ont tout le corps nu, à l'exception des parties sexuelles, qu'ils couvrent d'une étoffe grossière. Leurs chefs sont habillés avec des étoffes qu'ils achètent des Chinois ; ils portent aussi, comme ces derniers, un chapeau conique de feuilles de palmier et la plupart d'entre eux parlent chinois. Ils ont les cheveux crépus, très-épais, et assez longs ; leur peau n'est pas très-noire ; quelques-uns laissent croître leurs moustaches. Ils se servent de l'arc avec adresse. Ils se nourrissent de porcs, de tortues, de poules, d'oranges-pamplemousses, de cocos, de papayes, de courges, de pourpier quadrifide, de canne à sucre, d'ignames, de patates, de citrons, de piment, d'épis de maïs encore verts, qu'ils font griller. Labillardière a trouvé dans cette île le beau promerops de la Nouvelle-Guinée, le gros kakatoës noir, et une nouvelle espèce de cacao qu'il a décrite sous le nom de cacao de Waigiou. Les coqs sauvages et le faisan couronné des Indes sont très-communs dans les bois qui environnent l'excellente rade de *Boni-Saini*. A ce groupe appartiennent *Battanti*, *Gamen* et *Salawatti* ou *Salvatty*. Les peuples de ces îls ressemblent à ceux de la Nouvelle-Guinée ; leur aspect est affreux, et ils sont d'une grande férocité. Ils vivent de poissons, de tortues, de sagou.

Nous ne pouvons pas faire une transition plus convenable de la Nouvelle-Guinée à la Polynésie ou à l'Océanie orientale, qu'en décrivant les *îles Saint-David* et les *îles Fréwill*, situées au nord de l'archipel Schouten et peuplées d'une race exactement semblable aux habitants des îles Mariannes, à ceux de Sandwich, d'Otaïti et de la Nouvelle-Zélande. « Ici, « dit Carteret, nous vîmes pour la première « fois des Indiens cuivrés et ayant les « cheveux longs. » Ils bâtissent leurs villages dans des bosquets de cocotiers, de bananiers et d'arbres à pain. Leurs cottes d'armes, faites de nattes, résistent à une balle de pistolet. Ils parlent un idiome semblable à celui qui règne aux îles Sandwich, circonstance très-remarquable dans l'histoire des nations océaniennes.

Il a paru à d'Entrecasteaux que le groupe de Saint-David, découvert en 1761, et celui de Fréwill, trouvé en 1768, n'étaient qu'un seul et même archipel. Cette identité a été démontrée par le capitaine Duperrey et l'on s'accorde à rattacher ce groupe à l'archipel Schouten.

CHAPITRE QUATRIÈME.

Polynésie.

Compté depuis Greenwich, le 180° de longitude trace une ligne de démarcation entre les deux grandes familles polynésienne et mélanésienne qui se partagent les îles sans nombre de l'océan Pacifique. A l'est de ce méridien, sauf l'exception de la Nouvelle-Zélande, tous les groupes habités appartiennent à la première de ces deux races : à l'ouest, toutes les îles sont occupées par les Mélanésiens, jusqu'à la Nouvelle-Guinée et à l'Australie inclusivement, où le type humain, sous le nom encore mal défini des Arafouras, descend au dernier degré connu de l'infériorité physique et morale. Le groupe des îles Fidji (Viti), placé vers le 180°, au centre des nombreux archipels océaniens, semble offrir un caractère intermédiaire.

La race polynésienne occupe tous les archipels dont les noms ont été si familiers par les récits des voyages de Cook, de Vancouver et de leurs successeurs. Ces insulaires qui, surtout dans leur classe aristocratique, offrent un des plus beaux types physiques de l'homme, sont répandus sur un vaste espace de mer qui ne mesure pas moins de 50° de latitude, du nord au sud, et de 50° de longitude, de l'est à l'ouest. Partout où ils se rencontrent, ils sont caractérisés par une uniformité singulièrement remarquable de mœurs, de religion et d'organisation politique. La race polynésienne est de couleur bronzée ; elle a le grand angle facial, la haute stature, les traits réguliers et le front élevé des Européens. Ses cheveux sont longs et noirs. Elle est soumise, sans exception, à la consécration religieuse et caractéristique du Tapou.

Chacun connaît les descriptions du capitaine Cook sur ces îles et leurs habitants, mais il a peu séjourné dans ces parages, et depuis lui, les nombreux voyageurs occupés d'affaires commerciales, ne nous ont appris que peu de chose sur le caractère, les coutumes et les mœurs de ces insulaires. Des voyageurs scientifiques et des missionnaires ont fourni des matériaux du plus grand intérêt.

La mer du Sud fut découverte par Vasco-Nugnez de Balboa, en 1513. Du sommet des Cordillières, qui s'étendent au-dessus de l'Isthme de Darien, cet Espagnol entreprenant et hardi, résolut le problème qui avait échappé au génie de Christophe Colomb, et contempla l'immense océan Pacifique dans toute sa majesté. Quelques années plus tard, le portugais Magellan, envoyé par la cour d'Espagne pour constater la situation exacte des Moluques, fit voile vers l'ouest, et après avoir longé les côtes orientales de l'Amérique du Sud, découvrit le détroit qui porte son nom, et lança le premier vaisseau européen dans l'océan Pacifique. Poursuivant audacieusement sa route sur cette mer inconnue, il découvrit les îles des Larrons, et les Philippines sur une desquelles il fut tué dans une rencontre avec les sauvages. Ses compagnons ayant accompli le but de leur voyage, retournèrent en Europe sur le vaisseau la *Victoire*, qui le premier fit le tour du monde. D'autres navigateurs, de différentes nations, ont suivi les pas de Magellan, et ont enrichi la géographie, de leurs découvertes dans cette partie du globe. Les îles nombreuses qui se présentèrent de toutes parts aux yeux de ces intrépides navigateurs, ont suggéré le nom de Polynésie, pour le groupe entier.

L'origine de ces îles varie. Quelques-unes existent sans aucun doute depuis le commencement du monde : les expériences géologiques faites sur leur sol l'indiquent. D'autres sont des produits volcaniques, et la majeure partie peut être doit son origine à ce prodige de la création, *l'insecte de corail*. Ces faibles insectes changent peu à peu par leurs travaux la face de l'océan Pacifique. Du fond des eaux ils se fraient un chemin perpendiculaire jusqu'à la surface. Alors leurs travaux cessent. Ainsi est érigée une plate-forme où viennent s'attacher les plantes aquatiques, où les oiseaux de mer déposent leurs nids, matières premières qui, en vieillissant, s'entremêlent dans les interstices du corail. De nouvelles accumulations prennent la place de celles qui disparaissent, et avec le temps il se forme un sol profond suffisant pour la végétation des plantes que la mer y a jetées. Ainsi de nouveaux lieux sont préparés pour l'habitation et l'industrie des hommes.

Les îles les plus considérables sont en général entourées, à la distance d'un mille et demi des côtes, d'une ceinture de corail qui, formant une barrière contre les plantes marines et les vagues, offre un havre aussi commode que sûr pour les vaisseaux de toutes les dimensions, et où les naturels peuvent se livrer à la pêche sans aucun danger. Les vents alizés poussent les vagues contre ces récifs avec une grande violence. Elles s'élèvent quelquefois de 5 mètres au-dessus du corail, et retombent en formant des arches gracieuses, reflétant tous les rayons d'un soleil des tropiques ; quelquefois aussi elles brisent la digue qui leur est opposée, et s'élèvent avec impétuosité au milieu de ses débris.

Un fait remarquable dans l'histoire de ces barrières naturelles de l'Océan, c'est que dans tous les espaces où un courant d'eau, venant de la côte, coule dans la mer, une ouverture se forme dans le récif et procure une entrée et une sortie d'une égale sûreté aux vaisseaux. Il est probable que *l'eau fraîche* de ces courants d'eau est contraire aux opérations du chétif insecte auquel le sel est si indispensable, soit pour la formation de la structure qu'il élève, soit pour sa propre existence. Il arrive souvent que sur le récif, des deux côtés de ces ouvertures, il se forme de petits îlots, qui ne s'élèvent pas à plus de 1 ou 2 mètres au-dessus des vagues, mais qui sont couverts de la plus brillante verdure, et sont abrités par le majestueux cacaotier. Ces petites *îles émeraudes* donnent au paysage une beauté inexprimable, et pendant les plus fortes chaleurs du jour, elles deviennent pour le pêcheur un lieu de repos aussi commode qu'agréable.

De la mer, l'aspect des îles principales est délicieux. Les côtes rocailleuses cachées en plusieurs endroits par des arbustes dont les branches pendantes se baignent dans les vagues, les vallées paisibles, verdoyantes, qui se montrent à toutes les ouvertures, ainsi que les chaumières des naturels, et se dessinant à travers le feuillage des arbres indigènes, les plantations cultivées s'étendant jusqu'au pied des montagnes, entremêlées de rivières, de ruisseaux, qui descendent des ravins et parcourent une course irrégulière, le tout couronné par des montagnes lointaines et couvertes de verdure.

offre un point de vue aussi riche que varié. Les scènes intérieures de l'île ont le même caractère de beauté. Les paysages sont peu étendus, mais les rocs de basalte, amassés en désordre auprès d'une source qui coule silencieuse à leur base, ou s'élance avec effort par-dessus les fragments qui interrompent sa course; des vallées sombres et profondes, au pied de montagnes qui se perdent dans les nues, concourent à inspirer au voyageur autant d'admiration que de surprise. La plupart de ces îles sont extrêmement fertiles, et les naturels les cultivent avec soin. Nous citerons le fruit à pain comme une de leurs productions principales ; l'arbre sur lequel il croît est élevé et touffu, ses feuilles sont larges et ressemblent à celles du figuier; elles ont de 40 à 50 centimètres de long, sont épaisses et d'un vert sombre, le fruit a environ 20 centimètres de diamètre, sa forme est ronde ou ovale, et lorsqu'il est mûr, il devient d'un beau jaune; il pend deux ou trois grappes sur chaque branche. C'est la nourriture habituelle des naturels. On en fait trois ou quatre récoltes par an, et l'arbre porte des fruits pendant 50 années. Le bois qui en vieillissant ressemble à l'acajou, sert à construire des maisons et des canots : on l'emploie aussi pour meubles.

La plante appelée *arrow-root* par les Anglais est indigène à ces îles. On la cultive quelquefois, mais elle croît ordinairement sur les bords sablonneux de la mer, ou sur le flanc des montagnes. Elle ressemble en général à la pomme de terre. Ses racines portent à leur extrémité un grand nombre de tubercules, ses feuilles sont d'un vert clair et profondément dentelées; elles ne sont pas attachées à une branche commune, mais chaque feuille vient directement de la racine ; la fleur s'élève au bout d'une branche, en forme de roseau ou de flèche (arrow), de là vient son nom. Le fruit fournit une farine excellente.

Les insulaires de la mer du Sud sont en général d'une taille au-dessus de la moyenne. Leurs membres bien proportionnés les rendent à la fois actifs et adroits. Leur physionomie n'a nulle ressemblance avec celle des Chinois, des Malais et des autres peuplades orientales. Leurs traits fiers sont fortement dessinés, leur front est haut et bien découpé,

leurs yeux vifs à fleur de tête sont d'un noir de jais ; les os de leurs joues ne sont jamais saillants, leur nez est aquilin; leur bouche est bien modelée, leurs dents sont d'une blancheur admirable ; leur chevelure d'un noir brillant est douce et souvent bouclée. Les femmes, quoique plus petites et plus délicates que les hommes, sont plus grandes que les Européennes, et quelques-unes sont remarquables par leur taille ; un visage rond et plein, mais sans trop d'embonpoint, est le trait distinctif des deux sexes, surtout des femmes. Leur teint, en général olive, bronze, ou d'un brun rougeâtre, s'éloigne également du noir asiatique et africain, du jaune des Malais et de la teinte cuivrée du nord de l'Amérique. C'est un fait digne de remarque, que les chefs et ceux dont les dignités sont héréditaires, aient une taille et une force très-supérieure à celle du peuple. La différence est si marquée, qu'on les a quelquefois considérés comme une race distincte. Un teint très-brun est regardé par eux comme une preuve de force. On les entend souvent dire : « Cet homme est bien noir, ses os seront bons ; » faisant allusion à la coutume de fabriquer les hameçons, les ciseaux, etc., etc., avec les os de ceux qui succombent dans les combats. Lorsqu'un Européen leur plaît, ils regrettent que sa peau soit blanche. Les facultés de leur esprit n'ont encore reçu qu'un développement partiel. Les naturels des îles de la Société montrent plus de vivacité et d'industrie que ceux des autres groupes. On peut juger de leur intelligence par le système de leurs lois, l'éloquence qu'ils déploient dans leurs assemblées nationales, la richesse et la pureté de leur langage, ainsi que l'aptitude avec laquelle jeunes et vieux profitent des leçons qu'ils reçoivent. La science des nombres surtout paraît leur être facile. Une année a suffi pour apprendre à lire à beaucoup d'insulaires de 30 à 40 ans.

Ils sont joyeux, hospitaliers et bienveillants; leur nourriture est frugale. Ils se livrent de bonne heure au sommeil; ils se lèvent dès l'aurore. La durée de leur existence est égale à celle des autres nations. Leurs armes sont la massue, l'épieu, le javelot et la fronde. Au moment de commencer les hostilités, ils offraient jadis des victimes humaines à Oro, le

dieu de la guerre ; les canots étaient ensuite réunis et équipés, les armes aigui-
sées, des messagers partaient pour engager les alliés à se trouver au rendez-vous.
On cherchait à se rendre les dieux favorables par des offrandes et des prières
entremêlées de longues cérémonies. Les
armées étaient parfois nombreuses. Le
capitaine Cook vit partir une flotte composée de 170 canots de guerre, portant
chacun 40 hommes, ce qui suppose plus
de 6,000 combattants. Dans la lutte
d'Hooroto contre Baiatea, la perte fut si
grande des deux côtés, que les corps formaient un monceau qui s'élevait à la hauteur des jeunes cocotiers. Les femmes
accompagnaient quelquefois leurs maris
dans ces expéditions meurtrières. Ces
insulaires combattaient avec toute la fureur naturelle aux sauvages, et qu'aug-
mentaient encore les sons d'une musique
guerrière et l'éloquence d'orateurs appelés *ranti*. Ce sont des hommes qui n'ont
autour des reins qu'une ceinture de feuilles et tiennent dans la main droite une
petite touffe de la même plante, cachant
une arme très-affilée. Ils sont chargés
d'exciter l'ardeur des combattants, et ils
réussissent à la porter au plus haut point
par des harangues dont aucune traduction ne peut donner une juste idée. On a
vu ces hommes expirer d'épuisement
lorsque le combat se prolongeait.

Le costume des guerriers est imposant.
Ils revêtent leurs plus plus beaux habits
pour aller au combat. Leur taille est enveloppée dans les plis de draps du pays.
Ils portent sur leur tête, soit des turbans
volumineux, soit des casques ressemblant
aux casques romains et ornés de touffes
de plumes vertes et rouges. Au-dessus
des oreilles pendent des perles fines ou
des coquillages. Quelques-uns s'enveloppent dans des espèces d'armures en filet,
faites en petites cordes ; en général, leur
costume est calculé pour produire un
effet imposant. Lorsque les armées se
rencontrent, les guerriers s'asseient à
terre autour de leurs chefs, proférant des
paroles outrageantes les uns contre les
autres ; alors deux ou trois d'entre eux
se lèvent et défient leurs adversaires :
cet exemple est suivi par d'autres jusqu'à
ce que le combat devienne général. Avant
les prédications de l'Evangile le premier
prisonnier était offert aux dieux en sacrifice, le reste était massacré ou réservé
pour l'esclavage. Lorsque la paix était
décidée, les chefs s'assemblaient en conseil sur le bord de la mer ou dans un
bocage ; on appelait la colère des dieux
sur ceux qui violeraient les conditions
imposées ; des danses, des jeux, des festins venaient ensuite, et l'on suspendait
dans les habitations les armes devenues
inutiles.

La religion des Polynésiens était une
religion de sang ; les dieux étaient des
monstres de toute espèce, pas une qualité morale ne leur était attribuée. Leurs
idoles étaient de grossiers morceaux de
bois ou des fragments de basalte enveloppés de plis de drap sacré, ou quelquefois sculptés. Leurs temples ou *moraïs*
étaient d'immenses constructions ; de
tous côtés entourés de marches, et par
conséquent plus étroits vers le haut, bâtis en basalte ou en rocs de corail, façonnés en dalles carrées. Ces temples entourés de bois, inaccessibles aux rayons du
soleil, ou construits sur un promontoire
isolé, enveloppés de mystères terribles,
où s'accomplissaient de sanglants sacrifices, inspiraient aux malheureux ignorants qui les fréquentaient un effroi toujours renaissant. La musique et les danses de ce peuple se ressentent de son
ancienne idolâtrie. Leurs chansons sont
des ballades historiques adaptées à toutes les situations de la vie. C'est une espèce de registre traditionnel auquel les
naturels réfèrent dans un cas contesté.
Ils avaient plusieurs espèces d'instruments de musique. Le *pahu* ou tambour
consiste en une pièce de bois solide dont
une extrémité est creusée et recouverte
d'une peau de requin. Il y a des *pahu* de
différentes dimensions ; on bat les plus
grands avec de lourds bâtons, les plus
petits avec la main. On annonçait autrefois, à leur bruit, les sacrifices humains,
et lorsque, dans le calme des nuits, leur
son lugubre se faisait entendre, chaque
insulaire tressaillait, s'attendant à être
mangé.

Leurs principaux amusements consistent dans la lutte, les combats de coqs, les
courses à pied, les courses en bateau,
les joutes au javelot, etc. Les jeunes gens
se plaisent à élever une espèce de théâtre sur les bords de la mer, et s'élançant
de son sommet, ils se donnent la chasse
tant sur la surface des ondes que dessous, jusqu'à une profondeur incroyable.

Souvent des bandes d'enfants se livrent à cet exercice avec une audace singulière, mais souvent aussi le requin vient interrompre la partie.

La Polynésie se divise en 1° POLYNÉSIE BORÉALE, dite aussi MICRONÉSIE, comprenant l'*archipel de Mounin-Volcanique,* les archipels des *Mariannes,* de *Palaos,* des *Carolines,* et les *Sporades-boréales;* 2° ARCHIPEL CENTRAL OU DE MULGRAVE; 3° POLYNÉSIE AUSTRALE, comprenant les archipels de *Viti,* de *Tonga* ou *des Amis,* d'*Ooua-Horn,* de *Hamoa* ou de *Bougainville,* de *Kermadek,* de *Cook,* d'*Otahiti,* de *Pomatou,* de *Mendana,* de *Hawaï* ou des *Iles-Sandwich,* le groupe de *Touboüai* et les *Sporades australes.* Nous laisserons ces divisions pour suivre l'ordre purement géographique que nous avons adopté dans le cours de cet ouvrage.

Le protectorat de la France s'étend sur *Taïti,* sur le N.-O. des îles *Pomatou* et sur les îles *Mangaréva* ou *Gambier;* les îles *Marquises* lui appartiennent en entier, et l'on peut rattacher aussi bien à la Polynésie qu'à l'Amérique la petite île de *Clipperton,* riche en guano, dont les Français ont pris possession en 1858. Les *Mariannes* appartiennent aux Espagnols. Il s'est récemment créé, dans la région équatoriale, une Polynésie américaine, c'est-à-dire que la marine des Etats-Unis s'est successivement mise en possession d'un grand nombre de petites îles et même de simples rochers. Selon M. Cortambert, ils forment une longue bande dirigée de l'O. à l'E., depuis les îles *Gilbert,* vers 170° long. E. de Paris jusqu'au N. des *îles de la Société,* vers 152° de long. O. Au N. l'île *Barber* vers le neuvième parallèle boréal; au S. l'île *Nassau,* vers 11° 30' au midi de l'équateur, sont les termes de cette bande en latitude. En commençant vers l'O., on trouve l'île *Makin* et l'île *Maraki;* puis, entre 170 et 180° de long. O., les îles *Howland, David, Arthur,* les groupes de *Phœnix* et d'*Union* et l'île de *Gente-Hermosa* ou *Swain;* ensuite, entre 160° et 165°, l'île *Palmyra,* les îles *Samarang* ou *Prospect,* l'île *Fanning* ou *Américaine, Christmas, Jarvis* ou *Banker, Brœke, Peurhyn;* enfin, dans la partie la plus orientale, *Starbuck, Maldon, Walker, Caroline, Woskock,* le groupe de *Roggeween* et l'écueil *French-Frigates-Shoal* (les *Basses des Frégates françaises*) au N.-O. des îles Sandwich. La plupart de ces îles sont inhabitées, mais riches en guano et abondantes en cocotiers. Les Anglais et les Japonais sont en litige au sujet de la possession de l'archipel *Bonin* dans le N.-O. de la Micronésie. Les Etats du roi Kaméhaméha embrassent les îles Sandwich et quelques îlots au N.-O. de ce groupe jusqu'à l'île *Liviansky.*

I. ARCHIPEL DE PALAOS OU PELEW.

En partant de la mer des Moluques, nous aborderons en premier lieu aux *îles Pelew.* Ces îles avaient été visitées par les Espagnols, qui les appellent *Palaos;* mais elles étaient peu connues avant la relation du capitaine Wilson, qui y fit naufrage en 1783. Les habitants des îles Pelew sont un peuple aimable, gai et innocent. Ils sont bien faits, et d'une taille moyenne; ils ont un teint plus foncé que celui qu'on appelle cuivré; mais ils ne sont pas noirs, et ils ont des cheveux longs et flottants. Les hommes vont nus; les femmes portent deux petits tabliers, ou plutôt des franges faites avec la fibre de l'enveloppe de la noix de coco. Les deux sexes sont tatoués, et se teignent les dents en noir. Il ne paraît pas qu'ils aient aucune idée de religion, quoiqu'ils pensent que l'âme survit au corps. Leur langage paraît être dérivé du malais, répandu dans les nombreuses îles de ces mers. Le gouvernement est entre les mains d'un roi, lequel a sous lui des *rupacks* ou chefs, qui forment une espèce de noblesse. Tout le territoire appartient en propre au souverain. Ses sujets n'ont que des propriétés mobilières, comme un canot, des armes, des meubles grossiers. Ces îles ont en général une élévation moyenne; des bois épais les couvrent; un long récif de corail, qui s'étend à 8 kilomètres du rivage, en quelques endroits jusqu'à 24, les environne à l'ouest. L'ébénier croît dans les forêts; l'arbre à pain et le cocotier paraissent y abonder. Nos volailles existent chez ces peuples dans les bois et dans l'état sauvage. Les naturels les négligeaient avant que les Anglais leur eussent appris le parti qu'on pouvait en tirer pour la subsistance. Le poisson est leur principale nourriture. Ils font une sorte de confiture avec la canne à sucre, qui paraît indigène dans ces îles. Ils se lèvent avec le jour et prennent aussitôt un bain à l'eau froide. Leurs maisons sont établies sur de larges pierres élevées d'environ un mètre. Elles sont construites de planches et de bambous. Ils ont de vastes salles pour leurs assemblées publiques. Leurs meilleurs couteaux sont faits de nacre de perle : ils en ont aussi d'écailles de moule et de bambou fendu. Ils fabriquent des vases ovales en poterie grossière. Leurs meubles et leurs instruments ressemblent à ceux d'Otaïti. Leurs armes sont des piques, des dards et la fronde. Leurs canots sont faits de troncs d'arbres ornés de sculptures assez jolies.

Au nord des îles Palaos se trouvent les îles appelées *Matelotes*, l'île des *Martyrs*, *Saavedra*, et quelques autres. Le groupe de *Saint-André*, *Pedro*, *Warwich*, *Evening*, et quelques autres au sud, ne sont qu'imparfaitement connus.

II. ARCHIPEL DES MARIANNES OU DES LARRONS.

En voguant au nord-est des îles Pelew, nous rencontrons les *Mariannes*, chaîne d'une vingtaine d'îles, dont six seulement sont considérables. Ces îles furent découvertes, en 1521, par le célèbre navigateur Magellan, qui les appela *îles des Larrons*, à cause du penchant des habitants pour le vol, et de leur adresse à l'exécuter. Mais sous Philippe IV, on leur donna le nom des *Mariannes*, en l'honneur de Marie-Anne d'Autriche. Les indigènes ont été presque exterminés par les Espagnols. Par la couleur, le langage, les mœurs et le gouvernement, ils ressemblaient beaucoup aux Tagales des îles Philippines. Quoique soumis à une noblesse héréditaire, ils vivaient heureux et tranquilles.

Leurs petits vaisseaux, appelés *pros* ou *proas*, ont été regardés comme des modèles d'architecture navale. Ce sont des canots qui ont un flanc convexe et l'autre plane : un balançoir les tient en équilibre ; ils font vingt milles par heure vent de côté. En réunissant par un plancher deux bateaux semblables, plusieurs insulaires du Grand-Océan ont formé des navires que l'habile marin Sidney Smith a jugés dignes d'être imités et introduits dans la marine européenne.

Si l'on aborde par la baie d'Oumata à Gouaham, la plus grande des îles Ma-

riannes, on jouit d'un spectacle délicieux.

Une belle végétation qui n'a pourtant pas cet aspect de grandeur des contrées équatoriales, étale une incessante variété. De vastes forêts occupent une partie de l'île ; dans l'autre, s'étendent des pacages ou des champs, dont la culture régulière décèle la main de l'Européen. D'impénétrables halliers, s'échappent le cocotier, le rima, le figuier multiplicant, l'aréquier et le cyca, sorte de palmier qui donne une excellente fécule, semblable à celle du sagou. Jadis les fruits des régions tempérées ou des contrées de l'Amérique étaient inconnus dans le terroir de Gouaham ; l'arbre à pain, les melons d'eau, les melons musqués, le doucdouc des Philippines (*artocarpus incisa*) ou fruit en forme de poire, vert à l'extérieur, et dont la pulpe blanche et molle fournit un excellent aliment, mille racines nutritives garantissaient le Mariannais contre la disette. Les Espagnols, en apportant l'ananas, la canne à sucre, la grenade, la goyave, ont voulu que rien ne manquât à ce paradis terrestre de la mer du Sud. Ajoutez que le riz, le maïs, l'arrow-root, le tabac, les patates, des plantes légumineuses de toute espèce, depuis les fèves jusqu'à la casse, depuis l'indigo jusqu'au tamarhinde, que le bambou et le curcuma, productions, les unes naturelles au pays, les autres naturalisées, fournissent à l'île les éléments d'un commerce productif et d'une forte industrie. Nul animal malfaisant, nul reptile venimeux ne met en danger le Mariannais. Là, autrefois, à peine le règne animal avait-il quelques représentants, à peine quelques oiseaux, quelques quadrupèdes venaient-ils apporter la vie dans ce magnifique mais silencieux tableau de la nature de Gouaham. Les poules et le mégapope Lapérouse, espèce de gallinacé à longues pattes, voilà pour les oiseaux. Les rats, les iguanes, la tortue de mer, le tripan, les chauves-souris, voilà pour les reptiles et les mammifères. Les Espagnols qui avaient grossi la flore des Mariannes, ont aussi beaucoup augmenté le nombre des animaux. Le bœuf, le porc, le chat, l'âne, le cheval y ont multiplié. Les souris se sont introduites dans Gouaham sans qu'on les demandât ; par bonheur on avait peuplé l'île de leurs implacables ennemis.

Heureux Mariannais, si des maladies

cruelles ne venaient pas leur rappeler sur cette terre enchantée qu'ils sont hommes, exposés à toutes les misères de la vie. L'érisypèle, la gale, la syphilis font sur eux d'affreux ravages. Mais le mal le plus terrible, parce qu'en livrant celui qu'il attaque à toutes les tortures physiques, il l'éloigne encore de ses semblables, c'est la lèpre, l'éléphantiasis qui attaque avec fureur les malheureux indigènes. Alors leurs membres se déforment, des masses énormes de chair flasque et empoisonnée remplacent leurs extrémités. Joignez à cela des plaies toujours saignantes, des pustules enflammées ! Quand ces maladies sont à leur dernier période, l'homme n'a plus l'aspect humain, on dirait un corps informe qui se meut par une puissance inconnue.

Détournez les yeux de dessus ce triste spectacle : l'habitant de Gouaham est heureux, il a conservé, malgré la civilisation, quelque chose de la simplicité des mœurs anciennes. Voyez cette jeune fille sous ce costume demi-européen, elle trahit son origine sauvage. Elle va à la messe, mais son esprit se plaît encore à mille superstitions qui ont nourri son enfance. Elle a consulté hier le makahna ou sorcier, pour savoir si sa mère qui n'est plus, approuvait son amour pour un jeune Espagnol. Le makahna a conservé le crâne de la défunte, et c'est au moyen de ce crâne qu'il évoque l'âme désirée. Ce sorcier a aussi le pouvoir de commander aux éléments, de rendre la santé, de changer les saisons, mais les missionnaires ont fait baisser son crédit ; il est un des derniers qui pratiquent son art mystérieux, encore est-ce à l'insu du gouverneur de l'île. A peine rencontre-t-on quelques autres vestiges de la religion des premiers Mariannais. Ils se regardaient comme les seuls hommes qui fussent dans l'univers ; la pierre d'un rocher, appelé *Fauna*, et situé sur la côte occidentale de Gouaham, avait servi à former leur ancêtre. Ils n'avaient point de culte, point de sacrifices, point de prêtres ; seulement ils disaient que Pountan, homme extraordinaire qui vivait dans l'espace, chargea ses sœurs de faire avec ses épaules le ciel et la terre, de ses yeux le soleil et la lune, de ses sourcils l'arc-en-ciel. A la mort d'un indigène, on mettait une corbeille près de sa tête pour recueillir son esprit ; on le conjurait, puisqu'il quittait son corps, de venir se mettre dans la corbeille pour y faire désormais sa demeure, ou du moins pour s'y reposer quand il voudrait venir voir ses amis. Quelques-uns frottaient les morts d'huiles odoriférantes, et les promenaient par les maisons de leurs parents, pour leur donner la liberté de choisir une habitation, et un lieu pour se reposer quand ils voudraient venir de l'autre monde rendre visite aux vivants. Alors ils criaient : Hou ! hou ! ! ! et après, ils nommaient le mort dont ils invoquaient l'âme en lui adressant une prière. Les Mariannais avaient aussi leur paradis et leur enfer. Le premier était un magnifique jardin planté de cocotiers, de cannes à sucre et de fruits d'un goût merveilleux. L'enfer ou *zazarragouan*, était habité par le *haïfi*, c'est-à-dire le diable qui, au sein d'une fournaise ardente, rougit et bat les âmes, comme nos forgerons le fer. Leurs peines étaient-elles éternelles ? on ne saurait l'assurer. La vertu et le vice, les bonnes ou les mauvaises actions n'étaient pour rien dans les félicités où les peines de la vie future ; tout dépendait du genre de mort ; si l'on mourait naturellement on allait en paradis ; si la mort était violente, on était précipité dans le zazarragouan.

Aujourd'hui les débris des naturels sont tellement mélangés avec les Espagnols qu'il n'est plus possible de les distinguer. *Agagna*, chef-lieu de l'île Gouaham, compte 3,000 habitants ; on trouve dans cette île le port de la *Caldera* et la baie *Umatac*.

Parmi les autres îles il faut citer celle de *Tinian*, célèbre par la description brillante qu'en fit Anson, mais assez triste aujourd'hui ; l'île de *Rotta*, *Zarpan* ou *Santa-Anna* et celle de *Saypan* et *San-José*, fertile et assez peuplées ; *Aguigan*, *Assomption* et *Pagan*, avec des volcans ; *Sarignan*, *Farallon*, *Anatajan*, *Guguam*, *Almaguan*, *Uraca*, *Parallon*, etc.

III. — ARCHIPEL DE MAGELLAN.

Au nord des Mariannes s'élèvent divers groupes de petites îles presque toutes volcaniques, que l'on a réunies sous le nom d'archipel de *Magellan* ou *Mounin-volcanique*. Plusieurs portent simplement le nom de *volcan* ; d'autres ont des noms équivalents, comme l'île de *Soufre*. Le nom de *Jardins* désigne deux assemblages dangereux de récifs autour de deux petites îles. Les îles d'*Or* et les îles d'*Argent* doivent leurs noms aux fables japonaises. C'est dans ces mers que s'élève, en forme de pyramide, l'énorme rocher appelé *la Femme-de-Lot*. Les vagues courent se briser contre son front sauvage avec une fureur proportionnée à l'espace immense qu'elles ont parcouru avant de l'atteindre. Cette masse s'élève presque perpendiculairement à la hauteur de 120 mètres. Les eaux se précipitent avec un bruit épouvantable dans une caverne creusée à travers le côté qui regarde le sud-est.

IV. Archipel des Carolines ou Nouvelles-Philippines.

Cet archipel s'étend sur un espace de 30 degrés. Ce ne fut qu'au commencement du dix-septième siècle que les premières notions sur ces îles furent communiquées par les missionnaires. Les Espagnols avaient traversé ces mers pendant plus d'un siècle, deux fois chaque année, sans soupçonner leur existence. Les missionnaires racontèrent qu'ils y avaient trouvé un peuple bon, civilisé, navigateur. On y envoya des prêtres, mais le plus zélé d'entre eux y souffrit le martyre, et pendant près d'un siècle après cet événement, on oublia presque ces contrées. Les cartes dressées par les missionnaires contenaient tant d'erreurs, que les navigateurs redoutaient l'approche de ces parages. Les expéditions des capitaines français Freycinet et Duperrey jetèrent de la clarté dans ce chaos; celle du capitaine anglais Mortens, et le séjour prolongé d'un négociant qui a fondé une pêche de perles, ont achevé de dissiper les ténèbres qui nous cachaient cette partie du globe.

Les Carolines sont partagées en deux classes d'îles, les îles basses et les îles élevées. Le premier aspect de ces dernières est des plus séduisants. Leurs hauteurs, tapissées de la plus belle verdure, depuis le niveau de la mer jusqu'au sommet des plus hautes montagnes presque toujours enveloppées d'épais nuages, entretiennent la fraîcheur et la vigueur de la végétation. Des sources se précipitent en cascades, au milieu des épaisses forêts dont l'entrée est souvent interdite par des barrières de lianes et de grami-

nées épineuses. Nulle part le pays n'offre ce caractère sauvage et inculte des contrées voisines de l'équateur, soit dans le Brésil, soit dans les autres grands continents. L'aspect de ces îles basses est loin d'être aussi agréable. La terre végétale y est rare, excepté dans les creux où l'on retrouve quelques beaux végétaux, et la plus grande partie du sol est sablonneuse. Les mœurs des habitants de ces deux classes d'îles ne diffèrent pas moins que leur aspect. Tandis que ceux de la plupart des îles élevées sont engagés dans des guerres éternelles, ceux des îles basses s'occupent de la culture, du commerce et des travaux industriels. Ils tirent même parti des dissensions de leurs voisins, en leur fournissant des armes. Ces habitants sont beaux, bien proportionnés, de taille assez élevée, très-actifs, et d'un extérieur gracieux. Hospitalité franche, bonhomie inépuisable, voilà ce qu'on rencontre dans ces parages.

Les positions éloignées des Carolines et les habitudes commerciales des habitants des îles basses les ont amenés à perfectionner leur navigation d'une manière surprenante. Ils sont parvenus à faire de longs voyages auxquels les anciens navigateurs n'auraient jamais osé songer, et cependant ils n'ont, comme eux, pour se diriger sur les mers, que la connaissance des constellations. Les meilleurs voiliers de nos bâtiments, les frégates les mieux construites, ne marchent pas plus vite que les bateaux des Caroliniens; et l'on serait tenté de croire qu'un homme de génie a donné à leurs pères les proportions savantes et parfaitement calculées de leurs navires. La forme de ces bâtiments est bien loin de ressembler à celle que les Européens ont donnée aux leurs. La situation des Carolines, la direction particulière du vent dans ces parages, direction presque constamment la même, et qui va de l'est à l'ouest, a nécessité cette forme étrange. Le bâtiment, ou, pour mieux dire, sa partie flottante, n'est pas formée, comme chez nous, d'une seule *coque;* il y a, outre cette coque creuse, ou corps de navire, un *flotteur* en bois plein, qui est retenu sur l'eau à une certaine distance de la coque, et parallèlement à elle, par une charpente surmontée d'un pont. Ce pont porte ordinairement une espèce de coffre ou de cage où l'on renferme les provisions, les agrès, et où les hommes eux-mêmes peuvent s'abriter. De l'autre côté du bâtiment, est souvent aussi un prolongement qui porte un coffre semblable au premier et qui sert de contre-poids. Un mât, qui peut s'incliner à volonté en pivotant sur sa base, soutient une voile triangulaire dont on change tout aussi facilement la situation. Dans les bateaux des Caroliniens, on ne distingue ni proue ni poupe ; les deux extrémités sont également anguleuses et propres à marcher de l'avant, et leur courbure inférieure se relève assez pour faire glisser le bâtiment sur les eaux sans les fendre. Lorsqu'ils ont marché dans une certaine direction, ils peuvent, sans virer de bord, revenir dans une direction opposée. La pièce de bois flottante, que nous appellerons le balancier, est toujours du côté d'où souffle le vent, de sorte que le choc oblique de l'air sur la voile est soutenu par la coque et par le balancier. Pour lier les planches dont se composent leurs bateaux, les Caroliniens se servent d'un mastic fait avec un mélange de charbon tiré de l'enveloppe fibreuse des vieilles noix du cocotier avec la pâte de pierres à corail calcinées et humectées d'eau. Ce ciment durcit bientôt à l'air et au soleil, et résiste bien à l'action de l'eau. Ils conservent dans un trou bien clos la pâte de pierres de corail pour s'en servir au besoin. Les cordages sont faits avec les fibres de l'enveloppe des noix de cocotier. Malgré la mauvaise qualité de leurs outils, les Caroliniens parviennent à achever leurs bateaux en fort peu de temps, et à leur donner un fort joli aspect.

Ces insulaires aiment beaucoup à s'entretenir des voyages qu'ils ont faits dans les îles de l'archipel des Carolines, et c'est par là que se conserve la tradition de leurs connaissances géographiques. Il est surprenant de voir avec quelle exactitude ils savent indiquer la route qu'ils ont tenue, et les moindres circonstances de la navigation. Une des premières branches de l'économie des Caroliniens est la pêche. Leurs parages abondent en poissons délicats pendant une grande partie de l'année ; ils en font sécher pour les mois de disette, octobre et novembre. Tous les individus qui se préparent à aller à la pêche sont forcés de vivre loin de leurs femmes pendant huit ou neuf jours ; et pendant ce temps, ils passent les nuits dans une maison commune assignée dans chaque canton aux Caroliniens non mariés. Tout rapprochement avec les femmes expose, disent-ils, le pêcheur qui n'a pas suivi cette loi à de très-graves maladies. Ils mangent crus plusieurs sortes de poissons, entre autres diverses espèces de brochets à longs museau. On cuit les autres, soit en les embrochant avec des perches de bois dur, soit en les plaçant entre des pierres de corail chauffées d'avance. On peut même les conserver pendant assez longtemps, en les enfermant entre deux lits de feuilles sèches placées elles-mêmes entre des pierres échauffées.

Le groupe d'*Hogoleu*, appelé aussi *Roug* ou *Bergh* est le plus curieux des îles Carolines. Une ceinture d'environ 40 petites îles en environnent plusieurs autres plus grandes, dont 4 peuvent avoir environ 30 milles de circonférence. Les îles de l'intérieur sont seules habitées et contiennent 35,000 individus, divisés en deux races distinctes. Les deux principales îles de l'ouest, avec quelques-unes des petites, sont peuplées par la race indienne de couleur cuivrée ; les deux îles orientales avec leurs dépendances contiennent une race bien plus voisine de celles des nègres. Ces peuplades se font souvent la guerre. Les noirs sont au nombre de 20,000 environ, tandis que la population des Indiens n'excède pas 15,000. Les hommes de la race noire ont environ 1 mètre 90 centimètres de hauteur ; ils sont bien proportionnés, musculeux et actifs ; leur poitrine est large et saillante ; leurs membres bien tournés ; leurs mains et leurs pieds petits ; leurs cheveux sont frisés, sans ressembler à ceux des Africains. Ils ont le front haut et droit, les pommettes saillantes, le nez bien dessiné, les lèvres minces. Leurs dents sont belles et blanches, les épaules larges, et les oreilles petites et un peu plus ouvertes que les nôtres. Leurs yeux sont noirs, vifs, brillants et perçants, avec des cils longs et relevés. Leur maintien annonce un caractère fier et entreprenant. A la ceinture et sur les reins, ils portent une natte d'écorce d'arbre, élégamment tissue, et embellie d'une quantité de figures de couleurs diverses. Ils portent aussi sur la tête des parures du même tissu, rehaussées de plumes d'oiseaux rares : on dirait d'un turban surmonté d'une frange riche et pompeuse. Les chefs ont le lobe inférieur des oreilles fendu, et ils introduisent, dans cette ouverture, des morceaux d'un bois léger, souvent aussi gros que le poignet. Cet ornement est en général enrichi d'une variété de belles plumes, de dents de poissons, de fragments d'écailles de tortue. Ils portent aussi au cou des colliers en nacre et des touffes de plumages. Leur corps est tatoué; ils se teignent la figure en jaune et blanc, et en rouge quand ils vont à la guerre, pour se donner un air belliqueux.

Les femmes sont petites, douées de jolis traits; leurs yeux noirs, étincelants, respirent la tendresse et la volupté; elles ont la gorge arrondie, la taille élancée, de petites mains et de petits pieds, les jambes droites et la cheville du pied peu saillante; en un mot, elles sont remarquables par leur beauté. Elles se parent de plumes et de coquilles. Elles portent autour de la tête et du cou diverses sortes d'ornements faits avec des dépouilles d'oiseaux et de poissons; leurs bras et leurs jambes sont parés de la même manière, tandis que leur gorge est tatouée légèrement. Elles portent également un petit tablier orné sur les bords d'une manière très-ingénieuse, et enrichi au milieu des plus jolies coquilles. Par-dessus tout cela, elles se revêtent d'un manteau, ou plutôt d'une tunique, fabriquée avec une belle herbe soyeuse, tissue avec beaucoup de goût et d'habileté, et quelquefois bordée d'une frange élégante; cet habillement a 2 mètres 50 centimètres environ de longueur sur 2 de large, avec un trou dans le milieu, tout juste assez grand pour laisser passer la tête; il ressemble beaucoup au *poncho* que portent les Américains du Sud. Les femmes fabriquent les étoffes, les lignes et les filets de pêche, et ont soin des enfants; elles sont douces et tendres pour leurs maris, qui les traitent avec beaucoup d'égards.

Les deux îles de l'ouest sont peuplées par environ 15,000 Indiens de couleur cuivrée, un peu inférieurs pour la taille à la tribu des noirs; mais plus forts, plus vigoureux, plus athlétiques et mieux constitués pour la guerre et pour les fatigues; ils sont très-actifs et d'une force remarquable. Ces hommes vivent pourtant de fruits et de poissons, sans excitants d'aucune espèce; ils ont le corps droit et arrondi, la poitrine saillante, les membres nerveux, les mains et les pieds bien conformés. Leur teint est d'une couleur de cuivre très-pâle; leurs cheveux, longs et noirs, sont en général réunis au sommet de la tête. Ils ont le front élevé et proéminent, indice ordinaire des facultés intellectuelles; au bas de cette partie, spécialement chez les femmes, règne une couple de longs cils soyeux, noirs comme le jais, et fortement arqués. Leur visage est arrondi, plein et potelé, et les pommettes sont moins saillantes que parmi les nations sauvages. Ils ont un beau nez, modérément relevé, une bouche bien proportionnée et une double rangée de dents aussi blanches que l'ivoire. Les joues à fossettes et les doubles mentons sont communs dans les jeunes gens des deux sexes. Les hommes ont généralement le devant du cou couvert d'une longue barbe noire qu'ils laissent croître seulement à partir du menton. Cependant, quelques chefs portent de grandes moustaches. Ils ont de très-grandes oreilles, dont la partie inférieure est percée d'une ouverture assez grande pour recevoir un ornement de la grosseur d'un œuf d'oie. Cet ornement est souvent décoré avec des dents de diverses sortes de poissons, des coquilles, des becs et des plumes d'oiseaux, et des fleurs. Ils portent aussi des colliers de la même nature. Ils ne sont guère tatoués que depuis le bas du cou jusqu'au creux de l'estomac. Souvent, sur la poitrine des chefs, c'est un tatouage non interrompu, représentant une foule de figures fantastiques. L'habillement des deux sexes est semblable à celui de leurs voisins de l'est. Ils portent des bracelets en écaille au bras, et en nacre aux jambes et à la cheville. Pour la propreté personnelle, ces insulaires pourraient défier tout autre peuple de la terre. Ils sont gais, affectueux, joyeux, vifs et actifs, doux et affectionnés envers leurs femmes et leurs enfants, et pleins de déférence et de respect pour la vieillesse.

Les femmes sont à peu près de la même taille que les nôtres; leurs formes sont délicates, leur taille svelte et leur buste admirablement moulé. Leurs pieds et leurs mains ne sont pas plus grands que dans nos enfants de l'âge de 12 ans, et la taille est fine et jolie. Elles sont nubiles à l'âge de 150 lunes, près de 12 ans. Elles ont la tête petite, le front élevé, les yeux grands et noirs, les joues pleines et potelées, le nez bien fait, la bouche petite, et, ce qui ne manque jamais dans cette partie du monde, des dents superbes. Leurs oreilles sont petites, et leur cou très-délicatement formé ; par derrière flottent leurs longs cheveux noirs, quand ils ne sont pas réunis sur la tête. Elles sont très-modestes, et il n'est pas rare de voir la rougeur percer sur leur visage, malgré leur teint foncé ; leurs mouvements sont gracieux, et la joie et la vivacité se font remarquer dans leur maintien. Les liens conjugaux sont rarement malheureux, car la chasteté et la fidélité paraissent être des sentiments innés chez ces peuples. On voit rarement un homme parler avec dureté à une femme, et frapper une personne de ce sexe, si grande que soit sa faute, est regardé comme un acte inhumain et barbare. Les affections sociales exercent beaucoup de puissance, ainsi que les relations de parenté. Quant à l'industrie, l'activité, la persévérance, on ne saurait établir aucune comparaison entre ces insulaires et ceux de la plupart des îles de l'océan Pacifique. Hommes, femmes, enfants, tous sont occupés depuis le lever du soleil à la fabrication des armes, des filets, des pirogues ; et bien qu'ils n'aient à leur disposition que des instruments en coquilles, en pierres, en dents de poissons, tout ce qu'ils font est exécuté avec goût et adresse.

A l'égard des idées religieuses, ces insulaires pensent que tout a été créé par un Être puissant qui dirige et gouverne tout, et dont la résidence est au-dessus des étoiles ; qu'il veille sur tous ses enfants et sur toutes choses avec un soin et une affection paternelle, qu'il pourvoit à la subsistance des hommes, des oiseaux, des poissons et des insectes, le plus petit animal étant destiné à servir de pâture au plus grand et tous devant servir au soutien du genre humain ; que le Créateur arrose ces îles de sa propre main, en laissant tomber d'en haut les pluies quand il est nécessaire ; qu'il a planté le cocotier, l'arbre à pain et tous les autres arbres, ainsi que les buissons, les plantes et les touffes d'herbes ; que les bonnes actions lui sont agréables, mais que les mauvaises l'offensent et qu'ils seront heureux ou misérables dans la suite selon leur conduite en cette vie.

L'île d'*Yap*, à l'extrémité occidentale de la chaîne des Carolines, est l'une des plus grandes. Vient ensuite l'île *Pouinipet*, dans le groupe de *Siniavine*. Parmi les nombreux groupes des îles basses, nous nommerons ceux de *Farrouilep*, *Oulouthy* ou *Egoï*, *Téïs*, *Lougounor* ou *Mortlock*, *Ourapig*, *Duperrey* et le groupe d'*Ouleaï*, dont la population est considérable et très-policée. Le souverain de ce groupe étend sa domination sur les groupes voisins d'*Oulimirek*, *Elato*, *Ifclouk*, *Lamoliaour*, *Satahoual*, *Eourynyk* et *Namourek* ou *Lamourrek*. Le groupe de *Monteverde* comprend les îles basses ou attales les plus considérables. Les Espagnols exercent sur les Carolines une sorte de protectorat ou domination nominale.

V. ARCHIPEL CENTRAL OU MULGRAVE.

Nous passerons rapidement devant la longue chaîne des îles *Mulgrave*, découvertes par Marshall et Gilbert, en 1788. La plupart sont basses ; elles produisent des cocos, des oranges, des choux-palmistes. La race cuivrée qui les habite est hospitalière et habile dans la navigation. Cette chaîne se joint aux îles *Carolines* par les îles *Pescadores* (des Pêcheurs). Les groupes de *Radack* et de *Ralick* ont été découverts en 1817 par le capitaine russe Kotzebuë. Cet archipel se divise en deux chaînes : la chaîne occidentale ou de *Ralick* présente du nord au sud les groupes d'*Escholz*, des *Pescadores*, de *Ralick*, de *Baring*, de *Bonham* ou *Ebon*, de *Boston* ou *Nantucket*. La chaîne orientale ou de *Radack* comprend ceux de *Bigar*, *Oudirick*, *Aïlou*, *Romanzoff*, *Kawen* ou *Araktschejeff*, *Otdia*, *Mille* ou *Mulgrave*, *Mathews*, *Marshall*, *Knoy* ou *Cock*, *Hall*, *Wood*, *Gilbert*, *Simpson*, *Bishop*, *Drummond* et *Chuse*. En se dirigeant au sud vers les îles *Fidji*, on rencontre les îles de *Gran-Cocal*, *Taswell* ou *Saint-Augustin*, *Nederlandish*, *Peyster*, *Ellice* et *Grenville* ou *Rotouma*, remarquable par sa fertilité et sa nombreuse population.

VI. ARCHIPEL DE FIDJI OU VITI.

Au sud de Rotouma et à l'ouest des îles des Amis s'étend le groupe considérable qui porte le nom de *Fidji* ou *Viti*.

Une partie de ces îles avaient été découvertes par Tasman, qui les nomma *îles du Prince-Guillaume*. Ces îles sont encore peu connues. Les naturels appartiennent à la famille des Papouas ou nègres océaniens; cependant ils paraissent assez industrieux. Ils sont féroces et même, dit-on, anthropophages. Ils sont tatoués et ils se peignent pour aller en guerre. Ils vont presque nus et se percent la cloison nasale pour y suspendre deux grandes plumes. Les deux îles les plus importantes sont *Viti-Levou* et *Vanoua-Levou*. La première a plus de 320 kilomètres de circonférence; la seconde, appelée aussi *Paou* et *Takanova*, a 200 kilomètres de tour. Cette dernière est fréquentée par les navires anglo-américains qui viennent y chercher du bois de sandal pour le vendre sur les marchés de la Chine. Elle a une belle baie nommée *Sandal-wood-Bay* et deux bons ports, *Vouhia* et *Caribata*. L'île de *Kandabon* ou *Ambou*, ou *Nawihi-Levou*, est la troisième pour l'étendue. Viennent ensuite *Nhao*, *Akakemba* et *Lageba*. Les autres sont peu importantes. Le petit groupe des îles *Ono*, découvert par Bellinghausen, et dont les habitants sont ichthyophages et de mœurs pacifiques, dépend géographiquement de l'archipel de Viti. Toutes ces îles sont gouvernées par des chefs indigènes.

VII. ARCHIPEL DE TONGA OU DES AMIS.

A l'est de l'archipel Viti et au sud-est des îles *Samoa* s'étend l'archipel de *Tonga* ou des *Amis*, composé de plus de 150 îlots.

La principale de ces îles est celle nommée *Tonga-Tabou*, c'est-à-dire île *consacrée*. Elle est une des plus méridionales.

Le pays en général n'offre pas ce magnifique paysage qui résulte d'une multitude de montagnes, de vallées, de plaines, de ruisseaux et de cascades, mais il étale aux yeux des spectateurs la fertilité la plus abondante. Les vents y soufflent le plus souvent entre le sud et l'est, et lorsqu'ils sont modérés, on a ordinairement un ciel pur. Quand ils deviennent plus frais, l'atmosphère est chargée de nuages; mais elle n'est point brumeuse, et il pleut fréquemment. Les tremblements de terre y sont très-fréquents. Le feuillage n'é-

prouve point d'altération sensible aux diverses époques de l'année; chaque feuille qui tombe est remplacée par une autre, et on jouit d'un printemps universel et continu. L'air est très-sain, mais assez froid. Un rocher de corail sert de base à l'île. On n'y voit guère d'autre pierre, excepté une espèce dont les naturels font leurs haches. Quoique le corail s'élance en beaucoup d'endroits au-dessus de la surface du terreau, le sol est en général d'une profondeur considérable. M. Labillardière a jeté un coup d'œil sur la botanique de cette île. A l'ombre des bois croît le *tacca pinnatifida*, le *mussænda frondosa*, l'*abrus precatorius* et le poivrier, qui sert aux habitants à faire le kava; ils font des nattes avec le *pandanus odoratissimus*; l'*hibiscus tiliaceus* croît spontanément sur les bords des diverses cultures et tout près de la mer; son écorce fournit aux insulaires de quoi faire des étoffes beaucoup moins belles que celles du mûrier à papier; des cotoniers de l'espèce appelée *gossypium religiosum* croissent dans les lieux humides, mais ne sont pas employés par les habitants. On y trouve aussi du bois de *sandal* et une forte noix muscade non aromatique. Les oiseaux et les insectes sont en grand nombre; les récifs offrent en foule les coquillages les plus rares.

L'île de Tonga-Tabou était divisée en trois souverainetés : *Ahifo* au nord, *Moua* au centre, *Ahodschi* au sud-est. Ces districts avaient chacun leur souverain; les *Fouttafaihis* étaient autrefois les souverains absolus de l'île, et président encore aux sacrifices; mais le *Diougona-gabula*, ou prince du canton septentrional, finit par s'emparer de la supériorité politique.

Après Tahiti, l'archipel de Tonga est la région la plus connue des voyageurs européens, qui vantent à l'envi le charme de ses paysages et l'amabilité de ses habitants. Selon la tradition locale, confirmée par les récits des navigateurs, les insulaires de Tonga jouissaient d'un bonheur sans mélange depuis un temps immémorial, lorsqu'à la fin du dernier siècle, éclata parmi eux une affreuse guerre civile qui, en se perpétuant, détruisit la plus grande partie de la population et réduisit le reste à la condition la plus misérable. En 1797, l'archipel de Tonga fut visité par les missionnaires de Londres; mais depuis 25 ans il a été remis, avec les îles Viti, à la mission des pasteurs wesleyens (méthodistes), dont les travaux sont dirigés par l'évêque qui réside à la Nouvelle-Zélande. La population presque entière est désormais convertie. Une discipline morale, parfaitement conçue et strictement observée, a supprimé les principaux vices de la vie sauvage. La polygamie n'existe plus ; les hommes ont été ramenés à des habitudes pacifiques et les femmes à la modestie qui convient à leur sexe. En un mot, c'est un peuple chrétien et civilisé qu'on trouve aujourd'hui dans ces lieux, où il n'existait que des idolâtres sanguinaires. Pour achever le tableau, ajoutons que, sous ce nouveau régime, la population, loin de diminuer, semble s'accroître d'une manière sensible.

Des changements aussi considérables n'ont pu être accomplis sans le secours de la force matérielle. La lutte qui s'est engagée entre les deux partis chrétien et païen a été opiniâtre et sanglante. Le principal champion de la cause du Christianisme à Tonga, pendant les derinères années, a été un chef baptisé sous le nom de Georges, qui règne aujourd'hui sur presque toutes les îles. C'est un prince aussi remarquable par sa vigueur que par sa sagacité. Sa taille, de 6 pieds 4 pouces anglais, suffirait pour le distinguer partout ailleurs qu'au milieu de la gigantesque aristocratie de Tonga, et son énergie est en rapport avec sa taille. Ainsi l'on raconte qu'un des prêtres des anciennes idoles, irrité de l'apostasie de son souverain, lui prédit que, désormais abandonné de tous les dieux de Tonga, il serait dévoré par les requins la première fois qu'il oserait se baigner dans la haute mer, ce qu'il faisait souvent. Pour toute réponse, Georges somma son interlocuteur de le suivre immédiatement à la mer, et s'avança hardiment au-delà de la chaîne de récifs que les requins n'osent dépasser. Le résultat de cette excursion nautique fut la mort du prêtre que les poissons déchirèrent tandis que le roi revint sans blessures.

Le roi Georges se livre avec ardeur à la prédication, et sa popularité comme orateur religieux est immense. Lorsqu'il paraît dans la chaire, il est habillé de noir ; son geste et son accent sont pleins de solennité. On compte déjà près de 500 prédicateurs et plus de 700 instituteurs indigènes dans les divers archipels. Au milieu d'une chapelle remplie d'une nombreuse assistance, on voit paraître dans la chaire un naturel nu jusqu'à la ceinture ; il déploie gravement une chemise blanche qu'il a apportée sous son bras, et s'en revêt comme d'un surplis : c'est le prédicateur, et les fidèles ne voient, dans cet usage tout local, rien qui porte atteinte à la solennité de la circonstance. Si, cependant, le clergé européen trouve facilement des auxiliaires zélés parmi les indigènes, cet avantage n'est pas exempt d'inconvénients. La vanité du Polynésien s'unit à son amour déréglé de la parole pour le jeter dans l'exercice du sacré ministère, sans vocation sérieuse. Trop souvent on peut dire « qu'il joue à la religion. » Les missionnaires eux-mêmes sont forcés d'en convenir. Cette intempérance d'élocution est un défaut de race. On raconte que, dans la Nouvelle-Zélande, le premier résultat de l'éducation européenne donnée aux chefs avait été une passion épistolaire. Ils ne s'occupaient plus qu'à correspondre entre eux sur des sujets futiles ou imaginaires. Les interminables discussions qui, dans la même contrée, se sont engagées sur les doctrines contraires de la haute et de la basse Eglise, ont opposé un sérieux obstacle au progrès religieux, et ont abouti, parfois, à l'antique argument des coups.

Les endroits les plus remarquables de Tonga-Tabou sont *Boa*, résidence du souverain, et *Mafanga*, lieu sacré où sont les tombeaux des chefs. Cette île possède un vaste et bon havre. Le groupe où se trouve Tonga-Tabou contient encore quelques îles remarquables : *Eoua*, fertile et boisée ; *Anamouka*, au nord de Tonga-Tabou, avec quantité de pamplemousses et d'arbres à pain, etc. Dans un autre groupe, on distingue *Tofoua*, avec un volcan, et *Latté*, avec un pic très-élevé. Le groupe d'Hapaï renferme l'île de *Lefouga*, où en 1806 le navigateur espagnol Maurelle fut fait prisonnier après le massacre de la plus grande partie de son équipage. L'île d'*Ouavao* ou *Mayorga* est la seconde de tout l'archipel, par son étendue et ses excellents mouillages. *Amargoura*, plus au nord, est importante par sa fertilité et sa population. Au sud de Tonga-Tabou, l'île *Pylstaart* n'est fréquentée que par les oiseaux marins. Quoique dispersées à une assez grande distance dans l'Océan, quelques îles semblent se rattacher à l'archipel de Tonga : telles sont l'île *Savage*, à l'est ; les îles des *Cocos*, des *Traîtres*, de *Horn* (île de l'*Enfant-Perdu* de Bougainville), l'île *Hope* et le groupe de Wallis au nord. La plupart sont très-fertiles. Les naturels des îles Wallis se coupent le petit doigt, usage que nous avons déjà vu établi chez certaines peuplades australiennes. Plus loin, au sud, l'île *Vasquez* et le groupe de *Kermadec*, composé des trois îles *Curtis*, *Raoul* et *Macaulay* marquent la continuation de la chaîne sous-marine vers la partie orientale de la Nouvelle-Zélande.

VIII. — ARCHIPEL DES NAVIGATEURS, OU DE BOUGAINVILLE, OU DES ILES SAMOA OU HAMOA.

Au nord des îles Tonga, le premier archipel un peu considérable qui appelle notre attention est celui des *Navigateurs*, découvert par Bougainville et examiné par La Pérouse. Les îles les plus importantes sont au nombre de sept ; savoir : *Pola, Galinasse, Oyolava, Maouna, Fanfoue, Leone, Opoun*, situées de l'ouest à l'est. Les habitants connaissent encore trois îles situées au sud-ouest. Dans la carte du Grand-Océan, par Arrowsmith, Pola est nommée *Otawhy* ; Oyolava, *Oatouah* ; Maouna, *Toutouillah* ; et Opoun, *Toumahlouah*. Cet archipel a reçu le nom d'*îles des Navigateurs*, parce que les habitants avaient un grand nombre de pirogues, et montraient une adresse admirable à les diriger.

Les îles des Navigateurs ont le sol élevé. Leurs montagnes centrales, les belles plaines qui bordent les rivages, et les récifs de corail qui environnent les îles, les rapprochent des îles de la Société. *Maouna* est très-fertile. Les frégates, lors de l'expédition de La Pérouse, furent environnées de 200 pirogues remplies de différentes espèces de provisions, consistant en oiseaux, porcs, pigeons ou fruits. L'abondance des provisions y était telle, qu'en 20 heures Maouna lui fournit 500 porcs, et une quantité immense de fruits. L'île est couverte de cocotiers, d'arbres à pain, d'orangers. Les bosquets, où murmurent de nombreuses cascades, sont peuplés de ramiers et de tourterelles. Parmi les rocs de corail qui bordent le rivage, on trouve des cailloux de basalte. Les femmes étaient très-jolies et non moins libres ; elles ont les formes les plus régulières et les plus voluptueuses ; une écharpe de feuilles leur sert de ceinture ; un ruban vert s'enlace dans leur chevelure ornée de fleurs ; à la couleur près, on croit voir des nymphes ou des dryades. Les hommes avaient une stature et une force peu communes, et beaucoup de férocité ; ils méprisaient la petite taille des Français ; ils traitaient les femmes en esclaves. Rien n'est délicieux comme la situation de leurs villages ; on les entrevoit comme perdus au sein de riches vergers qui croissent sans culture ; ces huttes, soutenues par de grossières colonnades, sont couvertes de feuilles de cocotier. Ils se nourrissent de la chair des cochons, des chiens et des oiseaux, ainsi que des fruits de l'arbre à pain, du cocotier, du bananier, du guava et de l'oranger. Les insulaires faisaient peu de cas du fer et des étoffes, et n'estimaient que les grains de verre. C'est à Mahouna que le capitaine de Langle, le naturaliste Lamanon et neufs marins furent massacrés par les habitants, probablement parce que le capitaine ayant donné des verroteries à quelques chefs, avait oublié de faire aux autres la même politesse.

Quoique les insulaires de ce groupe se distinguent par une férocité de caractère qu'on ne remarque guère dans aucune autre partie de la Polynésie, ils ont cependant beaucoup d'industrie, d'adresse et d'invention ; avec de simples outils de basalte, ils réussissent à polir parfaitement leurs ouvrages de bois. Non-seulement ils font des étoffes d'écorce, mais ils en fabriquent une de vrai fil, qu'ils tirent sans doute d'un lin pareil à celui de la Nouvelle-Zélande. C'est encore là, aujourd'hui, que se rencontrent les plus adroits constructeurs de canots et les meilleurs matelots de toute l'Océanie. Le capitaine Erskine, qui a parcouru la mer du Sud, en 1849, évalue cette population à environ 38,000 âmes. Moins avancés que les insulaires des Sandwich, moins poétiques, moins polis que les Tahitiens, les habitants du groupe de Samoa paraissent doués de qualités plus solides qui manquent à leurs voisins. Soumis à des mœurs particulières, ils sont animés de sentiments élevés et généreux. Ils suivent, à leur manière, la loi de l'honneur et se montrent dégagés de toute influence superstitieuse. Selon le missionnaire John Williams, qui leur a enseigné le Christianisme, ils se distinguaient, entre tous les Océaniens, par la liberté de leur croyance et par l'absence d'habitudes religieuses.

Ils n'avaient ni temples, ni autels, ni offrandes humaines. Le cannibalisme leur était en horreur, quoique sans doute il fût pratiqué occasionnellement, quand venait à prévaloir quelques passions haineuses ou vindicatives. Menacer un insulaire de Samoa de le rôtir, est la plus mortelle injure qu'on puisse lui infliger.

Adressée à un chef, cette insulte lui donne le droit d'en appeler immédiatement aux armes pour se venger. La population de Samoa se fait remarquer enfin, par sa décence et sa propreté, ainsi que par sa politesse aussi ponctuelle que celle des nations les plus anciennement civilisées. Depuis 1837, c'est à Samoa que la Société des missions de Londres a établi sa principale station, laquelle est devenue un chef-lieu définitif après l'occupation de Tahiti par la France. Une imprimerie a été établie à Samoa, où se publie un journal périodique fort intéressant au point de vue ethnographique. On voit des chefs barbus se soumettre avec une humilité majestueuse aux leçons de l'école.

L'arithmétique semble avoir pour eux un attrait particulier. « Souvent le soir, écrit le lieutenant Walpole dans la narration de son voyage, lorsque nous profitions d'un intervalle de beau temps pour quitter le bâtiment et pour visiter les bois délicieux de ces îles, le calme de la scène qui nous entourait était troublé tout à coup par les cris bruyants d'un sauvage, qui s'élançait vers nous, armé, non pas d'une massue ou d'une lance, mais d'une ardoise et d'un crayon qu'il venait placer dans nos mains, pour que nous achevions son calcul commencé. La multiplication, surtout, lui semblait une opération horriblement difficile. Ce n'était qu'en se servant de ses doigts ou en marquant des points sur l'ardoise, qu'il parvenait à se rendre compte des nombres sept et huit. Pendant tout le temps de ce travail, il fixait sur nous ses grands yeux brillants, comme s'il eût voulu nous dévorer. »

Taïti doit son existence à un soulèvement sous-marin, comme toutes les îles des archipels environnants, et c'est au *Diadème* que l'on peut peut-être placer le point central du travail volcanique. Là encore se retrouvèrent en assez grand nombre des scories, des pierres-ponces, et sur ce point l'observateur peut étudier toutes les traces d'un grand bouleversement mêlées à une végétation magnifique, indice des longues années qui se sont écoulées depuis que la nouvelle Cythère surgit du sein des eaux. Partout se retrouvent des traces volcaniques, et à Papeiti même, au Sémaphore, le sol a conservé toutes les ondulations de la lave refroidie. Toutes les recherches sur les richesses minéralogiques de l'île ont été sans résultat : on n'y a rencontré que quelques parcelles de fer à l'état de sulfure. Des mineurs de la Californie, pendant une relâche, ont fait quelques tentatives de lavage dans les sables des vallées ; leurs essais ont été infructueux.

Les trois principaux pics de l'île sont l'*Orohéna*, qui présente deux pitons l'un près de l'autre, élevés de 2,237 et 2,232 mètres au-dessus du niveau de la mer ; l'*Aroaï* comptant 2,130 mètres, et le *Pitohiti*, 2,060. Au centre de l'île est le *Diadème*, qui entouré par ces montagnes, et, plus bas qu'elles, ne laisse bien entrevoir son dessin gracieux et sévère qu'à travers la coupure de la vallée de Fatahoua. Au fond de cette vallée est le pic de *Fathoua*, célèbre dans les annales de la conquête française. Ce pic commande la vallée entière, il faut suivre un chemin sinueux tracé par les soldats français autour de la montagne pour arriver au sentier qui traverse l'île. Au défilé existe une admirable cascade de 200 mètres de chute, et dont le bassin est à 420 mètres au-dessus de la mer. Un poste est toujours entretenu sur ce point, dont il est impossible de décrire l'aspect grandiose, qui rappelle les plus belles scènes du chaos. Un cottage y a été construit à 630 mètres de hauteur, ainsi qu'un petit pavillon sur le sommet du pic, à 820 mètres. L'eau du bassin d'où s'élance la chute de Fatahoua a presque toujours donné 21° au thermomètre centigrade. Comme dans tous les pays intertropicaux, on distingue à Tahiti deux saisons, la saison sèche et la saison humide ou *hivernage*. Celle-ci commence en décembre et ne finit généralement qu'en avril; pendant les huit autres mois de l'année, le climat de Taïti est réellement admirable. Les vents ordinaires soufflent du S.-E. au N.-E. par l'est. Seulement, dans la baie de Papeïti, ils sont quelquefois tout à fait opposés, par suite des courants de retour imprimés par les deux points de la baie et par l'île de *Moorea*, placée en face. Dans la belle saison, la brise d'est se fait généralement vers les neuf heures du matin et tombe à cinq heures du soir. Il est rare qu'elle se maintienne fraîche la nuit; cependant, cela arrive quelquefois. Dans le cas contraire, à huit heures du soir, descend du moins un léger souffle du sud, qui rafraîchit l'atmosphère. Cette brise de terre, appelée *oupé* par les indigènes, fraîchit souvent au jour, de manière à permettre aux navires de sortir vent arrière de la passe. Dans l'hivernage, la direction de la brise est très-variable. Quand elle souffle de l'E., elle est souvent accompagnée de pluie et d'orage. Cependant, ce sont le plus fréquemment les vents du N. et du N.-O. qui amènent avec eux les grandes secousses atmosphériques, les coups de vent, les orages. Leur durée dépasse rarement quatre jours. La pluie tombe parfois dans cette saison avec une telle force et une telle persistance que toute communication par terre, entre les divers districts, devient impossible. De grandes colonnes basaltiques, des pans entiers de murailles rocheuses à pic descendent alors avec fracas dans la vallée, détruisant tout sur leur passage. Le plus petit ruisseau devient un torrent impétueux qui déborde, entraînant avec lui des blocs immenses, des arbres, et détruisant cases, cultures et ponts. Heureusement que ces pluies diluviennes ne se reproduisent pas aussi fortes chaque année. Toutefois, si elles n'apportent pas un grand dommage aux cultures des Indiens, elles seront longtemps un grand obstacle à tout travail sérieux de la part des colons européens, obstacle qu'il ne faudrait pas regarder cependant comme invincible pour certaines cultures.

Il n'y a peut-être pas dans le monde entier de canton d'un aspect plus riche que la partie sud-est de Taïti. Les collines y sont élevées, d'une pente raide, et escarpées en bien des endroits; mais des arbres et des arbrisseaux les couvrent tellement jusqu'au sommet, qu'en les voyant on a bien de la peine à ne pas attribuer aux rochers le don de produire et d'entretenir cette charmante verdure. Les plaines qui bordent les collines vers la mer, les vallées adjacentes, offrent une multitude de productions d'une force extraordinaire; il n'y a pas sur le globe de terrain d'une végétation plus vigoureuse et plus belle. La nature y a répandu des eaux avec la même profusion; on trouve des ruisseaux dans chaque vallée; ces ruisseaux, à mesure qu'ils s'approchent de l'Océan, se divisent souvent en deux ou trois branches qui fertilisent les plaines sur leur passage.

Visitée successivement par plusieurs navigateurs célèbres, Wallis, Bougainville, Cook, Vancouver, Taïti prit une place importante dans les relations qu'ils publièrent de leurs voyages, et attira enfin l'attention de la Société des missions anglaises, qui y envoya, en 1796, 30 de ses membres, dont quelques-uns étaient accompagnés de leurs femmes et de leurs enfants.

Avant de parler des résultats de leurs prédications, nous allons faire connaître quels étaient, avant leur arrivée, les mœurs et coutumes des Taïtiens. Voici le tableau qu'en font les navigateurs. Les Taïtiens sont loin d'être sévères dans leurs mœurs. Ils ne s'occupent que de choses propres à leur donner du plaisir et de la joie. Ils aiment passionnément à chanter, et le plaisir est aussi l'objet de leurs chansons. Ils se plaisent à célébrer leurs triomphes à la guerre, leurs travaux durant la paix, leurs voyages, et les aventures dont ils ont été les témoins ainsi que les beautés de leur île. La musique a pour eux beaucoup de charmes. Les porcs, les chiens et les rats étaient les seuls quadrupèdes existants dans l'île avant l'arrivée des Européens. La chair des porcs n'a rien de cette saveur fade qui fait qu'on s'en dégoûte si tôt en Europe. Ces animaux appartiennent presque tous aux chefs, dont ils font une des principales richesses. Quand la classe inférieure fait usage d'une nourriture animale, ce ne sont jamais que des poissons ou d'autres productions marines; il est rare qu'elle mange du porc. Le roi seul est assez riche pour avoir du porc tous les jours, et les chefs subalternes ne peuvent guère en tuer qu'une fois par semaine, par quinzaine et par mois, selon leur fortune. Il y a même des temps où ils sont obligés de se passer de cette friandise : car, lorsque la guerre ou d'autres causes ont appauvri l'île, le roi défend à ses sujets de tuer ces animaux ; en certaines occasions la défense subsiste plusieurs mois, et même une année ou deux. Les porcs se multiplient tellement durant cette prohibition qu'on les a vus abandonner l'état de domesticité et devenir sauvages. Lorsqu'il paraît convenable de lever la défense, tous les chefs se rendent auprès du roi, et chacun d'eux lui apporte des porcs. Le roi ordonne d'en tuer quelques-uns qu'on sert aux chefs, et ceux-ci s'en retournent avec la liberté d'en tuer désormais pour leur table. L'ava est surtout en usage parmi les insulaires d'un rang distingué ; ils versent une très-petite quantité d'eau sur la racine ; et quelquefois ils grillent les tiges ou les cuisent au four et les broient sans les hacher. Ils emploient aussi les feuilles broyées de la plante et y versent de l'eau comme sur la racine. Elle ne tarde pas à enivrer, ou plutôt à donner de la stupeur à toutes les facultés du corps et de l'esprit. Pour justifier l'usage d'une liqueur si pernicieuse, ils prétendent qu'elle empêche de devenir trop gras ; mais il est évident qu'elle les énerve et qu'elle abrège leurs jours. Ils font beaucoup de repas dans un jour. Les femmes mangent seules et dans une partie de la maison éloignée de celle où sont les hommes, on ne leur donne aucune portion des mets délicats, et on leur permet rarement le porc, même à celles des classes supérieures. Les petites filles et les petits garçons prennent aussi leurs repas séparément. En général, les femmes apprêtent les choses dont elles se nourrissent ; car les hommes les laisseraient mourir de faim plutôt que de leur rendre ce service.

Le système religieux des Taïtiens ne ressemble à aucun de ceux des autres peuples sauvages ; il y a peu d'individus du bas peuple qui le connaissent parfaitement : cette connaissance se trouve concentrée parmi les prêtres dont la classe est très-nombreuse. Ils croient qu'il y a plusieurs dieux, dont chacun est très-puissant ; mais ils ne paraissent pas admettre une divinité supérieure aux autres. Si le dieu qu'ils ont choisi ne satisfait pas leurs espérances, ils ne pensent pas qu'il soit impie d'en changer. Pour eux, toute la nature est animée. Les montagnes, les fleuves, sont peuplés d'esprits auxquels ils attribuent une grande puissance.

Les habitants de cette île, dit Wallis, sont grands, bien faits, agiles et d'une figure agréable. Le teint des hommes est basané, et ceux qui vont sur l'eau l'ont beaucoup plus bronzé que ceux qui vivent toujours à terre ; leurs cheveux sont ordinairement noirs, mais quelquefois bruns, rouges ou blancs, ce qui est digne de remarque, parce que les cheveux de tous les naturels d'Asie, d'Afrique et d'Amérique, sont noirs. Ils les nouent parfois en une touffe sur le milieu de la tête, ou en deux touffes, une de chaque côté ; la plupart pourtant les laissent flottants, ou les bouclent avec grâce. C'est un usage universel parmi eux de s'oindre la tête avec de l'huile de coco, dans laquelle ils infusent la poudre d'une racine qui a une odeur de rose. Toutes les femmes sont jolies, et quelques-unes d'une très-grande beauté.

L'habillement des hommes et des femmes est de bonne grâce, et leur sied bien ; il est fait d'une étoffe blanche que leur fournit l'écorce d'un arbuste. Deux pièces de cette étoffe forment leur vêtement : l'une qui a un trou au milieu pour y passer la tête, pend depuis les épaules jusqu'à mi-jambe devant et derrière ; l'autre a 4 ou 5 mètres de longueur et à peu près 1 de largeur ; ils l'enveloppent autour de leur corps sans la serrer ; cette étoffe n'est point tissée ; elle est fabriquée comme le papier, avec les fibres ligneuses d'une écorce intérieure qu'on a mises en macération et qu'on a ensuite étendues et battues les unes sur les autres. Les plumes, les fleurs, les coquillages et les perles, font partie de leurs ornements et de leur parure ; ce sont les femmes surtout qui portent les perles.

Les officiers du navire *la Coquille*, et après eux le capitaine Kotzebue, ont jugé avec sévérité les missionnaires anglicans. Ce dernier les a accusés de traiter avec une rigueur excessive les hommes coupables de vols légers, les jeunes femmes de Taïti, quand elles succombaient aux moindres faiblesses si communes dans cette île. Les missionnaires ont exercé une grande influence sur l'esprit de quelques-uns des rois de Taïti, et sont parvenus à faire établir une apparence de représentation nationale, et un code de lois tout à leur avantage. Craignant que les Européens ne vinssent contrarier leur influence, ils ont fait décréter qu'aucun étranger ne pourrait venir à terre sans une permission du gouvernement.

Celui des rois de Taïti qui a le plus fait pour la propagation de la religion chrétienne, Pomaré Ier, traduisait lui-même l'Ecriture-Sainte en langage taïtien. Malheureusement, dans ses dernières années, il s'était adonné à l'ivrognerie. Il se délassait de ce travail par de fréquentes libations de rhum, et quand il se sentait à moitié ivre, il disait : « O Pomaré, Pomaré, ton porc est maintenant plus en état de régner que toi ! » L'une des choses qui avaient le plus ravi Pomaré Ier, c'était l'établissement d'une imprimerie fondée par les missionnaires.

Tous les végétaux propres à l'Océanie viennent à Taïti en abondance, et de la meilleure qualité. On y compte huit variétés de l'arbre à pain et quinze du bananier. Taïti et les îles qui en dépendent sont aujourd'hui sous le protectorat français.

Les autres îles de l'archipel de la Société sont généralement belles et fertiles. Citons *Eimeo* ou *Mourea* avec un pic de 1,200 mètres et 2 bons ports, une frabrique d'étoffes de coton, une imprimerie et un collége appelé *Académie de la mer du Sud*; *Uliétia* ou *Raiatea*, la plus grande île après Taïti, ayant 80 kil. de tour ; *Otaha* ou *Tahaa*, moitié moins grande, *Tethuroa*, groupe de 5 îlots, *Rimatou*, *Motourea*, *Onehoa*, *Hoatera*, et *Reiona*, enfermés dans un récif madréporique ; *Huahiné*, *Borabora* avec un bon port nommé *Vaïtapé* ; *Maïtea* sur les côtes de laquelle on trouve des huîtres perlières, *Maupiti* ou *Maurua*, *Tubai* ou *Motou-Iti*, *Mupija* ou l'île de *Lord-Hove*, etc.

X. — ARCHIPEL DE COOK OU DES ILES HERVEY OU DE MANGIA-TABOU.

Au sud-ouest de l'archipel de Taïti s'étend une longue chaîne d'îles qui commence par celle de *Palmerston* et se termine par le groupe des îles de *Bass*. Elles forment deux archipels. La popula-

tion de l'archipel de Cook était autrefois de 15 à 16,000 habitants, mais les maladies ont considérablement réduit ce nombre. Lorsque M. Williams visita, pour la première fois, l'île Hervey, qui a transmis son nom au groupe, du moins dans la géographie anglaise, il trouva que les guerres acharnées des indigènes entre eux n'y avaient laissé subsister que 60 personnes. Sept ans plus tard, les survivants se trouvaient réduits à trois hommes, cinq femmes et quelques enfants. A l'arrivée des missionnaires, la dissension existait encore parmi ce misérable reste d'une peuplade naguère florissante, et le sujet de la nouvelle querelle était de savoir lequel des trois hommes devait être roi. La conversion des habitants des sept îles qui composent l'archipel de Cook fut si rapide et si complète, qu'un des indigènes qui visitait Londres, il y a quelques années, y vit pour la première fois, dans le musée de la Société des missions, les images des dieux que ses pères adoraient jadis. En 1843, à *Rarotonga*, l'île principale, 6,000 habitants, sur 7,000, assistaient, dans les églises, au service du dimanche, et les écoles comptaient près de 3,000 élèves. Les insulaires ont aussi promptement adopté les diverses améliorations matérielles qui leur ont été conseillées. Une imprimerie et un collége ont été établis à Rarotonga. Les autres îles principales, sont *Ouaïtoutalé*, dont les habitants étaient jadis anthropophages ; les îles *Hervey* ou *Manouaï*, dont les naturels ne sont pas tatoués ; l'île *Aïtiou* ou *Uatiou*, *Mangioa* ou *Manaïa*, très-grande et très-peuplée, etc. Le groupe de *Bass*, qui termine la chaîne au sud-est se compose des îles *Coronados*, inhabitées et de l'île *Oparo* ou *Rapa*, dont les naturels sont semblables aux Taïtiens.

XI. — ARCHIPEL POMOUTOU OU DANGEREUX.

Au nord-est de Taïti s'étend une autre chaîne d'îles bien plus nombreuses que celles de l'archipel de Cook et qui se prolonge bien plus loin au sud. Elle se compose d'une multitude de petites îles basses, sablonneuses, aussi lui a-t-on donné quelquefois le nom d'*Archipel des Iles Basses*. Beaucoup de ces îles sont désertes. De cet archipel fait partie le groupe des îles *Gambier* composé de 5 îles hautes et de plusieurs petites. Voici ce qu'en écrit un voyageur en 1858 : « Je viens de faire une intéressante excursion dans les îles Gambier. Je suis arrivé à Mangareva le 19 juin, et en suis reparti le 28 enchanté de ce que j'ai vu. En comparant l'état actuel de Mangareva à celui des habitants de quelques îles voisines et non fréquentées de l'archipel des Pomotous, où des malheureux, livrés à une idolâtrie stupide et à la barbarie la plus cruelle, se déciment dans des guerres continuelles où les vaincus sont sacrifiés et servent aux horribles repas des vainqueurs; en songeant que le changement entre ces deux états s'est opéré sous l'influence du christianisme, en moins de 25 ans, on est saisi d'admiration. Un couvent est établi dans la grande île. Toutes les filles, celles d'un âge plus avancé, et toutes les femmes que l'on juge dignes d'y rester, y sont réunies. Les premières y font leur éducation sous la conduite de leurs aînées. Elles ne sont point renfermées, car elles entretiennent elles-mêmes, autour des murailles de leur enceinte, un grand terrain où l'on a acclimaté des végétaux étrangers venus de Valparaiso ou de Taïti. Dans l'île d'*Aukena*, une école de garçons est dirigée par deux laïques. On construit en ce moment un collége. On y réunira les garçons en commun. Déjà, l'école a porté ses fruits ; j'ai rencontré dans mes courses plusieurs jeunes gens qui en sortaient et j'ai pris grand plaisir à les entendre parler très-couramment, à les voir répondre correctement sur la géographie, l'analyse grammaticale et le calcul. A Aukena, j'ai vu des analyses latines faites par les élèves de la première division, et j'ai interrogé moi-même ceux de la seconde, composée de tout petits enfants qui savent déjà lire et compter jusqu'à la division.

« Sous le rapport matériel, les indigènes sont bien vêtus, logés pour la plupart dans de jolies maisons en pierres où l'on trouve des lits et des meubles qu'ils confectionnent eux-mêmes. Beaucoup d'entre eux sont devenus de bons ouvriers maçons et menuisiers ; ils ont peu à peu contracté l'habitude du travail journalier, travail fréquemment interrompu, du reste, par des fêtes où la population se livre à des jeux, des danses et des chants.

Les terres sont bien cultivées : le maure, l'oranger, le bananier, y croissent en abondance. Dans plusieurs endroits on a défriché la montagne et remplacé les roseaux inutiles qui encombraient le sol par des plantations de pandanus, de tamanu et d'autres arbres aussi utiles. On soigne particulièrement la culture du taro et celle de la patate douce. Sur les côtés exposés aux ravages des grandes brises on a fait croître un rideau de *burans* pour abriter les plantations intérieures ; enfin partout on multiplie le cocotier, source future pour le pays de richesses bien autrement inépuisables que la nacre, qui disparaît rapidement. A Mangareva est établie un grand atelier de tisserands où l'on fabrique de bonnes et solides étoffes avec la laine et le coton du pays. Placé sous la direction de la mission, cet atelier est occupé par des jeunes gens qui vivent en commun et possèdent sur la côte nord de l'île un grand terrain dont ils tirent leur subsistance. Cette pièce de terre, parfaitement cultivée, peut être considérée, avec celle du couvent, comme une espèce de ferme-modèle très-utile dans le pays. L'ivrognerie, le vol, la débauche, sont inconnus dans l'archipel. Le gouvernement est tout pratriarcal et m'a semblé modelé sur celui de la famille. Le roi Gregorio est un homme froid, timide, qui demande volontiers conseil à la mission. La justice est rendue par le roi. En général, il s'adjoint le chef de Rikitea, si l'accusé est d'une autre baie ; et, si le cas présente quelque gravité, le gardien (chef et chargé de la police) de la baie où réside l'accusé siége comme troisième juge. Les fautes et délits que l'on a, en général, à réprimer et à punir, sont des querelles personnelles dégénérant en voies de fait, la calomnie, les discours ou actions contre la morale, et rarement de légers larcins. Les peines sont, pour les jeunes gens, le piquet au pied d'un arbre ; pour tous, la prison et l'amende d'un baril de nacre. Les châtiments corporels n'ont jamais existé comme moyen permanent de répression, encore moins comme procédé employé pour obtenir des aveux. Au surplus, la situation morale de cet archipel s'améliore de jour en jour, et il est doux pour un voyageur français de constater que cette amélioration morale de ces populations coïncide avec l'accroissement de l'influence française. »

Jadis inhabitée, la petite île *Pitcairn* est aujourd'hui peuplée par une colonie d'environ 200 individus, qui descendent de neuf matelots révoltés du navire anglais le *Bounty*, et de six Taïtiens et douze Taïtiennes que ces matelots avaient emmenés avec eux. Ces révoltés avaient pour chef le nommé Christian. Le capitaine Bligh, dont ils étaient mécontents, fut descendu dans une chaloupe où dix-neuf hommes le suivirent. Le *Bounty* dont l'équipage était réduit à 25 hommes, fit voile vers Taïti. Après avoir échappé à des dangers inouïs et traversé des mers immenses, le capitaine Bligh réussit à revenir en Angleterre.

Dès que l'autorité eut connaissance de cette déplorable affaire, la frégate la *Pandore* fut envoyée à Taïti pour s'assurer des mutins et ramener le vaisseau. Elle arriva dans l'île le 27 mars 1791, s'assura des 14 rebelles qui y étaient établis; deux avaient été tués par les insulaires. La *Pandore* fit naufrage en retournant en Europe, quatre des marins se noyèrent; et sur les dix qui revirent leur patrie, quatre furent acquittés et placés à Greenwich, un remis en liberté, cinq autres condamnés à mort, mais deux reçurent leur pardon, et trois seulement furent exécutés à Spithead. On ne sut rien de plus pendant 20 ans, et l'on croyait que le *Bounty* avait péri avec ses passagers au milieu des écueils qui entourent les îles de la mer Pacifique. Vers 1810 quelques bruits se répandirent qu'un vaisseau américain avait découvert la retraite de la bande de Christian, mais rien ne les confirma, et ce ne fut que trois ans après que sir Thomas Slaines, commandant le *Briton*, et allant des îles Marquises à Valparaiso, observa l'île Pitcairn et jeta l'ancre à quelque dstance, dans la vue de reconnaître si elle était habitée; il fut fort étonné d'y apercevoir des plantations régulières, et des huttes qui paraissaient mieux construites que ne le sont d'ordinaire celles des sauvages; sa surprise redoubla lorsque deux hommes s'approchèrent dans un canot, et demandèrent en bon anglais qu'on leur jetât une corde. Dès qu'ils furent sur le pont, le mystère s'éclaircit; l'un d'eux était le fils de Christian, c'était un beau jeune homme de 25 ans, ayant 1 mètre 80 cent., une physionomie franche, expressive, des cheveux noirs très-épais,

et le teint brun; sa seule parure était un morceau d'étoffe autour des reins, et un chapeau de paille orné de plumes noires. On sut par ce jeune homme tout ce qui s'était passé. Les révoltés s'étaient établis sur l'île Pitcairn, puis avaient brûlé le vaisseau après en avoir tiré tout ce qui pouvait leur être utile. Ils avaient réduit en esclavage les Taïtiens, leurs compagnons. La discorde s'était mise dans cette petite troupe et au bout de peu d'années, il ne restait plus qu'un seul homme, le matelot Adams, six femmes et dix-neuf enfants. Adams résolut de se réformer lui-même et de réformer les habitants de la petite colonie. Il y réussit, et lorsque, en 1825, le capitaine Bechkey les visita, il les trouva très-heureux.

L'île Pitcairn a six milles de long sur trois de large; le sol est riche surtout en bois; elle est située sous le 25° de latitude méridionale au milieu de l'océan Pacifique. Son heureux climat convient à la culture des végétaux de toutes les parties du globe; ses côtes sont hérissées de rochers; ses collines, bordées de forêts toujours vertes, offrent un asile contre l'ardeur du soleil des tropiques. Le palmier, le cocotier, le bananier ombragent ses vallées; le centre de l'île est occupé par une montagne qui s'élève à 400 mètres; au sommet se trouve une cavité qui devait servir de retraite à Christian et à ses compagnons, en cas d'attaque; des provisions y étaient toujours déposées.

Les productions végétales sont nombreuses, mais il n'y a d'animaux que ceux introduits par les Anglais. La colonie se composait, à l'époque de la visite du capitaine Beckhey, de 76 habitants, dont six seulement, Adams et cinq femmes d'Otaïti, faisaient partie des premiers colons. Ces insulaires sont grands et robustes, leurs membres sont bien proportionnés; une vie sobre, et l'habitude de l'exercice leur donnent une grande force musculaire; la simplicité, la bonté de leur cœur se peint sur leurs traits. Le capitaine Beckhey fut frappé surtout de la gaieté qui se mêlait à tous les travaux; ils étaient à la fois heureux et occupés. Adams était regardé comme un père commun; la crainte de le perdre les troublait plus que toute autre chose.

Les femmes sont plus grandes et plus fortes que les Européennes; le genre d'occupation auquel elles se livrent, et les courses dans les montagnes, contribuent à ce développement; mais leurs traits et leurs manières sont bien ceux d'une femme. Leur teint est brun, quoique moins foncé que celui des hommes, leurs cheveux, d'un noir brillant, flottent en longues tresses sur leurs épaules; elles y mêlent quelquefois la fleur délicate du morinda citrifolia, ou les corolles de la nicotiane.

Depuis 40 ans que ces insulaires ont été découverts, écrit M. Murray, aucune variation n'a été observée dans leur état moral. La pureté de mœurs et l'esprit d'union qui les distinguaient lorsque le premier vaisseau anglais visita leur île, en 1814, se maintiennent encore intacts en 1853. C'est toujours la même race bienveillante, contente de son sort et pleine de reconnaissance envers le Créateur.

L'île de *Pâques* ou *Waïhou* est située à 2,000 kilomètres à l'E. de l'île Pitcairn et à 1,600 de l'île Ducie. C'est la terre la plus orientale de l'Océanie. Découverte en 1722 par Roggewin, elle a été souvent visitée depuis parce qu'elle se trouve sur la route du cap Horn à l'archipel de Tahïti. Quoiqu'elle n'ait que 28 kilomètres de long, elle est intéressante par sa constitution physique, son origine évidemment volcanique et l'état de ses habitants, qui sont d'une belle race et ressemblent aux naturels des îles de la Société.

XII. — ARCHIPEL DE MENDANA OU DES ILES MARQUISES OU DE NOUKAHIVA.

Au N.-E. de l'archipel de Taïti se trouve le groupe des *Marquises* ou de *Noukahiva*. Les détails les plus récents et les plus exacts sur cette possession française ont été donnés par M. *Jouan*, lieutenant de vaisseau, ancien commandant particulier à Noukahiva, auquel nous les empruntons :

« Lorsqu'en 1842 une division française, sous les ordres du contre-amiral Du Petit-Thouars, prit possession des îles Marquises, l'attention fut vivement excitée en France par les récits qu'on faisait de ces terres nouvelles habitées par une population extraordinaire qui semblait n'avoir rien pris des coutumes des navigateurs qui les avaient visitées, tandis que d'autres groupes du Pacifique, les îles de la Société, l'archipel des Sandwich, etc., offraient l'exemple de progrès rapides dans la voie de la civilisation. L'aspect des naturels avec leurs tatouages qui paraissent si horribles quand on n'y est pas habitué, la taciturnité de ces peuples, le peu de ressources offertes par ces îles, doivent être comptés au nombre des causes de l'abandon dans lequel elles sont restées si longtemps. Quelques baleiniers, presque tous Américains, les fréquentaient seuls pour se ravitailler en bois à brûler et en eau; il y avait peu d'informations à tirer de leurs capitaines, qui s'inquiétaient beaucoup plus d'acheter à très-bon marché les denrées dont ils avaient besoin, que s'occuper des mœurs des habitants et des produits naturels des îles, et, comme la conduite de beaucoup de ces navigateurs n'était pas toujours conforme aux règles de l'honnêteté, il en résultait souvent des rixes, des meurtres, qui contribuaient encore à augmenter la mauvaise réputation des indigènes. Cependant, quand Mindanaô découvrit les îles du S.-E. de l'archipel, en 1595, et vint dans l'île *Tauata* (Santa-Christina), relâcher dans la baie qu'il appela port de la *Madre-de-Dios*, il n'eut qu'à se louer de l'accueil de la population.

« Les Marquises restèrent oubliées jusqu'à Cook qui les retrouva en 1777, et vint mouiller dans la même baie de Madre-de-Dios, qu'il se crut obligé, en bon Anglais, d'appeler baie de la *Résolution*, quoiqu'il sût très-bien que Mindanao lui avait déjà imposé un nom. Cook n'eut qu'à se louer des habitants. En 1791, le capitaine Ingraham découvrit les îles du groupe N.-O., auxquelles il donna des noms. Il ne fit que précéder d'un mois le Français Marchand, qui commandait le *Solide*, de Marseille. Marchand mouilla d'abord dans le port de Madre-de-Dios, et visita en canot quelques-unes des baies voisines. Ses rapports avec les habitants furent des meilleurs. De Madre-de-Dios, continuant sa route vers le N.-O., où des nuages constants lui avaient fait soupçonner la présence de la terre, Marchand reconnut l'île de *Ua-Pou*, que ses compagnons nommèrent île *Marchand*; il la prolongea dans sa partie occidentale, communiqua avec les habitants de *Vaieo*, qu'il nomma *baie de Bon-Accueil*, et prit possession, au nom de la France, le 22 juin 1791, de cette île et d'une autre plus grande qu'il avait aperçue au nord. Loin d'imiter ses devanciers qui ne se montraient aux sauvages qu'avec des armes terribles, le capitaine français ne voulut pas même permettre à ses gens d'abattre des oiseaux à coups de fusil, de peur d'effrayer les naturels qui l'avaient si bien reçu.

« En 1798, un navire marchand américain, commandé par le capitaine Fanning, communiqua avec la *Dominique*, *Santa-Christina*, *Ua-Pou*, et mouilla à Noukahiva, dans la baie de Taio-Hae. En 1804, le navigateur russe Krusenstern fit un assez long séjour à Noukahiva; il trouva dans cette île un Français et un Anglais qui se faisaient une guerre plus acharnée que leurs nations respectives. En 1813, le commodore américain David Porter vint se réfugier à Taio-Hae avec sa frégate l'*Essex* et les nombreuses prises qu'il avait faites sur les Anglais dans le Pacifique. L'endroit lui parut convenable pour créer une sorte d'arsenal, afin de ravitailler et réparer sa petite flotte : il ne reste, pour ainsi dire, plus de traces de son établissement. Le récit de Porter est exagéré et plein de ses guerres avec les naturels. La soumission de la tribu des *Taissi-Vai*, qui ne cédèrent qu'après deux ou trois escarmouches sanglantes, amena celle de l'île entière, dont Porter s'empara, au nom des Etats-Unis. Obligé de prendre la mer, il laissa à Taio-Hae une faible garnison et quelques navires désarmés. La révolte se mit dans les équipages, travaillés par un Anglais, établi à terre, et, après des scènes sanglantes, une partie des rebelles quittèrent l'île sous pavillon anglais; le reste de la garnison périt de la main des naturels. Le congrès ne donna aucune suite à l'acte de Porter.

« Depuis lors, les Marquises ont été fréquentées par des navires de toutes les nations, surtout par des baleiniers américains. Les missionnaires catholiques de la société de Picpus y étaient établis depuis quelques années, lorsque l'amiral Du Petit-Thouars prit possession de tout l'archipel. La prise de possession de Noukahiva eut lieu le 1er juin 1842, et l'établissement fut alors commencé sur un très-grand plan; on en avait fondé un autre quelques jours auparavant à *Vaitahu* (baie de *Madre-de-Dios*) dans l'île *Tauata*, dans le groupe du sud-est; on

avait le projet de s'établir également à *Hanamenu*, au sud de la Dominique; mais ce dessein ne fut jamais exécuté. Lorsque le protectorat de la France fut établi à Taïti, on y transporta les forces des Marquises; il ne resta presque personne à Vaitahu; l'occupation de Noukahiva fut également réduite, et peu de temps après les événements de février 1848, ce poste fut tout à fait abandonné, sans pourtant que la France renonçât aux droits de premier occupant. Un vote de l'Assemblée législative, en 1851, fit de Noukahiva un lieu de déportation, ce qui amena une occupation nouvelle; mais les déportés qu'on y avait amenés, ayant obtenu leur grâce à la fin de 1854, on retira la garnison, et il ne resta plus qu'un petit poste, avec un petit navire en station, dont le capitaine est en même temps commandant particulier de l'établissement, dépendant du gouverneur des possessions françaises de l'Océanie.

« Le premier aspect des îles Marquises n'est pas engageant. Ce sont des terres très-hautes (de 11 à 1,300 mètres), par rapport à leur étendue, où l'on n'aperçoit que des falaises abruptes, noires, qui tombent dans la mer par des escarpements infranchissables, et vont rejoindre, dans l'intérieur, des montagnes qui se terminent par des crêtes dentelées, aiguës comme le faîte d'une maison. La seule île de Ua-Pou diffère des autres par les pics de sa partie centrale, qui de loin ressemblent à une suite de clochers; mais elle s'en rapproche par sa constitution rocheuse et ses productions naturelles, qui sont tout à fait les mêmes. Ces falaises de roches volcaniques, noires, quelquefois rougeâtres, sont couvertes, au sommet, d'une herbe dure qui donne à tout le pays un air aride ; çà et là quelques arbres rabougris se montrent sur les crêtes.

« Des contre-forts partant des montagnes embrassent des baies plus ou moins profondes. De nombreux cours d'eau, presque à sec dans la saison sèche, torrents destructeurs quand les pluies se prolongent, sillonnent les vallées qui aboutissent à ces baies que les navigateurs ne découvrent le plus souvent que lorsqu'ils sont en face.

« La riche verdure qui décore ces vallées forme un contraste frappant avec l'aridité du reste de la côte ; l'œil s'y repose sur la végétation des tropiques dans tout son éclat.

Les Marquises sont sorties du sein des mers comme les îles de la Société, à la suite d'un soulèvement sans doute fort ancien. L'origine plutonienne de ces terres est écrite partout dans leur constitution physique : on a rapporté même qu'il y avait des volcans en activité dans l'archipel : c'est une erreur.

Il est difficile de rencontrer un terrain plus bouleversé, plus en désordre que l'intérieur de ces îles. Ces vallées, tapissées d'une végétation inextricable, qui ne communiquent entre elles que par des passages à peine accessibles aux naturels, expliquent assez l'état d'isolement dans lequel chaque tribu vit par rapport à ses voisins. Les montagnes et les collines se terminent en général par des crêtes semblables à l'arête d'un toit ; d'autres s'élancent en aiguilles, en pics aigus. Toutes ces roches portent des traces d'une ignition violente et prolongée. Beaucoup d'idoles sont taillées dans une pierre rouge et friable, et la terre rouge, qu'on trouve en beaucoup d'endroits, a été employée avec succès pour faire des briques et des tuiles.

«Des montagnes descendent de nombreux cours d'eau, qui forment quelquefois de magnifiques cascades : leurs lits rocailleux offrent des bassins où l'on pêche d'excellentes chevrettes et de jolies coquilles appartenant aux genres *néritine* et *navicelle*. A Noukahiva on trouve fréquemment des sources d'eaux gazeuses qui ont le goût de l'eau de Seltz très-concentrée. Les naturels les appellent *vaïkava*, c'est-à-dire eau amère, et connaissent bien leurs propriétés digestives. »

La population des îles Marquises est physiquement une des plus belles races du monde entier. Cook, qui avait parcouru le globe, la plaçait au-dessus de toutes les autres pour la beauté des formes et pour la régularité des traits. Les femmes y sont plus petites que dans plusieurs autres parties de l'Océanie, mais leurs charmes ont excité l'admiration de tous les voyageurs. — C'est aux îles Marquises que l'art du tatouage est le plus développé et qu'il produit les plus brillants dessins.

XIII. ARCHIPEL DES ILES HAVAÏ OU SANDWICH.

Le groupe des îles Haouaï ou Sandwich forme l'un des archipels les plus importants de la Polynésie. L'examen géologique de leur sol semble faire croire que ce fut primitivement une chaîne de volcans, qui surgirent d'un banc de coraux ; le terrain ne présente en effet que des laves, des rochers calcinés, recouverts seulement par quelques terres d'alluvion. Les montagnes sont arides et n'offrent presque aucune trace de végétation ; les plaines paraissent être aussi formées de déjections volcaniques, et de détritus de coquillages et de coraux. A une profondeur de 80 centimètres à 1 mètre, sous cette première couche, on rencontre une autre couche de tuf madréporique très-poreux à sa base, dans lequel viennent se déssaler les eaux de la mer, qui sortent ensuite limpides et très-douces. L'aspect des îles, et notamment de la principale de l'archipel, vient encore corroborer ces premières preuves d'une origine récente et plutonienne ; peu de contrées offrent une nature plus tourmentée, et conservent plus d'empreintes des bouleversements dont elle a été, dont elle est encore le théâtre.

Cependant, là ne s'arrêtent pas les témoignages de la formation volcanique de l'archipel, plusieurs îles en gardent encore des traces plus vivantes, et plusieurs volcans en pleine activité renouvellent journellement la surface du sol. Le plus célèbre de tous, est celui que l'on connaît sous le nom de Kiro-Ea ; il se trouve dans la grande Haouaï, l'Owhyhée des navigateurs de l'autre siècle, et où Cook perdit la vie. Ce volcan est situé à 80 ou 120 kilomètres du village de Waï-Aken, célèbre par le séjour du commodore Byron, et habité actuellement par des missionnaires protestants. On y arrive par un chemin agréable et facile, bordé de cocotiers, de bananiers, de pandanus, qui conduit dans un joli bois d'aleurites, à la sortie duquel on voit déjà une lave noire et lisse comme le marbre. Bientôt après, les colonnes de fumée révèlent l'approche du volcan, et à mesure que l'on est moins distant du, ou plutôt des cratères, elles deviennent plus longues et plus élevées. Enfin, on parvient jusqu'à la bouche même d'où s'échappent le feu et la fumée, par un précipice de 50 mètres, taillé dans le roc et tout couvert d'arbrisseaux et de buissons. Un roulement sourd et continuel, des colonnes d'une flamme blafarde annoncent la proximité du volcan. Un magnifique spectacle se présente alors aux yeux du voyageur qui a osé pénétrer dans ces régions terribles. Une plaine de 7 à 8 milles de circonférence, étale, au milieu d'un terrain bouleversé et onduleux, une soixantaine de cratères coniques, dont plusieurs sont sans cesse en activité, et d'une profondeur de plus de 400 mètres, s'élèvent des pitons de bitume et de soufre tout couverts de fissures dont l'œil n'ose sonder la profondeur. La teinte noire de ce tableau d'une étonnante convulsion terrestre, n'est interrompue que par quelques coulées de soufre, dont les nuances jaunes et vertes produisent sur les flancs de plusieurs cratères les plus singuliers effets de lumière. Les parois d'autres excavations sont quelquefois d'un rouge brun qui se marie fort bien avec le coloris formé du sol voisin. Ce qui recommande le volcan de Kiro-Ea à l'attention des naturalistes, c'est qu'au lieu de se trouver au sommet du cône, comme la plupart de ceux qui l'entourent, ou qui se rencontrent dans d'autres contrées, il est situé dans un enfoncement profond dans lequel on descend par des terrasses à peu près disposées en gradins. Cette disposition est due très-probablement à un affaissement du cône primitif. On peut descendre par une pente verticale d'environ 400 pas, jusqu'à l'ancien niveau du volcan. Pour arriver au plan inférieur, le chemin est tortueux et frayé sur des entassements de laves et des rochers prêts à s'écrouler. C'est par cette route difficile qui mène dans une gorge noire à parois de basalte, d'où l'on découvre à peine le ciel, que descendirent le commodore Byron, les missionnaires et plusieurs officiers de la marine française. On peut encore approcher d'un des volcans en activité, par un autre chemin d'une lave plus brûlante, mais tant est élevée la température du sol qu'on ne peut tenir dessus la main, et que les longs pieux destinés à soutenir le terrain prennent souvent feu à l'extrémité qui s'engage dans les crevasses. Rien ne saurait dépeindre le spectacle tout à la fois imposant et affreux que présentent ces vallées presque infernales, surtout par une belle nuit et par un ciel bien étoilé. La lave s'est frayé un chemin dans le cratère, elle coule en dessous de couches superficielles durcies,

et qui toutefois, dans leur concrétion, ont conservé leurs ondulations et leurs accidents. Ces boyaux, qui servent comme de canaux aux déjections volcaniques, ont généralement 2 à 3 mètres de largeur, et la voûte inférieure forme une courbe à laquelle adhèrent sous toutes les formes d'innombrables stalactites présentant les configurations les plus bizarres.

Une chaussée de 300 mètres environ sépare le Kiro-Ea du Kiro-Ea-Iti ou petit Kiro-Ea, autre volcan éteint depuis longtemps. Le terrain de la plaine dans laquelle il est situé est tellement chaud que les bûcherons y apportent leurs viandes et les y font cuire en les enveloppant de feuilles de fougère et en les enterrant pendant quelques heures. Ces volcans ne sont pas les seuls de l'île, on trouve encore celui de Pouna-Hohoa, non moins curieux que les précédents. Il est de formation récente, et ses deux grandes crevasses d'où s'échappent des flammes et des laves brûlantes, ne s'ouvrirent guère qu'il y a douze ans. Enfin, à la pointe septentrionale de Kaï-Roua, on trouve le Mouna-Houa-Raraï, dont l'éruption a donné naissance à un promontoire. Il a fait, en 1859, une de ses plus terribles éruptions, et un nouveau cratère s'est formé sur son flanc septentrional. Ces volcans, par leurs fréquentes éruptions, par leur aspect menaçant et les ravages qu'ils exercent dans l'île Haouaï, ont dû nécessairement frapper l'esprit des insulaires et devenir pour eux la source de fables bâties par l'ignorance et accréditées par la peur. Selon les traditions et les croyances de l'île, le Kiro-Ea remonte à la formation du monde, c'est-à-dire à la naissance de l'archipel. Dans son cratère et les plaines qui l'entourent habite la terrible déesse Pélé et les autres dieux ignivômes qui se plaisent à nager dans les laves brûlantes et les tourbillons de flamme au son de la musique tonnante des éruptions. Cette déesse Pélé, disent les Sandwichiens, se transporte par les conduits souterrains de la lave; c'est elle qui poursuivit de sa fureur Bou-o-Kahavari, puissant chef du district de Pouna, où se trouvent les volcans dont nous venons de parler. Cette poursuite que ce prince d'Haouaï eut à soutenir de la part de la terrible divinité, n'est que le mythe d'une éruption sans doute ancienne qui ravagea toute l'île. Pélé avait conçu contre Kahavari un vif ressentiment, car ce chef l'avait vaincue au jeu *hazoua*, espèce de montagnes russes, dans lequel le lutteur, qui arrive le premier au but sur un traîneau, est proclamé victorieux. Cependant Kahavari échappa à grande peine à la vengeance de la déesse en se jetant dans une pirogue et gagnant l'île d'Ohaou. En vain Pélé, hors d'elle-même, lança contre son ennemi un grand quartier de rocher ; elle ne l'atteignit point. Pélé et Kahavari sont deux volcans, dont le premier est celui de Kiro-Ea, le second est actuellement éteint, et cette fable n'est que l'histoire allégorique des éruptions terribles auxquelles les deux cratères donnèrent naissance à l'envi. On sacrifiait à Pélé des victimes humaines, et l'on voit encore, à peu de distance du Kiro-Ea-Iti, les ruines d'un temple ou Heïau, où se faisaient ces horribles holocaustes.

Les îles Sandwich forment un royaume indigène assez puissant et bien organisé, qui s'applique à suivre le mouvement de la civilisation européenne, et avec lequel la France a conclu un traité promulgué à Paris le 21 janvier 1860. Le recensement a donné en 1852, dans les îles Sandwich, le résultat suivant : *Hawahi*, 4,000 milles anglais carrés, 24,417 habitants ; *Maoui*, 600 m., 17,574 hab. ; *Oahou*, 520 m., 19,126 hab. ; *Kaouaï* ou *Atoui*, 220 m., 6,990 hab. ; *Molokaï* ou *Morotoï*, 170 m., 3,607 hab. ; *Lamaï* ou *Ranaï*, 190 m., 600 hab. ; *Nihaou* ou *Ouihaou*, 80 m., 790 hab., et *Kahoulaoui* ou *Tahouraoua*, 60 m., et pas d'habitants. Au total 5,840 milles carrés et 73,134 habitants. *Honoloulou*, dans l'île d'*Oahou*, avec un beau port et 9,000 habitants, dont 1,500 étrangers, est le siége du gouvernement et le centre du commerce de l'archipel.

La constitution promulguée en 1840 sous l'influence des missionnaires anglais, est une œuvre informe dans laquelle les vieux préceptes puritains unis aux principes démocratiques de l'Amérique moderne, se trouvent mêlés de la manière la plus bizarre aux combinaisons compliquées de la féodalité polynésienne. Cet acte singulier fonde la monarchie héréditaire de Kamehameha III, et le reconnaît en même temps propriétaire unique du sol ; mais le pouvoir royal, partagé par un conseil des nobles, est soumis à une étrange restriction. Le roi doit choisir pour ministre principal un chef distingué par sa naissance autant que par son mérite. Ce personnage porte le titre de *premier du royaume*, et le roi ne doit rien faire à son insu ; le *Premier*, à son tour, ne peut agir à l'insu du roi. Chacun des deux peut, d'ailleurs, par son véto, empêcher les actes de l'autre et le roi n'a aucun moyen de se délivrer d'un premier qui lui déplairait. Les femmes ne sont pas exclues de l'office de premier du royaume, et en 1847, c'était la reine douairière *Kekaohuli* qui était en fonctions. Pendant longtemps, des aventuriers européens, venus de toutes les parties de l'Océanie, sans parler des Chinois, ont prévalu sur l'élément indigène. C'est ce qui a eu lieu au moins dans l'île de Wahou, dont la capitale, Honolulu, est, depuis plusieurs années, la principale station commerciale de la Polynésie, et le quartier-général des nombreux baleiniers des Etats-Unis. Cette ville a des théâtres, des églises, des hôtels, des écoles, des journaux, organes violents de la polémique entre les missionnaires et les résidents étrangers, et enfin les meilleures salles de billard du monde entier. En un mot, Honolulu offre toutes les ressources de la civilisation américaine. Les naturels des basses classes n'ont pas encore appris à se soumettre à la gêne des vêtements européens. On exige bien d'eux qu'ils portent des pantalons dans l'intérieur des villes ; mais, dès qu'ils ont franchi la limite de l'enceinte où s'exerce la contrainte de l'autorité, ils se hâtent de se dépouiller, et on les rencontre courant avec leur pantalon noué autour de leur cou. Les chefs commencent à habiter des maisons construites en pierres, à l'instar des maisons d'Europe, tandis que le peuple a conservé ses anciennes cabanes. Le roi lui-même, lorsqu'il peut s'arracher du palais qu'on lui a bâti, retourne avec délices à sa vieille hutte de paille.

FIN.

TABLE DES MATIÈRES

CONTENUES DANS LE TROISIÈME VOLUME.

AFRIQUE.

CHAPITRE PREMIER.

Généralités. — Hydrographie. — Orographie. Végétation. — Populations et religions.. 5

CHAPITRE DEUXIÈME.

Description de l'Egypte.................. 11

CHAPITRE TROISIÈME.

Division de l'Egypte. — Basse Egypte ou Bachary............................. 15
Moyenne Egypte ou Vostani............ 16
Haute Egypte ou Saïd................. 18

CHAPITRE QUATRIÈME.

Nubie, Abyssinie, côtes de Béjà et d'Abesch. 21

CHAPITRE CINQUIÈME.

De la Barbarie, ou région du mont Atlas; de la région du désert de Sahara........ 26

CHAPITRE SIXIÈME.

Des États barbaresques, du grand désert et de l'Algérie........................... 35

CHAPITRE SEPTIÈME.

De la Sénégambie et de la Guinée........ 66
Des régions intermédiaires. — Bassin de la Techad. — Bassin du Niger, de la Nigritie et des îles........................... 7

CHAPITRE HUITIÈME.

Afrique Australe........................ 76

CHAPITRE NEUVIÈME.

Iles d'Afrique.......................... 96
Iles dans l'océan Atlantique............ 96
Iles d'Afrique dans l'océan Indien....... 108

AMÉRIQUE.

CHAPITRE PREMIER.

Généralités. — Hydrographie. — Géologie. Végétation. — Population.............. 113

CHAPITRE DEUXIÈME.

Limites septentrionales................. 115

CHAPITRE TROISIÈME.

Région du nord. — Baie d'Hudson. — Labrador. — Groenland. — Islande. — Spitzberg................................ 118
Région du nord-est..................... 120
Irlande................................ 121

CHAPITRE QUATRIÈME.

Canada. — Nouvelle-Écosse. — Terre-Neuve. 123

CHAPITRE CINQUIÈME.

États-Unis. — Généralités............... 129
Population............................. 129
Montagnes et fleuves................... 129
Climatologie........................... 131

	Pages.
Végétation	131
Savanes	132
Animaux	133
Mines	133
Partie occidentale. — Description topographique et politique	134

CHAPITRE SIXIÈME.

Territoire des États-Unis à l'ouest du Mississipi, ou Louisiane et Missouri. — Considérations générales sur la république américaine	142
Situation actuelle des États-Unis	149

CHAPITRE SEPTIÈME.

Ancienne Amérique espagnole	153
AMÉRIQUE INDÉPENDANTE. — Amérique ci-devant anglaise, française et espagnole	153
Amérique ci-devant espagnole	153
Amérique ci-devant portugaise	153
Amérique indigène indépendante	153
AMÉRIQUE COLONIALE. — Amérique anglaise	153
Amérique espagnole	154
Amérique française	154
Amérique néerlandaise	154
Amérique danoise	154
Amérique russe	154
Amérique suédoise	154

CHAPITRE HUITIÈME.

Description générale physique et ethnographique	159

CHAPITRE NEUVIÈME.

Description des États de la confédération mexicaine	161

CHAPITRE DIXIÈME.

AMÉRIQUE CENTRALE. —Républiques de Guatemala, San-Salvador, Honduras, Nicaragua, Costa-Rica	166

CHAPITRE ONZIÈME.

Description physique générale de l'Amérique méridionale	169

CHAPITRE DOUZIÈME.

État de l'Amérique du sud (ancienne Colombie). — République de Venezuela. — Confédération Grenadine (Nouvelle-Grenade). — République de l'Équateur	175
République de Venezuela	176
Nouvelle-Grenade ou Confédération Grenadine	179
République de l'Équateur	182

CHAPITRE TREIZIÈME.

Ancien empire du Pérou. — République du Pérou et de Bolivie	184
République du Pérou (Bas Pérou)	186
République de Bolivie (Haut Pérou)	188

CHAPITRE QUATORZIÈME.

République du Chili	193

CHAPITRE QUINZIÈME.

Région de la Plata (ancienne vice-royauté de Buenos-Ayres). — Confédération Argentine. — Républiques du Paraguay et de l'Uruguay	195
Confédération Argentine	199
République du Paraguay	200
République de l'Uruguay	201

CHAPITRE SEIZIÈME.

AMÉRIQUE INDÉPENDANTE. — Patagonie ou Terre Magellanique. — Terre de Feu	202

CHAPITRE DIX-SEPTIÈME.

Empire du Brésil (ancienne Amérique portugaise)	206

CHAPITRE DIX-HUITIÈME.

Guyanes française, hollandaise et anglaise	215

CHAPITRE DIX-NEUVIÈME.

Archipel Colombien. — Description générale.	218
Grandes Antilles	222
Archipel de Bahama ou îles Lucayes	225
Petites Antilles	225

OCÉANIE.

CHAPITRE PREMIER.

Description générale	230

CHAPITRE DEUXIÈME.

Malaisie............................. 237
Archipel de la Sonde. — Groupe de Sumatra............................. 240
Groupe de Java....................... 244
Archipel de Sumbava-Timor............. 250
Groupe de Bornéo..................... 251
Archipel des Moluques. — Groupe des Célèbes............................. 253
Groupe des Moluques 253
Archipel des Philippines............... 258

CHAPITRE TROISIÈME.

Mélanésie............................. 263
Australie ou Nouvelle-Hollande.......... 263
Tasmanie ou Diéménie (Terre de Van Diémen............................. 269
Nouvelle-Calédonie.................... 275
Nouvelles-Hébrides ou Archipel de Quiros. 279
Archipels de Santa-Cruz et des îles Salomon. 280

Archipels de la Louisiade et de la Nouvelle-Grenade............................. 284
Nouvelle-Guinée ou Papouasie........... 286

CHAPITRE QUATRIÈME.

Polynésie............................. 288
Archipel de Palas ou Pelew............. 292
Archipel des Mariannes ou Garrons...... 293
Archipel Magellan 284
Archipel des Carolines ou Nouvelles-Philippines............................. 295
Archipel central de la Mulgrave........ 298
Archipel de Sidji ou Viti ,.......... 298
Archipel de Tonga ou des Amis 299
Archipel des Navigateurs, ou de Bougainville, ou des îles Samoa ou Hamoa..... 301
Archipel de Taïti ou îles de la Société.... 302
Archipel de Cook, ou des îles Hervey ou de Mangia-Tabou 305
Archipel de Mandana, ou des îles Marquises ou de Noukahiva 308
Archipel des îles Havaï ou Sandwich 310

Imprimé par Charles Noblet, rue Soufflot, 16.

Imprimé par Charles Noblet, rue Soufflot, 18.